中國唐代學會編輯委員會編

唐代文化研討會論文集

文史哲出版社印行

唐代文化研討會論文集／中國唐代學會編輯委
員會編.--初版.--臺北市：文史哲，民80
6，956面；21公分
ISBN957-547-054-0(精裝)NT$ 800.00
ISBN957-547-055-9(平裝)NT$ 720.00

1.中國-文學-唐（618-907）論文，講詞等
634.07　　80002474

唐代文化研討會論文集

編輯者：中國唐代學會編輯委員會
出版者：文史哲出版社
登記證字號：行政院新聞局局版臺業字〇七五五號
發行所：文史哲出版社
印刷者：文史哲出版社
台北市羅斯福路一段七十二巷四號
郵撥〇五一二八八一二彭正雄帳戶
電話：三五一一〇二八
精裝定價新臺幣一二〇〇元
平裝定價新臺幣一〇〇〇元
中華民國八十年七月初版

ISBN 957-547-054-0(精裝)
ISBN 957-547-055-9(平裝)

此次研討會承蒙

教育部

行政院文化建設委員會

贊助

特申謝忱

中國唐代學會

唐代文化研討會論文集目次

唐代文化研討會論文集序

中國唐代學會成立於民國七十八年十二月十日，前身是「唐代研究學者聯誼會」，是由國內外研究唐代文學、史學、哲學、藝術、宗教、敦煌學……等方面的研究者組織而成的學術團體。唐代學會成立至今一年，這一年中，有三項重要的成果：一是與國立編譯館合作編輯出版「唐代研究論集」，二是出版唐代學會會刊和會訊，三是舉辦大型的學術研討會。

「唐代文化研討會」即是前述第三項重要的成果，這次研討會舉行的時間是在民國七十九（一九九〇）年十一月十日至十二日，地點是在臺灣省屏東縣的墾丁青年活動中心，出席者八十餘人，宣讀論文三十三篇。

這次研討會是由中國唐代學會與國立政治大學文理學院合辦，承蒙教育部和行政院文化建設委員會給予經費補助，特此謹表謝意。

最後，更附帶聲明，本論文集的論文係照研討會中宣讀先後的次序排列，沒有任何其他的含意。

王　壽　南

一九九〇年十二月十六日

於國立政治大學文理學院

唐代文化研討會議程表

民國七十九年十一月十一～十二日
地點：墾丁青年活動中心

十一月十一日

第一場

組別	主持人	報告人	題目	講評人
文學組	王壽南	楊承祖	由〈質文論〉與〈先賢讚〉論李華	簡宗梧
		潘呂棋昌	蕭存小考	方介
		高桂惠	唐人小說中的辭賦風貌	邱燮友
史學組	昌彼得	毛漢光	關中郡姓婚姻關係之研究	李樹桐
		易毅成	隋唐之際關中安全的戰略構想與施行	吳光華
		王民信	薛仁貴北征九姓考	黃約瑟

第二場

組別	主持人	報告人	題目	講評人
文學組	呂凱	邱燮友	菩薩蠻的創調與流轉	尤信雄
		蘇瑩輝	漫話敦煌莫高窟藻井圖案	鄭阿財

歷史組	翁同文	雷家驥	劉知幾「明鏡說」析論	任育才
		林冠群	由地理環境論析唐代吐蕃向外發展與對外關係	王吉林

第三場

文學組	何寄澎	李建崑	韓杜關係論之察考	施逢雨
		潘麗珠	杜詩中的顏色字探究	李立信
歷史組	莊中	曾一民	隋唐廣州南海神廟之探索	李德超
		高明士	從律令制度論隋代的立國方針	邱添生

第四場

文學組	楊承祖	葉國良	初唐墓誌考釋六則	毛漢光
		亓婷婷	陳子昂評價問題析論	王文顏
歷史組	何漢心	林偉洲	政治衝突與中唐稅政——以劉晏、楊炎爲中心	陳欽育
		甘懷眞	隋文帝時代兵權之研究	王德權

第五場

組別	主持人	報告人	論文題目	評論人
文學組	邱燮友	李立信	論杜甫奇數句詩	李豐楙
		何寄澎	兩唐書王昌齡傳補正	潘呂棋昌
歷史組	任育才	翁同文	唐初始刻古人墨跡於石兩事及其影響考	蘇瑩輝
		黃約瑟	試論垂拱四年李唐宗室反武之役	劉健明

十一月十二日

第六場

組別	主持人	報告人	論文題目	評論人
文學組	簡宗梧	莊申	唐魚二種	楊承祖
		李豐楙	孟郊「列仙文」與道教降眞詩	羅聯添
		王基倫	試論韓愈古文之陽剛風格	何寄澎
歷史組	蘇瑩輝	耿慧玲	由墓誌看唐代取佛教化名號的社會現象	葉國良
		李德超	唐代嶺南高州馮氏對當時政局之影響	甘懷眞

第七場

文學組	羅聯添	方介	韓愈伯夷頌析論	亓婷婷
		施逢雨	唐代絕句的幾個重要類型	邱燮友
		鄭阿財	試論敦煌寫本P三九一〇對考察「張騫乘槎」故事之價值	高明士
歷史組	王吉林	劉健明	韓愈對永貞革新的評價	王壽南
		王德權	試論唐代散官制度的成立過程	黃清連
		廖幼華	正史與地理書中隋唐時期漳河之分流與斷流	雷家驥

由〈質文論〉與〈先賢讚〉論李華①

楊承祖

一

李華在天寶大歷之間，卓有文譽，②後世討論唐代散文與復古運動，很少不敍及李華。他生前已有文集三十卷，作品不可謂少，但其後散佚，今存爲輯本。③如果想據以撰寫行事稍詳的評傳，材料已嫌不足，是以研究李華的專論，至今不多。唯就古文運動而言，前期作者，李華可謂中堅。雖然當時「蕭李」齊名，後人或且以爲李乃師事於蕭，④而平心察之，殆未必李華之文不及穎士；如論文章的藝術成就及文體的新變，很可能蕭不如李。大凡優劣比較，難免主觀的爭議，於此不欲深論。總之，李華是值得研討的，本文先僅探察他的「質文」思想，期能於復古運動主流的主張，多所了解；次則安史亂中，李華不幸汚賊，他自恨隳志失節，實深傷閔，因此亦擬就其作品，加以探釋，以期於其人格情志，能有深入的體認。

二

古代中國文人，多以儒家經世正道之質和純明爲志，而守其中行，古文家尤其如此，李華便是典型的例子，獨孤及爲他作〈李公中集序〉說：

公之作，本乎王道，大抵以五經為泉源，抒性情以託諷……非夫子之旨不書，故風雅之指歸，刑政之根本，忠孝之大倫，皆見於詞。（《毘陵集》一三）

又論其性行則曰：

質直而和，純固而明，曠遠而有節，中行而能斷。其任職釐務，外若坦蕩，而內持正性，謙而不犯，見義乃勇。舉善惟懼不及，務去惡如復仇。與朋友交，然諾著於天下，其偉詞麗藻，則和氣之餘也。（同上）

凡此讚美，均非過譽；但最應注意的，則是他「尚質」和「不廢文」的基本思想。他的「尚質」和「質文相變」觀念是貫通於政體文學兩方面的。

李華有〈質文論〉，說：

天地之道：易、簡。易則易知，簡則易從。先王質文相變以濟天下，易知易從，莫尚乎質。……愚以為欲求致理，始於學習經史；左氏、國語、爾雅、荀、孟等家，輔佐五經者也，……宜用之。其餘百家之說，讖緯之書，存而不用。至於喪制之縟，祭禮之繁，不可備舉者，宜省之；考求簡易中於人心者以行之。……學者局於恒教，因循而不敢失於毫釐；古人之說，豈或盡善？……或其曲書常說，無裨世教，不習可也，則煩潰日亡，而易簡日用矣。海內之廣，億

兆之多，無聊於煩，彌世曠久；今以簡質易煩文而便之，則晨命而夕周，踰年而化成，蹈五常，享五福，理必然也。（《本集》二）

此論強調「易簡」，強調「以簡直易煩文」，其重「質」之意，非常明顯，雖然此篇論旨，意在政治，但中間列舉經史要籍之當習者，以爲是政理之始，蓋於文學的基礎與標向也同時提出了明確的主張。以「質」爲本，在李華之前，唐賢似未揭櫫文論之中，而學者亦尠有重視此篇以爲文論的，但古文運動中，見地相同者實頗有人，如獨孤及在天寶後期初見房琯，便「論三代之質文、問六經之指歸」。（見《全唐文》五二二梁肅〈獨孤及行狀〉。）所以「質文」之論在古文家來說，是很根本的理論問題。雖然他們也承認「質文相變」之理，也就是不完全否定「文」之時變相濟的價值，但既說「莫尙乎質」，則其主張以純朴復古，排棄六朝初唐的華靡，自然顯而易見。所以李華〈質文論〉中「尙質」和「質文相變」的觀念，可能在古文運動的前期，最有意義，也最具代表性。因爲在此之前，議論文風之當改革的，多着眼於雅正浮華的對比，如隋李諤〈上高帝革文華書〉說：

降及後代，風教漸落，魏之三祖，更尚文詞。……指儒素為古拙，用辭賦為君子。故文筆日繁，其政日亂。……及大隋受命，聖道聿興，屏黜輕浮，遏止華偽。……（《隋書》六六）

雖指出了現象，貶斥了浮華，但不如〈質文論〉更具理論性。又如楊炯在〈王勃集序〉中，歷數賈、馬、曹、王、潘、陸、孫、許、顏、謝、江、鮑之文，各有所缺，（《全唐文》第四册卷一九一）表面以《詩》、《騷》爲準繩，而實際着重於藝術鑑衡，入主出奴，可高下由心，就理論性而言，亦不如〈質文論〉簡捷而立意明切。

當然，論者或將質疑，以爲〈質文論〉是討論政治的，不宜遽視之爲文論。其實〈質文論〉頗富「原道」的意味，提出「易簡」爲「天地之道」，又以「質」爲「易簡」所可藉以「易知、易從」實行的政理，其「質」仍是「虛的」，亦卽抽象的，應是類似於道家的「道」，故就此而論，是較具理論價値的，雖然眞正落於實際，則仍以孔孟聖賢與六經爲標榜，但由於「質」可以和「道」一樣有其「虛的」抽象性，故能兼指德行和文學的朴質，這也是李華在〈三賢論〉中不厭其詳標榜人物時最注意的特色，他說：

或曰：吾讀古人之書，而求古人之未獲。嗟夫！遐叔謂曰：無世無賢人，其或世教之至，淪於風波，雖賢不能自辨。況察者未之究乎！鄭衛方奏，正聲間發，極和無味，至文無彩，聽者不達，反以為怪譎之音。……將剖其善惡，在遷政化，端風俗，則賢不肖異貫，而後賢者自明，而察者不惑也。（《本集》二）

以「無味無彩」爲「正聲至文」，是主張文學的朴質；以「遷政化端風俗」爲「賢人自明」的前提，則進一步表達，在李華的意識中，政化與文學是通承一貫的。故而〈三賢論〉首出元德秀，謂如「元之志行，當以道統天下」，後來《舊唐書》以德秀入〈文苑〉，而《新唐書》則以入〈卓行〉，亦可見「文」與「行」得相通並濟；且當時文學名家，如李華、獨孤及、蘇源明、元結等，後爲國之大臣者如房琯、顏眞卿等，或從學於元，或對元特別禮敬，足見元德秀在此集團中的感化力與示範性之強。⑤《舊唐書》一九〇下〈文苑傳〉記元德秀，說他「性純朴，無緣飾，動師古道。……琴觴之餘，間以文詠，率情而書，語無雕刻」，更可見德秀及其追隨者，在德行和文學，以及政治諸方面，是以一貫的精神主張朴質的，然則以〈質文論〉爲李華的政治和文學思想的主要理論，應該是合理的。

「尚質」和「質文相變」的觀念，是由李華具體提出的，雖未必一定是他個人的獨見，很可能是元德秀以下很爲人的共識，但他寫了〈質文論〉，便如宣言的起草人。不過由於「質」的抽象性，也就不易固執於某一特定的涵義，所以元結會更極端地主張超越周孔的「淳古論」⑥，不與李華等人同調。前期古文運動的作者，多有道佛思想，但其後韓愈，力闢道佛，高倡恢復傳統文化的儒家道統，如就此深入體認，則不難察覺在此一階段，古文運動只能逐漸摧破文章的「舊體」，由駢儷淵懿變爲清朗淡雅，仍難完全洗汰對偶平衍，未能與後來韓柳的雄深奇矯爭一日之長。文章之變，亦有時勢的條件，成大業者，實往往仗賴前賢，論李華爲韓柳的先驅，除了須着眼於文章藝事的發展，「尚質」論的過渡功能，也是值得注意的。

三

李華「尚質」而不「廢文」的思想，也反映在文行之上，如著名的〈含元殿賦〉，雖成於早年，賦中因宮殿而陳帝居之美奐，政制之宏規，其後論君親不可體於卑室，但亦不必華貴而當尚質，故而說：

今是殿也，惟鐵石丹素，無加飾焉；身居玄眇，心與萬姓同畎畝之勞。（《本集》一）

足見「尚質」是他根固的思想，而且從其晚年作品的簡素觀之，恐怕不僅由於衰病，更主要的，可能還是「尚質」思想的影響。

此外，李華「專任道德」以盡「天地之理」，也當視之爲其「尚質」的表現。如所作〈卜論〉，以爲用龜乃「殘其生而剿其壽」，非屬「大人與天地合其德」之道，最後結論說：

專任道德以貫之，則天地之理盡矣，又焉徵夫著龜乎？又焉徵夫鬼神乎？子不語，是存乎道義者也。（《本集》二）

凡此皆見其「尚質」的基本態度。由於能見到「文質相變以濟天下」之理，又主張以「質」去警化當時文壇的「浮豔」，所以他能成爲「復古革新」的文壇領袖；但又因爲有「中行」的心理，加以個人性格的可能影響，和時代的限制，所以其文章之變，也大致是漸進的。

四

李華在安史亂中，被俘受僞署，致名節有玷，士論惜之。其本身之深自悔恨，《兩唐書·本傳》都已論及，而《四庫全書總目》一五〇《李遐叔集提要》云：

華遭踐危亂，污辱賊庭，晚而自傷，每托之文章以見意，如〈權皐銘〉云：「濆而不滓，瑜而不瑕。」〈元德秀銘〉云：「貞玉白華，不緇不磷。」〈四皓銘〉云：「道不可屈，南山採芝悚慕元風，徘徊古祠。」⑦其悔志可以想見；然大節一虧，萬事瓦裂，天下不獨與之論心也。

館臣議論，似嚴實恕，因所引皆是可見貞白者。但李華撰寫上舉諸篇的時間，在戰前抑或兵後，對了解作者的心事，頗有關係。如元德秀卒於天寶十三載（七五四）九月，⑧下距安祿山之反兩年有奇，此銘極可能作於兵興之前，果爾，就不宜據以解爲受污之後頌人而兼自傷了。

其實李華作品中，最能微婉見意的，當推〈先賢讚六首〉，其中第一首爲〈管敬仲〉。管仲先從公子糾，既敗而後降歸小白，初似失節，而終能霸齊，此中微意，不待論而可明，尤其篇末結句說：

三歸備職，不足累德，七子仕楚，後人霑臆。（《本集》一）

最能表達李華的心境了。

第二首爲〈隨武子〉，全篇雖皆讚美其人，但隨會本春秋時晉之名將，奉派入秦，因晉國的政局變動，被迫留秦，其後復歸晉，成爲國家的重臣，這種始棄終歸的運遇，自然能表達李華的情志。

第四首〈鴟夷子皮〉是讚美范蠡，而蠡於興越滅吳之後，去國遠颺，詩說：

龍蟠幽谷，潛伏非時；蟬蛻高枝，飲露而飛，進如風行，退若雲歸。（同上）

自恨陷身賊中，不得蟬蛻，意思是非常明白的。

第五首〈樂生〉寫樂毅。毅先事燕昭王，破齊有功，及惠王即位，畏讒奔趙，惠王懼其來攻，遺書致意，樂毅覆書申其情志。李華對樂毅不爲趙伐燕，特別讚美他：

遺風可師，名教之源。（同上）

眞是託意微婉。

最後第六首〈謝文靖〉云：

在昔苻秦，將伯晉邦，百萬雷行，飲馬竭江。江淮岌業，力屈則降。謝公從容，子弟董師，以少擊多，一鼓殲夷。（同上）

「力屈」一句最能表露李華的酸楚。總之，在汚賊的悲劇經驗上，李華是終身茹食着苦果的，但從〈先賢讚〉六首中五首寫降臣去國而實際仍忠於舊邦，則作者的苦心，當能爲識其志者所諒，相信李華是素秉道德之誠的，屈節衹由於親恩，則於其苟全，又何忍深責？今爲抉出，或者對於知人論世，以意逆志，不爲無助。

【附註】

① 本稿初以〈李華的質文思想與人格情志〉提會，今改此題，略有刪訂。

② 李華蓋生玄宗開元五年（西元七一七）左右，二十三年（七三五）成進士，天寶二年（七四三）登制擧，解褐。至代宗大歷七年（七七二）猶在世，見拙撰《李華行年考略》。（未刊）潘呂棋昌《蕭穎士研究》（民國七十二年，文史哲出版社，臺北。）攷華卒於九年（七七四），其說較確，可從。

③《舊唐書》一九〇下〈文苑・李華傳〉云：「有文集十卷。」《新唐書》六〇〈藝文志〉云：「李華前集十卷，中集二十卷。」清四庫所收《李遐叔集》四卷，爲「浙江吳珍墀家藏本」，《提要》云：「此本不知何人所編，蓋取《唐文粹》、《文苑英華》諸書所裒集類次。」是知舊本已佚，今所輯存，恐甚有限。四庫本

以〈雲母泉詩〉附於〈序〉文之後，而末卷則僅收詩二十八首；《全唐詩》第三册卷一五三則並收之，合計其詩爲二十九首，其實相同。

④《唐摭言》五云：「李華自曰：師於茂挺。」潘呂棋昌從之。（《蕭穎士研究》頁一二八）然華語《唐摭言》外，似未別見；而華與穎士，年相若，文相埒，〈三賢論〉中但云相友，則其同在太學時，必多切磋之功，縱有相師之語，亦難坐實解之。

⑤詳〈三賢論〉及元結〈元魯縣墓表〉，見《全唐文》第八册，卷三八三。

⑥詳拙撰〈元結的淳古論與反主流〉，載中央研究完院第二屆漢學會議論文集，一九九〇，臺北。

⑦四庫本祠誤詞，今依《全唐文》作祠。

⑧詳李華〈元魯山墓碣銘並序〉，見《本集》二。

蕭存事蹟與交遊考述

潘呂棋昌

前　言

蕭存，字成性，潁川（今河南許昌）人。生於唐玄宗開元二十七年，卒於德宗貞元十六年（七三九——八〇〇），享年六十二歲。父潁士（七一七——七六〇），與李華、賈至爲知交，生徒衆多，影響深遠，韓愈叔父雲卿及兄會，都出自他的門下，儼然是初期古文運動的領袖。蕭存幼承庭訓，克紹箕裘。與韓會、崔造、趙贊友善齊名。韓愈年輕的時候，也曾受知於蕭存。因此，蕭氏父子在文學思想上，深深影響了韓氏叔姪，爲日後古文運動的開花結果，植下了深厚的根基。其於古文運動史上地位之重要，是不容忽視的。關於蕭潁士的生平、思想及其影響，筆者前曾撰寫「蕭潁士研究」一書（文史哲出版社七十二年十月出版）加以探討，本文則擬就現存有限資料，考述蕭存的生平事蹟，藉發潛德之幽光，並爲唐代文學史的研究，略盡棉薄。

爲行文方便，本論文分事蹟考及交遊考兩部份敍述。

壹、事蹟考

一、生卒年

有關蕭存的事跡，記述最多的就是全唐文（以下簡稱全文）六九一苻載所寫的「尚書比部郎中蕭府君墓誌銘」（以下簡稱苻誌）了。苻誌說：

春秋六十二。（貞元）十五年冬十月五日遘疾，十六年（八〇〇）冬十月五日卒於潯陽湓城（今江西九江）之私第。

據此推算，蕭存當生於玄宗開元二十七年（七三九）。

二、郡望祖籍與里居

蕭存的郡望爲蘭陵（今山東嶧縣），里居在潯陽廬山（今江西九江），祖籍在臨汝（今河南臨汝）。苻誌說：

嗚呼！蘭陵蕭君，蘊賢人之業，藏佐世之德。大君未盡其力，生人未享其福。鍾厲遘痾，殞靈休時。哀哉！君諱存，字成性，梁武帝季子鄱陽王恢之裔。五世祖唐刑部尚書，生雅州都督生左衞長史元恭，長史生密州莒縣主簿昊，主簿生揚州府功曹穎士。穎士字茂挺，特達聰明，業於上才，以詩書禮樂皇帝王霸之術爲己任。開元中進士擢第，靈鳳神龍，煥乎文章。高價風馳，撼動八荒。是時禺禺昂昂，賢儁之士，揖涯岸，趨聞望，如百川之委溟海，羣山之仰嵩岱。君卽功曹之子也。

案蘭陵是蕭氏的郡望。蕭存的先世自三十世祖侍中彪免官居東海蘭陵縣（今山東嶧縣）後，卽世代定居於此而以爲郡望。直到晉室內亂，十三世祖淮陰令整，才過江居於晉陵武進（今江蘇武進）的東城里，於是僑置本土，加以南名，而爲南蘭陵蘭陵人①。

至其里居與祖籍，荷誌說：

初，御史大夫張滂董戎，天子之俾君留務於上國時，主計者張權侵官，交關有司。君不阿撓，庭辯可否。哆南箕，燭光芒。繇是愁憤，乞守外職，竟罷歸潯陽。君有草堂在廬山下紫霄峰。晚節學無生，得禪悅之味……（貞元）十六年冬十月五日卒於潯陽盜城之私第，遂以是年十一月十二日權窆於承仙之西岡，未克葬於臨汝故也。

可見蕭存里居在潯陽廬山（今江西九江），臨汝則爲祖籍所在。全文三三蕭穎士「贈韋司業（述）書」中，屢屢自稱「潁川男子蕭穎士」，「僕汝潁之間一後生耳」，「僕生於汝潁」。「汝」是「臨汝」，「潁」卽「潁川」。一是祖籍，一是里居。蕭穎士早年居於潁川（今河南許昌）。安史亂起，避地江東，入淮南節度副大使李成式幕掌書記，兼補揚州功曹參軍事②。（蕭存隨父南遷，此後未再北返潁川故里。大曆年間，蕭存曾因浙西觀察使李栖筠的薦拔，任蘇州常熟縣主簿。其後不知何時，遷居廬山，並終老於此。元和十五年（八二〇），韓愈自袁州入爲國子祭酒，途經江州（今江西九江），特地到廬山蕭存的故居拜訪，還見到了他的女兒。這時蕭存已死二十一年，可見蕭存的後代一直都住在廬山，未曾遷居（見下文考證）。

三、字

蕭存的字，荷誌作「成性」，因話錄卷三及新唐書（以下簡稱新書）二〇二蕭穎士傳附蕭存傳（以下簡稱新傳）則均作「伯誠」。考韓昌黎集十「遊西林寺題蕭二郎中舊堂」詩題注說：「蕭二存也。」可見蕭存排行第二，與「伯誠」一字，似不相應。案「成性」一字，典出周易繫辭上傳「成性存存」一語。荷載既曾日遊於蕭存之藩，且係「見託誌錄」③，其說當較因話錄及兩唐書爲可靠，因此蕭存之字，當從荷誌作「成性」爲是。至於「伯誠」一字，疑是蕭存長兄之字。全文三二一李華「祭蕭穎士文」說：「存、實等泣血千里，羈旅相依。聞其一哀，心骨皆斷。」考禮記檀弓上：「高子皋之執親之喪也，泣血三年，未嘗見齒。」後人遂以守親三年之喪爲泣血。由此可見，「實」當是蕭存之兄，字「伯誠」。「誠」、「實」互訓，於義可通。此一推測，想應不致離譜。惟須稍加辨明的是：這篇祭文亦收文苑英華九八〇中，題爲「祭亡友揚州功曹蕭公文」。文末說：「華等（一作而況）泣血千里，羈旅相依。聞其（一作此）一哀，心骨皆斷。」與前引全唐文三三一所錄祭文內容有異。文中並無蕭實之名，伯誠爲蕭實之字的說法似乎不能成立；然而，早於文苑英華的唐摭言，在卷四師友條中，正好也收錄了李華祭蕭穎士文，其內容與全文所錄正同（全文當本於此），足證英華之誤。因此，上文「伯誠」爲蕭存長兄蕭實之字的說法，應當還是可以成立的。

四、世　系

至於蕭存的家世及其父穎士事蹟，筆者「蕭穎士研究」一書已有詳細考證，不再贅述，玆僅將其世系簡單列示如下：

遠祖蕭叔大心（封於蕭，今江蘇蕭縣）……？世三十三世祖文終侯何（居沛，今江蘇沛縣）……三十二世祖酇定侯延……三十一世祖武陽侯則……三十世祖侍中彪（徙蘭陵，今山東嶧縣）……二十九世祖公府掾章……二十八世祖皓……二十七世祖仰……二十六世祖太子太傅望之（徙杜陵，今陝西西安）……二十五世祖光祿大夫育……二十四世祖御史中丞紹（還蘭陵）……二十三世祖光祿勳閎……二十二世祖濟陰太守闡……二十一世祖吳郡太守冰（一作永）……二十世祖中山相苞……十九世祖博士周……十八世祖蛇丘長矯（一作蟜）……十七世祖州從事逵……十六世祖孝廉休……十五世祖廣陵郡丞豹……十四世祖太中大夫裔……十三世祖淮陰令整（過江居武進，今江蘇武進）……十二世祖濟陰太守鎋……十一世祖州治中副子……十世祖南臺治書道賜……九世祖梁文帝順之……八世祖鄱陽王恢……

七世祖宜豐侯脩（因話錄三作循）……六世祖唐太子太保造……五世祖唐刑部尚書（因話錄三作武威大將軍）夙……高祖雅州都督善義……曾祖左衞長史（因話錄三作左衞錄事參軍）元恭（新書二〇二蕭穎士傳作晶）……祖密州莒縣主簿（因話錄三作密縣主簿）旻……父揚州功曹穎士……尚書比部郎中存……復
　　　　……東……？
　　　　……愿……？
　　　　……奐

五、生平事蹟

㈠任蘇州常熟縣主簿　預修韻海鏡源

肅宗乾元三年（上元元年，七六〇），存父穎士客死汝南④。存時年二十二。全文三二一李華「祭蕭穎士文」說：「存、實等泣血千里，羈旅相依。聞其一哀，心骨皆斷。」可見穎士死時，蕭存仍在江南，故有「泣血千里」之句。父亡之後，蕭存以其文集十卷請李華作序。這是代宗大曆年代以前，蕭存唯一可考的事蹟。

大曆初年，蕭存與韓會、趙贊、崔造等人交遊友善。不久，爲浙西團練觀察使李栖筠奏授蘇州常熟縣主簿。苻誌：

> 大歷初，與昌黎韓會⑤、天水趙贊、博陵崔造素友善齊名。李大夫栖筠領浙西，掇華刈楚，遂

奏授蘇州常熟縣主簿。

據舊唐書（以下簡稱舊書）一一代宗紀，大曆三年（七六八）二月，李栖筠以常州刺史爲蘇州刺史、兼御史中丞、浙西團練觀察使，直到七年（七七二）二月，才爲李涵所代。蕭存爲李栖筠奏授常熟縣主簿當在此期間。李栖筠浙西團練觀察使任內薦拔的人才還有「四夔」中的韓會⑥、崔造⑦、盧東美⑧三人，以及崔造之兄崔遊⑨。遊拜常州武進縣尉，造爲判官⑩，其餘官職則不可知。又，栖筠爲存父穎士至交李華的叔父，蕭存受到李栖筠的薦拔，不知曾否得助於李華？

大曆七年（七七二）秋九月，顏眞卿除湖州（今浙江吳興）刺史。次年春正月到任，延請蕭存等人續纂「韻海鏡源」一書。大曆九年（七七四）春終事。蕭存時年三十六。清黃本驥編顏魯公集七「湖州烏程縣杼山妙喜寺碑銘」：

> 眞卿自典校時，卽考五代祖隋外史府君，與法言所定切韻，引說文、蒼雅諸字書，窮其訓解。次以經史子集中兩字以上成句者，廣而編之，故曰韻海；以其鏡照本原，無所不見，故曰鏡源。天寶末，眞卿出守平原，已與郡人渤海封紹、高質，族弟今太子通事舍人渾等修之，裁成二百卷。屬安祿山作亂，止具四分之一。及刺撫州，與州人左輔元、姜如璧等增而廣之，成五百卷。事物嬰擾，未遑刊削。大歷壬子歲（七年，七七二），眞卿叨刺於湖。公務之隙，乃與金陵沙門法海、前殿中侍御史李崿、陸羽、國子助教，州人褚充、評事湯衡、清河丞，太祝柳察、長城丞潘述、縣尉裴循、常熟主簿蕭存、嘉興尉陸士修、後進楊遂初、崔宏、楊德元、胡

仲、南陽湯涉、顏祭、韋介、左興中、顏策，以季夏於州學及放生池日相討論，至冬，徙於茲山東偏。來年春，遂終其事。

案眞卿之拜湖州刺史，在大曆七年秋九月，而到任則在八年正月。全文三三八顏眞卿「乞御書題額恩敕批答碑陰記」：「（大曆）七年秋九月歸自東京，起家蒙除湖州刺史。來年春正月至任」可證。因此碑銘中所謂「季夏」，當指大曆八年而言。「來年春」，則是大曆九年（七七四）春天了⑪。此事全文五一四殷亮「顏魯公行狀」也有詳細的記載：

（大曆）七年九月拜湖州刺史……初，公在平原未有兵革之日，著韻海鏡源，成一家之作。始創條目，遂遇祿山之亂，寢而不修者二十餘年。及至湖州，以俸錢為紙筆之費，延江東文士蕭存、陸士修、裴澄、陸鴻漸、顏祭、朱弁、李莆、清河寺僧智海兼善小篆書、吳士湯涉等十餘人，筆削舊章，該搜羣籍，撰定為三百六十卷。大凡據法言切韻次其字，按經史及諸子語，據音韻次字成句者刊成，文裁以類編。又按蒼雅，及說文、玉篇等，其義各注其下，謂之字脚。韻海者，以牢籠經史之語，依韻次之，其多如海；鏡源者，八體之本，究形聲之義，故曰鏡源。綿亙數載，其功乃畢。表奏上之，有詔付有司藏之於書府。大抵求經史，撰集篇賦，利於後學焉。

關於韻海鏡源的卷數，舊書一一代宗紀及新書五七藝文志一都說是三百六十卷，與殷亮所言正同，可見刊削頗多。又，唐封演「封氏聞見記」卷二聲韻條也記此書說：

> 天寶末，平原太守顏真卿撰韻海鏡源二百卷。未畢，屬胡寇憑陵，拔身濟河，遺失五十餘卷。廣德中為湖州刺史，重加補葺，更於正經之外，加入子、史、釋、道諸書，撰成三百六十卷。其書於陸法言切韻外，增出一萬四千七百六十一字。先起說文為篆字，次作今文隸字，仍具別體為證，然後注以諸家字書。解釋旣畢，徵九經兩字以上，取其句末字編入本韻，爰及諸書，皆倣此。自有聲韻以來，其撰述該備，未有如顏公此書也。大曆二年，入為刑部尚書，詣銀臺門進上之，奉敕宣付秘閣，賜絹五百疋。

封氏所述年代雖有錯誤，但是將原書編撰的方式，作了簡要的敍述，也頗有參考的價值。此書宋人避太祖祖諱「敬」字，改名「韻海鑑源」。元修宋史藝文志著錄十六卷，仍用鑑源之名。四庫全書總目提要一三〇子部雜家類封氏聞見記提要說：

> 顏真卿韻海鏡源世無傳本，此書詳記其體例。知元陰時夫韻府羣玉實源于此；而後人不察，有稱真卿「取句首字，不取句末字」者，其說為杜撰欺人。並知永樂大典列篆隸諸體於字下，乃從此書竊取其式而諱所自來。

足見韻海鏡源一書，在學術史上具有相當程度的影響；可惜原書今已亡佚，莫知其詳了。

(二)拜左金吾衞兵曹參軍　遷大理評事

大曆十四年（七七九），蕭存為時任轉運使的劉晏奏授左金吾衞兵曹參軍。次年（建中元年，七八〇）遷廷尉評。苻誌說：

宰相劉公晏司轉運，與能洛畫，奏授左金吾衛兵曹參軍。明年，遷廷尉評。

案廷尉評即廷評（平），本漢官名，爲廷尉屬官，掌平決詔獄事。隋以後稱大理寺評事，簡稱大理評事⑫。但詩文中仍常稱大理評事爲廷評，如唐姚合姚少監集二送獨孤煥評事赴豐州詩：「東門携酒送廷評，結束從軍塞上行。」大理評事之官階爲從八品下，左金吾衛兵曹參軍則同左右衛兵曹參軍，皆爲正八品下⑬，因此，蕭存之爲大理評事，當係左遷；只是原因已不可考。又，苻誌此事繫於蕭存大曆九年預編韻海鏡源書成之後。考舊書及唐會要，劉晏雖曾於大曆四年（七六九）以前屢任轉運使之職⑭，但是九年以後則僅大曆十四年（七七九）閏五月，以吏部尚書判度支鹽鐵轉運等使，建中元年（七八〇）正月罷使，同年七月賜自盡⑮。因此，蕭存爲其奏授左金吾衛兵曹參軍當在大曆十四年，而其遷廷尉評則必是次年建中元年了。

㈢授監察御史　轉殿中侍御史

大約是在建中二年至三年間（七八一至七八二），蕭存爲包佶奏授監察御史。次年，轉殿中侍御史。苻誌說：

建中，包諫議掌鹽鐵，聆風欽舊，奏授監察御史。明年，轉殿中侍御史。

案包諫議指諫議大夫包佶，大曆十二年（七七七）以前拜。建中元年（七八〇）正月，佶以江州刺史權領度支鹽鐵轉運使以代劉晏。二年（七八一）十一月，以權鹽鐵使、戶部郎中，充江淮水陸運使。三年（七八二）十二月，任汴東水陸運兩稅鹽鐵使，至貞元元年（七八五），始以汴東水陸運等使、左庶子，入朝爲刑部侍郎⑯。蕭存建中元年既遷廷尉評，則其爲包佶奏授監察御史，似以在建中二、三年間，佶以權鹽鐵使充江淮水陸運使時較爲可能；而其轉殿中侍御史，大概就不出建中三、四（七八二、七八三）年了。

㈣再爲侍御史　四任尚書郎　罷歸潯陽

自貞元元年（七八五）夏至十年（七九四）春，蕭存曾經兩任侍御史，四任尚書郎。苻誌：

自貞元元年夏至十年春，凡再為侍御史，四為尚書郎。

蕭存貞元元年夏任侍御史之後，何時再任，無從考證。至於四任尚書郎的官銜和年代，從現存的資料中，所能考知者有三：倉部員外郎、金部員外郎和比部郎中。其中倉部員外郎之職，見清趙鉞、勞格合撰「唐尚書省郎官石柱題名考」卷十八倉外。名在皇甫徹之後，李玕、閻濟美之前。又全唐詩（以下簡稱全詩）一八九有韋應物「送倉部蕭員外院長存」一詩：

襆被蹉跎老江國，情人邂逅此相逢。不隨鴛鷺朝天去，遙想蓬萊臺閣重。

案「襆被」一語，典出晉書四二魏舒傳：「入爲尚書郎。時欲沙汰郎官，非其才者罷之。舒曰：『吾即其人也。』襆被而出。」「江國」當指江南地區。考韋應物於貞元三年春夏，以江州刺史召爲左司郎中。貞元四年（七八八）秋冬，出爲蘇州刺史。六年（七九〇）秋末冬初罷郡，時年約五十四歲。此後未有官歷，以迄於卒。其卒年約在貞元十一年之後數年間⑰。所謂「樸被蹉跎老江國」，說的當是應物自左司郎中出爲蘇州刺史一事，寫作時間在貞元四年秋冬以後，因此蕭存當在此前即拜倉部員外郎。

至於金部員外郎一職，則貞元八年（七九二）五月已在其任。全文五〇八權德輿「祭秘書包監（佶）文」：

維貞元八年（七九二）歲次壬申五月朔日，故吏金部員外郎蕭存、太常博士權德輿、大理寺丞王純等，謹以清酌庶羞之奠，敬祭於故秘書包七丈之靈。

蕭存金部員外郎的任期可能在貞元八、九年間結束，接著因戶部侍郎兼御史大夫、諸道鹽鐵轉運使張滂⑱之辟，改任比部郎中，而於貞元十年春，以比部郎中罷歸潯陽。這也是他最終的官爵⑲說。苻誌在「四爲尚書郎」下接著說：

初，御史大夫張滂董戎，天子之俾君留務於上國時，主計者張權侵官，交關有司。君不阿橈，庭辯可否。哆南箕，燭光芒。繇是愁憤，乞守外職，竟罷歸潯陽。

案所謂『主計者張權侵官，交關有司』，當即指裴延齡誣陷陸贄、張滂入罪致貶之事。貞元八年（七九二）三月，張滂拜戶部侍郎、鹽鐵轉運使，隸屬於度支轉運使班宏。後來兩人不和，朝廷於是命令二人分掌天下財賦，如大歷元年第五琦、劉晏分理天下財賦前例。秋七月，甲寅朔，戶部尚書判度支班宏去世。己未（六日），以裴延齡判度支事。延齡「務行邪諂，公肆誣欺」，卻深得德宗寵信。羣臣害怕延齡有寵，都不敢說話，只有鹽鐵轉運使張滂、京兆尹李充，司農卿李銛，因爲和自己的職責有關，所以時常證實裴延齡的虛妄。而宰相陸贄更是挺身而出，上書痛陳裴延齡的過失。貞元十年（七九四）十一月乙酉（十六日），張滂除衞尉卿。十二月壬戌（二十三日），陸贄罷爲太子賓客。貞元十一年（七九五）春二月，陸贄罷相之後，裴延齡又譖譭京兆尹李充、衞尉卿張滂、前司農卿李銛，與陸贄同黨。夏四月壬戌（二十五日）貶贄爲忠州別駕，充爲涪州長史，滂爲汀州長史，銛爲邵州長史⑳。蕭存庭辯可否，以致罷歸潯陽，即與此事有關。苻誌說「自貞元元年夏至貞元十年春……四爲尚書郎……由是愁憤，乞守外職，竟罷歸潯陽」，因此，其罷歸之年，當在貞元十年春，官職是比部郎中。千唐誌齋藏石所藏張滂墓誌㉑說：

　　公諱滂，字孟博，貝州清河人也……。（貞元）八年，除戶部侍郎、兼御史大夫、諸道鹽鐵使、兼知轉運。舳艫相繼，漕輓忘疲。軍賞不愆，倉儲有羨。功成勢落，暑謝寒來。十年，除尉衞卿。十一年，貶汀州長史。

由此墓誌看來，張滂之除尉衞卿與蕭存的罷歸潯陽同年，兩人都因揭發裴延齡的奸邪而改官或罷職。

蕭存罷官一事，因話錄三記載說：

　　先生（蕭穎士）一子存，字伯誠（當作成性，見前文考證），為金部員外郎，亮直有功曹之風。時裴延齡為戶部尚書，恃恩姦佞，與張滂不叶。金部惡延齡之為人，棄官歸盧山，以山水自娛，識者甚高之。終於檢校倉部郎中。

新傳也說：

建中初，由殿中侍御史四遷比部郎中。張滂主財賦，辟存留務京師。裴延齡與滂不叶，存疾其姦，去官，風痺卒。

案因話錄及新傳所記去官之事，大體正確；但官歷則有錯誤。因話錄說「時裴延齡爲戶部尚書」，事實上，裴延齡當時猶爲戶部侍郎而非戶部尚書㉒。其次，就其上下文意觀之，似乎蕭存棄官歸廬山時的官職是金部員外郎，且回到廬山以後，還曾復出，最後才終於檢校倉部郎中；但是根據苻誌的記述，蕭存回到廬山以後，未再出任任何官職。因此，他最終的官爵，應爲苻誌題目所稱的比部郎中無疑。而且蕭存只做過倉部員外郎，而非檢校倉部郎中，其任期且早在貞元四年以前，距其卒年至少十二年以上。所以，蕭存終於檢校倉部郎中的說法是不正確的。至於新傳官歷的錯誤，則是敍述太過簡略，使人誤以爲他在建中初年，即已就任比部郎中了。

蕭存罷歸潯陽之後，以山水自娛，不幸卻於貞元十五年（七九九）冬十月五日，因登黃石巖感受風寒而致右體痲痺不仁，竟以十六年（八〇〇）冬十月五日卒於潯陽湓城（今江西九江）之私第，而於同年十一月十二日權窆於承仙之西岡。苻誌說：

君有草堂，在廬山下紫霄峰。晚節學無生，得禪悦之味。每天氣寥朗，神有所詣，輒駕紫騮，携酒壺學業，同紫府之客，恣遊其上，弄泉坐石，不記早暮。無幾何，登黃石巖之絕巔，谷飈颮丁毒腑臟，右體麻痺不仁，雖藥膳充席，岐和疊跡，不得施其力焉。春秋六十二。十五年冬十月五日遘疾，十六年冬十月五日卒於潯陽湓城之私第。遂以是年十一月十二日權窆於承仙之西岡，未克葬於臨汝故也。

案白居易集卷四三「遊大林寺序」說：

余與河南元集虛、范陽張允中……凡十七人，自遺愛草堂，歷東西二林抵化城，憩峰頂，登香爐峰，宿大林寺……。初到，怳然若別造一世界者……。既而周覽屋壁，見蕭郎中存、魏郎中弘簡、李補闕渤三人姓名文句……。自蕭、魏、李遊，迨今垂二十年，寂寥無繼來者。嗟乎！名利之誘人也如此。時元和十二年（八一七）四月九日，樂天序。

樂天元和十二年之遊大林寺，旣距蕭存等人之遊垂二十年，今卽以十九年計算上推，則蕭存等人遊年約在貞元十五年（七九九），與荷誌所述蕭存登黃石巖罹疾之時間頗相契合，不知是否同爲一事？

（五）身後家境

蕭存夫人河東裴氏，育子四人：夐、東、愿、奐。荷誌說：

夫人河東裴氏。王父璡，越州倉曹參軍事，皇考光輔，蘇州吳縣丞。資淑和之氣，承禮義之訓，陰範內則，琛然有光。有子四人：曰夐、曰東、曰愿、曰奐，咸端素溫良，克荷家聲，呑茹荼蓼，若絶生理。

蕭存何時結婚，不可確考，但以其妻父曾任蘇州吳縣丞推測，似有可能在大曆初年蘇州常熟縣主簿任內。

又，趙璘因話錄三說蕭存有子三人（顯然少了一人），女二人：

先生（蕭穎士）一子存……生三子，皆無祿早世，無後。惟次子東，從事邑南，有二子，今皆流落江湖，假吏州縣。韓文公少時，常受蕭金部知賞。及自袁州入為國子祭酒，途經江州，因遊廬山，過金部山居，訪知諸子凋謝，惟二女在，因賦詩曰：「中郎有女能傳業，伯道無兒可主家。今日匡山過舊隱，空將衰淚對煙霞。」留百縑以拯之。

案此詩錢仲聯韓昌黎詩繫年集釋卷十二題爲「遊西林寺題蕭二兄郎中舊堂」，注：「蕭兄有女出家。」詩句與因話錄所載略有小異，詩意則無不同：

中郎有女能傳業，伯道無兒可保家。偶到匡山曾住處，幾行衰淚落煙霞。

本詩作於元和十五年庚子（八二〇），韓愈時年五十三，蕭存則已去世二十一年了。

以上是蕭存一生事蹟的考述，爲求醒目，再製一簡單年表如下：

蕭存年表

玄宗開元二十七年（七三九）己卯　一歲

據全文六九一苻載「尚書比部郎中蕭府君墓誌銘」，蕭存卒於德宗貞元十六年（八〇〇），享年六十二歲。由此推算，當生於本年。存父穎士，約於本年至二十八年任桂州參軍。

天寶八載（七四九）己丑　十一歲

祖父旻逝世。父穎士自集賢校理降資參廣陵大府參軍事。

天寶九載（七五〇）庚寅　十二歲

祖母逝世。父穎士流播吳、越。

天寶十四載（七五五）乙未　十七歲

安史之亂起，舉家隨父南奔避難。

肅宗至德元年（天寶十五載）（七五六）丙申　十八歲

春，穎士避地襄陽，掌山南節度書記。冬，入淮南節度副大使李成式幕掌書記，兼補揚州功曹參軍。蕭存隨父居於江南。

乾元三年（上元元年）（七六〇）庚子　二十二歲

父穎士客死汝南旅次。

代宗大曆元年（永泰二年）（七六六）丙午　二十八歲

大歷初，與昌黎韓會、天水趙贊、博陵崔造友善齊名。

大曆八年（七七三）癸丑　三十五歲

在常熟主簿任。受湖州刺史顏眞卿之邀，預修韻海鏡源。以季夏於州學及放生池，日相討論，來年春，遂終其事。

大曆九年（七七四）甲寅　三十六歲

春，預修韻海鏡源書成。

大曆十四年（七七九）己未　四十一歲

爲劉晏奏授左金吾衞兵曹參軍。

德宗建中元年（七八〇）庚申　四十二歲

遷大理評事。

建中二年（七八一）辛酉　四十三歲

約於本年或明年爲包佶奏授監察御史。

建中三年（七八二）壬戌　四十四歲

約於本年或明年轉殿中侍御史。

貞元元年（七八五）乙丑　四十七歲

夏，任侍御史。

貞元四年（七八八）戊辰　五十歲

現在倉部員外郎任，任期起迄年代不可確考。

貞元八年（七九二）壬申　五十四歲

現在金部員外郎任。五月一日，與太常博士權德輿、大理寺丞王純等致祭於故秘書監包佶之靈。本年或明年爲戶部侍郎、兼御史大夫、諸道鹽鐵轉運使張滂辟任比部郎中，留務京師。

貞元十年（七九四）甲戌　五十六歲

春，以裴延齡用事，疾其奸，罷歸潯陽。

貞元十五年（七九九）己卯　六十一歲

冬十月五日，登黃石巖絕巓，谷飆颸丁毒腑臟，右體痲痺不仁，醫藥罔效。

貞元十六年（八〇〇）庚辰　六十二歲

冬十月五日卒於潯陽湓城（今江西九江）之私第，享年六十二歲。十一月十二日權窆於承仙之西岡，未克葬於臨汝故也。

元和十五年（八二〇）庚子　卒後二十一年

韓愈五十三歲。九月，自袁州（今江西宜春）召爲國子祭酒。途經江州（今江西九江），因遊廬山西林寺。過存山居，訪諸子凋謝，惟二女在，乃賦詩題壁，留百縑以拯之。

貳、交遊考

蕭存的交遊可知者約有三十人，其中且多爲古文名家。苻誌曾記其與遊諸人說：

大曆初，與昌黎韓會、天水趙贊、博陵崔造素友善齊名……今相國齊公抗、河南尹張式、給事許孟容、鄭郢州正則、兵部楊郎中憑、弟吏部郎中凝、盧補闕景亮、陸殿中灃，投分許與，期於莫逆……相國於君有生死之交情。至於葬舊鄉，撫孤紹，蓋餘力也，足以慰其精靈焉。載後學小子，日遊於藩，故遺芳盛烈，備得詳悉。見託誌錄，銜酸為銘。

新傳則說他「與韓會、沈既濟、梁肅、徐岱等善」。今卽以苻誌、新傳爲主，參以他書，就其交往事蹟之可考者，依年齒考述如下；其交往事蹟無考者，則儘予從略，以省篇幅。其中特別措意於各家文學思想的介紹，以爲蕭存與古文運動之密切關係提供一些佐證：

一、顏眞卿（七〇九——七八五）

顏眞卿，字淸臣，長安（今陝西西安）人。中宗景龍三年（七〇九）生。開元二十二年（七三四）進士及第。歷平原太守，御史大夫。代宗朝，遷尙書右丞，封魯郡公。貞元元年（七八五）爲李希烈所害，年七十七㉓。舊書一二八、新書一五三有傳。

眞卿與蕭存之父穎士爲故交。全文三一七李華三賢論說：「尙書顏公（眞卿）重名節，敦故舊，與茂挺（穎士字）少相知……。天下謂之顏、蕭之交。」可見二人交遊，既早且篤㉔。大曆八年（七七三）眞卿刺湖州，曾經邀請時任蘇州常熟縣主簿的蕭存參與「韻海鏡源」一書的編撰。這時蕭存三十五歲，眞卿則已經六十五歲了。眞卿之於蕭存，不只是父執輩的長者，而且還是忘年之交呢。

古之為文者，所以導達心志，發揮性靈。本乎歌詠，終乎雅頌。帝庸作而君臣動色，王澤竭而風化不行。政之興衰，實繫於此。然而文勝質則繡其鞶帨而血流漂杵；質勝文則野於禮樂而木訥不華。代代相因，莫能適中。故詩人之賦歷以則，詞人之賦麗以淫，此其效也。漢魏以還，雅道微缺。梁陳斯降，宮體聿興。既馳騁於末流，遂受嗤於後學。是以沈隱侯之論謝康樂也，乃云「靈均以來，此未及睹」；盧黃門之序陳拾遺也，而云「道喪五百歲而得陳君」。若激昂頹波，雖無害於過正；榷其中論，不亦傷於厚誣？何則？雅鄭在人，理亂由俗。桑間濮上，胡為乎綿古之時？正始皇風，奚獨乎凡今之代？

這段文字有以下幾個要點：第一：文以導達心志，發揮性靈，本乎歌詠，終乎雅頌。換言之，文始乎言志，終乎載道。第二：文質各有偏弊，歷代相因，莫能適中。第三：雅鄭之文，歷代皆有，古文家鄙薄宮體，實失厚誣。據此而論，顏眞卿雖也主張文以載道，卻不忽視文學之藝術價值，及其言志抒情之功能。其見解實遠較蕭穎士、李華、賈至等人之極端復古思想爲客觀進步，可惜他的主張，被他的功業所掩蓋，以致後人未予應有之重視，實爲一憾㉕。

二、李栖筠（七一九——七七六）

李栖筠，字貞一，天寶七載（七四八）登進士第㉖。累遷至山南防禦觀察使。擢給事中，進工部侍郎。出爲常州刺史，以治行進銀青光祿大夫，封贊皇縣子。大曆三年二月，拜浙西都團鍊觀察使。十一年（七七六）二月卒，年五十八，贈吏部尚書，謚曰文獻。栖筠喜獎善，而樂人攻己短，爲天下士歸重，不敢有所斥，稱贊皇公云。新書一四六有傳㉗。

李栖筠在唐代古文運動中，實爲一重要的長者型人物。他是早期古文大家李華的叔父。原本隱於汲郡共城山下，受了李華的激勸，才應天寶七載進士試而與權皋同時登第，且「並時筮仕於魏貝之地。聲猷志氣，相親莫逆」㉘。而權皋正是憲宗朝名相及古文家權德輿的父親，與李華亦相友善。大曆初年，李栖筠出任浙西都團練觀察使的時候，除了奏授小他二十歲的蕭存爲蘇州常熟縣主簿之外，還薦拔了四夔之中的韓會、崔造、盧東美三人，以及崔造的長兄崔遜。其中除了崔遜之外，也都是古文家。由此益可見出李栖筠與當時古文家關係之密切。至於他的文學思想，則於全文四九三權德輿「唐御史大夫贈司徒贊皇文獻公李栖筠文集序」可以見出：

> 贊皇文獻公，以文行正直，祗事代宗。……初未弱冠，隱於汲郡共城山下，營道抗志，不苟合於時。族子華，名知人，嘗謂公曰：「叔父上鄰伊周，旁合管樂。聲動律外，氣橫人間。」感激西上，舉秀才第一。……周旋官業，與斯文相為用。大凡出於詩之無邪，易之貞厲，春秋之

褒貶。且以閑參鉅衍，為曼辭麗句。可喜，非法言。故公之文，簡實而粹精，朗拔而章明。書誌三篇，感慨自敍，英華特達，君子之道，有初有終，至若嘉園綺弛張，出處於秦漢之間，著四先生碑。美蕭文終酂丞相之倫，或退或讓，作五君詠。病有司詩賦取士，非化成之道，著貢舉議。其他下屬城敎條，則辭語溫潤。言公事上奏，則切劘端正，觸類而長，皆文約旨明，昭然足以激衰薄而申矩度……德輿先公，與公天寶中修詞射策，為同門生，並時筮仕於魏貝之地。聲猷志氣，相親莫逆。

從這篇序中，我們可以看出李栖筠的文學思想，至少有以下三個要點：第一，作文本於詩之無邪，易之貞厲，春秋之褒貶，是典型的宗經思想。第二，雖不鄙薄曼詞麗句，但也不刻意提倡，因爲那畢竟不合乎先王的法言——合乎禮法的言論。這又是載道的文學觀了。第三，以詩賦取士，非化成之道。這一點也是文以載道的思想。考唐代科舉以詩賦（雜文）取士，始於高宗調露二年（卽永隆元年，六八〇）㉙，其後遂成常式，文風乃益趨浮薄。寶應二年（七六三），禮部侍郎楊綰上疏請試經問及對策，詔下給事中李栖筠等議。李栖筠的看法是：

夏之政忠，商之政敬，周之政文，然則文與忠敬皆統之人行。且諡號述行，莫美於文，文興則忠敬存焉。故前代取士，本文行也，由辭觀行，則及辭焉。宣父稱顏子「不遷怒，不二過」，謂之好學。今試學者以帖字為精通，不窮旨義，豈能知遷怒二過之道乎？是以上失其源，下襲其流，先王之道莫能行也。……魏晉以來，專尚浮俊，德義不修，故子孫速顛，享國不永也。

今綰所請，實為正論。」一㉚

古文家殷殷以先王之道爲意的復古思想，在李栖筠的這篇貢舉議中，充分的表現了出來。因此我們可以說李栖筠實是一個不折不扣的古文家。也可以大膽的推測，蕭存、韓會等人的文學思想，必也曾經受其影響與鼓舞。諸人之所以得其薦拔，文學理念的一致，應是最大的原因。當然，他厚遇大儒徐岱，稱其所居爲復禮鄉㉛的道理，也就不言可喻了。

三、李　華（？—七七四）

李華，字遐叔，趙州贊皇（今河北贊皇）人。開元二十三年（七三五）與蕭穎士同登進士第。天寶十一載（七五二）登朝爲監察御史，累轉侍御史、禮部、吏部二員外郎。安祿山反，玄宗入蜀，華母在鄴（河南安陽），欲兼行輦母以逃，爲盜所得，僞署鳳閣舍人。賊平，貶杭州司功參軍。上元中，詔授左補闕，加尚書司封員外郎。李峴領選江南，表置幕府，擢檢校吏部員外郎，苦風痺，去官，客隱山陽（江蘇淮安）。大曆九年（七七四）卒，生年無考，惟知與蕭穎士相近，享年約近六十㉜。舊書一九〇下、新書二〇三有傳。有文集三十卷。原書宋時已佚，全文三一四至三二一收其文八十五篇，全詩收其詩二十九首。

李華是蕭存之父穎士最親蜜的朋友，同時也是文學思想上志同道合的知己。二人獎掖後進不遺餘力，同爲唐代古文運動奠下了堅固的基礎。乾元三年（上元元年，七六〇）蕭穎士死的時候，李華正在杭州司功參軍任上，得到蕭存的告知之後，作了一篇「祭蕭穎士文」（全文三二一）痛悼故友道：「嗚呼茂挺，平生相知，情體如一。歲月之别，俄成古今。天乎喪予，此痛何極！……華疇昔之歲，幸忝周旋。足下不棄愚劣，一言契合。古稱管鮑，今則蕭李。有過必規，無文不講……循還往復，何日忘此！存、實等泣血千里，羈旅相依。聞其一哀，心骨皆斷。夫痛之至者言不能宣，雖欲寄詞，祇益塡塞。」深厚的情誼，表露無遺。除了這篇祭文，李華後來還應蕭存之請，爲穎士文集作了一篇序文（全文三一五揚州功曹蕭穎士文集序），對蕭穎士的生平及文學思想，作了一番精要的介紹。

李華較蕭存年長約二十餘歲。除了上述事蹟之外二人並無其他交往紀錄可資考證；但由於韓會曾得李華愛獎，同時又與蕭存友善（見前文考證），而蕭存之於李華，又爲故人之子，因此二人關係之密切，應是可以想像的。

四、包　佶（？——七九二）

包佶，字幼正，潤州延陵（今江蘇鎭江）人。父融，集賢院學士，與賀知章、張旭、張若虛有名當時，號「吳中四士」。天寶六年（七四七）楊護榜進士及第㉝，累官諫議大夫。貞元二年（七八六），以國子祭酒知禮部貢舉㉞。改秘書監。貞元八年（七九二）卒㉟。卒齡無考。封丹陽郡公。傳附新書一四九劉晏傳中。

包佶的年歲，雖然不得而知；但他與存有「通世宿好」，因此爲蕭存的長輩，則無可疑。全文五

○八權德輿「祭秘書包監（佶）」文：

> 維貞元八年（七九二）歲次壬申五月朔日，故吏金部員外郎蕭存、太常博士權德輿、大理寺丞王純等，謹以清酌庶羞之奠，敬祭於故秘書包七丈之靈……。立言大旨，為經為紀，行中文質，不華不俚。魯史一字，詩人四始。泝其源流，用制頹靡。以誼藩身，與道為鄰……某等劣薄，嘗承討論。通世宿好，嘉招厚恩。舞雩出遊，昔實童子。峴首良會，俄叨知己。

文中蕭存等既自稱是包佶「故吏」，又說與佶「通世宿好」，「峴首良會，俄叨知己」，則包佶與蕭存的關係，自是十分密切深厚。（從此也可了解，建中年間，包佶「臨風欽舊」，奏授蕭存爲監察御史（見上文事蹟考）的原因了。可惜峴首良會的年代，以及蕭存之父穎士，與包佶舊日的交往情形如何，都已無考，不得其詳。祭文中說包佶「立言大旨，爲經爲紀，行中文質，不華不俚。魯史一字，詩人四始。泝其源流，用制頹靡。以誼藩身，與道爲鄰。」可見其文學思想，與蕭穎士如出一轍，都是主張以文載道的古文家。這一點還可以從全文五十八梁肅的「秘書監包府君（佶）文集序」中得到明證：

> 文章之道與政通矣，世教之汚崇，人風之薄厚，與立言立事者邪正臧否皆在焉。故登高能賦，可以觀者，可與圖事。誦詩三百，可以將密命，可與專對。若子產入陳，以文辭為功；仲尼弟子，用文學命科。文學者或不備德行，德行者或不兼政事。於戲！才全其難乎！有唐故秘書監丹陽公包氏，諱佶，字幼正，烈考集賢院學士，大理司直，贈秘書監諱融，實以文藻盛名揚於

開元中。洎公與兄起居何，又世其業，競爽於天寶之後，一動一靜，必形於文辭，由是議者稱為二包，孝友之美，聞於天下。擬諸孔門，則何居德行，公居政事，而偕以文為主，不其偉歟！諷諭其從政，則執度行志，率誠會理，不苟觭晦昧，以撓其守。故其言體要，而動有事功。易稱君子之光，傳美忠文之實，公之謂也。

五、戴叔倫（七三二——七八九）

戴叔倫，字幼公㊱，潤州金壇（江蘇金壇）人。師事蕭穎士，以文學政事見稱蕭門。自秘書正字，累遷監察御史、祠部郎中，拜撫州刺史，封譙縣男。貞元四年（七八八）七月，遷容州刺史、兼御史中丞、本管經略使㊲。綏徠夷落，威名流聞。其治清明仁恕，多方略，故所至稱最。代還。德宗貞元五年（七八九）六月甲申（十三日）卒，年五十八。事蹟俱詳全文五〇二權德輿戴叔倫墓誌銘。郡齋讀書志四中，及唐才子傳五俱稱叔倫貞元十六年進士及第，登科記考十四從其說，均誤。新書一四三有傳。

戴叔倫較蕭存年長七歲，二人的交往無任何文獻可資考證；不過可能始於叔倫受教於蕭穎士門下之時。案穎士較叔倫年長十五歲，穎士初次廣收門徒，始於天寶元年（七四二）留客濮陽之時。那時叔倫不過十一歲，而且家住金壇，似乎不太可能北上受業。穎士第二次授徒，在天寶八載（七四九）自集賢校理降資參廣陵大府軍事（本年叔倫十八歲），至十載（七五一）八月詣京待制史館以前。第三次則是自肅宗至德元載（七五六）冬入淮南節度幕掌書記，兼補揚州功曹，至乾元元年（七五八）揚州功曹秩滿南遊之前（本年叔倫二十七歲）㊳。以年歲及地利而論，戴叔倫似以在蕭穎士第二或第三次授徒時受業，較爲可能；也就是說，叔倫之入蕭門，大約在他十八歲（蕭存十一歲）至二十七歲（蕭存二十歲）之間，他與蕭存的初識，大概也就在這個時候。

全詩二七四有戴叔倫「送蕭二（存）」詩一首說：「擬向田間老此身，寒郊怨別甚於春。又聞故里朋遊盡，到日知逢何處人。」當是晚年之作。

六、崔造（七三七—七八七）崔述（七四五—八〇一）

崔造，字玄宰，博陵安平（今河北安平）人。爲權德輿岳丈。永泰中與韓會、盧東美、張正則三人並稱四夔，而造號白衣夔㊴。貞元二年（七六八）正月，以給事中與齊映同時拜相，同年十二月庚申（五日），罷爲右庶子。貞元三年（七八七）㊵九月卒，年五十一。舊書一三〇、新書一五〇有傳。

崔造較蕭長二歲，二人於大曆初友善齊名，而且都曾受到李栖筠的薦拔。他的作品流傳到現在的僅有全文四三四「與權德輿書」，及唐文拾遺二四引自唐會要五十五的「進狀先本司奏」二篇。其中「與權德輿書」一文，頗能見出他的復古思想：

造白：僕嘗以道喪日久，罕見君子。閒者奉睹，得聞循上之方，體仁之度言發理契，心朗目明。涉道之誠，若乘川而得舟檝，其慰慼也，寤寐自賀。竊思前賢，心感之重，義叶之固，或約之以朋友，或申之以婚姻，聚之以望閭，悦之以晏好。俾一日之合，為累世之歡。裔嗣承流，清風自遠。克成貞素之業，永稱道德之門。卽潁川荀陳，蓋其事也。僕不揆鄙固，景行行之……息女二人，姿性及義，以靜約為尚，以琴書為適，庶可以承君子之好，備有道之室……幼女未笄，願繼德嗣，北歸之日，敬俟嘉命。

因喜其人涉道之誠，衷心自賀，而申之以婚姻，崔造的信道之篤，和用心之苦，眞是令人感佩。後來權德輿也把女兒嫁給了獨孤及的兒子獨孤郁，理由也是因爲獨孤郁「文學有父風」[41]。因而雀屏中選。由此我們益可見出古文家彼此聲應氣求的強烈意願，和綿密的人脈關係了。

崔造與蕭存的交遊，一如韓會、趙贊，始於大曆初年，二人相交二十餘年。

崔沭，字玄明，造弟未弱冠而爲藍田尉，歷監察御史、侍御史。貞元十二年（七九六），出爲房州刺史。十七年（八〇一）秋九月辛酉（二日）疾卒，年五十七。兩唐書無傳。全文五〇三權德輿「唐故給事郎使持節房州諸軍事守房州刺史賜緋魚袋崔公（沭）墓誌銘」：

初公仲兄右庶子[42]安平公，有重名於時。安平所與游者，公皆從而游焉。故常與賢士大夫，推古今世道，博約論辯，攄之於詞，凡數千言。因曰：「勝質之文，吾所甚懼。彼奔馳塞路者，既不可遏，又惡用斐然之為也耶？」遂輒削去，其用晦如此。

案安平公卽崔造。崔造的朋友，崔沭既皆從游，則蕭存必定也與沭相識，而相識之年，必定也在大曆初年。再說崔沭既「常與賢士大夫，推古今世道，博約論辯，抒之於詞」，則其文學思想又當有可能受蕭存等人的影響。據上引權撰墓誌可知，崔述質重於文的觀念，較之顏眞卿、李華的質文並重論，實更趨於保守，而與韓會的「文衡」一文同調，可以稱得上是古文家中的保守派。

七、韋應物（約七三七——約七九六）

韋應物，唐京兆萬年縣杜陵（今陝西長安）人。少爲明皇宿衞，豪縱不羈。寶應元年（七六二）明皇崩，應物失職流落，屏居武功寶意寺折節讀書。大曆九年（七七四）官京兆府功曹。建中二年（七八一），爲比部員外郎。三年，出爲滁州刺史。興元元年（七八四），罷郡，家貧不能歸，遂留居郡之南巖寺。貞元元年（七八五），授江州刺史。四年（七八八），刺蘇州。六年（七九〇），罷寓蘇州西南永定精舍，租田二頃，課子弟躬耕。此後，以眼暗，漸廢吟詠。貞元十一年頃卒，年約六十。應物立性高潔，所居必焚香掃地而坐。其五言詩高雅閑淡，自成一家。有詩集十卷。兩唐書無傳㊸。

全詩一八九有韋應物「送倉部蕭員外院長存」一詩：

襆被蹉跎老江國，情人邂逅此相逢，不隨鴛鷺朝天去，遙想蓬萊臺閣重。

詩作於貞元四年秋冬任蘇州刺史以後（見上文事蹟考）。這是韋、蕭二人交遊僅存的記載。

八、韓　會（七三九——七八〇）

韓會是韓愈的長兄，兩唐書無傳，其傳記見於宋魏仲舉「新刊五百家注音辨昌黎先生文集」附「

韓文類譜」八宋王銍「韓會傳」。傳文說：

> 韓會，昌黎人。仲卿長子也。當是時，李華、蕭穎士有文章重名，會與其叔雲卿，俱為蕭、李愛奬。其黨李紓、柳識、崔祐甫、皇甫冉、謝良弼、朱巨川並遊。會慨然獨鄙其文格綺豔，無道德之實，首與梁肅變體為古文章，為文衡一篇……永泰中去，率崔造、盧東美、張正則居上元及江淮間，好言當世事，自謂有王佐材，以道德文學伏一世，大夫士謂之四夔，以其道與皋夔侔。或云夔嘗為相，四人者，身在隱約，天下許以為相，故云。浙西觀察使李栖筠薦，累遷起居舍人。善清言，能歌嘯。名譽既重，故多謗，貶韶州卒。

案韓會卒於德宗建中元年（七八〇），年四十二㊹，與蕭存同生於開元二十七年（七三九）。傳文說「會與其叔雲卿，但為蕭、李愛奬」。考蕭穎士卒於肅宗乾元三年（上元元年，七六〇）㊺，韓會時年二十二，其為蕭穎士愛奬，當在這年以前；至於何時何地，就不得而知了。又，依常理判斷，韓會既為穎士愛奬，則與同年的蕭存，似當相識。果眞如此的話，則蕭存與韓會的初識，恐當早在二十二歲以前，而不是大曆初年了。由此下推，至建中元年韓會卒止，二人交誼長達二十年以上。又，韓會為「四夔」之首，除韓會外，蕭存又與其中之一的崔造交往，則其與四夔關係之密切，不難想見。「四夔」之目，始見於韓昌黎集二四考功員外盧君（東美）墓誌。王銍所述，當即本此而來：

> 愈之宗兄故起居舍人君（韓會），以道德文學伏一世。其友四人，其一范陽盧君東美。少未出仕，皆在江淮間，天下大夫士謂之「四夔」。其義以為道可與古之夔皋者侔，故云爾。或曰夔

嘗為相，世謂相夔，四人者雖處而未仕，天下許以為相，故云。

其後唐韋絢劉賓客嘉話錄崔造條（亦見太平廣記一五一崔造條）、國史補、新舊書崔造傳及錢易的南部新書，也都有記載。唐韋儿劉賓客嘉話錄第五條崔造條：

崔丞相造布衣時，江左人士號曰白衣夔。時有四人：是盧東美。其二遺忘。

國史補下：

開元日，通不以姓而可稱者……又有「四夔」……韓會與名輩號為「四夔」，會為夔頭，而善歌妙絕。

舊書一三〇崔造傳（新書一五〇崔造傳同）：

崔造，字玄宰，博陵安平（今河北安平）人。少涉學。永泰中，與韓會、盧東美、張正則為友，皆僑居上元（今江蘇江寧），好談經濟之略，嘗以王佐自許，時人號為「四夔」。

宋錢易南部新書丙一八一條：

崔造、韓會、盧東美、張正則為友，皆僑居上元，好談經濟之略，嘗以王佐自許，時人號為「四夔」。

由此可見四夔之說，在當時是信而有徵的；不過四夔的成員，唐摭言四卻有不同的說法：

盧江何長師、趙郡李華、范陽盧東美，少與韓衢為友，江淮間號曰「四夔」。

案此四人中，除盧東美外，其餘三人皆與他說不合。廬江何長師事蹟不詳。全文三一五有李華「送何萇序」說：「廬江何秀才棹流千里，候余柴門，執弟子見師之禮，余竦然自愧，何德以堪之。意者賢大夫賈廬州（深）㊻待余異等，談余過實是以致。」如果廬江何萇秀才就是廬江何長師的話，那麼，李華與何秀才不過略有一面之緣而已，談不上友善，更不可能齊名。何況何萇還對李華執弟子見師之禮呢。至於韓衢其人，諸書皆無記載，只有全文六〇九劉禹錫「唐故監察御史贈尚書右僕射王公（俊）神道碑」曾有一語提到而已：「季子彥威，娶潁川韓氏主客員外郎衢之女。」因此，摭言的說法恐怕是不足以採信的。

韓會的古文思想，可於其「文衡」㊼一文見之：

蓋情乘性而萬變生。聖人知變之無齊必亂，乃順上下以紀物，為君為臣為父為子，俾皆有經，辯道德仁義禮智信以管其情，以復其性，此文所由作也。故文之大者統三才，理萬物。其次敍損益，助教化。其次陳善惡，備勸戒。始伏羲，盡孔門，從斯道矣。後之學者，日離於本。或浮或誕，或僻或放，甚者以靡以逾，以蕩以溺。其詞淫巧，其音輕促。噫！啓姦導邪，流風薄義斯為甚。而漢魏以還，君以之命臣，父以之命子。論其始則經制之道，老莊離之；比諷之文，屈宋離之；紀述之體，遷固敗之。學者知文章之在道德五常，知文章之作以君臣父子，簡而無華，婉而無為。夫如是則聖人之情可思而漸也。

可見韓會在文學的功用方面，主張「文之大者統三才，理萬物。其次叙損益，助教化。其次陳善惡，備勸戒」。文章的作法方面則主張「簡而無華，婉而無爲」，而排斥淫巧輕促之文。這些論點，與蕭穎士的看法完全一致⑱。蕭穎士對韓會的影響，由此可見一斑。

九、齊　抗（七四〇——八〇四）

齊抗，字遐舉，定州（今河北定縣）義豐人，澣孫。少值天寶亂，奉母夫人隱會稽。大曆中，壽州刺史張鎰辟爲判官。建中三年（七八二），鎰自中書侍郎平章事出鎮鳳翔，奏抗爲監察御史，仍爲賓佐，幕中籌畫，多出於抗。貞元初，爲水陸副使，督江淮漕運以給京師。遷諫議大夫，歷處州刺史，轉潭州刺史、湖南都團練觀察使。入爲給事中，又爲河南尹。貞元十六年（八〇〇）九月庚申（二十五日），以太常卿代鄭餘慶爲中書侍郎、同中書門下平章事。十九年（八〇三）七月己未（十一日），罷爲太子賓客。二十年（八〇四）四月卒，年六十五，贈戶部尚書，謚曰成。舊書一三六、新書一二八有傳⑲。

齊抗生於開元二十八年（七四〇），較蕭存年幼一歲。二人的交遊始於何時，無法考證。苻志說：「今相國齊公抗……投分許與，期於莫逆……相國於君有生死之交情，至於葬舊鄉，撫嵇紹，蓋餘力也，足以慰其精靈焉。」可見二人交情，非比尋常。

全文四九九權德輿「唐故中書侍郎同中書門下平章事太子賓客贈戶部尚書齊成公（抗）神道碑銘」說：

有唐文學政事之君子曰相國齊成公諱抗，字遐擧……有詔修國史。昔孔父無位，以空文為一王法，公當盛聖之代，用宰司總直筆，其於褒貶勸懼明焉……凡所論著，皆研幾析理，宏雅夷遠，洪州文宣王廟碑、張蕭盧三相國碑誌，本聖人教化之蹟，推大政蓍明之道，固其性術，講貫而發舒乎斯文。文集二十卷，中倫體要，盡在是矣。

案齊抗文集今已不存，僅全文四五六收其文二首而已。不過我們還是可以由權德輿的這篇碑銘中，約略看出他的史觀和文學思想，仍是屬於古文一派。

十　許孟容（七四三——八一八）

許孟容，字公度，京兆長安（今陝西西安）人。少以文詞知名。大曆十一年（七七六）進士及第⑩。後究王氏易，登科授秘書省校書郎。元和四年（八〇九），拜京兆尹，改兵部侍郎。俄以本官權知禮部貢舉，頗抑浮華，選擇才藝。元和十三年（八一八）四月卒，年七十六，贈太子少保，謚曰憲。孟容方勁，富有文學，而又好推轂，樂善拔士，士多歸之。與楊憑、穆質、李鄘、王仲舒爲友，時人稱「楊穆許李」之友，仲舒以後進慕而入焉⑪。舊書五四、新書一六二有傳。

孟容生於天寶二年（七四三），較蕭存年幼四歲。二人交遊始於何時，不可考知。不過孟容的文學思想倒是和蕭存等人的看法一致的。全文四七九許孟容「穆公（員）集序」說：

班孟堅謂有漢文章與三代同風。巨唐化成，稽古斯文，配炎靈之盛，浸息淫靡，歸於正聲。由是業文之士，蓄靈含粹，光價時獨者，往往間出。

苻誌說蕭存與孟容等人「投分許與，期於莫逆」，大概是基於文學理念相同的緣故吧？

十一　徐　岱（七四九——七九八）

徐岱，字處仁，蘇州嘉興（今浙江嘉興）人也。大曆中，轉運使劉晏表薦之，授校書郎。浙西觀察使李栖筠厚遇之，敕故所居爲復禮鄉。貞元初，遷水部郎中，充皇太子及舒王已下侍讀，尋改司封郎中，擢拜給事中，加兼史館修撰，並依舊侍讀。德宗以誕日歲歲詔佛、老者大論麟德殿，並召岱及趙須、許孟容、韋渠牟講說。始三家若矛楯然，卒而同歸于善。性篤愼，未嘗洩禁中語，亦不談人之短，婚嫁甥姪之孤遺者，時人以此稱之。貞元十四年（七九八）卒，年五十，贈禮部尙書[52]。舊書一八九下儒學下、新書一六一有傳。

徐岱生於天寶八載（七四九），較蕭存年幼十歲。二人的交遊大約就在大曆初年蕭存任蘇州常熟縣主簿的時候，因爲大曆中，徐岱便因劉晏之薦而入朝爲校書郎了。

徐岱的作品盡已失傳，因此他的文學思想也無從得知。不過，舊書既將他寫入儒學傳中，而全文五〇九權德輿「祭徐給事（岱）文」又說他「懿懿夫君，文誼是圖……遐覽古音，琢磨無斁。以五常爲師，味六學之賾……三命登朝，禮文損益，既肄業以綿蕝，亦說經而重席」，且其所從遊或共事之人，如：柳冕[53]、蕭存[54]、權德輿[55]等，都是古文家。由此看來，徐岱或許也是古文運動中人了。

十二　趙　贊

趙贊，河東（今山西永濟）人，和州（今河北南和）刺史珍子56。建中二年（七八一）十月，以中書舍人權知貢舉57。官至戶部侍郎。兩唐書無傳。

趙贊兄匡，字伯循，爲蕭穎士天寶初年留客濮陽（今河北濮陽）時期的弟子58。兄弟二人，一爲穎士弟子，一與其子爲友，蕭氏父子與趙氏兄弟關係之密切，由此可見。

新書四十四選舉志上說：「先是，進士試詩、賦及時物策五道，明經策三道。建中二年，中書舍人趙贊權知貢舉，乃以箴、論、表、贊代詩、賦，而皆策試三道。」唐會要七十五貢舉上明經條收趙贊此事奏文說：

舉人明經之目，義以爲先。比來相承，惟務習帖；至於義理，少有能通。經術寖衰，莫不由此。今若頓取大義，恐全少其人；欲且因循，又無以勸學。請酌舉司舊例，稍示考義之難。承前問義，不形文字。落第之後，喧競者多。臣今請以所問，錄於紙上，各令直書其義，不假文言。既與策有殊，又事堪徵證。憑此取舍，庶歸至公。如有義策全通者，五經舉人，請準廣德元年七月敕，超與處分。明經請減兩選。伏請每歲甄奬，不過數人，庶使經術漸興，人知教本。

趙贊認爲經術寖衰，是因爲參加考試的人「惟務習帖，至於義理，少有能通」所致，因而主張進士、明經考試，以箴、論、表、贊取代詩賦，「庶使經術漸興，人知教本」。此種論調，與蕭穎士、李華等古文家宗經載道之一貫主張殊無二致，而蕭氏父子及乃兄所給予他的影響，也於此居然可見了。

十三 梁　肅（七五三—七九三）

梁肅，字敬之，一字寬中。建中初，中文辭清麗科，擢太子校書郎。杜佑辟淮南掌書記，召爲監察御史，轉右補闕、翰林學士、皇太子諸王侍讀。貞元九年（七九三）十一月十六日卒[59]，年四十一，贈禮部郎中。

案梁肅生於天寶十二載（七五三）[60]，較蕭存年幼十四歲。全文五二三崔元翰「右補闕翰林學士梁君（肅）墓誌銘」說：「嗚呼！君之寓於江南……年十八，趙郡李遐叔、河南獨孤至之始見其文，稱其美，由是大名彰於海內。」梁肅十八歲之年，正是大曆五年（七七〇），其時蕭存正在蘇州常熟縣主簿任上。假令蕭、梁二人卽於此時相識（事實恐亦相去不遠），則其時蕭存三十二歲，逮貞元九年梁肅之卒，二人相交達二十三年之久。

梁肅爲獨孤及弟子，獨孤及出自李華門下[61]，而李華則爲蕭存的父執輩，彼此間的關係十分密切。因此，蕭、梁二人的友善，自然也就不在話下了。

十四、權德輿

權德輿，字載之，天水略陽（今甘肅天水）人。韓洄黜陟河南，辟爲從事，試秘書省校書郎。貞元十七年（八〇一）冬，知禮部貢舉。凡三歲掌貢士，號爲得人。元和五年（八一〇）冬，與李藩同作相。八年（八一三）正月，罷爲禮部尚書。十一年（八一六），復以檢校吏部尚書出鎭興元。十三年（八一八）八月，有疾，詔許歸闕，道卒，年六十。贈左僕射，謚曰文。有文集五十卷行於代。舊書一四八、新書一六五有傳。

德輿較蕭存年幼二十歲。貞元八年（七九二）包佶卒，德輿曾與蕭存以故吏而兼晚輩的身份，同往祭悼。德輿作文以祭，時年三十四，官太常博士；蕭存年五十四，官金部員外郎。

權德輿與古文運動頗有淵源。他的父親權皋，與古文家顏眞卿、李華、獨孤及、柳識兄弟暨韓洄、王定等，都相友善⑥²。安史之亂前夕，權皋詐死奉母涉江以免禍，由是天下知名。大曆元年（七六六）四月死於丹徒（年四十二）的時候，李華還曾爲他寫了一篇墓表（全文三二一），說他「有大節不可奪，大名不可掩，大才不可及，大行不可名」，「可以分天下之善惡，一人而已」。眞可說是推崇備至了。至於德輿本身，也與包佶、張建封、許孟容、蕭存、柳冕、楊憑、楊凝兄弟、梁肅、崔元翰、暨崔遴、崔造、崔述三兄弟相交遊⑥³。崔造因爲欣賞他的才華和信道的誠篤，甚至主動將幼女許配給他⑥⁴。後來權德輿也把女兒嫁給獨孤及之子獨孤郁爲妻。綿密的文學因緣之外，因此又加上了一層兒女親家的關係，也可以稱得上是唐代古文運動史上的佳話了。至於權德輿的文學思想，介紹頗費篇幅，筆者他日擬於文論述，此處暫且從略。

十五、苻　載⑥⁵（七五九—約八一三）

苻載。字厚之，蜀（今四川省）人。建中元年（七八〇）與楊中師（名衡）、王簡言、李元象隱居廬山，號「山中四友」。聚書萬卷，不爲章句學。貞元中，李巽爲江西觀察，薦其材，授奉禮郎，爲南昌軍副使。繼辟西川韋皋掌書記、澤潞郗士美參謀。歷協律郎、監察御史。元和中卒，年約五十五歲。段文昌爲墓誌[66]。誌佚，卒年不可確考。兩唐書無傳。

苻載較蕭存年幼二十歲。二人同居廬山，其交誼可能始於貞元十年蕭存罷歸潯陽以後。貞元十六年（八〇〇）十月蕭存去世，苻載還曾受託寫作墓誌銘，可見苻載當頗得蕭存的愛賞。「全文六八八苻載與劉評事伯芻書：

余友蘭陵蕭易簡篋中，獲足下所製窮達述。高韻孤峙，詞趣淵密，探聖賢性命之際，究天地否泰之理……使百世君子之知道益明，守道益堅，不汲汲，不戚戚，從容中道，斯立言之由也。

又同卷寄徐泗張大夫（建封）書：

大凡人之有生，處而道德不滋於身者，竊雨曜之光明也；出而功烈不被於世者，偷大君之珪組也。況乎屬一詞，乇一事，上不陳敎化，次不敍志意，皆游言也，豈曰爲文？

由此二文可知，苻載的文學觀與蕭穎士「優遊道術，以名教爲己任，著一家之言，垂沮勸之益」[67]的思想頗相近似。全文六九一苻載「尚書比部郎中蕭府君（存）墓誌銘」文末說：「載後學小子，日遊於藩，故遺芳盛烈，備得詳悉。」看來蕭存的思想行誼，對苻載應是有所影響的。苻載的古文思想，或許也曾經蕭存的中介而得到啓發吧？

十六、韓　愈（七六八—八二四）

韓愈，字退之，河陽（今河南孟縣）人。長兄會，以道德文章伏一世。永泰中，居江淮間，與盧東美、崔造、張正則友善，談經濟之略，以王佐自許，時人號爲四夔。與其叔雲卿俱遊蕭穎士之門。愈生於代宗大曆三年（七六八），未二月而母卒。三歲，父仲卿卒於長安，因養於伯兄會、嫂鄭氏。大曆九年（七七四），隨兄會至長安，始讀書。貞元八年（七九二）登進士第。官至吏部侍郎。穆宗長慶四年（八二四）十二月卒於靖安里第。年五十七。贈禮部尚書，謚曰文。舊書一六〇、新書一七六有傳。

韓愈較蕭存年幼二十九歲，少年的時候，常得蕭存愛賞。元和十五年（八二〇），韓愈自袁州入爲國子祭酒，途經江州，順道遊覽廬山，並拜訪蕭存故居，見諸子凋謝，有女出家，乃愴然賦詩題壁，留百縑以拯之而去（見上文事蹟考）。這年韓愈五十三歲，而蕭存則已去世二十一年了。韓愈三歲卽受長兄會之教養，而韓會則受蕭穎士的愛獎，且與蕭存相友善，因此兩家二世的交情，十分深厚韓愈日後的古文成就，與蕭氏父子對其兄弟的知賞，實有莫大的關係。韓愈爲古文大家，其文學思想前賢討論極多，無庸贅述。

十七、楊　憑（？—八一七）、楊　凝（？—八〇三）

楊憑，字虛受，一字嗣仁，虢州弘農（今河南靈寶）人，柳宗元妻父。與弟凝、凌皆有名，大曆中踵擢進士第[68]，時號「三楊」。憑重交遊，尚氣節然諾，與穆質、許孟容、李鄘、王仲舒爲友，故時人稱「楊、穆、許、李」之友。仲舒以後進慕而入焉。歷事節度府，召爲監察御史。累遷太常少卿湖南、江西觀察使。入拜京兆尹。與御史中丞李夷簡有隙，因劾憑江西姦贓及它不法，元和四年七月貶臨賀（今廣西賀縣）尉[69]，俄徙杭州長史。元和十二年（八一七）[70]，以太子詹事卒，卒齡不詳。舊書一四六、新書一六〇有傳。

楊凝，字懋功。由協律郎三遷侍御史，爲司封員外郎，坐釐正嫡媵封邑，爲權幸所忌，徙吏部，稍遷右司郎中。宣武董晉表爲判官。晉卒，亂作，凝走還京師，闔門三年，拜兵部郎中。貞元十九年（八〇三）以痼疾卒[71]，生年無考。新書一六〇有傳。

楊氏兄弟與蕭存的交誼，大約始於大曆初年，蕭存在蘇州任常熟縣主簿的時候。全文四八九權德輿「兵部郎中楊君（凝）集序」：

> 君諱凝，字懋功……。早歲違難於江湖間，與伯氏嗣仁（憑）、叔氏恭履（凌），修天爵，振儒行，東吳賢士大夫號為「三楊」。

案「三楊」之說，亦見於新書一六〇楊憑傳（見上文楊憑條）。可見楊憑、楊凝、楊凌三兄弟，係因於大曆年間，接連登進士第，而爲「東吳」賢士大夫號爲「三楊」的。再查清徐松「登科記考」卷十、十一，憑大曆九年（七七四）、凌大曆十一年（七七六）、凝大曆十三年（七七八）登進士第。

而這一時期，蕭存正在蘇州常熟縣主簿任中，因此其與楊氏兄弟的交遊，似有可能始於此時，甚或早在楊氏兄弟「違難於江湖」之初，只是確定年代已不可考了。

楊氏兄弟俱善屬文，天下號爲文章家⑫。其文學思想，亦屬古文一派。貞元末年，楊憑任湖南觀察使的時候，權德輿曾請他爲其文集作序。序文今雖不存，但從德輿的謝函——答楊湖南書（全文四八九）——中可以推知，楊憑對他的文章是頗爲稱道的。而德輿在信中則以充滿自信的口吻，暢論自己的文學觀點說：

書命者，古先哲王之所以發德音而賦百職也。在易曰「后以施命，告四方」；書曰「誕告萬方」；詩曰「訏謨定命，遠猶辰告」。故君陳、君牙、畢命、冏命之作，皆直而文，簡而誠，含章而不流。漢廷亦云「文章爾雅，訓辭深厚」，其重如是，而鄙人忝焉。使盛聖之文明，不登於典謨訓誥，罪在菲薄，其敢逃責於多士耶！

這樣的論調，想必亦爲楊憑首肯，甚或提倡，否則權德輿當不敢求其作序，而楊憑也不會對他的作品大表讚揚了。

至於楊凝的文學思想，則更無疑的是典型的宗經載道觀了。全文四八九「兵部郎中楊君（凝）集序」：

詞合雅，言中倫。疏通而不流，博富而有節。潔靜夷易，得其英華者，其宏農楊君歟？君諱凝，字懋功，……與伯氏嗣仁（憑）、叔氏恭履（凌），修天爵，振儒行，東吳賢士大夫號為三揚。易象之懿文，孔門之言詩，皆生知之……磅礴三古，推明六義。措跡愈退，而屬詞愈精。

十八、沈既濟

沈既濟，蘇州吳（今江蘇吳縣）人，傳師父。經學該明，吏部侍郎楊炎雅善之。既執政，薦既濟有良史才，召拜左拾遺、史館修撰⑬。炎得罪，既濟坐貶處州（今浙江麗水）司戶參軍。後入朝，位禮部員外郎，卒。生卒年信不詳。撰「建中實錄」十卷⑭，時稱其能。新書一三二有傳，舊書則附入一四九其子傳師傳中。

沈既濟與蕭存相交於何時，無確實資料可考。但以既濟爲蘇州吳人這一點推測（蕭存的岳父裴光輔也剛好曾任蘇州吳縣丞），可能就大曆初年蕭存任蘇州常熟縣主簿的時候。

沈既濟爲唐代著名的傳奇作家，今傳枕中記、任氏傳二文卽出自他的手筆。他同時也是一個優秀的史學家，撰建中實錄十卷，見稱於時。更曾因吳兢撰國史，以則天事立本紀，而奏議反對，以爲當『別纂錄入皇后傳，列於廢后王庶人之下，題其篇曰『則天順聖皇后』』，並闡明史家修史應有的基本態度說：

史氏之作，本乎懲勸。以正君臣，以維家邦。前端千古，後法萬代。使其生不敢差，死不忘懼。緯人倫而經世道，為百王準的；不止屬辭比事，以日繫月而已。故善惡之道，在乎勸誡；勸誡之柄，存乎褒貶。是以春秋之義，尊卑輕重升降，幾微髣髴，雖一字二字，必有微旨存焉。況鴻名大統，其可以貸乎？

既濟的意見雖然未被採納，但是卻得到史家的贊同⑮。從這段議論當中，我們可以瞭解既濟的史學觀念，與蕭穎士所主張的「筆削褒貶，懲惡勸善」的春秋筆法正相唱和⑯，而這也正是歷來古文家所極力提倡的史觀。新書蕭存傳既說既濟與蕭存友善，那麼，他的史學觀念應有可能受到蕭穎士間接（經由蕭存的轉介），甚或直接（親炙於穎士）的影響。

十九、釋皎然

皎然，字清晝，長城（今浙江長興）人，俗姓謝氏，劉宋康樂侯靈運十世孫。登戒於靈隱戒壇守直律師邊。文章儁麗，爲釋門偉器。居湖州杼山，有詩名，著詩式五卷、杼山集十卷。與韋應物、盧幼平、吳季德、李萼、皇甫曾、梁肅、崔子向、薛逢、呂渭、楊逵，或簪組，或布衣，與之交結，必高吟樂道；而於陸鴻漸尤稱莫逆。生卒年不詳，惟知貞元八年仍在人世⑰。傳見宋釋贊寧宋高僧傳二九、元辛文房唐才子傳四。兩唐書無傳。

皎然與蕭存至遲在大曆八年卽已相識。這年二人均應顏眞卿之邀，共修韻海鏡源。至於兩人初識的實際年代，雖然無法確考，但以皎然與當時諸多詩人和古文家交往的情形來看，恐怕較大曆八年還要早些。因爲這些人也多是蕭存的朋友，或是蕭穎士的門生、故舊，彼此介紹認識，似乎不無可能。如：梁肅與蕭存友善，閻士和則爲蕭穎士門生⑱。而全文九一七皎然答權從事德輿書，自述受知於先輩作者的情形則說：「先輩作者故李員外遐叔（華）、故皇甫補闕茂正（冉）、故嚴秘書正文（維）、故房吳縣元警（聳）、故閣評事士和、故朱拾遺長通（放）、故處士韋（不詳），此數子，疇昔爲林下之遊。遐叔當時極許貧道四十韻之作……遐叔因此相重……今再遇足下見知，則知東山遺民，時免櫛琴絕弦於知己矣。」其中李華爲蕭穎士畢生的知己，皇甫冉和閣士和一樣，都是蕭穎士的弟子。

全詩八一八有皎然「同顏使君清明日遊因送蕭主簿」詩，顏使君卽湖州刺史顏眞卿，蕭主簿則是蘇州常熟縣主簿蕭存。這是紀錄二人交遊僅存的一首作品。

二十、陳詡（一作翊）

陳詡，字載物，閩縣人，進士及第，官戶部郎中⑲、知制誥。元和十三年（八一八）猶在人世⑳，餘無考。新書藝文志著錄其集十卷，今存詩七首，文二篇。兩唐書無傳。

全詩三〇五有陳詡「送別蕭二（存）」詩：

菊花香覆白蘋洲，江引輕帆入遠遊。千里雲天風雨細，憶君不敢再登樓。

寫得情眞意切，交情似乎不淺，可惜不知作於何時？

叁、結語

新書蕭穎士傳說蕭存「亮直有父風」，而且「能文辭」。苻誌也說他「行可以輔教，才可以拯時。大抵根儒術，尚名理。喜言人之善，除人之惡。其餘九流百氏，質文沿革，雖千古敻絕，如以睟子視左右掌也。」可見蕭存克紹箕裘，文學思想一仍其父載道之主張；可惜其作品竟無片紙隻字存留，致令後人無由窺其堂奧。不過，經由分析蕭存交遊的結果，我們仍然對他在古文運動中的地位，有了如下的瞭解：

一、蕭存所交往的，幾全是當時著名的古文家。韓氏兄弟固不須論，他如顏眞卿、李栖筠、李華、包佶、戴叔倫、梁肅、崔造、崔述兄弟、齊抗、許孟容、徐岱、趙贊、梁肅、權德輿、苻載、楊憑、楊凝兄弟、沈既濟等，亦莫不志同道合，鼓吹名教。

二、這些古文家中，年齡最大的是顏眞卿，較蕭存年長三十歲（西元七〇九年生）；最小的是韓愈，較蕭存年幼二十九歲（西元七六八年生）。長幼之差近一甲子。再就其關係而論，諸人之中，有其父穎士的故交或蕭存的長輩，如：顏眞卿、李栖筠、李華、包佶；有其父昔日的門生，如：戴叔倫、韓會；有蕭存的知己，如：韓會、趙贊、崔造、齊抗、徐岱、梁肅、沈既濟；也有他的晚輩，如：權德輿（也是同僚）、苻載。而這些友人中，又彼此關係親密，如：李栖筠與李華爲叔姪；韓會與韓愈，崔造與崔述，楊憑與楊凝俱爲兄弟；李華與韓會、梁肅與韓愈爲師生；崔造與權德輿爲翁婿。而蕭存先後與之爲友，且儼然繼穎士之後，成爲其文學集團第二代的領袖㉛。集團的成員，彼此嚶鳴交感，聲應氣求，繼續鼓吹古文思想，使得古文運動的發展，因此有了更廣大堅實的基礎，而蔚爲一股沛然莫之能禦的氣勢。其後韓柳繼出，古文運動因而終底於成。如果說古文運動是在韓、柳的手中開花結果的話，那麼，蕭穎士便是華路藍縷以啓山林的拓荒者，而蕭存則是細心照顧的園丁了。

主要參考書目

一

禮記　藝文印書館十三經注疏本
漢書　班固　藝文印書館
舊唐書　劉昫等　鼎文書局新校本
新唐書　歐陽修等　鼎文書局新校本
資治通鑑　司馬光　洪氏出版社
唐尙書省郎官石柱題名考　清　趙鉞　勞格合撰　中文出版社
登科記考　清　徐松　中文出版社
唐方鎭年表考證　清　吳廷燮　開明書店二十五史補編第六册
宋高僧傳　宋　釋贊寧　文津出版社
墓誌拓片目錄　中央圖書館

千唐誌齋藏石　中央圖書館
元和姓纂　唐　林寶　文淵閣四庫全書本
因話錄　唐　趙璘　世界書局
封氏聞見記　唐　封演　世界書局
唐摭言　五代　王定保　世界書局
唐會要　宋　王溥　世界書局
南部新書　宋　錢易　藝文印書館學津討原文
唐詩紀事　宋　計有功　木鐸出版社
郡齋讀書志　宋　晁公武　商務印書館
直齋書錄解題　宋　陳振孫　商務印書館
唐才子傳　元　辛文房　世界書局

二

全唐詩　清聖祖御定　文史哲出版社
全唐文　清　董誥等編　臺灣大通書局
唐文拾遺　清　陸心源編　文海出版社

顏魯公集　顏眞卿著　清　黃本驥注　臺灣中華書局四部備要本
韓昌黎集　韓愈　河洛圖書出版社
新刊五百家注音辨昌黎先生文集　宋　魏仲舉編　涵芬樓景印宋魏仲舉刊本
柳河東集　柳宗元　河洛圖書出版社
白居易集　白居易　里仁書局

三

讀全唐詩札記　岑仲勉　中央研究院歷史語言研究所集刊第九本
續勞格讀全唐文札記　岑仲勉　中央研究院歷史語言研究所集刊第九本
唐集質疑　岑仲勉　中央研究院歷史語言研究所集刊第九本
跋唐摭言　岑仲勉　中央研究院歷史語言研究所集刊第九本
唐史餘瀋　岑仲勉　弘文館出版社
唐人行第錄　岑仲勉　九思出版社
元和姓纂四校記　岑仲勉　臺聯國風出版社
唐僕尚丞郎表　嚴耕望　中央研究院歷史語言研究所專刊之三十六
韓愈研究　羅師聯添　學生書局

柳宗元事蹟繫年曁資料類編　羅師聯添　國立編譯館中華叢書編審
唐代詩文六家年譜　羅師聯添　學海出版社
唐代詩人叢考　傅璇琮　北京中華書局
唐才子傳校箋　傅璇琮等　北京中華書局
唐五代人物傳記資料綜合索引　傅璇琮等　北京中華書局
唐刺史考　郁賢皓　上海中華書局
石學蠡探　葉國良　大安出版社
簡論唐代古文運動中的文學集團　何寄澎　古典文學第六輯學生書局
蕭穎士研究　潘呂棋昌　文史哲出版社

【附　註】

① 潘呂棋昌蕭穎士研究頁一郡望與里居，文史哲出版社，一九八三。
② 蕭穎士研究頁二八。
③ 見苻誌。
④ 蕭穎士研究頁二九—三一。
⑤「會」原誤作「愈」。大曆三年韓愈才出生，自無可能於大曆初即與趙贊等人友善齊名。且新書二〇二蕭穎

士傳本來就說蕭存與韓會等人友善，因此，「愈」實「會」字的誤寫。

⑥ 宋魏仲擧新刊五百家注音辨昌黎先生文集附韓文類譜八宋王銍韓會傳：「浙西觀察使李栖筠薦，果遷起居舍人。」

⑦ 舊書一三〇崔造傳：「浙西觀察使李栖筠引爲賓僚。」

⑧ 韓昌黎集二四考功員外盧君（東美）墓誌：「大曆初，御史大夫李栖筠，由工部侍郎爲浙西觀察使。當是時，中國新去亂，士多避處江淮間，嘗爲顯官得名聲，以老故自任者以千百數。大夫莫之取，獨晨衣朝服，從騎吏入下里舍請盧君。君時始任戴冠，通詩書，與其群日講說周公孔子以相磨礲浸灌，婆娑嬉遊，未有舍所爲爲人意。既起從大夫，天下未知君者，唯奇大夫之取人也不常，必得人；其知君者，謂君之從人也，非其常守，必得其從。」

⑨ 全文五〇三權德輿洪州建昌縣丞崔公（遴）墓誌銘：「故相國右（全文五〇三權德輿崔洮墓誌作左）庶子安平公其介弟也……。大曆中，御史大夫贊皇李公（栖筠）之宣風於吳也，聞其賢，起家表薦爲常州武進縣尉。」

⑩ 新書一五〇本傳。

⑪ 見留元剛顏魯公年譜。

⑫ 參見漢書百官公卿表上、續文獻通考一二七職官十三歷代職官表二大理寺。

⑬ 舊書四四職官三。

⑭ 肅宗寶應元年（七六二）六月，劉晏以通州刺史爲戶部侍郎，兼御史大夫、京兆尹、充度支轉運鹽鐵諸道鑄

錢等使。代宗廣德元年（七六三）春正月癸未（九日），以國子祭酒，爲吏部尚書、同平章事，度支等使如故。廣德二年（七六四）罷爲太子賓客（舊書一一代宗紀）。大曆四年（七六九）三月，除吏部尚書兼御史大夫，充東都河南江淮山南東道轉運使（唐會要八七轉運使）。大曆五年（七七〇），詔停關內河東、三川轉運常平鹽鐵使。自此晏與戶部侍郎韓滉分領關內、河東、山、劍租庸青苗使（舊書四九食貨志下）。

⑮ 舊書一二德宗紀。

⑯ 以上敍述，參見舊書四九食貨下、舊書一二德宗紀、唐會要八四兩稅使條。

⑰ 說見羅師聯添「唐代詩文六家年譜」韋應物年譜，學生書局，一九八六。

⑱ 見中央圖書館藏千唐誌齋藏石張滂墓誌（中央圖書館墓誌拓片目錄編號第一九八七號）。

⑲ 唐人墓誌例標所終官爵。說見葉國良「東漢官宦冢墓碑額題職例及其相關問題」三、論唐宋官宦塚墓碑誌額題例標所終官爵。葉國良「石學蠡探」頁四，大安出版社，一九八九。

⑳ 見通鑑二三四、二三五及舊書一三五裴延齡傳。

㉑ 中央圖書館墓誌拓片目錄第一九八七號，一九八二。

㉒ 見嚴耕望唐僕尚丞郎表卷三。中央研究院歷史語言研究所專刊之三十六頁一五二至一五五。

㉓ 殷亮顏魯公行狀、清黃本驥顏魯公年譜，舊書一二八暨新書一五三本傳。

㉔ 參見潘呂棋昌蕭穎士研究頁四七至四八。

㉕ 見潘呂棋昌蕭穎士研究頁一三二—一三三。

㉖ 登科記考九。

㉗新書一四六本傳、舊書一一一代宗紀。
㉘全文四九三權德輿唐御史大夫贈司徒贊皇文獻公李栖筠文集序。
㉙唐會要七六貢舉中進士條。新書四四選舉志上則謂始於高宗永隆二年，卽開耀元年，西元六八一年。
㉚新書四四選舉志上。
㉛舊書一八九儒學下徐岱傳。
㉜蕭穎士研究頁四〇。
㉝直齋書錄解題一九詩集類上。
㉞舊書一二德宗紀。
㉟全文五〇八權德輿祭秘書包監文。
㊱戴叔倫的字，一作「次公」。今人傅璇琮戴叔倫的事蹟繫年及作品的眞僞考辨（見傅氏唐代詩人叢考頁三五九，北京中華書局，一九八〇）一文說：「權德輿所作墓誌、極玄集卷下，以及新唐書本傳，都說他字幼公，但阮元兩浙金石志卷二載陸長源唐東陽令戴公去思頌幷序中云「公字次公」。阮元跋中又說：「按縣志，叔倫字次公。」（陸長源此文又載全唐文卷五一〇則作「公字幼公。」）恐係淸人所改，當以兩浙金石志所錄碑文石刻爲準。）但無論幼公或次公，都與他的名相應。據權德輿所作墓誌，叔倫有兄伯倫，但不知是否有弟。——如果有材料可以查考出戴叔倫有幾個兄弟的話，則作次公較爲確切。」其說平實，值得參考。
㊲舊書一三德宗紀。
㊳潘呂棋昌蕭穎士研究第五章弟子。

㊴ 羅師聯添唐代文學論集下册頁六九二劉賓客嘉話錄校補及考證崔造條、太平廣記一五一崔造條。

㊵ 舊書一三〇崔造傳說造罷知政事，守太子右庶子，明年九月卒，年五十一。考舊書十二德宗紀，造於貞元二年正月拜相，同年十二月罷相，因此，明年當指貞元三年。

㊶ 舊書一六八獨孤郁傳。

㊷ 原作「左庶子，據全文五〇三權德輿洪州建昌縣丞崔公（遴）墓誌銘，及舊書一三〇、新書一五〇崔沭本傳改。

㊸ 羅師聯添唐代詩文六家年譜頁七五至一四三韋應物年譜，學海出版社，一九八六。

㊹ 羅師聯添韓愈研究頁十及附錄三韓愈年表。

㊺ 潘呂棋昌蕭穎士研究，文史哲出版社，一九八三。

㊻ 郁賢皓唐刺史考册三頁一五三九。

㊼ 見王銍韓會傳。

㊽ 詳見潘呂棋昌蕭穎士研究第七章思想。

㊾ 舊書一三六、新書一二八本傳、新書六二宰相中暨全文四九九權德輿唐故中書侍郎同中書門下平章事太子賓客贈戶部尙書齊成公神道碑銘。

㊿ 登科記考一一。

(51) 舊一四六㈤楊憑傳。

(52) 全文五〇九權德輿祭徐給事（岱）文。

(53) 見舊書一四九柳冕傳。
(54) 見新書二〇二蕭穎士傳附蕭存傳。
(55) 見全文五〇八權德輿祭呂給事文。
(56) 元和姓纂卷七。
(57) 唐會要七十五貢擧上明經及新書四十四選擧志上。
(58) 蕭穎士研究頁十七及八十四。
(59) 全文五二三崔元翰右補闕翰林學士梁君（肅）墓誌銘。
(60) 見中央研究院歷史語言研究所集刊第九本頁二九岑仲勉先生唐集質疑「過舊園賦」條。
(61) 羅師聯添「韓愈研究」頁二〇八，學生書局，一九七七。
(62) 見舊書一四八權德輿傳及新書一九四卓行傳本傳，曁全詩二四六獨孤及「癸卯歲赴南豐道中聞京師失守寄權士繇（皋）、韓幼深（洄）」詩
(63) 詳見權載之文集，
(64) 見全文四三四崔造與權德輿書。
(65) 苻載的姓當从「艸」作「苻」，不作「符」。說見岑仲勉先生讀全唐詩札記，中央研究院歷史語言研究所集刊第九本頁一一四。
(66) 郡齋讀書誌四中。
(67) 蕭茂挺文集贈韋司業書。

⑱ 憑大曆九年（七七四）、凌大曆十一年（七七六）、凝大曆十三年（七七八）登進士第（清徐松登科記考十、十一）。

⑲ 舊書一四憲宗紀。

⑳ 羅師聯添柳宗元事蹟繫年暨資料類編頁一七〇，國立編譯館中華叢書編審委員會，一九八一。

㉑ 全文五八八柳宗元唐故兵部郎中楊君（凝）墓碣，暨全文四七九許孟容祭楊郎中（凝）文。

㉒ 柳河東集三十與楊京兆憑書。

㉓ 楊炎薦授既濟一事，舊書一四九沈傳師傳暨新書一三二沈既濟傳所載皆同。考舊書一二德宗紀，楊炎拜相，在建中二年二月乙巳，七月庚申卽罷爲左僕射。既濟之受其薦授左拾遺、史館修撰，當在建中二年二月至七月間；然而唐會要六三修國史條有「建中元年七月左拾遺史館修撰沈既濟」之句，可見既濟於楊炎拜相之前已任此職。二說相反，未詳孰是。

㉔ 陳振孫直齋書錄解題四：「唐建中實錄十卷，唐史館修撰吳郡沈既濟撰。其書止於建中二年十月，既濟罷史官之日。」

㉕ 舊書一四九沈傳師傳。

㉖ 見潘呂棋昌蕭穎士研究第七章思想。

㉗ 宋高僧傳二九皎然傳說：「以貞元年終山寺。」不言確切卒年。考全文九一七皎然詩式中序：「壬申夏五月，會前御史李公洪，自河北負譴，遇恩再移爲湖州長史。初與相見，未交一言，恍若神合。」「壬申」爲貞元八年（七九二），可見貞元八年夏五月，皎然猶在人世。

78 見潘呂棋昌蕭穎士研究第五章弟子。

79 陳詡登進士第及官戶部郎中之年均不可確考。全詩三〇五暨全文四四六陳詡小傳都說他大曆中進士及第。清徐松登科記考十四則附之於貞元十三年鄭巨源榜下，並說：「永樂大典引閩中記，陳詡，字載物，貞元十三年及第。歐陽詹泉州刺史席上晏邑中赴擧秀才于東湖亭序『貞元癸酉歲（九年七九三）邑有秀士八人，公將首薦于闕下。秋七月，與八人者鄉飲之禮既修，遂有東湖亭之會。是日……客有……穎川陳詡。……按詡于是年登科，蓋三擧而後及第。』」考清趙鉞、勞格唐尙書省郎官石柱題名考卷十一頁六七戶中，陳詡名在相里造、杜收之後，韓洄之前。杜收爲代宗朝宰相鴻漸之子，其任戶部郎中之年無考。相里造則於大曆三年（七六八）在任（見舊書一八四魚朝恩傳）。韓洄亦於建中元年（七八〇）二月以前在任（見舊書一二德宗上）。因此，陳詡之任戶部郎中，自不得早於大曆三年，也不得晚於建中元年。新書六〇藝文四，及全詩全文陳詡小傳說他貞元中官戶部郎中，都是不正確的。當然，登第之年也就更不可能遲至貞元十三年了。這一點，全詩及全文小傳大曆中進士及第的說法，似乎較近事實；閩中記的貞元十三年及第之說，就不知何據了。

80 全文四四六陳詡唐洪州百丈山故懷海禪師塔銘文末說：「元和十三年十月三日建。」是其明證。

81 參見何寄澎先生簡論唐代古文運動中的文學集團，古典文學第六輯頁三〇四，學生書局，一九八四。

唐人小說中的辭賦風貌

——以《牛肅女》及《遊仙窟》爲中心的討論

高桂惠

一、牛肅女的「移錄」風貌

古典小說中的「人物」是很重要的一個元素，關係到整部小說的主題以及情節的帶動；尤其是短篇小說，「人物」的份量是其他元素所無法比擬的，這個概念，我們在小說的題目上可見端倪，幾乎所有古典短篇小說都以人物爲篇名，一則是編者爲便利識別所標示，再者，則是作者意識裏，即以「傳人」爲第一要務。而「傳人」的方式有很多種，最普遍的方式，當然是「以事傳人」，說服力隨著故事性的強弱而有增減；另一種方式，則是「以作品傳人」，把說話的任務，交還給主人翁自己去進行，除了有徵信的好處，另一方面，作品無異是主人翁內心的獨白，無形中增加了作者與讀者在探索主人翁內心世界的管道，也刻劃了主題的反省深度。太史公以璨然的文筆爲歷史人物作傳，就曾採用以作品傳人的方式，而其中「以賦傳人」也是常見的筆法①；有名的例子如：史記司馬相如列傳，傳文中便以大量篇幅移錄了《天子游獵賦》，這說明了太史公體察肯定司馬相如作賦以諷的苦心，而同時，也表達了對司馬相如的歷史評價；他說：

春秋，推見至隱。易，本隱以之顯。大雅，言王公大人，而德逮黎庶。小雅，譏小己之得失，其流及上。所以言雖外殊，其合德一也。相如雖多虛辭濫說，然其要歸引之節儉；此與詩之風諫何異？（史記、司馬相如列傳五七）

這一段話，把相如賦與六藝並稱，正是這篇列傳的重點，也是司馬相如生命中最光輝的一面。此外，如《屈原賈生列傳》中，傳屈原的引《漁父》、《懷沙》；傳賈誼的引《弔屈原》、《鵩鳥》等賦，都是最能代表他們內心底層的傷痛與吶喊。

我國小說，尤其是唐人傳奇小說，常有賦予史證的傾向，往往著意模仿正史列傳的結構、風格與筆法；《牛肅女》（牛肅、紀聞）的寫作，正是這種技巧上的沿襲，其篇中的《魍魎問影賦》，以魍魎問影來鋪陳牛應貞心中的鬱結，生命的矛盾情結，是結合了唐以小說的史傳色彩與辭賦剖判生命的典型形構的作品。但是小說套入其他類別的文學形式與史傳移錄記載對象的作品，在藝術形構和敍事觀點上，應該有所差別，本文主旨不在於比較二者差異，而擬由其共同點——「移錄」這一作法爲出發點，來討論唐人小說中的辭賦風貌。

據汪國垣編纂《唐人小說》，在牛肅《紀聞》一書中只著錄《牛應貞》、《吳保安》兩篇；並於前面敍錄說：

《廣記》所引吳保安牛應貞諸條，文辭斐然，至可翫味。而吳保安事，宋祁修唐書，至採其事以入忠義傳。（唐書一百九十一）清嘉慶間，亦採郭仲翔吳保安往來書牘，入《全唐文》（三百五十八）。則牛氏此書，雖為小說家言，然其遺文軼事，頗足以備史乘存文獻，又未可以猥瑣誕妄視之也。今據《廣記》錄出數條，亦治唐稗者所宜玩索者也（世界本頁二三九）。

雖然文中特別強調《吳保安》一文的「備史乘、存文獻」的功能，但「文辭斐然」的特色，也是值得注意的，尤其《牛肅女》中的《魍魎問影賦》更是用來烘托主角的生命情境、主題思想、奇幻色彩並用以充實篇幅；我們由下面四個方向來探討它實際運用的結果。

(一)問答形式的運用：

辭賦的作品中，有很多是採用問答方式構篇的，清何焯在《子虛賦評》引祝氏說：「此賦（指《子虛》・《上林》二賦）雖爲兩篇，實則一篇。賦之問答題，其源自《卜居》・《漁父》來，厥後宋玉輩述之，至漢而盛」。自卜居・漁父以後，用反復的問答，演成一篇故事，實頗具小說的雛型，只是這種沒有情節的小故事，有時用來諷諫特定的對象，有時就是對自己遭遇某種生命情境實質上的自問自答了，這種情境，可以是整個時代大環境塑造的氛圍，如有名的謝惠連的《雪賦》，藉著梁王・鄒陽・枚乘・司馬相如的問答，以「雪格」的「節豈我名，潔豈我貞？憑雪升降，從風飄零；值物賦象，任地班形；素因遇立，汚隨染成；縱心皓然，何慮何營！」來象徵東南朝士大夫在一個翻雲覆雨的時代，所造成的普遍「人格」。此外，也可以是個人特殊境遇的省思，如揚雄《逐貧賦》中與窮鬼的嬉笑怒罵，實際上是寓莊於諧的，對自己處境的無可如何，又以理性去調適、接納種種困境，有很深刻的生命透視。

相較之下，《魍魎問影賦》較接近《逐貧賦》的情境：

其序曰：「庚辰歲，予嬰沈痛之疾，不起者十旬。毀頓精神，羸悴形體，藥物救療，有加無瘳。感莊子有魍魎責影之義，故假之為賦，庶解疾焉。魍魎問於予影曰：「君英達之人，聰明之子，學包六藝，文兼百氏。隨道家之祕言，探釋部之幽旨。既虔恭於中饋，又希慕於前史。不矯枉以干名，不毀物以成己。伊淑德之如此，即精神之足恃。何故羸厥姿貌，沮其精神，煩冤枕席，憔悴衣巾？子惟形兮是寄，形與子兮相親。何不誨之以崇德，而教之以自倫？異萊妻之樂道，殊鴻婦之安貧？豈痼疾而無生賴，將微賤而欲忘身？今節變歲移，臘終春首，照晴光於郊甸，動暄氣於梅柳，水解凍而繞軒，風扇和而入牖。固蠲憂釋疾，怡神養壽。何默爾無營，自貽伊咎？」僕於是勃然而應曰：「子居於無人之域，遊乎魑魅之鄉。形既圖於夏鼎，名又著於蒙莊。何所見不博？何所談之不長？夫影依日而生，像因人而見。豈言談之足曉？何節物之能辨？隨晦明以興滅，逐形骸以遷變。以愚夫畏影，而蒙鄙之性以彰；智者視陰，而遲暮之心可見。伊美惡兮由己，影何辜而遇譴。且予聞至道之精窈兮冥，至道之極昏兮默。達人委性命之修短，君子任時運之通塞。悔吝不能纏，榮耀不能惑。喪之不以為喪，得之不以為得。

君子何乃怒予之不賞芳春，責予之不貴華飾？且吾之秉操，奚子智之能測？言未卒，魍魎惕然而驚，歎而起曰：『僕生於絕域之外，長於荒遐之境。未曉智者之處身，是以造君而問影。旣談玄之至妙，請終身以藏屛。』」

主人翁所遭遇到的困境是肉體上的疾病、精神上的煩悶；所以魍魎先提出解決之道：「賞春芳」、「貴華飾」，而牛應貞卻死心塌地的把持著自己得失榮辱皆忘的操守，狠狠地痛斥魍魎的膚淺無知。唐君毅先生在其《人生之體驗》一書中有一則「說留戀」（學生書局．頁六二），謂人生中有兩種力量阻止我們前進，一是留戀的心情，一即是疾病。牛肅對這一個「年二十四而卒」的愛女病痛乃至殞沒的遭遇，一定感同身受，心痛之餘，下筆自不免精煉姸夸，把牛應貞生命中最高華的切面作一次剔透的剖析，「魍魎」代表世俗的觀念，「影」代表應貞的自剖，這樣子的對照闡述，與揚雄逐貧，反爲貧所譏恰恰相反，對牛應貞的人格、形象，有一個正面的肯定。

(二)賦頌體裁的推崇：

唐人小說喜歡以夢來解說人生理念，這是衆所週知的。這些夢境的描寫，不僅是鋪演故事、發展情節所必需，而且具有不同程度的象徵涵義。小說中寫夢，往往不是簡單地寫出一個實際情況、一次體驗，而是依據某種理念來編織夢境的，沈旣濟的《枕中記》揭櫫的是：「寵辱之道，窮達之運，得喪之理，死生之情，盡知之矣。此先生所以窒吾欲也，敢不受教？」的「窒欲」思想；李公佐的《南柯太守傳》也強調「無以名位驕於天壤間」，而《杜子春》更在極盡幻設之能事後，觸發人生之「最愛」。以上唐人諸篇名作，不管闡發佛道思想也好，反映現實世界也罷，甚至「吸收與轉化」佛道思想；在寫作技巧上，究竟不離夢的撲朔迷離。牛應貞一文中既談夢，也有寓言色彩，卻始終是清醒的舉動、透明的行爲，而且是純中國式的思想。除了它是「感莊子有魍魎責影之義」以外，最重要的原因，恐怕是接下來的「故假之爲賦，庶解疾焉」了。

當然，《莊子齊物論》的罔兩問影只是在「明於獨化之義」，牛應貞並沒有採用它的寓意；她取這故實，注入新意，表面上是爲了「解疾」，實則表白自己的安貧樂道，忘情得失。但在技巧上，主人翁始然是清醒的與魍魎問答，和枕中記諸篇的入夢、入幻再清醒悟道的歷程是不同的。而未了數句：

初，應貞夢製書而食之，每夢食數十卷，則文體一變，如是非一，遂工爲賦頌。

最爲奇特。

現代精神分析學者認爲夢是沈潛於心理深處的過去經驗的泛起，是僞裝了的過去的心理經驗，而我國古典小說則大多傳承預言式的釋夢模式②。二者因果正好相反。《牛肅女》這一篇小說的結尾既不是神祕的預言，也不是潛意識的溢出；牛肅只是單純的以主人翁「夢」食製書來證明文體數變後，賦頌爲文體的最高境界，一方面也是爲自己爲什麼在一篇小說中，以超過一半的篇幅，大量援用被描述者的文章來做一些補充說明，這與夢的深刻的象徵涵義無關。

㈢事件累積的意義：

原則上，牛肅爲長女寫傳奇故事，是描繪一個「今（唐）之古人」，這種「托古而奇」有異於吳保安的「托人事而奇」，枕中記・杜子春等的「托佛道而奇」；古鏡記・柳毅傳的「托神怪而奇」。撇開後二者「傳奇」的神祕色彩不談，吳保安與牛肅女特著重在人物形象的塑造，尤其是正面的塑造；所謂正面形象，也就是說：「歷史上、世界上最向上向善的人，他們願意犧牲自己，向偉大的觀念邁進的人物形象。雖然現代小說家發覺，這種人簡直是不可能存在的，於是紛紛走向『多餘的人』，甚至願意去描述一些『帶著自己心理底整個複雜性的人』。」③誠如周伯乃在現代小說論提到的，「作家們：乃對自我（ego）心理有了自剖的勇氣」（三民文庫頁四四），這種「丑角不丑」的現代小說美學原則，在我國早期的小說中是不容易代到的。

試看《吳保安》一文中，幾乎所有的人物都是忠義的典型：楊安居的路見泣婦（保安妻），慨然相助；郭仲翔的細心歸葬保安夫婦遺骨，並善待保安子；當然以吳保安置妻子十年不顧，努力經營財物，欲籌絹千匹，以贖仲翔最感人。無怪乎宋祁修《唐書》會把它收在《忠義傳》，遠在淸代的汪國垣也承認它的文獻價値，而認爲「未可以猥瑣誕妄視之」。至於《牛肅女》的正面形象在那裏呢？除了前面曾提到的安貧樂道思想主題外，較奇異的就在與古人交談。本篇不同同於吳保安的「人間」正面形象，而是以應貞讀書的特異經驗：未讀左傳，睡眠中忽誦《春秋》，醒來已精熟；或夢中與古之名學者往來答難，來渲染她刻苦勵學的積極形象。這一筆又一筆的奇幻色彩，實在有很明顯的刻劃痕跡，也爲接下來的《魍魎問影賦》做了一個「本事」式的說明。其中讀書（誦佛經、讀儒書子史、左傳春秋）與古人（王弼、鄭玄、王衍、陸機）交談，更可說「托古而奇」了。走筆至此，我們發覺所有發生在牛應貞身上的事件，都只是在證明她是一個「弱齡好古、枕藉六經」的女子；而《魍魎問影賦》裏頭，又形成另外一個事件，這一次的事件，顯然和主題更接近了，理查德·泰勒（Richard Taylor）對小說中「事件」的意義有如下的敍述：

在任何情況下，事件本身都不是至關重要的，重要的反而是事件所證明的思想和主題④。

由前面的博覽、好古，我們仍不能進入牛應貞的生命底層，最後這一篇賦，導引出主人翁生命裏頭的病根——安貧樂道而不知變通，所以導致夭亡；在這裏，我們才能眞正讀出一位父親，在喪女之後的沈痛和惋惜。

四篇幅安排的商榷：

小說作者引用被描述者的話來證明自己的看法，讓主人翁自己站出來呈現他自己，有時也是直截了當的一種方式。司馬遷處在司馬相如、枚皋等人用大量的宏篇巨構，來描摹漢帝國的宏業盛世之際，他卻獨自鐘情於散行筆觸來創作不朽巨著——《史記》，但在《賈生傳》（卷八四）裏卻全文引用《鵩鳥賦》，宣揚「至人遺物，獨與道具」，「縱軀委命、不私與己」的態度，頗有「夫子自道」

的況味。這種篇幅的烘染，在牛肅女中如出一轍；而在剪裁上，司馬遷是不著痕跡的將賦文鑲嵌上去，牛肅女則明講「今採其文《魍魎問影賦》著于篇」，意境上，自然要比《賈生傳》略遜一籌了。基本上，像牛肅女這樣硬生生的把小說描述對象的作品，尤其是篇幅比率過份龐大的作品，不經消化地，完整原貌地靜態地「堆」在小說中，對讀者來說，讀小說與讀一篇賦的感覺，沒有多大差異。法國四十代末，五十年代初，文壇出現了一股小說新潮——新小說（Roman Nouveau）派，他們主張小說藝術需要不斷地創新，要在文學危機中尋找出路，以取得文學上的自由。小說在唐代仍算草創時期，而辭賦則已邁入律賦的瓶頸階段，一個新興的文類吸收技巧、語彙等各方面都很豐富的傳統文類的經驗，本來無可厚非，問題是：吸收的過程如果過於機械化（此所以我們在前面說「堆」），則爾爲爾，而我仍爲我，是不會得到「文學上的自由」的。Heather Dubrow 對文類的功能（The funtions of genre）就強調：一個作家選擇一種既有文類，不僅僅是應他人的成就與意見而已，作家仍應堅守本身的藝術及藝術通則。另一方面，在個人嗜好與傳統規則的交叉（intersects）部份，傳統規則應扮演導航的角色，而不應介入；所以牛肅女的魍魎問影賦雖然只是一篇哲理小賦，但在篇幅原本不大的傳奇小說中，卻大大地佔據了敍述故事、推動情節乃至塑造人物形象的空間了，甚至讓人產生這樣的疑惑：讀者究竟被邀請來閱讀小說，還是欣賞辭賦？讀者究竟在咀嚼牛應貞的創作，還是玩索牛肅的「文辭斐然」（汪國垣語）呢？所以主客之間的分配、融洽，是不能不慎重處理的。

由以上四個內在或外在的角度來討論「牛肅女」一文的寫作，並擴而思索早期短篇小說的運用辭賦，我們可以得到初步的結論：辭賦問答體的形式，的確曾經爲許多文學作品帶來啓迪作用，小說也不例外。雖然牛肅推崇辭賦文章的極致（應貞文體數變後遂工爲賦頌），以爲這樣的才能，可以爲愛女生平行誼套上光圈，不料效果不彰。本來每一種文類運用另一種文類，是不能放棄自身文類的主導地位。在運用的態度上，更應該靈活、主動；即使最講究「忠實」的史乘，司馬遷在塑造賈誼時，仍能寬綽地運轉筆觸，適度的剪裁賈生的作品；更何況崇尚創作自由的小說，如果只是呆板的堆砌成品，而造成小說藝術的停滯狀態，實在得不償失，牛應貞形象的扁平（flat 弗斯特語）及片面，即是其例。

二、遊仙窟的「滲入」寫法

在唐人小說中，除了《魍魎問影賦》的移錄外，據今《太平廣記》收錄及汪國垣所編《唐人傳奇小說》篇幅中，則不見如此完整的辭賦鑲嵌在小說中，多則如李朝威《柳毅》及沈亞之《湘中怨解》的騷賦，其運用情形正如一般詩詞之出於小說中人，以爲性格、心情的寫照，或是對情節的補襯。至於張鷟《遊仙窟》以辭賦調墨的方式，則是借重漢賦誇飾、奇美以及險怪、壯闊的藝術形象，這是非常符合大唐國風以及求奇尚怪的「傳奇」本色的。如果抽掉《遊仙窟》中歌詠、對話的部分，幾乎所有的場景、人物、動作、心理的描寫，都是非常典型的辭賦。其使用情形既不同於《牛肅女》的移錄

《魍魎問影賦》，也不同於《柳毅》、《湘中怨解》的作爲人物對話、心情的吟咏手法。而隱然已呈現後代章回小說大量夾雜「贊文」，以劃分場景及推動情節的雛型。

㈠善用描繪的手法：

描繪不同於敍述，它是透過人物的形貌、行爲、心理、事物的變化、環境的構成、特徵爲其表現對象，經由主體的審美活動與藝術創造的加工，達成物質實現的具象性；《遊仙窟》中有很多描繪的寫法。如中堂寫景：

> 於時金臺銀闕，蔽日干雲。或似銅雀之新開，乍如靈光之且敞。梅梁桂棟，疑飲澗之長虹，反宇雕甍，若排天之矯鳳。水精浮柱，的皪含星，雲母飾窗，玲瓏映日。長廊四注，爭施玳瑁之椽；高閣三重，悉用琉璃之瓦。白銀爲壁，照曜於魚鱗，碧玉緣階，參差於鴈齒。入穹崇之室宇，步步心驚；見儻閬之門庭，看見眼磣。

「干雲」、「長虹」、「排天」、「含星」、「心驚」、「眼磣」，作者力圖以峻峭異彩的形象，來架設仙境的壯美，予人視覺及心喦造成目眩神迷的效果。對於牆壁、階梯、屋瓦、窗櫺的細部描繪，也肆意舖衍，企圖藉此把男主人翁乍到仙境的感受移入讀者的感受，以喚起讀者自已登高臨危的經驗，來達成《遊仙窟》之奇幻想像。

又如歡宴中的美酒：

俄爾中間，擎一大鉢，可受三升已來，金釵銅鐶；金盞銀盃，江螺海蚌；竹根細眼，樹瘿蝎唇；九曲酒池，十盛飲器；觴則兕觥犀角，尫尫然置於座中，杓則鵝項鴨頭，汎汎焉浮於酒上。

其「觴則……」、「杓則……」是很典型的漢賦風貌，像這樣的態靜描繪佳餚美景，多不勝舉。而辭賦有時也被拿來作爲動態的寫照，如形容舞姿：

遂即逶迤而起，婀娜徐行。蟲蛆面子，妬殺陽城，蠶賊容儀，迷傷下蔡。舉手頓足，雅合宮商，顧後窺前，深知曲節。欲似蟠龍宛轉，野鵠低昂。迴面則日照蓮花，翻身則風吹弱柳。斜眉盜盼，異種嬉姑，緩步急行，窮奇造鑿。羅衣熠耀，似彩鳳之翔雲，錦袖紛披，若青鸞之映水。千嬌眼子，天上失其流星，一搦腰支，洛浦愧其迴雪。光前豔後，難遇難逢，進退去來，希聞希見。兩人俱起舞，共勸下官。

這一段當作一篇舞賦來看，在姿態、神情、氣氛上，都算得上是絕妙之作，後代章回小說如西遊記、封神演義等書中，常常夾著大量韻文的描繪文字，作爲小說價節的背景補襯，和遊仙窟的描繪性辭賦手法，實在很接近；陳平原先生曾指出「詩騷」傳統對中國小說的敘事模式產生相當大的影響力⑤，除了小說人物的吟咏詩賦之外，贊文的描繪功能，也是不可忽略的一環。而這些繁冗的、裝飾性的文字，早在說書人習用之前，唐人小說中就嘗試這樣的使用方法，其尚美崇奇的情感，以及由誇飾而針砭人性、嘲諷人生的理念，實不能不溯源於辭賦傳統。

(二)不拒時文的滲入情形：

此外，在《遊仙窟》末了雜別仙境的心情，張鷟卽套用了若干江淹《別賦》的句子、命意，他寫道：

余時漸漸去遠，聲沈影滅，顧瞻不見，惻愴而去。行到山口，浮舟而過，夜耿耿而不寐，心煢煢而靡託，旣悵恨於啼猨，又悽傷於別鵠。飲氣吞聲，天道人情，有別必怨，有怨必盈。去日一何短，來宵一何長，比目絕對，雙鳧失伴，日日衣寬，朝朝帶緩，口上唇裂，胸間氣滿，淚臉千行，愁腸寸斷。端坐橫琴，涕血流襟，千思競起，百慮交侵，獨嚬眉而永結，空抱膝而長吟。望神仙兮不可見，普天地兮知余心。思神仙兮不可得，覓十娘兮斷知聞。欲聞此兮腸亦亂，更見此兮惱余心。

其「有別必怨，有怨必盈」是一字不改的抄自江淹別賦，而「夜耿耿而不寐，心煢煢而靡託」也是取象於此文，至於結尾騷式折腰句的用法，更是六朝騷體賦之能事。

由此看來，唐人小說的「不拒時文」，在語言文字上的不夠原創，也是它汲取營養、茁壯成型的特色與成因之一。我們都知道，唐人沿襲六朝志怪而「作意好奇」，論者每每以故事情節之「奇」來闡釋「傳奇」面貌；事實上，唐人之所以超越六朝的地方，是審美理想的表現及抒情功能的發揮，氛圍的渲染與詩意的烘托，使得人生哲理、政治理念顯得不那麼單調枯燥；故事情節的豐富，實有賴於藝術手法的開展，雖然成就有限，後人研究、賞析唐人小說仍注視在文體的解放與古文的勃興，但是傳統辭賦的藝術特質，對小說的技巧、流變而言，仍有所開拓。

三、結　語

唐代小說是一種活力十足的文學生力軍，它在突破六朝志怪簡煉有餘、渲染不足的藝術缺點上，除了語言媒介的解放及故事情節的增繁外，向傳統文學借鏡，吸收轉化也是手段之一。《牛肅女》引答問入小說，雖然沒有打破問淺答深、彼非我是的固定格局，且《魍魎問影賦》所佔篇幅過重，影響小說的獨立審美，但一方面也側露我國古典小說的濫觴被推斷爲辭賦問答禮的部分原因。錢鍾書說：「漢賦似小說。」（管錐篇）有相當成分是指它問答推演的情形而來。這種引問答入小說的習慣，一直到梁啓超的《新中國未來記》、劉鶚的《老殘遊記》、吳趼人的《上海遊驂錄》更化爲潛在的整體構思主架，在你來我往的問答中，「代聖人立言」，更是文人熟知的創作理念。所以儘管《牛肅女》在現代的審美眼光來看，是不合於小說審美理想，但是問答體的參與小說創作，並且以書中人的作品移錄，無疑的是對以故事情節爲結構重心的小說傳統，開啓了刻畫人物心理的方便之門。

至於《遊仙窟》的大量採用漢賦描繪性文筆的堆砌，誇大手法，對小說的進展而言，不能不說是一大進步。讓小說的背景氛圍不再是不成比例的陪襯，往後小說中的氛圍背景甚至和人物性格、命運糾合在一起，如：紅樓夢中大觀園環境的詳盡介紹（十七回，大觀園試才題對額）；又如西遊記中每一回險山峻嶺的贊文，在結構上擔負了相當重要的角色，《遊仙窟》的細膩筆觸，正是承襲了漢賦移畫的精神，爲小說場面的立體化、靈活化提供一條管道，也爲人物的造傳立像移植了相當豐富的藝術經驗，辭賦在整體的表現形態上，再也不是突然架空的，我們由其情調和意境，可以看出飽含的象徵意義，每一段穿插嵌鑲的賦文，存在著組材與節奏的意義，當讀者游蕩在「感官世界」的迴環游移的美感中，傳「奇」的目的，也已經完成了。

【註　釋】

① 劉熙載《藝概》卷三，《賦概》說：「古人一生之志，往往於賦寓之。史記、漢書之例，賦可載入列傳，所以使讀文卽知其人也。」可見史家之「以賦傳人」之筆法，大抵相信作品是可以「知其人」的。

② 如晉楚城濮之戰，「晉侯夢與楚子搏，楚子伏己而鹽其胸，是以懼。子犯曰：吉！我得天，楚伏其罪，吾且柔之矣！」這種解夢方法，是把夢看作未來的神秘象徵，此後歷史演義與英雄傳奇小說中，尤多這種以夢來占卜預言的情節，而金陵十二金釵的命運圖册，是在太虛幻境預示的。

③ 見《反面形象的客觀性》一文河北師範大學學報一九八五年・第二期・所引高爾基語。

④ 見理解文學要素（Understanding the Elements of Literature. By Richard Taylot. Macmillan International College Editions 1981）黎風・李杰・杜險峰・吳與明譯四川大學出版社一九八七年一版，頁六六。

⑤ 參閱《中國小說敍事模式的轉變》陳平原著，久大文化，一九九〇年五月出版，第七章，「史傳」傳統與「詩騷」傳統。

關中郡姓婚姻關係之研究

——隋至唐前半期——

毛漢光

第一節　前　言

武川集團雖然是關隴集團的主要來源①，但是關隴集團之凝成，實應始於西魏，宇文泰吸收流入西魏轄區內的各大股勢力②，將其融合在一起，至西魏大統十六年正式組成府兵體系③，府兵體系結合政治、社會、經濟、軍事爲一體，發揮出很大力量，關隴集團當然還有文化面，但府兵體系仍是最重要部分，府兵體系的建立象徵着初期關隴集團之成立，似乎不致言過其實。因此初期關隴集團的主要份子，應以府兵體系內的人物爲主，《周書》卷十六末稱「今之稱門閥者，咸推八柱國家云。今幷十二大將軍錄之於左……。」所以當西魏北周之際，八柱國大將軍、十二大將軍、開府儀同三司、儀同三司等，應爲初期關隴集團之主要份子。但是自此以後，西魏北周不斷吸收關隴其他勢力、河東大族，在與北齊戰爭中逐步擴張而吸收其人物加入北周政權，關隴集團不斷擴大，其定義已不能很明確。但是，有幾個次級集團仍然是關隴集團的主要成分，卽：其一、西魏、北周、隋、唐之王室；其二、關中郡姓，韋、裴、柳、薛、楊、杜；其三、西魏北周以降的北族胡姓。西魏、北周、隋、唐王室婚姻關係，拙文〈關隴集團婚姻圈之研究——以王室婚姻關係爲中心〉一文已有詳述，本文則以關中郡姓韋、裴、柳、薛、杜等五大族爲中心，探討其婚姻關係，楊氏爲隋朝王室，當另文研究。

本文時間斷限起於隋朝，這是因爲宇文泰當政之西魏，以及其後之北周，宇文氏對漢大族採用賜姓辦法④，因此宇文氏和其他北族與關中漢大士族間的婚姻關係，因賜姓之故受很大限制；另一方面關中郡姓間在西魏北周時期婚姻資料極端缺乏。本文時間下限爲安史之亂，此時關隴集團已呈夕陽時刻。卽令在隋至安史亂前這段時期，關中郡姓間的婚姻關係資料在正史中仍然甚少，本文以墓誌銘資料補充之，其數量仍不及王室婚姻關係、山東大族婚姻關係。由於資料之缺乏，本文無法像王室婚姻或山東大族婚姻那樣細分爲若干小期，也無法畫出一張張較爲具體的婚姻關係圖。本文祇能將每一個關中大族作時間縱度敍述，最後在綜論中集合所有關中郡姓作整體分析。

墓誌銘中的資料，有的可自《新唐書》〈宰相世系表〉中查出其房支，可查的房支其地位較爲明確，但有的資料僅稱出於某郡望，在〈宰相世系表〉中失載，這些資料仍被引用，但可能屬於旁支，故行文時與著房層次有別，以避免著房、旁支所引起之差誤。

第二節　京兆韋氏婚姻關係

京兆韋氏是關中大姓，至韋孝寬時與宇文泰集團結合，在此以前，韋孝寬之祖、父亦屬北魏之統治階級，其任官地區亦在關西一帶，《周書》卷三十一〈韋孝寬傳〉：

韋叔裕字孝寬，京兆杜陵人也，少以字行。世為三輔著姓。祖直善、魏馮翊、扶風兩郡守。父旭，武威郡守。建義初，為大行臺右丞，加輔國將軍、雍州大中正。永安二年，拜右將軍、南豳州刺史。時氐賊數為抄竊，旭隨機招撫，並卽歸附，尋卒官。……孝寬沈敏和正，涉獵經史。弱冠，屬蕭寶夤作亂關右，乃詣闕，請為軍前驅。朝廷嘉之，卽拜統軍。隨馮翊公長孫承業西征，每戰有功。拜國子博士，行華山郡事，屬侍中楊侃為大都督，出鎮潼關，引孝寬為司馬。侃奇其才，以女妻之。

據《新唐書》卷七十四上〈宰相世系表〉四上末載：

韋氏定著九房：一曰西眷，二曰東眷，三曰逍遙公房，四曰鄖公房，五曰南皮公房，六曰駙馬房，七曰龍門公房，八曰小逍遙公房，九曰京兆韋氏。

韋孝寬乃鄖公房之始祖，乃兄韋夐則爲逍遙公房之始祖，他們都是系出東眷，都是韋氏之著房。韋孝寬婚楊侃之女，楊侃據《魏書》卷五十八〈楊播傳〉（附子侃傳）載：

楊播，字延慶，自云恒農華陰人也。高祖結，仕慕容氏，卒於中山相。曾祖珍，太祖時歸國，卒於上谷太守。祖真，河內、清河二郡太守。父懿，延興末為廣平太守，……洛州刺史……贈以本官，加弘農公。……母王氏，文明太后之外姑。……子侃……建義初，除冠軍將軍、東雍州刺史……鎮潼關。還朝，除右将軍、岐州刺史。……普泰初，（爾朱）天光在關西，遣侃子婦父韋義遠招慰之。……（播弟順……播弟津）

這一房楊氏亦屬重要房支，《新唐書》卷七十一下〈宰相世系表〉一下載：

太尉震子奉，字季叔，後漢城門校尉、中書侍郎。八世孫結，仕慕容氏中山相。二子珍、繼。至順，徙居河中永樂，岐徙居原武。

珍（後魏上谷太守）——真（河內、清河二太守）——懿（洛州刺史、弘農簡公）┬—順——琛——汪
　　　　　　　　　　　　　　　　　　　　　　　　　　　　　　　　　　　　　└—津

這一房楊氏自後魏至唐，其子孫極盛，津之曾孫綝相武后、中宗，順之六世孫國忠相玄宗。在楊播另一弟椿的誡子孫書中云：「……汝家仕皇魏以來，高祖以下乃有七郡太守、三十二州刺史。」〈楊播傳附弟椿傳〉楊播兄弟之母王氏，乃文明太后之外姑，而播子侃之婦父爲韋義遠，史書失載，按韋孝寬（名叔裕）之兄夐，字敬遠，如果，韋義遠與敬遠有關係，那麼加上楊侃之女嫁韋孝寬，此兩家族有「回門親」之關係。京兆韋氏逍遙公房、鄖公房與弘農楊氏河中房皆爲當時關中大族，亦有婚姻關係。

《周書》卷三十一〈韋孝寬傳〉末載：

魏文帝欲以女妻之。孝寬辭以兄子世康年長，帝嘉之，遂以妻世康。

《隋書》卷四十七〈韋世康傳〉：

> 韋世康，京兆杜陵人也，世為關右著姓……父夐，隱居不仕，魏周二代，十徵不出，號為逍遙公，……（世康）尚周文帝女襄樂公主，授儀同三司。

按《周書》與《隋書》記載有異，據謝啓昆考證，韋世康應尚魏文帝女⑤

韋孝寬在西魏大統十二年（公元五四六）鎮守玉壁時，力抗「傾山東之衆」的高歡，戰況非常激烈，「神武（高歡）苦戰六旬，傷及病死者十四、五，智力俱困，因而發疾，其夜遁去。後因此忿恚，遂殂。魏文帝嘉孝寬功，令殿中尚書長孫紹遠、左丞王悅至玉壁勞問，授驃騎大將軍，開府儀同三司，進爵建忠郡公」⑥所以大統十六年（公元五五〇）定八柱國、十二大將軍以前，韋孝寬已是驃騎大將軍、開府儀同三司，這個職位在府兵體系中僅次於十二大將軍，計二十四位，韋孝寬已是二十四人核心圈之一。「恭帝元年（公元五五四），以大將軍與燕國公于謹伐江陵，平之，以功封穰縣公。還，拜尚書右僕射，賜姓宇文氏。」（同上注）「（北周保定）四年（公元五六四），進位柱國。」（同上注）所以韋孝寬在西魏北周時期在關隴集團中屬於相當接近核心的人物，至北周尤為重要，韋孝寬兄子世康娶魏文帝女，韋孝寬因賜姓宇文氏，故未有韋孝寬子孫與宇文氏結婚者。韋孝寬支持楊堅平定尉遲迥，這是楊堅當政的關鍵，所以在隋朝，「仁壽中（公元六〇一—六〇四），高祖爲豫章王暕納（韋）沖女爲妃。」「仁壽中，高祖爲晉王昭納其（韋壽）女爲妃。」⑦韋沖乃世康弟，韋壽乃韋孝寬子。

京兆韋氏鄖公房韋孝寬之子總，總之子匡伯，《唐代墓誌銘彙編附考》第一冊、第五片、〈韋匡伯誌〉：

君諱匡伯，京兆杜陵人也……曾祖旭，司空、文惠公；祖孝寬，太傅、鄖襄公；父總，柱國、京兆尹、河南貞公。……公之母弟尚豐寧公主，女弟為元德太子妃。……俄遷尚衣奉御……（大業）十三年……遘疾薨于江都行在所。……自皇鄭膺錄，歷選德門，作配儲后，娉公長女為太子妃。……

《唐宋墓誌：遠東學院藏拓片圖錄》引言：

……匡伯從妹為元德太子妃。《隋書、韋壽傳》云：「仁壽中，高祖為晉王廣納其女為妃」按應作為元德太子妃。（漢光案：引言此案語意謂原書誤以元德太子昭為晉王廣，今檢原書，實作晉王昭，並不誤）壽卽孝寬之第三子也。又〈元德太子昭傳〉云：「有子三人，韋妃生恭皇帝。」則壽女亦為隋恭帝之母，故當時人為之語曰：「有隋之貴，一宗而已。」韋氏之烜赫，於兹可見。……匡伯有二女，長卽適世充之子玄應，世充僭位後為太子；故用僞鄭年號，……匡伯有三子，其三曰思仁，仍官尚衣奉御，卽韋巨源之父。巨源，唐中宗時為相。匡伯次女名檀特，則嫁與范陽令楊政本為妻。《八瓊室》有韋氏墓誌云：「夫人諱檀特，字毗耶梨，京兆杜陵人也。……魏太傅鄖襄公之曾孫，周內史京兆尹河南公之孫，隋尚衣奉御舒國公之第二女。……年甫十五，歸於隋尚書左丞國子祭酒宏農楊汪第五子幽州范陽令政本。」（卷三十九）《隋書》卷五十六〈楊汪傳〉：「煬帝崩，王世充推越王侗為主，徵拜吏部尚書，及世充僭號，汪復用事。世充平，以凶黨誅。」政本卽汪之第五子。韋匡伯與楊汪具與王世充有姻媾關係，由碑誌與史傳交互參證，韋氏楊氏在隋、唐間政壇上活動情形，可以概見。

漢光按：楊政本與韋檀特婚姻關係又參見《唐代墓誌銘彙編附考》第十册、第九一七片，〈楊韋檀特誌〉，永隆二年。

自西魏至隋末，京兆韋氏、逍遙公房及鄖公房之婚姻關係如下：

- 夐（逍遙公房）
  - 世康　妻魏文帝女
  - 沖　女婚隋豫章王暕
- 孝寬（鄖公房）　妻弘農楊侃女
  - 壽　女婚隋晉王昭　隋恭帝母
  - 總
    - 匡伯
      - ○　女嫁大鄭太子　卽王世充子玄應
      - ○　女嫁弘農楊汪子政本
    - ○　尚隋豐寧公主
    - 壽
      - ○　女嫁隋元德太子

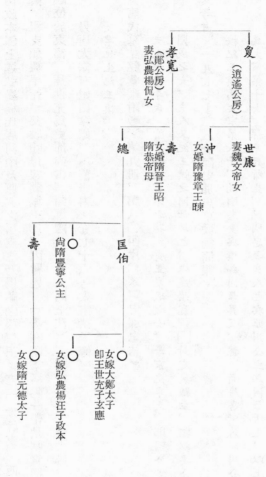

楊政本郎上洮弘農楊氏居河中及原武之房支，乃楊順之孫，王世充「本姓支，西域胡人也。寓居新豐。祖支頹耨早死。父收隨母嫁霸城王氏，因冒姓。」⑧在隋末洛陽一帶是掌實權人物，「隋越王侗嗣位於東都，拜世充爲吏部尚書，封鄭國公。」（同上注），其後自立，稱大鄭。

另唐太宗有妃曰韋妃，《舊唐書》卷七十六〈太宗諸子傳〉：

韋妃生紀王慎。

《唐代墓誌銘彙編附考》第九冊、第八〇四片、〈阿史那忠誌〉：

夫人渤海李氏，隋戶部尚書雄之孫，齊王友珉之女。母京兆韋氏，鄖國公孝寬之孫，陳州刺史圓成之女。夫人又紀王慎之同母姊也。椒庭藉寵，□封定襄縣主，詔以妻公焉。

《考古》一九七七—二〈唐阿史那忠墓發掘簡報〉：

按紀王慎為太宗第八子，說明忠妻與慎為同母異父。據《新唐書》〈臨川公主傳〉，臨川公主為太宗第十女，係韋氏所生，說明忠之夫人也與臨川公主為同母所生。以上說明韋皇妃第一次嫁給齊王友珉，生定襄縣主，後又嫁給太宗，生紀王慎與臨川公主。定襄縣主非太宗親女，故在太宗諸公主傳中也未列名。這點史料不見於碑文或其他文獻。至於韋氏由齊王友珉妻怎麼轉為太宗的妃子？情況不詳。

漢光按：誌云：韋妃爲鄖國公韋孝寬之孫，陳州刺史圓成之女，查《新唐書》卷七十四上〈宰相世系表〉四上，京兆鄖公房，韋孝寬有六子：諶、總、壽、霽、津、靜等。無韋圓成名。又查該卷韋總子為柱成、匡伯、圓照等，以生長年代及姓名觀察，韋圓成疑為韋總之子，則韋妃似應為韋孝寬之曾孫女。

〈阿史那忠誌〉云：夫人渤海李氏，隋戶部尚書雄之孫，齊王友珉之女，查《隋書》卷四十六〈李雄傳〉：「趙郡高邑人也。祖榼，魏太中大夫。父徽伯，齊陝州刺史，……子公挺。」又查《新唐書》卷七十二上〈宰相世系表〉二上，趙郡李氏。西祖：

盛——纘——延——龜——鳳林——裔（字徽伯）——子雄——公挺

〈阿史那忠誌〉之李雄，無論就郡望與世系而論，皆非《隋書》之李雄。誌中之李雄正史無傳，雖屬士族，其族望不及趙郡李氏西祖。誌中李雄郡望渤海，在隋為戶部尚書，已入隋唐政權。

誌又云：阿史那忠曾祖大原，祖邕周，並本國可汗……父蘇，左驍衛大將軍、寧州都督、懷德元王。因此，據誌中所示的婚姻關係可得下表：

阿史那邕周（本國可汗）——阿史那蘇（懷德元王）——阿史那忠

李雄（渤海郡人）——李珉

李珉 ═ 韋氏 ——李氏（封定襄縣主）═ 阿史那忠

韋氏 ═ 李世民（太宗）
　├ 紀王慎
　└ 臨川公主

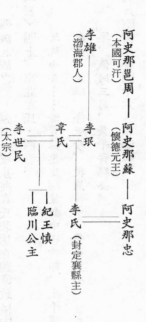

西魏北周之際，還有一支京兆韋氏著房在關隴政權中甚爲重要，《新唐書》卷七十四上〈宰相世系表〉四上，京兆韋氏・西眷：

潛號西眷……潛曾孫惠度，後魏中書侍郎。生千雄，略陽太守。生鄭子，字英，代郡守、兗州刺史。生瑱，字世珍，後周侍中、平齊惠公，號平齊公房。二子峻、師。峻，後周車騎大將軍、儀同三司，襲平齊縣公。

又《隋書》卷四十六〈韋師傳〉：

韋師字公穎，京兆杜陵人也。父瑱，周驃騎大將軍。……周大冢宰宇文護引為中外府記室……。齊王憲為雍州牧，引為主簿，本官如故。及武帝親總萬機，轉少府大夫。及平高氏，詔師安撫山東……。高祖受禪，拜吏部侍郎，……平陳之役，以本官領元帥掾，……後上為長寧王儼納其女為妃。……

韋師家族在關隴集團政權中，接近核心，在府兵體系中約屬驃騎大將軍、車騎大將軍級，許多重大戰役亦皆參與。隋朝時，其女爲長寧王儼之妃，從〈宰相世系表〉所示，西眷雖然沒有東眷鄖公房、逍遙公房等興盛，但亦屬九個著房之一。

西魏北周之際，有韋祐者，《周書》卷四十三本傳載：

韋祐字法保，京兆山北人也。少以字行於世。世為州郡著姓。祖駢，雍州主簿。舉秀才，拜中書博士。父義，前將軍、上洛郡守。……法保少好遊俠，而質直少言。所與交遊，皆輕猾亡命。人有急難投之者，多保存之。雖屢被追捕，終不改其操。父沒，事母兄以孝敬聞。慕李長壽之為人，遂娶長壽女，因寓居關南。正光末，四方雲擾。王公被難者或依之，多得全濟，以此為貴遊所德。乃拜員外散騎侍郎，加輕車將軍，及魏孝武西遷，法保從山南赴行在所。除右將軍……。乃除法保東洛州刺史……。

查《新唐書》〈宰相世系表〉京兆韋氏，未載韋祐一系，韋祐雖屬京兆著姓，但此房恐非著支。韋祐娶李長壽女，《周書》卷四十三〈李延孫傳〉載：

李延孫，伊川人。祖伯扶，魏太和末，從征懸瓠有功，為汝南郡守。父長壽，性雄豪，有武藝。少與蠻酋結託，屢相招引，侵滅關南。……魏帝藉其力用，因而撫之。乃授持節、大都督，……

……及魏孝武西遷，長壽率勵義士拒東魏。

從韋義至韋祐，該房可能已漸漸成爲地方豪強，李長壽、李延孫亦屬地方豪強，他們的勢力約在潼關以南之地，在東西政權交戰之際，非常重要，所以兩家皆爲西魏、北周重視，但其任官屬於軍職及該地區之郡守，似乎並未涉及中央之事。

京兆韋氏與河東裴氏在西魏時似有婚姻關係，《周書》卷三十七〈裴文舉傳〉：

裴文舉，字道裕，河東聞喜人也。祖秀業，魏中散大夫、天水郡守，贈平州刺史。父邃……累遷諫議大夫、司空從事中郎。大統三年，東魏來寇，邃乃糾合鄉人，分據險要以自固……除正平郡守……（文舉）保定三年，遷絳州刺史，……總管韋孝寬特相欽重……尋為孝寬柱國府司馬。……初，（文舉叔父季和為曲沃令，卒於聞喜川，而叔母韋氏卒於正平縣。……。

查《新唐書》卷七十一上〈宰相世系表〉一上，河東裴氏・中眷雙虎支：

雙虎——秀業——邃——文舉

裴文舉確實爲河東裴氏著房，但文舉叔母韋氏，史失其家室，本文暫列此條以作參考。

入唐以後，在唐太宗時，京兆韋氏逍遙公房韋沖之子挺，其女婚唐王室，《舊唐書》卷七十七〈韋挺傳〉（《新唐書》卷九十八同）：

雍州萬年人，隋民部尚書沖子也。……太宗以挺女為齊王祐妃。

而太宗女晉安公主，下嫁韋思安，《新唐書》卷八十三〈諸帝公主傳〉：

太宗二十一女；晉安公主，下嫁韋思安，又嫁楊仁輅。

韋思安之郡望房支在列傳及〈宰相世系表〉中皆失載。

逍遙公房韋沖之子挺，挺之子待價，娶王室女爲妻，《舊唐書》卷七十七〈韋挺傳〉（《新唐書》卷九十八同）：

雍州萬年人，隋民部尚書沖子也。……子待價。……永徽中，江夏王道宗得罪，待價卽道宗之壻也。

在唐高宗武后時，京兆韋氏其他著房與唐王室婚姻關係密切，如《新唐書》卷七十四上〈宰相世系表〉四上，京兆韋氏・東眷・彭城公房：

鴻冑（後周儀同三司、本州都督、新豐昭公）——澄（刺史、彭城敬公）——慶嗣（太子家令）——正矩（殿中監、駙馬都尉）
　　　　　　　　　　　　　　　　　　　　　　　　　　——慶植（王府長史）——頊（工部尚書）——鐬（太子少保、駙馬都尉）

這一房鴻冑在北周屬儀同三司等級，公爵，可能有軍功，韋正矩、韋鐬皆尚公主，時約在高宗、武后。韋鐬之父韋頊，《唐代墓誌銘彙編附考》第十七册，第一六八〇片〈韋頊誌〉：

公諱頊，字勵己，京兆杜陵人也。……高祖邕，後魏奉朝請、大著作。曾祖休業，後魏……新豐縣開國公。祖澄，隋……國子祭酒。父慶植，皇……舒密二州刺史。……夫人河東裴氏，魏龍驤將軍……周……三州刺史鴻智之曾孫，隋蜀王記室參軍師武之孫，皇……忠州刺史懷叟之子。……有子駙馬都尉……鐬。

夫人河東裴氏，其曾祖鴻智，祖師武，父懷叟，查《新唐書》卷七十一上〈宰相世系表〉一上，河東裴氏・東眷・道護支：

鴻智——師武——懷叟

中眷裴爲五個著房之一，其曾祖任職北周，屬關隴政權。

京兆韋氏在唐代與王室通婚最多者爲駙馬房，《新唐書》卷七十四上〈宰相世系表〉四上，京兆韋氏・駙馬房：

東眷穆四代孫自壁，自壁四代孫延賓，延賓三子：璋、福、議。至溫，諸子尚主者數人，因號駙馬房。

這一房在隋唐之際有韋議之子仁，隋坊州刺史、恆安縣公；福之孫昌，左驍衞大將軍、普安公等，應屬關隴集團人物。至高宗、武后、中宗時，與唐王室婚姻關係密切，如《舊唐書》卷五十一〈后妃上·中宗韋庶人傳〉（《新唐書》卷七十六〈后妃上〉同）：

京兆萬年人也。祖弘表，貞觀中為曹王府典軍。

《舊唐書》卷六十四〈高祖二十二子·虢王鳳傳〉：

神龍初，封鳳嫡孫邕為嗣虢王。邕取韋庶人妹為妻，由是中宗時特承寵異。

上引《新唐書》〈宰相世系表〉京兆韋氏駙馬房，因韋溫諸子尚主而得名，韋溫何子尚主的詳細資料已失載，駙馬房尚主者還有韋溫之堂兄弟濯，及溫之堂姪捷，〈世系表〉如下：

- 議—仁
  - 弘慶—玄希—濯（太僕卿、駙馬都尉）
  - 弘表—玄儼
    - 溫（相中宗、殤帝）
    - 滑—捷（秘書少監、駙馬都尉）

加上失載的韋溫諸子，該房尚主應爲特色，然駙馬房與唐王室婚姻關係除了娶公主以外，韋后及韋后妹亦嫁予唐王室，故兩者關係是雙向的，有娶有嫁。

京兆韋氏駙馬房除了與唐室通婚以外，還與陸氏連婚，《舊唐書》卷一百八十三〈外戚・韋溫傳〉：

妹夫陸頌為國子祭酒。

陸頌之郡望房支不詳。

另有韋行懿，其夫人爲賀婁氏《唐代墓誌銘彙編附考》第九册，第九〇〇片〈韋行懿誌〉謂露二年：

君諱行懿，字□□，京兆人也。……夫人賀婁氏，燕山北指，昔燕代之名家；□水東流，今河南之盛族。……遷窆于河南府洛陽縣平陰鄉……。

韋行懿官藤州感義縣令，房支不詳，夫人賀婁氏顯屬北境胡族後裔。

武后時的韋安石，屬京兆韋氏鄖公房，其夫人爲薛氏⑨然薛氏之郡望房支失載。韋安石之壻爲太常主簿李元證⑩，查《新唐書》卷七十二上〈宰相世系表〉二上，隴西李氏姑臧房承支有「元證，泉州刺史」，此人乃高宗時宰相李義琰之堂孫，似不應與太常主簿李元證爲同一人。

睿宗景雲時，京兆韋氏與河東裴氏有婚姻關係，《舊唐書》卷一〇〇〈裴漼傳・附從祖弟寬傳〉（《新唐書》卷一三〇〈裴漼傳・附從祖弟寬傳〉同）：

寬父無晦，袁州刺史。……景雲中，為潤州參軍，刺史韋銑為按察使，引為判官，清幹善於剖斷，銑重其才，以女妻之。

查《新唐書》卷七十四上〈宰相世系表〉四上，京兆韋氏・東眷・彭城公房：

鴻胄（後周儀同三司）——證（刺史）——慶植（王府長史）——珣（清河令）——銑（魏州刺史、河北採訪史）

推其歷世時間，極可能是這一房之韋銑。而裴寬者，查《新唐書》卷七十一上〈宰相世系表〉一上，河東裴氏・南來吳裴・令寶支：

獻——羅——公繹——無悔——寬（禮部尚書）

在中宗、睿宗之時，有京兆韋述者，其家族與元氏、裴氏、蕭氏連婚，《舊唐書》卷一〇二〈韋述傳〉：

> 司農卿弘機曾孫也。父景駿，房州刺史。……洛州刺史元行沖，景駿之姑子，……裴耀卿為侍中，即述之舅。……其（述）甥蕭直，為太尉李光弼判官，……

韋弘機見《舊唐書》卷一八五上〈良吏上・韋機傳〉，稱韋機：

> 韋機，雍州萬年人。祖元禮，隋浙州刺史。父恪，洛州別駕。……（機）上元中，遷司農卿……
> ……子餘慶。……餘慶子岳。……岳子景駿。

《新唐書》卷一〇〇〈韋弘機傳〉仍稱韋弘機。查《新唐書》卷七十四上〈宰相世系表〉四上，京兆韋氏，未載韋元禮、韋恪、韋弘機（韋機）、韋餘慶、韋岳、韋景駿、韋述這一房支，因此不屬韋氏定著九房之一，但從其官歷而觀之，該房代有人物，官宦不墜。韋述舅裴耀卿，查《新唐書》卷七十一上〈宰相世系表〉一上，河東裴氏・南來吳裴：

簡之——○——景——正——眘——守真——耀卿（相玄宗）

元行沖《舊唐書》卷一〇二〈元行沖傳〉（《新唐書》卷二〇〇同）：

河南人，後魏常山王素連之後也。少孤，為外祖司農卿韋機所養。

蕭直，查《新唐書》卷七十一下〈宰相世系表〉一下，蘭陵蕭氏、未載有蕭直者，應不屬蕭氏定著皇舅房、齊梁房。

京兆韋氏小逍遙公房，亦屬九個著房之一，在武后中宗之際，有三個宰相，《新唐書》卷七十四上〈宰相世系表〉四上，京兆韋氏・小逍遙公房：

弘瑗（隋武陽令）——德倫（任丘令）——思謙（相武后）——承慶（相武后）
　　　　　　　　　　　　　　　　　　　　　　　——嗣立（相武后、中宗）——恆（陳留太守）

韋嗣立母王氏⑪，王氏郡望房支不詳。韋恆之姑子爲宇文融⑫，《舊唐書》卷一〇五〈宇文融傳〉：

京兆萬年人，隋禮部尚書平昌公弢之玄孫也。祖節，貞觀中為尚書右丞。……永徽初，累遷黃門侍郎、同中書門下三品。……融……（開元十七年）拜黃門侍郎，與裴光庭並兼同中書門下平章事。

宇文弢「其先與周同出。祖直力覲，魏鉅鹿太守。父珍，周宕州刺史，……從帝平齊，以功拜上儀同。……」⑬，屬關隴集團中重要份子。

玄宗時，京兆韋氏鄖公房仍有與唐王室連婚，《舊唐書》卷九十二〈韋安石傳〉（《新唐書》卷一二二同）

> （子斌），開元十七年，司徒薛王業為女平恩縣主求婚，以斌才地奏配焉。

楊貴妃本爲玄宗子壽王之妃，玄宗奪之，「更爲壽王聘韋昭訓女。」⑭《新唐書》卷七十四上〈宰相世系表〉四上，京兆韋氏・鄖公房：

> 總——圓照——覯——爽——湜——昭訓

而京兆韋氏、韋堅一族屬彭城公房，在玄宗時與唐王室連婚，見於《舊唐書》卷一〇五〈韋堅傳〉（《新唐書》卷一三四同）：

> 京兆萬年人。父元珪……開元初，兗州刺史。堅姊為贈惠宣太子妃，堅妻又楚國公姜皎女，堅妹又為皇太子妃，中外榮盛。

《新唐書》卷七十四上〈宰相世系表〉四上，京兆韋氏・東眷・彭城公房：

> 鴻胄——淹——雲平——師貞——元珪——堅

韋堅之妻乃楚國公姜皎女，《舊唐書》卷五十九〈姜謩傳〉：

> 秦州上邽人。祖真，後魏南秦州刺史。父景，周梁州總管、建平郡公。……（李淵起兵時）時薛舉寇秦、隴，以謩西州之望，詔於隴右安撫，承制以便宜從事。……（子柔遠）柔遠子皎。

……皎男慶初……慶初襲封楚國公。慶初生未晬，玄宗許尚公主，後淪落二十餘年。李林甫為相，當軸用事，林甫卽皎之甥，從容奏之，故驟加恩命。天寶十載，詔慶初尚新平公主，授駙馬都尉。

玄宗時，唐王室、京兆韋氏彭城公房、秦州姜氏之婚姻關係如下：

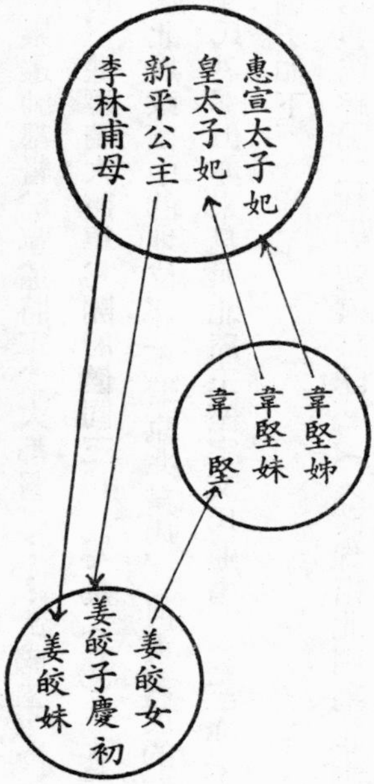

第三節　河東裴氏婚姻關係

河東裴氏是河東地區三個大士族之一，它的根據地在「鹽池東部安邑、聞喜、絳縣一帶爲大本營。前秦時有一支洗馬裴在解縣洗馬川；同一時期有一支西眷在涑水下游；北魏時北歸的南來吳裴有一支住在稷山一帶。」⑮在北朝東西政權對抗時，有的房支仕西魏北周，有的房支仕東魏北齊，以仕西魏北周者居多，而最重要的是具有在地勢力的房支大多支持宇文氏政權⑯，加入府兵體系，如東眷裴德歡支的裴寬「（大統）十六年……大都督……魏廢帝元年進使持節、車騎大將軍、儀同三司。…

…（保定）四年，加驃騎大將軍、開府儀同三司。……」⑰寬弟漢「（天和）五年，加車騎大將軍、儀同三司。」（同上注），寬另弟尼「魏恭帝元年，以本官從于謹平江陵。」（同上注）寬族弟鴻「孝閔弟踐阼，拜輔城公司馬，加儀同三司。爲晉公護雍州治中……進位開府儀同三司……」（同上注）中眷雙虎支的裴俠「（大統）九年……居數載，出爲郢州刺史加儀同三司……孝閔帝踐阼，除司邑下大夫，加驃騎大將軍、開府儀同三司。」⑱東眷道護支的裴果，在西魏末時爲「使持節、車騎大將軍、儀同三司……孝閔帝踐阼，……加使持節、驃騎大將軍、開府儀同三司，……」⑲中眷雙虎的裴文舉「世宗初，累遷帥都督、寧遠將軍、大都督。……武成二年，就加使持節、車騎大將軍、儀同三司。……天和初，進驃騎大將軍、開府儀同三司。尋爲（韋）孝寬柱國府司馬。」⑳等。一般而論，河東裴氏在西魏北周政權中的地位，不若京兆韋氏，河東裴氏的婚姻關係，未見與西魏王室元氏通婚，未賜姓宇文氏㉑，但亦未見與北周王室宇文氏通婚，甚至亦未見與隋朝王室楊氏通婚。在隋及隋以前裴氏婚姻例子如下：

〈魏故廣州別駕襄城順陽二郡守寇君墓誌〉（《漢魏南北朝墓誌集釋》三五六宣政二年）：

君諱熾，字紹叔。上谷昌平人。高祖秦州哀公；曾祖雍州宣穆公；郢州威公之孫；順陽府君軌第四子。……夫人天水姜氏……長子素，……妻裴氏。……小子士璋……妻郭氏。長女順華，適天水姜雲進，本州主簿。第二女婉華，適河東裴景徽，郡中正。第三女將男，適天水趙子信。第四女休華，適趙郡李思曜。

〔趙萬里釋：以校魏書寇讚傳，及寇臻、寇治、寇偘諸誌：哀公謂讚，宣穆謂讚，威公謂臻，順陽則臻子祖訓也。……〕

宣政爲北周武帝末年建元，此處廣州屬山南，轄晉陽等郡㉒；與河東裴氏通婚者爲上谷寇氏，上谷郡望在東魏燕地，但此房顯然官宦西魏。《周書》卷三十七〈寇儁傳〉：「祖讚，魏南雍州刺史。父臻，安遠將軍、郢州刺史。……儁……兄祖訓、祖禮及儁，並有志行。閨門雍睦，白首同居。……大統二年，東魏授儁洛州刺史，儁因此乃謀歸闕。五年，將家及親屬四百餘口入關。……十七年，除車騎大將軍、儀同三司……武成元年，進驃騎大將軍、開府儀同三司……。」墓誌載寇素妻裴氏、寇婉華適河東裴景徽，〈宰相世系表〉裴氏條皆不可查，可能是河東裴氏之旁支。墓誌所述，居西魏北周政權之上谷寇氏，寇熾妻天水姜氏，寇素妻裴氏，寇士璋妻郭氏，寇順華適天水姜氏，寇婉華適河東裴景徽，寇將男適天水趙氏，寇休華適趙郡李思曜。天水姜氏㉓，天水趙氏㉔、郭氏郡望不詳；趙郡李思曜，查《新唐書》卷七十二上〈宰相世系表〉二上。趙郡李氏未載，可能是入關之趙郡李氏旁支。以上婚姻圈成員是西魏北周政權人物，包括關隴地方級郡姓、遷入關中之大姓旁支、遷入關中之地方級郡姓，這些家族成員的官職可能屬中級。

又《周書》卷三十一〈梁士彥傳〉：

> 安定烏氏人也。……周武帝將平東夏，聞其勇決，自扶風郡守除為九曲鎮將，進位上開府，封建威縣公，齊人甚憚之。……其甥裴通……〔《隋書》卷四十〈梁士彥傳〉：子操……出繼伯

父，官至上開府。」

安定梁氏：據《周書》卷三十九〈梁昕傳〉云：「世爲關中著姓」梁士彥與梁昕之房支不詳，梁士彥兄弟仕於西魏北周，官居中級。梁士彥甥裴通，查《新唐書》卷七十一上〈宰相世系表〉一下，河東裴氏·洗馬裴·天壽支：

天壽——智保——英——彥（後周驃騎大將軍、吉陽郡公）——通（開府儀同三司、懷義郡公）

至隋末，有裴仁基子行儼娶王世充兄女《隋書》卷七十〈裴仁基傳〉：

河東裴仁基，字德本。祖伯鳳，周汾州刺史。父定，上儀同。……（王）世充以其（仁基）父子並驍銳，深禮之，以兄女妻行儼。

王世充是隋末洛陽一帶掌大軍者，裴仁基見《新唐書》卷七十一上〈宰相世系表〉一上，河東裴氏·中眷·雙虎支：

雙虎——惠秀——嵩壽——伯鳳——定高——仁基——行儼

河東裴氏似乎與同郡柳氏相婚《隋書》卷八十〈列女·裴倫妻〉：

裴倫妻，河東柳氏女也。

裴倫未載於〈宰相世系表〉，柳氏女之房支不詳。

河東裴氏至唐朝才婚媾王室，這是由於裴寂是李淵的開國功臣，其子裴律師尚公主。《新唐書》卷七十一上〈宰相世系表〉一上，河東裴氏·西眷：

融（周司木大夫）——孝瑜——寂（相唐高祖）——律師（駙馬都尉、河東公）

另同書同卷，河東裴氏·東眷：

澄——尼（周御正大夫）——之爽——希惇——思進——巽（國子祭酒、駙馬都尉、魏國公）——齊丘（秘書監、駙馬都尉）

又《舊唐書》卷八十六〈高宗中宗諸子·孝敬皇帝弘傳〉：

納右衛將軍裴居道女為妃。

《新唐書》卷七十一上〈宰相世系表〉一上，河東裴氏·東眷：

澄——景漢——鏡民——熙載——居道（相武后）

在唐代初期，河東裴氏似乎多與唐朝大臣連婚，例如：《舊唐書》卷七十一〈魏徵傳〉（《新唐書》卷九十七同）

鉅鹿曲城人也。父長賢，北齊屯留令。……徵妻裴氏。

《舊唐書》卷八十二〈許敬忠傳〉（《新唐書》卷二二三上同）

杭州新城人，隋禮部侍郎善心子也。其先自高陽南渡，世仕江左……敬宗……長子昂……母裴氏早卒。

〈李裴太一誌〉（《唐代墓誌銘彙編附考》第十册，第九二三片，永淳元年）：

夫人諱太一，字貝多，河東聞喜人也。……曾祖道，皇朗州武陵縣令；祖義實，魏州貴鄉縣令；……父悌，歷長安尉……。夫人……歸于李氏，卽司空英武公之孫，太僕少卿、饒州使君之第四子也。……權瘞於長安西南之高陽原。……姑丈著作佐郎弘文（以下缺字若干）舍人裹供奉元萬頃製。（按：司空英武公卽李勣，見《舊唐書》卷六十七〈李勣傳〉。姑丈元萬頃爲後魏京兆王子推之後裔，曾從李勣征高麗，管書記，與徐敬業兄弟友善。）

魏徵婚裴氏，可能在隋朝時；許敬宗婚裴氏可能在隋末唐初，其妻裴氏之郡望皆失載。裴太一則屬河東裴氏，但《新唐書》卷七十一上〈宰相世系表〉一上，河東裴氏失載，其曾祖、祖、父名，可能是旁支。裴太一嫁司空李勣之孫，其婚姻關係則在唐朝無疑，時李勣已爲大臣。裴太一姑丈爲後魏宗室之後裔元氏，亦卽裴太一之姑嫁于洛陽元氏。鉅鹿魏氏、杭州許氏雖不是大士族，亦屬一般士族。魏徵之父在北齊任縣令，居官不高；許敬宗之父許善心則爲隋之禮部侍郎，應屬重要官吏。裴太一婚李勣孫，按李勣屬地方豪強㉕，並非士族，裴太一婚時，李勣已爲唐之重臣。河東裴氏，尤其是旁支裴氏，其婚姻對象以官宦爲主，而非以門第爲重要條件。

高宗武后時，裴光庭家族之婚姻關係亦値得注意。《舊唐書》卷八十四〈裴光庭傳〉（《新唐書》卷一〇八同）：

裴行儉，絳州聞喜人。曾祖伯鳳，周驃騎大將軍……。祖定……，父仁基，……（行儉）少子光庭，母庫狄氏，則天時召入宮，甚見親待，光庭由是累遷太常丞。後以武三思之壻緣坐，左遷郢州司馬……。

裴光庭母庫狄氏顯然爲胡族，但世系失載，裴光庭婚武三思之女，武三思乃武后之姪，神龍時已拜相，爲大周王朝之權臣。裴光庭婚權貴之女，一如其同房支裴行儼婚當時掌軍權的王世充之兄女。

又《舊唐書》卷七十七〈劉德威傳·附延嗣傳〉（《新唐書》卷一〇六同）：

劉德威，徐州彭城人也。父子將，隋毘陵郡通守。……（德威）三遷同州刺史。……子審禮……工部尚書。……審禮從父弟延嗣，文明年為潤州司馬，……竟以裴炎近親，不得敘功，……

《新唐書》卷七十一上〈宰相世系表〉一上，河東裴氏·洗馬裴·天恩支：

天恩——祖愛——義同——仁素——大同——炎（相中宗、武后）

《新唐書》卷七十一上〈宰相世系表〉一上，彭城劉氏：

敏——慶——軫——通——德威——審禮（工部尚書、彭城公）
　　　　　　　　　└——德智——延嗣（汾州刺史）

這兩族門第官位相當。

另有一則墓誌銘，乃裴氏與太原王氏連婚：

〈裴王氏〉（《唐代墓誌銘彙編附考》第十一册，第一〇六四片，載初元年）：

夫人，太原晉陽人也。……祖貴，隋楚州山陽縣令……父□春，皇朝……嶲州都督……葬於北邙山……長子延景，次子延宗……

裴延宗未載於《新唐書》卷七十一〈宰相世系表〉一上，河東裴氏，而王貴亦未載於《新唐書》卷七十二中〈宰相世系表〉二中，太原王氏。他們可能是旁支。

玄宗時期，河東裴氏與唐王室通婚甚多，但多屬東眷，如《新唐書》卷七十一上〈宰相世系表〉一上，河東裴氏・東眷：

景漢（周車騎大將軍）——文度——大方——居士——虛己（光祿卿、駙馬都尉）
　　　　　　　　　　　　　　　　　　　　　　　　　——璆——徽（殿中丞、駙馬都尉）
　　　　　　　　　　　　　　　　　　　　　　　　　——玲（太僕卿、駙馬都尉）

尼（周御正大夫）——之爽——希惇——思進——巽——齊閔——穎（衞尉卿、駙馬都尉）

《舊唐書》卷五十一〈后妃上・玄宗楊貴妃傳〉（《新唐書》卷七十六〈后妃上〉同）：

虢國男裴徽尚肅宗女延光公主，女嫁讓帝男。

入唐以來，尤其高宗武后至玄宗時期，唐王室與河東裴氏屢通婚姻，由上節京兆韋氏所示，韋氏與唐王室、及韋氏與河東裴氏屢通婚姻；這三個家族構成重要婚姻圈。

虢國夫人即楊國忠之妹，由〈世系表〉所示，虢國應嫁裴璆，其子爲裴徽，弘農楊氏河中房（即楊國忠家族）在玄宗時與唐王室通婚，楊氏又與裴氏通婚，裴氏與唐王室通婚是在玄宗時，這三個家族亦形成婚姻圈。楊國忠妻裴柔，但裴柔卻非河東裴氏，史書載「國忠娶蜀倡裴氏女曰裴柔。」㉖河東裴氏在武后時亦有婚降胡女者，《新唐書》卷一二七〈裴炎傳・附從子伷先傳〉：

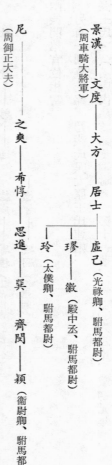

絳州聞喜人，……炎從子伷先。伷先未冠，推蔭為太僕丞。炎死，坐流嶺南。……長流瀼州。歲餘，逃歸，為吏蹟捕，流北庭。無復名檢，專居賄，五年至數千萬。娶降胡女為妻，妻有黃金、駿馬、牛羊，以財自雄。養客數百人，自北庭屬京師，多其客，詗候朝廷事，聞知者十常七八。」

裴伷先屬河東裴氏洗馬裴，《新唐書》卷七十一上〈宰相世系表〉一上，河東裴氏．洗馬裴：

天恩—祖愛—義同—仁素—大同—炎（相中宗、武后）
　　　　　　　　　　　　　　└旦—伷先（工部尚書）

裴伷先娶北庭降胡女，固由於其特殊情況與特殊喜好，但河東裴氏洗馬房，在五胡亂華時曾居河西，「自河西歸桑梓，居解縣洗馬川，號洗馬裴。」㉗該房可能與北族有關。裴伷先妻降胡女，其身分不詳，但觀其財勢，亦可能是部落中有財富地位者。

玄宗時嚴挺之之妻、嚴武之母爲裴氏，《新唐書》卷一二九〈嚴挺之傳．附子武傳〉：

華州華陰人也。……（挺之）開元中……累進給事中……刑部侍郎，遷太府卿。……（武）母裴不為挺之所答，……

裴氏郡望房支不詳。

另有墓誌銘載河東裴氏與隴西李氏連婚，如下：

〈裴迴李夫人誌〉（《唐代墓誌銘彙編附考》第十七册，第一六九五片，開元七年）：

夫人諱，隴西狄道人也。……曾祖恬，隋兗州方輿縣令。祖光嗣，皇安東都護府功曹參軍。……父諤，皇長寧公主府倉曹。……

裴迥未載於《新唐書》卷七十一上〈宰相世系表〉一上，李恬、李光嗣亦未載於《新唐書》卷七十二上〈宰相世系表〉二上，隴西李氏，兩者可能是旁支。

第四節　河東柳氏婚姻關係

河東「柳氏散處於中條山脈下，東與裴氏相接於鹽池，向西直至蒲州。解縣、虞鄉是其主要居住地。柳氏有東眷、西眷兩大著房，在中古時期該二房中有若干重要人物南遷，稍後雖有遷回原籍，但這段空間已減弱其他勢力。」㉘在東西政權爭奪戰時，河東柳氏絕大部分站在西魏北周政權陣營中。例如：西眷鷟、慶、虬、檜、鷟五支，除柳鷟不詳外，皆任官關中政權。柳鷟早卒，其子柳帶韋「與諸父歸朝，太祖辟為參軍。……（魏廢帝）二年，加授驃騎將軍……保定三年，授大都督……五年……。俄遷驃騎大將軍，開府儀同三司。……齊平，以功授上開府儀同大將軍。」㉙柳慶在宇文泰政權中更為重要，「魏孝武將西遷，……慶至高平見太祖，共論時事。……帝屏左右謂慶曰：『高歡已屯河北，關中兵既未至，朕欲往荆州，卿意何如？』慶對曰：『關中金城千里，天下之疆國也。宇文泰忠誠奮發，朝廷之良臣也。……』帝深納之。及帝西遷……（大統）十六年，太祖東討，以慶為大行臺右丞，加撫軍將軍……（魏廢帝）二年，授車騎大將軍、儀同三司，……進位驃騎大將軍、開府儀同三司、尚書右僕射，轉左僕射……孝閔帝踐阼，賜姓宇文氏，……」[30]慶子機及弘亦皆北周之大臣，柳虯通文翰，掌宇文泰文書，「（大統）十六年，遷中書侍郎……魏廢帝初，遷秘書監，加車騎大將軍、儀同三司。」[31]柳虯子柳蔡年、柳止戈，皆在北周任刺史[32]。柳檜「大統四年，從太祖戰於河橋，先登有功，授都督……十四年……大都督……尋從大將軍王雄討上京、魏興，平亡，即除魏興、華陽二郡守……」[33]西眷另有柳敏，「及文帝尅復河東，見而器異之，乃謂之曰：『今日不喜得河東，喜得卿也。』即拜丞相府參軍事……加帥都督，領本鄉兵。俄進大都督，……益州平……進驃騎大將軍、開府儀同三司，加侍中，遷尚書，賜姓宇文氏……進位大將軍……開皇元年，進位上大將軍……子昂……武帝時……開府儀同三司。」[34]東眷柳霞，自後梁入朝，「授使持節、驃騎大將軍、開府儀同三司、霍州諸軍事、霍州刺史。」[35]另有東眷柳裘爲北周上開府[36]等。

河東柳氏在關隴集團中，多居中上級職位。唯在西魏時未見與王室元氏通婚。隋朝時河東柳氏與王室楊氏通婚有二例：

《隋書》卷八十〈列女，襄城王恪妃傳〉：

> 襄城王恪妃者，河東柳氏女也。父旦，循州刺史。

《隋書》卷七十八〈藝術・韋鼎傳〉（《隋書》卷四十七〈柳機傳〉同）：

> 時蘭陵公主寡，上爲主求夫，選親衞柳述……

柳旦與柳述皆西眷柳慶子孫，《新唐書》卷七十三上〈宰相世系表〉三上，河東柳氏・西眷：

慶——機（隋納言）——述（隋兵部尚書、參知機務）
　　　——旦（隋黃門侍郎）

河東柳氏在兩魏、北周時期與其他家族婚姻關係失載，在《隋書》僅見有裴倫妻柳氏（見上節），唯此處柳氏郡望房支不詳。

自唐高祖、太宗、高宗、武后至中宗、睿宗時期，河東柳氏未見與王室李氏通婚者，但卻有一個間接通婚之例：

《舊唐書》卷七十七〈柳亨傳〉：

> 蒲州解人，魏尚書左僕射慶之孫也。父旦，隋太常少卿、新城縣公。……亨容貌魁偉，高祖甚愛重之，特以殿中監竇誕之女妻焉，卽帝之外孫也。

《舊唐書》卷六十一〈竇威傳附誕傳〉（《新唐書》卷九十五同）：

> 誕，抗第三子也。……尙高祖女襄陽公主。

《新唐書》卷七十一下〈宰相世系表〉一下，扶風竇氏三祖，竇誕屬竇善支，而柳亨卽上引河東柳氏西眷柳慶之孫。

另一則河東柳氏與唐王室間接通婚如下：

《舊唐書》卷五十一〈后妃上・高宗廢后王氏傳〉（《新唐書》卷七十六〈后妃上〉同）：

> 并州祁人也。父仁祐，貞觀中羅山令。同安長公主卽后之從祖母也。……母柳氏……后舅中書

令柳奭（《新唐書》：魏尚書左僕射思政之孫）……王廢后，《新唐書》卷七十六〈后妃上〉：「魏尚書左僕射思政之孫。」王思政爲西魏時之大將軍。柳奭《新唐書》卷七十三上〈宰相世系表〉三上，河東柳氏・西眷・慶支：

慶——旦——則——奭

自高祖至睿宗，河東柳氏與其他家族婚姻關係如下：

高宗時，李義府「子壻少府主簿柳元貞。」㊲查《新唐書》卷七十三上〈宰相世系表〉三上，河東柳氏，失載，可能是旁支。李義府，瀛州饒陽人，爲高宗時權臣，求與趙郡合譜，不成。又爲子求婚於關東魏齊舊姓不可得，乃奏隴西李等七家不得相與爲婚。李義府雖屬關東河北人，其門望不高。河東柳氏之旁支可能與之門戶相當。而河東柳氏婚山東士族乃屬唐朝大臣，而非山東五姓。又《柳杜氏誌》（《唐代墓誌銘彙編附考》第十一册，第一〇六七片，天授二年）：

夫人諱　，字　，京兆杜陵人，晉鎮南將軍當陽侯預之十五代孫也。……曾祖景仲，周……太常卿、岐山郡公……祖整，隋……禮部侍郎……。父孝奬，唐……撫州刺史……。歸乎柳氏，皇辟諱偘，字承茂，即唐散騎常侍、泉州刺史、樂平公之第三子也。……合祔于柳府君之舊塋……

《柳偘誌》（《唐代墓誌銘彙編附考》第十册，第九八八片，垂拱元年）：

君諱偘，字承茂，河東解人也。……曾祖慶，後魏驃騎大將軍……尚書左僕射，後周萬宜兩州刺史、京兆尹、大冢宰、平齊公……祖機，後周內史……隋少宗伯……。父遜，皇朝……泉州刺史……。妻杜氏，卽撫州刺史獎之長女也……遷窆於洛州北芒……

柳佋是河東柳氏西眷，乃柳慶之曾孫。柳佋夫人杜氏，乃撫州刺史杜獎之女，按天授二年正月十八日〈柳杜氏誌〉，杜夫人之曾祖景仲，祖整，父孝獎，唐許州長史、撫州刺史。查《新唐書》卷七十二上〈宰相世系表〉二上，京兆杜氏・襄陽杜氏房：

顒——景仲——整——孝獎（撫州刺史）

玄宗時，河東柳氏與唐王室通婚者有三例：

《舊唐書》卷一〇七〈玄宗諸子・延王玢傳〉：

玢母卽尚書右丞柳範孫也。〔《舊唐書》卷七十七〈柳亨傳〉：「亨，蒲州解人，魏尚書左僕射慶之孫也。……亨族子範，……」〕

《舊唐書》卷五十一〈后妃上・玄宗楊貴妃傳〉（《新唐書》卷七十六同）：

秦國夫人婿柳澄先死，男鈞，尚長清縣主，澄弟潭尚肅宗女和政公主。

按《新唐書》卷七十三上〈宰相世系表〉三上，河東柳氏・西眷・鷟支：

鷟——帶章——祚——範（尚書右丞）

鷟乃慶之兄。而柳澄、柳鈞、柳潭不見於〈世系表〉，可能是旁支。

上述三例所示，玄宗時，唐王室、河東柳氏及弘農楊氏河中房三者之間形成一個小婚姻圈。

又《舊唐書》卷一〇六〈李林甫傳〉(《新唐書》卷二二三上同):

會皇太子良娣杜氏父有鄰與子婿柳勣不叶,……(《舊唐書》卷一一二〈李巨傳〉:「皇太子杜良娣之妹婿柳勣陷詔獄。」)

杜有鄰《新唐書》卷七十二上〈宰相世系表〉二上,京兆杜氏失載;柳勣《新唐書》卷七十三上〈宰相世系表〉三上,河東柳氏亦失載。其房支不詳,似乎玄宗時,唐王室、河東柳氏、京兆杜氏三者之間亦形成一個小婚姻圈。

第五節　河東薛氏婚姻關係

「薛氏是一個強大的血緣團體。晉隋之際,薛氏的大本營在汾河以南,黃河以東之地,亦可能有一部分發展至涑水下游,或中條山脈西部一帶。」㊳河東薛氏仍有強烈的地方豪強性質。在北朝東西政權爭奪戰時,河東薛氏絕大部分投效關中政權,其中以聲勢最大的西祖裴氏爲最。如西祖濮上五門薛氏大房洪隆支,洪隆曾孫薛端「……徵端赴闕,以爲大丞相府戶曹參軍。從擒竇泰,循弘農,戰沙苑,並有功……大統十六年,大軍東討……加授車騎大將軍、儀同三司。……賜姓宇文氏。……六官建,……加侍中、驃騎大將軍、開府儀同三司。」㊴薛胄「父端,周蔡州刺史。……周明帝時,(胄)襲爵文城郡公。累遷上儀同……後加開府。」㊵薛瑚支之薛善「魏孝武西遷,……以善爲別駕……(大統年間)遷黃門侍郎,加車騎大將軍、儀同三司。除河東郡守,進驃騎大將軍、開府儀同三司、賜姓宇文氏。」㊶薛善弟愼，北周時亦至車騎大將軍、儀同三司（同上注），另薛遵彥支之薛彥「（西魏時）遷中書令、車騎大將軍、儀同三司。」……（北周時）進位驃騎大將軍、開府儀同三司。……」㊷南祖薛憕任西魏「中書侍郎，加安東將軍……子舒（北周時）官至禮部下大夫、儀同大將軍。」㊸

河東薛氏在西魏未見與王室元氏通婚，因賜姓宇文氏，亦未見與宇文氏通婚。

周隋之際，河東薛氏之婚姻關係有三例：

〈□師大將軍儀同三司大內史大納言扶風郡太守濩澤公之墓誌銘〉（《漢魏南北朝墓誌集釋》圖版三六三，開皇三年）：

「公諱字遵考，上谷昌平人也。……高祖脩之，苻秦東萊太守……；曾祖讚，安南將軍、南雍州刺史……；祖臻，龍驤將軍……；父儁，仕魏為南中郎……入周為開府秘書監……。（公入周）授翊師大將軍，除扶風太守。……春秋五十有八，以開皇三年……薨於京舍，十月十九日葬於洛陽之北邙……。夫人聞喜郡□河東薛氏……（趙萬里釋：考《周書》〈寇儁傳〉「奉弟顒……小納言濩澤郡公。」……遵考名顒，傳舉名，誌舉字；……」

〈周故邵州刺史寇嶠妻襄城君薛夫人墓誌〉（《漢魏南北朝墓誌集釋》圖版三五九，宣政二年）：

夫人姓薛氏，河東人，邵州使君後妻也。泰雍刺史、駙馬都尉倪之曾孫；濟北大守祖洛第四女。（趙萬里釋：（引《松翁近稿》）誌稱「夫人為邵州使君後妻。邵州先卒，邵州叔父開府西安元公舉家西赴，夫人亦隨入關。」考西安元公，乃寇讚之孫儁。（趙云：夫人……濟北太守祖洛第四女，於史俱無徵。疑薛辯之裔……）

〈隋故朝散大夫將作少匠任君墓誌之銘〉（《漢魏南北朝墓誌集釋》圖版四二九，大業四年）：

君諱軌，字洪則，西河隰城人也。……祖龍，擧茂才，官至樂安太守、襲爵梁城侯；父仲讓，國子助敎、驃騎大將軍、義州大中正。……（君）遷將作少匠……以大業三年六月二日、卒於長安之醴泉里，春秋六十有六。……夫人薛氏，河東人。祖慶緒，仁州刺使；父元嗣，開國侯。……」

以上河東薛氏之房支不詳。寇氏，《周書》卷三十七〈寇儁傳〉：「上谷昌平人。祖讚，魏南雍州刺史。父臻，安遠將軍、郢州刺使。……儁……封西安縣男。……」是當時士族之一。西河任氏，不載於周隋正史，但觀其父祖官職，亦屬士族。他們官職大抵是刺史階層。

隋朝薛道衡，屬河東薛氏西祖，其妻王氏㊹，王氏之郡望房支不詳。

入唐以後，河東薛氏與唐王室通婚之例漸多，高祖太宗時有一例，高宗武后時有五例，玄宗時有四例，如下：

〈薛震誌〉（《唐代墓誌銘彙編附考》第十册，第九八五片）：

公諱震，字元超，河東汾陰人也。高祖聃，魏給事黃門侍郎……曾祖孝通，中書、黃門二侍郎……祖道衡，齊中書、黃門二侍郎，隋吏部、內史二侍郎……父收，上開府兼陝東道大行臺金部郎中……公尚（唐朝）和靜公主……公之姑河東夫人，神堯之婕妤也，……五十四拜守中書侍郎，尋同中書門下三品，此後獨知國政者五年，……陪葬于乾陵……。

《舊唐書》卷七十三〈薛收傳〉：

蒲州汾陰人，隋內史侍郎道衡子也。（收子元超，元超從子稷）俄又令其（稷）子伯陽尚仙源公主。

《新唐書》卷七十三下〈宰相世系表〉三下，河東薛氏・西祖：

瑚——○——○——道衡——○——○——○——稷（相中宗、睿宗）——伯陽（左千牛將軍、駙馬都尉）

《新唐書》卷七十三下〈宰相世系表〉三下，河東薛氏・西祖

瑚——○——○——○——○——懷昱——瓘（光祿卿、駙馬都尉）——紹（左散騎常侍、駙馬都尉）
　　　　　　　　　　　　└懷晏——瑊——儆（鄧州刺史、駙馬都尉）

《舊唐書》卷一八三〈外戚・太平公主傳〉：

永隆年降駙馬薛紹。

《舊唐書》卷七十三〈薛收傳〉（《新唐書》卷九十八同）：

蒲州汾陰人，……（道衡子收，收子元超，元超從子稷，稷子伯陽）伯陽子談，開元十六年，尚常山公主。

《新唐書》卷七十三下〈宰相世系表〉三下，河東薛氏・西祖：

道衡—○—○—○—○—稷—伯陽—談（駙馬都尉）
　└收—振—○—○—康（殿中監、駙馬都尉）
　　　（相高宗）
德元—○—○—儆—鏽（光祿卿、駙馬都尉）
馥—○—德儒—○—○—○—○—○—蒼（光祿卿、駙馬都尉）
（周刺史）（隋）

薛震姑爲神堯（高祖）婕妤，薛震尚和靜公主、薛伯陽尚仙源公主、薛瓘爲駙馬都尉、薛紹尚太平公主、薛儆爲駙馬都尉，伯陽子談尚常山公主，薛康爲駙馬都尉、薛鏽爲駙馬都尉，薛蒼爲駙馬都尉，皆屬河東薛氏西祖濮上五門薛氏大房、五房即、洪祚、洪隆、瑚、昂、積善。以上除薛蒼屬薛昂之子孫外，其他十人皆屬薛瑚子孫，其中薛道衡子孫有五人。

入唐以後，河東薛氏其他婚姻關係有三例，即：

《杜薛瑤華誌》（《唐代墓誌銘彙編附考》第四冊，第三六二片，顯慶三年）：

夫人諱瑤華，河東人也。……曾祖胄，大理卿、刑部尚書……；祖獻，工部侍郎……；父元嘏，通事舍人……。夫人……太子左衛長史、上輕車都尉京兆杜延基……安措于少陵之南原……。

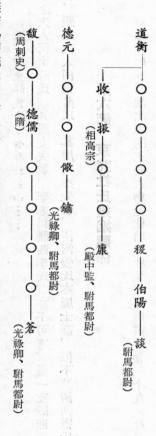

《新唐書》卷七十三下〈宰相世系表〉三下，河東薛氏・西祖・洪隆支：

洪隆—驎—英集—端—胄—獻—元嘏

杜延基，《新唐書》卷七十二上，京北杜氏失載，可能是旁支。

〈李志誌〉（《唐代墓誌銘彙編附考》第八册，第七五五片，咸亨三年）：

公諱志，字元節，隴西狄道人也。……曾祖義，魏臨河郡守；祖和，周諫議大夫、儀同三司……父遷，隋趙州栢鄉縣丞。……公（唐任）房州司法參軍事……夫人河東薛氏，隋汴州戶曹會之女也。……合葬於邙山。……

〈張鬼誌〉（《唐代墓誌銘彙編附考》第七册，第六二五片，麟德元年）：

君諱鬼，（字阿三，清河人，晉司空、廣武侯華之後。……父諱達，隋任□陽縣令。……公之夫人，河東薛氏……合葬於芒山……

李志夫人河東薛氏，其房支失載，李志爲隴西李氏，亦不可查，這一支隴西李氏任官北周，屬關隴人物。張鬼夫人河東薛氏，其房支亦失載，清河張氏亦屬士族，但不及清河崔氏興盛。

第六節　京兆杜氏婚姻關係

京兆杜氏在西魏北周的主要人物是杜瓚、杜杲，《周書》卷三十九〈杜杲傳〉：

京兆杜陵也。祖建，魏輔國將軍，贈豫州刺史。父皎，儀同三司、武都郡守。……其族父瓚，……瓚時仕魏為黃門侍郎，兼度支尚書、衛大將軍、西道行臺，尚孝武妹新豐公主，因薦之於朝廷。永熙三年（五三四）起家奉朝請……（北周時）加使持節、車騎大將軍、儀同三司。……杲兄長暉，位至儀同三司。

杜瓚尚魏孝武帝妹新豐公主，應屬魏孝武之支持者，魏孝武帝元修於永熙三年七月丁未出奔長安，於同年閏十二月癸巳，爲宇文泰所害，京兆杜氏杜瓚及杜杲在宇文氏當政時期的西魏北周，其官職祇達車騎大將軍、儀同三司。自大統以降，未見京兆杜氏與元氏王室通婚；而宇文周時期，未見杜氏賜姓宇文氏，亦未見杜氏與宇文氏王室通婚。

隋朝時，杜整曾官至上開府，封長廣郡公、左武衛將軍[45]，而杜正玄、杜正藏兄弟，以文學聞名於隋，官職低微[46]，隋朝亦未見杜氏與楊氏王室通婚。

隋朝時有京兆杜氏與天水梁氏通婚之例：

〈魏故使持節征虜將軍東豫州大都督梁朝同州刺史梁君之銘〉（《漢魏南北朝墓誌集釋》圖版三六五，開皇三年）：

君諱坦，字慧樂。天水冀人也。……祖廷尉……。夫人京兆杜氏，父忝，魏幽州刺史。……大隋開皇三年……終於洛川……合葬芒嶺之陽、洛城之北山。……

杜泰，《新唐書》卷七十二上，京兆杜氏失載，可能是旁支。梁坦之祖爲廷尉，亦屬士族。但其郡望是天水，並非安定，可能是關隴另一支。

唐初功臣杜如晦，其子荷尙公主：

《舊唐書》卷六十六〈杜如晦傳〉（《新唐書》卷九十六同）：

京兆杜陵人也。曾祖皎，周贈開府儀同大將軍、遂州刺史。祖徽，周河內太守。祖果（據《新唐書·宰相世系表》，祖字疑當作從祖），周溫州刺史，……父吒，隋昌州長史。……（子）荷以功臣子尙城陽公主，賜爵襄陽郡公，……。

《新唐書》卷七十二上〈宰相世系表〉二上，杜氏：

吒（隋昌州司馬）——如晦（相太宗）——荷（駙馬都尉、襄陽公）

唐代初期，京兆杜氏與其他家族婚姻關係如下：

〈杜崔素誌〉（《唐代墓誌銘彙編附考》第四冊，第三二六片，顯慶二年）：

夫人諱素，字瑤英，博陵人也。……曾祖愼言，工部侍郎、將作大匠……。祖儀，雍州司戶參軍、同州朝邑縣令，上柱國。父延朗，左千牛衛將軍……。（夫人）適薛王友、行珍州榮德縣丞杜詢。……安厝於耀州三原縣之北原……

杜詢，《新唐書》卷七十二上〈宰相世系表〉二上，杜氏失載，可能不屬著支，杜詢妻博陵崔氏，其曾祖愼言，《新唐書》卷七十二下〈宰相世系表〉二下失載，可能屬旁友；又查該卷博陵崔氏第二房：

楷——士元——勵德——○——○——愼知（濟州刺史）
　　　　　　　　　　　　　　　└愼徽（汾西令）

如若崔愼言是崔愼知、崔愼微之兄弟，則博陵崔氏第二房崔楷支當東西魏分裂時，已入關中㊼，加入關隴集團。

又京兆杜氏與太原王氏之婚姻關係有二則：

〈杜文貢誌〉（《唐代墓誌銘彙編附考》第四册，第三一七片，顯慶二年）：

君諱文貢，京兆杜陵人也。……曾祖植，周滄州樂陵縣令；祖愷，隋懷州司功；……父原始，隋鄂州江夏縣令。……夫人太原王氏。……合葬于邙山……

〈杜某誌〉（《唐代墓誌銘彙編附考》第十二册，第一一一〇片，天授三年）：

公諱某……京兆杜陵人也。……曾祖榮業，後魏泰州別駕；祖良，宇文朝復州長史；父舉，唐易州司兵參軍事……夫人太原王氏，魏驃騎大將軍、新昌公平之曾孫，唐蜀王府典軍、上柱國志隆之女也。……合祔杜陵……

杜植、杜愷、杜原始、杜文貢、杜榮業、杜良、杜舉等皆不見於《新唐書》卷七十二上〈宰相世系表〉二上，京兆杜氏，可能是旁支，但這二則墓誌誌主，其曾祖皆仕北周，屬關隴集團。夫人太原王氏亦不見於《新唐書》卷七十二中〈宰相世系表〉二中，太原王氏，杜某夫人太原王氏之曾祖爲魏驃騎大將軍新昌公平，官職不低，或係《新唐書》失載，按《新唐書》太原王氏定著四房，僅有大房、二房，第三房、第四房失載。

〈杜善榮妻清河張氏之世系，如下：

〈杜張文母誌〉（《唐代墓誌銘彙編附考》第七册，第六八六片，總章三年）：

夫人諱文母，涿郡范陽人也。遠祖字茂先……為大司空……夫人卽司空之九代孫女也。……亡夫杜君諱善榮，京兆杜陵人……合葬北卬……

杜善榮不見於《新唐書》卷七十二上〈宰相世系表〉二上，京兆杜氏，恐係旁支，清河張氏，在清河僅次於清河崔氏，世系亦不全。

杜氏又有嫁天水趙氏者，如下：

〈趙德含誌〉（《唐代墓誌銘彙編附考》第八册，第七〇五片，咸亨元年）：

君諱德含，天水上邽人。……曾祖榮，魏高陸縣令……。祖虬……封□縣開國男……（周）儀同三司……。父澄……（隋）侍御史……。君……（唐）歙州都督府戶曹。……夫人京兆杜氏……隋職方侍郎德遇之女也。……合葬……北卬……

天水趙氏是當時大族，在西魏北周時有柱國大將軍趙貴，爲天水南安人[48]；開府儀同三司趙昶，亦爲天水南安人[49]；開府儀同三司趙江及其子大將軍趙文表則爲天水西人[50]。上引墓誌主趙德含，天水上邽人，是天水另一支趙氏，趙德含之祖趙虬爲北周儀同三司，亦屬關隴集團之統治階層。其夫人爲京兆杜德遇之女，《新唐書》卷七十二上〈宰相世系表〉二上，京兆杜氏失載，恐係旁支。

安史亂前，有一則杜氏與清河崔氏婚姻資料，如下：

〈崔杜德誌〉（《唐代墓誌銘彙編附考》第十七册，第一六九四片，開元六年）：

> 夫人姓杜氏，諱德，京兆杜陵人也。……曾祖琳，後魏……度支尚書、駙馬都尉。祖仁則，……
> ……上大將軍。父延福，趙州長史……歸于唐中書令，贈荊州大都督清河崔知溫。……

崔知溫，《舊唐書》卷七十二下〈宰相世系表〉二下，清河崔氏・鄢陵房：

彧——○——子今——樞——義直——知溫（相高宗）

清河崔氏鄢陵房是崔氏定著十房之一。崔知溫夫人杜德，其曾祖琳爲後魏度支尙書、駙馬都尉。祖仁則，爲上將軍，失載於《新唐書》卷七十二上〈宰相世系表〉二上，京兆杜氏，但觀其曾祖、祖之婚宦，應屬京兆杜陵之著支。這兩族之郡望、房支地位相當，通婚甚爲正常，但由於關中郡望與山東五大族通婚之例極少見，頗值得推敲，查《新唐書》卷七十二下〈宰相世系表〉二下，清河崔氏序言：

> ……寓為南祖，亦號中祖。寓四世孫林……。曾孫悦……。三子：渾、濳、湛。湛生顗……。生符，自宋奔後魏，居滎陽，號鄭州崔氏。蔚，後魏郢州刺史，子暹……武川鎮都督……蔚子幼，幼子彥穆，後周少司徒。……

該卷繼述許州鄢陵房，或，但未載官職。或孫子今，隋本州主簿。從以上記載，南祖鄭州房與鄢陵房皆可能任職關中政權，若如此，則這一支清河崔氏不屬魏齊之清河崔氏諸房，亦卽不屬山東五姓之禁婚家。其與京兆杜氏連婚亦屬關隴集團內之婚姻關係。

上節河東柳氏婚姻圈中載杜有鄰女爲皇太子良悌，而杜有鄰婿爲柳勣，似乎唐王室、京兆杜氏、河東柳氏形成小婚姻圈。

第七章　總　論

㈠關中郡姓與王室之婚姻關係。

關中五郡姓與各期王室通婚統計如下：

時期＼關中郡姓	韋	裴	柳	薛	杜	合計
西魏元氏	1	0	0	0	1	2
北周宇文氏	0	0	0	0	0	0
隋楊氏	3	0	2	0	0	5
唐高祖太宗李氏	2	2	0	1	1	6
唐高宗武后中宗睿宗李氏	6	3	0	5	0	14
唐玄宗李氏	6	5	3	4	1	19
合計	18	10	5	10	3	46

西魏時期王室元氏與關中五郡姓婚姻僅得二例，其一是魏孝武帝（卽出帝）時，另一是魏文帝時。而宇文泰攏絡漢大姓以賜姓辦法，尤其賜宇文氏，故未見北周時宇文氏與關中五郡姓連婚。隋朝楊氏與唐朝李氏高祖太宗時期，王室與關中五郡姓之例分別爲五例、六例。至唐高宗武后中宗睿宗時期，增至十四例，玄宗時又增至十九例，從婚姻角度來看，關中五郡姓在隋唐政權中份量日增，高宗至玄宗階段尤其顯著。在關中五郡姓之中，京兆韋氏與諸朝王室通婚之例最多有十八例，其次是河東裴氏與河東薛氏，各有十例。河東柳氏有五例，而京兆杜氏有三例，陳寅恪先生認爲自高宗至玄宗，李武韋楊家族宰制百年世局，拙文〈關隴集團婚姻圈之硏究——以王室婚姻關係爲中心〉已證實其確準性，唯如將婚姻圈作全面觀察，關中五郡姓除京兆韋氏已列爲唐高宗至玄宗時期婚姻集團之四大家族外，其他四個關中郡姓——河東裴氏、河東薛氏、河東柳氏及京兆杜氏，亦屬非常重要的婚姻家族。所以至少在安史亂前之李唐政權中，關中郡姓仍然有其特殊地位。

(二)關中郡姓與胡姓之婚姻關係

從京兆韋氏、河東裴氏、河東柳氏、河東薛氏、京兆杜氏諸郡姓婚姻實況中，發現在可知的資料中，京兆韋氏曾與元氏、宇文氏、賀婁氏等胡姓連婚；河東裴氏曾與元氏、庫狄氏及北境部落酋長女連婚；河東柳氏曾與竇氏連婚，而河東薛氏與京兆杜氏則未見與胡姓連婚。韋氏與元氏之連婚，出現在西魏大統年間，魏文帝欲以女妻韋孝寬子，韋孝寬辭以兄子韋世康尚公主，時京兆韋氏・西眷・鄖公房韋孝寬及小逍遙公房韋夐在關中聲譽甚高，韋孝寬堅守玉壁，力抗高歡主力有功，這件婚姻在當時頗具意義，而宇文泰拉攏漢大姓之方法是以賜姓爲主，宇文氏之婚姻對象大都爲胡姓，北周時宇文氏鮮有與漢大族通婚者，本文京兆韋氏與宇文氏連婚之例爲宇文融之姑乃韋恆姑，其婚姻關係約在武后時期，宇文融系出北周，而韋恆屬京兆韋氏小逍遙公房，兩者皆關隴集團後裔，但宇文氏至武后時似漢化已深。另一例爲韋行懿及其夫人賀婁氏，約在高宗時期，韋行懿世系不詳，可能爲京兆韋氏旁支。河東裴氏嫁河南元萬頃，可能在太宗、高宗時期，元萬頃乃後魏京兆王子推後裔，然裴氏房支不詳。又河東裴氏中眷雙虎支著房裴光庭母庫狄氏爲胡姓，時在高宗時。另河東裴氏洗馬裴著房裴伷先，在流居北境時婚降胡女，顯係部落酋長之女，時在武后，該房原居西北，與北族有關。河東柳氏西眷柳亭頗有殊譽，唐高祖甚爲愛重，特以外族殿中監竇誕女妻之。這是間接與唐王室通婚的例子，而竇氏在唐初關隴集團統治核心之婚姻圈中，占有非常重要地位。

以整體而論，這五個關中郡姓與漢人通婚居絕大多數，在關隴集團之中，自西魏、北周、隋及唐前半期，關中郡姓與胡姓通婚皆屬特殊例子，若從婚姻關係而論，其中，京兆韋氏與河東裴氏似與胡姓關係稍爲密切，河東薛氏與京兆杜氏之於胡姓，關係上則較爲疏遠。

(三)關中郡姓與山東五大姓婚姻關係

京兆韋氏、河東裴氏、河東柳氏、河東薛氏及京兆杜氏等五個關中郡姓，自西魏、北周、隋至唐前半期，未見與山東五大姓著房——博陵崔氏、清河崔氏、范陽盧氏、趙郡李氏、隴西李氏、滎陽鄭氏、太原王氏通婚。雖有一則墓誌銘載京兆杜氏與清河崔氏鄢陵房著支通婚（時約武后、中宗），但這一支崔氏當東西魏分裂時應已入關，屬關隴集團人物。這種特例亦出現在隋唐王室與博陵崔氏的婚姻關係中，據分析，這些博陵崔氏，早在東西分裂時已入關。關中郡姓亦有與太原王氏通婚者，但這些王室在《新唐書》〈宰相世系表〉中不可查，可能是旁支，亦可能在早期已進入關中政權。

以上所述與安史亂前少見隋唐王室與山東大姓通婚的現象極爲相似，——除了已入關隴集團者外，山東大姓皆不與之通婚，這證明在安史亂前的關隴集團與山東大姓之間，的確存在著一條鴻溝，然而在安史亂後已出現關中郡姓著房與山東五大姓著房通婚之例，如下：

《舊唐書》卷一六五〈柳公綽傳〉（《新唐書》卷一六三同）：

京兆華原人也。祖正禮，邠州士曹參軍。父子溫，丹州刺史。公綽……貞元四年（七八八），復應制擧，再登賢良方正科，時年二十一，……（文宗太和）六年（八三二）卒。……初丁母崔夫人喪，三年不沐浴。事繼親薛氏三十年，姻戚不知公綽非薛氏所生。外兄薛宮早卒，一女孤，配張毅夫，……為吏部侍郎，與舅左丞崔從同省，人士榮之。（《新唐書》云：年六十八。）

崔從，《新唐書》卷七十二下〈宰相世系表〉二下，清河崔氏·南祖：

君實——縣解——融——翹——異——從（淮南節度使、清河縣伯）

《新唐書》卷一一四《崔融傳・附曾孫從傳》(《舊唐書》無):
少孤貧,與兄能偕隱太原山中。……講學不廢,擢進士第。……不應辟命。久之,韋皋引為西山運務使。……長慶初(長慶元年八二一),由尚書右丞領鄜坊節度使,……復授檢校尚書左僕射、淮南節度副大使、知節度事。……太和六年(八三二)卒,年七十二。

《新唐書》卷七十三下〈宰相世系表〉三下,河東薛氏失載。

由上例,可能意味著,原存在於關中郡姓、王室與山東五大姓著房間的鴻溝在安史亂後有逐漸消弭的趨勢,至於安史亂後,關中郡姓著房與山東五大姓著房融合的程度將另文討論。

㈣關中郡姓間婚姻關係

隋至唐玄宗時期,關中郡姓韋、裴、薛、柳、杜五姓之間之關係,得韋氏與裴氏通婚四例;韋氏與薛氏通婚一例;裴氏與柳氏通婚一例;杜氏與柳氏通婚二例。關中五郡姓間通婚例共計八件。本文中關中五郡姓之婚姻實例凡五十七,其中屬隋至玄宗者有五十一例,而五姓間通婚例在五十一例中僅佔八例,比例甚低,可見韋、裴、薛、柳、杜五姓雖然有連婚現象,但並未構成一個僵化的婚姻圈。這五姓之間,韋氏與裴氏通婚較密,而韋氏、裴氏似乎比較接近政治中心,全唐宰相人數,韋氏十四人、裴氏十七人、薛氏三人、柳氏三人、杜氏十一人[51],而從隋至安史亂前,(與王室通婚者,韋氏有十七例、裴氏十例、薛氏十例、柳氏五例、杜氏三例。

(五)關中郡姓與其他家族婚姻關係

關中郡姓裹與弘農楊氏通婚者韋氏有二例、裴氏一例；與安定梁氏通婚者，有裴氏、杜氏各一例。關中五郡姓與南朝士族通婚者爲韋氏與蘭陵蕭氏。關中郡姓又與山東地區山東五大姓以外家族通婚，如韋氏與洛陽王世充家族有三例，韋氏與渤海李雄家族一例，裴氏與曹州李勣家族有一例，裴氏與并州武三思家族有一例，裴氏與洛陽王世充家族有一例，裴氏與高陽（僑居杭州）許敬宗家族有一例，裴氏與鉅鹿魏徵家族有一例，柳氏與瀛州李義府家族有一例。這些連婚對象都是當時權臣，或有勢力者，並非魏齊舊門。

(六)綜　論

總而言之，從以上分析，關中五郡姓的婚姻對象極爲廣泛，他們與王室通婚、與五郡姓間通婚；有一小部分與胡姓通婚、與關中其他家族通婚；偶而與南朝舊族通婚、與山東地區山東五大姓以外家族通婚。由於其通婚對象廣泛，所以沒有形成一個僵化的硬殼。但是關中五郡姓沒有與山東五大姓通婚（除了東西分裂時已入關之少數山東五大姓房支以外），這種現象與關隴集團諸朝王室相似，於婚姻圈角度觀之，關隴集團自王室以至於關中五郡姓，與山東五大姓之間，在安史亂前仍存在著界線。關中五郡姓在隋至安史亂前，與王室通婚頻繁，尤其是高宗至玄宗時期爲最。這表示關中五郡姓與政治階層關係密切。又關中五郡姓與山東地區除五大姓以外之家族通婚，而這些家族在政治上皆是權臣、或有勢力者，並非以門望之故而通婚，這似乎顯示著關中五郡姓之婚姻對象首重其政治地位，社會條件的重要性遠比不上政治條件。《新唐書》卷一九九〈儒學中・柳沖傳〉引柳芳論氏族言：「山東則爲『郡姓』，王、崔、盧、李、鄭爲大；關中亦號『郡姓』，韋、裴、柳、薛、楊、杜首之；……山東之人質，故尙婚婭，其信可與也；……關中之人雄，故尙冠冕，其達可與也。……」所謂尙冠冕，可從唐太宗命修貞觀氏族志之言中獲得詮釋，唐太宗曰：「今定氏族者，誠欲崇樹今朝冠冕。……」[52]其冠冕之義顯然是指達官，亦卽政治地位。柳芳所言，雖然是一種比較的說法，但亦在實際例子中得到了證明。

【附　註】

①　谷川道雄〈武川鎭軍閥の形成〉《名古屋大學東洋史研究報告》六。
②　拙文〈西魏府兵史論〉《中研院史語所集刊》五八－三，頁五二七－五五八。
③　府兵制形成之時間，學者有多種說法，本文採大統十六年，詳見拙文〈西魏府兵論〉頁五九三－六一二。
④　拙文〈關隴集團婚姻圈之研究——以王室婚姻關係爲中心〉《中研院史語所集刊》六一－一。
⑤　參見《西魏書》卷十二〈諸王列傳・公主〉。
⑥　《周書》卷三十一〈韋孝寬傳〉。
⑦　《隋書》卷四十七〈韋世康傳〉。

⑧《舊唐書》卷五十四〈王世充傳〉。

⑨《舊唐書》卷九十二〈韋安石傳〉（《新唐書》卷一二二同）。

⑩同上注。

⑪《舊唐書》卷八十八〈韋思謙傳・附嗣立傳〉（《新唐書》卷一一六同）。

⑫同上注。

⑬《隋書》卷五十六〈宇文弼傳〉。

⑭《新唐書》卷七十六〈后妃上・玄宗貴妃楊氏傳〉。

⑮拙文〈晉隋之際河東地區與河東大族〉《中研院第二屆國際漢學會議論文集》頁六〇〇。

⑯拙文〈北朝東西政權之河東爭奪戰〉《臺大文史哲學報三五》頁七一一二。

⑰《周書》卷三十四〈裴寬傳〉。

⑱《周書》卷三十五〈裴使傳〉。

⑲《周書》卷三十六〈裴果傳〉。

⑳《周書》卷三十七〈裴文擧傳〉。

㉑參見拙文〈關隴集團婚姻圈之研究——以王室婚姻關係爲中心〉第二節。

㉒參見王仲犖《北周地理志》卷五〈山南下・廣州〉。

㉓《新唐書》卷七十三下〈宰相世系表〉三下，天水姜氏。

㉔《新唐書》卷七十三下〈宰相世系表〉三下，天水趙氏，及《周書》卷三十三〈趙昶傳〉、〈趙文表傳〉。

㉕《舊唐書》卷六十七〈李勣傳〉：「曹州離狐人也。隋末，徙居滑州之衞南。本姓徐氏……家多僮僕，積粟數千鍾，……。」

㉖《舊唐書》卷一〇六〈楊國忠傳〉。

㉗《新唐書》卷七十一上〈宰相世系表〉一上，河東裴氏・洗馬裴。

㉘拙文〈北朝東西政權之河東爭奪戰〉頁一二一一四。

㉙《周書》卷二十二〈柳慶傳・附帶韋傳〉。

㉚《周書》卷二十二〈柳慶傳〉。

㉛《周書》卷三十八〈柳虯傳〉。

㉜《新唐書》卷七十三上〈宰相世系表〉三上，河東柳氏・西眷。

㉝《周書》卷四十六〈孝義・柳檜傳〉。

㉞《周書》卷三十二〈柳敏傳〉。

㉟《周書》卷四十二〈柳霞傳〉。

㊱《北史》卷七十四〈柳裘傳〉。

㊲《舊唐書》卷八十二〈李義府傳〉。

㊳拙文〈晉隋之際河東地區與河東大族〉頁六〇。

㊴《周書》卷三十五〈薛端傳〉。

㊵《隋書》卷五十六〈薛冑傳〉。

㊶《周書》卷三十五〈薛善傳〉。
㊷《周書》卷三十八〈薛寘傳〉。
㊸《周書》卷三十八〈薛憕傳〉。
㊹《舊唐書》卷七十三〈薛收傳〉：「隋內史侍郎道衡子也。……收所生母王氏。」
㊺《隋書》卷五十四〈杜整傳〉。
㊻《隋書》卷七十六〈文學・杜正玄傳附弟正藏傳〉。
㊼參見拙文〈中古山東大族著房之研究〉《中研院史語所集刊》五四－三，頁二五－二八。
㊽《周書》卷十六〈趙貴傳〉。
㊾《周書》卷三十三〈趙昶傳〉。
㊿《周書》卷三十三〈趙文表傳〉。
51 統計數字據《新唐書・宰相世系表》。
52《貞觀政要》卷七〈禮樂〉第二十九。

隋唐之際關中安全的戰略構想與施行

易毅成

一、前言

一般討論選擇首都區位的論文，多著重在首都的客觀形勢，例如當時的外患、國力、人口分布、建都的自然條件…等的分析。這個研究方向，是較偏向決策者外圍客觀條件的討論。本文試從另一個方向發問，當隋唐決策者定都關中後，①由於關中北面沒有優良而明顯的地形屏障，及在北方突厥頻頻壓境的巨大壓力下，他們的內心主觀的認知、反應有何差異？在不同的認知及外患壓力下，他們如何思考關中的防禦計畫？其軍事防禦部署在空間的分布上有何特色及意義？而不同的防禦部署對關中安全又有何貢獻？

二、隋文帝對關中安全的戰略構想與兵力部署

隋朝初期，國內尚處於分裂狀態，政局也不穩定，而且北邊常常面臨突厥全面壓境的威脅，因此如何解決北患的問題是當務之急。文帝採用了熟諳突厥問題的長孫晟之建議，以「遠交近攻，離強合弱」

爲戰略原則②亦即不以武力與突厥作全面而立即的決戰，運用外交手段挑撥分離強大的突厥，俟其勢分力弱時再以武力作徹底的解決。是以僅在對本土有威脅的外力入侵時，方予以適當的遏阻，戰略上是採被動的、守勢的防禦方式，是典型的近程防禦、本土決戰的戰略思考。③所以在開皇初，吐谷渾寇涼州，元諧受命爲行軍元帥，帥步騎數萬擊之，出發前文帝告誡他說：「公受朝寄，總兵西下，本欲自寧疆境，保全黎庶，非是貪無用之地，害荒服之民。」④即不希望元諧戰勝時繼續追戰，只要達到擊退吐谷渾，保全疆境，使人民生活安定即可，不必擴大戰果以得「無用之地」。所以對外患僅是阻遏，不欲作根本的武力決戰。此種戰略大致到唐朝初期（唐太宗以前）是被遵循的，也使關中北緣的兵力部署，防禦系統展現此種特色。

開皇元年（五八一），北邊即受突厥的侵擾，文帝採用了修築緣邊長城，⑤派遣重兵防守北邊重鎮的守禦方式，希望將突厥的侵擾摒於長城之外。往後也持續了修竣長城的工作，如開皇五年（五八五），「發丁三萬，於朔方（夏州）、靈武築長城；東至黃河，西拒綏州（治今陝西省綏德縣），南至勃出嶺，緜亙七百里。」即關中北緣，黃河以南的長城段。又在開皇六年（五八六），「復令（崔）仲方發丁十五萬，於朔方以東緣邊險要築數十城，以遏胡寇。」⑥此次更動員了大量的人力，於夏州以東的長城附近，建立鞏固的防守要塞。《隋書・高祖本紀》中也記載了此年及次年（開皇七年）分別動員了十一萬及十萬的丁男修築長城。⑦此連續三年中大事修築長城，在文帝勤儉治國、與民休息的政風中，是異乎尋常之舉。而在長城沿線似乎以靈武到綏州段最受重視，也是關中北方黃河之間的部分。此段處於地形、地勢的轉折點，約在河流上游或分水嶺之上。其北主要是沙漠地形，地勢平緩，地形簡單。其南地勢向南傾斜，水流多為南向及東向，受水流侵蝕切割的影響而多河谷、河溝地形。所以如果想在長城以南河谷河溝地帶設防，以防禦寇掠式的侵擾，防線的複雜度將增加，警覺度因而減少，軍隊不易迅速往入侵處集中，地勢上的優勢也將為敵方所有。將警防線設於長城一線，可以容易警覺長城以北，於寬敞地面行進之入侵者的數量、入侵區域及方式，以集中軍力對抗，使入侵者主力消耗在長城外。由於此段防線特別受到加強及重視，往後由此侵擾的寇患也較他處為少。

開皇二年（五八二）五月，突厥以控弦之士四十萬全面壓境，文帝除部署兵力於關中與其北緣外，也派遣野戰軍隊迎擊，然而抗遏失利，於十二月突厥

縱兵自水硤、石門兩道來寇，武威、天水、安定、金城、上郡、弘化、延安六畜咸盡，天子震怒，下詔曰：「……近者盡其巢窟，俱犯北邊，朕分置軍旅，所在邀截，望其深入，一舉滅之。而遠鎮偏師，逢而摧翦，未及南上，遽已奔北，應弦染鍔，過半不歸，……得其地不可而居，得其民不忍皆殺，無勞兵革，遠規溟海……廣闢邊境，嚴治關塞，使其不敢南望，永朝威刑。臥鼓息烽，暫勞終逸，制御夷狄，義在斯乎！……」⑧（入侵路線參圖一）

可知文帝對此次入侵十分震怒而加以反省戰略部署諸問題。原此事件，文帝的戰略構想是在長城緣線出兵邀截，希望將突厥引誘進入一個有限的空間中，「望其深入，一舉滅之」。所以在十月即派太子勇屯兵咸陽，十二月派沁源公虞慶則屯弘化（今甘肅省慶陽縣）以備突厥。⑨這種戰略部署是假設突

厥入長城後會直趨京師，希望在其深入後予以前後包圍，一舉殲之。此爲近程防禦，本土決戰的典型思考方式。然而突厥顯然未上當，採取寇掠長城以南，關中本部西、北的入侵路線，（參圖一）在淺入後即「遽已奔北」，使隋軍「未及南上」，突厥已寇掠北去。因此突厥的行徑完全出乎文帝的預料，而使此次部署的戰鬪序列失效，中國受到很大的財物損失，無怪乎文帝的震怒了。經此事件的教訓，文帝的戰略部署似乎起了改變，由以前的「望其深入」轉變到使其「不敢南望」，不僅在長城線「嚴治關塞」，還要「廣闢邊境」，用強大的武力鎭守邊塞，以達遏阻的作用。因此兵力部署勢必予以調整，軍事行動也漸採較主動的態度，隔年〔開皇三年（五八三）〕四月即命衞王爽爲行軍元帥，分八道出塞攻擊突厥，以威遏突厥的入侵。也因這個戰略構想的轉變，使文帝一朝不再有突厥威脅關中北面的情事。

兵力部署是戰略思考的具體表現，隋朝兵府的分布資料已不可得，欲知其兵力部署的情況，似乎只有從現有的總管府的分布及設置、廢省的資料中尋其大概。總管於文帝時對部內的軍事及全般行政有極大的控制力，與唐朝都督僅爲督區的軍政事務首長不同，⑩總管府的所在應可代表某些程度軍力的量及對此地戰略價値的重視。在文帝時總管府的分布圖中，（參圖二）可見總管府大致分布在長城沿線、京輔的近鄰區域及長江流域。長城沿線的總管府在開皇初年即設立，一直到文帝末年皆未嘗廢除，也表現了文帝對長城防線的重視程度。値得注意的是關中北面的軍力消長情況，軍力有北移及突出長城防線的趨勢。靠近關中的晉州（治今山西省臨汾縣）、汾州（治今山西省吉縣）的總管府在開皇初期廢除，延州總管府也在開皇中期廢除。而其北的朔州（治今山西省朔縣）在開皇初年設立，於上述突厥入寇的次年〔開皇三年（五八三）〕，卽在長城外設立了榆關總管府（今綏遠省托克托縣南），其後又分別設立了隰州（治今山西省隰縣）、代州（治今山西省代縣）總管府，而榆關總管府又移向黃河外，改爲雲州總管府（治今綏遠省和林格爾縣一帶）。更在仁壽元年於遠離長城的豐州（治今綏遠省五原縣）立總管府。由此可見，文帝雖重視長城在防禦上的功能，卻也知道漫長的防守線是難以阻擋行踪難測的突厥兵團入侵。軍力分散在此綿長的防線上，將需大量兵力且勢散力弱。所以積極地將前線北移出長城，在長城外置總管府（如夏、雲、營州總管府），欲在長城外卽與突厥決戰，使之無力入長城。卽使進入也已消耗大量兵力，而且有背腹受敵之慮，對內地的威脅卽已減輕，不會再發生開皇二年的「六畜咸盡」的損失。豐州的立總管府是值得注意的，雖然豐州在開皇五年（五八五）已設立，但似乎未受完全的控制，一直要到仁壽元年（六〇一）始置總管府，亦將雲州、夏州、靈州的長城防線北推至雲州、豐州的黃河防線。由於防線的北移，使得靈州、夏州的長城防線退爲由北入犯關中的第二防線，靈州至雲州一線也因此顯得比朔州以東的長城防線更安全。開皇十九年（五九九）——文帝在朔州建大利城（約今綏遠省和林格爾縣）以處來降的突厥染干部落，卻常受到突厥的侵擾，長孫晟因此向文帝提議說：

染干部落歸者既衆，雖在長城以內，猶被雍閭抄略，往來辛苦，不得寧居。請從五原（今陝西省定邊縣，卽鹽州治所），以河為固，於夏、勝兩州之間，東西至河，南北四百里，掘為橫塹，今處其內，任情放牧，免於抄略，人必自安。⑪

於是在仁壽三年（六〇三）將染干部落安置於夏、勝兩州之間，以防其他突厥部落的侵擾。即是因爲夏、勝州的長城一帶此時因防線推移至黃河河套一帶，已退居第二防線，使安全性提高。其南的關中本部於由北而入的外患威脅至此當可解除。

豐州的穩固對關中北境安全有明顯的戰略價值，例如在唐高宗永淳年中（六八二），突厥進圍豐州，朝議欲放棄，將百姓徙於靈、夏二州，而熟悉邊務的唐休璟以爲不可，上書說：

豐州控河遏賊，實為襟帶，自秦、漢已來，列為郡縣，田疇良美，尤宜耕牧。隋季喪亂，不能堅守，乃遷徙百姓就寧、慶二州，致使戎羯交侵，乃以靈、夏為邊界。貞觀之末，始募人以實之，西北一隅，方得寧謐。⑫

即在靈、夏爲邊境時，關中北緣的寧、慶二州容易爲北患侵擾，間接威脅到其南的關中本部。唐初幾次的突厥入侵關中本部，與放棄豐州，使防線退縮到長城一線有關。

就集中程度而言，朔州、幷州（治今山西省太原市）一帶佔有密集的軍力部署，此爲防突厥由汾河各地入關中或入河北、河南，事實上突厥亦屢次進犯朔州。汾河谷地的軍力部署，即假設在突厥由此侵入時予以節節阻擋，有明顯的方向性部署，即敵軍方向的可預測度高，與關中正北面的防禦部署無法沿一定方向（向關中本部的方向）有所不同。

關中本部以西及四川盆地面臨的是吐谷渾的侵寇，此區所採的軍力部署與北面的開展式不同，似以軍力集中化代替分散於邊境的形式，向關中本部及益州（治今四川省成都市）集中。原先置有總管府的廓（治今青海省貴德縣）、扶（治今四川省文縣西北）、宕（治今甘肅省西固縣東北）三州，在開皇初期廢省，而往較近關中的蘭州（治今甘肅省蘭州市）及洮州（治今甘肅省臨潭縣），以及往益州附近的會州（治今四川省茂縣）、遂州（治今四川省遂寧縣）、瀘州（今四川省瀘縣）設置。此舉有幾個意義：一，吐谷渾所據青海高原，佔有地勢上俯臨中國的優勢，於邊界防守，易爲其所乘而處地勢上的劣勢。二，邊境防守線長，兵力容易分散而弱，而且地形多山谷，更加深了控制的難度，極易被突破防線而入寇。三，防線內斂可使防守線縮短，兵力集中，使中央區受到更好的保障。四，吐谷渾雖常爲邊害，但不似突厥的威脅力大及廣，較無入侵中國本土的慾望，兵力內集於蘭、洮、秦三州，可以遏阻突厥侵入此區及側面迂廻攻擊關中的威脅。而此區的邊界防守則以「嚴謹斥候……要路之所，加其防守，但使鎭戍連接，烽候相望」的方式防禦，[13]以少數的鎭戍部隊駐防邊境，俟有入侵再以軍隊馳赴解決。

關中南面及東面因有良好的天然屏障，且面臨了中國本部，在中原太平之時是沒有軍事威脅的存在，故在開皇初期洛州（治今河南省洛陽市）及金州（治今陝西省安康縣）即廢省了重要軍力部署。

至於關中本部，由於京師所在，在文帝固本國策及強幹弱枝的政策下，必有屯聚相當的兵力。軍制上，各地府兵每年必須到京師番上以衞守中央，京輔集結有一定數量的兵力。並且在需要時受遣出征，所以開皇二年（五八二）時虞慶則受命屯兵弘化（今甘肅省慶陽縣北），其地並無總管府，應自關中本部遣軍而北。然而在邊境及在長江流域駐有大量兵力的情勢下，京輔的安全感應相對的增加，且交給京輔的兵力也應受到相對的限制。尤其在開皇二年的突厥入侵關中北緣事件的敎訓後，除了由西北入關中門戶或的原州保存總管府外，汾、延二州總管府先後廢除，兵力北移，京輔兵力當亦隨之減少。戰略構想改變，邊務加劇後，可供番上的兵力當更減少。

就兵力而言，時以并州、益州、荊州（治今湖北省江陵縣）、揚州（治今江蘇省江都縣）爲四大總管府所在。由於重兵所在，四州總管文帝皆委以親王臨統，並愼選貞良有重望的大臣爲其僚佐。⑭可見此四州總管府異於他州，爲天下精兵集中處，爲安全控制起見，分派諸子坐鎭，不輕易派與諸臣。所以當富有雅望的大臣韋世康出拜荊州總管時，時論以爲美。⑮至於所統兵力，可由以下幾例約略見之：

并州總管：楊廣（文帝第二子，卽煬帝），二度爲并州總管。

楊俊（文帝第三子），總管二十四州諸軍事。

楊諒（文帝第五子），總管五十二州諸軍事，自山以東，至于滄海（渤海），南拒黃河。

益州總管：楊秀（文帝第四子），總管二十四州諸軍事。

揚州總管：楊廣。

楊俊，總管四十四州諸軍事。⑯

總管的州數愈多，其權限愈大，所統的兵力亦愈多。由所統州數多於其他總管，表示爲兵力的重點地區。并、益、荆、揚四州分布在汾水上游及長江沿線，并州、益州總管府爲防外患（突厥及吐谷渾），同時此四總管府有坐鎮天下，防止地方叛亂的用意。由兵力的量及分布顯示，兵力並不集中在關中，至少關中的兵力最多只有相對優勢而已；反而在關中外圍區部有重兵。所以在文帝駕崩時，漢王諒在晉陽（今山西省晉源縣）起兵造反，其時「京師空虛，使（郭）衍馳還，總兵居守。」⑰可知京師所在的關中本部在隋文帝晚年並沒有駐守大量軍力，反而近邊區的晉陽擁有足以威脅到京師安全的兵力。

三、隋煬帝對關輔的認知及對關中兵力部署的影響

隋文帝於仁壽四年（六〇四）七月駕崩，同月煬帝即皇帝位。於十一月即離開京師所在的關中前往洛陽，同時下詔書云：

> 乾道變化，陰陽所以消息，沿創不同，生靈所以順序。若使天意不變，施化何以成四時；人事不易，為政何以釐萬姓！易不云乎：「通其變，使民不倦。」「變則通，通則久。」「有德則可久，有功則可大。」朕又聞之，安安而能遷，民用丕變。是故姬邑兩周，如武王之意，殷人五徙，成湯后之業。若不因人順天，功業見乎變，愛人治國者，可不謂歟！
>
> 然洛邑自古之都，王畿之內，天地之所合，陰陽之所和；控以三河，固以四塞，水陸通，貢賦

等。故漢祖曰：「吾行天下多矣，唯見洛陽。」自古皇王，何嘗不留意，所不都者，蓋有由焉。或以九州未一，或以困其府庫，作洛之制，所以未暇也。我有隋之始，便欲創茲懷洛，日復一日，越暨于今，念茲在茲，興言感哽！……今者漢王諒悖逆，毒被山東，遂使州縣，或淪非所。此由關河懸遠，兵不赴急，加以並州移戶，復在河南。周遷殷人，意在於此。況復南服遐遠，東夏殷大，因機順動，今也其時。羣司百辟，僉諧厥議。但成周墟塉，弗堪葺宇。今可於伊、洛營建東京，便卽設官分職，以為民極也。……⑱

這個詔書充分表示了煬帝求「變」與「遷」的意願，所以極言定都關中的不適，及洛陽的形勢、區位的優良。認爲關中的區位與中國本部隔離，「關河懸遠」，不論於人民貢賦的繳納、各地與京師的交通、內亂的控制、對地方的照顧，皆有所不便。而洛陽卻沒有這些缺點，是「天地之所合，陰陽之所和」的位置。加以府軍充實，天下安定，是可以「變」的時機。所以營建「東京」，有其必要，亦其時也。這個說法明顯地爲其日後的遷離關中而定都洛陽，遊幸天下的行爲舖路。其所舉的理由是關中的客觀條件上的缺點，實則他主觀對關中的認知甚有可能造成他離開關中的重要動機。

煬帝的青少年時期，爲了符合父母眼中好兒子的標準—不好玩樂、節儉、好學，所以極力壓抑自己性向之所好。如其喜好音樂，但爲符合文帝夫婦不近聲妓的要求，故意長年不摸樂器，使絃斷絕而多蒙塵埃，後來文帝到其居所見此情況，大加贊賞。⑲這是生活上極小的細節，而他能刻意留意，則表示了他隨時隨地爲求父母的好印象，而普徧將自己性格壓抑，且甚小心地觀察父母的喜好心態。煬帝約到三十六歲方即皇帝位，這些年中他所表現的是符合一般所謂「中規中矩」、「仁孝」的行爲規範，和他的浪漫、好文藝的個性大相違背。所以在當上皇帝後，心理上產生過補償作用是可瞭解的。往後的誇張、窮奢極侈、到處遊歷、大量役使民力之行爲，適與其先前行爲完全不同，似乎極力排斥其父母所遺留之規範。文帝在位的二十四年中，只有兩次因關中饑荒問題離開關中到洛陽，總共約十四個月，所以幾乎都待在關中。⑳煬帝意識中的文帝夫婦的行爲規範皆與關中事物發生關聯，在排斥文帝夫婦所遺留的規範之心理下，對關中的排斥情感當可獲得解釋。所以煬帝在初即位的四個月後，即馬上表示要「變」，要「遷」，以尋求一個自由、沒有約制的心理空間。在煬帝在位的十四年中，只有三次回到京師，而其中兩次爲巡幸太原（大業三年（六〇七）三月）及河西（大業五年（六〇九）二月、九月）時，以經過性質到京師。㉑停留時間也甚短，約一至二個月，其他的時間都在關中以外的地方，益見其逃避的心理。又如大業十一年（六一五），煬帝在雁門（今山西省代縣）的突厥之圍解後，「車駕次太原，議者多勸帝還京師，帝有難色。宇文述因奏曰：『從官妻子多在東都，便道向洛陽，自潼關而入可也。』帝從之。」㉒可知煬帝對回京師心有不願，希望回到京師以外的地方。更在大業末年，大勢已去時，無心北歸，欲遷都於丹陽（今江蘇省江寧縣），欲老死於江南，而不願回到關中。㉓這是一種很特殊的地方情感。在這種心理狀態下，其對國家安全的思考，自不以關中爲本，戰略構想及部署也將因之改易。

煬帝即位的仁壽四年（六〇四），於十一月初到洛陽後，即「發丁男數十萬掘塹，自龍門東接長平（今山西省高平縣一帶）、汲郡（治今河南省汲縣），抵臨清關（在汲縣境，時臨黃河），度河，至浚儀（今開封市）、襄城（今河南省臨汝縣），達於上洛（今陝西省商縣），以置關防。」㉔此防線以洛陽爲中心，自潼關到龍門的黃河段始，向東而南而西至終南山，將洛陽拱圍著。以人爲的設施築障，以補洛陽的天然防禦條件的不足，將關中摒於此防線之外。（參圖三）

就長城防線的修築言，煬帝是承繼了文帝防禦方式，且使用更大量的民力。史載：

大業三年（六〇七）七月，發丁男百餘萬築長城，西拒榆林（今綏遠省托克托縣南），東至紫河（今綏遠省和林格爾縣南），一旬而罷，死者十五六。……

大業四年（六〇八）七月，發丁男二十餘萬築長城，自榆谷（今甘肅省導河縣西，青海東境）而東。㉕

是則煬帝特別重視朔州（卽馬邑郡）以北面，卽自河曲以東的長城段，故動用了百餘萬的丁男修之，似乎並不特別重視關中北面長城段（卽黃河之間）的修築，和文帝的修築重點不同。朔州北面長城，是阻遏突厥南下循汾河谷地入洛陽的重要防區，所以特別加強之。由此可見，煬帝的防禦構想，是以洛陽爲中心，關中已退爲防禦中心的外圍，是洛陽的防禦區。關中的安全問題自不如文帝的重視，豐州的放棄及突厥勢力的南移至關中北面的長城，與煬帝對戰略部署重點以洛陽爲中心的認知應有密切相關。

「隋季喪亂，（豐州）不能堅守，乃遷徙百姓就寧、慶二州，致使戎羯交侵，乃以靈、夏爲邊界。」㉖前線南移後，似又吸引關中本部原有軍隊的向北駐防。所以在大業九年（六一三）關中本部北緣的弘化郡（卽慶州，郡治於今甘肅省慶陽縣）屯有重要留守部隊，時留守爲楊玄感同黨斛斯政之親元弘嗣，在楊玄感敗後，煬帝恐其叛變，速遣李淵前往代之，關右十三郡兵皆受其徵發。㉗可知主要留守部隊不在關中本部，所以楊玄感在洛陽戰事失利後，欲往關中本部發展，卽因關中本部已無重要兵力可阻擋之，故有此決定。而煬帝長年不在關中，且常巡幸天下，也是將關中兵力吸引出關中的重要因素。許多關中的府兵，因追隨煬帝而離開家鄉甚久。大業十四年（六一八）江都兵變，煬帝被殺，卽與軍心思鄉，而煬帝又無回關中之意，致使軍隊叛變有關。㉘

由隋末民間起事的分布意義中，亦可以窺見煬帝一朝關中兵力分布的情況。隋末，潼關以西的民間起事，是由關中本部始，而漸次向四周漫延，史載關西民間起事有：

大業九年（六一三）

正月，靈武郡，白楡妄。

十二月，扶風郡，向海明。

大業十年（六一四）

二月，扶風郡，唐弼，衆十萬。

五月，延安郡，劉迦論，衆十萬。

十一月，離石郡，劉苗王，衆數萬。

大業十一年（六一五）

十二月，絳郡，敬盤陀，紫保昌。

大業十二年（六一六）

七月，馮翊郡，孫華。

九月，安定郡，荔非世雄。

大業十三年（六一七）

正月，弘化郡，劉企成，衆萬餘人。

二月，朔方郡，梁師都。

四月，金城郡，薛舉。

五月，太原郡，李淵。

七月，武威郡，李軌。㉙（參圖三）

由於關中本部的兵力不多，加以北面留守部隊邊務煩重及兵力有限，無法顧及全面。所以民間起事得以在關中本部發展，而無法有效制止，最後才向兵力較多的邊區擴散。至於靈武郡的白榆妄首先發難，實因此時靈武已爲突厥勢力侵擾區，因得突厥之力，得以與隋軍對抗。㉚而離石延安郡不在防線重點上（應在弘化、朔方郡），且地形複雜難控，亦使民間起事得以在早期發生。此時關中本部的兵力，只足以防守城圍，無力平靖京城以外的地區。所以李淵在太原兵變前夕的猶豫時期，劉文靜和裴寂卽以「晉陽士健馬彊，宮庫饒豐，大事可舉也。今關中空虛，代王弱」的理由說服李淵起事，㉛李淵亦因京輔空虛而選進攻京輔。在進兵關中本部的過程中，主要遭遇戰發生在汾水谷地，唐高祖在大業十三年（六一七）六月兵變，兩個多月後（九月）方進至河東，可見沿途部有重要兵力。然在進入關中本部後，在一個月內卽能橫掃關中本部而進行長安城的包圍戰。㉜隋末關中兵力的虛弱於此可見。

陳寅恪先生認爲隋至唐初爲「關中本位政策」的假說，㉝似乎不完全如是。至少隋煬帝時的政、軍、經的考慮皆不以關中爲本位，甚至逃避關中，在關中以外的洛陽、丹陽建都，且身死於江南。隋世中國統一，已無囿守一區的需要，帝王有廣大的可用資源，關中資源的重要性因此被沖淡，隋煬帝卽是一個明顯的例子。

四、初唐關中安全問題與兵力部署

隋末唐初突厥勢力南移至長城一線，而且關中北緣的夏州及西鄰的隴西爲梁師都及薛舉所盤據，關中尤其是本部地區的安全倍受威脅。史載：

義寧元年（六一七）

十二月，薛仁杲入侵至岐州（治今陝西省鳳翔縣）。

義寧二年（六一八）

四月，稽胡兵至富平（今陝西省富平縣）。

武德元年（六一八）六至八月，薛舉入侵至涇（治今甘肅省涇川縣）、寧（治今甘肅省泰寧縣）州，游軍至邠（治今陝西省邠縣）、岐州。

武德二年（六一九）十月至三年（六二〇）一月，劉武周兵至絳州（治今山西省新絳縣）、蒲州（治今山西省永濟縣）。㉞（參圖一）

雖然這些入侵事件終被平定，隴右的薛舉、河西的李軌及馬邑（今山西省朔縣）的劉武周皆因這些入侵行動與唐軍交戰而致敗亡，關中東西二面脅威可告解除。但是關中本部的數次受到威脅，及北面梁師都及強敵突厥的存在，應使唐朝決策者對關中的形勢及安全問題有深切的體會和認識。加以黃河下游及長江流域的隋末諸雄尚未平定，所以在平定劉武周後的「武德三年（六二〇）七月十一日，（唐）高祖以天下未定，將舉關中之衆，以臨四方。……於是置十二將軍，分關內諸府隸焉，每將軍一人，副一人，取威名素重者爲之，督以耕戰之事。萬年道（萬年縣在長安縣東）爲參旗軍，長安道爲鼓旗軍，富平道爲元戈軍，醴泉道（今陝西省醴泉縣）爲井鉞軍，同州道（州治今陝西省大荔縣）爲羽林軍，華州道（州治今陝西省華縣）爲騎官軍，寧州道爲折威軍，岐州道爲平道軍，邠州道爲招遙軍，西麟州道（州治今陝西省麟遊縣西）爲游奕軍，涇州道爲天紀軍，宜州道（州治今陝西省宜君縣一帶）爲天節軍。」㉟（參附表）這十二軍主要分布在京輔地區，北則至京輔北鄰的涇、寧二州，（

附表：武德三年（六二〇）關中十二軍區域表

十二軍	區域
參旗軍	萬年（今陝西省長安縣）
鼓旗軍	長安（今陝西省長安縣）
玄戈軍	富平（今陝西省富平縣東北）
井鉞軍	醴泉（今陝西省醴泉縣）
羽林軍	同州（治今陝西省大荔縣）
騎官軍	華州（治今陝西省華縣）
折威軍	寧州（治今甘肅省泰寧縣）
平道軍	岐州（治今陝西省鳳翔縣）
招搖軍	豳州（治今陝西省邠縣）
苑游軍	西麟州（治今陝西省麟遊縣西）
天紀軍	涇州（治今甘肅省涇川縣北）
天節軍	宜州（治今陝西省宜君縣一帶）

（資料來源：《新唐書》，卷五十〈兵志〉）

參圖四）爲「唐朝的基本武力，是兵農合一的中央直屬野戰軍」。㊱希望將關中的人力、物力投於中央武力的強化，使京輔更安全，並可「以臨四方」，對付關東戰事。

武德六年（六二三），由於黃河下流流域戰事的結束，關中東西兩面較前更爲穩定，突厥亦無南侵關中之舉，京輔的安全威脅已減輕。所以在二月二十四日廢十二軍的建制，也表示了對關中不安全感的鬆弛。但是突厥面對中國日漸統一的局勢，其藉中國分裂以得之利益，將因中國統一而減少。因而加強對中國，尤其是關中的軍事恐嚇行動。㊲史載突厥：

武德六年（六二三）

七月，寇原州。

八月，寇原州。

武德七年（六二四）

三月，寇原州。

七月，寇原州至涇州陰盤（今甘肅省鎭原縣南）。

八月，寇原州至豳州（邠州）、岐州。

寇綏州（治今陝西省綏德縣）。㊳（參圖一）

武德七年七月的入寇至涇州，使朝廷震驚，「或說帝曰：『虜數內寇者，以府庫子女所在，我能去長安，則戎心止矣。』帝使中書侍郎宇文士及踰南山（卽終南山），按行樊鄧，將徙都焉，羣臣贊遷。」

㊴朝議欲以遷都於關中南方（終南山之南），以終南山優良的自然屛障避開突厥侵擾。是則遷都爲避突厥的行爲，且得朝臣多數贊成，乃都關中有極度不安全感所致。後因李世民的勸告與保證將突厥入侵問題解決，才將高祖說服而不遷都。但是次月突厥又入侵至豳州，李世民受詔北討。唐軍因「關中霖雨，糧運阻絕，太宗頗患之，諸將憂見於色，頓兵於豳州」，㊵突厥游軍甚至南至岐州，後因李世民的分化，方使突厥部隊互疑而退，化解了此次危機。顯然地，突厥入侵關中的問題，對朝野及軍心產生極大的壓力，所以在武德八年（六二五）五月「以突厥爲患，復置十二軍」。㊶此時除了在關中本部重新培養武力，而關中本部以北則「督步騎萬人備塞，自豳北，東拒子午嶺（在寧州境，卽今甘肅省正寧縣北），西抵臨涇（今甘肅省鎭原縣北），築障遮虜。」㊷以人爲的防禦工事於涇水河谷，增強京輔北緣的防禦強度。（參圖四）而且在京輔北緣的要州鎭以重將，如以羅藝鎭涇州，卽「藉藝威名，欲憚虜」。㊸同時欲在邊境的「五原（應爲郡名，卽豐州，今綏遠省五原縣附近）、靈武置舟師於河，扼其入」，和築塹於邊境要道上。㊹這種戰略部署，是以主要兵力部署在京輔，希望將突厥在進入關中前卽予以阻止，乃本土層層攔截的構想。但在面臨強大的突厥兵團時，綿長的防守線將容易被突破而進入。加以對關中地形地勢的瞭解，在關中北面設防，並不能得到形勢之利，無險可守且敵方行徑難以掌握。不易在北面卽與之決戰，最後仍將遇之於關中本部，所以將主要兵力部署在京輔地區準備在突厥深入後，層層攔截，耗其兵力，在到達京輔後再與之決戰。這是近程防禦、本土決戰的戰略思考，在面對強敵且國力尙未恢復時，是勝算較大的一種防禦部署。

然而在此部署的次年（武德九年（六二六）），突厥連續三次扣關，其中兩次進至關中，一次進至關中本部逼臨渭水，使京師震動，（參圖一）而初即位的唐太宗只好親臨渭水便橋退敵。此事件使太宗一直引以爲大恥辱，除了刺激太宗積極整軍建武外，㊺必然使太宗重新思考整個國家戰略的調整，以安定關中的安全。自隋文帝以來的近程防禦戰略，似乎不能徹底解決外患問題，外患強大時，敵軍常可進入京輔地區，嚴重威脅國家根本。爲解決關中，甚至整個國家安全的問題，必須採行有力的積極攻擊行動，與外力進行決戰於中國境外，使京輔不必有敵臨京師的威脅。所以太宗積極地培育武力，以在最適當的時機予以反擊。

在這種戰略構想下，摒棄了傳統修築城塹的防禦方式，所以太宗曾與侍臣曰：「隋煬帝不能精選賢良，安撫邊境，惟解築長城以備突厥，情識之惑，一至於此。朕今委任李世勣於并州，遂使突厥畏威遁走，塞垣安靜，豈不勝遠築長城耶？」㊻

至於兵力部署，更是與隋朝分散兵力的方式不同，改採集中兵力的部署。（參圖五）兵府密集地集中在京輔地區，其次才是河東的汾河谷地及洛陽附近，明顯地強幹弱枝的策略，此或由於隋末及唐初的歷史經驗使然。隋末京師空虛，使唐軍得以順利地攻佔京師，而唐初的數次突厥入侵事件，使京師驚動。這些貼切的經驗，必然使太宗君臣引爲深誡，憂患意識也必較其後代的決策者爲深。所以一反隋朝部署方式，而集中於關中本部及關東通往關中的要道上。天下有事，自中央派軍而出，平時則拱衛京師，更加強了關中的安全性。貞觀四年（六三〇），消滅了北亞強權－東突厥，而太宗也成爲以充分的發展，「遠程防禦」及「強幹固本」的策略，是重要的基礎。

至安史之亂的天寶十五載（七五五）的一百多年期間，關中一直處於安定的局面，使得政治、文化得

中安全因此受到保障，再也沒有敵軍可以侵入關中，京輔安全問題得以解決。自貞觀初年（六二七）

亞洲世界的天可汗。此後一直到盛唐，唐朝國家大戰略即以「遠程防禦」、「國外決戰」爲主，㊼關

五、結　論：

關中的地形特色，並不完全對立都關輔者有軍事防禦上的貢獻，以關中北面最不易防守。隨著都關輔者的戰略變化，關中兵力的部署、防禦的工事也隨之改變。隋文帝對突厥的「遠交近攻」的戰略，重視長城的防禦功能，以遏阻的方式防止突厥侵擾中國本土，並無徹底解決突厥問題的決心。所以此時防突厥的兵力部署，以關輔爲防禦中心，部署於長城沿線、汾河谷地及隴山以西，關輔的兵力此時頂多佔有相對的優勢。

隋煬帝移都洛陽，亦以洛陽爲防禦中心，防禦工事圍繞洛陽，將關輔退爲防禦中心的外圍地區。關中北面的防線由豐州至勝州的黃河線，退縮到鹽州的長城線，關輔由是受到突厥入侵的威脅。更且煬帝長年不在關輔，關輔兵力也被吸引東去，關輔兵力虛弱，予唐軍攻入關中的良好條件。

唐初關中屢次受到突厥侵擾，甚至數次威脅到關輔安全，此時兵力部署集中於關輔。唐太宗爲徹底解決關輔北面外患，一改隋文帝的「近程防禦」戰略，採「遠程防禦」的戰略，主動出擊，將東京

厥消滅，關中北面的外患至此解除。此時至盛唐，關輔安全問題得到充分的解決。

【註　釋】

①「關中」的範圍，一般是就地形、關防來劃分，如潘岳〈關中記〉認爲東自函谷關，西至隴關(卽大震關)。《三輔舊事》認爲東自函谷關西至散關(卽大散關)。東界有一致的看法，西界則有所異議，但大體是西以隴山爲界，去確定是何關似無太大的意義。值得注意的是，二者不提南北二界的地方或關防，南當以終南山爲界，北蓋無明顯的地形分界，其關防因此隨國防情勢變化而改移，故不提及乎？若強予定界，如徐廣定北界於蕭關（漢時蕭關在今甘肅省固原縣南），以符「四塞」（或「四關之中」）的說法，則有些牽強，或只是漢時的情況，不能涵蓋其他時代。（以上三說見顧祖禹《讀史方輿紀要》卷五二，「陝西」一，關中之註文，頁二二四三。臺北，洪氏出版社新校標點本，民國七十年再版。）本文依地形、人文的發展——地方行政區劃，來界定關中範圍。「關中」一詞依地形劃分，指東自潼關、黃河，西至隴山山脈；南自秦嶺山脈，北至涇水、洛水的源頭，卽隋唐時期的長城一線。因爲城防代表安全空間領域的界線，隋唐長城是關中安全領域的北界，因以定爲關中之北界。「關輔」（或「關中本部」、「京輔」）指關中的精華地區——唐朝的雍州（京兆府，治今陝西省西安市）、同州（治今陝西省大荔縣）、華州（治今陝西省華縣）、岐州（治今陝西省鳳翔縣）等地。（圖一之虛線區域）這個地區約爲渭河盆地，是漢時「三輔」地區，意爲京師的輔弼區域，乃與京師人文活動最密切者。而其北、西邊的地區，史謂「其人性猶質直，然尙儉約，習仁義，勤於稼穡，多畜牧，無復寇盜矣。」與京輔地區的「去農從商，爭朝夕之利，游手爲事，競錐刀之末，……桴鼓

屢驚，盜賊不禁」之地方特色，大不相同。（參《隋書》，卷二九〈地理志〉上，頁七一八。臺北，鼎文書局新校標點本，民國六十九年初版，下引此書並同。）所以在人文發展上，京輔地區可以和其鄰區作一劃分。「京輔鄰近地區」則指京輔四周鄰近之區，與京輔軍事安全有直接關係的區域，約爲黃河中游流域及漢水上游谷地地區。（東自洛陽，西至蘭州，北自河套地區，南至四川盆地北緣的大巴山及米倉山。）「關中周緣地區」則指京輔地區以外的關中地區。

② 長孫晟上書曰：「……諸夏雖安，戎場尚梗，興師致討，未是其時，棄於度外，又復侵擾，故宜密運籌策，漸以攘之，計失則百姓不寧，計得則萬代之福。……今宜遠交而近攻，離強而合弱，……首尾猜嫌，腹心離阻，十數年後，承釁討之，必可一舉而空其國矣。」上省表大悅，因召與語。詳《隋書》卷五一〈長孫覽列傳附從子晟〉，頁一三三〇—一三三一。

③ 詳雷家驥師，《唐代中央權力結構及其演進》（民國六十八年，臺北，文化學院史研所博士論文，未刋本，下引此書並同。）第五章。

④ 《隋書》卷四十〈元諧列傳〉，頁一一七一。

⑤ 開皇元年四月，發稽胡修築長城二旬。詳《隋書》，卷一〈高祖本紀〉上，開皇元年四月條，頁一五。

⑥ 《隋書》卷六十〈崔仲方列傳〉，頁一四四八。

⑦ 《隋書・高祖本紀》所記載之開皇六年的「修築長城」，與同書〈崔仲方列傳〉中所載「築數十城」應是同一件事，只是人數的記載有所不同。因爲《資治通鑑》記崔仲方修城事在二月，與〈高祖本紀〉中所載修長城的時間同。詳《隋書》卷一〈高祖本紀〉，開皇六年，二月丁亥條，頁二三，及開皇七年二月條，頁二

五。

⑧《隋書》卷八四〈北狄列傳・突厥傳〉，頁一八六六—一八六七。

⑨《隋書》卷一〈高祖本紀〉，開皇二年十月癸酉條及十二月乙酉條，頁一八。

⑩詳雷家驥師《唐代中央權力結構及其演進》第五章，頁七四—七九五。

⑪《隋書》卷五一〈長孫覽列傳，附從子晟〉，頁一三三四。

⑫《舊唐書》卷九三〈唐休璟列傳〉，頁二九七八。

⑬《隋書》卷五三〈賀婁子幹列傳〉，頁一三五二。

⑭《隋書》卷六二〈元巖列傳〉，頁一四七六。

⑮《隋書》卷四七〈韋世康列傳〉，頁一二六七。

⑯《隋書》卷三〈煬帝本紀〉上，頁五九、六〇。

卷四五〈秦孝王俊列傳〉，頁一二三九。

〈庶人季列傳〉，頁一二四一。

〈庶人諒列傳〉，頁一二四四。

⑰《隋書》卷六一〈郭衍列傳〉，頁一四七〇。

⑱《隋書》卷三〈煬帝本紀〉上，仁壽四年十一月癸丑條，頁六〇—六一。

⑲參《隋書》卷三〈煬帝本紀〉上，頁五九。

⑳這兩次是開皇四年（五八四）九月至開皇五年四月，及開皇十四年（五九四）八月至開皇十五年三月。參《

隋書》卷一〈高祖本紀〉上，開皇四年九月甲戌條及五年四月戊申條，頁二二。卷二〈高祖本紀〉下，開皇十四年八月辛未條及十五年三月己未條，頁三九—四十。

㉑ 這幾次詳《隋書》卷三〈煬帝本紀〉上，大業三年（六〇七）三月辛亥條，頁六七。大業五年（六〇九）二月戊申條，頁七二。大業五年九月癸未條，頁七四。卷四，〈煬帝本紀〉下，大業十年（六一四）十月己丑條，頁八八。

㉒ 《隋書》卷六一〈宇文述列傳〉，頁一四六七。

㉓ 詳《資治通鑑》卷一八五〈唐紀〉一，高祖武德元年三月條，頁五七七六。

㉔ 《隋書》卷三〈煬帝本紀〉上，仁壽四年丙申條，頁六〇。

㉕ 《隋書》卷三〈煬帝本紀〉上，大業三年七月丙子條，頁七〇。大業四年七月辛巳條，頁七一。

㉖ 《舊唐書》卷九三〈唐休璟列傳〉，頁二九七八。

㉗ 參《資治通鑑》卷一八二〈隋紀〉六，煬帝大業九年七月壬辰條，頁五六八二。

㉘ 參《資治通鑑》卷一八五〈唐紀〉一，武德元年（六一八）三月己酉條，頁五七七六。

㉙ 參《隋書》卷四〈煬帝本紀〉下，頁八六—九二。

㉚ 參《隋書》卷四〈煬帝本紀〉下，大業九年正月乙未條，頁八四。

㉛ 《新唐書》，卷八八〈劉文靜列傳〉，頁三七三四。

㉜ 詳雷家驥師《李靖》附圖二「太原兵變後西北戰略形勢及李淵進兵路線」及圖二乙「關隴地區形勢」，臺北，聯鳴文化有限公司，民國六十九年七月初版。

㉝ 詳陳寅恪〈唐代政治史述論稿〉，（收入《陳寅恪先生文集》三，臺北，里仁書局，民國七十一年出版）。

㉞ 參《資治通鑑》卷一八四〈隋紀〉八，義寧元年十二月癸未、癸巳條，頁五七六六。卷一八五，〈唐紀〉一，武德元年四月條，頁五七八五。武德元年七月丁未條，頁五八〇〇、五八一一。卷一八六，〈唐紀〉二，武德元年八月，頁五八〇六；八月甲寅條，頁五八一三、五八二〇、五八二一。卷一八七，〈唐紀〉三，武德二年九月乙未條，頁五八六六；十月癸卯條，頁五八六七、五八六八。卷一八八，〈唐紀〉四，武德二年十一月己卯條至武德三年四月，頁五八七二－五八八二。

㉟ 《唐會要》（臺北，世界書局，民國七十一年十二月四版，下引此書並同。），卷七二，〈京城諸軍〉武德三年七月十一日條，頁一二九一。此書謂「十二衞將軍」當誤，因此時只是置「十二軍」，屬野戰單位，「十二衞」乃太宗時的軍事建制單位名稱，武德年間並未有「十二衞」之置。《新唐書》卷五十〈兵志〉，頁一三二四，亦載。此二書所載十二軍建置時間皆在武德三年，但《舊唐書・高祖本紀》爲武德二年。今取前說。

㊱ 詳雷家驥師《唐代中央權力結構及其演進》第五章，頁七一一－七一二。

㊲ 詳雷家驥師，「從戰略發展看唐朝節度體制的創建」（收入《張曉峯先生八秩榮慶論文集》，簡牘學報第八期），頁二一七－二二九。

㊳ 《資治通鑑》卷一九〇〈唐紀〉六，武德六年七月癸未條，頁五九七〇；八月己未條，頁五九七一。武德七年三月丁酉條，頁五九八〇。〈唐紀〉七，武德七年七月戊寅、癸未條，頁五九八八；八月戊辰、戊寅條，頁五九九一－五九九三。

㊴《新唐書》卷二一五上〈突厥列傳〉上，頁六〇三一—六〇三二。《舊唐書》卷二〈太宗本紀〉武德七年秋條，頁二九，亦載。
㊵《舊唐書》卷一九四上〈突厥列傳〉上，頁五一五六。
㊶《唐會要》卷七二〈京城諸軍〉武德八年五月條，頁一二九一。
㊷《新唐書》卷九〇〈劉弘基列傳〉，頁三七六六。
㊸《新唐書》卷九二〈羅藝列傳〉，頁三八〇七。
㊹《新唐書》卷二一五上〈突厥列傳〉上，頁六〇三一。
㊺同註⑲。
㊻《舊唐書》卷六七〈李勣列傳〉，頁二四八六。
㊼詳雷家驥師「從戰略發展看唐朝節度體制的創建」，頁二三九—二四二。

※圖版見頁九二九—九三三。

薛仁貴北征九姓考

王民信

一、前　言

年幼時讀無名氏小說「薛仁貴征東」，頗爲欣賞這位「白袍小將」的武功高強，特別是他那三射即把混世魔王葢蘇文降服，讀之頗爲神往。的確，隋唐之際，多少人曾立功異域，然而，民間的小說、戲曲，偏偏流傳了薛仁貴的故事，我想，除了他手中的方天畫戟所向披靡外，其百步穿楊的箭術，颼颼颼，連發三箭，即把敵人擺平，眞令人痛快淋漓。宋元之際，無名氏的「薛仁貴征遼事略」①，更描繪得有聲有色。據云：

……太宗高阜處覷了旗號，連聲叫苦不迭，旗上寫着天山軍，乃莫離支所借也，昔煬帝之敗，皆因此兵。帝與英國公便收兵還寨議事。近臣奏曰：「天山射雕王頡利可汗領三將元龍、元虎、元鳳兼大兵三萬來助，高麗下戰書搦善射者來日對戰，較量弓馬。」太宗曰：「比及誰能？今唐將皆老，難對此人弓箭。」薛仁貴應聲而出：「陛下放心，小臣當射。」次日，帝親領大兵出，與天山兩兵對陣射。頡利可汗立於陣前謂唐兵曰：「番遼隣國特來羣鬪，吾以弓箭伏於爾等，可還本國。」言訖，取弧矢，望空中羣雁過，連發數箭皆中，其雁落地。唐將皆恐，帝見失色，似此弧矢，實絶古今，想匹夫是養由基番地復生。門旗內立著薛仁貴，心內自思，此功不建，名姓難揚，擗轉方天戟，取弓箭在手，搭箭當絃，望番王約二百步遠近，發箭便射，得詩曰：「弓拽滿輪秋月，箭飛一點寒星」。單兵發喊一聲，驚煞太宗，綽旗望見，失聲便叫：「從天地那裏有這弓箭來？抵三千個養由基，賽一萬個李廣」。仁貴功在何處？三箭天山定太平。兀的是第一箭。怎生着箭正中其胸，墮騎而死，頡利陣中先亡……

文尾有詩，謂：

將軍三箭定天山　壯士長歌入漢關

永息煙塵清靜宇　太宗車駕却西望

「三箭定天山」云云，是指薛仁貴射殺了從天山來援高麗的「射鵰王頡利可汗」。在元曲裏亦有「定天山」與「摩利支飛刀對箭」二劇。「定天山」劇今不傳，據曲海總目提要②三六云：

高麗公主向鐵勤烏借金勒、銀勒、烏賽神三人把守天山，皆為仁貴所殺。

顯然的，此定之天山，是指高麗公主向鐵勒烏借來三將，把守天山時爲薛仁貴所敗。至於「摩利支飛刀對箭」③，則所射殺的是摩利支蓋蘇文。據云：

白袍將四縫盔倒展雙纓，摩利支三叉冠斜飄雉尾。摩利支揝定犀角靶，白袍將搭上紫金紕。摩利支見刀不中，和和和，連撇起三口飛刀，白袍將見箭不中，咮咮咮，連射起三枝神箭……這一個颼颼的刀去劈，那一個咮咮的箭發疾，咭叮噹相對在半空裏，足律律送一萬道家火光飛。眞是殺得好不熱鬧。結果是高麗將云：

摩利支輸了也，白袍小將贏了也。

劇尾，題目與正名均明白標示出：

題目　薛仁貴跨海征東

正名　摩利支飛刀對箭

從上述，無論是小說或戲劇裏，薛仁貴在東征高麗時，以射「三箭」卽解決了對手，只是所被解決的人有所不同而已，眞稱得上是出盡風頭。

關於戲劇中的「三箭定天山」一事，曲海總目提要凡二次提及，一在「定天山」劇，謂：

天山在北塞外，劇卽幷入高麗，亦非也。

一在同書三「薛仁貴」劇，謂：

但天山在西北，卽是雪山。前後作者皆誤以為征高麗事耳。

薛仁貴確曾有「跨海征東」的事實，亦有「三箭定天山」的記錄，宋元時期的小說、戲曲均納入同一故事裏，誠如李文彬「白袍小將薛仁貴」④謂：

通俗文學作家在採用歷史材料時，總是有所增補或刪減，甚至將之完全改頭換面。

不過，薛仁貴的故事，旣無增補，亦無刪減，更未完全改頭換面，他只是把發生在不同地點、不同對象的兩個故事，湊合在一塊敍述而已，如是，故事綿密緊湊，更塑造了人物的特出點，眞加了熱鬧情節，不僅引人入勝，更令人愛不釋手。薛仁貴「三箭定天山」，是發生在他的軍旅生涯——北征「九姓」，「通俗文學作家」將此一武功，滲雜在跨海征東的過程裏，固然突顯了薛仁貴的葢世功勳，假如能把薛仁貴「兵敗大非川」的記錄⑤同時呈顯在小說或戲劇裏，或能看出英雄的悲劇情懷。本文寫作伊始，原以「薛仁貴北征」爲題，旨在顯示薛仁貴北征時所付出的辛勞，表彰其揚名立萬的彪炳功勳，在前言中，我曾想用下面的語詞作爲開始，卽：

假如說薛仁貴的西征吐蕃兵敗青海大非川，為其輝煌的軍事生涯譜上休止符，而薛仁貴北征九姓「三箭定天山」，不僅為其軍旅生涯開展了錦繡多姿的前程，更為唐帝國天可汗逆放出威力無比的火花，它，在浩瀚無限的沙磧上，可以比諸日月的光華，永遠攝服着邊塞上遊牧人的心。

現在，我將題目更換爲「薛仁貴北征九姓考」，重心則放在「九姓」，目的是想落實在薛仁貴所北征的「九姓」，究竟是指那「九姓」。

薛仁貴的東討、西伐、北征，在唐朝的歷史領域裏，都蘊藏有特殊的韻味，其中北征凡二次，而「三箭定天山」，是在第一次「北征九姓」時的傑作。

二、北征九姓

薛仁貴第一次北征，唐書薛仁貴傳⑥未說明在何時，僅僅於傳內記東征高麗後，以一個「尋」字作爲時間的交代。據云：

> 顯慶二年（六五七）詔薛仁貴副程名振於遼東經略，破高麗於貴端城……明年（三五八）又與梁建方、契苾何力於遼東，共高麗大將溫沙門戰於橫山……俄又與辛文陵破契丹於黑山……以功封河東縣男。尋又領兵擊九姓突厥於天山。將行，高宗內出甲令仁貴試之。上曰：「古之善射有穿七札者，卿且射五重」。仁貴射而洞之，高宗大驚，更取堅甲以賜之。

同書高宗本紀⑦亦不言薛仁貴何時北征事。惟新唐書薛仁貴傳⑧於「封河東縣男」後，接着書其「副鄭仁泰爲鐵勒道行軍總管」，旣云「副」，則薛仁貴只是副貳，主將是「鄭仁泰」。鄭仁泰，兩唐書無專傳，其主持北征，前後共有兩次。據新唐書高宗本紀⑨云：

> 顯慶五年（六六〇）八月壬午：左武衞大將軍鄭仁泰及悉結、拔也古、同羅、僕骨戰，敗之。龍朔元年（六六一）十月癸酉：鄭仁泰為鐵勒道行軍大總管，蕭嗣業為仙萼道行軍大總管，左驍衞大將軍阿史那忠為長岑道行軍大總管，以伐鐵勒。二年（六六二）三月庚寅：鄭仁泰及鐵勒戰於天山，敗之。

而舊唐書高宗本紀則只有一條記錄，時間是在龍朔三年（六六三）。據云：

正月：左武衛大將軍鄭仁泰等帥師討鐵勒餘種，盡平之。

薛仁貴的名字，並未見諸上述記載中。唐會要有薛仁貴從鄭仁泰破鐵勒事，但時間在乾封元年（六六六），據云⑩：

乾封元年三月：鐵勒道行軍大總管右武衛大將軍鄭仁泰、左武衛大將軍薛仁貴破鐵勒之衆於天山。

顯然，前錄諸記事在時間上有了差距。薛仁貴「封河東縣男」事，册府元龜三五八有載，據云：

薛仁貴……龍朔元年（六六一）授左武威衛將軍，封河東縣男。其後破九姓。

顯然的，薛仁貴在龍朔元年才册封河東縣男，隨卽從鄭仁泰「破九姓」，是鄭仁泰顯慶五年的北征，薛仁貴並未參加。至於龍朔元年所署的從征人員，册府元龜九八五有載薛仁貴名。據云：

龍朔元年十月：以鐵勒殺勑使反叛，詔左武衛大將軍鄭仁泰為鐵勒道行軍大總管，燕然都護劉審禮、左武衛將軍薛仁貴為副，鴻臚卿蕭嗣業為山（仙）蕚道行軍總管，左屯衛將軍孫仁師為副，率兵以討之。

從是，更肯定的說明了薛仁貴的從鄭仁泰北征，是在龍朔元年，唐書薛仁貴傳用「尋」字，確實證明了封河東縣男以後，未幾卽隨鄭仁泰北征間的時間頗爲短暫。但是，唐書回紇傳，則稱此次的征討在「龍朔中」，據云⑪：

龍朔中，婆閏死，妹比粟毒主領迴鶻與同羅、僕固犯邊，高宗命鄭仁泰等討平。

此處的「龍朔中」，與唐會要所指的「乾封元年」似都是指概括性的時間，亦可說是指薛仁貴等「平定」或「班師」的時間而言。

薛仁貴等所征討的對象，似亦衆說紛紜。如唐書薛仁貴傳卽作「擊九姓突厥」。據云：

又領兵擊九姓突厥於天山……時，九姓有衆十餘萬，會驍騎健數十人逆來挑戰……九姓自此衰弱，不復更為邊患。

後述「九姓有衆……」與「九姓……衰弱」，均承前述之「九姓突厥」，是「九姓」云云，指「九姓突厥」而言。惟新唐書薛仁貴傳只取了「九姓衆……」「九姓遂衰」等語，則不知「九姓」指誰了。

册府元龜九七三又作「九姓鐵勒」。據云：

貞觀二十二年（六四八）六月：薛延陀餘衆二萬人侵瀚海、金徽（徽）、幽陵三郡，發燕副都元禮臣率九姓鐵勒捕之（薛延陀西遁之衆共推故真珠毗伽可斤男子吐摩女為伊持勿失可汗，請居欝督軍山之北。鐵勒素服薛延陀之衆，及吐摩支之至也，九姓渠帥莫不危懼，朝議恐為磧北之患，令英國公李勣進加討擊，率九姓鐵勒二萬騎至天山，吐摩支見官軍至，惶駭，詣詔使蕭嗣業請降）。

有時作「鐵勒九姓」，如新唐書契苾何力傳⑫云：

時，鐵勒九姓叛，詔何力為安撫大使。何力以輕騎五部馳入其部，虜大驚……九姓大喜，共擒僞葉護及特勒等二百人以歸。

有時只作「鐵勒」，如新唐書沙陀傳⑬云：

龍朔中，以處月酋沙陀金山從武衛將軍薛仁貴討鐵勒。

有時亦單稱「九姓」，如前引册府元龜稱薛仁貴「封河南縣男。其後破九姓」是。當然，也有因回紇犯邊，而討伐卻是鐵勒的。

「九姓」是專名？是通名？究竟屬突厥？屬鐵勒？屬回紇？今特試作一探索，俾能獲得事實眞像，有助於吾人讀史之瞭解云。

三、「九姓突厥」

「九姓突厥」一詞，在通典、周書、隋書及兩唐書的突厥傳⑭裏雖未曾一見，但是，在兩唐書裏卻兩次提及「九姓」，而且都是處於與突厥敵對地位，換言之，每次都是被突厥征討的對象。一是在唐高宗時。據唐書傳云：

骨咄祿者，頡利之疎屬，亦姓阿史那氏……伏念旣破，骨咄陸糾集亡散入總材山，聚為羣盜。有衆五千餘人。又抄掠九姓，得羊馬甚多，漸至强盛，仍自立為可汗……永淳二年（六八三）進寇蔚州。

按：「伏念」卽「阿史那伏念」，頡利可汗兄之子。據同書云：

永隆元年（六八〇）突厥有頡利兄之子阿史那伏念於夏州渡河，立為可汗……（裴）行儉遂虜伏念詣京師，斬於市。永淳二年（六八三）突厥阿史那骨咄祿復反叛。

骨咄祿於永淳二年復反叛，糾集亡散入總材山，未幾，抄掠「九姓」，得羊馬甚多，之後，又進寇蔚州，是其「反」「抄」「自立爲汗」與「進寇蔚州」均發生在永淳二年，然薛仁貴所征「九姓突厥」是在龍朔元年（六六一），是「九姓」早已存在於突厥，惟所指不詳耳。另一次提及「九姓」是在唐玄宗時期。據同書云：

開元二年（七一四）……明年（七一五）……秋，默啜與九姓首領阿布思等戰於磧北，九姓大潰，人畜多死，阿布思率衆來降。四年（七一六）默啜又北討九姓拔曳固，戰於獨樂河，拔曳固大敗……

而新唐書突厥傳，對於是役謂：

默啜討九姓，戰磧北，九姓潰，人畜皆死。思結等部來降，帝悉官之……

册府元龜九七三亦云：

玄宗開元四年（七一六）七月：突厥可汗默啜背恩，為九姓拔曳固所殺，斬其首送至京師。

上述資料中的「阿布思」，係同羅酋帥。據通典「同羅」⑮云：

同羅者，鐵勒之別部也……天寶初，其首帥阿布思以萬餘帳來降，處之朔方。

至是，始知兩唐書突厥傳所指的「九姓」，是「同羅」「拔曳固」「思結」等部，然此等部皆屬「鐵勒」諸部之一，如唐會要「鐵勒」節云：

鐵勒者，本匈奴之別種。武德初，有薛延陀、契苾、迴紇、都播、骨利幹、多覽葛、僕骨、拔野古、同羅、渾都、思結、斛薩、奚結、阿跌、白霫等，散在磧北，皆鐵勒之諸部。隋大業中，西突厥處羅可汗强盛，鐵勒諸部皆臣之。後，處羅徵稅無度，鐵勒相率而叛歸。及頡利政亂，皆屬於薛延陀。

新唐書回鶻傳⑯亦詳載鐵勒諸部名，惟名稱稍異者是：

迴紇→袁紇

契苾→契苾羽

斛薩→斛薛

對於突厥「處羅徵稅無度」的情形則云：

大業中，處羅可汗攻脅鐵勒部，裒責其財。既又恐其怨，則集渠豪數百悉阬之。韋紇乃並僕骨、同羅、拔野古叛去。

同書薛延陀傳⑰所述更爲詳盡。據云：

西突厥處羅可汗之殺鐵勒諸酋也，其下往往相率叛去，惟契苾哥楞為易勿真莫賀可汗，據貪汗山，奉薛延陀乙失鉢為野咥可汗，保燕末山，而突厥射匱可汗復强，二部黜可汗號往臣之。回紇、拔野古、阿跌、同羅、僕骨、白霫在鬱督軍山者東附始畢可汗，乙失鉢在金山者西役葉護可汗。

突厥盛時，鐵勒諸部均曾臣屬，而「九姓」屬鐵勒諸部，因此，遂成一假像，，使唐人認爲「九姓」就是突厥部內之諸部，「九姓突厥」一名於焉產生，實則，「九姓」應屬鐵勒諸部，突厥是地域，卽居於突厥地面、或臣屬於突厥之鐵勒諸部。「九姓突厥」數目僅限於「九」，顯然並未涵蓋鐵勒諸部之全部，而是指「同羅」「拔曳（＝野）古（＝固）」「僕骨（＝固）、思結等而言，是征「九姓突厥」實卽征鐵勒也。

四、鐵勒、回紇與九姓

「鐵勒」，隋書有傳⑱，謂「匈奴之苗裔也，種類最多」，其數目多達四十餘個。而唐會要及新唐書所載僅十五個。同時，新唐書回鶻傳更肯定「鐵勒」實「敕勒」之訛。據云：

> 回紇，其先匈奴也。俗多乘高輪車，元魏時亦號高車部，或曰敕勒，訛為鐵勒。

精研薛延陀歷史的段連勤，在其新著「隋唐時期的薛延陀」書裏，對於突厥學者主張：㈠鐵勒係突厥 Türk 之音譯，且是其複數形 Türküt。㈡鐵勒與突厥是同一民族——卽突厥族。㈢鐵勒是包括很多民族在內的通名，非專名。段氏提出很多相反意見，最後，仍獨鍾情新唐書回鶻傳的「鐵勒」是「高車（敕勒）」的說法，並列舉若干史實以資證明，確定「漢魏丁零作爲高車的族源」，而「北朝的高車爲隋唐鐵勒之主要族源」。對於此一看法，段氏自認「雖然還缺乏決定性的考古學方面的證明，但這樣說不僅於史有徵，而且同匈奴國家以後蒙古草原歷史發展的大勢亦極相合」⑲段氏的觀念，原則上是承襲丁謙，蓋丁氏「周書異域傳地理考證」⑳「突厥」節云：

突厥亦鮮卑種類，與丁零、高車、鐵勒、回紇、蒙古，同出一源。傳謂匈奴別種誤。按：丁零別名狄歷，又曰勑勒，鐵勒為轉音，突厥又狄歷、勑勒、鐵勒之轉音，以徧考丁零、高車、鐵勒、回紇、蒙古所從來，皆狼種也……

對於「鐵勒」是「突厥」的說法，我不贊同，以「高車」即日後「鐵勒」，我亦表示反對。但是，以「鐵勒」是包括很多民族在內的「通名」，我是完全同意。的確，以一個「鐵勒」民族名，要涵蓋四十多個部族，而活動範圍廣佈中國北疆，西邊更遠及中央亞細亞的所有人民，怎能辨得到嗎？就以「鐵勒」諸部之一的「回紇」而言，新唐書回鶻傳：

袁紇者，亦曰烏護，曰烏紇，至隋曰韋紇……韋紇乃並僕骨、同羅、拔野古叛去，自為俟斤，稱回紇。

唐書迴紇傳：

迴紇，其先匈奴之裔也。在後魏時號鐵勒部落，其衆微小，其俗驍强，依托高車，臣屬突厥，近謂之特勒。

「回紇」原係韋紇合併了僕骨、同羅、拔野古，初「依托高車」，似又說明回紇與高車仍有所別。假如硬要說「高車」為鐵勒之族源，那亦僅僅是鐵勒諸部族源之一而已。至於「鐵勒」一詞究竟應作何解釋？此處姑且不為之作結論，他日或許有人能為之解謎者㉑。

在前引諸文中，屢次提及「回紇」係鐵勒諸部之一，是以，當「回紇酋長閏婆卒，姪比粟毒代領其衆，與同羅、僕固犯邊」時，册府元龜即書作「鐵勒殺勅使反叛」，而前往禦邊的鄭仁泰，其職銜是「鐵勒道行軍大總管」，如是，鄭仁泰的「北征鐵勒」或「北征回紇」，均是指同一件事。至於征討的地點是在天山。據唐書迴紇傳：

龍朔中，婆閏死，妹比粟毒主領回鶻與同羅、僕固犯邊，高宗命鄭仁泰討平僕固等。比粟毒敗走，因以鐵勒本部為天山縣。

然眞正的主討人物似應是薛仁貴。據唐會要「鐵勒」節云：

時，九姓有衆十餘萬，令驍健數十人逆來挑戰，仁貴發三矢射殺三人，其餘一時下馬請降。仁貴恐為後患，並坑殺之。更就磧北安撫餘衆，擒其偽葉護兄弟三人而還。軍中歌曰：「將軍三箭定天山，戰士長歌入漢關」。是後，遂絕後患。

又新唐書薛仁貴傳亦云：

鐵勒有思結、多覽葛等部，先保天山，及仁泰至，懼而降。仁泰不納，虜其家以賞軍。賊相率遁去。有候騎言虜輜重畜牧被野，可往取。仁泰選騎萬四千，卷甲馳絕大漠，至仙萼河，不見虜，糧，盡還……

是役招降的主力人物是契苾何力。據新唐書傳云：

時，鐵勒九姓叛，詔何力為安撫大使。何力以輕騎五百馳入其部……九姓大喜，共擒偽葉護及特勒等二百人以歸。

唐書契苾何力傳著錄此事是在「龍朔元年」㉒。天山，鐵勒之本部所在地，僕固、思結、多覽葛等皆滙居於此。唐平定後，遂於此設「天山縣」。據馮承鈞「西域地名」㉓「Toksun 條云：

Toksun 唐書地理志作天山縣……今屬吐魯番縣。

鄭仁泰、薛仁貴等之北征也，史書多作征討「九姓」，而「九姓」有時作「鐵勒九姓」（如新唐書契苾何力傳是。而唐書契苾何力傳則作「九姓」），或稱「九姓鐵勒」（如前引册府元龜九七三），大體言，都是指鐵勒之諸部而言。隋書鐵勒傳著錄諸部後，復云「雖姓氏各別，總謂爲鐵勒」，顯然鐵勒諸部都應有姓的，可是，在其著錄的四十多部裏，眞有姓氏的只有：

獨洛河北有僕圍、同羅、韋紇、拔也古、覆羅並號俟斤，蒙、陳、吐如紇（？）、斯結、渾、斛薛等諸姓，勝兵可二萬。

前所提及的僕骨，同羅、韋紇、拔也古多在此羣部中。唐太宗貞觀二十年（六四六）有「鐵勒十一姓」來貢，據唐會要鐵勒節云：

貞觀二十年，旣破延陀，太宗幸靈州，次涇陽頓，鐵勒迴鶻、拔野古、同羅、僕骨、多濫葛、思結、阿跌、契丹、奚、渾、斛薩等十一姓，各遣使朝貢。

通鑑書此十一姓時，末尾四姓作「契苾、跌結、渾、斛薛」㉔，册府元龜則作「十三姓」，其末尾數姓作「契丹、奚結、渾、斛薛」，其餘與唐會要同，是册府之「十三姓」應是「十一姓」之訛，而唐會要的「契丹」應作「契苾」、「奚」應作「奚結」或「跌結」。時，鐵勒衆酋「咸請列其地爲州縣」，唐太宗從其所請，遂置「六部督七府」以羈縻之。據新唐書回鶻傳云：

明年復入朝，乃以回紇部為瀚海、多覽葛部為燕然、僕骨部為金微（唐書迴紇傳作「金徽」）、都拔野古部為幽陵，同羅部為龜林、思結部為盧山，皆號都督府；以渾（唐書作「渾都部」）、都為衍字）為臯蘭州，斛薛（唐會要作「斛薩」）為高闕州、阿跌為鷄田州，契苾羽（或作「契苾」）為榆溪州，奚結（唐書作「跌結」）為鷄鹿州，思結別部為蹛林州（唐書作「阿布思為歸林州」）、白霫為寘顏州。

「六都督七府」之「思結別部（阿布思）」與「白霫」二部不計外，其餘與前述十一姓完全相同，如是看來，欲知「九」姓屬那「九」部，似可從此「十一姓」部中去找尋即可以了。唐玄宗天寶年間，回紇葉獲逸標苾自立爲「九姓可汗」，據唐會要「迴紇」節云：

天寶初，迴紇葉護逸標苾，襲滅突厥小殺之孫烏蘇米施可汗。未幾，自立為九姓可汗，由是至今兼九姓之號……有十一都督，九姓部落，一部落置一都督……其九姓一曰迴紇，二曰僕固，三曰渾、四曰拔曳固即拔野古、五曰同羅、六曰思結、七曰契苾，以上七姓部落，自國初以來，著在史傳。八曰阿布思，九曰骨崙屋骨恐。此二姓天寶後始與七姓齊列。

新唐書回鶻傳書此「九姓」時，謂：

九姓者：曰藥羅葛，曰胡咄葛、曰咄羅勿、曰貊歌息紇、曰阿勿嘀、曰葛薩、曰斛嗢素、曰藥勿葛，曰奚邪勿。藥羅葛，回紇姓也，與僕骨、渾、拔野古、同羅、思結、契苾六種相等夷，不列於數。

「藥羅葛，回紇姓也」，概指前述之「九姓」皆回鶻姓，亦卽吾人常聽到的「九姓回鶻」，此姓與後述之「六種相等」，（此「七姓」）也就是唐會要所載「自國初以來，著在史册」的「七姓」，史書每提及「九姓」時，多與之相連併稱，如「九姓僕固」「九姓拔野古」是，至是，知鐵勒九姓中的七個，卽：回紇、僕固、渾、拔野古、同羅、思結、契苾，應無庸置疑。剩下的二姓，只有從十一姓中的「多濫葛」「阿跌」「奚結」「斛薛（薩）」等四部中決定了。岑仲勉「隋唐史」選了「多濫葛」「斛薛」㉕，但未講明理由。由於册府元龜九七四景龍三年（七〇九）十月載有「北蕃投降九姓」謂：

> 十月己未：授北蕃投降九姓思結都督磨散為左威衞將軍大首領，斛薛移利殊功為右領軍衞將軍，契（苾）都督邪沒施為右威衞將軍，匐利羽都督莫賀突默為右驍衞將軍首領，延陀薛渾達都督為右威衞將軍，奴賴大首領前自登州刺史奴賴孝為左領軍將軍，䟦跌首領刺史斐艾為右領軍……

因此，劉義棠「中國邊疆民族史」㉖遂謂：

> 大致除回紇、僕骨、渾、拔野古、同羅、思結、契苾等七姓外，亦有將多覽葛（一作多獵葛）、斛薛（有作斛薩）、匐利羽、薛延陀、奴賴、䟦跌、火拔、霫等，列入九姓敍述。

「列入九姓敍述」，並未指明何部應予列入。而册府所提及的「北蕃九姓」，除思結、斛薛、契（

苾）、延陀確爲鐵勒外，其餘的身份似難於確定。陳子昂「爲喬補闕論突厥表」㉗曾提及「九姓」，謂：

> 今者同羅、僕固都督早已伏誅……多獵葛復自相讐……回鶻諸部落又與金州横相屠戮……

同羅、僕固、多獵葛，回鶻皆鐵勒諸部。前引新唐書薛仁貴傳亦提及「鐵勒有思結、多覽葛等部，先保天山」，故「多覽（獵）葛」應爲鐵勒九姓之一。最後還有一姓，現在只能從十一姓中所剩下的「阿跌」「奚結（跌能）」與「斛薛（斛薩）」以求了。

隋書鐵勒傳於「獨洛河北」諸部中，原無「思結部」，是唐朝時期的「思結部」係新擴增的部。但是，在該傳所列諸姓中，確有「斯結」，是「思結部」似由「斯結」姓而成的「姓部落」，唐時爲鐵勒諸部設置的「六都督七府」，除「思結部爲盧山都督府」外，另有「思結別部爲蹛林州」（新唐書回鶻傳），此一「思結別部」，唐書廻紇傳書作「阿布思爲歸林州」，因此我懷疑此一「思結別部」應是「奚結爲鷄鹿州」的「奚結」部，主要的原因是「奚結」不見於隋書鐵勒傳，而「思」「奚」音近似，因而多衍生一「思結別部」（卽「奚結部」）。又隋書鐵勒傳諸姓中的「渾」姓，已發展成爲「渾部」，另有「斛薛」姓，亦發展爲「斛薛（薩）」部，「思結」與「渾」均屬「九姓」之一，「斛薛」能發展成部，自應屬九姓之一，應無庸置疑。前引唐會要廻紇節稱「九姓部落」，此名稱頗切乎實際，既稱「姓」「部落」，顯然是指由「姓」發展而成的「部落」。所謂「鐵勒」之「九姓部落」，應指：

廻紇　僕固　渾　拔野古

同羅　思結　契苾　多覽葛

斛薛

五、北征九姓功過與薛仁貴晚年之再北征

龍朔元年（六六一）十月，鄭仁泰、薛仁貴等授命北征鐵勒九姓，二年（六六二）三月，敗鐵勒諸部于天山，三年（六六三）正月，盡平鐵勒餘種。是役也，薛仁貴以副貳之職身先士卒，發三箭卽定天山，其威風可知，爲此，唐高宗特手賜嘉勉。據全唐文十四「賜薛仁貴手勅」云：

金山大陣，兇黨實繁，卿身先士卒，奮不顧命，左衝右擊，所向無前。諸軍賈勇，致斯尅捷，宜善建功業，全此令名也。

「九姓」勢衰，仁貴功居多。之後，鄭仁泰不納降人，反虜其家以賞軍，遂使餘衆相率遁去。據新唐書薛仁貴傳云：

鐵勒有思結，多覽葛等部先保天山，及仁泰至，懼而降。仁泰不納，虜其家以賞軍。賊相率遁去。

斯時，薛仁貴亦取所部爲妻，據同書云：

仁貴亦取所部為妾，多納賕遺。

又坑降卒。據唐書薛仁貴傳云：

仁貴發三矢，射殺三人。自餘一時下馬請降，仁貴恐為後患，並坑殺之。

鄭仁泰復誤信候騎之言追逃亡者至仙萼河㉘，不見虜踪而還。據新唐書薛仁貴傳：

有候騎言虜輜重畜牧被野，可往取。仁泰選騎萬四千，卷甲馳絶大漠，至仙萼河，不見虜糧。盡還。人飢相食。比入塞，餘兵纔二十之一。

以故，二人為有司所劾奏。全唐文一六八楊德裔「劾奏鄭仁泰、薛仁貴逗留失機狀」云：

臣聞：師出以律，煥乎青史。殺降不祥，紀諸彝訓，是以，分閫作將，杖鉞專征，茍或乖違，明法斯在。謹案：鐵勒道大總管右武衛大將軍鄭仁泰等，猥以非才，謬荷拔擢，或名參列位，或職典禁戎，屬北狄孤恩，皇威遠振，遂得擁旄瀚海，問罪天山，理應虔奉廟筭，恭行天罰，而褊心無謀，短懷愎諫，不肅將帥，靡愛戎士，無心體國，有意徇私。鐵勒思結、多臘葛（即多覽葛）等，雖鹿走趨險，益緣懼死，鳥窮思入，虛懷可張。仁泰等情冀勳庸，志希貨賄，不聞存慰，必寘誅夷，乃肆兇殘，恣行殺戮，向若大軍初到，明喻天旨，撫納前降，招來後伏，則鐵勒友善，不日斯平。仁泰素闕遠圖，莫曉機事，師徒無紀，軍令不明，遂使稽顙屈膝者先被塗原之誅，懼死懷生者因成絶漠之計。鐵勒逃散，猶未梟懸，屢擾干戈，實由於此。加以沙塞綿邈，風霜嚴凝，不量士馬疲痾，不計糧食多少，乃令班師，凍餒征夫。殞斃骼胔委積，剞劂縱橫暴骨，交衢下實，泉壤可悼。戎規不守，乃明典刑所誅，況且士卒殲亡，戈甲拋棄彌山徧野，並資戎狄。自聖朝削平天下，廓清寓縣，東征西怨，後舞前歌，未有如仁泰此行損威挫銳之甚。又仁貴動戎遠征，不捷貪殘有素，平允乖方，旣曰監臨，豈宜交涉存沒，枉濫從此而生。娶妾雖作逗留，准法便須離正，雖或事有從赦，然而敗累過多，縱矜所得，不補所喪，豈可並恣誣罔，不寘準繩？撫悼存亡，理宜懲肅。其仁泰等及諸軍故殺降人，飢殺兵士，並軍中罪大失，應須勘當及改正者，並請付法推科，以申典憲。

此「劾奏」前半是針對着鄭仁泰，後半是指薛仁貴的「取妾」「納賕」。仁泰、仁貴等雖爲有司所劾奏，史稱「以功見原」㉙。

乾封初，高麗不臣，仁貴又舉兵東征；咸亨時，吐蕃入寇，仁貴又率兵西討，兵敗大非川，「有詔，原死，除名爲庶人」。之後，高麗餘衆復叛，詔起仁貴爲鷄林道總管以經略之；瓜州路絕，又以之爲瓜州長史檢校代州都督兵擊突厥。據新唐書薛仁貴傳云：

未幾，高麗餘衆叛，起為鷄林道總管，後坐牢貶象州。會赦還。帝思其功，乃召見曰：「疇歲萬年宮，微卿，我且為魚。前日殄九姓，破高麗，爾功居多，人有言向在烏海城下，縱虜不擊，以致失利，此朕所恨而疑也。今遼西不寧，瓜州路絕，卿安得高枕不為朕所指麾耶！」於是，拜瓜州長史，右嶺軍衞將軍，檢校代州都督。率兵擊突厥元珍於雲州（唐書薛仁貴傳：尋而高麗衆相率復叛，詔起仁貴為鷄林道總管以經略之。上元中（六七五）坐事，徙象州。會赦歸。高宗思其功。開耀元年（六八一）復召見，謂曰：往九成宮遭水，無卿，已為魚矣。卿又北伐九姓，東擊高麗，漠北遼東，咸遵聲教者，並卿之力也。卿雖有過，豈可相忘？卿烏海城下自不擊賊，致使失利，朕所恨者唯此事耳。今西邊不靜，瓜沙路絶，卿豈可高枕鄉邑，不為朕指揮耶。於是，起授瓜州刺史，尋拜右領軍衞將軍，檢校代州都督。又率兵擊突厥元珍等於雲州。」

「突厥元珍」即「單于府檢校降戶部落阿史德元珍」㉚，仁貴兵擊之是在永淳元年（六八二）。據資治通鑑㉛云：

是歲，突厥餘黨阿史那骨篤祿，阿史德元珍等招集亡散，據黑沙城反，入寇并州及單于府之北境，殺嵐州刺史王德茂。右領軍衞將軍檢校代州都督薛仁貴將兵擊元珍於雲州。

此即薛仁貴之第二次北征。斯時，薛仁貴年六十九歲。當薛仁貴之兵臨也，突厥人頗多驚愕。據新唐書薛仁貴傳：

……率兵擊突厥元珍於雲州。突厥問曰：「唐將為誰？」曰：「薛仁貴。」突厥曰：「吾聞薛將軍流象州，死矣。安得復生？」仁貴脫兜鍪見之，突厥相視失色，下馬羅拜，稍稍遁去。仁貴因進擊，大破之，斬首萬級，獲生口三萬，牛馬稱是。

唐書薛仁貴傳所錄俘獲較多，據云「斬首萬餘級，獲生口二萬餘人，駝馬牛羊三萬餘頭。賊聞仁貴復起為將，素憚其名，皆奔散不敢當之」。次年（六八三）薛仁貴病卒，年七十㉜，顯然的，薛仁貴以年近七十之身，仍爲唐室執干戈、衞社稷，不僅頗爲出色，眞是做到鞠躬盡瘁，死而後已。唐書史臣謂「仁貴驍悍壯勇，爲一時之傑」，是對仁貴個人之讚美，而新唐書史臣則稱「唐所以能威振夷荒，斥大封域者，亦有虎臣爲之牙距也。至師行數千里，窮討殊鬪，獵取其國，由鹿矢然，可謂選值其材歟」，似又側重在皇帝之能善用人材，乃能造就唐朝霸業。世有伯樂，然後才有千里馬，以伯樂識材也，士爲知己者死，以士能發揮其材也，唐初霸業之締造，絕非偶然倖致㉝。

【附　註】

① 永樂大典五二四四。
② 清黃文暘曲海總目提要。臺灣新興書局印本。
③ 全元雜劇三編，臺北世界書局刊本。
④ 古典文學第五輯。
⑤ 參閱拙文「薛仁貴西征」，第一屆國際唐代學術會議論文集，民國七十八年印行。
⑥ 唐書八三薛仁貴傳。
⑦ 唐書四高宗本紀。
⑧ 新唐書一一一薛仁貴傳。
⑨ 新唐書三高宗本紀。
⑩ 唐會要九六「鐵勒」節。
⑪ 唐書一九五廻紇傳。

⑫ 新唐書一一〇契苾何力傳。

⑬ 新唐書二一八沙陀傳。

⑭ 通典一九七——一九九。周書五〇、隋書八四、唐書一九四、新唐書二一五突厥傳。

⑮ 通典一九九同羅傳。

⑯ 新唐書二一七回鶻傳。

⑰ 新唐書二一七下薛延陀傳。

⑱ 隋書八四鐵勒傳。

⑲ 陝西三秦出版社印行，一九八八年三月。該書第一節「關於薛延陀的族屬與族源問題」引論各國學者之主張，頗爲詳盡。段氏所著晚出，故散見於其他巨著者均不錄。

⑳ 蓬萊軒地理學叢書臺北正中書局影印本。

㉑ 胡耐安「中國民族志」（民國五三年商務印書館印行）頁一四二「註五」謂「徵之史傳：鐵勒，原是許多部族的總稱。鐵勒的詞稱，即聯合意」。涵意很好，但不知何所據？

㉒ 唐書一〇九契苾何力傳。

㉓ 馮承鈞「西域地名」。民國五一年中華書局印行。

㉔ 資治通鑑一九八。

㉕ 岑仲勉隋唐史上册頁九九（香港文昌書局印行）。

㉖ 劉義業「中國邊疆民族史」上册頁三二七（民國五十八年臺北中華書局印行）。

㉗ 全唐文二〇九。

㉘ 卽仙娥河，娑陵水，卽今色楞格河流域。

㉙ 新唐書薛仁貴傳。

㉚ 新唐書突厥傳。

㉛ 資治通鑑二〇三。

㉜ 兩唐書薛仁貴傳。

㉝ 兩「史臣」曰，各見薛仁貴傳。又本文所敍之事，可參閱黃約瑟「兩唐書薛仁貴傳」(第一屆國際唐代學術會議論文集)

按：本文原擬以「薛仁貴北征」爲題目，故分目時有「第一次北征」「第二次北征」，後易題目爲「薛仁貴北征九姓考」，內容側重在第一次北征時的諸問題，故第二次北征僅於結尾中略述之，以其與「九姓」主題無關也。

菩薩蠻的創調與流傳

邱燮友

一、前言

〈菩薩蠻〉爲最通俗、最常見，也最流行的詞調，其結構爲雙調，卽上片七言兩句，五言兩句，下片五言四句，共四十四字，是一闋五七言混合體的詞①。從〈菩薩蠻〉詞句的結構來看，正可以說明由詩到詞，從齊言的詩衍變爲長短句的詞，〈菩薩蠻〉便是其中最具代表性的詞調之一。

詞是音樂文學，淵源於樂府。關於詞的起源，在時代上的說法，尙不一致。如果我們從唐人崔令欽的《敎坊記》和近代發現的敦煌曲子詞等資料來看，詞的起源，當可確信在初唐、盛唐時期，便有詞的存在②。誠如《舊唐書・音樂志》云：「自開元以來，歌者雜用胡夷、里巷之曲。」所以早期的詞，有來自於民間的俚曲小調，如〈拋毬樂〉、〈漁歌子〉、〈水調歌〉等；有來自於胡樂夷歌，如〈菩薩蠻〉、〈蘇幕遮〉、〈霓裳羽衣曲〉等；也有來自於樂工、歌伎傳唱的小調，如〈何滿子〉、〈喝馱子〉、〈雨霖鈴〉等。

詞的流傳，開始時傳唱於樂工、歌伎之口，然後擴展至市井詩人和文人也加入，於是倚聲塡詞，便成人人所喜愛的新體詩。

至於文人的詞起源於何時，目前尚無定論，但它不會早於唐代，這種論點應是可以肯定的。同時，文人的詞不可能比民間的詞更早出現。南宋朱弁在《曲洧舊聞》中說：「詞起於唐人，而六代已濫觴也。」明楊愼、淸末梁啓超都曾徵引朱弁的話，證明詞濫觴於六朝，梁氏還舉了梁武帝的〈江南弄〉、〈上雲樂〉等作品，視爲塡詞之始。其實，那些仍是樂府的改製，而不能算是詞。

本論題在探討〈菩薩蠻〉的創調時代，以及其流傳的情形，進而探討詞的發生。李白是否有可能塡寫〈菩薩蠻〉等問題，題名爲：「菩薩蠻的創調與流傳」。

二、〈菩薩蠻〉創調年代的推測

〈菩薩蠻〉創調的年代，由於它是域外傳入的樂曲，今天想要確切指出其淵源，實在比較困難，但它的傳入，必經過我國邊疆地區民族的仲介，才能被國人所傳唱，然後文人才有機會依聲塡詞，成爲流行的詞調。

今從文獻資料上來探討〈菩薩蠻〉的創調年代，以及〈菩薩蠻〉出現的情況：

(一)《敎坊記》中的〈菩薩蠻〉：

最早記載〈菩薩蠻〉的，要算是唐人崔令欽的《教坊記》，它將〈菩薩蠻〉列於「教坊曲」中，但只出現曲名，沒有記錄曲詞。

《教坊記》一書，完成於開元年間（西元七一三——七四一年）。今所傳者，雖殘剩兩千餘字，該書所記載的事，以初唐及盛唐的時代爲限，書中記述玄宗時教坊的制度、人事、曲名，以及〈蘭陵王〉、〈踏謠娘〉、〈烏夜啼〉等樂曲的內容和起源，使後人大致了解唐代教坊的情況，其中最珍貴的，便是提到當時的教坊曲有三百二十五種曲目，雖然沒有記錄曲詞，卻可與敦煌曲子詞相互印證。崔令欽是唐玄宗開元時人。由於《教坊記》提到〈菩薩蠻〉的詞調，便說明盛唐時，〈菩薩蠻〉已流傳於唐朝的宮庭中。

(二)敦煌曲子詞中的〈菩薩蠻〉：

清光緒二十五年（西元一八九九年），敦煌莫高窟藏經室的發現，有三萬多卷唐人的寫本出土，其中敦煌曲子詞的部分，依今人任二北所撰的《敦煌歌辭總編》，便收錄有敦煌曲子詞約一千三百多首。標明〈菩薩蠻〉曲調的歌辭，共十八首。

在十八首的〈菩薩蠻〉中，其中有一首「枕前發盡千般願」，是開元天寶年間的曲子詞。其詞爲：

枕前發盡千般願，要休且待青山爛。水面上秤錘浮，直待黃河徹底枯。白日參辰現，北斗迴南

面。休卽未能休，且待三更見日頭。（斯四三三二）

任二北《敦煌曲校錄》云：「此辭可能寫於天寶元年，而作於開元時。」任氏是據向達的〈敦煌所藏敦煌卷子經眼目錄〉，謂此卷背後錄有壬午年龍興寺僧願學便物字據，推定「壬午年」是天寶元年（西元七四二年）。那麼這首「枕前發盡千般願」的〈菩薩蠻〉，便是盛唐時流行於瓜州沙州一帶的曲子詞了。③

㈢《杜陽雜編》中的〈菩薩蠻〉：

晚唐蘇鶚的《杜陽雜編》，記述唐代宗至懿宗十朝的事，多奇異傳聞。其中提到〈菩薩蠻〉曲：

大中初，女蠻國貢雙龍犀。……其國人危髻金冠，纓絡被體，故謂之菩薩蠻。當時倡優，遂製〈菩薩蠻曲〉，文人亦往往聲其詞。

菩薩蠻一詞，是唐人對外國婦女的通稱，也就指像菩薩一樣的蠻人。後用作樂曲名，一爲歌曲，見《教坊記》；一爲舞曲，見《杜陽雜編》及《宋史·樂志》。

大中，是唐宣宗的年號（西元八四七——八五九年），如依《杜陽雜編》的記載，〈菩薩蠻〉是唐時始創調的樂曲。今人劉大杰《中國文學發展史》對詞的起源，便引用此段資料，認爲開元、天寶時代的李白（西元七〇一——七六二年）要塡〈菩薩蠻〉的詞是不可能的了。④

㈣《碧雞漫志》中的〈菩薩蠻〉：

宋人王灼撰的《碧雞漫志》記載與〈菩薩蠻〉有關的事，共兩則：

唐昭宗以李茂正之故，欲幸太原，至渭北，韓建迎奉歸華州。上鬱鬱不樂，時登城西齊雲樓眺望，製〈菩薩蠻曲〉曰：「登樓遙望秦宮殿，茫茫只見雙飛燕。渭水一條流，千山與萬丘。野煙生碧樹，陌上行人去。安得有英雄，迎歸大內中。」又曰：「飄搖且在三峯下，秋風往往堪沾灑。腸斷憶仙宮，朦朧煙霧中。思夢時時睡，不語長如醉。早晚是歸期，穹蒼知不知。」(卷二)

這一則是記載唐昭宗在華州時，登城西齊雲樓，心中不樂，寫了兩首〈菩薩蠻〉。唐昭宗李曄在位十五年（西元八八九——九〇四年），時屬　唐，晚唐時〈煌薩蠻〉正盛行，昭宗能寫〈菩薩蠻〉不足爲奇。前首寫登臨所見，因而感發想迎英雄入大內；後首寫秋日憶仙宮，引來思歸的感慨。

另一則是：

〈菩薩蠻〉，《南部新書》及《杜陽編》云：「大中初，女蠻國入貢，危髻金冠，瓔絡被體，號〈菩薩蠻隊〉，遂製此曲。當時倡優李可及作菩薩蠻隊舞，文士亦往往聲其詞。」大中，迺宣宗紀號也。(卷五)

大中是唐宣宗的年號，當時有女蠻國入貢〈菩薩蠻隊〉，因而有〈菩薩蠻〉的詞調。王灼的《碧雞漫志》記載〈菩薩蠻〉的事，與《杜陽雜編》所記的相同。

從《教坊記》和敦煌曲來看，盛唐時，即開元天寶年間，《菩薩蠻》已創調，其詞律便是七七五五，五五五五，四十四字雙調的小令。敦煌曲中「枕前發盡千般願」這首〈菩薩蠻〉⑤，在詞句上，雖有三句字數較多，但可視爲「散聲」看待，也就是歌唱時的「襯字」。今將襯字用括號標示：

枕前發盡千般願，要休且待青山爛。水面（上）秤錘浮，（直待）黃河徹底枯。白日參辰現，北斗迴南面。休卽未能休，（且待）三更見日頭。（斯四三三二）

在《杜陽雜編》和《碧雞漫志》所記載的〈菩薩蠻〉事，說明中唐和晚唐時，〈菩薩蠻〉曲極爲流行，甚至還衍爲〈菩薩蠻〉舞隊。但近代中國文學史上，往往引《杜陽雜編》的資料，說明〈菩薩蠻〉創調的年代在中唐，則李白的〈菩薩蠻〉，便被視爲後人託名之作了。但從上列資料顯示，〈菩薩蠻〉的創調在盛唐，則李白便有能力寫〈菩薩蠻〉，是可相信的。

三、〈菩薩蠻〉曲調的流傳

詞的發生，從《教坊記》中，已知盛唐宮庭燕樂，已在傳唱〈菩薩蠻〉、〈破陣子〉、〈浣溪沙〉等詞調。在唐太宗、高宗和武后之時，設置都護府以統馭邊疆各部族，玄宗時，又沿邊域改置十節度使。當時的都護府和節度使除了進貢當地的特產外，並將當地的樂歌舞曲也獻給朝廷，作爲宮庭的娛樂品，如〈婆羅門舞〉、〈霓裳羽衣曲〉、〈菩薩蠻〉等，便是這樣傳入長安宮中。

由於敦煌曲的發現，使沈寂已久的唐崔令欽《教坊記》，再度受學者們的重視。《教坊記》記載開元、天寶間，宮中教坊所傳唱的燕樂歌舞，其中所提到的曲調，與詞的發生和流傳，有密切的關係。敦煌曲，或稱敦煌曲子詞，便是後人所謂的詞。今從敦煌曲子詞的歌詞和曲調來看，可以跟《教坊記》的曲調配合。就拿〈菩薩蠻〉曲調來說明，《教坊曲》只提到曲調名，沒有歌詞，而敦煌曲中，便保存有十八首，可知〈菩薩蠻〉在唐代瓜州、沙州一帶是很普遍流行的民間詞曲⑥。至於文人所塡寫的〈菩薩蠻〉，是從李白開始。

㈠李白的〈菩薩蠻〉：

在《李太白集》中，沒有收錄〈菩薩蠻〉，《全唐詩》卷八百九十「詞一」，收錄李白詞十四首，〈菩薩蠻〉是其中的一首，今人林大椿編的《全唐五代詞》，也收錄李白的〈菩薩蠻〉，其詞爲：

平林漠漠煙如織，寒山一帶傷心碧。暝色入高樓，有人樓上愁。玉階空佇立，宿鳥歸飛急。何處是歸程，長亭更短亭。

李白（西元七〇一——七六二年）是否寫〈菩薩蠻〉，歷代議論紛紜。前人不談，就現代的學者劉大杰、浦江清便認爲詞發生於中唐，並認爲〈菩薩蠻〉曲創調於宣宗大中年間，引《杜陽雜編》的資料爲證。但楊憲益、任二北等便認爲盛唐有〈菩薩蠻〉，以敦煌曲的資料爲證⑦。李白的〈菩薩蠻〉最早是記錄在宋釋文瑩的《湘山野錄》卷上：

「平林漠漠煙如織，……長亭更短亭。」此詞不知何人寫在鼎州滄水驛樓，復不知何人所撰。魏道輔泰見而愛之，後至長沙，得古集於子宣內翰家，乃知李白所作。

這首詞是題在鼎州滄水的驛樓上，鼎州，在今湖南省常德、沅江、桃源等縣，古代的驛站郵亭等公共場所，以及名勝廟宇的墻壁上，常有騷人墨客題詩詞於其上，文瑩禪師在鼎州滄水驛站看到這首〈菩薩蠻〉，開始不知是何人所作，後來在長沙得古集，才知道是李白的詞。可知宋人的詞集，將這首〈菩薩蠻〉視爲李白所填寫。

李白是盛唐詩人，又名詞家，前人曾云：「詞中有三李：李白、李後主和李淸照。」李白稱著的詞有〈菩薩蠻〉和〈憶秦娥〉，但近人受五四以來疑古主義風氣的影響，對傳統的論點，往往提出否定的看法，認爲詞的發展，在盛唐，李白不可能寫如此成熟的詞。

其實文學的發展，有時也有例外，如屈原所寫的〈離騷〉、〈天問〉、〈漁父〉等楚辭，何嘗不是楚辭一發生便有如此成熟的作品出現，甚至後來的作品如宋玉、唐勒及漢代的辭賦家，作品的成就都難以跟屈原相抗衡。而李白的詞，是天縱奇才，難怪宋人黄昇在《花庵詞選》中，推崇李白爲「古代詞曲之祖」。

李白出生於四川緜州青蓮鄉，二十五歲時離開四川，足跡遍大江南北。天寶元年（西元七四二年），他四十二歲入朝，任翰林供奉。三年後，離開長安，又過其浪跡天涯的生活⑧，依《敎坊記》的記載，〈菩薩蠻〉正流行於宮中，而李白在當時，無論是時間和空間上的機緣，都有機會接觸到〈菩薩蠻〉的曲調，因此李白是有可能填寫〈菩薩蠻〉的。

更何況「平林漠漠煙如織」這首〈菩薩蠻〉，其中有一句「寒山一帶傷心碧」，是用四川的方言詞語，四川人形容「極」、「要死」、「要命」，常慣用「傷心」這個辭語來形容，四川方言中常用「好得傷心」或「甜得傷心」之類的話，意思是指「好的要命」、「甜得要死」，是說「極好」、「很甜」的意思。因此「寒山一帶傷心碧」，是說：「寒山一帶極碧」，「傷心碧」是四川人形容「很碧」、「極碧」的慣用語。⑨從辭語的用法，可知這首〈菩薩蠻〉是四川人寫的，而李白是四川人，用四川人慣用語寫入詞中，更可以佐證這首〈菩薩蠻〉是李白寫的。

(二)溫庭筠的〈菩薩蠻〉：

晚唐以後，〈菩薩蠻〉甚爲流行，且唐宣宗愛唱〈菩薩蠻〉曲，使〈菩薩蠻〉曲在朝野間益加風行。宋王灼的《碧鷄漫志》曾有一則記載：

《北夢瑣言》云：「宣宗愛唱〈菩薩蠻〉詞，令狐相國假溫飛卿新撰，密進之，戒以勿泄，而遽言於人，由是疏之。」溫詞十四首，載《花間集》，今曲是也。李可及所製，蓋止此，則其舞隊，不過如近世傳踏之類耳。（卷五）

《北夢瑣言》曾記載唐宣宗愛唱〈菩薩蠻〉，宰相令狐綯特請溫庭筠代爲寫〈菩薩蠻〉，改換爲令狐綯所寫的，獻給宣宗，並請溫庭筠保密。後溫庭筠泄漏了這項秘密，使令狐綯極爲難堪，因而疏遠溫庭筠。這是晚唐時的「菩薩風波」，從這則記載，說明了晚唐時〈菩薩蠻〉盛行於朝野。

後蜀趙崇祚編的《花間集》，收晚唐至後蜀廣政三年（西元九四〇年）間詞家的作品，凡十八家，是我國最早的一本詞的總集。在《花間集》裏，溫庭筠的詞排在第一家，共收有六十六首，也是該集中所收作品最多的一家，其中有〈菩薩蠻〉十四首，尤爲出色。今引一首爲例：

小山重疊金明滅，鬢雲欲度香顋雪。懶起畫蛾眉，弄妝梳洗遲。照花前後鏡，花面交相映。新帖繡羅襦，雙雙金鷓鴣。

溫庭筠（西元八二〇—八七〇）從小喜愛音樂，吳歌楚辭，隨口吟唱。他的詞多惻豔哀婉，而流傳於秦樓楚館之間，與晚唐綺靡冷豔的文風相互映。劉熙載的《藝概》評他的詞：「溫飛卿詞精妙絕人，然類不出乎綺怨。」王國維的《人間詞話》評道：「畫屏金鷓鴣，飛卿語也，其詞品似之。」清人王士禎在《花草蒙拾》中尊崇溫庭筠爲「花間鼻祖」，非溢美之辭。

㈢晚唐五代以後的〈菩薩蠻〉：

晚唐五代期間，〈菩薩蠻〉詞調依然盛行，後代詞家依聲塡詞，從不間斷。文學作品中，往往摹擬與創新的規則，〈菩薩蠻〉調從盛唐到五代，由於後人不斷的摹擬，因而詞牌名也不斷的更換。由〈菩薩蠻〉創調，改名爲〈重疊金〉，再改名爲〈子夜歌〉，再改名爲〈花間意〉，再改名爲〈梅花句〉，再改名爲〈花溪碧〉，再改名爲〈晚雲烘日〉，儘管詞牌名更改，都由後人摹擬塡寫，留下佳句所致，故《詞譜》云：

溫庭筠詞有「小山重疊金明滅」句，名〈重疊金〉。南唐李煜詞名〈子夜歌〉，一名〈菩薩蔓〉。韓淲詞有「新聲休寫花間意」句，名〈花間意〉，又有「風前覓得梅花句」名〈梅花句〉。有「山城望斷花溪碧」句，名〈花溪碧〉。有「晚雲烘日南枝北」句，名〈晚雲烘日〉雙調，四十四字。前後段各四句兩仄韻。⑩

每一首詞調都有它的生命，由創調到流行，到衰竭，這是一種自然律。〈菩薩蠻〉也不例外，它從盛唐創調到五代，一直傳唱不輟，風行不已。但北宋以來，詞人塡寫〈菩薩蠻〉者逐漸減少。但歷代仍有詞家塡寫，是因〈菩薩蠻〉是五七言構成的詞調，在摹擬上較爲容易，但這些〈菩薩蠻〉已脫離聲律，成爲文字譜的詞，而非音樂譜可以吟唱的詞調了。

四 結論

〈菩薩蠻〉在《敎坊記》中列爲敎坊曲，可知它創調於盛唐。敦煌曲中，有十八首〈菩薩蠻〉，據前人考訂有兩首可以推測出抄寫的年代，「枕前發盡千般願」爲天寶年間的詞，「敦煌古往出神將」爲貞元年間的詞。⑪

近人有學者引《杜陽雜編》的資料，以爲〈菩薩蠻〉是宣宗大中年間入貢的歌曲，以推翻李白的〈菩薩蠻〉。今據《敎坊記》、敦煌曲子詞的資料，則證明盛唐有〈菩薩蠻〉，那麼李白有可能塡〈菩薩蠻〉，且「平林漠漠煙如織，寒山一帶傷心碧」，「傷心碧」竟是四川方言中的慣用語，意指「極碧」、「很碧」的意思。李白從小在四川長大，而詞中留下四川方言，使李白撰〈菩薩蠻〉，更增加一有力的證據。

〈菩薩蠻〉的流行，至晚唐、五代，可謂極盛，北宋以後，漸次消竭，後人塡寫，只是文字譜的〈菩薩蠻〉，而非傳唱於口中的音樂譜的〈菩薩蠻〉。

【附　註】

①見清康熙時陳廷敬、王奕清等奉敕編撰的《御製詞譜》，〈菩薩蠻〉爲雙調，四十四字的詞調。

②《教坊記》錄有教坊曲三百二十五種曲目，〈菩薩蠻〉便是其中的一種。敦煌曲子詞的資料，有王重民的《敦煌曲子詞集》，任二北的《敦煌曲校錄》，以及一九八七年任二北新輯的《敦煌歌辭總編》，共載敦煌歌辭一千三百餘首，這些資料，便是最早的詞。

③敦煌曲中另一首〈菩薩蠻〉：「敦煌古往出神將，感得諸蕃遙欽仰。効節望龍庭，麟臺早有名。只恨隔蕃部，情懇難申吐。早晚滅狼蕃，一齊拜聖顏。」據《元和郡縣志》，河西隴右一帶陷蕃的年代先後，涼州陷於廣德二年，甘州陷於永泰二年，肅州陷於大曆元年，瓜州陷於大曆十一年，沙州陷於建中二年。據蘇瑩輝先生考訂，沙州郡治敦煌郡，遲至貞元元年才淪陷。而此詞有「只恨隔蕃部」句，可知此辭創作的年代，便是瓜、沙陷蕃期間所寫的。

④見劉大杰《中國文學發展史》第十七章「詞的興起」，認爲李白的詞爲後人所僞託。

⑤見《敦煌歌辭總編》卷三雜曲、隻曲。

⑥唐代敦煌縣是瓜州，敦煌郡是沙州。

⑦見任二北撰《教坊記箋訂》曲名〈菩薩蠻〉：「此調〈碧鷄漫志〉五已考。其始義有四種解釋：甲、《杜陽雜》編與《南部新書》說，以爲宣宗時，女蠻國入貢之人作菩薩裝，乃有此名。……乙、日人中村久四郎說，認三字爲阿剌伯語內稱回教徒之音，並有「木速蠻」「鋪速滿」「普速完」「鋪述蠻」諸異譯。……丙、近人楊憲益說，三字乃驃苴蠻或符詔蠻之異譯。其調乃古緬甸樂，開、天間傳入中國，李白有辭。此說可取。丁、唐許棠〈奇男子傳〉及《太平廣記》一六六「吳保安」條引《紀聞》，皆述天寶十三載，郭仲翔從南詔之菩薩蠻洞逃歸，是證唐之菩薩蠻曲屬於佛教，不屬回教，已可以斷。

⑧見王琦《李太白年譜》。華正書局，民六十八年初版。

⑨見《唐宋詞鑒賞辭典》李白〈菩薩蠻〉何滿子評析。上海辭書出版社。

⑩見《御製詞譜》卷五〈菩薩蠻〉。

⑪見蘇瑩輝先生《敦煌論集》有〈論唐時敦煌陷蕃的年代〉；以及潘重規先生《敦煌詞話》八〈敦煌愛國詞〉。

漫話敦煌莫高窟藻井圖案

——唐代的美術裝飾之一

蘇瑩輝

愛美是人類之天性，故求裝飾的動機，是最原始的。難怪人類學家們說：「在多數原始民族中，間或有不穿衣服的，而絕沒有不裝飾的。」因此，一件用品雖不惜成本，加工細琢；但如不精美設計，將會缺乏感情與生命，而造成令人厭煩，枯燥與乏味的感覺。倘若事先加上美術家的思考和智慧，運用美學原理加以藝術化，則雖是輕描淡寫，或簡單設計，只憑裝飾圖案與器物造型的和諧，便可獲致優美悅目的效果了！

遠在數千年前，我們中國已有豐富的成績，從田野發掘中，有石器時代的彩陶；仰韶、馬廠期的遺物，商周的青銅器，漢代的建築、畫像石、畫像甎，其他如殷墟甲骨，玉石雕琢以及漆器、絲織物等，其上有雷紋、雲紋、饕餮紋表現，或方或圓，都有超越的變化，深得自然的韻律，頗具時代精神和崇高的格調，獲得整體之和諧。兩漢三國以降，如敦煌千佛洞（古名莫高窟）壁畫上的圖案，是歷十六國、北朝以迄隋、唐、宋、元，經過了一千五、六百年的時間，古代（尤其是李唐）藝術匠師們，在不斷地攝取自然形象糅合了民族風格，一個時代接一個時代地創造了豐富不同的體式，這是華夏古代重要的裝飾藝術遺產之一。

敦煌歷代的洞窟裏，都有五顏六色的圖案畫，不論在藻井、帷帳、佛光、花邊上的裝飾，皆是由各式各樣的圖案組成的。這些圖案在壁畫、塑像、建築之間，起著分界映襯的調和裝飾作用。本主文題是介紹莫高窟的唐代藻井圖案。在談莫高窟藻井紋飾以前，請略述裝飾圖案的沿革如左：

裝飾圖案，主要是「平棋」和「藻井」等建築裝飾。早期的平棋和藻井，中心倒置一朵大蓮花，作綠色渦紋，此卽我國古代建築上的『反植荷蕖』，它與佛教象徵淨土之蓮花結合起來，象徵著寶池的藻井，逐步變成了天空，變成了帝王出行時的華蓋，與「設華蓋以祀老子」含義相似，是佛窟中國化的一個方面。據專家統計，僅「藻井」一項，就有四百七十八項。早期圖案的紋樣，主要有蓮花、忍冬、火焰、旋渦、雲氣、星辰、棋格、游龍、翔鳳、鬪虎、栖鴿、孔雀、駝鳥、飛天、羽人等，意趣生動活潑。入唐以後，裝飾紋樣的圖案性增加，裝飾圖案與主題畫之間的風格差距，日益顯明。裝飾已從建築發展到生活用具，如傘蓋、蓮座、經幢、地毯、桌圍、服飾、器物等。紋樣也逐步從仙靈雲氣轉化爲以植物紋、規矩紋爲主。主要的，有蓮花紋、石榴紋、葡萄紋、茶花紋、卷草紋、綾錦紋、回紋、棱紋，亦有三兎追逐、雙龍戲珠、化生舞蓮、飛天散花等。由於巧妙地變形和嚴密的結構，加上層層疊暈的色彩。盛唐時期的圖案，已達到繁華富麗、金碧輝煌的頂峯。唐代後期，華蓋式的藻井裝飾，更加複雜，卷草紋得到充份發展，波浪起伏，變態無窮。色調方面，則由濃艷繁重轉變爲清新澹雅！五代以降，幾乎皆承襲晚唐餘緒，無甚新猷。

莫高窟的洞窟形式

莫高窟的早期（北魏、西魏）洞窟形式，大致可分作兩種：一種是長方形，洞窟的中心稍偏後一點，有一方形泥柱，一直連上窟頂（我們稱它爲中心柱）。方柱的四面都各鑿一龕，龕內浮塑著佛坐像，在洞口和方柱前面的上方；有一近似樑、椽的建築，叫作「人字披」（由下仰視，像「∧」形）的前室。另一種是正方形，中心無柱，四壁除繪畫外，間有小型佛龕。窟頂像個倒置的「斗」形（故稱爲覆斗式頂）；也可視作井欄（方井）形，圖案上的紋飾，有若井中的水草裝飾，此卽所謂『藻井』一詞之由來。藻井的四周，從北魏起已畫帷帳，後來的西魏、北周以至隋初，都有一個特徵，卽所有帷帳隔了一個相當距離畫一個繫帷帳的繩。在帷帳下的裝飾，只有兩層三角形的流蘇。到了唐代初年，帷帳形變成爲特別複雜，帳的主要部份，變得特別長。繫帳的繩也不見了，三角形流蘇比從前的變小了，有時變爲長方形；流蘇之下，垂著長形或圓形的穗，長形的穗還是橫畫著許多不同的顏色；穗下又垂著綠色或白色的珠璣。中唐及晚唐的帷帳紋，仍然承襲著初、盛唐時的作風，不過三角形的流蘇，在初、盛唐時多爲銳角，中、晚唐則爲直角或鈍角，在兩流蘇之間又加上一個個側面的花，下面除穗之外，更加上大小圓珠和飄帶。

唐代洞窟彩繪藻井的賦色與技法

莫高窟唐代壁畫中，還有最惹人喜愛的「飛天」（亦稱「飛仙」），「飛天」是佛教中稱爲「香音神」之能奏樂、善飛舞，滿身香馥的菩薩。古代的藝術家用輕軟的長飄帶上下轉動，使這些美麗的天神不藉羽翼、不托雲氣而能夠在天空中上下廻旋，姿態非常動人！祂們除經常翱翔於佛的左、右上方外，有時也出現於藻井圖案上。

敦煌各窟圖案，是用石青、石綠、硃砂、孔雀石等許多堅定不變的礦物顏料，所以至今一千多年依舊耀眼奪目，像寶石鑲嵌在洞窟中一樣，大體上都保存了原來的面貌。本來大唐時代各地的寺院壁畫，俱以色澤鮮麗著稱，而莫高窟的三唐壁畫，尤以「精緻細巧、富麗輝煌」爲其特徵。談到敦煌唐代壁畫藻井的技法，還須上溯莫高窟現存時代最早的少數北涼壁畫。僅存的幾壁北涼彩繪，卻存在著兩種暈染風格，造窟功德主（卽供養者，亦稱供養人）的畫像，就是用傳統習慣的素面繪成不加暈飾的形象，而佛、菩薩、故事畫中的人物，則是以西域或凹凸法繪成有立體感的形象。西魏時期受到中原藝術的強烈影響，曾短暫地出現過「以濃色點綴，不求暈飾」的漢式佛、菩薩像（見莫高二八五窟的東、南、北壁）。隨之而來的是融合中西兩種暈染法的探索時期，這種探索經北周而隋初已見成效。入唐後，便完全改變了由淺入深，層層加碼的疊染筆痕，形成以水暈色，自呈濃澹，又無損於「勢若脫壁」之凹凸感，也使素面微加點綴的容貌更覺瑩潤！在畫史上出現了像張萱那樣「畫婦人，朱暈耳根」的個人風格，爲唐代人物畫創造了豐富的暈染典型。在敦煌壁畫中也有以樂庭瓌妻太原王氏（見莫高一三〇窟）爲代表的濃妝暈染法供養像。

「暈染」這種畫法，在唐代不但用於人物的肌膚，使人體的凹凸效果更覺瑩潤自然，而且廣泛用於其他紋飾，加強質感和裝飾效果，諸如衣裙摺痕、出水的蓮花座等等，均能畫出水靈靈質輕柔的花色美，以及雲煙飄渺的虛實幻化，暈成薄如月暈的圓光，紗披，朦朧透明，使菩薩形象更加神秘。時賢李其瓊氏認爲「叠暈是從凹凸法演變而成的另一種技法。它變『遠望眼暈如凹凸，近視卻平』的立體感爲遠望有濃淡，近視有層次的平面效果，用作裝飾，各色均可遞減濃淡二至三四次並列繪成一物，使單色顯出光滑瑩潔的色彩美。用叠暈法繪成青綠交輝的紋飾，畫成藻井、佛、菩薩身光圖案，裝飾幢幡寶蓋，都是晶瑩叠翠，富麗堂煌；裝飾瓔珞寶珠，五色蓮座，皆增華麗。」其說至精！特備錄之。

敦煌藝術與中、印文化的親屬關繫

莫高窟近五百個洞窟裏的各代藝術（含壁畫、塑像、裝飾圖案）遺存，說它是一部形象的歷史，的確當之無愧。正因「敦煌藝術」是發揚了古印度的形象文化而又把它中國化的佛教藝術，從內容上來說，它是由印度輸入的菩薩文化。而繼南北朝之後的隋、唐兩朝，有意識地倡導菩薩文化，以鞏固其帝王統治，所謂莫高窟藝術，乃用圖畫寫的歷史；它可稱爲世界文化橫向發展的典型！

本文論述的是敦煌壁畫上的藻井圖案，即就「藻井」舉例來說，各窟的藻井圖案的思想內容，是和蓮花瓣在圖案中所佔之突出地位分不開的。而蓮花是印度的國花，它在印度形象文化中舉足重輕，是宗教眞理純潔的象徵，佛教藝術用它來代表佛法。印度藻井蓮花滿佈，是表示眞理至上。中國則以天爲重，敦煌藻井的蓮花圖案，正表示有法有天。蓮花瓣串在一起，組成輪形，在印度早期石雕中就很突出，是代表著法輪。唐代的君主，都想做金輪王，所以利用法輪來鞏固統治。

其次，是敦煌的壁畫藻井上，常有龍、鳳紋飾出現。據王充《論衡》說，東漢之時，中國傳統「龍」的觀念仍然混淆不清，有『天神乘龍』，『夏后氏食龍』云云。龍旣是鱗甲之類，又是馬、蛇之類，還跟牛一樣受人駕馭。並且丹麥京城的一座博物館中陳列著漢瓦當一塊，上面浮雕的竟是豢龍氏餵龍形狀，就像餵狗一樣。但自李唐以降，龍卻變成了君王、權威、長命、富貴的象徵，還有『龍種』一辭以及「龍的傳人」之觀念。這些說明中國龍的形象內容經過了一次飛躍。由於在莫高第一五八窟（中唐）、〇三六窟（晚唐）和〇九九（五代）等窟的「天龍八部」壁畫上，曾出現人形龍王，頭上或身上長出龍頭或蛇頭的護法大衆。這些圖象在壁畫裏出現，正是中國龍與印度蛇王形象結合的證據。此外，中國傳統的鳳，跟印度金翅鳥的結合，其政治背景也是李唐王朝在提倡龍鳳文化，由於中國人喜歡雙數，有龍再有鳳，就成了一對。號稱則天大聖皇帝的武曌，曾自稱鸞臺朕，也許她認爲「龍」的陽氣太盛，才以鸞鳳增長陰氣。但是把「鳳」提到帝王的高度，主要是受印度金翅鳥王形象的影響。佛經上記載金翅鳥王喜歡吃龍王的故事，使金翅鳥王位高於龍王，這是武后喜歡的。佛又使兩者化干戈爲玉帛，共同護法。正因印度蛇王可以變成中國的龍，金翅鳥王變鸞鳳就容易了。莫高窟藻井上出現的「金鳳戲珠」，實際上就是金翅鳥和鳳結合護法的有法有天。（季羨林氏曾指出有些漢譯佛經，把印度的蛇譯成了龍。）

在釋敎傳入我國以前，儘管「中國龍」的形象錯綜複雜，然而畢竟還是畜牲，終究人、畜有別。唐太宗、玄宗成了「龍」的化身，人和龍結成了血親關繫，這是有了佛敎關於化生的理論基礎才有可能的。唐朝帝王爲何要跟「龍」攀上這種關繫呢？這是因爲佛經中的龍王威力無比。

唐太宗李世民——是中國第一位把自己和龍結合起來的君王，也是提倡龍鳳文化的第一人，下面引述一段隋唐帝后的故事，作爲本文小結。

史戴隋文帝、煬帝、唐太宗、武后、玄宗，篡位而不尊重儒家『君君臣臣，父父子子』的敎訓，竭力從佛敎宇宙觀中尋求眞命天子的根據，對從印度傳來的新龍王（實係蛇王）特別的熱愛，從而出現他們（太宗、玄宗）是龍的化身的許多故事。如武后提倡「龍鳳文化」（已詳上文）更力，她的御用詩人大量用龍輦、鳳輦等詞來形容她的出巡，連唐朝京城（長安）也變成了鳳城，她住的皇宮也變成了龍禁。而太宗與玄宗本來都是挨不到皇位的王室而做上皇帝，他倆在歷史傳說上的共同點，是：沒做皇帝時那段歷史叫『龍潛』，當上天子以後叫『龍飛』、『龍躍』。玄宗的龍潛，是假戲眞做，他住過的隆廣坊變成了龍池，他爲護駕有功的龍女作「龍池樂」，還看見了龍女從池中涌現。更有玄宗和皇太子看得見而他人看不見龍的龍種故事，這就將玄宗說成是「龍」的化身了。回過頭來，再從敦煌藻井圖案看，中國民間傳統的所謂「二龍戲珠」，實際上就是二龍護法。那珠是帶著火焰的象徵無量光的法寶。友人譚中先生旅印多年，爲晚近研治中印文化史的專家，據他考證，敦煌唐代洞窟出現的二龍護法圖案，可能是中國最早的，它的內容中「蓮花」代表佛法或法輪；無量光的「珠」則代表法寶，再以「龍」（或鳳）代表護法。他並推廣說：「這種內容，在唐朝銅鏡上可以看到，後來明、清的瓷器、漆器圖案上和大同、北京的九龍壁圖案上，也可以看到。」（見所撰《從敦煌佛敎藝術透視中印文化淵源》）眞可謂源遠流長了！

庚午年中元節，時客臺北

※圖版見頁九三五—九四二。

劉知幾「明鏡說」析論稿

雷家驥

一、前言

劉知幾（唐龍朔元年——開元九年；西元六六一年——七二一年）的史學性格，傳統上已給予兩種論定，一爲宋祁在《新唐書・本傳》所評論的「工訶古人」，一爲章學誠在《文史通義・和州志志隅自敍》所謂的「劉知幾得史法而不得史意」。①

訶人不難，工訶則極不易，余曾爲文頗對此致意。②因爲訶人代表懷疑主義及批判精神，工訶則更涉及懷疑批判背後之思想和學理。思想淺薄貧乏，學理鬆散而乏系統，如此而能「工」於訶人者，殆曾未之見。是則上述第一個史學性格之能否成立，端視其第二性格而定，卽劉知幾是否僅得史法而不得「史意」。順着章氏說而隨聲者多，反駁其說或逕自論列知幾有史學思想及歷史哲學者，近亦頗有之。③

劉知幾自述「自小觀書，喜談名理，其所悟者，皆得之襟腑，非由染習」；又謂「若《史通》之爲書也，蓋傷當時載筆之士，其義不純，思欲辨其指歸，殫其體統」，④是則夫子自道其思想取向的性格甚明，所謂悟解之名理，載筆之純義，指歸、體統，殆指「史意」而言，自含史學思想和理論、歷史哲學之類。歷史是甚麼，史家與史實的關係如何，史學憑何建立，旨歸何在，有何體統等等問題，正是歷史哲學講究的領域，因而劉知幾有意有思，應無疑問，只是其史意何在，規模大小諸情況，不易一二言而明。

本文主旨不在爲劉知幾辯護史意之有無，也非欲一一論列其模規體系。筆者之意，主要欲探究其「明鏡說」，並試圖旁及此說與其他重要的史學思想和理論架構之關係，由此略窺其史意何在及規模如何，如此而已。

二、「明鏡說」的提出及其基礎

所謂「明鏡說」，即指〈惑經〉篇第三未諭所討論者爲言，內容包括史實的傳眞，史官（史家）的角色和態度，史實與史官（史家）的關係，價值判斷和道德判斷，與夫歷史的功用等等，屬於歷史哲學史學思想諸問題。爲方便本文論證的進行，玆將其全文分段錄見如下：

蓋明鏡之照物也，姸媸必露，不以毛嬙之面或有疵瑕，而寢其鑒也。虛空之傳響也，清濁必聞，不以緜駒之歌時有誤曲，而輟其應也。夫史官執簡，宜類於斯。

苟愛而知其醜，憎而知其善，善惡必書，斯為實錄。

觀夫子修《春秋》也，多為賢者諱——狄實滅衞，因桓恥而不書；河陽召王，成文美而稱狩

——斯則情兼向背，志懷彼我。

苟書法其如是也，豈不使為人君者，靡憚憲章，雖玷白圭，無慚良史也乎？⑤

知幾論史，旨歸指向「實錄」，治史者多已知之，「明鏡說」即建立在此基礎之上。知幾所謂「實錄」，殆有數義，要之以此明鏡說所示最爲宗要，大約已涵蓋了其他諸義，⑥而藉明鏡和虛空起論。

知幾論史家與歷史的關係，是史學上具有關鍵性的問題；爲此而舉明鏡和虛空作例，是欲由史學所以成立、史料學何以產生作爲起論之基點也。

蓋歷史知識基本上爲感官經驗之學，由見聞所得開始，及其至也，然後窮究論證推理。因此，見聞是歷史知識形成的主要途經，史料產生的兩大主要方式，傳統史學所以成立的重要憑藉。明鏡所示之像，是見也；虛空所傳之聲，是聞也。見有形之事像而記之，聞有聲之言語而錄之，此錄音記事的工作，或謂上古皆由史官爲之，劉知幾所謂左史記言、右史記事是也。⑦史料因此產生，史學藉以成立，史官制度爲此而設，所以劉知幾由此提出明鏡說，顯非隨意拈舉，而實內涵史學理念。

史學倚史料爲憑藉，因而史料之產生時序，常影響了史料本身的權威等級，及收集之豐乏多寡，由此導致史學上之差異變化。知幾所論當時簡和後來筆，乃與此有關，他說：

夫為史之道，其流有二。何者？書事記言，出自當時之簡；勒成删定，歸於後來之筆。然則當時草創者，資乎博聞實錄，若董狐、南史是也；後來經始，貴乎儁識通才，若班固、陳壽是

也。必論其事業，前後不同，然相須而成，其歸一揆。

當時簡與後來筆何以相成一揆，其關係如何，請容後論。要之，「明鏡說」之提出，主要就當時之簡此一層次上立論也，余謂知幾拈例非徒然，而實內涵史意，由此應可窺知。

然而，知幾將明鏡、虛空並舉，此處所引，論「當時草創者，資乎博聞實錄」，而未強調「廣見」實錄，其故何在？筆者對此理念不稱「虛空說」而稱「明鏡說」，是否與知幾史學理念有所牴悟？筆者不敏，茲疏論之，以見知幾最基本的史學理念架構，及其與完全傳眞的實錄史學之關係。

在嘗試疏論之前，筆者必須強調的，乃是劉知幾前引所論明鏡照物，虛空傳響，皆爲完全傳眞，而在絕對狀態下進行，其關係應如圖甲。

圖甲、絕對狀態與完全傳眞示意

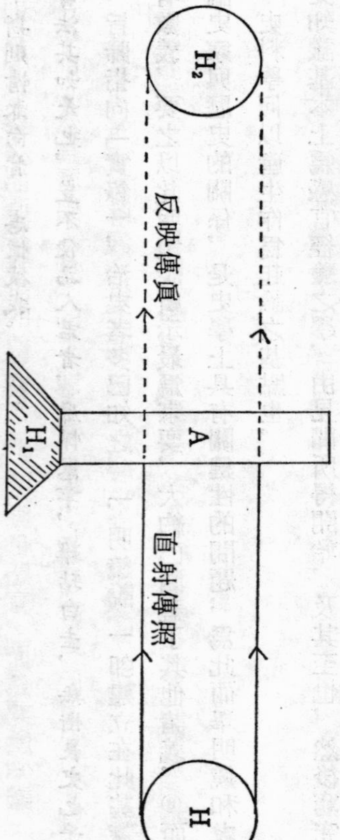

H：史實　H_1：史官（史家）　H_2：史像　A：絕對狀態

假設H爲歷史本體的實存，明鏡和虛空形質狀態俱佳，傳照進行時又在無干擾及眞空狀態，是爲絕對狀態的話，則H的形聲必能直接無訛的傳眞至 H_1 的耳目感官，而爲其所知識；而 H_1 所反映傳達出來的聲像 H_2，則必然爲歷史（H）的實像原音，大小相等而又等距，可以無疑。在如此絕對狀態下的史學作用，其效果是絕對客觀和完全傳眞，此時史官及史家所得者，乃爲歷史的眞知、眞相和眞理。問題在這種狀態是否有可能，若無可能的話又將如何，誠值由此對知幾的理念作進一步探討。

三、「明鏡說」的絕對境界與現實理念的展開

據劉知幾所知的「物理」概念，明鏡照物、虛空傳響，皆可在絕對狀態下進行，但是在人文世界中，這種狀態能否存在？是否有一種無干擾的、眞空的環境？而史家是否眞能修養至空明境界，已成太上無情的中介物？這兩種條件——天與人（史家）——若無或不可能，則絕對客觀的完全傳眞史學——實錄的最高理念，遂爲一種妄想幻覺，永無可能成立及開展。

以明鏡喻求眞，王充、劉勰已然，而《論衡》和《文心雕龍》，正是影響知幾最大之書。⑧不過，以明鏡和虛空來申論史官（史家）所應扮演的角色，所應持有的態度和所應具備的品質，則是以知幾爲僅見，而是否與當時禪宗的一段公案有關則未之知。

所謂禪宗公案，乃指《六祖壇經》中，惠能（西元六三八年——七一三年）自述其與神秀的思想交涉。神秀主「身是菩提樹，心如明鏡臺，時時勤拂拭，勿使惹塵埃」之北派漸教；惠能不以爲然，

作偈謂「菩提本無樹，明鏡亦非臺，本來無一物，何處惹塵埃」。⑨

歷史是「故事」——過去發生過的事——史官和史家們不論知與不知，此故事實體常永恒存在，呈無形的、絕對的和不朽的形式存在。若史家能如或接近如明鏡，則歷史乃能被洞悉映照如其眞；若史家不能如或不能接近如明鏡，如此則歷史對人類而言，實際上已等於子虛烏有。更進一步而言，若史家不待學養，原即已是明鏡虛空，可直接歷史本體，則豈止史家能如此，且一般人也能如此也，⑩這樣則何需史家之有，何待史學之立？

史學最重要的部份在人——史官和史家，其人的身心性格與夫學術修養，即爲史學能否建立和展開變化的關鍵所在，因而「時時勤拂拭」遂見重要，由此拂拭修養，排拒塵埃，則無干擾而眞空的狀態始能出現，而史家史官們乃能空明以傳照。

知幾以明鏡虛空喻史官史家修養之最高境界，一如神秀之以菩提明鏡喻禪宗；治史者之與史，參禪者之與禪，其關係頗相同，故其講求拂拭修養亦相當。欲扮演明鏡的角色，持有明鏡的態度，具備明鏡的品質，其實不易臻至；然而及其至也，則必能達絕對客觀、完全傳眞的「實錄」境界。此爲劉知幾基本信念所在，是其撰《史通》以辨史學之純義指歸，論究史家才學識的主因。所謂「史官執簡，宜類於斯」，知幾蓋標懸如此史學理念，以啓示黽勉於史官史家者也。

筆者對「明鏡說」的上述析論若未妄，則知幾純義指歸之極致，在追求歷史於史家在絕對客觀狀態下的完全傳眞。此理念頗類蘭克所倡的史家之職責，「僅在顯示史實究竟是怎樣的」。蘭克此名言，或被譯爲「讓史實自己說話」，或作「如實照寫」等；⑪要之，其背後所涵，皆有史家應爲客觀中介物，以使史實能完全反映顯示之義。史家時時勤拂拭，其修養遂能臻至此絕對要求嗎？請容下節再論之，這裏請依圖甲所示關係，先略論H如何產生，如何傳照，及能否存在。

有才學識的史官若恰巧在特定時空之中，目睹史實的全部發生，而如實地將之記錄下來，此之爲「實錄」或接近「實錄」，可以無疑。但是這種情況的出現，可謂少之而又極少。雖董狐、南史之流，執行史官的職守，然其對篡弒事件發生之全部，未必皆能目擊。他們所書「某人弒其君」，蓋因其所生存與事件發生之時空相同，目擊其一部份，耳聞其大部份，然後據此親見親聞，依禮以判斷，遂作成此記錄。不過，史官若在才學識俱佳的情況下，此種見聞判斷的綜合效果，劉知幾頗將之視同「親見」——筆者姑名此理念爲「明鏡說」主因在此——否則遂被視同「傳聞」，而且二者有時頗具相對性。例如他論三傳優劣長短，卽據此原理肯定左丘明所述爲「親見」，由此評公羊、穀梁爲「傳聞」，至謂後二者「生於異國，長自後來，語地則與魯產相違，論時則與宣尼不接，安得以傳聞之說，與親見者爭先」。⑫

在史料學上，第一手記錄和第二手記錄，其權威性顯然是不同的，可以無疑，但此學理在中國史學史上，劉知幾是最先明確提出而加以深入探討者。

知幾從人、時、地三要素以確定第一手史料的權威性，指稱二傳不及《左傳》之能得眞。但是，在較論《竹書紀年》時，頗先認定此書爲晉國官乘之流，其所載晉事爲晉史官「所見」而得，相對的，左丘明所記遂變爲「傳聞」。因此，若《晉乘》與《左傳》所記晉事有異時，知幾乃主張「必欲捨傳聞而取所見，則《左傳》非而晉文實矣」。⑬由於《左傳》書晉事，其性質爲記錄他國傳聞，所以據人與地兩要素，評論其傳眞的權威性不及晉史官所記的本國事。

《左傳》記事的權威性高於二傳，而低於《紀年》，此據史料權威相對性此一學理而來，基本上是史料第一手權威性的衍生理念，劉知幾雖未創用新名詞以涵示之，但其理念應是相當淸楚的，否則即無〈疑古〉、〈惑經〉和〈雜說〉諸篇之作。〈疑古〉篇常用汲冢竹書以疑《尙書》，其理據之一在此。至於〈惑經〉之第十二未諭，其背後的理據，更與其所定的「親見」定義和史料第一手權威性思考有關，所以敢由此史學理念以批評孔子。他說：

蓋君子以博聞多識為工，良史以實錄直書為貴，而《春秋》記它國之事，必憑來者之辭——而來者所言，多非其實：或兵敗不以敗告，君弒而不以弒稱；或宜以名而不以名，或應以氏而不以氏；或春崩而以夏聞，或秋葬而以冬赴——皆承其所說而書，遂使真偽莫分，是非相亂。⑭

「告則書」原爲周公所制，先秦史官所守之法，孔子蓋據此周禮舊法而已。官書官言原有其一定的權威性，但自知幾的理念觀之，此國史官記他國來告——不論文字的或口傳的，在實錄傳眞的理念上，固僅能視如證詞傳聞罷了，何況來告常失眞實耶。因此，他引「語曰：『傳聞不如所見。』斯則史之所述，其謬已甚，況乃傳寫舊記，而違其本錄者乎」興嘆，⑮以概史官傳聞失實，而據之者則以訛傳訛之流弊；並由此進而批評孔子仍周禮魯史的過失，謂其「不中規矩」。⑯所謂「規矩」，蓋指史學的理論方法而言也。

一國史官書他國事，在史料學上只算爲「傳聞」；據此「傳聞」而寫之，此則易流於傳謬，如孔子因魯史而作《春秋》是也，更不符合史學的理論方法。然則，史官——史實的保存者及史料的製造者——究竟如何始能得實而傳眞，而令其當時簡符合實錄史學之要求？此則需從上述與「傳聞」相對的「親見」這一定義上入手探討。

史官目擊全部史實的發生，殆爲不可能之事，若必如此始能重建歷史，則重建勢將遙遙不可及，而史學只是許多事件的片斷記錄，遂無意義可言。余頗常聞於大專執教「中國現代史」之將軍政要者言：我嘗參與某役某役，我嘗涉及某事某事，我是活的中國現代史，故最有資格講授此課程。嗚呼，此人之不學無術也！若僅憑目睹身涉，則對此戰役事件，猶未必能稱全知，何況全部中國現代史？是知史學之成立，憑藉於性命有限、關涉有限之史家的目睹者少，而端賴於史家「親聞」，然後經一番史學作用，使效果眞確至如同「親見」，然後究知者多。像孔子般，因魯史舊文，據單一史料來源而作《春秋》，遂引起知幾之未諭而惑經，則知對不同來源之大部份史料兼聽博聞，乃爲史學的基柱。例如他從采撰的角度論左氏云：

蓋珍裘以衆腋成溫，廣廈以羣材合構。自古探穴藏山之士，懷鉛據槧之客，何嘗不徵求異說，采摭羣言，然後能成一家，傳諸不朽？觀夫丘明受經立傳，廣包諸國，蓋當時有《周志》、《

晉乘》、《鄭書》、《楚杌》等篇，遂乃聚而編之，混成一錄。向使專凭《魯策》，獨詢孔氏，何以能殫見洽聞，若斯之博也？⑰

是知劉知幾論史，從「當時簡」論之固然主張史官博聞多識，從「後來筆」角度論之亦然也。不過，親見親聞之博洽，在知幾理念中僅是得眞得實的前提，決非就等於已得眞實。他據此理念厲批孔子專憑魯史爲「不中規矩」及「無所用心」；⑱但卻也不以爲廣泛收集羣言異說，編纂成書，遂能得實傳眞。他嘲笑那些「務多爲美，博聚爲功」者是「藏書之箱篋，五經之主人」，引孔子「雖多亦安用爲」以批評之。⑲

根據單一來源的史料不能得史實之眞相，根據不同來源的多種史料，也未必能逕直「見」到眞相，蓋因這些史料既是不同的「羣言」，因而往往也就是「異說」。它們已各帶塵埃，已非純眞無干擾的狀態，因此絕對傳照歷史卽變得無可能。史家「見」到的，是史料本身（R）而非歷史本體（H）。要變成如圖乙的關係，則史料必須經史官史家（H_1）的轉化。

也就是說，史官史家（H_1）基本上見到的是史料（R），光學上R之傳照將不可能出現 H_3 之像——除非 H_1 是哈哈鏡之類，而R永不可能等於 H_3。同理遂產生了史學上的先天缺限——卽史官史家永不可能先見到 H_3。H_3 是否全等於圖甲之H，也勢將只有天曉得。

史官史家之努力，實際上在使R轉化爲 H_3，進而令 H_3 逼近或等於圖甲之H，如此則 H_2 始有成爲被讀者所知的眞相和眞理之可能。由於圖乙關係極難與圖甲等同，故史官執簡，只能「宜類於

圖乙　非絕對狀態下的傳照作用關係示意

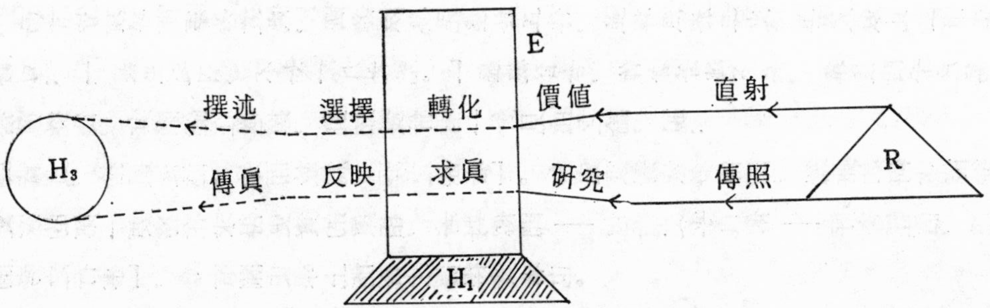

R：史料　　H_1：史官史家　　H_3：史像　　E：環境與教化

斯」而已。

絕對狀態下始能有絕對的中立客觀和完全傳眞，這是實錄史學的理想。然而史官史家恒處於非絕對狀態——即圖乙圓圈內諸環境作用，故充其量僅能臻至相對客觀和充份傳眞的境界而已，於是讓史實自行展示乃成高貴的夢幻。不過，劉知幾的思考顯然是對此事實不甘心的，其《史通》之作，即意圖以圖乙關係作爲論史的第一層基礎，而以圖甲關係作爲其第二層理想，其間有指導和落實的關係，以展開其理念系統，完成其史學批評。

四、「明鏡說」所涵示的道德批判與價值選擇

圖乙的史料、史家與史像三者關係，是否能在現代光學理論上成立並不重要，重要的是劉知幾藉此史學三要素以思考史學的問題。

大抵上，史料先天具有殘闕性，是常處於不完全狀態的，因此史家需有主動的廣泛搜集作爲，司馬遷所謂「罔羅天下放失舊聞」是也，這是史家之一番主動作爲。⑳史家如何轉化史料以成史實，將舊聞變爲親見，此又需史家之另一番主動作爲。因此，圖乙的關係，在史學理論上是不完全正確的，因爲它不能涵蓋了第一番主動作爲。劉知幾舉明鏡、虛空爲例，只是作爲比喻罷了，其實他對史學的思考，的確已包含了此二番主動作用：〈雜述〉篇是第一番作爲的綜合思考之作，可以無疑；前述論左氏之博采，評孔子之缺失，嘲箱篋之多聚，亦可概見其第二番作爲的思考。根據劉知幾此一論評譏嘲，則知史學上第一番主動作爲甚爲重要，而第二番則更爲重要，蓋此卽司馬遷所謂「原始察終，見盛觀衰，論考之行事」，㉑有關史學上能否求眞得實者也。

史官史家的第一要務在求得史實的眞相，若對傳聞——包括文字口傳——好奇輕信，遽卽採用，「此並向聲背實，捨眞從僞。知而故爲，罪之甚者」。㉒史家對衆多傳聞，究竟如何才能從眞捨僞，如何才是捨眞從僞，其關鍵在選擇，劉知幾曾有一針見血之論，說：

蓋語曰：「衆星之明，不如一月之光。」歷觀自古，作者著述多矣，雖復門千戶萬，波委雲集，而言皆瑣碎，事必叢殘，固難以接光塵於五傳，並輝烈於三史，古人以比玉屑滿篋，良有旨哉！然則芻蕘之言，明王必擇；葑菲之體，詩人不棄。故學者有博聞舊事，多識其物，若不窺別錄，不討異書，專治周、孔之章句，直守遷、固之紀傳，亦何能自致於此乎？且夫子有云：「多聞，擇其善者而從之……知之次也。」苟如是，則書有非聖，言多不經，學者博聞，蓋在擇之而已。㉓

博聚史料只是玉屑滿篋，不窺別錄斷難博識多聞，這是後來章學誠貶抑史纂，主張撰述欲其圓而神的張本，㉔也是司馬遷所謂「論考」，或〈報任少卿書〉所再明確申論的「網羅天下放失舊聞，考之行事，稽其成敗興壞之理」三段法之旨。㉕這種博識圓神、考稽事理，是史學上非常高級的境界，但是必需由考明事實作開始，〈疑古〉篇殆爲展示此旨而作。知幾就此，另有一段詳論：

蓋精五經者，討羣儒之別義；練三史者，徵諸子之異聞；加以探賾索隱，然後辨其紕繆。如向之諸史，所載則不然。何者？其敍事也，唯記一途，直論一理，而矛盾自顯，表裏相乖，非復牴牾，直成狂惑者爾！尋兹失所起，良由作者情多忽略，識惟愚滯——或採彼流言，不加銓擇；或傳諸謬說，即從編次——用使真偽混淆，是非參錯。……語曰：「信書不如無書。」蓋為此也。夫書彼竹帛，事非容易，凡為國史，可不慎諸！㉖

盲傳逕採，乃考據學上極大的錯誤態度和方法，表示史家的情識——態度和學識——俱有問題，知幾在「明鏡說」批評孔子，所據理據之一即在此。

於是，依照圖乙的關係，史官史家廣搜史料後，必須先加以鑑別探索之功夫，以究明事實的眞相，這種功夫的背後，必然有史家研究的態度和選擇的理據。孔子說「蓋有不知而作之者，我無是也。多聞，擇其善者而從之，多見而識之，知之次也」，表示知識的獲得，依本於客觀的態度，及多聞廣識而善擇的方法以得之。知幾引用此言，用意卽在申明此歷史知識論。

現在，圖乙之史料（R）傳照至史官（H_1）而產生史像（H_3）的情況已如上述分析，此環節在史料角度言，爲傳照作用；於史官角度言，爲轉化作用；於史像角度言，爲反映作用；此三作用姑名之爲「研究作用」及「研究程序」。經此作用程序，然後所產生的史像（H_3），是否等於史實（H）？其關鍵更端視史家的態度學識及其選擇系統而定。

既然研究程序所賴者如此，其作用的效果又需檢討是否 H_3 等於H，則顯然已由圖乙的關係置換成圖甲的關係了。圖甲的重點是，史像（H_3）若等於史實（H），史官史家（H_1）已清楚明白之後，是否有勇氣將全部眞相說出來？是否有能力充份將之反映出來——此與史德和史才俱有關係，尤與史官史家的選擇系統和價值觀念有密切關係——此卽史識所在。圖甲的過程，H能經 H_1 而完美有效反映出 H_2 者，卽可視同完全傳眞，因此這環節是撰述作用和過程，與上述研究作用和過程頗不同：研究目的在求眞，撰述目的卽在傳眞；研究方法首重考辨，撰述方法則重敍述；研究效果以個別事件爲主，不必以系統創作之書爲重，撰述則以總全性的圓神著作爲宗。要之，二者皆與價值選擇有莫大關係，這是一以貫之，其歸一揆的。

史官史家假定已研究出 H_3，而 H_3 等如H，「明鏡說」這裏剩下的遂以撰述過程的價值選擇問題最爲重要了。

研究和撰述兩程序，俱重理性層面的推論，故輕採不當史料，已被知幾貶爲「向聲背實，捨眞從僞，知而故爲，罪之甚者」，此爲研究法的不當也。至於就撰述言，知幾也痛貶「廣陳虛事，多構僞辭」；認爲「傳聞失眞，書事失實，蓋事有不獲已，人所不能免也。至於故爲異說，以惑後來，則過之尤甚者矣」。㉗類此「故意」的罪過，確爲史學的大忌；但是，有時取捨之間，罪過並不那麼明顯而嚴重者，遂爲史學研究及撰述上值得重視講究之事。例如知幾批評其近代國史，大多對史料選擇犯了「應取而不取，宜除而不除」之弊病；㉘又論班固、李百藥等對史實傳眞時輕重失衡，批評他們「其有事可書而不書者，不應書而書者」。㉙

假若史官史家有極盡理性推論的能力，而猶往往不免於淪失者，其故卽在此應可取捨之間——所謂價值選擇是也。此價值選擇，又常與人的感性和德性有關，「明鏡說」批評孔子「情兼向背」，蓋評其感性之失；謂孔子「志懷彼我」，蓋論其德性之失。知幾由評論史家的偏黨起究，直謂孔子以降多有此失，問題的關鍵在秉筆者「不能忘私」，而又與被書者爭取入史成名的不朽意識㉚有關——亦卽與我所喜愛崇拜的人物是否應入史，及其是否應予不朽的地位抑或蒙惡的地位等問題有關，是以知幾歎謂「書名竹帛，物情所競，雖聖人無私，而君子亦黨。……夫以宣尼叡哲，子雲參聖，在於著述，不能忘私，則自中庸以降，抑可知矣」！㉛

雖聖如孔子，也私黨某些歷史人物，如「明鏡說」所擧的齊桓晉文之事。由於個人的價值系統影響了選擇，使史官史家失卻中立立場，以至造成不完全傳眞、失眞或闕文者，史學上稱爲「隱諱」。

知幾考論隱諱史學源流，遂據《竹書紀年》「書其本國，皆無所隱」之事實，反證《春秋》於「國家事無大小，苟涉嫌疑，動稱恥諱，厚誣來世，奚獨多乎」，[32]將之歸罪於孔子；並依據此理，評孔子作《春秋》爲虛美。[33]及其嚴厲，復乃痛論周公所制而延及六經，極論「魯史之有《春秋》也，外爲賢者，內爲本國，事靡洪纖，動皆隱諱，斯乃周公之格言。然何必《春秋》，在於六經，亦皆如此。……斯驗世人之飾智矜愚，愛憎由己者多矣」。[34]

善惡爲道德判斷，愛憎爲感性作用，當其心中有我而不能忘私，這些判斷則將會不準失衡，以至影響於理性判斷。孔子爲親賢隱，爲君國諱，基本上由此引發了史學的問題——與吾師錢賓四先生所倡的「溫情與敬意」有異曲同工之妙。[35]史家大體不可能既在德性上已判斷某人某事爲惡，而又敬之，並於感性上復又愛之者，所以「溫情與敬意」必基於「君子成人之美」此一思想，因而故意爲之隱諱也。知幾據孔聖此思想，進而論其極端發展，影響「在於史籍，其義亦然——是以美者因其美而美之，雖有其惡，不加毀也；惡者因其惡而惡之，雖有其美，不加譽也。故孟子曰：『堯舜不勝其美，桀紂不勝其惡。』」[36]因道德判斷影響感性，理性作用的準衡，亦即因道德判斷影響了整個價值選擇，使有失準失眞之虞，危及史學之求眞和傳眞。

劉知幾史學思想與蘭克不同，蘭克究明史實之目的在反「說教性歷史」，而知幾則不僅不反，抑且極重視之。他由經世致用的教化觀點，提出「史學功能三等說」及「教化取向主次說」。二說的基礎，則奠基於「史實必須是眞的」之實錄理念上[37]——這也是史學所以成立的第一原則。因此，他在

「明鏡說」倡揭絕對傳眞的理念下，主張「史官執簡，宜類於斯」；復又強調旣已求眞而得眞，則在傳眞時必須「愛而知其醜，憎而知其善，善惡必書」。這句話的涵意，是指德性判斷之後，必須連同感性，以配合理性發揮，使發而皆中節，無所偏黨而善惡必書。這種狀態古人稱爲「中和」，㊳今人或名之爲價值中立；要之能至中和，則能臻達實錄境界，知幾理念可謂明顯而淸晰。

從劉知幾「明鏡說」的理路看，其實錄史學的觀念及理論架構，是結構完整而層次淸晰的，不過事實上卻甚難貫徹，原因卽出在其價值選擇的理念上，而且與傳統的道德倫理有密切關係。

首先，追求實錄是爲了政教經世致用的發揮，春秋褒貶背後過份濃烈的道德意識形態，常使史官史家面臨當烈士的嚴格考驗，因而常不能把持價值中立而善惡必書；至於別抱動機，如利用修史以尋求名利者，更不待言。〈直書〉、〈曲筆〉卽有闡論此旨之意。然而生死大事，雖孔子亦有「推避以求全，依違以免禍」的史禍意識，況論其他史家耶？㊴知幾講求實錄史學，其終極決非爲歷史而歷史，卽使從「明鏡說」簡扼之引言，已見其講究「書法」，懷抱「以史制君」之旨。㊵實錄論與功用論結合太密切，功用論與現實政治倫理關係又太密切，此卽甚難貫徹之原因所在，依照知幾的史學理念所無法解決的。

其次，純就倫理名敎與史學本身的關係論，此結也應甚難解開。因爲知幾倡言「子爲父隱，直在其中，《論語》之順也；略外別內，掩惡揚善，《春秋》之義也。……史氏有事涉君親，必言多隱諱，雖直道不足，而名敎存焉。」㊶若符合名敎而直道不足，在史學本身理論上可以成立，則存實傳眞、直書實錄，必有思想系統和理論架構上之阻斷窒滯。知幾本此理念，而批評孔子的《春秋》「事無大小，苟涉嫌疑，動稱恥諱」，至評之爲「厚誣來世」，即可見其阻窒難行、前後矛盾。隱諱史學有厚誣之效驗，與史學和名教關係太密切有關——亦即名教支配了史學的價值選擇，所以造成此理論及現實上的缺憾。

實錄史學理念的不能徹底展開，使實錄境界甚難達至，其思想局限性之形成，是由於知幾沒有觸及與不能跳出傳統社會的倫理道德；不但如此，並且又將之與史學拉在一起，使結合得太密切有關。知幾在此夾縫中尋找出路，主張價值中立，發而中節，眞是難能之事。這或許與他不滿朝政及官修卻又想明哲保身的人格矛盾有關係罷。㊷

五、結　論

劉知幾的「明鏡說」，出自〈惑經〉之第三未諭。近人或評〈惑經〉宗旨的不當，謂《春秋》是經不是史，學者多以《春秋》作史讀，遂覺其齟齬疏漏而不可通云云。㊸劉知幾作此篇，正從「惟摭其史文」入手，從事批評，㊹也就是從史學入手也。因此，知幾由此途徑能否得經義，並非問題所在；他能否由此而得史意，產生理念系統，這才是問題的關鍵。若有人堅持不可由史評經，或貶謂知幾僅有史法，而不將眼界開放，則《史通》全書將不必細究，也無可閱讀者，況〈惑經〉之篇耶。筆者無意認爲知幾全部的理念史意盡於此篇，只是深覺此篇引喻傳神、層次分明，足以「見」其理論架構之雛形，概其史意的奠基取向罷了。

所謂傳神，是指引明鏡、虛空爲喻，以寓絕對狀態及完全傳照之作用及境界，以此揭櫫實錄史學的核心理念，的確傳神不過也。所謂層次分明，是指「明鏡說」原文的第一段揭櫫了實錄史學的理想，由此論史學的作用過程，及對史家的要求，屬於史才史學層次。第二段論道德判斷與價值中立，指示實錄史學的選擇系統與價值取向，屬史識史德層次。第二層引導第一層，而兩層亦一貫相連，否則也就不能成其良史，知幾嘆自古文士多而史才少，其理據系統在此。㊺第三段卽據此兩層次的一貫系統以評論孔子及《春秋》，揭示隱諱有傷實錄原則；隱諱是由於感性和德性的過份作用，以致影響了價值選擇，最後有妨碍傳眞，以至於失眞的效應。末段總結在實錄傳眞的基礎上，價值中立的道德批判是可能的，且有經世致用的功能，良史應充份理解並篤行之。「明鏡說」原文分爲上述四段，亦卽表示史學有三個層次和四個面向，每一層次面向間，關係密切緊扣，理路融和貫通，而藉明鏡起論。由此可知，劉知幾《史通》所欲辨論的史學純義，指歸和體統，其史意大概究指何事了。玆將上述層次面向，再略加圖示如丙。（請參後頁）

據此卽見知幾肯定史學功用，因而承認價值理念可得指導史學作用的進行；同時也重視史料之實證求眞，如實傳眞，使史實的眞相（事）和眞理（義）得以發明重建，然後回過來產生經世效果以達教化。這是一個循環形式的結構系統。其內部或其構思形成過程之中，劉知幾是否有史意，或其史意是否淺陋無足觀者，應是不言可喻的。

大體上，劉知幾依據此結構系統以構築其史學批評與理論。圖丙「實錄」此一層次，包含史料經轉化而成史實此二大關鍵部份，亦即本文圖乙及其置換成圖甲的大部份關係。

若圖乙爲研究作用程序，以考辨史料、追求眞相爲目的，則《史通》「外篇」較主要的旨歸即以

圖丙「明鏡說」的層次結構系統

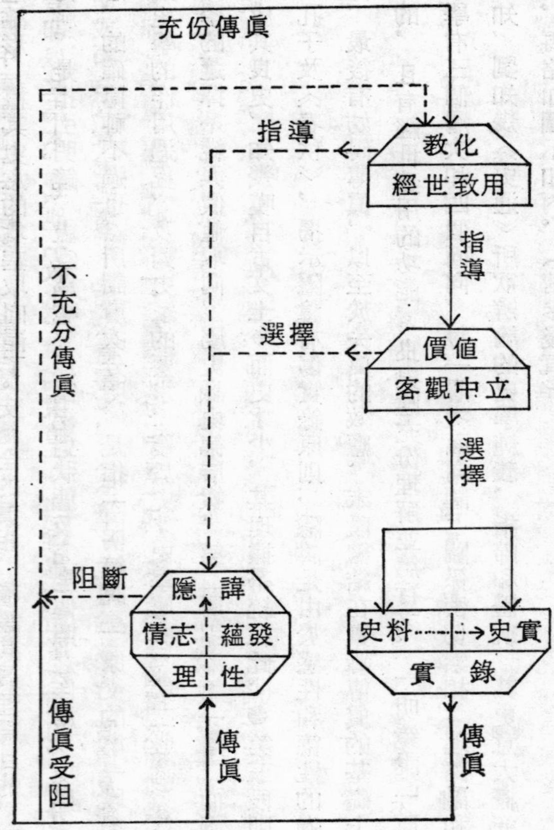

此爲本。若圖甲爲撰述作用程序，以重建歷史總全的眞相、稽論其眞理爲目的，則《史通》「內篇」諸作的主旨卽以此爲本。其他「敎化」、「價値」、「隱諱」諸層次面向，多分散於內、外兩篇諸作中同論，而或頗有專章論述者——如〈直書〉、〈曲筆〉之專論敎化、價値及隱諱史學是也。

由於其理念架構系統如此，二大關鍵部份包含如此，故其他三個層次面向融入「實錄」兩大關鍵部份中論述揭發，正合孔子及司馬遷所謂「我欲載之空言，不如見之於行事之深切著明也」之旨，㊻所以驟然觀之，知幾史學只重史法而已。耳食之徒爲世所笑，目食者則亦何能逃譏耶？

最後或須一提者，乃是「明鏡說」主張良史必須實錄，實錄斯然後可稱得上良史。此理念早就由劉向、揚雄、班彪父子等提出闡揚，並肯定其爲史學之極高境界。所謂劉、揚博極羣書，「皆稱（司馬）遷有良史之材，服其善序事理，辨而不華，質而不俚，其文直，其事核；不虛美，不隱惡，故謂之實錄」也者，㊼卽指其充份傳眞或完全傳眞，與夫價値中立而言。「明鏡說」圖丙之「價値」和「實錄」兩層次，基本上卽本此而建立。

至於知幾之「敎化」和「隱諱」兩層次面向，則頗與班氏史學理念有較密切的關係。儘管知幾疑古惑經爲世所非，然而他其實仍恪遵傳統的道德敎化，不脫原道徵聖的意識，頗與班彪「唯聖人之道然後盡心」㊽相似而不及其濃烈。班彪旣以聖道自任，故順着劉、揚之旨批評司馬遷，謂其「善序事理，辯而不華，質而不野，文質相稱，蓋良史之才也。誠令遷依五經之法言，同聖人之是非，意亦庶幾矣」。㊾亦卽班彪只推崇司馬遷的傳眞，而批評其價値選擇，不與聖人同敎化也。史家的價値選擇必須歸本於儒家聖道，接受其指導，此則為推崇班氏史學的劉知幾所同意肯定，所以劉、班的史學兩層次理念，遂變成班彪和劉知幾的三層次理念。

前面說過傳統的倫理教化，和現實政治關係太密切，班氏父子此濃烈的道統意識，結合了大漢天威的本朝國家意識，必然會造成「情兼向背，志懷彼我」的後果，也就難怪傅玄批評《漢書》「論國體則飾主闕而抑忠臣，敍世教則貴取容而賤直節」了。[50]班氏史學之跳不出儒家社會的倫理政治意識，因而有隱諱之事，所以推崇班氏史學的劉知幾，在其史學理念架構中有「隱諱」此一層次面向的思考，最後仍然就名教角度給予隱諱史學以同情及開脫，也是不足為奇的。

劉知幾本馬、班史學核心理念撰《史通》，可以無疑；但是欲融治兩家史意於一爐，則不能稱為成功。其實，劉知幾瞭解價值選擇與隱諱曲筆之間的關係，也瞭解馬學與班學之間的同異。司馬遷撰述《史記》時，已是「余嘗掌其官（太史令）」的私下修撰，其書又為通史性質，故能達至「事無古今，勢無主客」的中立要求；反之《漢書》性質近乎官准私修，又以本朝斷代為史，則其無主客彼我而能保持價值中立者也難，這是此下官修正史因習成風的原因。[51]劉知幾推崇班氏史學，為世所知，則其「明鏡說」所涵的架構系統，大抵多屬班氏史學的理論思想，也應無庸置疑。因此，以教化指導史學，以隱諱影響傳眞，此理念上的矛盾阻斷現象，雖勉強牽引縫合，猶不能掩飾痕跡，不難為善思者察見其然，並考知其所以然也。

七十九年雙十節於名廬山莊

【註　釋】

①《新唐書》據臺灣商務印書館百衲本，宋祁語見卷一三二〈贊曰〉。《文史通義》據華世出版社，六十九年九月初版，頁三九八。

②參拙著〈唐前期國史官修體制的演變〉，臺北，《東吳大學文史學報》第七號，頁三四，七十八年三月。

③例如許冠三謂章氏過甚其辭，只是「自炫於兒孫輩之夸談」耳（參《劉知幾的實錄史學》第七章，香港中文大學出版社，一九八三年初版）；尹達等肯定《史通》提出了一套較完整的史學理論，包括治史宗旨、史觀、史學思想、史家修養等等（參《中國史學發展史》，頁一六一——一六二及一七三，中州古籍出版社，一九八五年）；高國杭認爲由於《史通》提供了理論體系，中國古代「史學」才發展成「具有完全意義的史學」（參《中國古代史學史概要》，頁一八〇，廣東高等教育出版社，一九八五年）；侯外廬則認爲知幾的哲學思想有唯物主義傾向，也有其局限性（《中國史學史論集》㈡〈論劉知幾的學術思想〉，頁九，上海人民出版社）。

④參《史通·自敍》，卷十，頁二八九及二九一；臺北，里仁書局，六十九年九月。下引此書或逕稱篇名而已。

⑤見《史通·惑經》，卷一四，頁四〇二。

⑥知幾賦予實錄諸義，請參許冠三《劉知幾的實錄史學》，頁四——一〇。

⑦左、右史職掌有對調之異說，本文既論劉知幾，故以其說爲本，參〈史官建置〉，卷一一，頁三〇四。

⑧〈自敍〉對其所受影響及師法之書均有述及。王符、劉勰以鏡喩求眞，爲知幾所因，見《劉知幾的實錄史

學》，頁四〇。

⑨ 參《六祖壇經箋註・行由品第一》，頁七〇——八四；臺北，文津出版社，七十七年一月。

⑩ 惠能認爲人人皆有佛性，人人皆可成佛之故也；若人人皆可明心見性，則人人皆可空明傳照歷史。

⑪ 蘭克（Leopold von Ranke, 1795-1886）此言，世所熟知，其英文本殆有不同之翻譯，筆者今依卡爾所引：the task of the historian was 'simply to show how it really was'. 參E.H. Carr, *What is History?*, p. 3, 臺北，狀元出版社，六十八年一月一版。

⑫ 請詳《史通・申左》，卷一四，頁四一八——四一九。

⑬ 參〈雜說上・汲冢紀年〉條，卷一六，頁四五五。

⑭ 《史通》卷一四，頁四〇九。

⑮ 同⑬。

⑯ 請參〈惑經〉第十一未諭，卷一四，頁四〇八——四〇九。

⑰ 參《史通・采撰》，卷五，頁一一五。

⑱ 評其「無所用心」，見〈惑經〉第一未諭，卷一四，頁四一〇——四一一。

⑲ 詳〈雜說下・雜識〉，卷一八，頁五二五——五二六。

⑳ 參《史記・太史公自序》，卷一三〇，頁一〇六五A；臺灣東華書局影印本，五十七年十月三版。

㉑ 見同⑳。

㉒ 〈雜說中・諸晉史條〉，卷一七，頁四八一——四八二。

㉓參〈雜述〉，卷一〇，頁二七七。
㉔《文史通義・書敎》，內篇一，頁七——一六。
㉕參《漢書・司馬遷傳》，卷六二，頁二七三五；臺北，宏業書局，六十一年十一月再版。筆者名此法爲三段法，請參拙著《中古史學觀念史》頁三；臺北，學生書局，七十九年十月。
㉖參〈暗惑〉，卷二〇，頁五八八。
㉗參〈雜說下・別傳〉，卷一八，頁五一六——五一七。
㉘批評近代國史，參〈雜說中・宋略〉條，卷一七，頁四八四——四八五。
㉙參〈雜說下・諸史〉，卷一八，頁五〇八。
㉚人皆有成就需要，入史成名，可以不朽，故倜儻之士對此均極重視，余稱此爲不朽意識，拙著《中古史學觀念史》頗論之，請依該書〈索引〉不朽意識條所列頁碼參索。
㉛參〈雜說下・雜識〉，卷一八，頁五二七。
㉜〈惑經〉第八未諭，卷一四，頁四〇五。
㉝〈惑經〉之第二、三虛美，卷一四，頁四一一——四一三。
㉞〈疑古〉卷一三，頁三八〇——三八一。
㉟賓四師之倡論，請詳《國史大綱・引論》。此書治史者多曾讀之，故其名言影響亦廣。吾師是將隱諱史學精神，用今語明確倡說出來的第一人，惜於今年八月三十日逝世，僅爲此註致其哀焉。
㊱〈疑古〉，卷一三，頁三八〇。
㊲請詳㉚所引拙著，頁六九九——七〇一。
㊳參〈中庸〉第一章，朱熹《四書集註》頁二；臺北，世界書局，民國五十七年九月十三版。
㊴知幾多處批評孔子有史禍意識而隱約其辭，最淸楚者可參〈惑經〉之第四虛美條，卷一四，頁四一三。註㉚

㊵ 拙著對史禍意識頗有詳論，請依該書頁七三六〈索引〉史禍意識條頁碼索閱之。孔子作《春秋》而亂臣賊子懼，孟子早已言之，〈太史公自序〉引論《春秋》爲貶天子、退諸侯、討大夫之作，董仲舒及司馬遷亦不諱言，及至六朝以降，「以史制君」觀念頗盛，對史學發展及史官制度大有影響，其詳請參註㉚拙著之第二章第二節與第八章。

㊶ 參〈曲筆〉，卷七，頁一九六。

㊷ 對知幾的心理矛盾及不能跳出傳統道德倫理，尹達主編的《中國史學發展史》略有提及，參頁一五九、一六二及一六七。

㊸ 參呂思勉《史通評・惑經》條，頁一〇三——一〇五；臺灣商務印書館，六十年二月臺二版。

㊹ 參〈惑經〉，卷一四，頁三九七。

㊺ 史才需有三長，故史才少，知幾所論，請詳《舊唐書・劉子玄列傳》，卷一〇二，頁三三一C；臺北，開明書店鑄版。

㊻ 參《史記・太史公自序》，卷一三〇，頁一〇五七上。

㊼ 參《漢書・司馬遷傳・贊曰》，卷六二，頁二七三八。

㊽ 參《漢書・敍傳》班固自述其父人格，卷一〇〇上，頁四二〇七。

㊾ 參《後漢書・班彪列傳》，卷四〇上，頁一三二五；臺北，宏業書局，六十二年三月再版。

㊿ 參同㉚拙著頁一一——一二、九二——九五、一一三、二三八、二四一——二四二。

51 詳《史通・因習》，卷五，頁一三七。按：通史撰述易於「事無古今，勢無主客」，而斷代史史官史家則常站在朝廷國家立場，易形成彼我主客的意識，導致隱諱的產生，此應不難理解。不過，斷代正史多爲官修，此制度有助於本朝意識的昌盛和因習，有助於彼我意識的濃厚，或又不可不加強調也。

由地理環境論析唐代吐蕃向外發展與對外關係

林冠羣

一、前言

唐代吐蕃武功鼎盛，曾先後與當時亞洲國勢最強的幾個國家——李唐、回紇、大食、南詔等激戰，迫使其四周諸國謀聯盟以求自保。其勢力西越葱嶺，達中亞阿姆河（Amu Darya）流域；北據天山南路及部份天山北路；東陷李唐河西隴右，直至今陝西省中部；東南曾臣服南詔；南降泥婆羅，征服印度克什米爾、孟加拉、阿薩密，定恒河爲蕃、竺疆界，立界碑於加爾各答境內①。舊唐書形容其爲：「自漢、魏以來，西戎之盛，未之有也。」②誠然，唐代吐蕃所呈現出的蓬勃朝氣，與積極對外經略，對藏族而言，爲其在亞洲歷史舞臺上，對外蓬勃發展唯一的一次。

對於唐代吐蕃爲何對外採取擴張政策，目前學界似乎很少將研究焦點放在此處，少有專文討論③。筆者嘗試從地理形勢及自然環境的角度，試圖找出造成吐蕃積極對外擴張背後的動力，剖析其對外發展的原因，及地理環境對其向外發展的影響，以及其向外發展過程中，受到地理環境的制約與引導，而與當時幾個亞洲主要國家所發生的關係。

由於筆者僅由地理環境單一因素分析，並未論及其他因素。而且在討論吐蕃對外關係時，係以唐蕃關係爲主軸，再論及其他如吐谷渾、回紇、大食、南詔等外族，在唐蕃關係中所扮演的角色。因此可能立論有欠周延。對於其他外族如突厥、西突厥、天竺、尼婆羅、党項、勃律等，並未述及，甚至對吐蕃與各外族間的關係，亦未作細節性的分析，僅以宏觀之方法，作綜合性之探討，管窺疏漏，所在多有，敬祈賜教。

二、青康藏高原的地理環境

唐代吐蕃崛起於青康藏高原。青康藏高原之地理形勢及自然環境，相當特殊。其雖稱爲高原，但實際上卻是一個羣山的組合體，由帕米爾高原、喜馬拉雅山、岡底斯山、唐古剌山、巴顏喀喇山、崑崙山及橫斷山脈等，組合而成一龐大高原④。吾人可由地理教學上的一個方法，將組成青康藏高原的羣山，以化繁爲簡的方式，劃出一地形示意圖（見圖一），就此地形圖加以解說，首由山勢著手。

青康藏高原的山勢，係由西部帕米爾高原源起。帕米爾高原昔稱葱嶺，是亞洲各山脈滙集之所，如同傘軸一般，形成亞洲各大山脈的中心點。帕米爾高原位於新疆西南、印度西北，橫跨中國、印度、阿富汗、蘇聯、伊朗之間，海拔有三千五百公尺以上。中國的各大山脈均源自於此。

由帕米爾高原東南向源出喜馬拉雅山脈（見圖一）。喜馬拉雅山脈平均高度超過四千公尺，自西北向東南延伸，呈向南突出的弧形，橫亙在我國西藏與印度、尼泊爾、錫金、不丹諸國之間，山勢綿延，形成一難以逾越的地理障碍，在民族的分布上，構成了民族的界限⑤，山南與山北有著迥然不同的風貌⑥。就在喜馬拉雅山脈的北面，有西起獅泉河，東抵橫斷山區伯舒拉嶺的岡底斯——念青唐古剌山系（見圖一）。爲緜延東南向的弧形山系，與喜馬拉雅山脈正好南北對峙。當中穿過西藏第一大河流——雅魯藏布江及印度河的上游。雅魯藏布江的兩岸河谷平原，是爲藏南縱谷，爲一東西狹長的地理形態，寬度大約在十至二十公里，最寬不超過五十公里⑦，爲西藏的精華區。此區域主要行農業經濟，爲種植青稞、小麥的農耕地帶，年降雨量四百公釐，年可一穫，西藏大半人口，均集中於此區⑧。自古卽爲西藏政教文化中心，如唐代吐蕃就起源於雅魯藏布江南岸支流——雅礱河谷，其政治中心亦不脫離藏布江南北兩岸⑨；元代薩迦政權、明代帕摩竹政權、清代以還的達賴政權等的政教中心，亦均在此⑩。在祥河（Shangs chu）以東的藏南地區，藏族稱之爲「衞」（dBus）（前藏地區），以西則爲「藏」（gTsang）（後藏地區），印度河上游區則爲「阿里」（mNga' ris）。阿里主要爲一牧區。

岡底斯——念青唐古剌山系的尾閭正銜接着，南北走向的一系列近乎平行延伸的高山深谷，是爲所謂的橫斷山脈（見圖一），分佈於西藏高原東南部。橫斷山脈之中北段位於西藏高原範圍內。在地貌上其最突出的特點，爲嶺谷並列，山高谷深，具兩山夾一谷，兩谷擁一山的景色。其地形特徵爲北高南低，北部標高五千二百公尺，南部在四千公尺左右，從山頂到谷底之高差在二千五百公尺。山頂森林發達，山麓有綠油油的田園⑪。自西而東主要有伯舒拉嶺、怒山、寧靜山、沙魯里山、大雪山、邛崍山等高山並列，其間夾持着怒江、瀾滄江、金沙江、雅礱江及大渡河等（見圖一）。此地藏族稱爲「康」（Khams），與內地的四川、雲南爲界。橫斷山地由於地形關係，既有寬廣的草原，又有巍峨的雪山；既有起伏的丘陵，又有富饒的河谷盆地，加以海拔的高低懸殊，氣候的垂直變化，造成複雜多樣的自然環境，因而影響了這一帶民族文化的生態，成爲一個多民族，多種文化毗鄰而居的多元化現象。因此，此地有著「十里不同天」的一句諺語⑫，充分說明此地民族文化的差異性相當分歧，民族複雜。此地因喜馬拉雅山系的尾閭與橫斷山地之間，地形比較低，由印度洋上空吹來的西南季風，得以由此低地分成兩股，一股進入雅魯藏布江兩岸河谷平原，另一股則進入橫斷山區，因此橫斷山區雨量十分充沛，部份河谷地區，農業發達，爲一半農半牧區。

帕米爾高原的東面，源出崑崙山系，逶邐東行，平均海拔六千公尺，是爲一難以逾越天然屏障，此亦爲一民族之隔離界，山南、山北有著截然不同的自然與人文環境⑬。崑崙山區分了西藏高原與新疆塔里木盆地。崑崙山沿柴達木盆地南緣折向東南，自南而北分爲三支：中支爲可可稀立山、巴顏喀喇山；南支爲阿爾格山，向東延伸爲唐古剌山，尾閭接怒山；北支爲祁漫塔格山，向東延伸爲布爾汗布達山及積石山（阿尼瑪卿山）（見圖一）。由崑崙山與岡底斯——念青唐古剌山系南北所夾峙的高原，是爲藏北高原，藏人稱爲「羌塘」（Byang thang），平均海拔在五千公尺以上，爲一寒冷乾燥地帶，面積相當遼闊，地佔現今中共西藏自治區面積的三分之二⑭。在多季爲一無人地帶，夏季則屬放牧地。藏北高原年均溫爲攝氏零度以下，海拔高，加上大部分是砂磧地，土壤含碱性，這種環境明顯不利於植物生長，其地區自然景觀最大的特徵，爲看不見有任何的樹木⑮。由上述得知，此地區自然環境之嚴酷，與不適人居。

在崑崙山系的中段北面，以及塔里木盆地東南緣，有一向東延展的阿爾金山，其東有祁連山，祁連山緊鄰河西走廊。由阿爾金山、祁連山、崑崙山東側，唐古剌山、巴顏喀喇山、積石山等山脈所圍繞者，卽爲青海地區（見圖一）。青海地區全區地勢高峻，山脈綿亙，有五分之四以上的地區爲高原所盤踞，除黃河及湟水谷地海拔約二千公尺，其餘均屬海拔三千公尺以上廣濶的大草原⑯。吾人若由西寧出發，沿湟水西行，過了多巴（見圖二），地形卽開始爬高，經湟源到日月山，日月山古稱赤嶺，位於青海湖東南側，標高三千四百多公尺，爲內地進入青康藏高原的第一道山口，也是青海地區的農牧分界線⑰。日月山兩側是迥然不同的人文景觀，以東爲農業區，以西則爲水草豐盛的牧區，是爲唐蕃接觸與衝突之臨界點。唐玄宗時期，唐蕃雙方曾在此立下界碑⑱。藏人稱青海地區爲「安多」（Amdo），爲一半農半牧區。

綜觀青康藏高原的地理形勢，其平均標高達四千公尺以上，氣候變化無常，溫差大，氣壓低，多風暴，爲乾燥、低溫的高原性氣候。氧氣的比例，以拉薩爲例僅平地的三分之二⑲。其四周鄰近地區之地形，均遠較其低下（見圖三）。氣候狀況亦有很大的差異。因此，青康藏高原形成一獨特地理單元，不論在自然上、人文上，均隨其獨特的自然環境，而形成與其他地區迥然不同的殊異性。如食，高原由於無法種植大量的小麥，只得以更耐旱、耐低溫的青稞，代替小麥，作爲主食。遠自唐代即有記載其主食爲：「捻麨爲椀，實以羹酪，并而食之。」⑳與今天藏族的主食糌粑（rtsampa）完全相同。可見高原上的一般狀況，千餘年來鮮少改變。其地又是亞洲數條最大河流的起源地，及幾座世界最高山脈的所在地㉑，而且高原上空氣潔淨、湖水晶瑩透徹，山高水深，風景異常秀麗，但氣候卻能旦夕之間變化，捉摸不定㉒。因此，在這種特殊環境影響下，容易孕育出極端且矛盾的性格，既有豪放不羈的雄偉氣質，又有珠璣必較的細膩性格，且一般均有著多疑善變、工於心計的特質㉓。吾人觀察唐蕃二百餘年的交往當中，吐蕃民族性的特色，無不躍然於史書當中。

三、青康藏高原對吐蕃發展的影響

建立吐蕃王朝的窣勃野氏族（sPu rgyal），起源於雅魯藏布江南岸適農的雅礱河谷平原㉔，係爲業農的氏族部落㉕。其由雅礱河谷發迹，漸次征服兼併整個青康藏高原以後，再積極向外發展。其兼併整個高原及對外發展過程，受到青康藏高原的制約與引導，有一定的考慮與次序。首先兼併沿藏布江南岸及喜馬拉雅山以北的河谷平原地區，包括年楚河一帶的河谷平原（即後藏地區）㉖。但並不越過喜馬拉雅山，因該山不但高大難以逾越，且山之南地形突降，氣候轉爲潮濕悶熱，不適藏人居住。因此，喜馬拉雅山脈一線，就成爲阻隔藏人越山南下，或外來民族由南北上的天然障碍。在歷史上，除了少數狂熱的宗教徒以外，藏人絕少南下㉗。另外，工布（rKong po）、達布（Dwagspo）、娘布（Myang po）、波窩（sPo bo 又稱波密）（見圖四）等部族，係與窣勃野氏族有同族之誼㉘。繼而，越藏布江北上，征服拉薩河流域及附近相關地區㉙，再利用和親公主作內應，攻滅位在阿里的游牧部落國家羊同（Zhang zhung）㉚，統一了西藏高原本部。

吐蕃接着必須要面對的就是青海地區。因爲青海地區關係着吐蕃向外發展，及本身國防安全。如日人松田壽男所云，青海地區的位置，正處於五個動脈的心臟地位㉛：㈠對內地而言，從渭水盆地經湟水流域西行，爲進入青康藏高原的交通孔道㉜；㈡對蒙古草原而言，爲漠南經涼州（武威）進入青康藏高原的孔道；㈢對西域而言，青海地區有二條路線主控通西域路線，其一，青海東北側即爲河西走廊，爲內地通西域的主要交通路線，青海地區居高臨下，容易控制與截斷河西走廊的通道，而且由湟水流域出高原，西北向即可沿河西走廊入南疆；其二，有所謂「絲綢輔道」——青海路，即沿着祁連山南麓穿越柴達木盆地，到達今天新疆的諾羌，在諾羌分南北二道，往南趨于闐，出葱嶺，往北到高昌（今吐魯番），南北二道均可出西域㉝；㈣對吐蕃本部而言，青海地區隔唐古剌山口，即進入吐蕃政治中心拉薩的北方，戰略地位十分重要；㈤由青海地區的金沙江上游區，亦可南下進入橫斷山地，到達川邊與滇西北。對於此位置十分重要的地區，吐蕃得之不但可加深防禦縱深，且可藉此往多方向外發展，而且既是外界進入吐蕃的孔道，亦是吐蕃對外的主要通道，對吐蕃而言，自是首要經略的對象。因此，吐蕃甫完成整合西藏高原本部的力量以後，立即積極經營青海。

在吐蕃經略青海的同時，吐蕃亦北向西域發展。二者屬相輔相成的系列行動。吾人先由西域的地勢解釋：

天山山脈源出於帕米爾高原東北面，並向東延伸，與其南方的崑崙山脈及阿爾金山，南北夾峙南疆塔里木盆地(見圖一)。塔里木盆地爲一深居大陸中心，極端乾燥的閉鎖盆地。盆地大部爲流沙沙漠，綠洲城市就散佈於沙漠四周的山麓地區或河流兩岸。循着這些綠洲城市，由東而西出帕米爾高原，卽爲著名的「絲綢之路」。塔里木盆地的綠洲城市，因得雪源性河流之賜，爲小型精耕農業區，農產品種類多，產量亦豐，且礦產種類亦多，均有相當產量，自古卽以作兵出糧，而爲北方游牧民族所極力控制的物資供應處所㉞，於此不但可獲取必要的戰爭、民生物資，且可抽取豐厚的商稅，對北方游牧民族具重大意義與影響。

天山山脈的東側尾閭，與西北走向的阿爾泰山，及中俄界山如塔爾巴戞臺山、阿拉套山，諸山環繞形成一略呈三角形狀，面積約有南疆塔里木盆地二分之一的北疆準噶爾盆地(見圖一)。準噶爾盆地的自然環境與蒙古草原類似，亦大部分爲草原地區，自古以來，爲游牧部落活動的空間，相對於南疆「居國」，而有「行國」之稱。準噶爾盆地西向可經由東西走向的中俄界山，及河流所形成的天然孔道，如著名的哈巴門(沿着額爾濟斯河河谷西向)、博樂門(沿奎屯河、庫爾河、博樂塔拉河谷西向)，及伊犂門(沿伊犂河谷)等，均可通往中亞草原。準噶爾盆地與塔里木盆地之間的天山山系，並非如崑崙山或喜馬拉雅山般高大阻絕難以通行，山間交通孔道甚多，如哈密與鎭西之間，七角井與奇臺或木壘河之間、吐魯番與廸化之間等，均可相通。

歷史上，在北亞大草原崛起的游牧帝國，隨着帝國的發展，均順勢由阿爾泰山與天山之間入準噶爾盆地，再沿三個東西交通孔道，向西方發展。當其控制北疆穩固以後，由天山山脈諸多間道進入南疆塔里木盆地，爲游牧帝國找到物資、經濟支柱的後盾，從而更壯大游牧帝國的實力㉟。對南方的農業中國而言，亦形成一種戰略性的壓迫，卽既控有新疆，可經由新疆進入青海、甘肅、四川、西康沿邊地區，與當地的氐羌系民族聯線，形成以外圍壓制內地的大戰略形勢㊱。

對於位在青康藏高原的吐蕃，新疆對吐蕃的意義，就如同新疆對北亞游牧民族，具相同的意義，其間又多具一層國防安全上的考慮。先就第一層意義言：青康藏高原的自然環境，無法容納大量人口。就其農業而言，其農業主要分布在雅魯藏布江兩側支流的河谷地區，如年楚河流域、拉薩河流域、雅礱河流域等，上述地區的農業環境，大都是小塊、零散、狹窄、缺乏寬廣的地區，可供耕地的土壤並不多。而且高原氣候寒冷、無霜期短，導致許多農作物難以在高原種植，只能種植耐旱、耐低溫的作物，如小麥、青稞、豆子、油菜等。高原農業的另一致命傷，因地形關係大部分農地無法得到灌溉，只能靠天吃飯，尤其到八、九月份收割季節，一場冰雹，就會使一年的辛苦，剎那間完全白費㊲。由此可見，高原上農業的艱困，其農產產量不穩定，明顯不足，絕不如南疆的小型精耕農區，更不如內地的大型精耕農區。就其牧業而言，青康藏高原上有著廣闊草原，如青海地區、藏北地區、四川阿壩地區等均屬之。主要牧養耐寒的犛牛、藏綿羊。但青康藏高原除了青海地區的牧場以外，其餘的高原牧區無法與內蒙草原、中亞草原相埒。原因在於高原氣溫極低，這種寒冷的氣候限制了畜牧的品種，以及人們活動的空間，只能放牧耐寒牲畜。而且高寒草原，牧草生長低，草原牲口畜養率不高，無法大量繁殖畜羣，再加上自然災害多，有時氣溫太低，積雪過深，牲畜無草可食就會大批死亡。又因高原地形的阻隔，草原地帶一般都被大山脈分割成許多山塊，不十分廣闊，自然牧區本身的往來就困難得多，所以高原上的牧業，相對於蒙古及中亞而言，要顯得脆弱而有限㊳。

就在這種農牧產業狀況之下，一旦其內部勢力經過整合以後，社會趨於安定，人口增長，迫使其向外尋求更好的生活天地，尋求更多的生活資源。往南發展碰到喜馬拉雅山及悶熱低濕的印度平原，那是藏人絕對裹足不前的地方。只有朝適合於藏人生活的地區發展。亦即往東北邊黃河上游、中游地區，以及向位於其北方與西北方的西域，拓展生活空間。初期，由於李唐強盛的武力，週延的邊防設施及嚴守高原出口的策略，迫使吐蕃暫時無法東出黃河中上游地區。但吐蕃仍由羊同（今阿里地區）、勃律（今雅辛及吉爾吉特地區）、護密（今阿姆河上游瓦罕走廊地區），在護密東越帕米爾高原，經渴盤陀（今塔什庫爾干）北上進入南疆疏勒地區。早期吐蕃就經由此條西北路線經略西域。此與經略青海地區具相輔相成的效用，原因在於使李唐備多力分，吐蕃由疏勒、于闐沿綠洲向東壓迫，李唐勢必分兵備禦，再加上李唐又東邊用兵高麗之際，更襯托出吐蕃佈署的用心。至青海地區爲吐蕃控制以後，吐蕃由「絲綢輔道」——青海路及河西走廊進入南疆東面，如此東西二道同時進入南疆，對於吐蕃能控制南疆及部份北疆，並將勢力推展到今天俄屬中亞的阿姆河流域一帶，關係至鉅。

就西域對吐蕃的國防安全的意義上而言，吐蕃大相論欽陵（mGar khri 'bring），就曾對郭元振表白，西域對吐蕃在國防上的重要性，其云：

……今吐蕃塊然獨在者，非漢不貪其土地，不愛其臣僕，實陵兄弟小心謹密得保守之耳。而十姓中五咄六部諸落僻近安西，是與吐蕃頗為遼遠，俟斤諸部密近蕃境，其所限者唯界一磧，騎士騰突旬日，卽可以蹂踐蕃庭，為吐蕃巨蠹者，唯斯一隅㊴。

郭元振與欽陵交涉後，回朝上疏略云：

如欽陵云四鎮諸部接界，懼漢侵竊，故有是請，此則吐蕃所要者㊵。

由上述二則引文，得知唐朝在西域的軍事佈局，對於吐蕃國防安全上的威脅。因此，吐蕃在早期卽汲汲營營地爭奪西域的主控權。

至於吐蕃向其東南——橫斷山脈區，乃至於往青康藏高原東延部分的川西及滇西北發展，亦有其必然性。因爲雲南正位在西康橫斷山區的南部，由雲南北上，可沿著橫斷山脈南北走向的河谷，由南而北進入吐蕃本部。但若由四川進入康區，必須翻嶺涉水，其地山高水急，路途十分坎坷費時。吐蕃爲堵住這個大缺口，或如王師吉林所云，此地區的部族弱而依賴吐蕃，且有鹽鐵之利，故吐蕃視爲「禁臠」，不容他人染指㊶。因此吐蕃很早就注意此地區，在南詔尚未由李唐扶植興起之前，吐蕃業已與李唐展開競逐㊷。

吐蕃控制橫斷山脈區的順序，乃先到昌都，首先控制瀾滄江上游一帶，然後南下怒江與瀾滄江之間的察瓦崗，以穩定側背，再北廻至瀾滄江與金沙江之間地區，再控制金沙江與雅礱江之間地區，東逾雅礱江，北向進入大小金川地區，越大渡河，直抵川邊㊸。其戰略目標爲取四川爲其「東府」㊹。

吐蕃的向外發展，仍有其限制。由於其高原人體質的關係，不適於低濕悶熱氣候的環境。因此向四川的發展，以四川盆地的西緣爲極限；向東南則以雲南西北部的麗江縣爲極限；向東北，卽向川甘邊區、河西走廊、黃河中上游等地，則爲其發展的重心所在㊺；向北方及西北方的西域，則同屬高原乾燥的氣候區，亦是吐蕃積極推行移行屯田的地區㊻。

四、吐蕃之對外關係

基於前述青康藏高原地理環境，及其對吐蕃發展的影響，吾人可以了解吐蕃對外經略過程當中，不僅與李唐發生關係，亦與其他外族產生密切關係。原因在於吐蕃原本不與李唐直接接界，中間隔了許多氐羌系的部族國家，如在唐古剌山兩側的蘇毗，在犛牛河流域（金沙江上游，又稱通天河）的多彌，在積石山南側的白蘭，大小金川流域的東女國，在若爾蓋、阿壩一帶的党項，以及青海湖南北，包括柴達木盆地及部份南疆的吐谷渾等（見圖四）。再加上高原的障碍，因此，兩唐書方有類「其種落莫知所出」、「未始與中國通」等，隔閡且陌生的記載㊼。

吐蕃初期，由贊普松贊干布（Srong btsan sgam po ?-649）統一西藏高原本部，制訂「欽定六大法」（bka' yi khrims yig chen po rnam drug），及仿唐朝告身制，訂立位階制度（yig tshangs），將吐蕃原爲崧散的部落聯盟體制，推向君主集權的王朝體制㊽。並完成人口普查及治軍事、經濟、行政三者合一的地方區劃[49]，不但成功地統合了整個西藏高原本部，而且把整個社會組織成一個軍事體，迸發出強大的軍事力量。爾後鑒於青海地區戰略位置的重要性，即著手經略青海。因早在隋煬帝大業四年（六〇九），隋遣宇文述攻打吐谷渾，吐谷渾可汗伏允敗逃至附近氐羌部族國家，諸氐羌部族國家均感受到來自東方大國的威脅，爲求自保乃投向西藏高原的窣勃野氏族所建立的吐蕃[50]，遂有吐蕃大臣娘尙囊（Myang zhang nang），不費一兵一卒，勸服蘇毗內附吐蕃[51]。再加上唐太宗伐吐谷渾時，軍力曾深入青海地區，把吐谷渾國力徹底摧毀[52]，使吐谷渾在唐蕃二強之間緩衝國的功能，完全喪失[53]。再者，吐蕃亦知青海實爲突破封閉高原的出口，對吐蕃向外發展具重大意義，何況青海農牧資源之利，更使吐蕃堅定攫取青海的決心。因此在統合內部力量以後，即藉口吐谷渾阻擾唐蕃和親[54]，出兵併吞唐蕃之間的諸氐羌部落國家，並將吐谷渾趕至青海湖以北之地，控制了大部分青海地區，在太宗先威之以武，後許之和親之下，暫時解除了青海地區被吐蕃併呑的危機。和親以後，唐蕃維持了二十餘年的和平。

相對於吐蕃旺盛企圖心的李唐，卻忽視青海地區，爲唐蕃和親後表面的和平所眩惑，將注意力轉到朝鮮半島，兀自投入對高麗的戰爭，耗費大量國力，而且在西域方面也連續遭受挫折，竟無力處理吐蕃之侵襲吐谷渾[55]，忽視與姑息的結果，造成吐蕃從根本上佔據了青海地區，等李唐意識到事態嚴重，派征東名將薛仁貴，率十餘萬大軍往討，並助吐谷渾復國。吐蕃早已從容佈署，在熟悉的地理環境上，充分利用天時、地利、人和的條件[56]，在大非川殲滅了唐軍，薛仁貴等主將僅以身免。從此大部分青海地區均爲吐蕃所控制，雙方就在青海湖東南的日月山一線，展開長期的抗爭。唐朝不但從此遭到吐蕃直接的侵襲，而且在西域的霸權，至此亦面臨吐蕃的挑戰，而瀕臨崩潰。

由上述可以了解，唐蕃早期的互動關係，很多都是起因於吐谷渾，因此欲探討唐蕃早期的關係，忽略了吐谷渾，當然無法了解整個問題的關鍵。實際上探討唐蕃早期關係，應該是李唐、吐蕃、吐谷渾的三邊關係，缺一不可。

吐蕃佔領青海以後，已經爲自己打開了多處通外門路，對外經略，轉趨活絡。誠如王師吉林所云：吐蕃早期向外發展是多方向的㊼，經略青海亦同時向西域發展。向西域發展的結果，就與北亞游牧帝國回紇發生不可避免的利益衝突。

如前文所云，回紇屬北亞游牧民族，按北亞游牧民族崛起後的行動，西向進入準噶爾盆地，再由北疆天山間道進入南疆塔里木盆地，爲游牧帝國尋求物資及經濟的支柱。如匈奴、突厥及後代的蒙古均是如此，自然回紇亦不例外。唯當回紇向西域發展時，正撞上吐蕃活躍於西域。

吐蕃既佔領青海地區，並趁唐玄宗天寶年間的安史之亂，李唐西北勁旅內調平亂，邊防空虛之際，出河西走廊，陷蘭、廓、河、鄯、洮、岷、秦、成、湯等州，盡取河西、隴右之地，接著又佔領瓜州及沙州㊽，阻斷了唐西域地方與內地的直接交通往來，而留在西域的唐朝駐軍，只得依賴從東部天山地方通過漠北鄂爾渾河流域的「回鶻路」，與內地聯繫㊾。這種情勢對於回紇當然有利，唐絲西運，勢必亦轉向「回鶻路」。但吐蕃既控制了河西，又控制西域南道，其勢必然繼續朝西域北道與北疆發展，如此一來，就危及「回鶻路」，對於南疆回紇亦有心結，因此，回蕃之間就產生了正面衝突。

李唐以郭子儀爲首的朔方軍，長期戍守西北邊境，對於上述回蕃情勢相當清楚，向唐廷建議「聯回抗蕃」的策略，利用回蕃之間的矛盾，聯合回紇，牽制吐蕃的入侵[60]。此項政策爲唐廷所接受，雖然其間德宗曾因個人因素，而短暫轉變爲「聯蕃絕回」[61]，但不數年（七七九—七八五），德宗聯蕃失敗，方從李泌之議，恢復「聯回抗蕃」政策，得到相當良好的成效[62]。

此爲唐蕃關係發展到中期以後，卽由唐肅宗開始，回紇在唐、蕃之間扮演了一個重要的角色，尤其在代宗永泰元年（七六五），僕固懷恩二度引回蕃等聯軍侵唐，情勢對李唐相當危急，幸賴郭子儀陣前說服回紇，唐回聯手擊潰蕃軍。此爲攸關李唐之絕續存亡，李唐聯合回紇，阻絕了回蕃聯手傾覆唐祚之可能性。而原本不相接界的回、蕃，因吐蕃的擴張政策，佔據了南疆與部份北疆，使原本的間接關係，轉變爲直接關係[63]。再加上回、蕃二者在西域利益的嚴重衝突，二者結成不世之仇，終在西元七八九年至七九二年間，回、蕃連續在北庭進行爭奪戰，戰況慘烈，戰爭結果均影響雙方的內政及外交甚鉅[64]。因此，談到中期的唐蕃關係，勢必要提及回紇。

與吐蕃同時競逐西域者，還有大食。吐蕃初期透過羊同、勃律、護密、渴盤陀入疏勒的路線，前往經營天山南路，曾與西突厥、大食、突騎施等合作，共同對付李唐。在此期間（爲吐蕃贊普墀德祖贊時期七〇四—七五四在位），吐蕃曾以和親手段，先後於七三四年嫁吐蕃公主給突騎施可汗；七四〇年又下嫁公主於小勃律王[65]。待七五一年李唐與大食在怛羅斯城一戰失敗以後，李唐在西域的勢力被逐出，大食與吐蕃就成爲直接競逐西域的對手，開始了敵對關係。因吐蕃勢力推展到阿姆河流域，已經直接威脅到大食在中亞的霸權，二者勢必爭勝一番。貞元十七年（八〇一）蕃詔戰爭中，吐蕃曾動員了「康、黑衣大食等兵」[66]康、黑衣大食卽指撒馬爾罕地方與阿拉伯的軍隊[67]。由此似可判斷，吐蕃確實穩固了在中亞部份地區的霸權，否則無法動員撒馬爾罕地方的軍隊。這些康、黑衣大食之軍隊向南詔投降，留在南詔，其遺緒就是今天西南地區回族的祖先[68]。

與回紇同屬李唐拉攏共同對付吐蕃者，爲與起較晚的南詔。南詔在唐蕃關係中，亦扮演了關鍵性的角色。南詔位於今天的雲南，其位置之重要性，前文已述，爲唐蕃雙方均極力爭取的對象。據不完全的統計，唐蕃雙方兵戎之爭約有一百次，其中的四分之一就發生在李唐的西南[69]。可見此處爲唐蕃雙方必爭的重要戰略位置。吐蕃甚早就經營此區，早在其展開對外擴張之際，就與唐爭奪姚州[70]，於高宗儀鳳三年（六七八）吐蕃陷安戎城，併呑西洱阿諸蠻[71]。吐蕃贊普墀都松芒保杰（'Dus srong mang po rje 676-704 在位），曾親征雲南麗江一帶，並死於該地[72]。其子墀德祖贊更是娶蠻地公主，育有一子[73]，經營功夫下得極深。反觀李唐卻是邊吏如張虔陀輩，胡作非爲，迫使南詔易幟投向吐蕃，受封爲贊普鍾，號東帝[74]。南詔之投蕃，爲吐蕃護衞其國境東南界的天然缺口，並可同時與吐蕃東路寇川邊、及與東北路青海地區夾擊李唐。完成此項工作的墀德祖贊（Khri lde gtsug btsan 704-754 在位），就是尙唐金城公主的吐蕃君主，在敦煌文書中有大篇幅記載此事[75]。

對於李唐而言，南詔的重要性，並不下於南詔之於吐蕃。李唐在德宗時期，開始轉變對吐蕃的戰略，因爲由青海地區攻入吐蕃，距離吐蕃本部太遠，必須通過青海高原艱困的地區，在後勤補給及軍隊適應方面，均有無法克服的困難[76]，無法發揮戰力與對吐蕃產生任何威脅。不如與南詔合作，由南詔出兵北上，經由鐵橋城（今雲南省麗江縣塔城）出吐蕃怒江與瀾滄江之間的察瓦崗，再往西前進，即是波窩、工布、達布等地，對吐蕃政教中心立卽產生嚴重威脅，吐蕃勢必分重兵防堵此處。如此可達到牽制吐蕃的目的，以紓解北方軍事的困境，在北方則改採守勢，此卽所謂「北守南攻」的策略[77]，南攻則是配合南詔攻勢，不斷由川西進軍壓迫吐蕃。執行此項政策者爲劍南西川節度使韋皐，乘吐蕃與回紇於北庭血戰，而重斂南詔之際，再加上南詔原已苦於吐蕃之侵凌徵發，而多次招懷南詔。南詔終在德宗貞元十年（七九四）襲擊吐蕃於神川（雲南金沙江），取鐵橋等十六城，虜其五王，降其衆十餘萬[78]。自此以後，蕃、詔由與國轉爲敵國。並在德宗貞元十七年（八〇一），由唐、詔聯手與吐蕃打了一場決定性戰爭，生擒吐蕃主帥論莽熱，殲滅蕃軍者半[79]。此戰後近二十年，吐蕃未敢再向李唐生事[80]。

由上述得知，南詔在唐、蕃之間，具有舉足輕重之地位，其依違於二強之間，對二強均產生重大的影響。因此，談到唐蕃在劍南西川一帶的競爭，及玄宗以後的唐蕃關係，南詔爲不可或缺的要角。

五、結　論

綜合本文所述，吾人可以發現吐蕃之向外發展，受到地理形勢及自然環境的影響與支配。由於青康藏高原自然環境嚴酷，其雖能農牧兼營，但因地勢過高，平均海拔超過四千公尺，境內絕大部分具有寒冷、乾燥、多風、氣候多變、空氣稀薄、太陽輻射強、大氣壓力和大氣含氧量低等高原氣候的制約，影響了高原上人類的生存發展，以及各種經濟活動⑧¹。因此農牧產量不穩定，高原無法容納大量人口，必須向外尋求更好的生活空間，與更多的生活資源，此爲其向外發展的諸因素之一，亦爲主要的動力。並且爲顧及其國防上的考慮，及受高原出口地勢的影響，吐蕃首先必須尋求控制青海地區。青海地區係西藏高原出黃河中上游地區的出口，亦是北出西域的通道之一。另爲配合經略青海，亦由西北路出天山南路，二路齊進，凡此均與李唐發生衝突。早期唐蕃的衝突，均發生在青海、西域等外圍地區，對李唐未有切身之痛，李唐上下未加重視，待吐蕃將吐谷渾收爲屬國，控制青海以後，對唐而言，情勢整個逆轉。一則，吐蕃已直接與李唐接界，以青海爲入侵李唐的前進基地，開始寇唐邊境。二則，吐蕃佔領此重要戰略位置，往北經由絲綢輔道——青海路經略西域，與西北路東西相呼應。在經略西域上，更形有利。吐蕃在西域曾與西突厥、突騎施、大食等合作，共同驅逐李唐的勢力。也因吐蕃在西域的活動，亦與回紇、大食等國產生衝突，先後均發生過激戰。吐蕃在帕米爾地方明顯占有優勢，控制了天山南路及部份天山北路達百餘年⑧²。

另方面，吐蕃之控制青海地區，對其經略川康，亦多了一個廣闊回旋空間，不僅可由工布、波窩地區通往昌都，再依序循四水六嶺（四水即怒江、瀾滄江、金沙江、雅碧江）的順序，到達川邊與滇西北，亦可由青海玉樹地區下川康。舊唐書吐蕃傳載：

……遂圍維州。救軍再至，轉戰千餘里，吐蕃連敗，靈朔之寇引衆南下，於是贊普遣莽熱以內大相兼東境五道節度兵馬使、都統羣牧大使，率雜虜十萬衆來解維州之圍……[83]。

上引文之寇靈、朔之衆南下，就是指原攻打靈、朔的吐蕃軍隊，經由青海南下解維州之圍。由此可證明青海地區，在吐蕃的對外發展上，以及唐、蕃雙方勢力的消長上，實居關鍵地位。吾人從後代的達賴政權成立以後，繼承五世達賴遺志的桑結嘉措（Sangs rgyal rgya mtsho），試圖掌握青海地區失敗，導致清勢力長趨直入，控制了西藏一例[84]，就可以了解，青海對唐、蕃雙方的重要性。

唐蕃關係中另一關鍵則爲南詔。南詔地處雲南，位於西康橫斷山地的南方，距離吐蕃政治中心不遠，若由南詔出兵北上，可直接對吐蕃產生嚴重威脅，吐蕃勢必撥調重兵防守，如此自可紓解吐蕃在北方對李唐的軍事壓力。另方面，吐蕃在經營南詔亦有其先天上的限制。蕃人向滇西北發展的極限在麗江縣以北，以南就因氣候悶熱而不適蕃人居住。因此，吐蕃無法派遣大軍進入南詔駐防，僅能在外圍屯駐，予李唐可乘之機，說服南詔共攻吐蕃。是以，南詔在唐蕃關係中，能有效牽制吐蕃在北方的攻勢，發揮了在戰略上所謂「圍魏救趙」的效用，抵銷了吐蕃在北方所佔的優勢。此卽李泌於德宗貞元三年（七八七）所提的「北和回紇、南通雲南、西結大食天竺」，使吐蕃自困的戰略，最爲精妙之處[85]。

陳寅恪先生認爲：

夫中國與吐蕃既處於外族交互之複雜環境，而非中國與吐蕃一族單純之關係，故唐室君臣對於吐蕃施行之策略，亦即利用此諸族相互之關係，易言之，即結合鄰接吐蕃之諸外族，以為環攻包圍之計[86]。

誠然，陳先生所云切中當時形勢。然而這種利用諸族相互關係之背後，實際上，大部受地理形勢及自然環境的影響與支配。若非吐蕃處於易守難攻的高原，其防禦縱深之長，氣候地形之嚴酷艱困，在在使唐軍卻步，否則吐蕃早為盛唐犂庭掃穴。若非吐蕃處於無法容納大量人口的生活天地，使其於整合內部力量後，社會安定，人口增長，而不得不積極向外拓展生存空間，才會先後與其周鄰各國發生戰爭，方有李泌結合其四鄰之策略產生。陳先生既能看出，唐蕃關係連環性的歷史現象，但並未解釋造成這種歷史現象的原因。本文之作，希能從地理環境的角度，補充陳先生未說明之歷史大勢於萬一。

【註釋】

① 此為吐蕃王朝極盛時期的疆界，亦即在墀松德贊（Khri srong lde btsan 755-797 在位）贊普時期。墀松德贊碑銘記載：「……武功赫赫，上自大食邊境，下迄隴山隘口，無不臣服，疆土遼濶，南北東西，廣袤無際。」見汶江：赤松德贊碑銘試解，頁三九，文刊西藏研究一九八二年第一期。賢者喜宴頁九八記載：墀松德贊為取佛舍利子，發兵進攻印度，越過恒河陷摩揭陀國，取回舍利子後，在恒河河畔派遣四名吐蕃人駐守，定恒河為國界，在該地立碑。

dPa' bo gtsug lag 'phreng ba, *Chos 'byung mkhas pa'i dga' ston*. part 4 f. 98. New Delhi 1962

② 舊唐書卷一九六上，吐蕃傳。鼎文書局點校本，臺北。

③ 目前觸及此專題的有日人前田正名之「吐蕃侵寇に關する人文地理的考察」，文刋歷史學研究第一七六號。此文集中討論吐蕃以青海高原爲基地，歷次向李唐侵寇的諸根據地，並未旁及其他地區。另外康樂之「唐代前期邊防」（頁九，臺灣大學文史叢刋，民六八，臺北）則有如下看法，認爲吐蕃是中國歷史上，屬於氐羌系民族第一次的大結合，在吐蕃統一氐羌系族的過程中，包括了一連串的征服和合併；是以必須向外擴張，獲取利益補償加入此一國家的其他部族，以維持國內的團結。王師吉林在「從大非川之役到中宗時代與吐蕃的關係」（文刋西藏研究論文集第二輯，頁二〇，西藏研究委員會，民七八，臺北）一文中，認爲：就吐蕃來說，其本土處今西藏高原，生產困難，資源缺乏，加以地高貧瘠，氣候惡劣，因而向外發展，就成爲吐蕃的國策。

④ 王華隆：中國區域地理綱領，頁四一四，作者自版，民五六，臺北。

⑤ 蔣師君章：政治地理學原理，頁一七三，作者自版，民七二，臺北。

⑥ 沙學浚：青康藏高原之地形特徵及其影響，頁三五九，文刋地理學論文集，民六一，臺北。

⑦ 喜馬拉雅山以北地區，平均標高三千五百公尺，雨量在二百五十公釐至四百公釐之間；以南地區，平均標高則僅在五百公尺，雨量則多達三千公里。山南、山北之自然環境有著天壤之別。

⑧ 王華隆前引書，頁四五六。但大陸學者格勒卻認爲藏南谷地南北寬約三百公里到七百公里。見格勒：論藏族文化的起源形成與周圍民族的關係，頁二〇，中山大學出版社，一九八八，廣州。

⑨ 栗田靖之：チベットの自然と人，頁一五。文刋チベットの言語と文化，多樹社，昭和六二，東京。

⑨ 吐蕃的政治中心乃隨著時間，由南而北漸次遷移，在吐蕃初期，藏布江南面的雅礱河谷具無上的重要性，其地有窮結城堡及吐蕃贊普墳塋。爾後此政治中心又遷徙到藏布江北面的紅岩（Brag dmar，即今桑耶區）、循堡（Zung mkhar 位於沿藏布江距桑耶之西數哩）等均在藏布江與拉薩河之間，靠藏布江北面的桑耶平原地區。然後是拉薩，拉薩是贊普夏牙所在。

⑩ G. Tucci, *Minor Buddhist Texts*, Ⅱ. PP 285–286, Roma, 1958.

元代薩迦政權的政治中心，位於藏布江南岸支流當楚河流域附近的薩迦（Sa skya）。明代帕摩竹政權的政治中心，在藏布江南岸支流雅礱河注入藏布江口的澤當稍南，爲乃東（sNe gdong）。清代達賴政權的政治中心則在藏布江北岸拉薩河流域的拉薩（lHa sa）。

⑪ 栗田靖之前引文，頁一八。

⑫ 張榮祖、鄭度、楊勤業：西藏自然地理，頁三，科學出版社，一九八二，北平。

⑬ 崑崙山以北地區爲塔里木盆地，爲一閉塞盆地，雨量在一百公釐以下，高度在八百至一千四百公尺之間，中間大部爲沙漠。居民居住在綠洲，均屬突厥族系民族。以南地區則爲藏北高原，爲一冰蝕湖群高原，平均高度在五千公尺，冬季屬無人地帶，夏季則有藏族放牧畜群。

⑭ 栗田靖之前引文，頁一四。中共西藏自治區的範圍包括有西藏高原及金沙江以西的西康省，而西康省已裁撤。

⑮ 栗田靖之前引文，頁一四—一五。

⑯ 張逢旭、雷達亨、田正雄：青海畜牧，頁二九五，青海人民出版社，一九八七，西寧。

張明華：我國的草原，頁三八—三九，商務印書館，一九八二，北平。

⑰ 張逢旭、雷達亨、田正雄前引書，頁二九六。

⑱ 資治通鑑卷二一三、玄宗開元二十一年（七三三）二月丁酉條載：「金城公主請立碑於赤嶺，以分唐與吐蕃之境，許之。」逸舜出版社，臺北。

⑲ 栗田靖之前引文，頁二一。

⑳ 同註②。

㉑ 如亞洲三大河流：金沙江（下游爲長江）、瀾滄江（下游爲湄公河）、怒江（下游爲薩爾溫江）等河流，均起源於西藏的東部高原。位於喜馬拉雅山地爲世界最高山脈超過八千公尺的有：高僧贊峯（八〇一二公尺）、珠穆朗瑪峯（聖母峯八八四八公尺）、馬喀魯峯（八四八一公尺）、金城章嘉峯（八六〇〇公尺）。

㉒ 冊府元龜卷九六一外臣部土風三記載：「雷雨風雹霰雪，每隔日有之，夏節氣如中土暮春之月，山有積雪……地有冷瘴，令人氣急，不甚爲害。」中華書局，民六一，臺北。又如藏北高原，夏天降雹下雪，瞬間內天氣急變，刮起大風，雪朵飛揚，好不驚人。在拉薩周邊，亦可見天氣的急變，夏天常常鳴雷。見栗田靖之前引文，頁二一。

㉓ 冊府元龜卷九六一外臣部土風三記載吐蕃族性爲：「好咒誓而多疑忌，敬信釋氏，諂鬼神。」另見李方晨：藏族特性、生活方式與社會風俗，頁六，反攻三一三期。青木文教：西藏文化的新研究，頁七五，蒙藏委員會印行，民五二，臺北。拙著：唐代吐蕃政治制度之研究，頁七〇，文刊國立政治大學學報第六十期。

㉔ 關於建立吐蕃王朝的窣勃野氏族的起源地，學界有數種不同的看法：丹麥學者哈爾氏（Erik Haarh）認爲係由工布地區轉至山南地區的雅礱河谷。日本學者山口瑞鳳氏認爲由阿里地區遷徙至雅礱河谷。而大部份學者的看法，認爲起源於雅礱河谷。

請參閱 Erik Haarh, *The Yar lung Dynasty*, pp 271-275. Kφbenhavn 1969.

山口瑞鳳：チベットの歷史，頁七〇，文刊チベットの言語と文化，多樹社，昭和六二，東京。

㉕ 黃顥譯註：《賢者喜宴（mkhas pa'i dga' ston）》摘譯㈠，頁四一，文刊西藏民族學院學報一九八〇年四期。其稱：近年來有些藏學研究者研究發現，Bod 字在古代藏語中有「農業」之意，例如「六世班禪貝甸益喜傳」中，記稱「農牧區諸百姓」爲「Bod' brog si mi ser rnams……」又見「五世達賴傳」三一頁。故此推想吐蕃以雅礱部落爲主創建，而雅礱部落是以農業發達爲實力，並進而統一全吐蕃之地的……。

㉖ 據山口瑞鳳氏之研究，認爲約當西元五世紀中葉時期，吐蕃第七代贊普止貢贊普（Dri gum btsan po），以雅礱爲據點，掌握了今天後藏地區的江孜（在年楚河流域），而與當地的地方勢力洛昂達孜（Lo ngam rta 'dsi）衝突被殺。其後由贊普的旁系乍氏（sPrags）的遺腹子茹拉杰（Rus la skyes），襄助贊普的後裔，與贊普母支工布聯盟，消滅了洛昂達孜。詳見山口瑞鳳前引文，頁七一。

㉗ 按居住於平均海拔四千公尺以上之青康藏高原的吐蕃人，其體質特徵爲：皮膚厚且致密，毛孔並甚稀少，皮下脂肪發達，是以能耐寒耐燥，而不宜於炎熱溽濕地方居住。又如十一世紀時之瑪巴譯師云：「最困難是莫八塘，到了一個大荒原，連牛馬也困頓難行。行經喀那，氣候奇寒，雖在盛夏也要凍裂指膚。絨和泥婆羅又氣候炎熱。恒河洪流，驚濤駭浪，令人畏怖！加以途經邊荒，旱災時間，盜匪遍地。」由此可知吐蕃實視入

印爲畏途。

詳見任乃強：西康圖經、民俗篇，頁十一，新亞細亞學會，民二三，南京。王忠：新唐書吐蕃傳箋證，頁三三—三四，科學出版社，一九五八，北平。

㉘ 敦煌本吐蕃歷史文書吐蕃贊普傳記第六記載有：「myag ni dags po″ rkong po′ myang po kun kyang log″」。其中之「nyag ni」，王堯、陳踐二位譯者，並未意譯，僅以音譯，其譯爲：「聶尼達保、工布、娘布等均公開叛變。」山口瑞鳳則認爲「nyag ni」一詞有「同一氏族」的意義。因此應譯爲「同族達布、工布、娘布均公開叛變」。詳見王堯、陳踐：敦煌本吐蕃歷史文書，頁六五—六六、頁一三九。民族出版社，一九八〇，北平。山口瑞鳳：吐蕃王國成立史研究，頁三四〇，岩波書局，一九八三，東京。

㉙ 征服拉薩河流域者，爲松贊干布之父論贊弄囊（sLon btsan rlung nam），約與隋朝同時期。

㉚ 敦煌本吐蕃歷史文書吐蕃贊普傳記第八，記載有關松贊干布之妹賽瑪噶（Sad mar kar）嫁與羊同王李迷夏，以口信及大粒古舊松耳石三十顆獻給松贊干布。松贊干布接獲口信及松耳石心想：若敢於攻打李迷夏則佩帶此松耳石，若不敢進擊則儒怯與婦人相似，著女帽可也。於是下令發兵滅羊同。詳見王堯、陳踐前引書，頁一四五—一四八。

㉛ 松田壽男著、周偉洲譯：吐谷渾遣使考（下），頁九七—九八，文刊西北史地一九八一年第三期。松田壽男所指的五個動脈的心臟部位爲：㈠北中國，特別是從渭水盆地經湟水流域西行的路線；㈡從漠南達涼州（武威），縱斷南山山脈南下路線；㈢東行西域南，從鄯善折向東南間的路線；㈣從拉薩方面的西藏中心部分渡長江上游（金沙江），北上路線；㈤從南中國的四川北行向青海方面的路線——的交會點。

㉜ 唐蕃境界錢長逾萬里，青海河湟納地區最居中，又有大河及其支源湟水，洮水南北並列自西東流，使此一地區成爲槽型地帶，地勢平坦，較唐蕃接境之其他地區更易進出。請見嚴耕望：河湟青海地區軍鎭交通網，頁五七〇，文刊唐代交通圖考第二卷，中央研究院歷史語言研究所，民七四，臺北。

㉝ 祝啓源：唃厮囉—宋代藏族政權，頁二二〇，青海人民出版社，一九八八，西寧。

另大陸學者趙榮認爲，青海道沿湟水河谷，西經青海湖南北，進入柴達木盆地，沿盆地北緣或南緣的水草帶西行，由盆地西北的今金雁山口進入新疆；或由北部行，經今當金山口至敦煌。詳見趙榮：青海古道探微，頁六一，文刊西北史地，一九八五，四期。另參見嚴耕望，前引文，頁五〇二、五五二～五五三。嚴先生文中所述者，最爲詳實，其云由赤嶺西行沿青海湖南岸至伏羅川吐渾故城北道，可通往且末，于闐。另由鄯州西行青海湖北岸經伏俟城，亦通西域。

㉞ 林師恩顯：清朝在新疆的漢回隔離政策，頁七—一〇。臺灣商務印書館，民七七，臺北。

㉟ 蔣師君章：中國邊疆與國防，頁二三四，黎明文化事業公司，民六八，臺北。

松田壽男著，陳俊謀譯：古代天山歷史地理學研究，頁一六—一八，中央民族學院出版社，一九八七，北平。

㊱ 漢書卷九十六下，西域傳載：「贊曰：孝武之世，圖制匈奴，患其兼從西國，結黨南羌，迺表河曲，列四郡，開玉門，通西域，以斷匈奴右臂，隔絕南羌、月氏。」藝文印書館，臺北。

由以上記載，可以了解北亞游牧民族的策略。

㊲ 才讓：青藏高原對藏族社會的影響，頁二一一—二一六，文刊西北民族研究，一九八八年二期。

㊳同前註。
㊴通典卷一九〇、邊防六、吐蕃。新興書局，民五二，臺北。
㊵舊唐書卷九七、郭元振傳。
㊶王師吉林：唐代南詔與李唐關係之研究，頁一六八，中國學術著作獎助委員會，民六五，臺北。
㊷王師吉林認爲，在吐蕃擴張之初，人所注意者，僅爲吐蕃與唐朝在青海及西北之衝突，忽略吐蕃與唐在姚州之爭奪。詳見王師吉林前引書，頁一二五—一二八。
㊸歐陽師無畏：鉢的疆域和邊界，頁一四四—一四五，文刋西藏研究，中國邊疆歷史語文學會，民四九，臺北。
㊹資治通鑑卷二二六，代宗大歷十四年（七七九）九月條載：「……冬，十月，丁酉朔，吐蕃與南詔合兵十萬，三道入寇，一出茂州，一出扶、文；一出黎、雅，曰：『吾欲取蜀以爲東府。』……」
㊺蔣師君章：中國邊疆與國防，頁二四二—二四三。
㊻森安孝夫著．鍾美珠、俊謀譯：中亞史中的西藏—吐蕃在世界史中所居地位之展望，頁一一五，文刋西藏研究，一九八七年四期。
㊼舊唐書卷一九六上，吐蕃傳。
新唐書卷二一六上，吐蕃傳。鼎文書局點校本，臺北。
㊽請參閱拙著：唐代吐蕃政治制度之研究，頁五五—五九。
㊾唐代吐蕃爲因應軍務倥偬與干戈時興的需要，以軍隊編組方式，按照吐蕃各地民族部落劃分軍區，組織百

姓，形成特殊的地方行政體系，又有生產的功能，此卽結合行政、軍事及生產三位一體的制度，以符合容易動員、簡單編制的要求。請參閱拙著：唐代吐蕃政治制度之研究，頁六九、八一—八二。

㊿ 山口瑞鳳：吐蕃王國成立史研究，頁三四六—三四七，頁五〇三。

(51) 敦煌本吐蕃歷史文書吐蕃贊普傳記第二載：「王子赤松贊（卽松贊干布）之時，娘莽布支尙囊受命收撫蘇毗諸部，歸於治下。娘莽布支尙囊以智謀使人、馬均不受損傷而徵撫敵部，徵其稅賦，有如種羊領群之方法，以舌劍唇槍撫服庶民百姓如同對本部民戶……。」見王堯、陳踐前引書，頁一二六。

(52) 貞觀八年（六三四）十一月己丑，唐太宗下詔大擧討吐谷渾，以李靖爲西海道行軍大總管，兵分二路進向青海。大軍踰積石山。大戰數十，多所殺獲，殘其國，國人多降。吐谷渾經此摧殘，六畜損失幾乎殆盡，人口被俘斬及傷亡者無數，吐谷渾國力徹底崩潰。

(53) Christopher I. Beckwith, *The Tibetan Empire in Central Asia* p. 22 Princeton, 1987.

(54) 資治通鑑卷一九五，太宗貞觀十二年（六三八）八月條載：「……吐蕃聞突厥、吐谷渾皆尙公主，遣使隨德遐入朝，多賚金寶，奉表求婚；上未之許。使還者，言於贊普棄宗弄贊曰：『臣初至唐，唐待我甚厚，許尙公主。會吐谷渾王入朝，相離閒，唐禮遂衰，亦不許婚。』弄贊遂發兵擊吐谷渾。……」

(55) 王師吉林：從大非川之役到中宗時代與吐蕃的關係，頁二二一—二二三，文刋西藏研究論文集第二輯，西藏研究委員會，民七八，臺北。王師吉林認爲唐朝雖知吐谷渾之危險，但由於對高麗用兵，國家與百姓俱困，怕再開一戰場，所以唐高宗不願再生事端，對吐蕃百般容忍。

(56) 青海高原的自然環境，大抵與西藏高原相似。因此吐蕃熟諳青海的氣候與地形，冊府元龜卷九六一外臣部土風三載：「一有鹿服泉。諸山川亦遍出泉，其泉口大者丈餘，小者一、二尺，水深尺餘。其馬歷泉口行，止之，勇不失脚。與漢戰，輒引入此地，漢馬顛躓，因而敗績。」由此可證吐蕃利用地形對付唐軍。另因李唐曾遣大軍蹂躪吐谷渾，因此吐谷渾的貴族與百姓均傾向於吐蕃。請參閱王忠前引書，頁四〇。

57 王師吉林前引文，頁一三。

58 資治通鑑卷二二三，代宗廣德元年（七六三）七月。另參閱森安孝夫著・鍾美珠、俊謀譯前引文，頁一一四。瓜州於西元七七〇年陷於吐蕃，七八〇年吐蕃陷沙州。

59 森安孝夫著・鍾美珠、俊謀譯前引文，頁一一四。

60 傅樂成：迴紇馬與朔方兵——唐朝與迴紇外交關係的討論，頁三一〇，文刊漢唐史論集，聯經出版事業公司，民六六，臺北。

61 傅樂成前引文，頁三一四～三一五。另見湯承業：李德裕研究，頁二七一、頁三一三。臺灣學生書局，民六三，臺北。

62 回紇以向唐稱臣，爲德宗子，每使來不過二百人，印馬不過千匹，無得攜中國人及商胡出塞等五事爲條件，方得德宗允准和親。許以咸安公主。回紇遣其妹及大臣等三千餘人來迎，執禮甚恭曰：「昔爲兄弟，今爲子婿，半子也。若吐蕃爲患，子當爲父除之！」因詈辱吐蕃使者以絕之。詳見資治通鑑卷二三三，德宗貞元三年（七八七）九月，及同書同卷德宗貞元四年（七八八）九月。

63 初期的回紇與吐蕃之間，因中間隔有河西走廊和安西四鎮，故無直接發生國交的可能。至吐蕃陷河西走廊與安西四鎮，回、蕃成爲直接接界的鄰國。請參閱李符桐：回鶻史，頁六五，文風出版社，民五二，臺北。

㊹ 回、蕃在北庭的鏖戰，對回紇最大的影響，在於其國內乘大相頡于迦斯引重兵往援北庭，發生了政變。回紇忠貞可汗遭其弟所弒，國人不服，次相又殺之，立忠貞子阿啜。待頡于迦斯回國，次相與阿啜畏懼其握有兵權，皆卑屈事之，造成權相把政，亂象已呈。對吐蕃的影響則是，因與回紇血戰，吐蕃死傷甚重，而徵兵於南詔，迫使「內雖附唐，外未敢叛蕃」之南詔，下定決心，聯結李唐以對抗吐蕃。

㊺ 敦煌本吐蕃歷史文書吐蕃大事紀年狗年（七三四）載：「王姐卓瑪嫘遣嫁突騎施可汗為妻。」同書同卷龍年（七四〇）載：「嫁王姐墀瑪類與小勃律王為妻。」見王堯、陳踐前引書，頁一一六、頁一一七。

㊻ 新唐書卷二二二上，南蠻上、南詔傳。

㊼ 森安孝夫著、鍾美珠、俊謀譯，前引文，頁一一五。

㊽ 張兆理：中國回教發展史紀要，頁三八，文刋中阿文經雙月刋第六十二期。

㊾ 郭大烈：唐代吐蕃經營西南的歷史作用，頁九七，文刋西藏研究一九八三年第三期。

㊿ 同㊷。

(71) 新唐書卷二一六上，吐蕃傳。

(72) 敦煌本吐蕃歷史文書吐蕃大事紀年，龍年（七〇四）載：「dgun btsan pho chab srid la mywa la gshegs pa las/dgung du gshegs……（冬，贊普牙帳赴蠻地，薨）」。同書吐蕃贊普傳記第七載：「’ung gi ’og du ’jang la chab srid mdzad de mywa dkar po dpya’ phab/mywa nag po ’bang su bkug pa la stsog ste/（後贊普又推行政令於南詔，使白蠻來貢賦稅，收黑蠻歸於治下。）引文中之「mywa」蠻，指烏蠻、白蠻等地，為唐代分布於四川、雲南一帶的東爨及洱海一帶的地區。詳見

王堯、陳踐前引書，頁二四、六八、一〇九、一四一、二四四。

⑬ 墀德祖贊有一妃名爲尺尊（jo mo khri btsun），敎法史料載該王妃之全名爲「蔣末尺尊（ljang mo khri btsun）」，理查遜氏（H.E. Richardson）認爲此妃係來自於南詔的一部蠻地。墀德祖贊與尺尊育有一子，名爲「蔣託拉本（'jang tsha lha bon）」，此名之意爲該王子係爲 'jang（南詔）方面的女性所生。詳見拙著：吐蕃贊普墀松德贊研究，頁一四三，臺灣商務印書館，民七八，臺北。

⑭ 唐之邊吏雲南太守張虔陀，對前來謁見都督之南詔人妻，皆加以侵佔，且多所徵求，閣邏鳳多不應，虔陀不但遣人辱罵之，且密奏其罪惡。而劍南節度使鮮于仲通又褊急寡謀。迫使閣邏鳳陰結吐蕃，舉兵反唐。吐蕃亦乘機軍援南詔，二者結爲兄弟之國。

請參閱舊唐書卷一九七南詔蠻傳、新唐書卷二二二上，南詔傳、王堯、陳踐前引書，頁一四一—一四三。

⑮ 請參閱敦煌本吐蕃歷史文書吐蕃贊普傳記第七。王堯、陳踐前引書，頁一四一—一四三。

⑯ 青海地區無法屯田，所有糧草輜重均由內地駝運，後勤補給線過長，易爲吐蕃截斷或突擊，在運送過程中，因氣候、地形關係，至爲艱困。舊唐書卷一九八，吐谷渾傳載：「……侯君集與江夏王道宗趣南路……經塗二千餘里空虛之地，盛夏降霜，多積雪，其地乏水草，將士噉冰，馬皆食雪……。」由此可見青海地區行軍作戰之艱困。

⑰ 舊唐書卷一九六下，吐蕃傳載：「……吐蕃以其衆外潰，遂北寇靈、朔，陷麟州。詔韋皐出兵成都西山以紓北邊。」

⑱ 資治通鑑卷二三四，德宗貞元十年（七九四）春正月條。

⑲ 舊唐書卷一四〇，韋皐傳載：「（貞元）十七年，……贊普以其衆外潰，遂北寇靈、朔，陷麟州。德宗遣使至成都府，令皐出兵深入蕃界……兵馬使何大海、靖義等及磨些蠻、東蠻二部落主苴那時等兵四千進攻昆明城、諸濟城……遂進攻維州。救軍再至，轉戰千里，蕃軍連敗。於是寇靈、朔之衆引而南下，贊普遣論莽熱以內大相兼東境五道節度兵馬都群牧大使，率雜虜十萬而來解維州之圍。蜀師萬人據險設伏以待之……發伏掩擊……蕃軍自潰，生擒論莽熱，虜衆十萬，殲夷者半。」

⑳ 王師吉林前引書，頁二三。

㉑ 張天路：西藏人口的變遷，頁一、頁一四，中國藏學出版社，一九八九，北平。

㉒ 吐蕃於七世紀後半期，進入了新疆西半部，在此曾有短暫的統治。八世紀前半期，曾由青海路侵入塔里木盆地。自八世紀後半期至九世紀前半期約一個世紀中，吐蕃控制著天山南路及部份天山北路。請參閱森安孝夫，勞江譯：吐蕃在中亞的活動，頁一二九—一三〇，文刊國外藏學研究譯文集第一輯，西藏人民出版社，一九八五。

㉓ 同註②。

㉔ 山口瑞鳳前引書，序言部份，頁Ⅵ。

㉕ 資治通鑑卷二三三，德宗貞元三年（七八七）九月。

㉖ 陳寅恪：外族盛衰之連環性及外患與內政之關係，頁一〇〇，文刊唐代政治史述論稿，臺灣商務印書館，人人文庫本，民六二，臺北。

※圖版見頁九四三—九四六。

王堯、陳踐前引書，頁三四、六八、一〇九、一四一、二四四。

⑬ 墀德祖贊有一妃名爲尺尊（jo mo khri btsun），敎法史料載該王妃之全名爲「蔣末尺尊（ljang mo khri btsun）」，理查遜氏（H.E. Richardson）認爲此妃係來自於南詔的一部蠻地。墀德祖贊與尺尊育有一子，名爲「蔣詫拉本（'jang tsha lha bon）」，此名之意爲該王子係爲 'jang（南詔）方面的女性所生。詳見拙著：吐蕃贊普墀松德贊研究，頁一四三，臺灣商務印書館，民七八，臺北。

⑭ 唐之邊吏雲南太守張虔陀，對前來謁見都督之南詔人妻，皆加以侵佔，且多所徵求，閣邏鳳多不應，虔陀不但遣人辱罵之，且密奏其罪惡。而劍南節度使鮮于仲通又褊急寡謀。迫使閣邏鳳陰結吐蕃，舉兵反唐。吐蕃亦乘機軍援南詔，二者結爲兄弟之國。
請參閱舊唐書卷一九七南詔蠻傳、新唐書卷二二二上，南詔傳、王堯、陳踐前引書，頁一四一—一四三。

⑮ 請參閱敦煌本吐蕃歷史文書吐蕃贊普傳記第七。王堯、陳踐前引書，頁一四一—一四三。

⑯ 青海地區無法屯田，所有糧草輜重均由內地駝運，後勤補給線過長，易爲吐蕃截斷或突擊，在運送過程中，因氣候、地形關係，至爲艱困。舊唐書卷一九八，吐谷渾傳載：「……侯君集與江夏王道宗趣南路……經塗二千餘里空虛之地，盛夏降霜，多積雪，其地乏水草，將士噉冰，馬皆食雪……。」由此可見青海地區行軍作戰之艱困。

⑰ 舊唐書卷一九六下，吐蕃傳載：「……吐蕃以其衆外潰，遂北寇靈、朔，陷麟州。詔韋皐出兵成都西山以紓北邊。」

⑱ 資治通鑑卷二三四，德宗貞元十年（七九四）春正月條。

⑲ 舊唐書卷一四〇，韋皐傳載：「（貞元）十七年，……贊普以其衆外潰，遂北寇靈、朔，陷麟州。德宗遣使至成都府，令皐出兵深入蕃界……兵馬使何大海、靖義等及磨些蠻、東蠻二部落主苴那時等兵四千進攻昆明城、諸濟城……遂進攻維州。救軍再至，轉戰千里，蕃軍連敗。於是寇靈、朔之衆引而南下，贊普遣論莽熱以內大相兼東境五道節度兵馬都群牧大使，率雜虜十萬而來解維州之圍。蜀師萬人據險設伏以待之……發伏掩擊……蕃軍自潰，生擒論莽熱，虜衆十萬，殲夷者半。」

⑳ 王師吉林前引書，頁二三。

㉑ 張天路：西藏人口的變遷，頁一、頁一四，中國藏學出版社，一九八九，北平。

㉒ 吐蕃於七世紀後半期，進入了新疆西半部，在此曾有短暫的統治。八世紀前半期，曾由青海路侵入塔里木盆地。自八世紀後半期至九世紀前半期約一個世紀中，吐蕃控制著天山南路及部份天山北路。請參閱森安孝夫，勞江譯：吐蕃在中亞的活動，頁一二九－一三〇，文刊國外藏學研究譯文集第一輯，西藏人民出版社，一九八五。

㉓ 同註②。

㉔ 山口瑞鳳前引書，序言部份，頁Ⅵ。

㉕ 資治通鑑卷二三三，德宗貞元三年（七八七）九月。

㉖ 陳寅恪：外族盛衰之連環性及外患與內政之關係，頁一〇〇，文刊唐代政治史述論稿，臺灣商務印書館，人人文庫本，民六二，臺北。

※圖版見頁九四三－九四六。

韓杜關係論之察考

李　建崑

一、前　言

韓愈繼李杜之後，崛起於中唐，成爲貞元元和時期之大詩人。然而古人對韓愈之詩歌作品卻呈現愛憎參半之兩極態度：愛者認爲「雖杜甫亦有所不及」，憎者則貶爲「雖健美富贍，終不是詩」。其實，韓詩自有一種「雄直之氣，恢詭之趣，足以鼎峙天壤，模範百世。」①李、杜、韓三家詩各有極詣，早在唐司空圖《題柳柳州集後》，即已指出：「韓吏部歌詩數百首，其驅駕氣勢，若掀雷抉電，撐抉於天地之間，物狀奇怪，不得不鼓舞而徇其呼吸也。」②清·沈德潛《唐詩別裁集》卷七亦云：「昌黎從李杜崛起之後，能不相沿襲，別開境界，雖縱橫變化不迨李杜，而規模堂廡，彌見闊大，洵推豪傑之士。」③韓愈在詩史中獨樹一幟、自成家言之地位誠然不可動搖。然而論及韓愈與前輩作家之關係時，又以杜甫最受矚目。歷代詩文評論者，對杜韓關係也有較多討論。本文擬根據現存資料，針對韓詩學杜之問題，進行較爲細密之探討。或能印證前賢之論見，對韓愈與杜甫之關係，更深入了解。

二、韓愈詩中之杜甫

就《韓昌黎集》來看，韓愈僅僅對少數當代詩人表示推許。如：《送孟東野序》云：「唐之有天下，陳子昂、蘇源明、元結、李白、杜甫、李觀，皆以所能鳴。其存而在下者，孟郊東野始以其詩鳴，其高出魏晉，不懈而及於古，其他浸淫乎漢氏矣。」就是一個明顯的例證。宋祈《新唐書・杜甫傳》特別指出：「昌黎韓愈於文章愼許可，至歌詩獨推曰：『李杜文章在，光燄萬丈長』誠可信云。」（《新唐書》卷二百零一）統計韓愈提及杜甫之詩篇，共有六首，分別是：《醉留東野》、《感春四首》之二、《薦士》、《石鼓歌》、《酬司門盧四兄雲夫院長望秋作》、《調張籍》。

貞元十四年春，孟郊離開汴州，臨行賦詩作別，韓愈作《醉留東野》以酬之。其中有四句云：「昔年因讀李白杜甫詩，常恨二人不相從。吾與東野生並世，如何復躡二子蹤？」在此，透露韓愈昔年嘗讀李杜詩，對於李杜不能長相過從，深感遺憾。細察李杜相互投贈之作，至少有下列數首：如杜甫《送孔巢父》詩云：「南尋禹穴見李白，道甫問訊今如何。」《不見》詩云：「不見李生久，佯狂眞可哀。」《春日憶李白》詩云：「何時一樽酒，重與細論文？」李白《送杜二》詩云：「何時石門路，重有金樽開？」《沙丘城下寄杜甫》詩云：「思君若汶水，浩蕩寄南征。」這些詩，大概便是「常恨兩人不相從」一語之所本。而韓愈儼然將自己與李杜相提並論。

此外，韓愈在《感春四首》之二有六句云：「近憐李杜無檢束，爛漫長醉多文辭，屈原《離騷》二十五，不肯餔啜糟與醨。惜哉此子巧言語，不到聖處寧非癡？」這四首詩是韓愈於憲宗元和元年掾江陵，擔任法曹參軍時所作。憲宗卽位，雖使韓愈自郴州移官江陵，卻仍受到朝中政敵之制壓，心中之抑鬱，自不待言。因此不免認同李杜之頹廢好酒、爛漫長醉來！按李白《春日醉起言志》云：「處世若大夢，胡爲勞其生？所以終日醉，頹然臥前楹。」又《月下讀酌》四首之三云：「一樽齊死生，萬事固難審。醉後失天地，兀然就孤枕。」杜甫《杜位宅守歲》詩云：「誰能更拘束，爛醉是生涯。」這種酒傾愁卽不來，醉後不知有身之生活態度，對照堅持獨醒的屈原，那麼屈原顯然是個不到「聖處」（酒）之癡人。韓愈之眞意其實並不是譏嘲屈原，而是借屈原發洩自身之感慨。

又韓愈在《薦士》詩中云：「國朝盛文章，子昂始高蹈。勃興得李杜，萬類困陵暴。後來相繼生，亦各臻閫隩。」這是就詩歌源流論述唐以來重要詩人。所謂「萬類困陵暴」，當是以奇險硬語形容李杜勃然崛起、無人抵擋之態勢，意在表達韓愈極度之推崇。至如《石鼓歌》曰：「張生手持石鼓文，勸我試作石鼓歌。少陵無人謫仙死，才薄將奈石鼓何？」又《酬司門盧四兄雲夫院長望秋作》曰：「嗟我小生値強伴，怯膽變勇神明鑑。馳坑跨谷終未悔，爲利而止眞貪饞。高揖羣公謝名譽，遠追甫白感至誠。樓頭完月不共宿，其奈就缺行攙攙。」則以十分虔敬之語氣表示李杜在心中之份量。

韓集提及李杜之詩篇，最値得重視的當推《調張籍》，詩云：

李杜文章在，光焰萬丈長。不知羣兒癡，那用故謗傷？蚍蜉撼大樹，可笑不自量。伊我生其後，舉頸遙相望。夜夢多見之，晝思反微茫。徒觀斧鑿痕，不矚治水航。想當施手時，巨刃磨天揚。垠崖劃崩豁，乾坤擺雷硠。惟此兩夫子，家居率荒涼。帝欲長吟哦，故遣起且僵。翦翎送籠中，使看百鳥翔。平生千萬篇，金薤垂琳琅。仙官勑六丁，雷電下取將。流落人間者，太山一毫芒。我願生兩翅，捕逐出大荒。精神忽交通，百怪入我腸。刺手拔鯨牙，舉瓢酌天漿。騰身跨汗漫，不著織女襄。顧語地上友，經營無太忙。乞君飛霞珮，與我高頡頏。

這首詩，據清・方世舉《昌黎先生詩集注》之說法，是「有爲而作」的。因爲，同代詩人白居易在《與元九書》中大肆抨擊李杜詩缺乏風雅比興，頗有「李杜交譏」之傾向，而與白居易倡和之元稹也在《杜工部墓誌銘》之中「揚杜貶李」；韓愈深不以爲然，遂作此詩以平抑元、白。張籍雖爲韓門弟子，其樂府詩卻與元、白之作風相近，因此，韓愈在詩題中著一「調」字，頗有「調侃嘲戲」之意。

全篇四十句，起首六句是讚美李杜之名言。謂李杜詩文留存後世，如萬丈光燄，千古常照。不知何故，竟有愚兒，詆毀中傷？猶如蚍蜉欲撼大樹，可笑不知量力。「伊我」四句，描述自已對李杜之崇仰。所謂「舉頸相望」、「夜夢」、「晝思」，都在表白嚮慕之誠。「徒觀」六句，以夏禹治水作比，謙稱雖讀李杜詩文，未能窮源竟委，一探李杜之創作歷程。猶如雖見治水遺跡，卻難知夏禹治水之航程。續以夏禹疏鑿山峽比擬李杜之下筆爲文，設想巨斧一揮，垠堐分裂，參天巨石，搖落谷底，發出如雷巨響。這種化虛爲實之手法，雖非韓愈之獨創，然就比擬之巧、氣勢之雄、造語之奇而言，韓愈堪稱獨步。《「惟此」六句，筆峰一轉，接敍李杜家居荒涼、不遇於時之命運。韓愈將李杜在世之處境歸爲天意，「謂係天帝欲其永遠吟哦，遂使二人苦樂相繼、沉浮不定，一如剪去翎羽之籠鳥，無法振翅高翔。「平生」六句，敍李杜詩文留存至今，不過百千之一而已，其作有如金薤之書、琳琅美玉，早爲天帝勑令六丁六甲所收取，此蓋暗指今人所見，既非全文，豈可妄自謗傷？「我願」八句，謂已願化生兩翅，於天地八荒之中，上下求索；出於至誠，往往能與李杜之精神相感通，吸取千奇百怪之詩境，入我肚腸。吾詩遂能高至於酌天漿，深至於能拔鯨牙；騰身跨上汗漫宇宙，無需穿著織女之天衣。在此，韓愈自述追隨李杜之心得，可謂是對李杜無上之推崇。結尾四句，評論張籍作詩，經之營之，無乃太忙？因而奉勸他一同向李杜學習。

誠如宋・胡仔《苕溪漁隱叢話》引《雪浪齋日記》所評：「退之參李杜，透機關，於《調張籍》詩見之。」④韓愈在《調張籍》詩中，觝排後人對李杜詩之苛責，揭示李杜詩之精神特質，貢獻自己上下求索、追隨李杜之經驗，並且以這一首詩作爲示範。不論創意鑄言，都是戛戛獨造，本身便是光燄萬丈之奇觀。

由於前述六首韓詩，皆爲李杜並舉，因此，一些清代詩評者如：沈德潛在《唐詩別裁》卷七、趙翼《甌北詩話》卷三，皆主張：「昌黎則李杜並尊。」其實，韓愈學杜多於學李，歷代詩評者對於杜、韓關係之討論也遠超過李、韓。根據錢仲聯《韓愈詩繫年集釋》所附《集說》來統計，前人論及韓愈學杜或持與杜詩作比較之篇章，至少有：㈠《青青水中蒲》㈡《此日足可惜一首贈張籍》㈢《古意》㈣《答張十一功曹》㈤《赴江陵途中寄贈王二十補闕李十一拾遺李二十六員外翰林三學士》㈥《岳陽樓別竇司直》㈦《永貞行》㈧《寒食日出游夜歸張十一院長見示病中憶花九篇因此投贈》㈨《答張徹》㈩《南山詩》㈩㈠《贈崔立之評事》㈩㈡《送文暢師北游》㈩㈢《祖席二首》㈩㈣《送侯參謀赴河中幕》㈩㈤《石鼓歌》㈩㈥《奉和庫部盧四兄曹長元日朝迴》㈩㈦《盆池五首》㈩㈧《晉公破賊回重拜臺司以詩示幕中賓客愈奉和》㈩㈨《左遷至藍關示姪孫湘》㈡㈩《宿曾江口示姪孫湘二首》㈡㈠《詠燈花同侯十一》㈡㈡《早春呈水部張十八員外二首》㈡㈢《奉和杜相公太清宮紀事陳誠上李相公十六韻》㈡㈣《和水部張員外宣政衙賜百官櫻桃詩》。而前人論及韓愈學李之篇章僅僅以下數篇：㈠《調張籍》㈡《雜詩》㈢《盧郎中雲夫寄示送盤谷子詩兩章歌以和之》。

清・王闓運《湘綺樓說詩》卷一便指出：「韓愈並推李、杜，而實專於杜。」⑤考其原因，或是性情與信念上的差異所致。李白天才橫溢、狂放不羈、好酒鍊丹、學仙學劍，從來不是適合官場之人；而韓愈則為學問篤實、排拒佛道的官紳型詩人，一生宦海浮沉，飽經世故，卒於官守。按宋・周必大《二老堂詩話》云：

子美詩「自比稷與契」，退之詩云「事業窺稷契」。子美未免儒者大言，退之實欲踐之也。⑥

又清・方東樹《昭昧詹言》卷八云：

杜韓盡讀萬卷書，其志氣以稷、契、周、孔為心，又於古人詩文變態萬方，無不融會於胸中，而以其不世出之筆力，變化出之，此豈尋常齷齪之士所能辨哉！⑦

可見韓愈與杜甫有較多之相似性，韓愈學杜多於學李，也就不難理解。

三、前賢對杜韓關係之討論

歸納前人評論杜韓關係之資料，大概可分爲五類：一是杜韓作風之比較，二是自用韻推測詩作之承襲關係，三是自句法之相類說明韓愈之學杜，四是自用意之相類推斷韓愈之學杜，五是自作法之相類推斷韓愈之學杜。

(一)關於杜韓作風之分析比較

如宋·張戒《歲寒堂詩話》卷上有云：

退之詩，大抵才氣有餘，故能擒能縱，顛倒崛奇，無施不可。放之則如長江大河，瀾翻洶湧，滾滾不窮；收之則藏形匿影，乍出乍沒，姿態橫生，變怪百出，可喜可愕，可畏可服也。蘇黃門子由有云：唐人詩當推韓、杜，韓詩豪，杜詩雄，然杜之雄亦可以兼韓之豪也。此論得之。詩文字畫，大抵從胸臆中出，子美篤於忠義，深於經術，故其詩雄而正；李太白喜任俠，喜神仙，故其詩豪而逸；退之文章侍從，故其詩文有廊廟氣。退之詩正可與太白為敵，然二豪不並立，當屈退之第三。⑧

此段評論分析比較李、杜、韓三家詩之作風，十分精闢，値得注意。轉引蘇子由之精語，尤有意義。張介強調韓愈之才情，認爲韓詩雄奇變怪、波瀾壯闊之風格，都是才情所致，若從《進學解》來看，韓愈其實下過極深的學者功夫。杜甫也自稱「讀書破萬卷」，可見杜韓都是以學問爲根柢的詩人。韓文杜詩所以號稱「不蹈襲」，所以被譽爲「無一字無來歷」，原因在此。韓愈「約六經爲文」，杜甫「篤於忠義，深於經術」，卻同樣對於古人詩文種種技巧境界，融會胸中，變化運用。然因性情或際遇之相異，而有不同之作風。就所謂「韓詩豪，杜詩雄，然杜之雄亦可以兼韓之豪也。」不難獲悉杜甫之博大。此外，明・李東陽《懷麓堂詩話》云：

詩有五聲，全備者少，惟得宮聲者最優。蓋可以兼衆聲也。李太白、杜子美之詩為宮，韓退之為角，以此例之，雖百家可知也⑨。

其所謂「杜爲宮聲，韓爲角聲」從某一角度來看，正是「杜可以兼韓」之意。至於清・王士禎《帶經堂詩話》卷一則云：

宋明以來詩人，學杜子美者多矣。予謂退之得杜神，子瞻得杜氣，魯直得杜意，獻吉得杜體，鄭繼之得杜骨，它如李義山、陳無己、陸務觀、袁海叟輩又其次也，陳簡齋最下。《後村詩話》謂簡齋以簡嚴掃繁縟，以雄渾代尖巧，其品格在諸家之上，何也？⑩

則是從另一角度分析杜韓作風之關係。王士禎是清代「神韻說」之代表人物，其所謂「神」、「氣」、

「意」、「體」、「骨」，皆有詩學批評之特定意義，在此不擬深入探討其內涵；但是，由此不難獲悉韓愈之學杜，絕非僅僅在形式一面，而是在精神氣象一面。清・方東樹《昭昧詹言》云：

韓、蘇之學古人，皆求與之遠，故欲離而去之以自立。明以來詩家，皆求與人似，所以成剽竊滑熟。⑪

清高宗御選《唐宋詩醇》亦云：

其壯浪縱恣，擺去拘束，誠不簡於李，其渾涵汪洋，千彙萬狀，誠不減於杜。而風骨峻嶒，腕力矯變，得李杜之神而不襲其貌，則又拔奇於二子之外，而自成一家。⑫

皆爲極正確之看法。所謂「學古人，求與之遠」、所謂「得其神而不襲其貌」也。是學古人作品之金科玉律。然則韓愈學杜，究在何處別開生面？清・吳喬《圍爐詩話》卷二云：

於李杜後，能別開生路自成一家者，惟韓退之一人。既欲自立，勢不得不行其心之所喜奇崛之路。於李杜韓後，能別開生路者，惟李義山一人。既欲自立，勢不得不行其心之所喜深奧一路。⑬

清・趙翼《甌北詩話》卷三云：

韓昌黎生平所心摹力追者，惟李杜二公。顧李杜之前，未有李杜；故二公才氣橫恣，各開生面，遂獨有千古。至昌黎時，李杜已在前，縱極力變化終不能再闢一徑。惟少陵奇險處，尚有可推擴，故一眼覷定，欲從此闢山開道，自成一家。此昌黎注意所在也。然奇險處亦自有得失。蓋少陵才思所到，偶然得之；而昌黎則專以此求勝，故時見斧鑿痕跡。有心與無心異也。其實昌黎自有本色，仍在「文從字順」中，自然博大，不可捉摸，不專以奇險見長。恐昌黎亦不自知，後人平心讀之自見。若徒以奇險求昌黎，轉失之矣。⑭

吳喬指出韓愈爲求自立，勢不得不走「奇崛」之路，以「奇崛」作爲韓詩之基本風格，自然是十正確之看法。但看韓愈《調張籍》、《薦士》、《送無本師歸范陽》、《嘲鼾睡》、《南山詩》諸作即可證明。趙翼進一步說明韓愈追求「奇險」之原因，認爲韓愈生平心摩力追之人惟李白、杜甫，而李杜早已各有樹立，不易超越，惟有杜甫「奇險」一面，尚有開拓空間，遂專力於此。然而韓詩尚有「文從字順」一面堪稱本色，值得注意。細按趙氏之說，頗爲近實，像「陸渾山火一首和皇甫湜用其韻》、《月蝕詩效玉川子作》、《雙鳥詩》之類怪怪奇奇之作，或《嗟哉董生行》之類介乎詩文之間的詩篇，固然眩人耳目；較受後世注目的仍是：《答張十一》、《縣齋讀書》、《盆池五首》、《晚春》、《題楚昭王廟》之類平易沖淡的律絕；或《山石》、《秋懷詩》、《感春四首》、《岳陽樓別竇司直》、《八月十五夜贈張功曹》、《謁衡岳廟遂宿岳寺題門樓詩》之類，揉合陽剛、陰柔風格之古體詩。

(二)自用韻之相類推斷韓詩學杜

如宋・邵博《邵氏聞見後錄》卷十八曰：

杜子美《飲中八仙歌》「知章騎馬似乘船」，又「天子呼來不上船」，用兩「船」字韻；「汝陽三斗始朝天」，又「舉頭白眼望青天」，用兩「天」字韻。「蘇晉長齋繡佛前」，又「皎如玉樹臨風前」，又「脫帽露頂王公前」，用三「前」字韻。「眼花落井水底眠」，又「長安市上酒家眠」，用兩「眠」字韻。《牽牛織女詩》「蛛絲小人態，曲綴瓜果中」，又「防身動如律，竭力機杼中」，用兩「中」字韻。李太白《高陽歌》云：「鸕鶿杓，鸚鵡杯，百年三萬六千日，一日須傾三百杯」，用兩「杯」字韻。《廬山謠》云：「影落前湖青黛光，金闕前開三峰長」，又「翠影紅霞映朝日，鳥飛不到吳江長」，用兩「長」字韻。韓退之《李花》詩「冰盤夏薦碧實脆，斥去不御慚其花」，又「誰將平地萬堆雪，剪刻作此連天花」，用兩「花」字韻。《雙鳥》詩「兩鳥各閉口，萬象銜口頭」，又「百舌舊饒聲，從此常低頭」，用兩「頭」字韻。《示爽》詩「冬豈不夜長，達旦燈燭然」，又「此來南北近，里閭故依然」，用兩「然」字韻。《猛虎行》「猛虎死不辭，但慚前所為」，又「親故且不保，人誰信汝為」，用兩「為」字韻。子美、太白、退之，於詩無遺恨矣。當自有體耶？⑮

又宋・蔡夢弼《草堂詩話》卷二及宋・魏慶之《詩人玉屑》卷七亦有相似意見⑯。《詩人玉屑》引《孔毅夫雜記》指責「韓愈好押狹韻累句以示工，而不知重疊用韻之爲病也。」⑰歷來都認爲韓愈這類用韻方式學自杜甫《飲中八仙歌》。其實《昭明文選》所收《古詩》、曹植《美女篇》、謝靈運《述祖德詩》、《南圃》、《初去郡》，陸機《擬古詩》、阮籍《詠懷詩》、江淹《雜體詩》、王粲《從軍詩》，都有重疊用韻之現象，例證甚多，屢見不鮮。因此蔡夢弼以爲「杜子美、韓退之蓋亦倣古人之作。」魏慶之又另舉出韓愈《贈張籍》、《岳陽樓別竇司直》、《盧郎中雲夫寄示盤谷子詩兩章歌以和之》、《此日足可惜》等作亦重疊用韻。

㈢自句法之相類推斷韓愈之學杜

如宋・王楙《野客叢談》卷三《韓用杜格》曰：

杜子美《逢李龜年》詩曰：「岐王宅裏尋常見，崔九堂前幾度聞。正是江南好風景，落花時節又逢君。」韓退之《井》詩曰：「貫宜宅中今始見，葛洪山下昔曾窺。寒池百尺空看影，正是行人暍死時。」杜詩：「老妻畫紙為棋局，稚子敲針作釣鉤。」韓詩：「已呼儒人戛鳴瑟，更遣稚子傳清杯。」因之韓詩亦自杜詩來。⑱

又宋・范晞文《對牀夜語》卷一也自句法說明韓愈之學杜甫：

子厚：「西岑極遠目，毫末皆可了。」老杜有：「齊魯青未了。」劉禹錫：「一方明月可中庭。」老杜有「清池可方舟。」退之：「綠淨不可唾。」老杜：「自為青城客，不唾青城池。」乃知老杜無所不有。⑲

杜甫聲稱「語不驚人死不休」，韓愈力求「橫空盤硬語，妥貼力排奡」，韓愈在句法上肯定學自杜甫。從上引二例，已使用「不易其意而造其語」之法，此種變化成句的方法，正是黃山谷的換骨法。

(四)自用意之相類推斷韓愈之學杜

宋・王楙《野客叢談》卷九《韓杜詩意》曰：

子美《螢》詩曰：「幸因腐草出，敢近太陽飛。未足臨書卷，時能點客衣。隨風隔幔小，帶雨傍林微。十月霜露重，飄零何處歸。」退之詩曰：「朝蠅不須驅，暮蚊不須拍。蠅蚊滿八區，可盡與相革。得時能幾時，與汝恣啖咋。涼風九月到，埽不見蹤跡。」二詩皆一意，所以諷當世小人妄作威福者爾。⑳

宋・范晞文曰：「疾惡之意一也。然杜婉微而韓急迫。」㉑

此種不變詩旨而改變措辭之法，正是黃山谷「規模其意而形容之」的奪胎法。

(五)自作法之相類推斷韓詩之學杜

如清・方東樹《昭昧詹言》卷十一〈總論七古〉曰：

詩中夾以世俗情態、因苦危險之情，杜公最多，韓亦有之。山水風月，花鳥物態，千奇萬狀，天機活潑，可驚可喜，太白、杜公、坡公三家最長。古今興亡成敗，盛衰感慨，悲涼抑鬱，窮通哀樂，杜公最多，韓公亦然。以事實典重飾其用意，加以造創奇警，語不驚人死不休，此山谷獨有；然亦從杜中得來者，不過加以造句耳。雜以嘲戲，諷諫諧謔，莊語悟語，隨興生感，

隨事而發，此東坡之獨有千古也。㉒

再如清・陳衍《石遺室詩話》卷二十四曰：

杜陵古詩，往往將後面意撮在前面預說，使人不易看出線索。退之作文之善於蔽掩，即此法也。（《彙編》一五八頁）㉓

杜韓在作法方面確有許多相似之處，據筆者之考察，杜甫詩《惡樹》、《枯柟》、《病柏》、《枯椶》、《江頭五詠》等託物爲喩之手法，韓愈皆加以承襲，在韓詩《岐山下》、《鳴雁》、《雜詩四首》、《雙鳥詩》、《病鴟》、《射訓狐》、《南山有高樹行贈李宗閔》等託鳥爲喩之詩作中，充分發揮運用。詳見拙著《試論韓愈七首託鳥爲喩之古體詩》。㉔

四、韓詩學杜之審辨

在前賢論杜韓二家關係之資料中，亦有直指某首韓詩出於某首杜詩者，此種資料數量最多，出入也較大，茲舉數例。如宋・曾季貍《艇齋詩話》曰：「韓退之《南山》詩，用杜詩《北征》詩體作。」清・朱彝尊《批韓詩》謂韓愈《岳陽樓別竇司直》、《赴江陵途中寄贈王二十補闕李十一拾遺李二十六員外翰林三學士》「近《北征》」。清・黃鉞《昌黎詩贈注證訛》謂韓詩《此日足可惜一首贈張籍》「頗似老杜《北征》，第微遜其紆餘卓犖耳。」清・沈欽韓《韓集補注》謂韓詩《古意》「與杜甫《望西嶽》作意趣同。」清・顧嗣立《昌黎先生詩集注》謂韓詩《答張徹》「通首用對句，而以生峭之筆行之，便與律詩大別。少陵《橋陵》詩便是此種。」清・李黼平《讀杜韓筆記》謂韓詩《送侯參謀赴河中幕》可以和杜甫《送樊侍御赴漢中》、《送長孫侍御赴武威判官》、《送從弟亞赴河西判官》、《送韋評事充同谷判官》諸作爭勝。清・朱彝尊謂韓詩《盆池五首》「俚語俚調，直寫胸臆，頗似少陵《漫興》、《尋花》諸絕。」宋・范溫《潛溪詩眼》謂韓詩《和水部張員外宣政衙賜百官櫻桃詩》蓋學老杜《櫻桃詩》，「然搜求事跡，排比對偶，其言出於勉強，所以相去甚遠。」㉕茲略作審辨如次：

首就韓愈《古意》與杜甫《望岳》來看，兩詩皆以華山之傳說爲題材。韓愈是從華山之千葉蓮生出感興，強烈表示一種期待君上「膏澤下流」之意旨。而杜甫則句句點題，對華山路徑之險仄，極力形容一番，最後以華山多仙跡，極欲尋訪仙源作結。二詩之作意，其實性質不同。

其次就韓愈《縣齋有懷》、《答張徹》來看，與杜甫《橋陵三十韻因呈縣內諸官》最大的相似處是：皆爲五言長篇排律體。而《縣齋有懷》之篇幅達八十句，《答張徹》之篇幅達一百句，均較杜作六十句爲長。《答張徹》刻意使用生峭之筆法、新奇之屬對，組織成篇；《縣齋有懷》還使用仄韻變格，不論運思、對仗都比杜作遒鍊。

再就韓愈《此日足可惜一首贈張籍》與《南山》來看，其承襲杜甫《北征》之跡象則較爲明顯。《此日足可惜一首贈張籍》與《北征》同爲一百七十句，七百字之長篇五古。韓愈在詩中追溯與張籍結交之初以至今日相別之經過，字字從胸中流出，時而縷敘自身之經歷，全無對偶，卻不覺冗長零散。至於《南山》一首，極力鋪張南山形勢之險峻，靈異飄緲，光怪陸離。尤其中間連用五十一或字，再用十一疊字，雄奇恣縱，若無過人之才華，必不敢輕易嘗試。其實《南山》之格調與《北征》並不相同。清・方世舉以文章比況五言長篇，認爲杜甫之《北征》屬「序體」，而《南山》屬「賦體」。程學恂《韓詩臆說》謂《南山詩》，乃「變杜之體與相抑者也」。如《此日足可惜一首贈張籍》則是「同杜之體與相和者也。㉖」張夢機先生曾比較杜甫《北征》與韓愈《南山》，謂：

在風格上，《北征》憂念時事，沉壯鬱勃，《南山》以賦為詩，奇崛壯麗。在用筆上，《北征》工敍情事，善用景情相契的創作手法；《南山》虛摹物狀，極盡翻空逞奇的高度技巧。在章法上，《北征》波瀾老成，開闔盡變；《南山》蹊徑曲折，鐵縷細密。至於聲律上，則《北征》《南山》都平側相諧，音調合古。四者之中，三異一同，各臻極詣，互有千秋。」㉗

由此可見韓愈學杜，又處處想超越杜甫之精神十分堅定。

再看韓愈《送侯參謀赴河中幕》與杜甫《送樊侍御赴漢中》、《送長孫侍御赴武威判官》、《送從弟亞赴河西判官》、《送韋評事充同谷判官》四首。據《舊唐書》：至德二載二月，肅宗幸鳳翔，杜甫至鳳翔在夏四月，拜左拾遺。杜甫在鳳翔所作之五古作品，送判官者卽有四篇，各篇之章法、結構皆不同。其時戰亂方殷，天子蒙塵，朝中急需賢臣。杜甫在四首詩中，或敍時事、或詳委任，或表諸判官氣節、才幹、弘濟之能；或敍彼此交誼，或寫諸判官之勤於王事；無不感慨悲壯，諄諄付託，冀其撥亂反正，與尋常之送別迥然不同。韓愈與侯繼於貞元八年同舉進士，元和四年又曾同官學省，韓愈擔任過國子博士，侯繼擔任助敎。當時侯繼應河中晉絳慈隰節度使王鍔之辟，因作《送侯參謀赴河中幕》一詩以贈之。此詩亦五古長篇，前半追敍彼此交誼，後半正敍赴河中幕；詩中殷殷寄望侯繼襄助王鍔討平亂事，活彼黎烝。韓愈此詩前人雖有「板實」、「粗硬」之誚，與杜甫四首，確有若干相近之處。然非亦步亦趨之仿擬，而是承襲杜甫眞誠告語，諄諄付託之精神。

再看韓愈《盆池五首》與杜甫《漫興》、《尋花》諸絕句。杜甫經營草堂之時間大致是在上元元年，旅況客愁，極無聊賴，興之所至，遂用竹枝樂府之情調，寫成《絕句漫興九首》、《江畔獨步尋花七絕句》。《絕句漫興九首》是惱春之詞，失意之人，雖見春光爛漫，亦覺無所聊賴。「客愁」旣爲九首之主腦，因此，杜甫借春風以寄牢騷，借燕子以寓感慨；時而有及時行樂之意，時而有傲睨萬物之思。於是酌酒而飮，聊以自適，感慨以終篇。仇註引申涵光之評語謂此九首，頗有鄙俚之語如：「恰似春風相欺得，夜來吹折數枝花」、「莫思身外無窮事，且盡生前有限杯」、「糝徑楊花鋪白氈」，都是例子。這種絕句之寫法，旣不似王龍標之渾圓一氣，亦不同於李太白之超軼絕塵，因此不可仿傚。《江畔獨步尋花七絕句》亦爲徜徉於浣花溪畔之作，與九絕句可視爲一類。這七首借「獨步尋花」自嘲顚狂。首章言爲花所惱，末章卻疼惜花盡。原來「不是愛花卽欲死，只恐花盡老相催」；「悲老惜少」才是全詩之主旨。綜觀杜甫十六首絕句之情調，除去「俚語俚調」、「諧語爲戲」之外，與韓愈之《盆池五首》並不相同。韓愈多一份體物入微之情趣，而無客愁、悲老之牢騷，小小盆池，寫得熱鬧非凡；其中「忽然分散無蹤影，惟有魚兒作對行」、「且待夜深明月去，試看涵泳幾多星」頗爲後人所樂道。

再看韓愈《石鼓歌》與杜甫《李潮八分小篆歌》。《李潮八分小篆歌》一向被視爲韓愈、蘇軾《石鼓歌》之祖。李潮是杜甫之外甥，擅長八分書，留存後世之書跡有《唐慧義寺彌勒像碑》、《彭元曜墓誌》，在當時名氣很高。大曆初，相逢於巴東，杜甫作此詩盛讚其成就。此詩爲七言古體，共二十八句，大略分爲四節：先敍篆書源流，次稱李潮書法，中讚其書得古人眞宗，末結以作歌之意。篇中敍書學源流十分詳備，拉雜緣引古今書家，作爲陪襯，以突顯李潮八分書之特異出衆。「書貴瘦硬方通神」是杜甫論書之宗旨，又以「快劍長戟森相向」、「蛟龍盤拏肉倔強」等形像語形容李潮八分書之瘦硬，末尾「我今衰老才力薄，潮乎潮乎奈汝何」二句極力讚歎李潮作結。對照韓愈之《石鼓歌》起首四句，「張生手持石鼓文，勸我試作石鼓歌。少陵無人謫仙死，才薄將奈石鼓何？」歷來都認爲學自杜甫。《石鼓歌》之章法，亦可分爲四節：首敍石鼓之來源，次讚張生之紙本；中發議論，力促朝廷重視石鼓；末以石鼓亟待收拾，感歎作結。讚歎石鼓文紙本字形有「年深豈免有缺畫，快劍斫斷生蛟鼉。鸞翶鳳翥衆仙下，珊瑚碧樹交枝柯。金繩鐵索鎖紐壯，古鼎躍水龍騰梭。」之句，明顯承襲杜甫。清・王士禎《池北偶談》云：

《筆墨閒錄》云：退之《石鼓歌》，全學子美《李潮八分小篆歌》。此論非是。杜此歌尚有敗筆，韓《石鼓》詩雄奇怪偉，不啻倍蓰過之，豈可謂後人不及前人也。㉘

清・翁方綱《石洲詩話》則謂：

《石鼓歌》固卓然大篇，然較之《李潮八分小篆歌》，則杜有停蓄抽放，韓稍直下矣。但謂昌黎《石鼓歌》學杜，則亦不然，韓此篇又自有妙處。㉙

李潮爲杜甫之親戚，使杜甫作詩揄揚，不免著有主觀情感之色彩。頓挫節奏，較多縱橫轉折之妙。韓愈基於文物之關懷，較能客觀，爲喚起朝廷重視石鼓，自不免一氣直下，缺乏「停蓄抽放」藻潤之美。然《石鼓歌》以形似之語，經營出典重瑰奇之氣勢，杜韓二詩其實各有所長。

最後看韓愈《和水部張員外宣政衙賜百官櫻桃詩》與杜甫《野人送朱櫻》。據唐・李綽《歲時記》云：「四月一日，內園薦櫻桃寢廟，薦訖，班賜各有差。」㉚據《新唐書・文藝傳》：「中宗景龍二年夏，宴蒲桃園，賜朱櫻。」自此成爲朝廷慣例。上元寶應年間，杜甫在成都，鄉民贈以西蜀朱櫻，忽憶昔日朝賜櫻桃之事，心有所感，因作七律《野人送朱櫻》一首。杜甫之外，唐人著名之詠櫻桃詩，尚有王維、韓愈二家。而韓愈一首，歷來皆被視爲學杜之作。其實二詩感興不同。杜作發諸自然，韓詩則爲唱和之作；杜作八句上四紀事，下四感懷，韓詩八句首二溯源，三四敘賜，五六正寫櫻桃，結二句慚汗欲報無路。杜甫因旅居成都，遙隔長安，故有「金盤玉箸無消息，此日嘗新任轉蓬」之歎；而韓愈則因穆宗昏庸，不足有爲，故有：「食罷自知無所報，空然慚汗仰皇扃」之感。可知韓愈《和水部張員外宣政衙賜百官櫻桃詩》或有取法杜甫《野人送朱櫻》之處，若謂此詩完全承襲杜甫，並不正確。

五、結　論

從以上之察考，可知宋代以降，論及韓愈與杜甫關係之資料，數量既多，且層面甚廣。韓愈平生心摹力追李杜，於杜甫詩藝，尤其嚮往。前賢不論自作風比較、用韻模式、作法作意各方面進行銓衡，都能發現韓愈取法杜甫之蛛絲馬跡，「韓詩學杜」實爲無可置疑之客觀事實。

宋人對杜韓下過極深工夫，對韓詩如何學杜，曾有發人深省之揭示，如：王楙《野客叢談》〈韓用杜格〉、〈韓杜詩意〉，已經指出韓愈學杜之密訣近似黃山谷「奪胎」、「換骨」之法；只是爲未曾理論化，並給與定名而已。宋・陳善《捫蝨新話》云：「文人自是好相採取，韓文杜詩號不蹈襲者，然無一字無來處。」又云：「大抵文字中自立語最難，用古人語又難於不露筋骨，此除是倒用大司農印手段始得。」㉛以高明之融鑄功夫，變化成句，吸納舊義，使之成爲自家血肉筋骨，杜甫最是能手。韓愈詩之所以能橫空硬語，奇情鬱起，肯定學自杜甫。

清人趙翼對韓愈走向「奇崛」之路，作了甚具說服力之解釋，但亦提醒後人，韓愈「文從字順中自然博大」之作，更應重視。清人對韓愈繼承杜甫之後發揚光大之詩體，以五七言古體詩最爲留意，認爲：韓愈不僅不相沿襲，而且別開生面。這些意見，已是文學史之定論。

無可否認，某些直指某首韓詩「近似」杜詩，或某首韓詩「出於」杜甫之資料，固有其內在評斷標準，其說亦具一定參考價值；但是，單就題材、作法、結構方式之雷同，比附某首韓詩學杜，已不能饜足今人之要求，設若更從創作緣由、思想、意念、風格、諸層面檢視杜韓之類似性，或將更有理論意義。

【附　註】

① 參見陳三立序程學恂《韓詩臆說》語。臺灣商務印書館。
② 見《古典文學研究資料彙編柳宗元卷》一六頁臺灣明倫出版社。
③ 見吳文治編《韓愈資料彙編》一一三五頁臺灣學海出版社。
④ 見宋・胡仔《苕溪漁隱叢話前集》卷十六〈韓吏部〉上，轉引自吳文治編《韓愈資料彙編》二三三頁臺灣學海出版社。
⑤ 見清・王闓運《湘綺樓說詩》卷一轉引自吳文治編《韓愈資料彙編》一五六〇頁臺灣學海出版社。
⑥ 見宋・周必大《二老堂詩話》轉引自吳文治編《韓愈資料彙編》三八三頁。
⑦ 見清・方東樹《昭昧詹言》卷八臺灣廣文書局。
⑧ 見清・張介《歲寒堂詩話卷上》轉引自吳文治編《韓愈資料彙編》二五八頁臺灣學海出版社。
⑨ 見明・李東陽《懷麓堂詩話》轉引自吳文治編《韓愈資料彙編》七一二頁臺灣學海出版社。
⑩ 見清・王士禎《帶經堂詩話》卷一轉引自吳文治編《韓愈資料彙編》七一二頁臺灣學海出版社
⑪ 見清・方東樹《昭昧詹言》卷八臺灣廣文書局。
⑫ 見清高宗御選《唐宋詩醇》卷二七、五六八頁臺灣中華書局。

⑬ 見清・吳喬《圍爐詩話》卷二轉引自吳文治編《韓愈資料彙編》九六三頁臺灣學海出版社。
⑭ 見清・趙翼《甌北詩話》卷三轉引自吳文治編《韓愈資料彙編》一三一三頁臺灣學海出版社。
⑮ 見宋・邵博《邵氏聞見後錄》卷十八轉引自吳文治編《韓愈資料彙編》二一〇頁臺灣學海出版社。
⑯ 見宋・魏慶之《詩人玉屑》一三三頁臺灣商務印書館。
⑰ 同上。
⑱ 見宋・王楙《野客叢談》卷三〈韓用杜格〉轉引自吳文治編《韓愈資料彙編》四四三頁臺灣學海出版社。
⑲ 見宋・范晞文《對牀夜語》卷一轉引自吳文治編《韓愈資料彙編》五九〇頁臺灣學海出版社。
⑳ 見宋・王楙《野客叢談》卷九〈韓杜詩意〉轉引自吳文治編《韓愈資料彙編》四四六頁臺灣學海出版社。
㉑ 見錢仲聯《韓昌黎詩繫年集釋》二四四頁臺灣學海出版社。
㉒ 見清・方東樹《昭昧詹言》卷十一〈總論七古〉臺灣廣文書局。
㉓ 見清・陳衍《石遺室詩話》卷二十四轉引自吳文治編《韓愈資料彙編》一五八六頁臺灣學海出版社。
㉔ 詳見《文史學報》十九期三七至五三頁國立中興大學七十八年三月。
㉕ 詳見錢仲聯《韓昌黎詩繫年集釋》各相關篇目，臺灣學海出版社。
㉖ 見程學恂《韓詩臆說》四頁臺灣商務印書館。
㉗ 見張夢機《杜甫北征與韓愈南山詩之比較》《學粹》十七卷二期六十四年六月。
㉘ 見清・王士禎《池北偶談》錢仲聯《韓昌黎詩繫年集釋》八〇八頁臺灣學海出版社。
㉙ 清・翁方綱《石洲詩話》轉引自錢仲聯《韓昌黎詩繫年集釋》八〇八頁臺灣學海出版社。

㉚ 見清・仇兆鰲《杜詩詳註》卷一一里仁書局版九〇二頁。

㉛ 見宋・陳善《捫蝨新話》卷三，轉引自吳文治編《韓愈資料彙編》二六四頁臺灣學海出版社。

杜詩中的顏色字探究

潘麗珠

前言

久雨巫山暗，新晴錦繡紋。
碧知湖外草，紅見海東雲。
竟日鶯相和，摩霄鶴數羣。
野花乾更落。風處急紛紛。

這是杜甫的五言律詩〈晴〉二首當中的第一篇。短短的四十個字中，卽運用了「暗」、「碧」、「紅」三個跟色彩關係密切的顏色字；這三個顏色字的順序，就視覺效果來說，安排極佳，彩度愈來愈高，亮度愈來愈大，很能顯現雨過天青、萬象一新的初「晴」景觀。

無可否認，自然景致和人們周遭的一切，總是各種色彩的聚合與顯露，色彩本身未必是有意義的，然而落入詩人有情的眼中，表現在詩歌裏面，詩人的情思、心靈的圖畫，卻可借由詩中色彩的明、暗、強、弱，或熱烈、冷淡，來一窺箇中奧妙。

以色彩心理學爲基礎，統計全部杜詩運用色彩字的情形，探究杜甫不同年齡使用各種顏色字的狀況，進而說明顏色字和沈鬱風格之間的關係，是本文撰寫的重心。

杜甫不同年齡使用各種顏色字的情形

杜詩中運用顏色字者，總計六百五十六首①，共一千七百三十一字，茲列表如下②：

杜甫＼色字	白青素蒼	黃金丹碧	翠紅銀紫	赤綠灰朱	黑暗烏皓	合計
29歲	1 2					3
30歲	2 2 1 1	1 1				7
33歲	1 1					2
34歲	2	1 1				4
35歲		1 1				2
36歲	1 1	1 1				4

50歲	48歲	48歲	47歲	46歲	45歲	44歲	43歲	42歲	41歲	40歲	39歲	38歲	37歲
13	13	33	17	21	7	3	14	5	5	4			1
10	10	19	12	14	4		16	5	3	3	3		2
	1	1	1	1			3		2				
1	3	11	3	8	1		6	1	2	1	1		
5	7	15	6	11	4		8		2	1	2		
3	2	2	3	8	1	1	9	1	1	1	1	1	
2	6	4	1	5			2	1					1
1	3	4	2	2	2	1	1	1	1	1		1	
1	4	4	1	4		1	11			1	1	1	
5	2	3	4	4	1		2	1	1			1	
	1			2			2	2		1		1	
	1	3	6	3		1	3	1			1		
	1	3	2	2	1		4		1	1	2		
	1	2	1	2	1		3	2		1			
	1			1					1				
		4	2	1	2	1	1		1				
1	2	5	1	3			2						
		1	3	2				1					
	3		4				1						
	2			1			1						
42	63	114	65	95	24	8	89	21	20	15	11	5	4

51歲	52歲	53歲	54歲	55歲	56歲	57歲	58歲	59歲	累計
22	21	25	9	48	83	30	22	9	412
14	18	16	3	40	44	15	9	4	272
3	2	5	2	5	5	2	7	1	42
4	8	4		11	14	5	2	2	89
6	13	11	6	13	34	10	8	2	165
9	5	9	1	16	12	6	6	3	103
3	3	5	3	10	10	3	1	1	64
11	1	9	2	11	19	3	7	1	75
	2	9	6	15	13	3	6	1	84
2	5	10	2	7	16	3	2	3	74
3		2	1	5	11	1	1		33
2	5	3	1	10	12	4	3	3	62
3	2	3	2	10	9	4	3	1	54
1		2		1	1	2	1		21
				2	1		1		7
3	1	7	2	12	10	3	9	1	60
1	1	1		4	11		6		38
				3	4				14
4	2	3		3	9	6	2		37
			1	1	3	1			10
81	89	134	41	228	321	101	96	32	1716

除了上表所列「白、青、素、蒼、黃、金、丹、碧、翠、紅、銀、紫、赤、綠、灰、朱、黑、暗、烏、皓」③二十種顏色字之外，尚有「黛、墨、藍、粉」等字因出現次數較少④而未列入。

由統計表中，可以清楚看到杜甫的顏色字運用，是相當豐富多彩的，而他最喜歡使用的顏色字是「白」（四一二次），其次是「青」（二七二次），第三是「黃」（六五次），第四則是「金」（一〇三次）；但如果把「紅、朱、赤、丹」這四個顏色極爲近似的字，出現次數相加，則高達二五四次，可居第三，「黃」則退居第四。然而無論孰三孰四，杜甫從二十九歲以後，他的詩中喜愛採用「白」和「青」色字，卻是至終都不曾改變的。

依照視覺心理學的分析，「白」色是「最超絕的完滿具足」，是「完整合一的象徵」⑤；綠色（中國人所謂的「青」色屬之）是一種「相當莊重的，超自然，深刻，屬於大地的，自我調和。」⑥至於「紅」色，通常被描述爲熱情，奮發，但正紅色「有一種高度尊嚴與嚴肅的表情」，「令人肅然起敬」⑦；而「黃」色，甚至於「金」色，在中國古代是帝王的代表顏色。

然則，「白、綠（青）、紅、黃」這四種顏色的象徵屬性與杜甫的內心世界、人格精神，有著什麼樣的照應關係？

黃永武先生在〈從人倫的光輝看杜甫詩〉這篇文章⑧中這樣寫道：

杜甫的詩，發自人倫骨肉的至情，來自實際血淚的生活。他是在顛沛造次之中，仍然堅持著儒家修齊治平的信念。他只有一支筆，却以天下興亡為自己的責任；他沒有五斗米，却視民生疾苦為切身的痛楚。他的思想是積極地撥開了唐初時髦的釋道風尚，撥開了漢魏以來的黃老與玄學，直承周代儒家的思想。從孔孟上追至稷契，他是將儒家的思想，淪肌浹髓地發揮在自身的

> 立身行事上，誠懇地以畢生最長的歲月，作了實踐的工夫。……而杜甫，物質的生活也只如顏回的簞食瓢飲，流離的痛苦則遠比顏回艱辛百倍，正如王安石所描繪的：「瘦妻僵前子仆後，攘攘盜賊森戈矛」，他過的是如此酸辛的生活，然而他熱烈地愛著國家、愛著百姓，沈吟着現實環境中親切的事物，不嫉恨別人，不醜化現實，自身已經流浪到了夔州，依然滿心的希望和愛……

證諸杜甫的詩歌作品，筆者完全同意黃先生的看法。而所謂「『堅持』著儒家修齊治平的信念」、「將儒家思想淪肌浹髓地發揮在自身的立身行事上，誠懇地『以畢生最長的歷月』，作了實踐的工夫、「自身已經流浪到了夔州，『依然』滿心的希望和愛」，直截地說，杜甫的精神，是始終如一的，他這愛妻、愛子、愛民、愛鄉、愛弟妹、愛朋友、愛君上、愛國家始終如一的精神，正是一種「完整合一」的人格特徵，而這種人格特徵，就杜甫而言，也正是「最超絕的完滿具足」！杜甫的一生是「支離東北風塵際，漂泊西南天地間」（〈詠懷古跡五首〉之一），大概再也沒有其他詩人的生活會比杜甫更坎壈、更顛沛了，但他不嫉恨別人，不醜化現實，依舊執著對百姓、萬物的同情，依舊懷抱救國的理想、淑世的熱心，這樣的生命情調，雖沒有恢宏的事業，卻是任何功勳也取代不了的「精神完滿」，他是煉獄裏的光明，是照耀亙古長夜的超絕恆星！

其次，杜甫詩中的世界，大至天地、風雲、河山，小至蜻蜓、蝴蝶、蜜蜂、螞蟻，從動物（鷹、鶻、杜鵑、鸂鶒、鴛鴦、海鷗、游魚、馬）到植物（栢、櫻、柟），從至動到至靜、至剛到至柔，乃至個人、朋友、社會、國家、歷史，可以說大千森羅、宇宙衆態盡入筆端，誠是「牢籠萬有」⑨，而這「萬有」之中，當表現的是一種大無畏的擔當（如「再光中興業，一洗蒼生憂」）時，那欲轉乾坤的氣魄可以說是超乎人常、超乎自然的；而當這「萬有」之中表現的是「沈吟着現實環境中親切的事物」時（如〈四松〉、〈杜鵑〉、〈課伐木〉等衆多詩篇），則可以說是屬於大地的；如果說李白是「天上的謫仙」，杜甫則無疑是「大地的聖尊」，他的涵載量之大、之廣，就像大地的深沈厚積一樣，無法以俗眼估量。但不論是超乎自然或屬於大地的「萬有」，同樣都具有「深廣的憂思」，都能深刻地「反映現實人情之千態」及「體驗生命苦難之萬狀」⑩。

再者，杜甫所執著的生命情調，一如他的創作態度，是極其嚴肅的，他的認眞、他的「堅持」和「積極」（如前引黃永武先生語），正如熱情的「紅」一般，具有鼓舞人奮發、向上的潛在力量，無疑是値得吾人肅然起敬的。至於杜甫的忠君思想，那是無庸置疑的，「長懷報明主，臨病復高秋」（〈搖落詩〉）、「死爲星辰終不滅，致君堯舜焉肯朽」（〈可歎〉）、「時危思報主，衰謝不能休」（〈江上〉）……在在證明他對君上的忠貞，始終不渝。

經由以上的敍述吾人可以瞭解到：杜甫詩中最喜愛使用的幾種顏色字——白、綠（青）、紅、黃，實在是他內心世界的顯像、人格精神的彰揚。

杜詩顏色字和沈鬱風格之關係

今人蕭麗華在他《論杜詩沈鬱頓挫之風格》的論文中，認爲「杜詩所有沈鬱之作，也確實有著灰暗空濛的色調傾向。」⑪「色彩灰暗空濛」，是杜詩「沈鬱的語言」之一種表現方式。黃永武先生也說：

杜甫……一寫到眼前的潦倒，繽紛的色彩隨卽不見了，「途窮反遭俗眼白」、「龍媒去盡鳥呼風」等灰白空濛的現實色彩，適足表出低落的情緒。⑫

顯然，他們都認爲杜詩中的顏色字和「沈鬱風格」(依據蕭氏的「沈鬱」新解：「沈鬱」，所融塑出來的思緒，是熱烈中雜著死寂，絕望中牽繫著冀盼，是內心交錯掙扎，匯集而成的沈重與莊嚴之思。則黃先生所謂的「低落的情緒」，應卽是一種「沈重」之思。)有著相當密切的關係。而歷來研究杜詩的人，論杜詩風格，多說「沈鬱頓挫」⑬，其實杜詩兼有多樣之風格⑭，大陸學者曹慕樊在〈沈鬱頓挫辨〉一文中更明白地指出：

杜詩的風格，不都是沈鬱頓挫，毋寧說他的律體(五、七律)乃是以清新為本的，而又縱橫變化，兼之典麗精工，獨成一格，五、七絕(共一百三十八首)是以清逸曲峭為主的。惟五言古詩和七言古詩確是以沈鬱風格為主。⑮

雖然他也不否認五、七律中有些「大句」如「鼓角悲荒塞，星河落曙山」、「關塞三千里，烟花一萬重」、「吳楚東南坼，乾坤日夜浮」、「星隨平野闊，月湧大江流」、「誰憐一片影，相失萬重雲，「所向無空闊，眞堪托死生」、「天意存傾覆，神動接渾茫」，「五更鼓角聲悲壯，三峽星河影動搖」、「錦江春色來天地，玉壘浮雲變古今」、「高江急峽雷霆鬭，古木蒼藤日月昏」、「無邊落木蕭蕭下，不盡長江滾滾來」等詩句，也可以是沈鬱風格的代表，但最終他還是認爲「惟五言、七言古詩，毫無拘束，可以自由放筆。且杜古詩喜用賦體（鋪陳）抒情，所以杜詩的沈鬱風格在五、七古中才得到充分的發展。」⑯

於是，筆者假設：如果曹氏的看法有理的話，則從顏色字的分類統計中，或許也可以找出有趣的應合。結果，統計情形如下：

體＼色	白	青	黃	金	蒼	素	丹	碧	翠	紅	銀	紫	赤	綠	灰	朱	黑	暗	烏	皓
古體	167	121	75	60	53	22	20	28	32	19	13	30	36	5	7	31	22	10	14	6
律體	171	93	62	27	17	11	22	30	34	36	12	17	9	10	0	20	13	4	13	4
排體	55	41	20	13	16	9	20	12	14	17	7	13	7	3	2	8	3	0	10	0
絕句	19	17	8	3	3	0	2	5	4	2	1	2	2	1	0	1	0	0	0	0

在這個統計表中，可以發現「金」「蒼」「紫」「赤」「灰」「黑」「暗」這幾種顏色字，以各體使用顏色字的詩歌數量（古體詩使用顏色字者計二百六十四首，律體二百八十七首，排體八十首，

絕句二十五首）比例而言，古體無疑是使用這七種顏色字較多者；其中，「紫」「灰」「黑」「暗」都是屬於灰暗色調，「蒼」則是一種不穩定、空濛的色彩，「赤」所出現的詩句如「水赤刃傷手」、「山谷落葉赤」、「日色赤如血」、「青楓葉赤天雨霜」、「赤憎輕薄遮入懷」、「赤族迭罹殃」、「萬姓悲赤子」、「終日憎赤幘」等等，義蘊幾乎都是沈鬱的；至於「金」這個象徵屬性和帝王、皇室有關的色彩，卻是令人聯想起來便會心情凝重的⑰。

由上面的敍述可知，曹氏所言「帷五言古詩和七言古詩確是以沈鬱風格爲主」，從顏色字的使用情形看來，的確能夠找到相應的佐證。

結　語

從杜詩中的顏色字使用狀況，來照應杜甫的人格精神之顯揚以及杜詩的沈鬱風格之辨析，或許有些大膽，卻未嘗不是一種值得嘗試的、有趣的方法；而這個方法實是築基於「直覺的顏色能滋生出言外的意象」⑱此一視覺心理學的觀念上。得當與否，尙祈熱愛杜詩的方家賜教。

【註　釋】

① 此一統計數字，乃是以《九家集注杜詩》爲本，遇有使用顏色字之詩作卽登錄於卡片之上，計算卡片張數所得到的結果。至於年譜則參用簡明勇先生所著的《杜甫詩研究》一書（學海出版社出版）。

②顏色字之統計，諸如「白帝城」「赤甲山」「白水縣」等等之地名或專有名詞，一律不在採計之列，務使顏色字眞能具有「顏色」作用。

③「暗」雖非顏色，卻與色彩之明暗度關係至密，故亦列於顏色字當中。

④「粉」出現八次，「黛」三次，「墨」三次，「藍」則出現一次。

⑤此說見於安海姆著、李長俊譯《藝術與視覺心理學》（雄獅圖書公司總經銷）頁三六二。「安海姆」英文名：RUDOLF·ARNHEIM

⑥同上書頁三四二。

⑦同註⑤，頁三四一。

⑧見巨流出版社出版之《中國詩學·思想篇》頁一三五。

⑨見趙翼《甌北詩話》卷二，收於《百種詩話類編》，藝文版，頁三九八。

⑩此說引自國立臺灣師範大學國文研究所七十五年度碩士論文，蕭麗華著《論杜詩沈鬱頓挫之風格》頁五十四。原文爲：「在我（蕭氏）看來，杜甫深廣的憂思有兩層，一指反映現實人情之千態，一指體驗生命苦難之萬狀。」

⑪同註⑩頁一三七、行十三。

⑫見黃永武先生著《詩與美》頁六十一，洪範書局出版。

⑬宋代張戒《歲寒堂詩話》、嚴羽《滄浪詩話》皆如是以爲，後代遂沿用不疑。

⑭同註⑩頁一八至二八，蕭氏論之甚詳。

⑮ 見四川人民出版社出版《杜詩雜說》頁九六。

⑯ 同註⑮，頁九七。

⑰ 杜甫所處的年代，正是唐朝由盛而衰的一個關鍵期，唐帝王與宗室對這樣一個變局有著無法逃卸的責任。

⑱ 例如人類一看到鮮明的色彩就感覺朝氣蓬勃，而見到晦暗的顏色就感覺陰鬱，這就是「直覺的顏色能滋生出言外的意象」之含義。

隋唐廣州南海神廟之探索

曾一民

一、前言

南海神廟，是隋唐以來官民祭祀南海神赤帝祝融的祠宇。位於廣州市東南約八十里珠江口北岸，面臨珠江，下瞰獅子洋。古稱「扶胥之口，黃木之灣。」一經虎門出海，可通古代東西二洋各地。今隸屬廣州市黃埔區南崗鎮廟頭鄉。爲古代經珠江出入廣州必經的海路交通孔道。

神廟創於隋文帝開皇十四年（五九四），迄今已有一千四百年的歷史了。可是世人多以名勝古蹟，可供遊覽探勝，或作發思古之幽情的心懷來看待它，而忽略它在史學上的價值。今嘗試從南海神廟的歷史遺蹟來研究，冀求探索：南海神廟之建立，與古代郊祀禮制、傳統民間宗教信仰文化的關係，以及因它的建立而產生對後世的影響。

二、南海神廟的建立

南海神廟，或稱南海祠、南海廟，簡稱海廟，又稱波羅廟，是供奉南海神赤帝祝融的祠宇。位於廣州東南約八十里的珠江北岸。面對珠江，下瞰獅子洋。《新唐書・地理志・廣州都督府南海縣》〈注〉：「有南海祠。」《元和郡縣志・嶺南道・廣州南海縣》：「海廟，在縣東八十一里。」韓愈《南海神廟碑》：「在今廣州治東南海道八十里。」古稱「扶胥之口，黃木之灣。」《羊城古鈔・卷三・祠壇》：「南海神廟，在城東南扶胥之口，黃木之灣。廟中有波羅樹，又臨波羅江，故世稱波羅廟。」神廟座落的位置，形勢險要雄偉，西北背廣州，南臨獅子洋，下控虎門。①經此出海，可以抵達古代東西二洋各地。所謂：「自古交趾七郡，貢獻上國，皆自海沿於江，達於淮，逾於洛。」②神廟的小丘有浴日亭。《輿地紀勝・卷八九・廣州・古迹》：「浴日亭，在扶胥鎭南海王廟之右，小邱屹立，亭冠，其巔，前瞰大海，茫然無際。」站在這裏不但可眺望無際的海景，而且也可觀賞壯觀的日出。宋代列爲羊城（廣州）八景之一。廣人稱它爲「扶胥浴日」。③今隸屬廣州黃埔區南崗鎭廟頭鄉，爲古代出入廣州必經的水路交通孔道。

神廟草創於隋文帝開皇十四年（五九四），是歷代供奉南海神赤帝祝融的廟宇。《隋書・卷七・禮儀志二》云：「開皇十四年，閏十月詔……東海於會稽界，南海於南海鎭南，並近海立祠，及四瀆、吳山，並取近巫一人，主知灑掃；並命多蒔松柏。」按南海鎭，即廣州扶胥鎭④，位於珠江東南，西北距廣州城八十里。當時爲便於管理，乃就近請了一位巫人，主持祭祀和灑掃的工作；又在神廟附近種植了很多松柏之類的植物，極爲美觀。這就是南海神廟建立的經過。

相傳南海神名祝融，本是火官，又稱赤帝、或稱炎帝。《禮記・月令》：「仲夏之月……其日丙丁，其神祝融。」〈注〉：「祝融，顓頊之子曰黎，爲火官。」他是主司南方的神。《漢書・魏相傳》云：「南方之神炎帝，乘離執衡，司夏。」歷代天子以立夏之日來迎接祂，以祈求降福。《後漢書・祭祀中》云：「立夏之日，迎夏於南郊，祭赤帝祝融。」自隋文帝開皇十四年在廣州扶胥鎮爲祂立祠之後，從此南海廟便成爲赤帝祝融的宮室。俾便他在此座鎮，保護南方臣民。按屈大均謂：「南海之帝實祝融。祝融火帝也。帝於南嶽，又帝於南海……故祝融兼爲水火之帝。其都南嶽，故南嶽主峯名祝融，其離宮在扶胥。故昌黎云：『南海陰墟，祝融之宅。』」在諸神之中，祂的名次最貴，位於東北、西三神及河伯之上。碑文云：「海於天地間爲物最巨，自三代聖王莫不祀事。考於傳記，而南海神最貴，在東、北、西三神河伯之上，號爲祝融。」屈大均云：「四海以南爲尊，以天之陽在焉。」由於他是主司南方之神，故稱祂爲「南海之君」或「南海之帝」⑤。

到了唐代，爲了表示對郊祀禮制的重視，規定五岳、四鎮、四瀆、四海以及五方山林等皆立祠致祭。⑥並特別爲祂們而制訂了一套郊祀的儀式。《通典卷四六・禮六。山川》云：「大唐武德・貞觀之制：五嶽、四海、四瀆，年別一祭，各以五郊迎氣之日祭之。……其牲用太牢，祀官以當界都督、刺史充。」所謂五嶽，就是：東嶽嵩山祭於洛州，西嶽華山祭於華州，北嶽恆山祭於定州；四鎮就是東鎮沂山祭於沂州，南鎮會稽山祭於越州，西鎮吳山祭於隴州，北鎮醫無閭山祭於營州；四海就是：東海祭於萊州，南海祭於廣州，西海祭於同州，北海祭於洛州；四瀆就是：東瀆大淮祭於唐州，南瀆大江祭於益州，西瀆大河祭於同州，北瀆大濟祭於洛州。⑦

大抵古人對天地山川海嶽的奧妙，所知不多，且深不可測，常見怪異，能爲雲，作爲風雨，同時也會給國家和人民帶來禍害與幸福，因此以爲有神。《禮記・祭法》云：「山林、川谷、丘陵，能爲雲，爲風雨，見怪物，皆云神。有天下者祭百神。」《疏》：「山林、川谷、丘陵之神，有益於人民者也。」因此「五岳、四瀆、名山大川，神明所居，風雨是主。」⑧是故必須以祭祀來安撫祂，來懷柔祂。《詩經・周頌・時邁》云：「懷柔百神，及河喬嶽。」《禮記・月令》：「仲冬之月……天子命有司祈四海、大川名源，淵澤井泉。」這是我國古代傳統的民間宗教信仰，希望藉此「禮神致福」⑨以保平安。故歷代天子皆有立祠來祭祀祂們。《史記・封禪書》云：「自五帝以至秦，軼興軼衰，名山大川，或在諸侯，或在天子。禮損益世殊，不可勝紀。及秦並天下，令祠官所常奉天地名山大川鬼神可得而序也。」到了漢宣帝的時候，除了名山大川瀆嶽皆立祠致祭之外，並開創了立祠祭海神儀式的先例。其事始自神爵元年（一六一），制太常云：「夫江海，百川之大者也。今闕焉無祠。其令祠官以禮爲歲時，以四時祠江海雒水。祈爲天下豐年。自是五嶽、四瀆皆有常禮。東嶽泰山於博，中嶽泰室於嵩高，南嶽灊山於灊，西嶽華山於華陰，北嶽常山於上曲陽，河於臨晉，江於江都，淮於平氏，濟於臨邑界中，皆使者持節侍祠。」⑩大抵漢宣帝有感三代以來名大山川、瀆嶽，甚至山林川谷等歷代天子，皆有立祠致祭的郊祀，爲何獨海沒有？何況海乃百川之大者，而且有益於國計民生甚大又怎可無祠來祭祀呢？（按大抵以前只有望祭。故馬端臨謂：「禮無祭海之文。」⑪）所謂：「依禮，有益於人則祀之。」⑫在漢文帝十二年（一一六八）就有依禮增修立祀的法令：「比年五穀不登，欲有以增諸神之祀。〈王制〉曰：『山川神祇有不舉者爲不敬。』今恐山川百神應典祀者未盡秩，其議增修羣祀宜享祀者，以祈豐年，以致嘉福，以蕃兆民。」⑬可能上古之時，海路交通尚未發達，且夏商二代，其統治的領域，不出今河北、河南、山西、陝西諸省，至周也不過包括今黃河、長江及東海一帶的領域，海對民生來說只是漁鹽之需，其汪洋無際，波濤洶湧，還是利少害多，不及后稷山林、河嶽、川谷、爲民日常生活所必需。《禮記・祭法》爲：「日月星辰，民所瞻仰也；山林、川谷、丘陵民所取財用也。非此族也，不在祀典。」又《左傳・襄（公）七年》：「夫郊祀后稷，以祈農事也。」及秦始皇一統天下，北抵長城，南達五嶺，東至於海。自是與東南二海的接觸漸頻。據史書的記載，始皇對東海的興趣始於追求長生不老之藥。時「齊人徐市（福）等上書：言海中有三神山，名曰蓬萊、方丈、瀛洲，僊人居之，請得齋戒，與童男女求之。於是遣徐市發童男女千人，入海求僊人。」結果：「徐市等費以巨萬計，終不得藥，徒姦利相告日聞。」⑭相傳海中的蓬萊、方丈、瀛洲，即後來日本九洲及琉球等地。⑮至於與朝鮮的接觸更早，相傳是殷末周初的箕子開發。⑯經此之後，中國與東海的朝鮮，日本有了交往，當時往來兩地的海上交通，則以東萊郡（山東萊、登二州）爲中心。⑰

有關南海的開發，則在秦始皇平服百粵之後，置南海、桂林、象三郡。南海，今廣東境；桂林，今廣西省；象都，則今安南境。皆南海的領域，而以番禺（廣州）爲中心。所謂：「處近海，多犀、象、毒冒、珠璣、銀、銅、果、布之湊，中國往商賈者多取富焉。番禺，其一都會也。」⑱及漢武帝登位，雄材偉略，南北拓展疆土。自平定南越王後，與南海的接觸更爲密切，就以海路交通來說，時由廣州或徐聞、合浦出發，經中南半島、馬來半島，可抵黃支國。（東印度建志補羅國 Kanchipura ⑲）他們「自武帝以來皆獻見。有譯長，屬黃門，與應募者俱入海市明珠、璧流離，奇石異物，齎黃金雜繒而往。所至國皆稟食爲耦，蠻夷賈船，轉送致之。亦利交易，剽殺人。又若逢風波溺死，不者數年來還，大珠圍二寸以下。」如此看來秦皇、漢武對南海的興趣與財貨之利有密切的關係。自南海交通開發之後，旣有如此優厚的利益可圖，海路波濤險惡雖可怕，但若祈求得海神的庇祐，則海之有益於國計民生甚大。此所謂「依禮，有益於人則祀之。」在我國傳統的宗教觀念裏，「功施於民則祀之。天文日月星辰，所昭仰也；地理山川海澤，所生殖也。」⑳基於上述的原因，海之有益於百姓與后稷、山谷、丘陵、岳瀆同。旣然自古以來對后稷、山林、川谷、丘陵、瀆嶽，歷代天子皆有爲祂們立祠致祭的禮制，如《史記・封禪書》云：「及秦並天下，令祠官所常奉天地名山大川鬼神可得而序也。」又云：「諸此祠皆太祝常主，以歲時奉之。」何以獨海沒有？此所以漢宣帝特別要爲祂立祠祭祀的緣由。大抵古代以海道遙遠，未便在近海處立祠，僅在洛水附近設壇立祠望祭而已。此種望祭儀式，自古已有，或稱之「四望」。《史記・楚世家》：「乃望祭羣神，請神決之。」所謂：「四望」「不可一往就祭，當四望爲壇遙祭之。故云四望。」㉑到了六朝以來，東南海運大通，海除了有漁鹽之利外，無論兩地使者之往來，對外貿易均日有增加。在南海方面，尤以廣州爲中心。「海舶每歲數至，外國賈人以通貨易。……又買而卽賣，其利數倍。」㉒至於東海方面，可通朝鮮和日本，則以萊州和登州爲中心，古屬齊地，漢爲東萊郡。《元和郡縣志・登州・八到》云：「西至大海四里。當中國往新羅、渤海過大路。」又同書〈萊州・掖縣〉云：「海神祠，在縣西北十七里。」故自南朝以來由於東南二海之開拓，海道交通更日見頻密。於是中國與東南海各國使者的往還，賈人通商貿易的來往，以及高僧東來傳道的與日俱增。㉓而海道雖便，但比陸路更爲險惡，爲求海上旅途平安，於是乃有設立海祠來祭祀的需要，祈求海神庇祐的宗教思想因之自然而生，故至隋文帝開皇十四年，首在東南沿海近處立廟致祭。東海則在山東萊州掖縣西北十七里立海神祠。而南海則在廣州扶胥鎭，西北距廣州城八十里。這是廣州南海神廟建立的緣由。

所謂「五郊迎氣之日」，指古代天子於五郊，（東、南、中央、西、北）設壇迎接五帝——東方青帝勾芒神，南方赤帝祝融神，中央黃帝黃靈（后土）神，西方白帝蓐收神，北方黑帝玄冥神。祂們各主司一方。如東方青帝勾芒神，於立春日在東郊迎之，而南方赤帝祝融神，則於立夏日在南郊迎之㉔此種五郊迎氣的禮制，初見於漢明帝永平二年（五九）㉕本是上古「天子祭四方」㉖的郊祀禮制。郊祀，「祀於郊也。」㉗其後滲入了陰陽五行相配的學說，「增中央爲五方」㉘蛻變而成爲五郊迎氣五帝的郊祀禮制。隋唐以來仍沿襲此制，故有「五嶽、四鎭、四海、四瀆，每年一祭，各以五郊迎氣之日祭之」㉙的禮儀。

至於四鎭中的「鎭」，據杜而未的解釋：「鎭就是後代所祭的城隍神。」㉚並引《易・泰卦》：「城復於隍」來說明。《北齊書・慕容儼傳》云。「城中有神廟一所，俗號城隍神。公私每有祈禱。』

唐時張說《祭城隍文》：「城隍以積陰爲德，致和產物，助天育人。」㉛張九齡：《祭洪州城隍神》云：「謹以淸酌脯醢之奠，祭於城隍之靈。懿皆潛德，城池是保。」㉜依此來說，鎭。乃城隍之神，是保護城郭及他的百姓的，一如四嶽、四海、四瀆諸神，是庇祐祂們所屬的領域的臣民。在君權神授的時代，當然要制訂一套郊祀的典禮，以隆重的儀式來祭祀祂們了。而赤帝祝融神，旣主司南方，座鎭廣州扶胥鎭南海神廟，職責保護南海疆土以及往來海上的臣民。在這一帶地區，唐時屬嶺南道，則由當界廣州都督代天子充當祠官，備太牢三牲之禮親往致祭。

我國傳統宗敎本乎祭祀不忘本的理念而來。「夫聖王之制祭祀也，法施於民，則治之；以死勤事，則祀之；以勞定國，則祀之；能禦大菑，則治之；能捍大患，則祀之。」㉝其後滲入了陰陽五行以及圖讖等之術，而演生了所謂「以神道設敎」的另一種用意。《後漢書・卷十三・隗囂傳》云：「囂旣立，遣使聘請平陵人方望，以爲軍師。望至・說囂曰：足下欲承天順民，輔漢而起，今立者乃在南陽，王莽尙據長安，雖欲以漢爲名，其實無所受命，將何以見信於衆乎？宜急立高廟，稱臣奉祠，所謂『神道設敎』，求助人神者也。」導致日後封建迷信愚民的宗敎思想也由此而產生。

三、張九齡九臯兄弟與南海廟之關係

唐玄宗時賢相張九齡和他的二弟九臯㉞，在廣州南海神廟的歷史中，留下了三段十分珍貴的史料前者在玄宗開元十四年（七二六），奉使祭南嶽和南海；後者則於天寶十載（七五一），奉命册封南海神祝融爲「廣利王」。

玄宗開元十四年（七二六）六月，九齡奉命祭南嶽和南海。《册府元龜・卷一〇四・帝王部・弭災》云：「玄宗開元十四年六月丁未。以久旱分命六卿祭山川。詔曰……宜令……太常少卿張九齡祭南嶽及南海。」《唐太詔令集・卷十四》：「命盧從願（張敬忠宇文融張九齡李暠何鸞）等祭岳瀆敕〈注〉則謂開元十四年正月。按何格恩考證：「查《曲江集・卷三》有〈夏日奉使南海道中作〉，當以六月丁未是。」㉟按南嶽，爲五嶽之一。位於湖南衡山縣西三十里。有衡嶽廟，漢武帝時建。《元和郡縣志・衡州・衡山縣》：「衡山，南嶽也。一名岣嶁山，在縣西三十里。《南嶽記》曰：「衡山者，朱陽之靈臺，太虛之寶洞。」又云：「赤帝館其嶺，祝融託其陽。」又衡嶽廟，在縣西三十里。《南嶽記》曰：「南宮四面皆絕，人獸莫至，週廻天險，無得履者。漢武帝移於江北置廟。隋文帝復移於今所。」

南海，四海之一，位於廣州之南，包括今南洋一帶，隋文帝開皇十四年（五九四）於廣州扶胥鎮（今廣州黃埔區南崗鎮廟頭鄉）建立南海祠。又稱南海神廟、南海廟，簡稱海廟，或稱波羅廟。位於廣州東南約八十里珠江北岸，南臨獅子洋，即韓愈《南海神廟碑》所稱的「扶胥之口，黃木之灣。」這裏是供奉南海神赤帝祝融的廟宇。該碑又云：「南海陰墟，祝融之宅。」由此經虎門出海，可通南洋各地。由祂在此座鎮，以保護南海臣民。因此屈大均稱祂爲「南海之君」，又譽祂爲「南海之帝」（見上文）。按唐代郊祀禮制：「諸嶽、鎮、海、瀆，每年一祭，各以五郊迎氣日祭之。」㊱此次張九齡祭南嶽和南海，是奉玄宗皇帝之命前往衡州衡山衡嶽廟，和廣州扶胥鎮南海廟代天子致祭的。目的是因爲久旱不雨，祈求南海神庇祐旱降甘露，這與常制每歲立夏日由當界都督充當祠官祭祀有別。可以說這次九齡是由朝廷以特遣持節的身份前往致祭的。鄭重其事，以表示當今天子的誠意。按楊承祖《子壽年譜》，是年九齡四十九歲，爲太常少卿。他「自京奉使南行，至衡州祭南岳，廣州祭南海，便道歸省。有藍田玉山南行，謁司馬道士，使還湘，奉使南海・赴使瀧峽，使至廣州諸詩。」㊲由是可知，是年九齡奉命祭南嶽和南海，首途由京師長安出發，經陝西藍田縣，入湖北襄陽，下湖南至衡州衡山衡嶽廟祭南嶽。祭畢，然後溯湘水，經耒陽縣踰騎田嶺入粤，循北江入廣州，到扶胥鎮南海廟祭南海。禮畢，遂順道回故鄉韶州曲江省親，然後返京。㊳

玄宗開元十四年（七二六），九齡以太常少卿的職位奉命祭南嶽、南海的，與唐代官制、禮制亦合。《新唐書・卷四八・百官・太常寺》云：「卿一人，正三品。少卿二人，正四品上。掌禮樂、郊廟、社稷之事。總郊社、太樂、鼓吹、太醫、太卜、廩犧、諸廟等署，少卿爲之貳。凡大祀（按《舊唐書》凡下有國有二字）則贊引（按《大唐六典》下有禮儀二字），有司攝事，則爲之亞獻。」按唐太常寺卿，本「周官太宗伯，卿一人。掌建邦天神地祇之禮。秦曰奉常，典宗廟禮儀。」漢興，則改爲太常。王莽時改作秩宗。光武之後復舊。至隋則爲太常寺，唐仍之。武則天時一度改爲司禮。後來又復舊㊵。九齡當時爲太常寺少卿（開元二十一年始拜相），協助太常卿處理「禮樂、郊廟、社稷之事。」而玄宗命他前往祭南嶽、南海，正恰如他的身份。在此之前，九齡曾上書玄宗郊祀之議。「時帝未行親郊之禮，九齡上疏曰：『伏以天者，百神之君，而王者之所由受命也。自古繼統之主，必有郊配之義，蓋以敬天命以報所受。故於郊（祀？）之義，則不以德澤未洽，年穀不登，凡事之故，而闕其禮。《孝經》云：「昔者周公郊祀后稷以配天。』斯謂成王幼沖，周公攝政，猶用其禮，明不暫廢。漢承相匡衡亦云：『帝王之事，莫重乎郊祀。』董仲舒又云：『不郊而祭山川，失祭之序，逆於禮。故春秋非之。』愚臣以爲匡衡、仲舒，古之知禮者，皆謂郊之爲祭所宜先也。伏維陛下紹休聖緒，御極已來，於今五載，既光太平之業，未行大報之禮，竊考《孝經》，義或未通。……況郊祀常典，猶闕其儀。有若怠於事天，臣恐不可以訓。」[40]九齡這篇《請行郊禮疏》的主旨，說明自古以來繼統的君主，莫不重視郊祀的禮制。因爲天帝乃百神之君，而人間帝王的權力，是天帝所授予，所以必須郊祀以配天，以報答上天的恩賜。所謂「敬天命以報所受也。」這出自《孝經》不忘本之義。「未行大報之禮，竊考《孝經》義或未通。」於是古代的「天命說」也因之而起。[41]這無非闡釋二點：(1)古代郊祀禮制的宗教信仰與政權的興替有密切的關係。故歷代繼統的君主皆不敢違反。希望玄宗注意。當然這是極不科學的。(2)發揚不忘本的孝道精神。《禮記・郊特牲》云：「萬物本乎天，人本乎祖，此所以配上帝也。大報本反始也。」希望由天子帶動藉民間信仰郊祀禮制的宗教儀式，來達到「寓孝道於宗教活動之中，[42]因爲「古代教育活動本來自宗教。」[43]在我國傳統的民間宗教觀念裏，在《禮記・祭法》篇，有這樣的記載：「山林、川谷、邱陵，能出雲爲風雨，見異物，皆曰神。有天下者，祭百神。」又云：「夫日月星辰，民所瞻仰也；山林、川谷、邱陵，民所取材用也。非此族也，不在祀典。」又《漢書郊・祀志第五下》云：「功施於民則祀之。天文日月星辰，所昭仰也；地理山川海澤，所生殖也。」又《左傳》襄（公）》七年：「夫郊祀后稷，以祈農事也。」換言之，我國古代民間宗教信仰與郊祀禮制的儀式有密切的關係，自古以來老百姓之所以崇拜和祭祀天文日月星辰、山林、川谷、邱陵，以及山川、海澤等等。一方面是感恩報答祂們賜給每天日常生活的所需，如天文日月星辰。啓示了我們識別春夏秋冬的季節，以利耕耘；至於山林、川谷、邱陵、山川、海澤等等，是爲我們孳生繁殖，又是我們日常生活資源所在的地方。另一方面，則是對自然的畏懼，因爲日月星辰山林、川谷、邱陵、山川、海澤等等，常見怪異，能爲雲作爲風雨，且海濤險惡不可測，以爲有神，故產生恐懼，驚異和失望的心理。人類宗教的思想因之而產生。㊹

九齡自開元五年（七一七）上書，《請行郊禮疏》後，玄宗頗受他的影響。對五嶽、四鎭、四海四瀆的郊祀禮制非常重視。除開元十四年（七二六）命九齡祭南嶽、南海外，開元廿五年（七三七）四月，「時和年豐，神所福也。」命國子祭酒張說往祭南嶽、四瀆、四海、四鎭及諸名山靈蹟。㊺又天寶六年（七四七），以「嶽瀆山川……利及生人。」宜令專使分往致祭五嶽、四海、四瀆及諸鎭名山。㊻又天寶八載（七四九）九月二日，以「蠻夷款附，萬里廓清……以致元和，實賴神休。」命宗正卿褒信郡王璆等分往五嶽、四瀆及四海致祭。㊼又天寶十載（七五一），命義王府長史張九皐往南海致祭，並册封南海神爲「廣利王」。（見下文）是知自九齡上《請行郊禮疏》之後，玄宗遣專使往祭五嶽、四鎭、四海、四瀆的就有五次之多。可見其受重視之一斑。換言之，在玄宗時代，曾到廣州扶胥鎮南海神廟致祭南海神的也有五次。其中天寶十載並升格南海神爲「廣利王」以崇隆其事。查有關唐代《禮義志》諸書，玄宗之前，遣專使祭五嶽、四鎮、四海、四瀆的，僅見高宗顯慶（六五六—六六〇）年間，以「審理寃獄，賑恤窮乏。」[48]遣專使往五嶽、四鎮、四海、四瀆外，其餘各朝則少見，偶有也僅及致祭五嶽、四鎮、四瀆及名山大川等。大抵五嶽、四鎮、四海、四瀆距離京師較近，遣使前往較便。至於四海，則海途遙遠，尤以南海爲甚，地屬嶺南，時人看作蠻荒瘴癘的地方，故視爲畏途，只有貶官才到這裏。由京師到嶺南，不但旅途辛苦，而且路程也險惡遙遠。憲宗元和間，韓愈貶嶺南潮州的行程就需要二個多月的時間。當他經韶州臨瀧（今廣東曲江縣西）時，作〈瀧吏〉詩云：「南行愈六旬，始下昌樂瀧。險惡不可狀，船石相舂撞。往問瀧頭吏，潮州尚幾里，行當何時到？」[49]按《元和郡縣志·潮州·八到》：「西北至長安五千六百二十里。」故往嶺南的路程遙遠艱辛可知。基於上述的原因，其後未見朝廷遣使往廣州南海廟祭南海了。因爲使者也視爲畏途，或委託當地首長代爲致祭作算。[50]

從唐玄宗朝，五次遣專使祭五嶽、四鎮、四海、四瀆的事例看，其理由不外：「時和年豐」、「蠻夷款附」、「久旱祈雨」、「審理寃獄」等。前二者，是年風調雨順，國泰民安，蠻夷歸附，天下太平，乃郊祀天地嶽、鎮、海、瀆等神靈，以報答神恩。蓋時和年豐，蠻夷歸附，實賴神休之故。後二者則遇着荒年，又久旱，又有寃獄，故求神幫助，早降甘露，寃獄得雪，前二者尙可寓孝道於於郊祀與民間宗教信仰的活動中。後者則屬於「祈神助以解災」[51]的心理，易導人於迷信，不但於事無補，反而響影社會民生甚大。

至於張九齡弟九臯奉命往廣州扶胥鎮南海廟册封南海神祝融爲廣利王事，則在玄宗天寶十載（七五一），三月十七日。《舊唐書・禮儀五》：「天寶十載。正月，四海並封爲王。……太子中允李隨祭東海廣德王。義王府長史張九章〔臯〕祭南海廣利王。……取三月十七日一時禮册。」阮元《廣東通志・金石略》〈册祭廣利王記〉云：

我皇乘時龍臨大寶四十載矣。洪休鑠於元吉，允澤浸於有截，恢復五運，更明三辰，以為海者沖融浮天汗浸吐氣。戴（按崔弼《波羅外紀》作載）[52]萬有，朝百川，屢效休徵之應，未崇封建之典逮天寶十載，三月庚子。册為廣利王，明威禮也。分命義王府長史范陽張九章〔臯〕奉玉簡金字之册。將壁環幣帛旣。拖毳衣綉，潔牲正辭，神理居歆，佇百福而上達。帝道惟永，祝九瀛而咸乂，洋洋乎！未始有也。初張公作宰南海，亟遷右職，惠化未泯，琴堂尚存，人挹子奇之風，時美相如之使。議政之老，惟見子孫佐書之史，俱垂斑白。風闕郊候，麟雜歡迎。詠舊德於江干，覩慈君於鷁首，咸謂愷悌君子，令問不忘者歟！羅鎮邦《波羅廟史話》（下稱史話）[53]作令問不忘者（逗號，與作歟。）夫典册光揚，德貴周洽。信美不著，古人所慚。敢擧其凡，以記于石。（《外紀》作石同。《史話》作右。）夫天寶十載，暮春三月，天王正土德。（《史話》作上德）之元辰，海君受玉册之初吉也。

按阮元《廣東通志・金石略》考證：「謹案記闕撰人姓名。曹學佺《嶺海名勝記》、沈庭芳《廣州志》並題李邕，誤也。《新唐書・元宗紀》，天寶六載，正月。殺北海太守李邕。此記作於十載，邕死已久。曹、沈何所記據而屬之邕邪？」按《波羅廟史話》據此亦作李邕題，亦隨之而誤。按《舊唐書・禮儀志四》載錄張九章祭南海廣利王，也誤。唐王涇《大唐郊祀錄。卷八，祭岳鎮海瀆》謂張九皋（臯）祭南海。[54]《波羅外紀》阮元《廣東通志》據此訂正。據翁方《粵東金石略・卷四。張九皋神道碑》云：「除南海太守兼五府節度經略採訪處置等使。又云：「且五府之人一都會，地包山洞境澗海壖，異域珠鄉，往來輻奏，金具惟錯，齒革實繁。雖言語不通，而贄幣交致，公禁其豪奪，招彼貿遷，遠人如歸，飲其信矣。」又云：「秩滿遷殿中監。」「天寶十五載，四月二十日，薨於西京常樂里之私第。」與《册祭南海廣利王文》：「初公作宰南海，亟遷右職。惠化未泯。琴堂尚存，人挹子奇之風，時美相如之使。……詠舊德於江干」等句對照則知册封南海神為廣利王是張九皋無疑九齡有二位弟弟，仲弟九皋，季弟九章。按徐浩《文獻張公碑》，仲弟九皋歷宋、襄、廣三州刺史，而季弟九章則為溫、吉、曹等州刺史。「章」與「皋」字近似，恐筆誤也有可能。按《册祭南海廣利王記》「初公作宰南海，丞遷右職。」當指天寶初，公為南海太守，丞遷右職，指義王府長史。碑文未載。關於册封南海神為「廣利王」。按陳潞解釋：「含有廣利生民之意。」[55]管見以為：秦漢以來廣州為南海郡，「處近海，多犀、象、毒冒、珠璣、銀、銅、果、布之湊。中國往商賈者多取富焉。番禺（廣州），其一都會也。」[56]南朝以來已成為國際貿易港。[57]蕭梁時「海舶歲數至，外國賈人以通貨易。……又買而卽賣，其利數倍。」[58]到了隋唐以後，廣州無論對外貿易，和通使、通航更為發達。

隋煬帝大業三年（六〇七），命常駿等出使赤土國（馬來半島境），亦從廣州南海郡出發，循安南海行，過 CAMAO 岬，入暹羅灣，沿眞臘、緬甸海岸行，至馬來半島赤土境。其後赤土王子那邪迦，隨常駿來華報聘。自是南洋各國，皆重譯而來，對後世之影響甚重大。[59] 唐時廣州與南洋及阿拉伯各國的關係更爲密切，時廣州已有市舶的設立，專司促進對外貿易，以及增加政府的稅收。當時南洋及阿拉伯各國與中國的關係，無論通航、通商、通使，以及高僧，遊客的往還，更日見頻密。[60] 由於彼此在貿易，航運等各方面的需要，特闢了一條海上交通路線，此卽賈耽「廣州通海夷道」。卽由廣州出發，經中南半島、馬來半島，過馬六甲海峽，經錫蘭島，可抵印度，或越印度洋，入波斯灣可抵阿拉伯各國。一般稱這條航運爲「海上絲綢之路」。時賢多已論述。[61] 故當時的廣州，不但是海路的中心，北上京師的陸道交通總滙，也是中西文化交流的集中地。由廣州出海固可通東南二海，若北上經虔州大庾嶺路入江西，或經郴州騎田嶺路入湖南，又或西行經廣西桂林越嶺路，沿湘水北上，均可抵達長安、洛陽各地。若與「廣州通海夷道會合，可貫通成爲一條國際海陸交通大動脈。尤其西北陸受阻的時候更覺重要。因爲廣州位於珠江北岸，因出海近，秦漢以來爲我國南方水陸的大都會，商業重鎭，唐時已成爲國際貿易商港。《舊唐書・盧奐傳》云：「南海郡利兼水陸。」陸宣公云：「廣州地當要會，俗號殷繁，交易之徒，素所奔湊。」又《唐大和上東征傳》：「江（珠江）中有婆羅門、波斯、崑崙等舶，不知其數，並載香藥，積載如山。」時廣州有廣江驛，以爲遞運送別之所。唐・李羣玉有〈廣江驛樓餞筵留別〉及〈中秋廣江驛示韋益〉詩各一首。（見《全唐詩・九函一册》）廣江，乃廣州江之簡稱，卽今珠江。會東、北、西江，經城南，出虎門入於海。62由於廣州有水陸之利，也是南洋與阿拉伯各國使者來華朝賀進貢往返必經之地。《新唐書、百官志・鴻臚寺》云：「海外諸蕃朝賀進貢，使有下從，留其半於境。繇海路朝者，廣州擇首領一人，左右二人入朝。所獻之物，先上其數於鴻臚，凡客還，鴻臚籍衣齎賜物多少以報主客，給過所。」而廣州扶胥鎭南海神廟，位於廣州東南約八十里的珠江北岸，面對波羅江（指廟前江面，蓋南海神廟又稱波羅廟見下文），下瞰獅子洋，經虎門可通古代東西二洋各地。故南海神廟爲古代出入廣州必經的海路交通孔道。是故無論使者、商賈海舶，以及水上人家出入必經至此神廟拜祭，祈求南海神庇祐平安。大抵由於「屢效休徵之應」，朝廷乃於天寶十載（七五一），命義王府長史張九皐親攜「玉册」封祂爲「廣利王」，以表示崇敬之意。依此來說，玄宗封南海神爲「廣利王」，不但「含有廣利民生之意」，同時也有促進對外通商、通航，增進與南洋及阿拉伯各國的友誼，以及傳播中西文化交流等等的利益。以此來作爲封號，就它的表面意義來說，固然十分貼切，也合乎古代封建社會的禮制，但實際的來說，無非顯示皇帝的權威罷了。

四、孔君嚴與韓昌黎南海神廟碑

孔戣，字君嚴。孔子三十八世孫。憲宗元和十二年（八一七），以國子祭酒拜廣州刺史、嶺南節度使。「先是帥南海者，京師權要多託買南人爲奴婢，戣不受託。至郡，禁絕賣女口。先是準詔禱南海神，多令從事代祠。戣每受詔，自犯風波而往。韓愈在潮州作詩以美之。」⑬韓愈，字退之，以「才高數黜。」「常以爲自魏晉已還，爲文者多拘對偶，而經誥之指歸、遷、雄之氣格，不復振矣。故韓愈爲文務反近體，抒意立言，自成一家新語。」⑭愈與戣相交友善，曾同在「南省」做事。愈嘗稱戣「守節清苦，論議正平。」當戣拜廣州刺史、嶺南節度使時，親至南海神廟致祭，愈又稱之：「祠部歲下廣州，祭南海廟，廟入海口，爲州者憚之，不自奉事，常稱疾命從事自代。惟公歲自行，官吏刻石美之。」⑮可見他們之間深厚的友誼。元和十四年（八一九），正月。愈又因《諫迎佛骨表》，憲宗怒，遂由刑部侍貶潮州刺史。又是那麼巧，愈與戣又在嶺南道地區任官。一爲廣州刺吏、嶺南節度使；一爲潮州刺史。戣到廣州後，處事以公，論議平正。常歲立夏之日必親至南海廟祭南海神。往屆首長，多稱疾遣從事代往致祭敷衍了事。但戣到任後，本着「治人以明，事神以誠」的施政宗旨。一改歷屆首長的陋習，故每屆立夏日，特別鄭重其事，不畏海道辛苦，必親自奉着當今天子憲宗簽署的「祝文」⑯到南海廟，並備太牢三牲之禮致祭。明年，期至，又親自往祭，並重建擴充廟宇，「治其庭壇，改其東西兩序。齋庖之廚，百用具修。」（見下碑文）在任期間，又規定：「蕃舶泊步，有下碇稅，始至有閱貨宴。所餉犀琲，下及僕隸。戣禁絕，無所索求。舊制，海商死者，官籍其貲，滿三月無妻子詣府，則沒入。戣以海道歲一往復，苟有驗者不爲限，悉推與。」可以說戣在廣州的政績，惠及人神。時愈由京師貶至潮州，不久，調袁州，公乃請愈爲文以紀其事，這就是名聞千古的韓昌黎南海神廟碑。碑云：

「海于天地間為物最巨，自三代聖王莫不祀事，考于傳記，而南海神最貴，在東、北、西三神河伯之上，號為祝融。天寶中，天子以為古爵莫貴于公侯，故海岳之祝，犧幣之數，放而依之，所以致崇極於大神。今王亦爵也，而禮海岳尚循公侯之事，虛王儀而不用，非崇極之意也。由是册尊南海神為廣利王，祝號祭式，與次俱升。因其故廟，易而新之。在今廣州治之東南，海道八十里，扶胥之口，黃木之灣，常以立夏氣至，命廣州刺史行事祠下，事訖驛聞。而刺史常節度五嶺諸軍，仍觀察其郡邑，于南方事無所不統。地大以遠，故常選用重人，既貴而富，且不習海事。又當祠時，海常多大風。將往，皆憂戚；既進，觀顧悸怖。故常以疾為解，而委事于其副，其來已久。故明宮齋廬，上雨旁風，無所蓋障，牲酒瘠酸，取具臨時，水陸之品，狼藉籩豆；薦祼俯興，不中儀式，吏滋不供，神不顧享，盲風怪雨，發作無節，人蒙其害。

元和十二年，始詔用前尚書右丞國子祭酒魯國孔公為廣州刺史，兼御史大夫，以殿南服。公正直方嚴，中心樂易，祗慎所職，治人以明，事神以誠。內外單盡、不為表襮。至州之明年，將夏，祝册自京師至，吏以時告。公乃齋祓視册，誓羣有司曰：「册有皇帝名，乃上所自署，其文曰：嗣天子某、謹遣官某敬祭。其恭且嚴如是，敢有不承？明日吾將宿廟下，以供晨事。明日，吏以風雨白，不聽，于是州府文武吏士凡百數，交謁更諫，皆揖而退。公遂升舟，風雨少弛，棹夫奏功，陰雲解駁，日光穿漏，伏波不興。省牲之夕，載暘載陰，將事之夜，天地開除月星明穊。五鼓既作，牽牛正中，公乃盛服執笏，以入卽事，文武賓屬，俯首聽位，各執其職。牲肥酒香，樽爵靜潔，降登有數，神其醉飽。百靈秘怪，慌忽畢出，蜿蜿虵虵，來享飲食。闔廟旋艫，祥飇送帆，旗纛旌麾，飛揚晻靄，鐃鼓嘲轟，高管嗷噪；武夫奮棹，工師唱和；窮龜長魚，踊躍后先；乾端坤倪，軒豁呈露。祠之之歲，風災熄滅，人厭魚蟹，五谷胥熟。明年祀歸，又廣廟宮而大之，治其庭壇，改作東西兩序。齋庖之房，百用具修。明年其時，公又固往，不懈益虔，歲仍大和，耋艾歌咏。

始公之至，盡除他名之稅，罷衣食于宮之可去者。四方之使，不以資交，以身為帥，燕享有時，賞與以節，公藏私畜，上下與足。于是免屬州負逋之緡錢廿有四萬，米三萬一千斛。賦金之州，耗金一歲八百，困不能償，皆以丐之，加西南守長之俸，誅其尤無良不聽令者，由是皆自重慎法。人士之落南不能歸者，與流徙之胄百二十八族，用其才良，而廩其無告者，其女子可嫁，與之錢財，令無失時。刑德並流，方數千里，不識盜賊，山行海宿，不擇處所。事神治人，其可謂備至耳矣。咸願刻廟石以著厥美，而繫以詩，乃作詩曰：

南海陰墟。祝融之宅。卽祀于旁，帝命南伯。
吏情不躬，正自今公。明用享錫，在我家邦。
惟明天子，惟慎厥使。我公在官，神人致喜。
海嶺之陬，既足既濡。胡不均弘，俾執事樞，
公行勿遲，公無遽歸，匪我私公，人神具依。[67]

按昌黎《南海神廟碑》，舊在神廟之東廊。[68]今移廣州博物館碑廊。（在廣州市五層樓內）碑首題：「使持節袁州諸軍事守袁州刺史韓愈撰。使持節循州刺史諸軍事陳諫書。並篆額其後云。元和十五年（八二〇）十月十一日建。[69]按阮元《廣東通志・金石略》謂刻字人李叔齋。《廣州志》及《羊城古鈔》等書，以爲是宋循州刺史重書。非也。王昶《金石萃編》：「書者陳諫。《新唐書》附〈王伾傳〉：「自河東中少尹貶臺州司馬，終循州刺史。此碑結銜是其所終之官也。」同時宋代職官無刺史之名。王昶《金石錄》是。清錢大昕《金石文跋尾》云：「碑首行題字與全文大小疏密不類，似經後人磨改。《昌黎集》中無廣利王三字，此碑有之。蓋磨治添入者。」歐陽公《集古錄》云：「以余家舊藏集本校之。」皆同。惟《集本》云：『蜿蜿蜒蜒』，而〈碑〉云：『蜿蜿蚰蚰』小異，當以碑爲正。」建碑之日爲元和十五年十一月一日。《粵東金石略》則云：「時公去粵已久矣。」因爲是年春，公已量移到袁州。九月召拜國子祭酒，冬暮，公已到京師了。

孔戣治廣州期間，既有如此優良的政績，惟查《新舊唐書．列傳》，公未列入〈良吏傳〉，亦怪事也，似欠公允。按《昌黎集》〈孔公（戣）墓誌銘〉及《新舊唐書》本傳所述，戣自登進士第，從鄭滑節度使盧羣辟爲判官起，歷侍御史、諫議大夫。憲宗元和初，上疏論時政四條，即受憲宗賞識，累官至給事中、尚書左丞，因言論剛直，爲內官不喜。後轉任江州、華州刺史及國子祭酒等職，在任期間，爲政「剛正清節」，「事有害於正者，無所不言。」每遇不平，皆「慷慨論正」。以如此正直嚴明清節的官員，竟未列入良吏傳，未悉史官如何取舍！

韓愈致力提倡古文運動，文風自成一家言。蘇軾譽之爲文起八代之衰，後之學者更推爲唐宋八大家之首。以這樣的一位大文豪親自執筆撰文來記其事，自然文筆洋洋灑灑，下筆千言。這就是傳誦千古的韓昌黎南海神廟碑，而南海神廟也因此蒙受他的光彩。經此之後，無人不知有昌黎南海神廟碑。

五、達奚司空、波羅樹與南海神廟

達奚司空、波羅樹與南海廟的故事，一般志書有二種不同的傳說。一說據宋仁宗慶曆中（一〇四一—一〇四八）阮遵的記載，說達奚司空是天竺高僧達摩的弟弟。於蕭梁普通年間（五二〇—五二六），隨他的哥哥達摩由天竺航海道來華。經過廣州扶胥鎭南海廟時，進廟謁見廣利王。王留他協助共同治理南海。達奚司空受他的感化，毅然答允留下協助廣利王。後人乃於廟的東廊立像來紀念他。宋高宗紹興（一一三一—一一六二）年間，封他爲助利侯。⑳其後到了明代許得巳寫了一篇《南海廟達奚司空記》，亦據此。按達摩爲中國佛敎禪宗初祖，於梁普通元年（五二〇，一作大通元年五二七）由天竺泛海經廣州來華，並曾謁見梁武帝，這是事實。但未有攜弟達奚司空來華的記錄。同時南海神廟始建於開皇十四年（五九四），至唐玄宗天寶十載（七五一）始封爲廣利王，於史不合，這完全是附會之說。

另一說，出自宋·方信孺《南海百咏》，相傳波羅國有貢使攜了二顆波羅樹的種子泛海來華。回程的時候經廣州扶胥鎭南海廟，遂登廟下種。舶主忽然舉帆出海，因舶客人衆，一時疏忽把他留下，其人乃望江悲泣，立化廟前，卽達摩司空云云㉑。後人爲他立像，面向望江狀，俗稱「番鬼望波羅。」（粤人稱外國人謂番鬼佬）因此南海神廟前的江面又稱波羅江，而廟也稱波羅廟因此而得名。此說沒有說明年代，究竟唐代抑或宋代？故此說似乎也不足信。今廟前尚有達奚司空像。按清・檀華《楚庭稗珠錄》云：「（廟）中門之左，有達奚司空像，黧面白眼，跂而前望，若有招呼。」羅鎭邦以爲這個「黧面白眼」，說明是一個黑人，很可能是當時隨番舶來廣州的奴隸。所以臨走時會被主人遺棄，這倒有一點可信。」㉒有關達奚司空、波羅樹與南海神廟的事跡，如明・郭棐《嶺海名勝記，卷一〇》清・檀華《楚庭稗珠錄》、李調元《粤東筆記・八景全圖》、崔弼（鼎來）《波羅外紀・卷四》阮元《廣東通志・金石略》、光緒五年《廣州府志・金石略》及日人森清太郎《嶺南紀勝》（又名《廣東名勝史蹟粤古求眞》五十六頁等諸書均有述及。都是據宋仁宗時阮遵的記載，及宋方信孺《南海百咏》引申而來，查諸書僅據傳聞傳鈔而乏考證。很難令人信服。考宋人的著作中有二本記述波羅樹的事，玆節錄以供參考《新唐書・卷二二一・西域上・摩揭它國傳》云：

摩揭它，一曰摩伽陀。本天竺屬國。貞觀二十一年（六四九），始遣使自通天子，獻波羅樹。樹類白楊。

又《册府元龜・卷九〇七・外臣部》：

貞觀二十一年（六四七），三月。帝以遠夷貢方物，珍果咸至。其草木雜物，有異於嘗者。詔皆使譯錄焉。……摩伽陀國獻菩提樹，一名波羅葉，似百揚。

從唐太宗貞觀二十一年（六四七）三月。摩伽陀國遣使獻方物——波羅樹（菩提樹）事。按菩提樹爲印度原產。又梵語名畢鉢羅。佛座此樹下，證菩提果，故亦曰菩提樹。菩提亦梵語，其義爲覺爲道，故又稱覺樹或道樹。⑬天竺高僧獻菩提樹在蕭梁時代亦有。如廣州光孝寺前的菩提樹，就是梁武帝天監元年（五〇二），爲西天竺國智藥三藏所植的⑭。這樣說來似乎可信。至於達奚司空是否當年摩伽陀國的使者，則尚待考證，又該國產波羅樹原名 Piapal，粵人譯爲波羅樹，故有此名。

隋唐以來，廣州無論對外通商、通航、通好，廣州已成爲中西文化交流的樞紐。唐時由海道來華的蕃使必經廣州⑮可知。而南海神廟正地處於珠江東南八十里，扼廣州出入的咽喉。《宋開寶南海神廟碑云》：「限六蠻於外服，通七郡以來王。」故有「外交之神」⑯的稱譽。因爲無論使臣、商賈、旅客以及水上人家出入經此，都登廟拜祭，祈禱南海神廣利王庇祐出入平安。

大抵由於廣州扶胥鎭南海神廟的位置，北背廣州城，南控珠江口，爲海船出入必經的海道交通樞紐。故海舶商賈雲集。治平四年（一〇六七）章望之《重修南海廟碑云：「南海神祠，舊隸廣州之城，今扶胥鎭南之西，曰東南水陸之行里均八十。……先時此民與海中蕃夷，四方之商賈雲集雜居焉。」⑰又廖顒《重修南海廟記》：「胡商越賈，且萬斛之舟，張起雲之帆，轉如山之柁，乘長風、破巨浪往來迅速，如履平地。非恃王之陰祐，曷克爾耶？西南諸蕃三十餘國，各輸珠寶，輻湊五羊（廣州）珍異之貨，不可縷數。閩浙舸舶，亦皆載而至，歲補何啻千萬緡！廛肆貿易，繁顆富盛，公私優裕，繄王之力焉。」⑱由於廣州南海廟位在「扶胥之口，黃木之灣。」是古代海道交通出入之孔道，故外國海舶雲集，萬商輻湊，故有「海上絲綢之路的起點」之稱。⑲基於上述的原因，無論使者、商賈、旅客，以及水上人家，經此出入，且海濤險惡，爲盡量避免發生不測，於是產生祈禱求神靈保祐的宗教思想心理，以求心安理得。這是南海神廟香火鼎盛的最大原因。

一所寺廟香火的盛衰和神靈是否靈驗，地位是否崇高以及民間對祂的宗教信仰很有密切的關係。玄宗天寶十載（七五一）册封南海神爲廣利王，就稱祂「屢效休徵之應」⑳所以封爵爲王，「明盛禮也。」唐宣宗大中年間（八四七—八五九）李玭，爲嶺南節度使，李羣玉有〈涼公㉑從叔春祭廣利王廟詩〉一首，詩云：

龍驤伐鼓下長川，直寄雲濤古廟前。
海客斂威驚火旆，天吳收浪避樓船。
陰是向作南溟主，禮典高齊五岳肩。
從此華夷封域靜，潛薰玉燭奉堯年。

又唐懿宗咸通（八六〇—八七三）時高駢征安南，曾由海陸兩路出擊大勝。㉒當他出征前曾至南海神廟祭祀禱告，祈廣利王庇祐。果然神應，乃有〈南海神祠〉一首以紀其事。詩云：

滄溟八千里，今古畏波濤；
此日征南將，安然渡萬艘。㉓

從上述兩個事例中，可見王之威武靈應之一斑。宋元以後王之靈驗事跡很多。請參閱附表。

廣州南海神廟大事年表

西元	年代	大事	史料出處	備註
	周	天子命有司祈四海大川名源淵澤井泉	禮記月令	
—61	漢宣帝神爵元年	有感海乃百川之大者今獨闕無祠爲求豐年乃於洛水近處立祠祭海神	漢書郊祀志五下	
520—526	梁普通年間	相傳達奚司空隨兄達摩來華進廟謁南海神廣利王王留他共治後人乃立像紀念	粵東金石略紹興乙丑六侯碑	與史不對時仍未有南海廟
594	隋開皇14年	於廣州南海鎮（扶胥鎮）立南海祠並近取巫一人主知灑掃以祭南海神祝融	隋書禮儀志二	
620	唐武德初	仍前制以五郊迎氣立夏日祭南海並以廣州都督刺史充當祠官	通典四六	
647	貞觀二一年	天竺摩伽陀國遣使來華獻波羅樹	新書西域傳上	宋阮遵記神廟前波羅樹卽此

656—660	顯慶年間	以審理冤獄遣使祭五嶽四鎮四海四瀆	舊書禮儀志四	
726	開元一四年	以久旱遣太常少卿張九齡祭南嶽南海	唐大詔令集一四	
737	開元二五年	以時和豐年遣國子祭酒張說祭南嶽南海	唐大詔令集六四全唐文三五	
747	天寶六載	以利及生人宜遣專使分往祭五嶽四鎮四海四瀆	唐大詔令集六八全唐文四〇	
749	天寶八載	以蠻夷附和遣褒信王璆等祭五嶽四鎮四海四瀆	唐會要二二全唐文三二	
751	天寶一〇載	命義王府長史張九臯奉玉簡封南海神祝融爲廣利王	王涇大唐郊祀錄	舊書禮儀志誤作九章
817	元和一二年	以孔戣爲廣州刺史嶺南節度使	昌黎南海廟碑	
818	元和一三年	是年立夏日孔戣親奉天子祝文往廟祭南海	同右	
819	元和一四年	孔戣於立夏日又親往廟致祭並擴充廟宇改作東西兩序是年韓愈貶潮州	同右	

820	元和一五年	韓愈撰南海神廟碑時公已量移袁州	粵東金石略	廣州志作一二年誤
847—859	大中年間	李玭爲嶺南節度使親往廟致祭李羣玉有凉公從叔祭廣利王詩	羊春秋輯注李羣玉集	
860—873	咸道中	高駢征安南出師前有南海神祠一首	全唐詩九函七册	
879—887	乾符末至光啓間	高州太守林藹(一作靄)獻銅鼓於廣帥鄭續續獻於廟	南海百咏粵劍編	嶺表錄異作鄭絪誤
958	南漢大寶元年	封南海祝融神廣利王爲昭明帝	文獻通考八三	
970	宋開寶三年	嶺南平遣司農少卿李繼芳往祭南海	同右	
973	開寶六年	以收復五嶺命中使祭告並修葺廟貌	開寶六年南海廟碑	
983	太平興國八年	仍前制每歲以立夏日祭南海	宋史禮志五	
1041	康定二年	加封南海爲洪聖廣利王是爲加封號之始	康定二年中書門下牒	宋史禮五作二年
1049	紹聖初	蘇東坡南海廟浴日亭詩刻	粵東金石略謫惠州過此作	

1053	皇佑五年	以神顯靈助官軍平儂智高加封昭順是爲南海昭順洪聖廣利王	皇祐五年牒	通考作慶曆二年誤乃立碑時
1067	治平四年	重修南海神廟宜革者舉新之	治平重修南海神廟碑	
1074	熙寧七年	久旱求雨詔右諫議大夫知州程師孟往廟祈雨	南海廟程師孟禱雨記	
1145	紹興一五年	封達奚司空等爲六侯	粵東金石略紹興乙丑六侯碑	
1165	乾道元年	湖南盜起入寇廣東得神佑助官軍平亂加封威顯是爲南海廣利洪聖昭順威顯王	南海廣利洪聖昭順威顯王記	波羅外紀作紹與七年誤
1165 1173	乾道？年	重修南海神廟	乾道重修碑	
1198	慶元四年	慶元三年大奚山島民作亂王助官軍平亂賜英護廟額	慶元四年尙書省牒	
1225	寶慶元年	重修廟宇縻金錢六百萬餘	寶慶重修碑	
1276	元至元一三	年遣近侍速古兒赤等於四月十八日爲神廟建醮	至元丙子碑	
1291	至元二八年	加封靈孚號	黃佐廣通志壇廟	
1293	至元三〇年	遣鄭制宜等往祭南海	至元癸巳碑	

1303	大德七年	重修正殿正寢殿兩廡等凡屋百二十五間歷十餘年	大德七年南海神祠碑	
1305	大德九年	遣近侍蔑可度等祭南海	諭祭南海神	
1320	延祐七年	遣廣東道宣慰使都元帥邸元謙致祭	延祐七年祀海記	
1324	泰定元年	天子卽位遣御位下必闍赤綽見等致祭	代祀南海王記	
1350	至正一〇年	遣遣秘書監卿月魯不花致祭	至正一〇年碑	
1351	至正一一年	有感於神明遣大司農少卿王敬方等致祭	至正一一年碑	
1355	至正15年	遣承事郎太府監右藏庫使三寶奴等致祭	至正乙未代南海廟記	
1369	明洪武二年	遣徐九皐祭告中原底平	勅祀南海之記	
1370	洪武三年	重修神廟加號南海之神	重修南海廟記洪武三年御碑	
1425	洪熙元年	遣太常寺丞孔克準致祭	洪熙元年碑	
1435	宣德一〇年	遣廣東承宣布政使司右參政盧玉潤致祭	宣德一〇年碑	
1444	正統九年	以久旱遣禮科給事中章瑾致祭	正統九年碑	

1454	景泰五年	遣吏科給事中林聰致祭	景泰五年碑
1455	景泰六年	遣都察院右都御史馬昂致祭	景泰六年碑
1457	天順元年	遣翰林院編修尹直致祭	天順元年碑
1465	成化元年	遣富陽伯李輿致祭	成化元年碑
1468	成化四年	遣廣東都察院右副都御史陳廉致祭	成化四年碑
1472	成化八年	重修南海神祠	成化壬辰重修碑
1477	成化一三年	遣兩廣都察院右副都御史朱英致祭	成化一三年碑
1484	成化二〇年	以去歲秋冬雨雪全無遣右副都御史朱英祭告	成化二〇年碑
1485	成化二一年	陳白沙次東坡浴日亭韻詩	詩刻
1488	宏治元年	遣平鄉伯陳信祭告以嗣承大統	宏治元年碑
1490	宏治三年	廣東按察使薛綱浴日亭詩	詩刻
1492	宏治六年	以去冬無雪今春少雨遣都察院右都御史閔珪致祭	宏治六年碑
1506	正德元年	以嗣承大統遣使祭告	正德元年碑

1511	正德六年	以內變肅清遣廣東布政使羅榮祭告	正德六年碑
1512	正德七年	遣兩廣都察院右都御史林廷選祭告群盜爲梗冀神明轉災爲福	正德七年碑
1524	嘉靖三年	徐攸溥浴日亭次東坡韻	詩刻
1532	嘉靖一一年	遣廣州同知沈尚經祭告以儲宮未立祭告	嘉靖一一年碑
1538	嘉靖一七年	遣使以香帛之儀祭謝天賜元儲	嘉靖一七年碑
1588	萬曆一六年	遣巡撫廣東監察御史蔡夢說致祭	萬曆一六年碑
1601	萬曆二九年	巡按廣東監察御史李時華詩	浴日亭次東坡韻詩
1635	崇禎八年	以平服海寇劉香遣制府熊文燦致祭	崇禎祀海神記
1651	清順治八年	遣翰林院提督四譯館大常寺少卿孫庭銓致祭	下見波羅外紀
1667	康熙六年	遣都察院右副都御史董篤行致祭	
1682	康熙二一年	遣禮部左侍郎楊正中致祭	
1685	康熙二四年	遣詹事府少詹事兼翰林院侍講學士王士正致祭	

1688	康熙二七年	遣廣東布政使司布政使張建績致祭		
1696	康熙三五年	遣詹事府少詹事兼翰林院侍講學士李錄予致祭		
1697	康熙三六年	遣都察院右副都御史熊一瀟致祭		
1703	康熙四二年	遣戶部右侍郎范承烈致祭又御書「萬里波澄」揭於廟楣		
1709	康熙四八年	遣詹事府少詹事兼翰林院侍講學士史夔致祭		
1713	康熙五二年	遣都統馬雲霄致祭		
1791	康熙五八年	遣翰林院侍講學士李紱致祭		
1723	雍正元年	遣翰林院侍講學士涂天相致祭		
1725	雍正三年	封號曰南海昭明龍王之神		
1736	乾隆元年	遣詹事府少詹事兼吏部文選吏司郎中行福什寶致祭		
1748	乾隆一三年	遣廣東布政使司赫慶致祭		
1752	乾隆一七年	遣通政司副使孫灝致祭		

1755	乾隆二〇年	遣兵部右侍郎李清芳致祭		
1760	乾隆二五年	遣日講起居注官教習庶吉士詹事府少詹事德爾泰致祭		
1772	乾隆三七年	遣禮部左侍郎金牲致祭		
1785	乾隆五〇年	遣都察院左副都御史覺羅巴彥學致祭		
1790	乾隆五五年	遣宗人府丞孟邵致祭又撫粵使德保祭南海神廟得詩四首	詩刻	
1796	嘉慶元年	遣廣州副都統和興額致祭		
1800	嘉慶五年	御賜靈濯朝宗匾		

（本表據崔弼《波羅外紀》年表增補）

六、銅鼓、浴日亭與南海神廟

有關銅鼓與南海神廟的史蹟，歷代志書及方志類的記載，論者不一，且有兩種不同的說法。其一：唐僖宗朝鄭絪獻銅鼓。其二：唐僖宗朝鄭續獻銅鼓。兩者之間，時間雖同，但人名不同，其中必有一錯。玆分別辨之如下。

唐僖宗朝鄭絪獻銅鼓，此說出自唐・劉恂《嶺表錄異・卷上》（《四庫全書》本）云：「僖宗朝鄭絪鎭番禺日，有林藹者爲高州太守，有鄕里小兒，因牧牛聞田中有蛤鳴，牧童遂捕之。蛤躍入一穴遂掘之，深丈，卽蠻酋塚也，蛤無蹤，穴中得一銅鼓。其色翠綠，土蝕數處，損毀其上，隱起多鑄蛙黽之狀，疑其鳴蛤，卽鼓精也。遂狀其緣由，納於廣帥，懸於武庫，今尚存焉。」按《欽定四庫全書・嶺表錄異提要》謂：劉恂於唐昭宗朝出爲廣州司馬，官滿上京，擾攘，遂居南海，作《嶺表錄》，又名《嶺表記》，或稱《嶺表錄異》。核其文句，實皆此書。殆以舊本不存，轉相稗販，故流傳訛異至有數名。明・屈大均《廣東新語・銅鼓》條據此謂：「因唐時高州太守林靄（《嶺表錄異》作藹）得於蠻酋大家（塚），以獻節度使鄭絪。絪以獻於廟中者。」以僖宗朝鄭絪獻銅鼓於南海廟，此說靠不住。

第一、僖宗朝鎭番禺的廣州刺史、嶺南節度使，是鄭續，而非鄭絪。因爲鄭絪是憲宗朝爲廣州刺史、嶺南節度使。《舊唐書・卷一四・憲宗紀》。元和五年（八一〇）三月癸巳：「以太子賓客鄭絪檢校禮部尚書、廣州刺史、嶺南節度使。」又同書元和八年（八一三）十二月丙戌：「以桂管觀察使馬聰爲廣州刺史、嶺南節度使。」換言之，鄭絪於憲宗元和五年至八年（八一〇—八一三）間出任廣州刺史、嶺南節度使。查吳廷燮《唐方鎭年表・卷七》，鄭續出鎭番禺，任廣州刺史、嶺南東部節度使（按懿宗咸通三年（八六二）分嶺南道爲東西）則在僖宗乾符末至光啓三年間（八八一—八八七）

第二、《嶺表錄異》只說高州太守林藹於蠻酋大塚中得銅鼓，獻於廣帥鄭絪，（「懸於武庫」）中，沒有說獻於南海廟。但《廣東新語・銅鼓》則謂林藹獻於嶺南節度使鄭絪，「絪以獻於廟中者。」似有附會之疑？或者其後鄭絪獻於南海廟有可能，但決非僖宗朝之鄭絪，而是鄭續。（見下文）

至於唐僖宗朝鄭續獻銅鼓，此說見於宋・方信孺《南海百咏・銅鼓》條（光緒壬午年學海堂重刻本）云：「今廟中之銅鼓，自唐以來有之。《番禺志》已載其制度。凡春秋享祀，必雜衆樂擊之，以侑神。又府之武庫亦有其二。其一蓋僖宗朝鄭續鎮番禺日。高州太守林藹所獻。初因鄉墅小兒，見鳴蛙之怪，遂得於蠻酋大塚中。事見《嶺表異錄》。在唐時既能爲怪，則至今不知其幾百年物矣。鼓形如腰鼓，而一頭有面，製作精巧。所謂銘志，絕無有也。只周遭多鑄蝦蟆兩兩相對，不知其何意？」按《南海百咏》道光吳蘭修〈跋〉：宋方信孺撰。《宋史》有傳，字孚若，興化軍人。以父崧卿蔭補番禺尉。「其尉番禺當在（寧宗開禧）二年（一二〇六）以前。」又云是集刻於元大德間（一二九七—一三〇七）。黃泰泉《廣東通志》多引之。」明・王臨亨《粵劍編》廣文書局影印版）卷一據此：「南海神廟中有銅鼓，唐僖宗朝鄭續鎮番禺（廣州）日，高州太守林藹（按《嶺表錄異》作藹）所獻初因鄉里小兒，聞蛇（蛙）鳴，掘此得鼓於蠻酋塚中。經五尺餘，高半之。製作精巧，遍體青綠。」

比對上述二說，唐僖宗朝鄭續獻銅鼓於南海廟，此說靠爲可信，大抵唐僖宗時，先由鄉里小兒在蠻酋塚中發現銅鼓，高州太守林藹得之。（查《廣東通志・職官表》未載林藹事）然後獻於廣帥鄭續。其後鄭續將它獻於南海廟，以禮神之用，有可能。有關嶺南銅鼓的史蹟，近人徐松石考證嶺南銅鼓的歷史淵源甚早。據《世本・張澍粹集補注》本：「巫咸作銅鼓。（《通典》引《世本》）」澍按杜佑云：「《世本》：巫咸作銅鼓，蓋南中所製。又按馬援征五溪，作銅鼓。季漢諸葛亮征南蠻作銅鼓以鎮之。」㉞是知銅鼓自秦漢以來嶺南已有此物。至於嶺南銅鼓的用途很廣，據徐氏考證有二十四種之多。其中有用在宗教方面的，如祭水神和龍神。唐・許渾〈送客南歸〉云：「瓦樽留海客，銅鼓賽江神。」又白居易〈詩〉：「牙檣迎海舶，銅鼓賽江神。」㉟唐宋時代，嶺南地區的神廟及佛寺中，大多有銅鼓以「娛神」㊱。據云嶺南地區濱海潮濕多雨，「革鼓多痺」㊲不適用，故多鑄銅鼓。清・何梅〈南海廟銅鼓歌〉云：「南海廟前銅作鼓，土花斑駁紋何古。……憶昔嶺南地卑濕，前人作之鎮此邑。」㊳南海廟中的銅鼓，除了慶祝娛神之外，還有壓妖、鎮海滄之用。清・李中培〈銅鼓歌〉：「此物舊在蠻酋境，歲時敲擊煩苗娥。林公取獻節度使，巨艘運載珠江沱。南鄭相公謂此物，不須王府儲闕和，留鎮神廟壓妖慝。……太守得之特鄭重，……進之神廟鎮海滄。」㊴至於翁方綱及崔弼所見南海神廟的大小二銅鼓㊵，則已非唐時之物。㊶大抵南海神廟中的銅鼓，唐時已有此神器，以作祭神或慶祝神誕的用途。但由於經歷數個朝代，或毀或被盜竊難免㊷。今所存的恐非昔古之物，乃後代善長仁翁敬獻南海神廟的。

至於浴日亭與南海神廟是否同時建置？史書沒有說明，但從宋人的記載，似乎唐時已建置。它位於南海神廟右邊的小坵上。昔日面臨大海，茫然無際。《輿地紀勝・廣州・景物下》：「浴日亭，在扶胥鎮南海王廟之右，小邱屹立，亭冠其巔，前瞰大海，茫然無際。」蘇東坡〈浴日亭詩〉云：

劍氣崢嶸夜揷天，瑞光明滅到黃灣。
坐看暘日浮金暈，遙想錢塘湧雪山。
已覺蒼涼蘇病骨，更煩沆瀣洗衰顏。
忽驚鳥動行人起，飛上千峰紫翠間。

按翁方綱《粵東金石略·卷二》謂：「紹聖初，東坡先生謫惠州過浴日亭作也。」又宋·方信孺《南海百咏》浴日亭云：「在扶胥廟之前小山上。東坡有詩。《番禺雜念》謂之看海亭。」爲遊人登臨看浴日美景之所。宋人稱「扶胥浴日」，爲羊城（廣州）八景之一⑬正如東坡詩云：「坐看暘日浮金暈，遙想錢塘湧雪山。」東坡以此媲美錢塘江賞潮，其景色之美可想而知。宋之前人稱看海亭，未悉建於何時？《南海百咏》〈浴日亭〉條引《番禺雜志》謂「看海亭」。又同書〈番山〉條：「國初前攝南海簿鄭熊所作《番禺雜志》云：「番山在城中東北隅。」是知宋之前已有此亭。《番禺雜志》又稱《番禺雜記》。嘉靖·黃佐《廣東通志·藝文上》云：「《番禺雜記三卷》宋初南海主簿鄭熊撰，今亡。」《文獻通考·經籍考卷三二》稱：「《番禺雜記一卷》。陳氏曰：攝南海主簿鄭熊撰。國初人也。」又明·陶宗儀《說郛卷四》引《番禺雜記》三條。謂唐·鄭熊著。由是觀之，《番禺雜志》即《番禺雜記》，作者同是南海主簿鄭熊。但一作宋初人，一作唐人，大抵他生當唐末宋初時代的人物，故有不同的稱呼。（查《廣東通志》、《南海縣志》、〈職官表〉未載）依此論之，浴日亭建於唐時，似無疑問。初名看海亭，因前臨大海，可觀日出美景之故，到宋代才改稱浴日亭。自蘇東坡謫惠州經此題詩之後，於是浴日亭的名聲也大噪，與韓昌黎〈南海神廟碑〉媲美。據崔弼《波羅外紀》輯有關浴日亭步東坡韻的詩歌，就有陸萬鍾、陳白沙等十首之多。

唐宋元明時，浴日亭還是前臨大海的，因經歷數代，由於珠江沖積層的淤塞，已由滄海變桑田了明成化間（一四六五－一四八七）陳白沙到此，並作浴日亭和東坡韻詩，尚見「殘月無光水拍天，漁舟數點落前灣」的海上觀日出的景色。至清嘉慶初（一七九六），「今則淤積既久，鹹鹵繼至。……潮當長就岸猶易，水消長則平沙十里，挽舟行陸，進退兩難。」㊴余於今年二月初旬，與蕭國健兄伉儷到南海神廟一遊，並希望為寫此文找些資料，曾步級登上浴日亭眺望，尚見東坡詩刻，圍以鐵網保護。站此極目遠眺，只見桑田百里，不見滄海踪影了。至於韓昌黎碑則移置廣州市博物館。時南海神廟正在修葺，未便開放參觀，承譚隸華先生的介紹，得參觀「海上絲綢之路」的展覽室。據云這裏是古代絲綢之路的起點。一九八四年在亭前附近發現紫荆木碼頭遺址，經鑑定為唐代的文物云云。可昔考古報告未見。

七、結論

綜合上述所論：

㈠我國祭海神的郊祀禮制始自周代。《禮記・月令》云：「天子命有司祈四海、大川、名源、淵澤井泉。」那時只不過望祭而已。

㈡到漢宣帝神爵元年（前六一），有感海者乃百川之大者，今獨闕無祠，爲祈求豐年，乃於洛水近處立祠祭祀海神以求豐年。本於「依禮，有益於民則祀之」的民間宗教思想而置。

㈢自六朝以來由於海之有益於國計民生甚大。尤其對東南二海的開發，無論通商、通航、使者的往還，以及高僧的東來傳教，於是東海的萊州、南海的廣州成爲東西通商貿易的集中地，故至隋文帝開皇十四年（五九四）首於東南二海近處立祠，東海則於萊州，南海則於廣州扶胥鎭近海處建立南海廟。並以五郊迎氣日祭之，這是南海神廟建立之始。

㈣到了唐代，仍沿襲前制，依開元禮制，每歲以立夏日，命廣州都督、刺史充當祠官，親自持天子祝文親往致祭，以隆重其事。以推廣「萬物本乎天，人本乎祖」的孝道思想，以達寓宗教信仰於孝道之中。蓋古代封建社會，本來宗教與政治、教育分不開的。

㈤玄宗開元十四年（七二六）命太常少卿張九齡往祭南嶽和南海。天寶十載（七五一），命九齡弟九皐持玉簡册封南海神赤帝祝融爲廣利王，俾在此座鎭保護南海疆土以及往來海上的臣民。以顯示皇帝的權威。

㈥憲宗元和十二年（八一七），以國子祭酒孔戣爲廣州刺史、嶺南節度使。由於戣在任期間（八一七—八二〇）無論「治人治神」都有很好的政績，韓愈特撰文以紀其事，這就是傳誦千古的韓昌黎南海神廟碑。經此之後南海神廟的聲名大噪，幾乎無人不知。

㈦自南海神廟建立之後，由於「屢效休徵之應」的緣故。歷代均有加封，除天寶十載（七五一）封爲廣利王之後，南漢大寶元年（九五九）封爲昭明帝，宋康定二年（一〇四一）加洪聖，宋皇祐二年（一〇五〇）加昭順，宋紹興七年（一一三七）加威顯。元代至元二十八年（一二九一）加廣利靈孚王。明洪武三年（一三七〇）封南海之神。清雍正三年（一七二五）封南海昭明龍王之神，由此可見其對後世影響之深遠。

㈧按崔弼《波羅外紀》的載錄：南海神廟原有唐碑一、宋碑十一、元碑十、明碑二十六、清碑二十三。以及歷代名人如韓愈、蘇東坡、陳獻章等詩歌石刻十六種等。亦可見其受後人之重視了。

㈨古代郊祀禮制，本來發揚「萬物本乎天，人本乎祖」的孝道人文精神，這是值得敬頌與發揚，但是後來滲入了陰陽、圖讖之術，影響社會。民間宗教信仰產生了迷信不良的心理，這是應該破除。

㈩從玄宗封南海神爲廣利王，韓昌黎撰南海神廟碑，銅鼓祭海神，以及東坡浴日亭詩等史蹟來看，不但可觀察古代置廟的用意，以及民間信仰神靈庇祐的宗教心理，同時由此也可看見一間神廟的盛衰，除了祂巧合的神驗機緣之外與名人的品題也有密切的關係。又因祂的存在，使我們窺見滄海桑田的變化。

【附　註】

① 清 屈大均《廣東新語・卷六・海神》「祠在扶胥之口，南控虎門。」（香港中華書局一九七四年）

② 見開寶六年（九七三）《新修南海廣利王廟碑銘並序》，存。清崔弼《波羅外紀・宋碑》嘉慶、甲子二月版。阮元《廣東通志。金石略。宋碑》（臺北華文書局）
③ 見清、李調元《粵東筆記》、崔弼《波羅外紀》、仇池石《羊城古鈔》。
④ 見清、崔弼《波羅外紀》。〈元碑〉大德七年陳大震、南海神祠碑〉。
⑤ 清、屈大均《廣東新語》、〈南海神及海神〉・條。
⑥ 《舊唐書・卷二一・禮儀一》〈武德令〉云：「五嶽、四鎭、四瀆、四海、五方山林，川澤、丘陵、墳衍、原隰，並皆從祀。」
⑦ 見《通典・卷四六・禮六》，〈山川〉。
⑧ 《册府元龜・卷三三・帝王部》，〈崇祭祀〉條。
⑨ 見張秉權《殷代的祭祀與正術》。（中研院史語所集刊第四九本民六十七年）
⑩ 《漢書・卷二五下・郊祀第五下》。
⑪ 見馬端臨《文獻通考・卷八三・郊社考一六》，〈周制小宗伯・注〉。
⑫ 見《舊唐書・卷二一・禮儀一》。
⑬ 見《後漢書・祭祀中》，〈章帝元和二年注〉。
⑭ 見《史記・秦始皇本紀六》。
⑮ 見梁嘉彬《吳志孫權傳夷洲亶州考證》史學論集，中華學術院印行。
⑯ 見王儀《古代中韓關係與日本・經略朝鮮的先驅者》・臺灣中華書局・民六十二。

⑰《元和郡縣志・河南道》《萊州和登州》條。
⑱《漢書・地理志第八下》。
⑲見方豪《中西交通史》・〈漢代中印間之交通〉（華崗出版有限公司六十六年六版）及馮承鈞《中國南洋交通史》，〈漢代與南洋之交通〉（臺灣商務印書館六十五年五版）。
⑳《漢書・郊祀志第五下》。
㉑《周禮・春官・大宗伯》：「則旅上帝及四望」〈疏〉條。
㉒《梁書・卷三三・王僧孺傳》。
㉓王儀《古代中韓關係與日本》，〈南北朝中國與高麗、百濟、日本的關係〉。
㉔見《舊唐書・禮儀志四》。（《唐會要卷十七上》同）。
㉕《資治通鑑・漢紀》，〈明帝永平二年〉。
㉖《禮記・曲禮下》：「天子祭四方，歲徧，諸侯方祀，歲偏。」〈注〉：「禮四方謂祭五官之神于四郊也。勾芒在東，祝融后土在南，蓐收在西」。
㉗見《資治通鑑・漢紀・平帝元始四年・郊祀・注》。
㉘見池田末利，《中國古代宗教史研究》〈四方百物考〉及楊樹達《積微居甲骨文說卷下》。
㉙《開元禮纂類七、吉（禮）》〈祭五嶽、四鎮、四海、四瀆〉條。
㉚見杜而未《中國古代宗教系統》頁一四八（臺灣學生書局・民六十六年）。
㉛見《文苑英華・卷九九五・祭文》。

㉜見張九齡《曲江集·卷十一·序文》。
㉝見《禮記·祭法》。
㉞見徐浩《文獻張公（九齡）碑銘》、及《舊唐書·卷九九·張九齡傳》。
㉟見何格恩《張曲江詩文事蹟編年考》（廣東文物·民國三十年）。
㊱見《開元禮纂·類五吉（禮）二·祭五嶽四鎮四海四瀆》（收入《通典禮七二》）。
㊲見楊承祖《唐張子壽先生九齡年譜》頁四五—四六（臺灣商務印書局·民六十九年）。
㊳有關張九齡祭南嶽和南海之行程路線，可參閱拙著《唐代廣州之內陸交通》〈張九齡由騎田嶺及越城嶺往返廣、京路之行程〉（臺中市國彰出版社·民七十六年）。
㊴見《大唐六典·卷一四·太常寺》。
㊵見《舊唐書·卷九九·張九齡傳》及《江曲集·卷一〇》（中華書局聚珍倣宋版）《請行郊禮疏》。
㊶饒宗頤《天神觀與道德思想》中研究史語所五十周年紀念論文集民六十七年三月第一分目。
㊷見楊慧傑《天人關係論——中國文化一個基本的探討》。頁五三，（大林出版社·民七十）。
㊸見高明士《唐代東亞教育圈的形成——東亞世界形成史的一側面》。頁二二二（國立編譯館中華叢書編審委員會。民七十三）。
㊹陳元德《中國古代哲學史》頁三一（臺灣中華書局。民六十七年）。
㊺見《全唐文·卷三五·元宗皇帝遣祭郊廟山川敕》。（按：《唐大詔令集》卷六十七題名〈命宰臣等分祭郊廟社稷敕〉。〈註〉開元二十五年四月。）

㊻ 見《全唐文，卷四〇・元宗皇帝・南郊大赦》(按《唐大詔令集・卷六八》題〈天寶六載南郊赦〉)。

㊼ 見《全唐文・卷三二・元宗皇帝・遣使祭岳瀆四海詔》。(按《唐會要・卷二二・嶽瀆》謂天寶八載，九月二日)。

㊽ 見《舊唐書・卷二四・禮儀四》。

㊾ 見《韓昌黎集・古詩・瀧吏》原〈註〉〈元和十四年赴潮州作〉(香港商務印書館一九六四年六版)。

㊿ 見《全唐文・卷七八・武宗皇帝》，〈加尊號後郊天赦文〉及卷八五〈懿宗即位赦〉。

51 見王壽南教授《唐代災荒的救濟政策》(朱建民先生七十華誕論文集。民六十七年四月)。

52 見崔弼《波羅外紀》下稱外紀。

53 見《嶺南文史》(一九八九年第二期・廣東省文史研究館)。

54 見《百部叢書集成》(社會科學類祀典・藝文)。

55 見陳灃《嶺南新話》頁一〇〇(香港上海書局一九八〇)。

56 見註⑱。

57 見徐玉虎《唐代與南海貿易原因之研究》。中華文化復興月刊三卷一一期。民五十九年十一月。

58 見註㉒。

59 見方豪《中西交通史・隋通海外對後世之影響》。

60 見同上書第二章，及馮承鈞《中國南洋交通史》。桑原隲藏《中國阿拉伯海上交通史》及《唐宋貿易港研究》(臺灣商務印書館民六十四)。

61 見《新唐書・地理志・嶺南道》引・及法・伯希和《交廣印度兩道考》，及費郎《崑崙及南海古代航行考》（臺灣商務印書館民五十四）。
62 見拙作《唐代廣州之內陸交通》頁一及二九（臺中市國彰出版社民七十六、四月）。
63 《舊唐書・卷一五四・孔戣傳》。
64 《舊唐書・卷一六〇・韓愈傳》。
65 《韓昌黎集・唐正議大夫尚書左丞孔公（戣）墓誌銘》。
66 按《開元禮》祭嶽鎭海瀆之祝文皆云：「嗣天子某・謹遣某官敢昭告于某嶽某瀆（某海）之神・讀訖・皆再拜。」（見《開元禮・纂類七・吉四》及《唐會要・卷二二・嶽瀆》條。
67 見《韓昌黎集・南海神廟碑》，碑今存廣州市博物館碑廊。
68 見乾隆《番禺縣志・卷八・典祀》。
69 見《韓昌黎集・南海神廟碑》〈注〉。見崔弼《波羅外紀・元碑・南海神祠碑》元大德七年癸卯四年朔旦陳大震記。見《廣州市地名志》〈南海神廟〉條（一九八九年廣州市地名集委員會編）。
70 見阮元《廣東通志・金石略十二・六侯之記》存。《粵東金石略》作〈紹興乙丑六侯碑〉。
71 見宋方信孺《南海百咏》〈波羅蜜果・注〉。
72 見羅鎭邦《波羅廟史話》嶺南文史一九八九年第二期，廣東省文史研究館。
73 見《大唐西域記・卷八・摩揭陀國上》。
74 見乾隆《廣州光孝寺志》及羅香林師《唐代廣州光孝寺與中印交通之關係》頁一四七—一五六（香港中國學

社民四十九年)。
⑮見《新唐書·卷四八·百官三·鴻臚寺》。
⑯徐續《廣東名勝記》頁七五香港上海書局一九七四年。
⑰崔弼《波羅外紀·宋碑》。
⑱明、郭棐《嶺海名勝記·卷一〇》。
⑲見註⑫。
⑳崔弼《波羅外紀·唐碑》。阮元《廣東通志·金石略四》。
㉑按涼公從叔。羊春秋《輯注李羣玉集》,指李玭·李愬的嗣子,襲封涼國公。(唐宣宗)大中年間(八四七—八五九)任嶺南節度使。
㉒有關高駢征安南事,見王吉林《唐代南詔與李唐關係之研究》第五章第二節(東吳大學中國學術著作奬助委員會民國六十五年。)
㉓見《全唐詩》第九函七册。
㉔見徐松石《百粤雄風嶺南銅鼓·嶺南銅鼓的史籍記載》香港東南亞研究所,一九七四。
㉕同上書〈嶺南銅鼓的用處〉及〈洪水記念的宗教作用。
㉖見宋、周去非《嶺外代答·卷七、銅鼓》(四庫全書本)。
㉗見阮元《廣東通志、金石略一七、銅鼓考附》(臺北華文書局影印本)。
㉘見莫仲予《扶胥題咏錄》嶺南文史·一九八九年第二期·廣東省文史研究館。

⑧⑨ 見同上書。

⑨⓪ 翁方綱及崔弼所見的南海廟銅鼓：「東大西小。大者面徑三尺五寸五分，高一尺九寸六分。小者面徑二尺八寸三分，高一尺二寸。」又云：「所謂鷓鴣斑，八卦畫者，不甚可辨矣。」（見粵東金石略・卷二》及《波羅外紀－銅鼓圖跋》。

⑨① 見元、吳萊《南海古蹟記》。謂林藹所獻銅鼓今不存。

⑨② 崔弼《波羅外紀、卷三・法物》云：「銅鼓之說無定論・志往事者各援古人記載及鄉俗傳聞以爲臆斷。據《番禺舊志》：南海廟銅鼓二，黃寇毀其一。省志以爲銅鼓之大者雌雄各一，其雌者飛入海中。其爲寇毀，爲飛去俱不必辨。但今廟中則居然二銅鼓矣！豈毀者可復鑄耶？抑飛去者復飛還耶？」

⑨③ 見清、仇池石《羊城古鈔・卷首》。

⑨④ 見註⑨②卷二、〈廟境〉。

※圖版見頁九四七。

從律令制度論隋代的立國政策

高明士

一、前言

隋文帝開皇元（五八一）年二月卽位後，就規定「易周氏官儀，依漢、魏之舊」（《隋書》卷一高祖本紀），作爲立國政策。關於「儀」（禮樂）的部分，如《開皇禮》（開皇五年）等的編纂，將於另文說明，此處要說明的是「官」的部分。官，根據《隋書》卷六〇崔仲方傳是指北周六官，也就是官制；但用在文帝卽位之初，實是一種政策性用語，也就是規定隋代立國政策；就此意義而言，所謂官，宜解爲律令制度。蓋「官」之古典用語，本有事、職之意，所以隋代建立了律令制度。詳細而言，應說律、令、格、式制度，簡稱爲律令制度。

律、令、格、式完成成文法典體系，是在隋文帝開皇時代。①但論此四法的藍本，形式上是來自西魏、北周，實質上則來自東魏、北齊。尤其東魏「麟趾格」與北周「大統式」，對隋及唐的格、式法典成立，影響甚大。②至於開皇律令之內容，大多來自北齊。從文帝仁壽年間到煬帝完成大業律令制度，對開皇律令制度又有若干修正。以下玆由律令制度的編纂，檢討隋代在「官」制方面所建立的立國政策。

二、編　纂

(一)開皇律令格式

隋文帝開皇年間，完成律、令、格、式的成文法典體系。《隋書》卷三三經籍志史部刑法序曰：「隋則律、令、格、式並行」；同書卷四一蘇威傳云：「律、令、格、式，多威所定，世以爲能」；同書卷七三趙軌傳亦云參撰四法。文帝臨終遺詔曰：

律、令、格、式，或有不便於事者，宜依前敕修改，務當政要。

據此可知開皇年間，完成律、令、格、式四法典體系，是不容置疑的。而李淵建唐後，所繼承的法典，也正是開皇四法。武德四（六二一）年七月，平定王世充、竇建德，以天下粗定，宣布大赦令，其中云：「律、令、格、式，且用開皇舊法。」（《唐大詔令集》卷一二三〈平王世充赦〉、《資治通鑑》卷一八九頁五九二三）正是此事的說明。

開皇律令格式的編纂，並非一次完成；以律而言，共編纂兩次，一在元年，一在三年；令則完成於二年，格與式不明，頗疑與令同時完成。另外，仁壽初，似有修訂律令格式之舉，但無完成。玆再分別檢討於下。

關於開皇律令格式的編纂，《隋書》除明載律的編纂過程以外，其餘的令格式皆不明；即使就《隋書》所載的部分而言，也頗多混雜，以致常墮入五里霧中。開皇律分別完成於開皇元年、三年，此由《隋書・刑法志・本紀》可獲證明，學界亦無異議；惟對於令，有謂與律同時編纂③，有謂開皇元年律頒下以後開始編纂④；至於格式，可謂停留於推測⑤，具體的，有謂在開皇元年與律令同時修定，頒布於開皇二年或三年⑥。

《隋書》卷二五刑法志云：

> 高祖旣受周禪，開皇元年，乃詔尚書左僕射勃海公高熲、上柱國沛公鄭譯、上柱國清河郡公楊素、大理少卿平源縣公常明、刑部侍郎保城縣公韓濬、比部侍郎李諤、兼考功侍郎柳雄亮等，更定新律，奏上之。

此處就是開皇元（五八一）年詔修律的基本記載。但從其他文獻看來，尚有二事可補充說明，此即編纂人員不只此數（七人），以及修律以外並含令格式。請看以下諸事例，《隋書》卷三八鄭譯傳云：

> 上（文帝）受禪，……未幾，詔譯參撰律令。

譯是上述七人之一，此處指出其參撰者是爲「律令」，足見令也是此次的主要工作。又如同書卷六六裴政傳云：

> 開皇元年，（政）轉率更令，加位上儀同三司。詔與蘇威等修定律令。政採魏、晉刑典，下至齊、梁，沿革輕重，取其折衷。同撰著者十有餘人，凡疑滯不通，皆取決於政。

據此，編纂人宜有十餘人，其與《隋志》所載七人相較⑦，又多出蘇威、裴政二人，共得九人；而政且是負責實務的核心人物。《玉海》卷六五隋新律條、《資治通鑑》卷一七五頁五四四四記載此事時，雖只列舉高熲、鄭譯、楊素、裴政等人，但也將裴氏列於其中。⑧又，文中指出蘇、裴等是「修定律令」，足見開皇元年的工作，不是單只修律而已，律以外，至少還包括令。《隋書》卷四二李德林傳云：

開皇元年，長令與太尉任國公于翼、高熲等，同修律令。（《太平御覽》卷六三八〈刑法部・律令〉條引《隋書》同）

此處再度證明開皇元年的修律工作，是包括令；而編纂人員又多出李德林、于翼兩位，連前共十一位。除此而外，《隋書》卷四〇元諧傳、卷四六趙芬傳記載元諧、趙芬與王誼，在高祖受禪後（或曰開皇初），奉詔參修「律令」。於是參修人數，總共可得十四人⑨；而開皇元年除編纂律之外，又有令，再度獲得證明。另外，《隋書・李德林傳》在前引文之後又云：

格令班後，蘇威每欲改易事條，德林以為格式已頒，義須畫一，……不可數有改張。⑩……蘇威又言廢郡，德林語之云：「修令時，公何不論廢郡為便？今令纔出，其可改乎？」然高熲同威之議，……由是高祖盡依威議。

按，令已知是公布於二年（詳後），此處云「格令班後」，足見格也是與令同時頒布。其下又云「格式已頒」，則式亦與令同時頒布。易言之，令、格、式三者皆同時公布於開皇二年，較律遲一年。蘇威之議，均出現在令、格、式公布以後至開皇三年再修律以前，所以《資治通鑑》將此事繫於開皇二年十一月條，而將更定新律事繫於該年十二月條，是妥當的。

總之，《隋書・刑法志》所載開皇元年修律事，實際上，是進行編纂律、令、格、式四法。只是律於是年先完成，而令、格、式、三法，則遲至翌(二)年始公布。《玉海》卷六五〈律令・隋律令格式條〉云：「二年七月甲午，行新令」；《隋書》卷二八〈百官志・太子詹事〉條亦曰：「(開皇)二年，定令」；此爲開皇二年定令的基本記載，但由上述《隋書・李德林傳》得知格、式也是公布於此年。又，《隋書》卷四一蘇威傳云：

(威)所修格令章程，並行於當世；然頗傷苛碎，論者以為非簡允之法。

所謂「章程」，就是「法式」⑪；格令章程就是格令式。或許因爲「苛碎」而非爲「簡允之法」，所以蘇威在格令式頒布後，「每欲改易事條」，但爲李德林所阻。以上是開皇元年到二年，編纂律令格式四法的情形。律公布於元年十月戊子(《隋書》卷一高祖本紀)，格式當與令同時公布於二年七月甲午。

然則，文帝即位之初，爲何急於編纂律、令、格、式？實値得再檢討。《資治通鑑》卷一七五陳紀太建十三(五八一)年九月條載隋初修律的理由，曰：「周法比於齊律，煩而不要。」(《玉海》卷六五〈律令，隋新律〉條亦同。《唐六典》卷六刑部郎中員外郎條注云：「(周律)比於齊律，煩而不當。」)此說見於《隋書》卷二五刑法志，曰：「(北周大律)其大略滋章，條流苛密，比於齊法，煩而不要。」（《通典》卷一六四〈刑法・刑制〉亦同）其意指北周武帝保定三（五六三）年所完成的法律曰「大律」，與齊律相較時，可謂繁雜苛細，不得其要。平齊後，爲治齊地荒亂，武帝再制定《刑書要制》，此法「深重」。楊堅輔靜帝時，廢除此刑書，同時爲行寬大之典，並刪略舊律（卽大律），而新作《刑書要制》。（同前引《隋書・刑法志》）⑫據此，可知文帝卽位前後，實施寬政，以獲人心，是其首要目標。卽位後，又在去周制、依漢魏之舊的立國政策下，立卽修定北周律令，是可理解的。再者，由於此一工作在文帝卽位前就已開始，所以開皇年間，修律令要早於制禮樂，當亦是由於此故。

如前所述，開皇元年到開皇二年，完成了律、令、格、式體系。開皇三年，帝「覽刑部奏，斷獄數猶至萬條。以爲律尚嚴密，故人多陷罪」；所以，又敕蘇威、牛弘等，更定新律。（同前引《隋書・刑法志》）詳細時間不明，至遲在是年底以前便已完成。⑬此次的工作，可能只是修律，並不含令格式，《隋書》卷二八百官志太子官署條云：「開皇初，置（太子）詹事。二年定令，罷之。」此處引用開皇二年令，說明此年之後已廢太子詹事，正好可用來證明開皇二年以後已無新令的修定。由此可推知《隋書》所散見的「令」、或「新令」，均指開皇二年令。《隋書》卷四一蘇威傳云：「律令格式，多威所定，世以爲能。」又云：「所修格令章程，並行於當世，然頗傷苛碎，論者以爲非簡允之法。」兩處均未說明蘇氏參修律令格式或格令章程的年代，但如前所述，蘇氏不但參與開皇元年至二年的修定律令格式工作，而且也參與開皇三年的修律工作。前一條引文，曰：「律令格式，多威所定」者，當指開皇元年及三年的律與二年的令格式，威皆參與；所謂「世以爲能」者，當指開皇元年與三年律，受到讚賞；但令格式，如後一條引文所示，流爲苛細，即連威本人亦不滿意。無論如何，不能據以上兩處記載，說明開皇三年除律以外，亦編纂令格式。

另外，根據《隋書》卷七三趙軌傳云：

> 高祖受禪，（軌）轉齊州別駕，……在州四年，考績連最。……徵入朝。既至京師，詔與奇章公牛弘撰定律令格式。時衞王爽爲原州總管，上見爽年少，以軌所在有聲，授原州總管司馬。

此處又指出趙軌與牛弘曾參與撰開皇元、二年的律令格式，然則此處趙、牛兩人參撰律令格式一事，宜如何作解？按，牛弘是與蘇威參撰開皇三年律，而趙軌既然與弘共撰，此處至少可確定趙軌所參修者，是爲開皇三年律；至於令格式云者，恐衍。蓋開皇三年宜無修定令格式。但前引文所述諸事，在時間上有若干問題。其赴京師與牛弘撰律，是在州考之後，若以高祖受禪下數四年，應在開皇四年以後，此一年段，以今傳文獻所知，四年或稍後並無編纂律令格式的紀錄。是故，出任齊州別駕，恐在高祖受禪的前一年，至開皇三年始可曰「在州四年」。此由下文的記述，可窺知一、二。按，衞王爽出任原州總管的時間，是在開皇二年六月（《隋書》卷一高祖本紀），當時並任雍州牧，據《隋書》卷四四衞王爽傳云：

> 及（高祖）受禪，立爲衞王。尋遷雍州牧，領左右將軍。俄遷右領軍大將軍，權領并州總管。

此處雖無記載爽出任原州總管之事，但因出任斯職之前已是雍州牧，是故可推知爽出任原州總管，當在任職雍州牧之後、權領并州總管之前；也就是文帝卽位後不久，《隋紀》繫於二年六月，當可確信。依此看來，趙軌與牛引參撰律之事，正當衞王爽任職原州總管期間。三年律公布後，授軌爲原州總管司馬，用以輔佐年少的原州總管衞王爽。此段記事，大致與開皇三年修律事符合。因此，參撰開皇三律人員，除蘇、牛二人外，尚含趙軌，當可確信。只是「趙軌傳」的記述，多列令格式一事，當係誤植。

再者，《隋書》卷七五房暉遠傳云：「奉詔預修令式」；同書同卷劉焯傳云：「焯又與諸儒修定禮、律」；《舊唐書》卷七二李百藥傳云：「（隋文帝）詔令修五禮，定律令，撰陰陽書」（《新唐書》卷一〇二李氏傳亦同）；諸人參修律令事，似不在上述時間之內，宜如何理解？試說明如下。關於房暉遠預修令式，《隋書・房暉遠傳》云：

> 高祖受禪，遷太常博士。……吏部尚書韋世康薦之，為太學博士。尋與沛公鄭譯修正樂章。丁母憂解任。後數歲，授殄寇將軍，復為太學博士。未幾，擢為國子博士。會上令國子生通一經者，並悉薦舉，將擢用之。……祭酒（元善）因令暉遠考之，……尋奉詔預修令式。……仁壽中，卒官，時年七十二。（《北史》卷八二儒林房氏傳略同）

國子生要出仕，依唐制必須通二經（《唐六典》卷二一），隋制不明，當同於唐制。隋文帝此時要擢用通一經者，是爲特例，通常是皇帝親臨國學釋奠時方恩賜之。若以祭酒爲元善，釋奠講論《孝經》（參照《隋書》卷七五元善傳、卷五六宇文弼傳）作考慮時，可知此事是在平陳之後，也就是開皇十年十一月辛卯文帝幸國學，而「頒賜各有差」（《隋書》卷二高祖紀）一事。依此看來，暉遠預修令式最早必須在開皇十一年以後。由於此後暉遠之經歷不明，加以此後並無修撰律令的紀錄，頗疑暉遠所參預者，可能是仁壽年間的工作（參照下述）。

關於劉焯，《隋書》本傳記載其與諸儒修定禮、律，是在「（蜀）王以罪廢」之後。（《北史》卷八二儒林劉氏傳亦同）按，蜀王楊秀被廢於仁壽二（六〇二）年十二月，但是年閏十月詔修五禮，至三年六月完成。（《隋書》卷二高祖紀）所以劉焯參與修定五禮，自是在二年年底以後。如「劉焯傳」的記事無誤，則仁壽二年的修禮，其實並含修律。再如新、舊《唐書》李百藥傳記事，似也當設定在仁壽年間。《舊唐書》卷七二李氏傳云：

（開皇）十九年，……令襲父爵。左僕射楊素、吏部尚書牛弘雅愛其才，奏授禮部員外郎，皇太子勇召爲東宮學士。詔令修五禮，定律令，撰陰陽書。

足見百藥參與修撰五禮、律令，皆是開皇十九年之後的事，論其實際，當然是仁壽二年的工作。此處明白指出「五禮、律令」，則仁壽二年閏十月的工作，不只修五禮，同時還應包括律令；但由房暉遠事例所示，律令之外，還應有式，同時也可再推知並含有格；易言之，五禮之外，還有律令格式。從史書所示，此次的工作，實際只完成修定部分五禮而已。或許由於此故，文帝遺詔云：

律令格式，或有不便於事者，宜依前敕修改，務當政要。

所謂「前敕」，不見《隋書》收載，根據以上說明，可知當頒布於仁壽二年閏十月詔修五禮的同時，或其前後。總之，上舉房暉遠、劉焯、李百藥三人，當是仁壽二年以後修定律、令、格、式的重要人物。由於此次的工作沒能完成，因而列入遺詔中的規定項目。煬帝即位後，果然完成此項工作。

事實上，文帝在開皇末，用法已趨於嚴厲；仁壽中，行事更不復「依準科律」。（《隋書》卷二五刑法志）此時楊素擅權用事，所以仁壽二年的修訂律、令、格、式工作，可能由楊素來主持，但不久受彈劾，終仁壽末，不負實權。（《隋書》卷四八楊素傳）或許由於此故，修訂律、令、格、式一事，也終於無成。

2.大業律令格式

《隋書》卷二五刑法志云：「煬帝即位，以高祖禁網深刻，又敕修律令。」此處並無說明編纂時間，但《資治通鑑》卷一八〇大業二年冬十月條云：「詔改律令」。《玉海》卷六五〈隋新律〉條云：「煬帝以開皇律令猶重，大業二年十月，更制大業律（令）。」足見編纂時間，是在大業二（六〇六）年十月，當可確信。至大業三（六〇七）年四月甲申頒布律令。（《隋書》卷三煬帝紀）歷時半年。上引《玉海》雖只曰：「更制大業律」，但因頒佈時，《隋紀》曰：「律令」，然則大業二年的編纂事業，至少指律令，殆無疑問。事實上，除律令以外，仍當含格式。《隋紀》煬帝大業二年五月乙卯，詔曰：

自古已來，賢人君子，有能樹聲立德、佐世匡時、博利殊功、有益於人者，並宜營立祠宇，以時致祭。墳壟之處，不得侵踐。有司量爲條式，稱朕意焉。

此即將營立祠宇一事，規定在「條式」之中。其事雖在更改律令之前數月，但由此可推知在更制律令時，當同時包含式。《隋紀》大業四（六〇八）年十月乙卯，曰：「頒新式於天下」，正是大業有式的證明，只是其頒布已晚於律令。大業式晚頒布的原因，或許修訂度量衡等事尚未完成的緣故。如上所述，大業律令頒布於三年四月甲申（六日），至壬辰（十四日），「改度量權衡，並依古式。」（《隋紀》）已晚於頒布律令數日，除此而外，相信尚有其他未修訂完成的式，以致延至一年半後，即翌年十月始公布。⑭至於格的編纂情形，仍然不明；惟《隋書》卷三三經籍志云：「隋則律令格式並行」，此事除適用於開皇以外，當亦適用於大業。易言之，大業二年除進行編纂律令以外，當亦包含式與格；律令是其簡稱，開皇如此，大業亦然。

大業律令格式的編纂者，《玉海》（卷六五）、《通鑑》（卷一八〇頁五六一八）只曰「牛弘等」；但《隋書》卷七五儒林劉炫傳云：「煬帝即位，牛弘引炫修律令。」此即除牛弘以外，尚包括劉炫，其餘不明。由開皇有十幾人的編纂規模看來，大業的編纂者當然不只牛、劉二人而已。

(二)卷數、篇數

文帝時代編纂法典，如上所述，宜有三次，此即開皇元年、三年、以及仁壽二年。三次的成果不一，開皇元年完成律，至二年始完成令格式；三年，再完成修律；至於仁壽二年的事業，皆無成果。開皇元年律，《隋書》無載其卷數，但《舊唐書．經籍志》（卷四六頁二〇一〇）、《新唐書．藝文志》(卷五八頁一四九四)，皆收錄「隋律十二卷，高熲等撰」(此據《舊志》)，《新志》曰：「高熲等隋律十二卷」)，如前所述，高熲領銜者是爲開皇元年律，兩《唐志》所著錄者，是爲開皇元年律無疑。其篇目亦不明，但由下述三年律的篇目有十二篇看來，元年律當與三年律相同。開皇三年律，似由蘇威領銜，對元年律進行修訂，結果：

除死罪八十一條，流罪一百五十四條，徒杖等千餘條，定留唯五百條，凡十二卷。(《隋書》卷二五刑法志、《通典》卷一六四「刑法・刑制」、《冊府元龜》卷六一一「刑法部・定律令」亦同)

《唐六典》卷六〈刑部郎中員外郎〉、《玉海》卷六五〈律令・隋新律〉將十二卷記載爲十二篇。此事似透露開皇三年律對元年律雖有大幅刪修，但形式上仍然維持十二卷、十二篇，若再參照北齊律(詳後述)，則宜有目一卷。十二卷、十二篇(似一卷一篇)的形式，開皇元年、三年律皆同，惟由上述三年律對元年律所刪除的條數看來，元年律的缺點，在於蕪雜，修定後的三年律，只有五百條，的確是「簡要」(《隋志》)。

開皇元年的編纂事業，在元年十月先頒行新律；至二年七月，再頒新令；而格與式也可能在此同時或其前後公布。《隋書》卷三三經籍志著錄曰：「隋開皇令三十卷，目一卷。」其他史籍都著錄開皇令三十卷，而略去目一卷；如《唐六典》卷六刑部郎中員外郎條注云：「隋開皇命高熲等撰(令)三十卷」、《舊唐書》卷四六經籍志曰：「隋開皇令三十卷，裴正(政)等撰」、《新唐書》卷五八藝文志曰：「牛弘等隋開皇令三十卷」、《玉海》卷六五〈隋律令格式〉曰：「高熲等撰令三十卷」。但兩《唐志》皆著錄唐武德令爲三十一卷，而武德律令篇目是一准於隋（見前引《唐六典》），足見武德令也是本文三十卷，目一卷。⑮因此，《隋志》所載無誤，前述《唐六典》以下所載，確實略去目一卷；唯諸史籍對於修令領銜者的記載不一：如《唐六典》、《玉海》皆舉高熲，《舊志》舉裴政，《新志》舉牛弘等爲代表。代表修令人物雖不同，使皆屬於參修元年律的成員，此事正好可說明開皇二年的新令，原爲元年編纂法典的工作之一，只是律先公布，令後公布而已。至於格與式的卷數、篇目不明。仁壽年間的編纂工作，似無成果，自無卷數、篇目問題。

煬帝大業三年四月頒布新律令，四年十月頒布新式（或含格）。大業格、式卷數、篇目不明，以下只就大業律令作說明。大業律有十八卷、十八篇，似亦一卷一篇，仍含五百條。（《隋書》卷二五刑法志）⑯至於大業令，只見《隋書》卷三三經籍志著錄三十卷（《日本國見在書目錄》、《玉海》卷六五亦同），篇目不明。由於開皇令除《隋書・經籍志》多著錄目一卷以外，其他史籍亦皆著錄三十卷，頗疑大業令仍有目一卷，即其卷數、篇數仍同於開皇令，而其內容或有若干修訂。

㈢篇　名

1.律

一般所謂的開皇律，是指三年律。蓋三年律是對元年律修正而成的，所以《隋書・經籍志》所著錄的篇名，是屬於三年律。但就卷數、篇名而言，元年、三年律皆爲十二卷、十二篇，此一形式，當源自北齊河清三（五六四）年律（《隋書》卷三三經籍志曰十二卷，《隋書》卷二五刑法志曰十二篇）；惟河清律有目一卷（同前引經籍志），則開皇元、三年律亦宜有目一卷。《隋書．刑法志》記載開皇三律的篇名如下：

1.名例，2.衞禁，3.職制，4.戶婚，5.厩庫，6.擅興，7.賊盜，8.鬥訟，9.詐僞，10.雜律，11.捕亡，12.斷獄。

若取上引開皇三年律篇名與北齊律（篇名，見《隋書．刑法志》）相較，可知有五篇名稱（名例、擅興、鬥訟、詐僞、雜）皆同；而開皇律之衞禁、戶婚、盜賊三篇名稱，雖與河清律正相反，但論其內容恐無二致（參看《唐律疏議》）；又，開皇之捕亡、斷獄二律，是由北齊之捕斷律分而爲二，職制律則由河清違制律改名而來。（同前引《唐律疏議》）依此看來，開皇律十二篇當中，實際有十一篇同於河清律。只有河清毁損律，是爲開皇律所無。按，北齊毁損律當源自曹魏毁亡律、漢之賊律．金布律⑰，是規定損壞財物的處罰，屬於實體法，置於捕斷律之後，並不合法律體例。蓋捕斷法相當於現代的刑事訴訟法，兩者性質不同。隋開皇律取消毁損律，將其內容併入雜律，又將捕斷律析爲捕亡、斷獄二律，而置於雜律之後，一如後魏律，唐律踵之，此一立法技術，似較爲得體。⑱有謂北周大律二十五篇之中，詐僞、斷獄、雜犯三篇與開皇律相同；而刑名與法例、婚姻與戶禁、衞宮與關津、劫盜與賊叛、逃亡與繫訊等，也與開皇律有關篇目大體相當，只不過在北周，一析爲二，在隋二爲一罷了。因而視此爲開皇律因襲北周律之一因素。⑲愚意以爲此說牽強，蓋詐僞、斷獄二篇，不只是開皇律與北周律相同，其實也是魏、晉、宋、齊、梁、後魏皆同的篇名。因此，就詐僞、斷獄二篇之篇名而言，與其說是因襲北周，不如說是取法後魏、晉。至於雜律，亦是漢、魏以來的舊名，反而北周將雜律改爲雜犯律，其內容或可能同於雜律，名稱終究已變，不能視爲開皇律因襲北周律之依據。⑳再者，刑名與法例以下諸篇的說法，是想當然而已。至於立法諸人，大多爲周室舊臣，而且也有不少人曾參加北周律令的編纂，但若因爲這些人的參與，而將開皇律當作「一部活的周律」㉑，恐言之過度。其因除取法漢、魏的立國政策不可違背以外，開皇元年律的實際負責人，是裴政、蘇威、李德林等，三年律的實際負責人，是蘇威、牛弘等，除蘇威是典型的北周系官僚以外，裴政、牛弘皆屬南學系之北周官僚，而李德林則爲北齊系之北周官僚，由於出身景不同，制律時，蘇威常受制於李德林，加以楊素賞識牛弘，所以自元年律至三年律的修訂過程，在「依漢、魏之舊」的原則下，降低北周要素，直取北齊、後魏，遠祖漢、魏、晉、梁，當可理解。例如廐庫律恐是將北齊廐牧與梁倉庫律合併而成；而流刑、杖笞等級規定，則爲北周律要素。所謂「北魏、北齊、隋、唐律爲一系相承之嫡統，而與北周律無涉也。」恐亦強調過度。㉒

以大業律而言，十八篇之篇名如下：

1.名例，2.衞宮，3.違制，4.請求，5.戶，6.婚，7.擅興，8.告劾，9.賊，10.盜，11.鬥，12.捕亡，13.倉庫，14.牧，15.關市，16.雜，17.詐僞，18.斷獄。

其十八篇名與開皇（三年）律相同者，有名例、擅興、捕亡、雜、詐僞、斷獄等六篇；其與北周律相同者，有衞宮律以下八篇（篇名略，以下同）㉓；其與北齊律相同者，有名例以下六篇，並不多。但是大業律與漢九章律，有戶、賊、盜、雜等四律相同；其相同篇目最多者，則爲晉律、梁律、後魏律等，篇數都在十一以上；尤其是後魏律，大業律與其相同者，達十六篇；而大業律與魏律相同者，也有九篇。大業律與後魏律相同的十六篇是：

2.衞宮、3.違制、5.戶、7.擅興、9.賊、10.盜、11.鬥、12.捕亡、14.廐牧、16.雜、17.詐僞、18.斷獄，以及4.請求、6.婚、8.告劾、15.關市等。（阿拉伯數目是大業律篇目順序）㉔

就此一事實而言，大業律是有意避開開皇律，乃至北齊、北周律，而直取晉及後魏律。蓋大業律與開皇律相同篇目中，只有開皇名例律具有新意，其餘如擅興律是源自魏律，捕亡律・詐僞律・斷獄律源自後魏律，雜律源自魏律。因此，廣義而言，大業律可說比開皇更具體實現「依漢、魏之舊」的立國政策。㉕

2.令

關於令方面，開皇令（五八二年）有三十卷（三十篇）以及目一卷，大業令（六〇七年）卷、篇數，當同開皇令。論其淵源，當源自晉令（泰始四年，二六八年）。晉令有四十卷、四十篇（或亦含目一卷），其下諸令，史籍詳載其篇目者，唯梁令而已。按，《唐六典》卷六注云「宋、齊（令）略同晉氏」，據此，可知宋、齊有令，仍然屬於晉令系統，詳細不明。梁令有三十篇（同前引《唐六典》）、三十卷、錄一卷（《隋書》卷三三經籍志），陳令亦三十卷（或亦有錄一卷），可能襲用梁令。至於北朝諸令，如後魏太和十六（四九二年）所頒行的律令，篇目皆不明；北齊令（五六四年）有五十卷，是「取尚書二十八曹爲其篇名」（同前引《唐六典》）；北周令（五六三年）篇目亦不明（同前引《唐六典》）。㉖據此其篇目可舉者，只有晉令、梁令，而北齊令可由諸曹探知。茲將諸令篇目開列於下，晉令四十篇：

1.戶，2.學，3.貢士，4.官品，5.吏員，6.俸廩，7.服制，8.祠 9.戶調，10.佃，11.復除，12.關市，13.捕亡，14.獄官，15.鞭杖，16.醫藥疾病，17.喪葬，18.雜上，19.雜中，20.雜下，21.門下散騎中書，22.尚書，23.三臺秘書，24.王公侯，25.軍吏員，26.選吏，12.選將，28.選雜士，29.宮衞，30.贖，31.軍戰，32.軍水戰，33.34.35.36.37.38.軍法，39.40.雜法。（《唐六典》卷六注）

梁令三十篇：

1.戶，2.學，3.貢士贈官，4.官品，5.吏員，6.服制，7.祠，8.戶調，9.公田公用儀迎，10.醫藥疾病，11.復除，12.關市，13.劫賊水火，14.捕亡，15.獄官，16.鞭杖，17.喪葬，18.雜上，19.雜中，20.雜下，21.宮衞，22.門下散騎中書，23.尚書，24.三臺秘書，25.王公侯，26.選吏，27.選將，28.選雜士，29.軍吏，30.軍賞。（同前引書）

北齊令五十卷（以尚書二十八曹爲其篇名，共有五十篇？茲依據《隋書・百官志》所載六尚書二十八曹名列於下：

吏部——1.吏部、2.考功、3.主爵
殿中——4.殿中、5.儀曹、6.三公、7.駕部
祠部——8.祠部、9.主客、10.虞曹、11.屯田、12.起部
五兵——13.左中兵、14.右中兵、15.左外兵、16.右外兵、17.都兵
都官——18.都官、19.二千石、20.比部、21.水部、22.膳部
度支——23.度支、24.倉部、25.左戶、26.右戶、27.金部、28.庫部

開皇令三十篇目：

1.官品上，2.官品下，3.諸省臺職員，4.諸寺職員，5.諸衞職員，6.東宮職員，7.行臺諸監職員，8.諸州郡縣鎭戍職員，9.命婦品員，10.祠，11.戶，12.學，13.選舉，14.封爵俸廩，15.考課，16.宮衞軍防，17.衣服，18.鹵簿上，19.鹵簿下，20.儀制，21.公式上，22.公式下，23.田，24.賦役，25.倉庫廐牧，26.關市，27.假寧，28.獄官，29.喪葬，30.雜。

從開皇令與晉令、梁令、北齊令諸篇目的比較中，不論篇數或篇名，均可發現開皇令與北齊令無涉，而接近晉、梁令；梁令源自晉令，所以開皇令的源頭，宜曰晉令，也就是取法漢、(魏)晉政策的具體實施。但論其內容，北齊令恐猶是開皇令的直接藍本。蓋如前述開皇禮、律，既多取法北齊，定令時，自不當例外；而令之性質，如《唐六典》卷六的規定，曰：「設範立制」，也就是規定諸制度；開皇立制，是「廢周官，還依漢、魏。」（《魏書》卷二六百官志序）所謂漢、魏之制，實則大抵自

魏太和傳授北齊之制。㉗杜佑《通典》卷二五〈總論諸卿〉注云：「隋氏復廢六官，多依北齊之制。」是對此事作最具體的注腳。

就開皇令各篇目而言，除幾篇（如祠、戶、醫疾、假寧、喪葬等令）特殊安排外，其學至考課諸令，原為吏部職掌；衣服、公式諸令，原屬禮部職掌；即其諸令篇目的順序，大致是按照吏、兵、禮、戶、刑、工等六部排列。這種序列決非偶然，顯然取法北齊河清令的尚書廿八曹順序而排列。㉘此外，後魏令、北周令雖然不明，也不能說開皇令與其無關；蓋隋之均田、租庸調、府兵等制度，仍是承襲自後魏、北周、北齊，因而與上述諸制度有關的令制規定，如戶、田、賦役，乃至宮衛軍防等令，除北齊令以外，當與北周、後魏令有關，甚至遠祖晉令。例如後魏令的遺文中，其可考的，有品令、職令（或曰職品令）、獄官令等篇名㉙，當源自晉令，但對開皇的官品、諸職員、獄官等令，應有影響。

就開皇令與晉、梁令的比較而言，晉、梁令的構成，顯然分成兩部分，一是由戶令起至雜令，可視為前半；一是由門下散騎中書，宮衛至軍法、雜法乃至軍賞令，可視為後半。但在開皇令則不然，自官品令至雜令，已是一氣呵成。此其一。㉚開皇令中的官品、祠、戶、宮衛、關市、獄官、喪葬、雜、學以及俸廩等十篇，或由前令變更，或係新篇，較受矚目，但目前仍難斷定皆屬於開皇令的創意。蓋後魏、北齊、北周諸令篇目不明之故。㉛此其二。篇目順序，在晉令是以(A)：戶、學、貢士（贈官）分列為第一、二、三；以(B)：官品、吏員、祠以及門下散騎中書、尚書、三臺秘書、王公侯，分列爲第四、五、八以及第一九、二〇、二一、二二，選吏、選將、選雜士分列爲二四、二五、二六；（梁令略同）但開皇令是以晉令B羣列爲篇首，此即官品、諸司職員令、以及祠令等居前，而列爲第一至第十篇目；以晉令A羣列於B羣之後，此即以戶、學、選舉、封爵俸廩、考課分列爲第一一、一二、一三、一四、一五篇目。揆諸開皇令調整篇目順序的目的，不外是在取法漢、晉之舊的原則下，爲配合其中央集權化政策所做的措施。其以A羣的官品、諸司職員令、以及祠令諸篇目居前，無非強調政府組織與公家禮儀的優先性；易言之，以（職）官、（禮）儀爲第一，以B羣的戶、學、選舉等篇爲第二。用後世的名詞而言，即以治統優先於道統。何以說B羣篇目相當於後世所說的道統？蓋戶令的內容，從《唐令拾遺》看來，不外規定社會組織與人際關係；而學令、貢士令（相當於隋唐選舉令），即規定教育與舉賢，也就是作育人才。簡言之，就是明人倫，也是孔、孟教養學說的主題；從後代看來，正是道統說的主要內容所在。所謂「民爲貴」（《孟子・盡心下》），或謂「善政不如善教之得民也」（《孟子・盡心上》），或謂「建國君民，教學爲先」（《禮記・學記》）；或如《禮記・禮運》所說的「選賢與能」、「男有分，女有歸」的「大同」世界，與「設制度，立田里」的「小康」世界等，皆是後世儒家用以持論的基本政治理念。西晉泰始律令的編纂者，如賈充、杜預、裴楷等皆爲士族，即連王室司馬氏亦是名族，彼等編纂之中心目標雖無可考，但由泰始律令遺文看來，相當儒家化，已是學界所公認。[32]因此，對於新創立的行政法典——晉令，取相當於道統觀念的儒家中心政治理念，作爲篇目之首，當可理解。杜佑《通典》序云：

> 夫理道之先，在乎行教化；教化之本，在乎足衣食。……是以食貨為之首，選舉次之，職官又次之，禮又次之，樂又次之，刑又次之，州郡又次之，邊防末之。

杜序所云，可謂爲典型儒家官僚的政治理念，其以食貨、選舉（包括學校）諸典居首，提示施政之首要工作，在於食貨、教化；此與晉令之戶、學、貢士諸篇（＝A羣篇目）正相呼應；其以職官、禮、樂、刑諸典等居次，正與晉令之官品、吏員、祠等篇目（＝B羣篇目）相呼應。杜氏著《通典》已遠在編纂晉令之後，其編目之理念固然不能直接用來說明晉令，但因晉令已散亡，乃藉杜氏書作一旁證，似不失是一有效方法。此意卽以A羣→B羣的編目順序，提示道統是凌駕治統，這也是孔、孟以來的儒者所刻意追求的目標，此時首次在法制上落實。就此一意義而言，西晉泰始律令的完成，在泰始令所具有的畫時代意義，是遠超過泰始律。隋文帝開皇令編目的大幅改動，卽改用B羣→A羣的編目順序，反而提示治統高於道統。從泰始令到開皇令編目的變化，似亦透露出政治力與社會力的消長關係。此其三。歷來學者對於晉、隋間令制的變遷，似有過小評價之嫌。㉝

大業令方面，由於其卷數與開皇令同（有三十卷，並宜有目一卷），其篇數亦當與開皇令無二致（有三十篇）。惟三十篇之篇目是否同於開皇令，則不敢斷定。蓋大業令的修定，對開皇令有頗多的改動，以官制而言，《隋書》卷二八百官志云：

> 煬帝卽位，多所改革。三年定令：品自第一至於第九，唯置正從，而除上下階；罷諸總管，廢三師、特進官；分門下、太僕二司，取殿內監名，以為殿內省，幷尚書、門下、內史、秘書，

> 以為五省；增置謁者、司隸二臺，并御史為三臺；分太府寺為少府監，改內侍省為長秋監，國子學為國子監，將作寺為將作監，并都水監，總為五監；改左右衛為左右翊衛、左右備身為左右騎衛，左右武衛依舊名，改領軍為左右屯衛，加置左右禦，改左右武侯為左右侯衛，是為十二衛，又改領左右府為左右備身府，左右監門依舊名，凡十六府。（下略）

按：同書百官志所載開皇官制，顯然是開皇令所規定之制；其中央官制的規定，包括三師、三公及五省（尚書、門下、內史、秘書、內侍等省）、二臺（御史、都水等臺）九寺（太常、光祿、衞尉、宗正、太僕、大理、鴻臚、司農、太府等寺）、及國子寺、將作寺（合九寺，宜有十一寺）、與十二衞府（左右衞、左右武衞、左右武侯、左右領、左右監門、左右領軍等）。大業令之改制，除在官品廢上下階（開皇令設定於正四品以下）、罷廢諸總管・三師・特進等事以外，其於中央政府則修定爲五省、三臺、九寺、五監（此時或宜曰三監，詳後）、十六衞府的體制。此即大業令與開皇令均以省、臺、寺（監）及衞府來規定中央政府與軍府的規模，但論其內部結構，已多所釐正。諸如五省之中，用殿內省來取代內侍省，內侍省則改爲長秋監；而殿內省是將門下省的尚食、尚藥、御府、殿內等局，以及太僕寺的車府（後來稱爲尚輦）、驊騮（後來稱爲尚乘）等署合併而成，取殿內爲省名。（《唐六典》卷一一殿中省條注）門下省的組織與職責，在北齊除掌獻納、諫正以外，本含進御之職；至隋開皇時，猶掌陪從。（《唐六典》卷八門下侍中條注）煬帝大業三年令，將門下省掌侍御諸機構，畫歸殿內省，對門下省而言，使此後正式成爲純粹的審議機關。㉞唐朝相權機構所見的尚書、中書、門下三省分權制度，初步奠立於隋文帝的開皇令，但至煬帝的大業令始告確立。其關鍵所在，當即門下省確立其專掌審議、封駁權。

此外，前引《隋志》謂大業又有三臺、五監之制，大部分是成立於大業令。以三臺之制而言，御史臺早有其制，而謁者、司隸之相關職責，先前固然有其職㉟，但設臺則當始於煬帝大業令。此爲煬帝即位之初，重視吏治運作的具體表現。至於五監，其長秋監、國子監之監名，可確定是大業三年令的改稱（《唐六典》卷一二、二一）；但分太府寺爲少府監，則在大業五年（《唐六典》卷二二）；其曰將作監、都水監，已分別見於文帝開皇二十年、仁壽元年（《隋書》卷二八百官志），《隋志》爲何將「將作寺爲將作監，并都水監，總爲五監」云云，置於大業三年令之後敍述？其意似指定令前曰將作寺，定令以後曰將作監，但都水監名稱，在定令前後似皆不變。查《隋志》曰：

> 將作監改大監、少監為大匠、少匠，……五年，又改大匠為大監……少匠為少監。……都水監改為使者，……五年，又改使者為監，……加置少監。

從北齊至隋初，以大匠爲長官時，其機構名稱曰將作寺；以大監爲長官時，其名稱曰將作監；同樣地，以使者爲長官時，其機構名稱曰都水台；以監爲長官時，其機構名稱曰都水監。（《隋書》卷二七、二八百官志）由此一史實推之，前引《隋志》記載「將作監改大監、少監爲大匠、少匠」一事，宜解爲煬帝即位之初，猶襲用文帝開皇二十年之改制，曰將作監；大業三年令，改曰將作寺；至五年，又改曰將作監。如此，《隋志》曰：「將作寺爲將作監」云云，自可迎刃而解。其於都水監，因無特別指明其前身機構（都水台），是故，煬帝即位之初乃至三年定令、五年之改使者爲監，似仍襲用文帝仁壽元年之改制，而曰都水監，是爲較特殊之例。此說若不誤，所謂五監之制，當至大業五年始完成（即都水監襲用仁壽舊稱外，長秋監、國子監是立於三年，少府監、將作監則立於五年）。在制度上，以監名機構，當始自大業令。此外，軍制方面，是由十二衞府擴增爲十六衞府。

總之，隋代經由開皇令到大業令的編定，在制度方面，確立尚書六部的規模，以及釐清漢季以來尚書六部與諸寺、監職權糾纒不清，甚至重複混淆的情形；尤其建立尚書、中書、門下三省的相權分權制度。凡此，皆由唐因襲，而成爲一代規模者。㊱但大業令在國家基本組織結構的規定，與開皇令無顯著差異，所以，推測其篇目恐亦與開皇令無二致。再者，大業令在內容上，雖修定開皇令不少，但是立法原則，仍謹守開皇的「依漢、魏之舊」的立國政策。例如對於「開府儀同三司」一職的規定，《隋書》卷二八百官志云：

開皇中，以開府儀同三司為四品散實官，至是改為從一品，同漢、魏之制，位次王公。

按，同書同志謂文帝「採後周之制」，規定開府儀同三司爲十一等「散實官」之一，並規定爲正四品上。此制或爲開皇令文，顯然不在「漢、魏之舊」的範圍，而屬於北周之制。至煬帝時，始用「漢、魏之制」，將開府儀同三司之職，規定爲從一品。此處所謂「漢、魏之制」，其實就北齊之制；北齊即規定開府儀同三司爲從一品。（《隋書》卷二七百官志、《唐六典》卷二吏部郎中注）《隋書》卷二六百官志序云：

高祖踐極，百度伊始，復廢周官，還依漢、魏。……煬帝嗣位，意存稽古，建官分職，率由舊章。大業三年，始行新令。

此事在杜佑《通典》卷二五「總論諸卿」注云：

隋氏復廢六官，多依北齊之制。

即由北齊之制去追溯漢、魏之制，是爲文帝立國以來的基本政策。文帝時代，對於此一政策顯然未能完全實現；煬帝即位後，如《隋志》所云：「意存稽古，建官分職，率由舊章」；所以，其大業三年令的立制原則，當較開皇令更具體的依法漢、魏之舊。

遵循漢、魏之舊的文化認同工作，可謂爲整個隋代不變的立國政策。此一政策，在文帝、煬帝即位之初，大都還能認眞執行，開皇令、大業令的制定，是其成果。可惜文帝後期、煬帝後期，不再謹守令制，政治遂敗壞。《隋書》卷二八百官志末云：

（煬）帝自三年定令之後，驟有制置；制置未久，隨復改易。

同書卷二六百官志序亦云：

大業三年，始行新令。……既而以人從欲，待下若讎，號令日改，官名月易。尋而南征不復，朝廷播遷，圖籍注記，多從散逸。今之存錄者，不能詳備焉。

此處主要指出二點，一是大業令頒行後，制度屢易；一是朝廷播遷，圖籍散逸；唐初編撰《隋書》，已無法詳載其事。前者，從《隋志》所著錄之官制，可知至少在大業五年、十二年、十三年等年度，有較多的改制；後者，便是大業令篇目名稱不能知其詳的基本原因。

四、結論

隋代建制一代規模，爲唐因襲，正如秦代建制一代規模，爲漢因襲，已是學界一般的共識。此處所謂的隋制，主要指三省制、均田制、租庸調制、府兵制、選舉制等。王夫之氏則舉置倉、遞運之類，其《讀通鑑論》卷一九〈隋文帝〉條之五云：

隋無德而有政，故不能守天下而固可一天下。以立法而施及唐、宋，蓋隋亡而法不亡也，若置倉、遞運之類是已。

隋代建倉、開鑿運河等事，的確亦影響唐、宋深遠。此又是另一種見解。惟此等說法，無非是就事實面而論；若就「立法而施及唐、宋」的法而言，則欠周延，宜曰禮樂律令，狹義而言，仍宜曰令。蓋自西晉以來，令用來規定制度，已與律成爲對等的地位，例如關於三省等制度，是見於官品令、諸司職員令等；關於均田、租庸調制，是見於田令、戶令、賦役令等；關於府兵制，是見於官衞·軍防令；關於科舉等選舉，是見於選舉令、學令、考課令等；關於置倉、遞運，是見於倉庫令、關市令等。即以禮樂而言，隋代有《開皇禮》、《仁壽禮》、《江都集禮》等禮典，其於令文中的相關篇目，有祠令、衣服令、鹵簿令、儀制令、假寧令、乃至喪葬令等。史書各志，基本上也是由諸律令、禮典整理出來。因此，歸根究柢，若欲論隋之「立法而施及唐、宋」者，非由禮樂律令不可。這是因爲西晉以來，除用令來規定制度以外，並已進入「納禮入令，違令入律」時期。㊲拙稿強調文帝、煬帝即位之初，便汲汲於議禮樂、修律令，就是基於此故。

隋文帝即位後，積極制定律令制度。結果，元年完成律，二年完成令、格、式，三年，鑑於律猶嚴苛，而再修定律。《隋書·經籍志》所著錄「隋律十二卷」，當指開皇三年律。另外，由文帝遺詔及《隋書》房暉遠傳、劉焯傳、《舊唐書》李百藥傳等處看來，文帝在仁壽二年曾再進行修訂五禮及律令格式，但除葬禮儀注等少部分有所增補以外，似皆無成就。煬帝即位後，在大業三年制定律令，四年制定新式（或含格），可視爲完成文帝的遺志。

隋代，在文帝、煬帝時期，不論議禮樂，或修律令（卽所謂「官儀」），其政策均以廢棄北周舊制，「依漢、魏之舊」爲原則，實際則爲直追北齊之制。就「依漢、魏之舊」的立國原則而言，是取文化認同作爲立國的先決條件，這一點，與其對峙的南朝，乏善可陳；但在文帝、煬帝二代都能堅守不變，煬帝看來甚至較文帝更爲「稽古」。北朝自北魏孝文帝的漢化政策，到西魏·北周的關中本位政策，以及隋文帝的用漢、魏（晉）政策，可說都是積極實施文化認同。

當文帝、煬帝卽位之初，猶銳意政治時，禮樂律令可獲得具體實施。例如《開皇禮》頒行天下後，《隋書》卷八禮儀志云：「其喪紀，上自王公，下逮庶人，著令皆爲定制，無相差越。」此卽其喪紀，在「喪葬令」中，皆有明白規定，上自王公，下至庶人，都不可逾越。這也是「納禮入令」的一個典型例子，只是著令時《開皇禮》尚未完成，此時所用的禮，可能是北齊禮。又如《隋書》卷七一劉子翊傳記載一則事例，開皇十八（五九八）年，永寧令李公孝早在四歲喪母，九歲外繼，而其後父更別娶後妻，此時繼母去世；河間劉炫以爲繼母無撫育之恩，主張不必解任。侍御史劉子翊駁奏曰：

傳云：「繼母如母，與母同也。」……是以令云：「為人後者，為其父母並解官，申其心喪。父卒母嫁，為父後者雖不服，亦申心喪。其繼母嫁，不解官。」此專據嫁者生文耳。將知繼母在父之室，則制同親母。若謂非有撫育之恩，同之行路，何服之有？服既有之，心喪焉何獨異？三省令旨，其義甚明。……今炫敢違禮乖令，……不覺言之傷理。

文帝從子翊之議。劉子翊之議，主要引用《左傳》、以及「令」（指喪葬令）㊳，認爲劉炫的議論，是「違禮乖令」，正亦是「開皇令」（卽納禮入令）具體實施的說明。再如《隋書》卷六二劉行本傳記載雍州別駕元肇上奏於文帝曰：

有一州吏，受人餽錢三百文，依律合杖一百。然臣下之始，與其為約。此吏故違，請加徒一年。

劉行本駁奏云：

律令之行，並發明詔，與民約束。今肇乃敢重其敎命，輕忽憲章。欲申己言之必行，忘朝廷之大信，虧法取威，非人臣之禮。

帝贊同行本之議。此事也說明律令＝憲章，是具有大信，君臣宜遵守。另一方面，文帝晚年，尤崇佛、道，又信鬼神，開皇二十（六〇〇）年，下詔「沙門、道士壞佛像天尊，百姓壞岳瀆神像，皆以惡逆論。」（《隋書》卷二五刑法志）所謂「惡逆論」，是隋律十惡規定的第四惡，即用最重的刑律來保障佛、道的推行。此一重刑，到唐律纔再減輕。

至於煬帝卽位之初，也有守律的表現，如《隋書》卷六六源師傳云：

煬帝卽位，拜大理少卿。帝在顯仁宮，長宮外衞士不得輒離所守。有一主帥，私令衞士出外，帝付大理繩之。師據律奏徒，帝令斬之。師奏曰：「……卽付有司，義歸恆典，脫宿衞近侍者，更有此犯，將何以加之？」帝乃止。

此一案件，按律當徒，煬帝起初執意要斬，所幸大理少卿源師據理力爭，主張「義歸恆典」，卽應守法，帝乃止。

禮樂律令是基於古典及舊有傳統所完成的國家基本大法，理論上而言，自有其權威性，卽如前所述的「憲章」、「恆典」，一經公布，自應守法，始有走上治世的可能。《隋書》卷四二李德林傳載「（開皇）格令班後，蘇威每欲改易事條；德林以爲格式已頒，義須畫一，縱令小有蹐駁，非過蠹政害民者，不可數有改張。」德林的說法，代表強調法制權威性的主張，也可說是自西晉泰始令完成後，將一切制度法制化，進而要求君民共守，是爲儒者所刻意要完成的目標。自晉至唐，有謂是爲「士族政治」，不論此說正確與否，其與令制的發達，有密不可分的關係，是無可否認的。

在禮樂律令制建立後，初期都還能遵守，後來卻常成爲具文；也就是法制的權威性，無法始終如一，其故安在？檢討其限度，簡而言之，就是君權自秦漢以來過度膨脹的緣故。隋代雖將禮樂律令予以法制化，但其目標之一，是建立君權至上，如禮典規定宗廟爲大祀，開皇律首次明定「十惡」，均是以保障君權爲主。因此，君權在禮樂律令制的規定裏，依然是最高、最後。試看以下諸例：如前述李德林主張格令等不可任意更動，但高熲贊同蘇威提出修改，文帝採納威議，這當是開皇元年律之後，又有開皇三年律的由來。（《隋書》卷四二李德林傳）又如《隋書》卷六六柳莊傳云：

尚書省嘗奏犯罪人依法合流，而上處以大辟；莊奏曰：「臣聞張釋之有言，法者，天子所與天下共也。……伏願陛下思釋之之言，則天下幸甚。」帝不從，由是忤旨。

此是文帝以皇權堅持改易尚書省的判決，柳莊雖引漢張釋之之言，而曰：「法者，天子所與天下共也。」（按，此說本亦原始法家的共同主張，如商鞅、韓非子等）皇帝終於不守律令，說明皇權是最高、最後。至於文帝晚年、煬帝後期不守法的情形，《隋書・刑法志》有頗多的說明，如曰：「（文帝）仁壽中，用法益峻，……不復依準科律。」對於煬帝，則因盜賊羣起，而「益肆淫刑」。煬帝的淫刑，使即位初年的德政（如對於大業律，〈刑法志〉謂百姓「喜於刑寬」），付之東流，而將其弊政直承文帝晚年，隋代於是迅速崩潰。

煬帝由於非爲嫡長，即位之後，爲一新耳目，乃有大業禮樂律令制的修撰。大業禮樂律令制仍然遵守開皇規定「依漢、魏之舊」的立國原則，但不若開皇直追北齊之制，反而更加復古地接近漢、魏（晉）。所以，大業之制，不盡同於開皇。又因隋亡於煬帝，所以唐建國後，其武德之制，棄大業而接近開皇；但貞觀又對武德修正，亦吸收部分大業要素，而成一代規模，爲後代所模仿；所以，貞觀之制，不盡同於武德。關於唐之武德、貞觀與隋之開皇、大業的關係，容於另文說明。

綜合以上所述，可知隋代所建立的律令制度，是爲對魏、晉以來的努力，作一總整理。其與魏、晉，尤其西晉，最大不同的地方，是藉律令制度的釐正，而將皇帝爲頂點之中央集權體制的重要性，凌駕於儒家貴民說之上，此在律的十惡、八議規定以及令的篇目順序調整，所反映的政治理念，格外明顯。所以律令制度的發展，到隋代，可說具有如下三項特質：1.從制度上具體落實文化認同政策，2.具體實施以皇帝爲頂點的中央集權政策，3.依法（＝律令）爲治。這些特質，其實也就是兩帝初即位時的立國政策。隋初在法制（＝律令）上落實中央集權，唐初沿襲隋制，不但使隋文帝順利完成統一中國工作，也使隋之開皇、唐之貞觀政治，成爲後世之美談。至於後來變質，以致不守，是爲另一問題，但至少暴露出邁向法制化過程中，雖完成律令制度，仍有其無法克服的弱點。這個弱點，可說是先天性，此即法制上自始（理論上可追溯至秦漢）規定尊君，而無制君，當然更無主權在民。所以，一旦律令政治崩壞，貞觀之風也就不在。君主若專橫不法，臣民依然束手無策，最後只有採用孟子所說的「易位」（《孟子・萬章下》）之法，進行「易姓革命」。自魏晉至隋唐所完成的律令制度，本可爲中國走向法治化帶來曙光，但因上述第二特質，始終無法作合理的安排；宋以後「令」制的衰退與皇權的獨裁化，說明中國必須再走一段悲劇之路，其盡頭是皇帝制度的結束，而民主與法治的到來始有可能，惟代價卻是慘痛的。㊴

【注　釋】

①參看池田温〈律令官制の形成〉（收入岩波講座《世界歷史・五》，東京，岩波書店，一九七〇），頁二八四。又，黎傑氏謂隋代無格、式之書（參看氏著《隋唐五代史》，頁三三，臺北，九思出版公司，民六七臺一版），此說有誤。

②參看內田吟風〈北周の律令格式に關する雜考〉（收入氏著《北アジア史研究》，京都，同朋舍，一九七五。原載東洋史研究一〇—五，一九四九。）頁二五三—二五七；堀敏一〈中國における律令法典の形成〉收入唐代史研究會報告第五集《中國律令制の展開とその國家・社會との關係》，東京，刀水書房，一九八四），頁一四—一五。

③參看淺井虎夫《支那ニ於ケル法典編纂ノ沿革》（京都，京都法學會，一九一一），頁一三二。

④參石田勇作〈隋開皇律令から武德令へ〉（收入栗原益男先生古稀記念論集《中國古代の法と社會》，東京，汲古書院，一九八八），頁二二四。

⑤參看前引堀敏一〈中國における律令法典の形成〉，頁一六。

⑥參看石田勇作〈前引文〉，頁二二五。

⑦《唐六典》（日本，內田智雄補訂，廣池園事業部，一九七三）卷六刑部郎中員外郎條注云：「隋開皇元年，命高熲等七人定律。」此說證之《隋書・裴政傳》，顯然有誤。參看後述。

⑧石田勇作氏以為蘇威並不參與開皇元年之修律，蓋蘇威是參與「修定律令」，而令頒布於開皇二年，因此，

蘇氏所參與的工作，宜是開皇二年修令與三年修律。（石田氏〈前引文〉，頁二三九注⑪）此說不敢贊同。當宜如原文所說，參與修撰開皇元年的律令。詳見後述。

⑨ 倪正茂氏在《隋律研究》（頁一四—二三，法律出版社，一九八七），簡介撰修隋律人員，計裴政以下十六人，另外常明、韓濬二人，無資料可查，從缺。這是用籠統記述法說明，無法明瞭開皇元年、三年，乃至大業修律人員的差異性，可參考性低。

⑩ 《隋書·李德林傳》其下接著敍述蘇威奏置五百家鄉正一事，然後才敍述威議廢郡之事。此一順序，在時間上是有衝突。蓋《資治通鑑》卷一七七將威議五百家爲鄉一事，繫於開皇九年二月，而隋廢郡，其事在開皇三年十一月（《隋書》卷一高祖本紀），是故議廢郡之事，宜接於開皇二年頒布令之後。《隋書》此段記事是有錯亂。

⑪ 顏師古注章程之程，曰：「法式」。（參看《漢書》卷一下高祖紀，頁七〇、八〇）陳顧遠氏亦以爲古代之品式章程，皆有式之意。（參看陳氏《中國法制史概要》，頁八二，臺北，三民書局，民六六，五版。民五三初版。）

⑫ 關於靜帝時，楊堅修法之經緯，參看前引內田吟風〈北周の律令格式に關する雜考〉，頁二六四—七。又，《隋書·刑法志》所稱北周武帝頒行《刑書要制》一事，在《周書》卷四一王褒傳、《隋書》卷六六郎茂傳均謂武帝作《象經》，〈王褒傳〉且謂武帝令褒作注；〈郎茂傳〉載武帝作《象經》後，楊堅對郎茂說：「象經多糾紛（《北史》卷五五郎氏傳曰：「亂法」），將何以致治？」足見《象經》是刑書，也就是《刑書要制》，無誤。但《隋書》卷三三經籍志〈史部·刑法〉條無收錄《刑書要制》，或《象經》；惟在〈子部

・兵〉條收錄了「象經一卷，周武帝撰。象經三卷，王褒注。象經一卷，王裕注。象經一卷，何妥注。象經發題義一卷。」並將此等《象經》，與圍碁法等著作置於同處。顯然在唐初已不知《象經》爲何物，望文生義，而將象與碁視爲同類。《隋志》誤植，兩《唐志》亦不察，踵繼其誤，而著錄在〈子部・雜藝術〉類，仍與圍碁類同處。此事必須改正。

⑬《資治通鑑》卷一七五頁五四六九將蘇威、牛弘等更定新律一事，繫於開皇三年底，暫以此時間作爲定律的下限。

⑭胡三省於《資治通鑑》卷一八〇大業四年十月乙卯頒新式注云：「去年四月壬辰，改度量權衡，並依古式，今頒於天下。」乍看之下，似以爲「新式」的內容，就是依古式而建立的度量衡制度。果是如此，新的度量衡制度，早在大業三年四月壬辰既已完成，爲何要延遲一年半始公布？令人費解。再者，「新式」在法制史上的意義，當不僅止於制定新的度量權衡而已。胡氏注解，恐未盡得其實。

⑮參看仁井田陞〈唐令の史的研究〉（收入氏著《唐令拾遺》，東京大學出版會，一九六四年覆刻發行。一九三三年初版），頁一三。

⑯諸史籍之記載，與開皇律一樣，或取卷數，或取篇數。惟《隋書》卷三三經籍志著錄「隋大業律十一卷」，恐誤。其曰十八篇者，如《隋書》卷二五刑法志、《唐六典》卷六〈刑部郎中員外郎〉、《通典》卷一六四〈刑法・刑制〉、《（宋本）册府元龜》卷六一一〈刑部・定律令〉《資治通鑑》卷一八〇、《玉海》卷六五〈律令・隋新律〉；其曰十八卷者，如《舊唐書》卷四六經籍志、《新唐書》卷五八藝文志等。

⑰參看內田吟風〈北齊律令考〉（收入前引《北アジア史研究》），頁二三八。

⑱ 李光燦主編《中國刑法通史》第四分册（寧漢林著）（瀋陽，遼寧大學出版社，一九八九），頁四七五—六。韓國磐氏以爲隋朝是將毀損律諸條析入有關諸篇中（參看〈略論隋朝的法律〉，頁三〇二，收入氏著《隋唐五代史論集》，北京，三聯書店，一九七九），此說嫌於籠統，從唐雜律內容視之，以析入雜律爲近是。

⑲ 見前引倪正茂《隋律研究》，頁一〇五。

⑳ 關於諸律在各時代之篇名，參看梁啓超《中國成文法編制之沿革》（臺北，中華書局，民六〇。民二五初版），頁二一～〈戰國至隋法律篇目表〉；前引石田勇作〈隋開皇律令から武德律令へ〉，頁二二二—三表Ⅰ。梁表與石勇表有出入時，以石勇表爲據。

㉑ 此說見前引倪正茂《隋律研究》，頁一〇三。

㉒ 參看劉俊文〈唐律淵源辨〉（歷史研究，一九八五—六），頁二二一—二四。隋律與北周律無涉說，見陳寅恪《隋唐制度淵源略論稿・刑律》（臺北，里仁書局，民七〇），頁一一五。

㉓ 文中所舉漢以下諸律篇名，是以石田氏〈前引文〉，頁二二六—七表Ⅱ爲據。惟大業律中的請求律，與魏律・晉律的請賕，梁律的受賕律，在石田表是列爲類似篇名；但筆者此處則以相同計。所以魏、晉、梁律篇數，較石田氏統計多出一篇。

㉔ 後魏律二十篇的篇目，程樹德氏從《魏書》、《通典》、《唐律疏議》等，考出十五篇名（參看氏著《九朝律考》，頁四一二—三，臺北，商務印書館，民六二。民二五初版）；梁啓超氏前引表，補告劾、請賕、水火、關市四篇；韓國磐氏再補婚姻一篇（參看前引〈略論隋朝的法律〉，頁三〇一），共爲五篇，總計二十篇。拙稿暫取韓氏說，以二十篇計算。

㉕石田氏只推論大業律是以北魏律爲中心來修改，而非繼承開皇律，似嫌不足。（參看氏著〈前引文〉，頁二二八）此事仍當由「依漢、魏之舊」的立國政策來考慮。

㉖關於晉令以來諸令的發展，參看前引程樹德《九朝律考》，頁三二四—四九四；仁井田氏〈唐令の史的研究〉，頁五—九。

㉗參看前引陳寅恪《隋唐制度淵源略論稿》，頁八五。

㉘參看池田溫〈中國律令と官人機構〉（收入《仁井田陞博士追悼論文集第一卷・前近代アジアの法と社會》，勁草書房，一九六七），頁一五五—一六。

㉙參看前引程樹德《九朝律考》，頁四五八—四六〇；前引仁井田陞〈唐令の史的研究〉，頁九。

㉚參看前引池田溫〈中國律令と官人機構〉，頁一五四。

㉛參看前引仁井田氏〈唐令の史的研究〉，頁一〇。

㉜參看前引陳顧遠《中國法制史概要》，頁三七一；祝總斌〈略論晉律之儒家化〉（《北京大學哲學社會科學優秀論文選》第二輯，北京大學出版社，一九八八），頁二八八—三一八；堀敏一〈晉泰始律令の成立〉（東洋文化，六〇，一九八〇），頁三六。

㉝梁啓超氏雖視晉令有別於晉律，但仍以爲晉令是晉律的「補助品」，律與令之關係則具有主從之形。（參看前引氏著《中國成文法編制之沿革》，頁一八）梁說視晉律令爲主從關係，當不能成立。陳顧遠氏主張秦漢及魏時期爲「令以輔律」，兩晉至隋唐則以令爲律之外的一大法典，是爲「令有專典」時期。（陳氏《前引書》，頁六八—七一）陳氏說雖無用律、令對等觀念，但已排除主從關係。惟對於令的「專典」意義，並無

進一步的發揮。（關於西晉泰始律、令的對等性，參看前引池田溫〈中國律令と官人機構〉，頁一五一）陳寅恪氏在前引《隋唐制度淵源略論稿・刑律》，只論及律；蓋以爲「律令性質本極近似，不過一偏於消極方面，一偏於積極方面而已。」因而對於令的淵源關係，幾無著墨。再如吉田孝氏以爲晉、梁令至隋、唐令的變遷，是爲貴族制的體制演變至官僚制的體制。（參看氏著〈隋唐帝國と日本の律令國家〉，頁三六九—三七〇，收入唐代史研究會編《隋唐帝國と東アジア世界》，汲古書院，一九七九）堀敏一氏則以爲晉令的編成，除受曹魏令的影響以外，就是由於行政發達的緣故。所謂行政的發達，可由下列二事說明：一是九品官人法的實施，使官僚制體系化（如戶令——學令・貢士令——官品令的順序）；一是國家對民衆的直接掌握（卽所謂「個別人身支配」，就晉而言，指行政村落組織與占田・課由之制）。隋唐令所以將戶令、學令、選擧令等移於官品令、職員令之後，是由於廢止九品官人法之故。以上吉田、堀兩氏說，基本上是由貴族制與官僚制的變遷來解釋，顯然側重在制度層面的分析。但筆者以爲制度背後的學理，以及歷史發展的潮流，才是晉、隋間律令，尤其是令，變遷的關鍵所在；所以，用治統與道統的消長來解。至於堀氏以九品官人法的廢止、貴族制的後退，作爲隋唐官品令、職員令居篇首的理由，在時間上恐不易成立。蓋開皇令成於二年，而廢九品官人法最早也得在開皇七年，因此，開皇令以官品令居首，當與廢九品官人法無必然關係；相反地，當說文帝爲集權於中央，其於立制之初，乃取官品令作爲令制篇首；但爲安撫門閥，九品官人法猶讓其存在。至開皇七年，中央集權工作大致完成，始廢此法。

㉞ 參看曾資生《中國政治史・第四册隋唐五代》（臺北，啓業書局，民六三。民三三初版），頁二四。

㉟ 參看《通典》卷二一〈中書省・通事舍人〉、卷三二〈州郡・司隸校尉〉條。

㊱參看曾資生《前引書》，頁二二一二四。又關於唐代尙書六部與九寺、諸監的關係，參看嚴耕望〈論唐代尙書省之職權與地位〉（收入氏著《唐史研究叢稿》，九龍，新亞研究所，民五八），頁一一一○一；嚴氏簡要的說明，可參看〈唐代六部與九寺諸監之關係〉（大陸雜誌二一一一，民四○一六），頁一八一一九。

㊲參看拙作〈政治與法制〉第四節〈律令制度〉（收入王仲孚等編著《中國文明發展史》，臺北，國立空中大學，民七八再版。民七七初版），頁六○一六七。

㊳參看前引程樹德《九朝律考》，頁五一五。

㊴參看拙作〈治國平天下〉（收入《中國文明的精神〈一〉・政治理想與政治制度》，廣播電視事業發基金，民七九），頁一七三一六。

初唐墓誌考釋六則

葉國良

【提　要】

隋耿國公王士隆墓誌銘並序（太宗貞觀七年）

論誌主不姓耿，乃隋代名臣王韶子，傳附韶傳。又論誌主卽舊唐書、通鑑所見之王隆，乃王世充黨，故爲李世民所殺。

唐左武候驃騎將軍左武候長史淸淇公孟孝敏墓誌銘並序（太宗貞觀八年）

自氏族所出、郡望、它誌所見三項，考定誌主姓孟，不姓周。

唐吏部將仕郎范陽盧君妻馮氏墓誌銘並序（太宗貞觀十六年）

分析誌文所述長樂馮跋、馮弘以下世系，因論及史家數世次，有連本身及不連本身數之兩種。

唐上騎都尉金城縣令王素墓誌銘並序（高宗永徽五年）

指出誌主曾祖王翊，傳附魏書、北史王肅傳，乃南朝王奐孫、王琛子。因論及王氏一族奔魏後與元氏通婚，血統交溶之狀況。

唐始州黃安縣丞高儼仁墓誌銘並序（高宗永徽六年）

指出誌主係東魏時高昂曾孫、高道豁孫。昂與道豁，傳見北齊書、北史。

唐處士房寶子暨妻王氏墓誌銘並序（高宗龍朔元年）

指出誌主祖父房兆，傳限隋書及北史劉方傳；並指出高宗麟德二年房仁愻墓誌誌主與本誌誌主同父、祖，乃是兄弟。又以牽連所及，論北朝胡、漢姓氏多混淆，後世分辨不易。

隋耿國公王士隆墓誌銘並序（太宗貞觀七年）

右誌見毛漢光撰唐代墓誌銘彙編附考第一册第三十八片，題「耿士隆誌」，並謂誌主正史中無傳。按：誌謂誌主士隆太原晉陽人，漢代郡太守澤之後，祖毅，父子相。玆考之隋書卷六十二暨北史卷七十五，知誌主士隆，姓王，不姓耿，傳附其父王韶傳中。王韶，字子相，太原晉陽人，原仕北周，隋代名臣，平陳之役，有大功焉。又新唐書宰相世系表載太原王氏有漢鴈門太守王澤，當與誌主先世爲一人。傳、誌載王韶父子生平仕履多合，而互有詳略，可相補正。

誌謂：韶父穀，魏原州刺史。而傳謂：韶父諒，早卒；祖諧，原州刺史。當以誌爲正。誌謂：韶薨於私第。傳則謂：自幷州馳驛入京，勞敝而卒。據傳，韶世居京兆；據誌，則知王氏有私第在長安也。傳述韶之卒年未詳，據誌，知是開皇十四年。傳謂：煬帝卽位，追贈韶司徒、尚書令、靈豳等十州刺史、魏國公。據誌，知事在大業三年，十州者，靈、豳、豐、夏、銀、鹽、尚、慶、雲、勝。

傳載士隆仕履，始自大業。據誌，知開皇元年釋褐。誌謂士隆初爲備身將軍、耿公，後爲江南道元帥總管、尚書左僕射、耿國公等職。耿公，見隋書；耿國公，見北史；與誌合。傳謂越王侗稱帝時，士隆率兵自江淮至，會王世充僭號，甚禮重之，署尚書右僕射，士隆憂憤，疽發背卒。誌述士隆率師赴洛事甚詳，又謂：士隆卒於武德四年唐室討王世充時，貞觀七年乃改葬洛陽千金鄉。據此，知士隆乃以世充黨受誅，史籍謂憂憤而卒者，蓋史官爲王氏諱也。通鑑一百八十九，武德四年，李世民破世充後，收其黨罪尤大者段達等十餘人斬之洛水上，中有王隆其人；王隆卽士隆也。此知之者，通鑑一百八十四，恭帝義寧元年七月，煬帝令將軍王隆帥邛黃蠻兵與王世充、韋霽、王辯等各領所部赴洛同討李密，九月，諸軍會洛陽，唯王隆後期不至。又通鑑一百八十七，武德二年春正月，隋將軍王隆以山南兵始至東都；四月乙巳，王世充卽帝位；戊申，以王隆爲左僕射。通鑑所載王隆事，與誌、傳所載士隆事蹟悉合，故知王隆卽士隆也。舊唐書王世充傳載：世充卽帝位時，封同姓王隆爲淮陽王。此王隆卽通鑑所述之王隆，亦卽此誌之王士隆。誌不言士隆受王世充官爵者，諱之也。

唐左武候驃騎將軍左武候長史清淇公孟孝敏墓誌銘並序（太宗貞觀八年）

右誌見毛漢光撰唐代墓誌銘彙編附考第一册第四十五片，暫題「周孝敏誌」。按：誌主當姓孟，不姓周。此誌未見誌蓋，誌文亦未明標誌主姓氏，此知其姓孟者有三：一自氏族所出考之，一自郡望考之，一自它誌所載考之。

誌文云：「公諱孝敏，字至德，平原平昌人也。若夫參分啓聖，顯令問於岐陽；三徙稱賢，闡儒風於魯國。是知根深葉茂，原潔流淸，冠蓋所以重暉，英靈於焉間出。豈徒寒林抽筍，彰孝子之情；上書直諫，表忠臣之節而已。」按：「若夫」以下四典，著氏族之所出。「三徙稱賢」二句，謂孟子也。「寒林抽筍」二句，謂孟宗也。則誌主姓孟，似無可疑。然則「上書直諫」二句，謂劉裕攻桓玄時長史孟昶也。昶，史籍未立專傳。宋書武帝紀上，謂：劉裕北伐歸來，盧循、徐道覆逼近京師，昶勸劉裕擁晉帝過江避兵，固請不止，裕不聽，昶恐裕不濟，乃爲表上晉帝曰：「臣裕北討，衆並不同，唯臣贊裕行計，致使強賊乘間，社稷危逼，臣之罪也。今謹引分，以謝天下。」封表畢，乃仰藥而死。又典籍謂孟氏出自魯之孟孫氏①，則此「參分啓聖，顯令問於岐陽」云者，蓋指孟氏出自魯之孟孫氏，而導源於周公周文王也。碑誌著氏族所出，頗有此法。以孟氏爲例，毛撰彙編第九册第八百三十六片孟貞誌云：「帝顓頊之苗裔，周文王之胤緒。」可爲此誌之證。

誌謂孝敏平原平昌人，考孟氏有平昌一望：其見史傳者，如孟昶，南史宋武帝紀謂其平昌人；昶弟顗，南史本傳及宋書何休之傳稱其平昌安丘人；武帝紀稱昶族弟懷玉，宋書及南史懷玉本傳稱平昌安丘人；懷玉弟龍符，本傳謂以軍功封平昌縣五等子；又宋書恩倖傳，稱孟次陽平昌安丘人；又新、舊唐書孟簡傳，稱簡平昌人。其見碑誌者，有平昌人孟保同，見毛撰彙編第一册第六十七片；有瑯琊平昌人孟普，見上書第四册第三百九十二片。綜上論觀之，誌主姓孟，益無可疑。

孟孝敏其人，名見碑誌。趙萬里漢魏南北朝墓誌集釋卷九孟孝敏妻劉氏墓誌云：「大隋營東都土工副監男孟孝敏妻劉氏，大業三年十月一日卒於敦厚里，權殯城東。八年二月廿二日，葬於洛陽縣常平鄉芒山之北原。」按：孝敏誌云：「父豹，隋蒲城、渭濱二縣令，營東都土工副監。……夫人彭城劉氏。」與劉氏誌合。則本誌誌主姓孟，蓋可確言也。

唐吏部將仕郎范陽盧君妻馮氏墓誌銘並序（太宗貞觀十六年）

右誌見毛漢光撰唐代墓誌銘彙編附考第一册第八十一片。誌云：「夫人姓馮氏，長樂信都人也。漢光祿勳奉世之後，燕昭成皇帝七世孫。……五世祖熙，魏太傅、太師、太尉公、錄尙書事，贈大司馬、昌黎武王，加黃屋左纛，備九錫。曾祖子琮，齊開府儀同三司、吏部尙書、尙書右僕射、昌黎公。祖慈明，齊中書侍郎，儀同三司，隋尙書兵曹郎，贈民部尙書。父怦，尙書兵部郎中、守呂州刺史。」毛撰彙編附記云：「夫人本身史中無傳，然其曾祖子琮見於北齊書卷四十，北史卷五十五；祖慈明見於隋書卷七十一，北史卷五十五；其父怦亦附於其祖慈明傳內。」

按：燕昭成皇帝者，北燕主馮弘②，傳見魏書、北史。馮弘有子朗、邈，熙即朗子。熙傳見魏書、北史，尙北魏恭宗女博陵長公主，姑爲北魏世祖左昭儀，妹即文明皇后，熙有二女爲高祖后，二女爲高祖昭儀，七女爲魏宗室王妃、夫人③，故馮氏在魏朝貴甚。據北齊書馮子琮傳，子琮父靈紹，馮弘兄馮跋之後④，是子琮一系不出馮熙，據北史，則靈紹父嗣興，馮弘之後。二說不同。

又按：史家之數世次，有連本身數之及不連本身數之兩種。王鳴盛十七史商榷卷二十六孔子十四世孫條云：「孔光傳，孔子十四世孫也。孔子生伯魚鯉，鯉生子思伋，伋生子上帛，帛生子家求，求生子眞箕，箕生子高穿，穿生順，順生襄，襄生忠，忠生武，武生延年，延年生霸，霸生光。案：此言十四世，乃連前後幷及身而總言之，凡後人言譜牒者，皆當以此爲例。沈約宋書自序，述其七世祖名延，延子賀，賀子警，警子穆夫，穆夫子林子，林子子璞，璞子卽約，可證。蕭子顯南齊書，以太祖道成爲漢相國蕭何二十四世孫，何生延，延生彪，彪生章，章生皓，皓生仰，仰生望之，望之生育，育生紹，紹生閎，閎生闡，闡生永，永生苞，苞生周，周生矯，矯生逵，逵生休，休生豹，豹生裔，裔生整，整生雋，雋生樂子，樂子生承之，承之生道成。雖附會不足信，而其例則同。」此其所舉例，連本身數之也。世亦有以高祖爲四世祖，高祖之父爲五世祖者，其例至多，如毛撰彙編第九册第八百一十八片袁□仁誌，謂爲袁昴五代孫，又謂曾祖樞，據新唐書宰相世系表，昴乃樞之祖，則其所謂五代者，不連本身數之。此誌謂夫人爲馮弘七世孫，馮熙爲夫人五世祖，玆不知是否連本身言之。若不連本身數之，則熙與嗣與爲兄弟行，若連本身數之，則熙與靈紹爲兄弟行。玆以嗣與與馮跋、馮弘、與馮熙之關係與世次尚不能確定，姑記所疑於此。

唐上騎都尉金城縣令王素墓誌銘並序（高宗永徽五年）

右誌見毛漢光撰唐代墓誌銘彙編附考第三册第二百四十一片。序云：「公諱素，字仲儉，徐州臨沂人。……曾祖翊，魏鎮南將軍，使持節濟州刺史、國子祭酒、金紫光祿大夫。……祖淡，齊中散大夫、二府中郎、北徐州大中正。父宗，隋河南王府參軍信都縣、長樂縣丞。……子大志等……」銘中云：「斷鞅犯顏，□裾迕旨。輕玆大寶，重尋丹滓。拂衣遐舉，躡雲高視。」

按：誌主先世見魏書卷六十三、北史卷四十二王肅傳。王肅以父奐及兄融、琛爲齊武帝所殺，自建業奔魏，時孝文帝太和十七年。世宗初，肅弟秉攜融之子誦、衍及琛子翊等奔魏。誌載王翊仕履，與王肅傳所載合。知誌主王素，卽王翊曾孫⑤。傳謂翊有子淵，當係誌中王淡兄弟。至銘中「斷鞅」云云，指王氏去齊歸魏事也。

又按：王奐子孫奔魏者，多與元氏通婚，王肅傳謂：肅尚（孝文帝妹）陳留長公主，後肅前妻謝氏攜子紹及二女至，世宗納一女爲夫人，肅宗又納紹女爲嬪；王翊則結婚於元叉（卽江陽王元乂⑥）。王氏家族，墓誌近世出於洛陽者，有王肅子王紹誌、王肅女世宗貴華夫人王普賢誌、王誦誌、王誦妻安豐王元猛女元貴妃誌、王翊誌、王翊女廣陽王元湛妃王令媛誌。取與肅傳印證，其婚姻關係益明。據王普賢誌，知陳留長公主乃獻文帝女，則肅實帝婿。據元湛誌，知王肅有女適元湛父元淵。是肅之二女，一爲世宗夫人，一爲廣陽王元淵妃。據王令媛誌，知王翊娶任城王元澄女。據江陽王元乂誌，知王翊子子建娶元乂女僧兒。⑦是王肅、王誦、王翊、王子建娶於元氏，而王肅、王紹、王翊又有女適元氏也。南北朝時，胡、漢血統交溶，於此又得一佳例。玆以考論誌主先世，牽連言其一族血統如此。

唐始州黃安縣丞高儼仁墓誌銘並序（高宗永徽六年）

右誌見毛漢光撰唐代墓誌銘彙編附考第三册第二百八十七片。誌云：「君諱儼仁，字儼仁，渤海蓨人也。……曾祖敖曹，魏驃騎大將軍、司徒、太尉，永昌郡王。……大父道豁，齊開府儀同三司，隋黃州刺史、黃州諸軍事，襲封永昌王。……父孝德，青州益都縣令。」

按：誌主先世見北齊書、北史。北齊書卷二十一高乾傳云：「昂，字敖曹，乾第三弟。……轉司徒公。……（東魏孝靜帝）元象元年，進封京兆郡公，邑一千戶。與侯景等同攻獨孤如願於金墉城，……遂爲西軍所害，時年四十八。贈使持節、侍中、都督冀定滄瀛殷五州諸軍事、太師、大司馬、太尉公、錄尚書事、冀州刺史，謚忠武。子突騎嗣，早卒。世宗（北齊文襄皇帝高澄）復召昂諸子，親簡其第三子道豁嗣。（北齊孝昭皇帝）皇建初，追封昂永昌王。道豁襲，（北齊後主）武平末，開府儀同三司。入周，授儀同大將軍。（隋文帝）開皇中，卒於黃州刺史。」誌、傳述敖曹、道豁仕履多合，唯誌載敖曹爲驃騎大將軍，道豁爲黃州諸軍事，傳不載耳，當據補。

高乾兄弟四人，於魏、齊之交，以武藝意氣聞，雖爲漢兒，爲鮮卑所憚，昂尤傑出，事見其傳。唯史載四人後世，僅及子輩，今據玆誌，而知其孫行、曾孫行，亦快事也。」

唐處士房寶子暨妻王氏墓誌銘並序（高宗龍朔元年）

右誌見毛漢光撰唐代墓誌銘彙編附考第五册第四百五十六片。誌云：「君諱寶子，字子寶，河洛陽人。漢司空植之也。摛祥石乳，峻崇趾以干雲，啓國房郊，淼長源而括地。自玆厥後，英賢繼及，雖班嗣羽儀，□□台鉉，相與提衡，足爲連類。曾祖慶，周交洵長顯恆五州刺史，……祖兆，隨使持節萊徐二州刺史、平高公，履信義以立身，蹈清素以表質，扇仁風於千里，沐甘雨於百城。父叔，故齊王右一府大將軍。」又銘文云：「□唐餘慶，因封啓姓。司空積猷，累映累映。」

按：此誌書寫頗多訛誤。「河洛陽人」，「河」下當脫「南」字。「漢司空植之也」，「之」下當脫「後」若「裔」若「胤」字。「累映累映」，前一「累映」蓋涉下文而訛。寶子祖父房兆，名見隋書及北史劉方傳⑧，隋書云：「開皇時，有馮昱、王㩅、李充、楊武通、陳永貴、房兆，俱爲邊將，名顯當時。……兆，代人也，本姓屋引氏，剛毅有武略。頻爲行軍總管擊胡，以功官至柱國、徐州總管。」並史失其（按：指馮昱以下六人）事。」又毛撰彙編第六册第五百五十九片房仁愻誌云：「君諱仁愻，字玄基，清河人也。……祖，隋大將軍、萊徐二州刺史、梁幽夏朔等州總管、金紫光祿大夫、平高郡公。父，皇朝前齊右一府驃騎將軍。」仁愻父、祖仕履與寶子父、祖合，是仁愻乃寶子兄弟。仁愻誌述房兆官爵較寶子誌尤詳，史之所失，可據誌補。

又傳謂兆爲代人、本姓屋引氏；寶子誌謂河南洛陽人、漢司空房植之後；仁愻誌則稱清河人；或皆是也。新唐書宰相世系表云：「房氏出自祁姓，舜封堯子丹朱於房，朱生陵，以國爲氏。陵三十五世孫鐘，周昭王時食采於靈壽，生沈。十二世孫漢常山太守雅，徙清河繹幕。十一世孫植，後漢司空。植八代孫諶，隨慕容德南遷，因居濟南。」又云：「河南房氏，晉初有房乾，本出清河，使北虜，留而不遣，虜俗謂『房』爲『屋引』，因改爲屋引氏。乾子孫隨魏南遷，復爲房氏，而河南猶有屋引氏，唐雲麾將軍、弘江府統軍、渭源縣公豐生，卽其後也。」然則寶子誌云「啓國房郊」「□唐餘慶，因封啓姓」、「漢司空植之後」，仁愻誌稱「清河人」，皆非無本。唯考魏書官氏志，屋引氏改爲房氏；又北史卷五十五房謨傳云：「河南洛陽人也。其先代人，本姓屋引氏。」是河南房氏，實有代人。而代人徵族遷洛後，多冒認漢人爲先世，史傳碑誌所見，其例甚多⑨；故二誌雖言之鑿鑿，參之隋書所載，猶不能定寶子氏族之所出也⑩。

八瓊室金石補正卷三十三洛陽龍門山造象有房寶子妻題名，僅「房寶子妻張」五字，而寶子誌云「妻王氏」，據誌，王氏先寶子十六年卒，則張氏或寶子後妻也。

後　記

研討會中，蒙毛漢光先生擔任講評，承告章太炎「淇清公志跋」已有誌主當爲孟姓之說，見齊魯書社一九八六年五月出版曲石精廬藏唐墓誌。又告以史語所藏有神龍二年「平昌孟公祖母吳郡陸氏墓誌」，誌主陸氏乃孟孝敏繼妻。章跋陸誌，皆可證成拙文第二則之說。識此謹申謝忱。

【註　釋】

①參通志氏族略四以次爲氏孟氏條。

②太平御覽一百七十二引十六國春秋北燕錄云：「馮弘字文通，爲魏所逼奔高麗，居二年被殺，高麗謚曰昭成皇帝。」而北魏元澄妃馮令華誌、元悅妃馮季華誌、元謐妃馮會萇誌則並謂馮弘爲「照（昭）文皇帝」，羅振玉松翁近稿、吳士鑑九鐘精舍金石跋尾乙編並據之，謂北燕錄「昭成」之說不可信。然據此誌，北燕錄自非無本。蓋改謚，史傳碑誌常見。

③詳參趙萬里漢魏南北朝墓誌集釋卷三元悅妃馮季華墓誌條。

④魏書海夷馮跋傳云：「跋有男百餘人，悉爲文通所殺。」若北齊書馮子琮傳所述爲實，蓋非無孑遺。

⑤趙萬里漢魏南北朝墓誌集釋卷六王翊墓誌條已嘗言之

⑥詳參拙著石學蠡探，石刻文字考辨・北魏江陽王元乂墓誌。一九八九年，大安出版社，臺北。

⑦以上所引各誌及元、王婚姻關係，參趙萬里漢魏南北朝墓誌集釋各卷。

⑧寶子祖父卽隋書劉方傳所見房兆，姚薇元北朝胡姓考頁一六一註一業已指出。

⑨詳參拙著石學蠡探，石刻文字考辨・北魏侍中侯剛墓誌。

⑩姚薇元北朝胡姓考謂：新唐書宰相世系表所載河南房氏，實屋引氏，乃高車之貴族；此族（含房兆一家）自西秦至唐，代有顯宦。並謂：唐宰相房琯亦此族人，宰相世系表所述房乾使虜事，乃出房琯家狀之僞託。姚氏論斷，本文姑持保留態度。

陳子昂評價問題析論

亓婷婷

一、引言

陳子昂（西元六六一—七〇二年）①是初唐時期的傑出詩人。他在文壇上最大的貢獻是一洗齊梁綺靡詩風，建立詩風宜求雅正的新觀念②，使唐詩發展邁向更開闊的天地，對唐代許多著名詩人，如張九齡、李白、杜甫、韓愈、柳宗元、白居易……等都有深刻的啓發與影響。

他不僅是建立理論者，在創作方面，也留下了膾炙人口的作品。例如古體詩，他的「薊丘覽古贈盧居士藏用七首」、「登幽州臺歌」、「感遇三十八首」等，傳誦不絕。而唐代新興的律體，他也有不少佳作，如「白帝城懷古」、「度荊門望楚」、「峴山懷古」、「晚次樂鄉縣」、「送魏大從軍」、「送客」……等，都屢見於元、明、清等代所編的唐詩選集中。無怪元朝賀方回推崇他：「陳拾遺子昂，唐之詩祖也。不但『感遇詩三十八首』爲古體之祖，其律詩亦近體之祖也。『白帝』、『峴山』二首極佳。」③

唐代詩壇在我國文學史上蔚爲大國④，而陳子昂對唐代詩壇的貢獻則是値得肯定的。但是，由於陳子昂所處的時代正好是武則天當權、稱帝之時，陳子昂懷抱著濟民淑世的政治理想，曾在武后手下任「麟臺正字」、「右拾遺」等官職⑤，於是其人品、政治操守引起後代學者的爭議，甚至其文學作品及理論在文壇的地位也受到部分學者的否定。換言之，歷代有關陳子昂評價的看法頗不一致。這一點引起筆者的興趣，希望能藉此探討有關歷史人物的評價問題。

本文擬從「人品」及「作品」兩部分加以探討，一方面臚列歷代學者中較具代表性的見解⑥，一方面嘗試解析其觀點，或有助於我們更客觀的了解歷代對陳子昂評價形成不同意見的原因。

二、歷代有關陳子昂人品的爭議

(一)唐代及五代（西元七〇二——九六〇年）

最早有關陳子昂的評述，見於他生前好友之一盧藏用所寫的〈陳氏別傳〉：

子昂，奇傑過人，姿狀嶽立。始以豪家子，馳俠使氣。至年十七八未知書，嘗從博徒入鄉學，慨然立忘，因謝絕門客，專精墳典，數年之間，經史百家，罔不該覽，尤善屬文。……子昂貌寢寡援，然言王霸大略，君臣之際，甚慷慨焉……上數召問政事，言多切直。……嘗恨國史蕪雜，乃自漢孝武之後以迄於唐，為後史記，綱紀粗立，筆削未終，鍾文林府君憂，其書中廢。子昂性至孝，哀號柴毀，氣息不逮。……子昂有天下大名，而不以矜人；剛果强毅，而未嘗忤物；好施輕財，而不求報；性不飲酒，至於契情會理，兀然而醉；工為文，而不好作，其立言措意，在王霸大略而已，時人不之知也。尤重交友之分，意氣一合，雖白刃不可奪也。……其文章散落，多得之於人口，今所存者十卷。

盧藏用筆下的陳子昂，是一位馳俠使氣、天賦優異、胸懷遠大、慷慨直切、事親至孝、剛果強毅、重友輕才，不慕俗名的人物，不論以儒家或道家的標準來看，都是一位值得稱許的人物。他的另一位朋友喬知之，對他也有類似的推崇。

唐代大詩人李白（西元七〇一～七六二）距離陳子昂的時代並不遠，所以嚮慕之情尤深，他欣賞陳子昂獨標漢魏風骨的主張，也有「復古道」的看法，例如他的〈古風〉五十九首之一：

大雅久不作，吾衰竟誰陳？王風委蔓草，戰國多荊榛。龍虎相啖食，兵戈逮狂秦。正聲何微茫！哀怨起騷人。揚馬激頹波，開流蕩無垠。廢興雖萬變，憲章亦已淪。自從建安來，綺麗不足珍，聖代復元古，垂衣貴清真。……

「自從建安來，綺麗不足珍」，可見李白繼承子昂之志，反對六朝綺靡文風⑦，認爲唐代文風應以清眞的古風爲尚。李白曾將陳子昂與鮑照比喻爲人間罕見的麟與鳳，見「贈僧行融」：「卓絕二道人，結交鳳與麟。」⑧可以見出他對陳子昂的仰慕。孟棨「本事詩・高逸第三」因此則將李白與陳子昂並論，說：「李白才逸氣高，與陳拾遺齊名，先後合德。」將二人同列爲「高逸」之流。可見李白對陳子昂的評價是正面的。

另一位唐代大詩人杜甫（西元七一二～七七〇）則毫不保留的在詩中表達出他對陳子昂的同情與敬重。因爲杜甫曾居留四川，在陳子昂的故鄉梓州射洪縣親訪陳子昂當年讀書的學堂及陳家故宅。傳聞陳子昂當年被射洪縣令段簡迫害而死，所以杜甫在〈送梓州李使君之任〉詩中說：

籍甚黃丞相，能名自潁川。近看除刺史，還喜得五賢。五馬何時到？雙魚會早傳。老思筇杖拄，冬要錦衾眠。不作臨岐別，惟聽舉最先。火雲揮汗日，山驛醒心泉。遇害陳公殞，於今蜀道憐。君行射洪縣，為我一潸然！

〈過陳拾遺故宅〉詩中，對陳子昂推崇備至，譽其爲「忠義」之士，其德可比「聖賢」：

拾遺平昔居，大屋尚脩椽。悠揚荒山日，慘澹故園煙。位下曷足傷？所貴者聖賢。有才繼騷雅，哲匠不比肩。公生揚馬後，名與日月懸。同遊英俊人，多秉輔佐權。彥昭超玉價，郭振起通泉。到今素壁滑，灑翰銀鉤連。盛事會一時，此堂豈千年，終古立忠義，感遇有遺篇。

在「冬到金華山觀，因得故拾遺陳公學堂遺跡」一詩中則感慨：「陳公讀書堂，石柱仄青苔。悲風爲我起，激烈傷雄才。」金華山上有玉京觀，陳子昂年少時曾在玉京觀後的書堂中讀書。杜甫親臨其地，緬懷故跡，而有天地同悲之感，可見他對陳子昂的傾慕之情。

唐代宗大曆六年（西元七七一年），趙儋撰「爲故右拾遺陳公建旌德之碑」，此碑乃梓州刺史鮮于公所立，主要是表彰陳子昂，其辭云：「陳君道可以濟天下，而命不通於天下。才可以致堯舜，而運不合於堯舜。……管輅之才，管輅之命，惟國不幸，非君之病。」對陳子昂的人品予以肯定，大致依盧藏用之說：「英傑過人，彊學冠世，詩可以諷，筆可以削。人罕雙全，我能兼有。」

中唐時期，由韓愈（西元七六八—八二四）爲首的古文運動興起，所以陳子昂〈感遇〉詩中流露的忠貞情操與諷喩時事精神，再度受到肯定，古文運動的參與者都關心社會及民生疾苦，寫文章力求「載道」、「明道」。韓愈推崇陳子昂：「國朝盛文章，子昂始高蹈。」而白居易（西元七七二—八四六年）則以「夫子」的敬稱推舉陳子昂⑨，他在〈與元九書〉云：「詩人多蹇，如陳子昂、杜甫，各授一拾遺，而迍剝至死。」但仍推崇他們的成就，如「初授拾遺」詩云：「杜甫陳子昂，才名括天地。」傷唐衢詩則云：「置我陳、杜間，賞愛非常意。」頗有效慕前賢之意。

晚唐時期，詩風又趨於唯美、靡麗，但陸龜蒙（西元？—八八一年）與皮日休（西元八三四—八八三年）等人對陳子昂的節操人品仍推崇備至，如陸龜蒙詩云：「李、杜氣不易，孟、陳節難移。」稱許李白、杜甫、孟浩然、陳子昂的「氣節」堅貞可佩⑩。

五代時，劉昫編寫《舊唐書》，在〈文苑傳〉中對陳子昂略有微詞，說：「子昂褊躁無威儀，然文詞宏麗，甚爲當時所重。」對子昂處事正直守法的態度仍頗肯定，例如記載了子昂處理徐元慶報父仇的事，「當時議者咸以子昂爲是。」⑪

五代的牛嶠則將陳子昂與杜甫並舉，認爲是間世而生的「二賢」⑫。

大體而言，唐至五代這段時期，論者對陳子昂人品方面的評價都是褒揚者居多⑬，且對其「忠貞」的品德，沒有任何懷疑。

(三)北宋至南宋（西元九六〇—一二七九年）

北宋與南宋時期，對陳子昂的人品，卻起了爭議，如陳振孫《直齋書錄解題》卷十六，介紹《陳拾遺集》十卷時，卽云：「子昂爲明堂議、神鳳頌，納忠貢諛於孽后之朝，大節不足言矣！」而晁公武《郡齋讀書志》卷四上則言子昂「雖無風節，而唐之名人無不推之。」對陳氏人品，不以爲然。

宋祁（西元九九八—一〇六一）與歐陽修（西元一〇〇七—一〇七二）奉旨重編《新唐書》，於卷一百七十「列傳三十二」記載陳子昂生平時，則頗多微詞：

子昂貌柔野，少威儀，而占對慷慨。……後旣稱皇帝，改號周，子昂上「周受命頌」以媚悅后。……子昂資褊躁，然輕財好施，篤朋友。……贊曰：子昂說武后興明堂太學，其言甚高，殊可怪笑。后竊威柄，誅大臣、宗室，脅逼長君而奪之權。子昂乃以王者之術勉之，卒為婦人訕侮不用，可謂薦圭璧於房闥，以脂澤汙漫之也。瞽者不見泰山，聾者不聞震霆，子昂之於言，其聾瞽歟！

《新唐書》將陳子昂與傅奕、呂才列在同一傳中，其貶抑的立場十分明顯。尤其「贊」中對子昂人品之批評極嚴苛。

當時另一位著名的學者文同（西元一〇一八—一〇七九）則挺身替陳子昂辯誣，他在〈拾遺亭記〉中說：

……謂伯玉以王者之術說武明空，故「贊」貶之曰：「子昂之於言，其聾瞽歟！」嗚呼甚哉，其不探伯玉之爲政理之深意也。明堂、太學，在昔帝王之所以恢大敎化之地，自非右文好治之主爲之，猶愧無以稱其擧，豈淫黷荒惑、險刻殘詖婦人之所宜乎？緣事謷奸，立文矯僭，伯玉之言，有味乎其中矣！……

文同認爲，陳子昂所以在睿宗文明初年（西元六八四年）上書武則天，勸其「興明堂、太學」⑭，乃有其不得已的用心。故文同認爲他是「緣事謷奸，立文矯僭」。類似文同的見解者，在南宋尙有葉適⑮。値得注意的是，文同與宋祁、歐陽修有一點立場是相同的，他們都認爲武則天卽帝位等於否定了唐朝的帝業，武氏的人品也是非議的目標，這點和唐朝人的看法似乎有所不同⑯。換言之，宋人提出了「忠貞」的問題，認爲陳子昂向武后進言或稱頌，卽等於不忠於唐王室，故形成了陳氏是否「黨周」或「叛唐」的問題。因爲陳子昂在武后卽位以後，曾寫了〈上大周受命頌表〉（天授元年所作），另有〈大周受命頌四章並序〉（分神鳳章、赤雀章、慶雲章、甿頌章）。在宋人眼中看來，則成了子昂人品卑下的證據。而爲他辯誣者，僅辯其乃不得已或別具深意，出此下策耳。基本上，不肯承認武后卽帝位之事實，雙方這一點的認知是相同的。

㈢金、元代（西元一一一五——一三六八年）

金、元兩代，國祚短促，有關陳子昂的評述不多。著名學者如金之元好問（西元一一九〇——一二五七），及元之馬端臨（西元一二五四？——一三二三），他們的觀點不同，略述如下：

元好問〈論詩絕句〉三十首中第八首云：「沈、宋橫馳翰墨場，風流初不廢齊梁。論功若準平吳例，合著黃金鑄子昂。」內容說：陳氏在唐初文壇上一洗齊梁駢麗之風，其功勞猶如當年范蠡助越王平吳雪恥一般，應替子昂立一座黃金鑄像來紀念其不朽功績。詩中對陳子昂振衰起弊之功極表推崇。這首詩雖是稱頌陳氏在詩歌上的貢獻，但「合著黃金鑄子昂」，則顯然將「人品」與「詩品」合一而視之，故可見出元好問對陳氏的人品予以正面評價。

馬端臨著《文獻通考》，在卷二百卌一中論陳子昂「本傳載其與明堂、建太學等疏，其言雖美，而陳之於牝朝，則非所宜。史贊所謂『薦圭璧於房闥，以脂澤汙漫之。』信矣！」對陳子昂的人品並無推崇之意。甚而稱武后爲「牝朝」，輕視之態，溢於言表。馬氏生於宋末，其父庭鸞曾任宋宰相，後罷官。故馬端臨於宋亡後，辭官回鄉，專心著述，所以他的見解立場頗可能受宋代思潮影響。

㈣明、清兩代（西元一三六八——一九一一年）

明、淸兩代對陳子昂的評價，形成壁壘分明的兩派。一派認爲陳子昂好比揚雄作〈劇秦美新〉，「不知世有節義廉恥事」，將陳氏人品貶至無格無品之低位。例如明代唐汝詢《唐詩解》，淸代王士禎《帶經堂詩話》、紀昀《四庫全書總目提要》、潘德輿《養一齊詩話》、李慈銘《越縵堂讀書記》中均可見及。

王士禎（西元一六三四——一七一一）的措辭最嚴厲，他以「小人」批評陳子昂：

〈上大周受命頌表〉一篇，〈大周受命頌〉四篇，其辭諂誕不經，……此與揚雄〈劇秦美新〉無異，殆有過之。其下筆時，不知世有節義廉恥事矣。子昂眞無忌憚之小人哉！詩雖美，吾不欲觀之矣。子昂後死貪令段簡之手，殆高祖、太宗之靈假手殛之耳！

王士禎甚至以「報應」的觀點，對陳子昂受段簡迫害而死的遭遇，不但不同情，反而認爲是唐代祖先陰靈顯世，對子昂施以報復所致，這種立論可見其對子昂人品已由鄙視而至痛惡，故口出惡言，以爲子昂是「罪有應得」！

紀昀（一七二四——一八〇五）對王士禎的批評之詞，並不反對，只覺其太過，並認爲子昂的文采仍有其地位，惜其人品不守禮法，他在《四庫全書總目提要》卷一百四十九別集類二《陳拾遺集》十卷下云：「然則是集之傳，特以詞采見珍，譬諸蕩姬佚女，以色藝冠一世，而不可以禮法繩之者也。……操觚揮翰之士，知立身一敗，遺詬萬年，有求其不傳而不能者焉。」

陳廷焯《白雨齋詞話》卷五中則認爲子昂的人品「騰笑千古」，但詩品則佳，認爲是矛盾可怪的事，他說：「詩詞原可觀人品，而亦不盡然。……尤可怪者，陳伯玉掃陳、隋之習，首復古之功，其詩雄深，蒼莽中一歸於純正。就其詩以論人品，應有可以表現者，而諂事武后，騰笑千古。」可見陳廷焯也同意「諂事武后」是陳子昂人品方面的一大敗筆，且其罪愆千古難消。

潘德輿在《養一齊詩話》中說：「人之與詩，有宜分別觀者，文人不修小節，其詩不妨節取，若阮籍之黨司馬昭，而作『勸晉王牋』，子昂諂武曌，而上書請立武氏九廟，皆事關君國，黨逆賊，名教所不容。……子昂之忠義，忠於武氏者也！」

李慈銘《越縵堂讀書記》之八〈文學・詩文別集〉云：「子昂人品不足論，其上『周受命頌』，罪百倍於揚子雲之『美新』。」

另一派則認爲子昂的人品操守，自宋祁編《新唐書》以後卽受誤解，其中陳沆的《詩比興箋》辯析最詳，他除了爲陳子昂的作品作注解，寫《陳子昂詩箋》外，另駁斥潘德輿的誤解，寫「總辨阮嗣宗、陳正字被謗之誣」，不愧爲子昂的知音。他說：

射洪（陳子昂之家鄉為四川射洪縣）著述，斯文中興，自李、杜推激於前（李陽冰「太白集序」。杜甫「過陳拾遺故宅詩」），韓、柳服膺於後（韓愈「送孟東野序薦士詩」．柳宗元「楊評士文集序」）於是高步三唐，橫掃六代，莫不以為今古之升降，質文之軌轍焉。然逐響則同，知音罕覯，尋其湮鬱，亦有端由。……請考子昂所立之朝與同朝之人，並考子昂立朝之節與去朝之日，而後質之以感遇之什，則心迹終始日月爭光矣。……且夫同仕而異品，同迹而異心者，一辯諸忠佞之從違，二辯諸進退之廉躁，歷考武后一朝，惟子昂諫疏屢見。……其為黨附不黨附，可不言決矣。……武后以官爵籠天下士，……至於文學材藝，更所牢籠，……子昂曾有一於此乎？釋褐十載，不過拾遺。……其躁進不躁進，又可不言決矣！……君子論人，善善從長，亦觀其志之所存而已，坤乾易位之時，狹猶磨牙之日，偶語棄市，道路以目。歷考唐人諸集，亦有片章隻句，寄懷興廢，如子昂之感憤幽鬱，涕泗被面下者乎？……

陳沆深爲子昂所處的大環境「坤乾易位之時」而抱屈，認爲子昂比諸同時代的人，其氣節操守已卓然遠勝，故以爲批評子昂「黨周」、「躁進」之言，皆非事實。値得注意的一點是，陳沆雖爲子昂辯誣，但其觀念與宋人無異，就是都認爲武后卽位乃非常時期，是「猰貐磨牙之日」，故子昂之行爲誠非得已，且已盡其所能忠於唐王室。

三、歷代有關陳子昂作品價值定位的爭議

㈠肯定陳子昂的貢獻者

最早見於盧藏用〈陳伯玉文集序〉：

漢興二百年，賈誼、馬遷為之傑，憲章禮樂，有老成人之風。長卿、子雲之儔，瑰詭萬變，亦一奇特之士也。惜其王公大人之言，溺於流辭而不顧。……道喪五百歲而得陳君，君諱子昂，字伯玉，蜀人也。崛起江漢，虎視函夏。卓立千古，橫制頹波，天下翕然，質文一變。……

盧氏以開啓時代新風格的先驅地位推崇陳子昂「卓立千古」。此外，又肯定他在詩文方面的特色：

故有諫諍之辭，則為政之先也。昭夷之碣，則議論之當也。國殤之文，則大雅之怨也。徐君之議，則刑禮之中也。至於感激頓挫，微顯闡幽，庶幾見變化之朕，以接乎天人之際者，則感遇之篇存焉。觀其逸足駸駸，方將摶扶搖而凌泰清，獵遺風而薄嵩岱，吾見其進，未見其止。惜乎湮厄當世，道不偶時，委骨巴山，年志俱夭，故其文未極也。

盧氏深爲感慨陳氏未得享天年，故其文學作品尚未臻於極致之境。後來趙儋作〈爲故右拾遺陳公建旌德之碑〉，承襲盧氏之意，說：「友人黃門侍郎范陽盧藏用……以爲文章道喪五百年，得陳君焉。由

是太沖之詞，紙貴天下矣。……」

唐朝柳公權（西元七七八——八六五）評論陳子昂說：「能極著述，克備比興，唐興以來，子昂而已。」⑰對陳子昂的評價甚高。

韓愈〈薦士〉詩，也推崇陳子昂對唐代文風轉變，有推始之功，如：「齊梁及陳隋，衆作等蟬噪。搜春摘花卉，沿襲傷剽盜。國朝盛文章，子昂始高蹈。勃興得李杜，萬類困陵暴。後來相繼生，亦各臻閫奧。」韓愈當時提倡「古文」，他所謂的「古文」是「棄魏晉六朝駢儷之文，而返於六經兩漢，從而名焉者也。」⑱

晚唐陳希聲在〈李觀文集序〉指出陳子昂對唐代古文運動有創始之功，然至韓愈才告成熟。他說：「唐興，猶襲隋故態。至天后朝，陳伯玉始復古制，當世高之。雖博雅典實，猶未能全去其謟靡。至退之乃大革流弊，落落有老成之風。」

北宋初，開寶年間（西元九六八年），梓州御史大夫郭延謂奉命重修陳子昂墓時，重新勒石爲記，推崇陳子昂：「嘻，文集之中，嘗飽其詞學志氣矣。下馬一奠，能不悽然。……」可見陳氏文章在當時頗流行。所以後來姚鉉（西元九六八——一〇二〇年）收集唐代詩文，編爲《唐文粹》（約當宋眞宗大中祥符年間，西元一〇〇八——一〇一〇），其「序」中對陳子昂的文學貢獻頗表肯定：

有唐三百年，用文治天下，陳子昂起於庸蜀，始振風雅，繇是沈、宋嗣興，李、杜傑出，六義四始，一變至道。

《舊唐書》中對陳子昂的人品略有微詞，但仍肯定其文學成就：「子昂褊躁無威儀，然文詞宏麗，甚爲當時所重。有集十卷，友人黃門侍郎盧藏用爲之序，盛行於代。」

《新唐書》中對陳子昂的人品批評頗多，然對其改變當代文風爲「雅正」一事，卻仍表肯定：

> 唐興，文章承徐、庾餘風，天下祖尚，子昂始變雅正。初，為感遇詩三十八章，王適曰：「是必為海內文宗。」乃請交。子昂所論著，當世以為法。

大體說來，宋人對陳子昂的文學成就頗肯定，尤以倡導古文運動的學者爲然，如歐陽修推許韓愈：「韓氏之文之道，萬世所共尊，天下所共傳而有也。」[19]由於尊韓重道，對陳子昂在文壇上變綺靡爲雅正的貢獻，多予肯定。

金、元朝的學者，以元好問及馬端臨爲代表，不論對陳子昂人品方面的評價如何，他們對其文學貢獻都是肯定的。唯馬氏僅推許陳子昂之詩，認爲「陳拾遺詩語高妙，絕出齊梁，誠如先儒之論。至其他文，則不脫偶儷卑弱之體，未見其有以異於王、楊、沈、宋也。」並不承認其文章方面的成就。

明朝以後，學者對陳子昂的作品頗重視，研究的角度不一，評價也不一。例如：陳氏是否爲唐代雅正詩風的主導者？其五言古詩是否能列爲古體詩？其作品風格分類該列爲那一種？其感遇詩與阮籍詠懷詩的關係如何？有些純就某一篇作品評述其價值，雖有正反不同之結論，但可見及陳氏作品在明代以後一直是文學界的熱門話題。

明初高棅（西元一三五〇——一四二三）編輯《唐詩品彙》，盛贊陳子昂是「繼往開來」的「中流砥柱」，並將其五言詩列爲「盛唐正宗」），推崇備至。也引起不少反面之見，如李攀龍等人。

明代胡震亨（一五七七？——一六四三？）則站在肯定的立場，反駁李攀龍等人的看法⑳：

> 子昂自以復古反正，於有唐一代詩功為大耳。正如夥涉為王，殿屋非必沈沈，但大澤一呼，為群雄驅先，自不得不取冠漢史。王弇州云：「陳正字淘洗六朝鉛華都盡，托寄大阮，微加斷裁，第天韻不及。」胡元瑞云：「子昂削浮靡而振古雅，雖不能遠追魏晉，然在唐初，自是傑出。」斯兩言良為折衷矣。

胡震亨採用元好問所用的譬喻，以陳勝揭竿而起爲喻，說明陳子昂在當代立下的創新之功。

清人則多就明人之論，加以駁斥或調和，通常都是一些小問題，例如陳子昂的五言詩是否該列爲古體詩？贊成的有鍾惺、馮班、朱鶴齡、葉燮、王士禎、錢謙益、宋犖、姜宸英、沈德潛、翁方綱……等。反對者則有王世貞、胡應麟、許學夷……等人。玆舉錢謙益（一五八二——一六六四）如下：

> 自永明以迄唐之神龍、景雲，有齊梁體，無古詩也。雖其氣格近古者，其文皆有聲病。陳子昂崛起，始創闢為古詩，至李、杜益張而大之。於是永明之格漸微。今人弗考，遂概以為古詩，誤也。陳拾遺與沈、宋、王、楊、盧、駱時代相同，諸家皆有律詩，蓋沈、宋倡之。古詩至拾遺獨擅，餘皆齊梁格也。㉑

當宋代嚴羽《滄浪詩話・詩體篇》，將漢魏至南宋之詩體分爲數十類，唐代有二十四家，「陳拾遺體」也是其中之一。明清學者爲之爭論不休，想要說明陳子昂的詩風究竟如何，以肯定其對後世之影響。如：胡震亭引《吟譜》云：「陳子昂初變齊梁之弊，一返雅正，其詩以理勝情，以氣勝辭。」[22]鍾惺說：「子昂〈感遇〉，自爲淡古窅眇之音，意多言外，旨無專屬。」[23]胡應麟（一五五一—一六〇二）《詩藪》內編卷五云：「唐古詩，如子昂之超，浩然之淡，如常建、儲光羲之幽，如韋應物之曠，皆卓然名家。」劉熙載《藝概》卷二〈詩概〉云：「子昂〈感遇〉出於莊，纏綿超曠。」衆說紛紜，不外肯定陳子昂的詩風卓然自成一格，足以影響後代。

清代紀昀（一七二四—一八〇五）《四庫全書總目提要》卷一四九云：

唐初文章，不脫陳、隋舊習。子昂始奮發自為，追古作者。韓愈詩云：「國朝盛文章，子昂始高蹈。」柳宗元亦謂：「張說工著述，張九齡善比興，兼備者子昂而已。」馬端臨「文獻通考」乃謂：「子昂惟詩語高妙，其他文則不脫偶儷卑弱之體。」韓柳之論，不專稱其詩，皆所未喻。」今觀其集，惟諸「表」、「序」猶沿俳儷之習，若論事書疏之類，實疏樸近古。韓、柳之論，未為非也。

以上所錄，皆爲肯定陳子昂文品價值之說。

(二)否定陳子昂貢獻者

唐代顏眞卿（西元七〇九—七八五）最早對盧藏用之說，提出反對意見[24]。他說：

漢魏以還，雅道微缺。梁、陳斯降，宮體聿興。既馳騁於末流，遂受嗤於後學。是以沈隱侯之論謝康樂也，乃云：「靈均以來，此未及睹。」盧黃門之序陳拾遺也，而云：「道喪五百歲而得陳君。」若激昂頹波，雖無害於過正，榷其中論，不亦傷於厚誣？何則？雅鄭在人，理亂由俗。桑間濮上，胡為乎綿古之時？正始皇風，奚獨乎凡今之代？蓋不然矣。

顏氏認爲「雅鄭在人，理亂由俗」，桑間濮上、正始皇風，每個時代皆有產生之可能，因此他不認爲陳子昂有「激昂頹波」之功。換言之，並不承認陳子昂是開創風氣之人物。

釋皎然採取顏氏之觀點，在《詩式》卷三中說：

盧黃門云：「道喪五百年而有陳君。」……逦來年代既遙，作者無限。若論筆語，則東漢有班、張、崔、蔡，若但論詩，則魏有曹、劉、三傅，晉有潘岳、陸機、阮籍、盧諶，宋有謝康樂、陶淵明、鮑明遠，齊有謝吏部，梁有柳文暢、吳叔庠。作者紛紜，繼在青史，如何五百之數獨歸於陳君乎？藏用欲為子昂張一尺之羅，蓋彌天之宇，上掩曹劉，下遺康樂，安可得耶？

釋皎然是謝靈運的十世孫，俗名謝清晝。他認爲盧藏用推舉陳子昂有溢美之嫌，列舉了漢末至六朝的許多著名詩人，否認了陳子昂乃「五百年來第一人」。顯然皎然之論點與盧氏並不相同，故二者難以並論。

明代後七子之一的李攀龍（于鱗）（西元一五一四——一五七〇）在〈唐詩選序〉中說：

唐無五言古詩而有其古詩，陳子昂以其古詩為古詩，弗取也。七言古詩，唯杜子美不失初唐氣格，而縱橫有之。太白縱橫，往往强弩之末，間雜長語，英雄欺人耳！

顯然李氏心目中，自有其評選「古詩」之標準。他並不認爲陳子昂之五言詩符合其標準，連李白亦然。可見「復古論」者心中並無「時移代變，文體各有其長」的觀念，反而是「今不如古」，故陳子昂之作品，在其心目中乃不足論也！

清代潘德輿在《養一齋詩話》中說：

吾嘗取籍（按：指阮籍）〈詠懷〉八十二首，子昂〈感遇〉三十八首，反復求之，皆歸於黃老無為而已。其言廓而無稽，其意晦而不明，蓋本非中正之旨，故不能自達。

潘氏輕視陳子昂之人品，於其作品亦覺無可觀者。

清陳祚明也認為若以阮籍〈詠懷〉與陳子昂〈感遇〉相比，陳氏乃仿其形式而已，無法得其眞情。他說：㉕

阮公〈詠懷〉，神至之筆，觀其抒寫，直取自然。初非琢煉之勞，吐以匠心之感，與〈十九首〉若離若合，時一冥符。但錯出繁稱，辭多悠謬，審其大旨，始睹厥真。悲在中心，乃成楚調，而子昂、太白目為古詩，共相仿效，是猶强取龍門憤激之書，命為國史也。而子昂、太白所處之時，寧有阮公之情，而能效其所作也哉！

以上所述，皆爲持否定態度之論者。他們認爲陳子昂的作品價値並不如某些人所推崇得那麼高，也不認爲在文壇上陳子昂具有承先啓後之地位。

四、影響對陳子昂評價的因素

從歷代有關陳子昂人品及作品的評論來看，人物或作品的歷史定位問題可說是相當複雜的。筆者觀察到，至少有下列幾點是値得注意的：

㈠作品的本身

這包含作品本身呈現的藝術價值，如語文的掌握、思想觀念的表達、與讀者之間的關係、與同類作品的比較，與同時代作品的比較，是否具有藝術上的恆久性……等等。

陳子昂的作品，在他過世後，卽由友人盧藏用加以纂輯，據盧氏〈陳氏別傳〉云：「其文章散落，多得於人口，今所存者十卷。」今存敦煌唐寫本尚可見到八卷至十卷終（詳見王重民《敦煌古籍敍錄》）。目前可見到的作品，包括詩一百二十九首、表三十六篇、碑誌銘共二十一篇、雜著三十四篇、書七篇、書啓八篇㉖。

目前上述所見之資料中，古體詩、近體詩、駢散文等均有。最著名的詩如〈登幽州台歌〉：「前不見古人，後不見來者，念天地之悠悠，獨愴然而涕下。」短短數句，具高度藝術性，因其表達了人類普遍對生命、時空之感受，故此詩歷代傳誦不絕。此外，〈感遇詩〉卅八首上承阮籍〈詠懷〉，下啓張九齡〈感遇〉及無數後人擬作，故有其不朽地位。而〈修竹篇幷序〉則爲陳氏另一名篇，因爲其中標舉了他對文學的看法，一洗齊梁積弊，他認爲齊梁之弊在於「彩麗競繁，而興寄都絕。」認爲作品應「骨氣端翔，音情頓挫，光英朗練，有金石聲。」這樣的論點，對後世倡古文運動者影響尤深。最主要的是其本身卽具有不滅的藝術價值。這可以解釋何以後世對陳子昂作品評價，卽使有正反不同意見，始終不能否認其在文學史上占有某關鍵地位。這也可以解釋，何以歐陽修等宋儒，貶抑陳氏人品，然於其作品卻仍推崇不已。換言之，陳氏作品，即使瑕瑜皆有，在中國文學史上仍有其應具之地位。

(二)作者的本身

這包含了作者的天賦、學養、際遇、地位（當代的及歷史的）、作者與同時代人物之關係，作者是否能建立個人之特質或作爲同時代多數人的代言人……等等。

陳子昂的人品，歷代評價不一，唐盧藏用稱其「奇傑過人，姿狀嶽立」、「剛果強毅」、「好施輕財」、「重交友之分」，清人王士禎稱其「眞無忌憚之小人」、陳廷焯稱其「諂事武后，騰笑千古。」潘德輿稱其「黨逆賊，名教所不容。」可謂評價有雲泥之別。

究竟陳子昂的眞面目爲何？何以唐代人一般對其人品評價皆高？

從陳子昂對武后所上的書、表來看，他是一個滿懷儒家入世理想，兼具道家隱逸、精通陰陽家五行之秘並有秦漢任俠意識的人㉗，秉性至孝。在他的時代，尚無「忠君」即忠於一家一姓之「忠貞」觀念，所以對武后的立場與後世（如宋、明、清）並不相同，例如當他以毛遂自薦的姿態求見武后時，所思考者只是如何一展長才，爲君所用，並無「黨周」之意識。所以他上〈諫靈駕入京書〉、〈諫政理書〉，甚至〈上大周命頌表〉（天授元年）、上〈大周受命頌四章並序〉等，並無任何愧怍心態。其父元敬過世，陳子昂所書之墓誌銘文題爲「我府君有周居士文林郎陳公墓誌文」㉘，陳父於唐朝舉明經擢第，拜文林郎，但子昂並不題爲「唐」，反標「有周」。可見其並不視武后所立之「周」爲「僞朝」。此點近人岑仲勉《隋唐史》亦論及：「然后究屬中、睿、玄三宗所自出，故唐人常不視同僞朝。先天二年睿宗誥稱『運光五聖』，李白〈上雲樂〉詩稱『中國有七聖』，皆包武后在內。」持異議者只孫樵《西齋錄》（可之集五）一人。㉙

至於盧藏用等人，一意推崇陳子昂，可能原因如下：一是基於親密之友情關係，盧氏號爲陳子昂「密友」之一，而陳氏素以善交友、重視友情見稱。二是一般人情之基本態度，爲死者立傳作碑，多隱惡揚善，或有夸飾之處，故所見者皆爲稱美之詞。可見評價人物有時受私情影響。

唐代一般人對陳子昂的人品評價高，主要是陳子昂個人的人格特質令人欽佩，從他敢與武后抗顏力爭，建議武后興太學、立明堂，爲了四川邊境問題，多次〈上蜀川安危事〉，尤其〈答制問事〉八條，請措刑、任賢、息兵、安宗子……等，充分顯示他滿腔愛國愛民的熱誠。在資治通鑑及新、舊唐書中都引用了他這些書、表，足見史家亦重視他這些言論。「言爲心聲」，其性格亦可窺見一斑了。

㈢人品與作品之間的關聯

人品與作品是否可以畫分爲二？或者彼此有密切關係，互相影響？或者彼此僅有部分關係？其關聯之程度又如何評量？……等等。

人品與作品之間的關係往往是仁智互見的。例如我國典籍中早有作品乃人品外在表現的說法，《周易・繫辭下》云：「將叛者其辭慚，中心疑者其辭枝，吉人之辭寡，躁人之辭多，誣善之人其辭游，失其守者其辭屈。」人品與其言談文辭之間顯然有關係。而我國漢代時也有從言語、德行觀其人品或文章之說，如揚雄（西元前五三—西元一八年）《法言·問神篇》：「言，心聲也；書，心畫也。聲畫形，君子小人見矣。」王充（西元二七？—九七？）《論衡·書解篇》：「德彌盛者文彌縟，德彌彰者文彌明；大人德擴其文炳，小人德熾其文斑。」這種觀點，大多數人都同意。但梁簡文帝〈誡當陽公大心書〉㉚云：「立身之道，與文章異。立身先須謹重，文章且須放蕩。」將人品與文品截然分開。而元好問〈論詩絕句〉三十首之六云：「心畫心聲總失眞，文章寧復見爲人！高情千古閑居賦，爭信安仁拜路塵？」以潘安仁爲諂事賈謐而「望塵而拜」，映照其〈閑君賦〉，不得不令人將人品與文品分列了。

歷代對陳子昂有正面評價者，有的將其人品與文品合一，如李白、杜甫，有的將人品與文品分開，如歐陽修，他對陳氏文品評價較高。有的因對陳氏人品不滿，故連帶否定其作品之成就，及其開創文風之貢獻，如清代潘德輿。

四時代與環境的影響

前述的各項因素都是環繞作品與作者本身，視野較窄，可說是內在條件。而這一點則是以較廣濶的時空爲視野範圍，透視其與空間上的大環境（包括政治、文化、經濟……等等），以及時代背景等時間上的種種因素是否有何關係，此關係有時只是比較性質的，或相對的。若再畫分一些單位（如依朝代爲單位），則可見出比較的效果。筆者認爲中國文人及作品受此因素影響而產生的評價問題最多，例如各時代的政治環境、政治觀念、社會思潮……等等，常常將個人因素完全籠蓋了。而且隨著時空變換，時代背景之不同，歷史人物或作品的評價往往有很大的改變。甚至有起伏升降的現象。陳子昂所處的時代在中國歷史上亦不多見。一方面是中央集權大唐盛世；一方面是高宗無能，由武后掌權終至篡位，成了中國第一位女皇帝。但這個事實是很多人不願承認的（包括史學家司馬光等人。）唐人似乎倒能面對事實，除陳子昂外，其他如狄仁傑、婁師德等才學兼備者均樂於為武后所用，似乎不以為忤。但這種行為終會引起異代不同觀念者之批評、討論，如宋、明、清人，許多激烈的言論皆出現，而新唐書陳子昂傳「贊」中的嚴厲措辭，使陳子昂的評價深受影響。這是值得我們注意的一點。在中國社會中，政治勢力的影響往往使個人無所逃於天地之間，尤其於有志欲伸者影響尤深。為了發展個人抱負，有時不得不屈從政治上的大環境。陳氏人品所以有高下不同之評價，部分原因在此。

而陳子昂所以能成為一代文風之開創者，也是拜時代環境之賜，齊梁頹風已發展至瓶頸階段，他登高一呼，提出漢魏「風骨」、「興寄」等新主張，自然蔚為新潮。時代環境之因素對人物在歷史中的地位極有影響。

㈤後世品評的標準

每一個時代皆有其較特殊之處，這就是各時代的特色，換言之，各時代有其本位立場，以此視前代人物或作品，可能有不同之作法，有的是客觀品評比較，有的則是主觀的利用（如借古諷今或作翻案文章)。

五代時，對子昂的人品開始有了譏評。宋代則明顯的成爲爭議話題。筆者的觀察是和宋代「道統」、「正統」之觀念形成有關㉛。宋代倡古文運動者，對韓愈〈原道〉理論均普遍推崇，並逐漸形成「正統」的觀念，如歐陽修〈正統論〉上㉜：

傳曰：「君子大居正。」又曰：「王者大一統」。正者，所以正天下之不正也。統者，所以合天下之不一也。由不正與不一，然後正統之論作。堯舜之相傳，三代之相代，或以至公，或以大義，皆得天下之正，合天下於一。是以君子不論也。其帝王之理得而始終之分明故也。及後世之亂，僭偽興而盜竊作，由是有居其正而不能合天下於一者，周平王之有吳徐是也；有合天下於一而不得居其正者。前世為秦為閏是也。由是正統之論興焉。

此外，宋代理學興起，學者特別重視品德，道學家爲了提高品德的完美境界，時常有壓抑人性、甚而提出一些不近人情之苛論。對前朝歷史人物之評價不免受此觀念影響。武后以女性掌權篡位，且手段毒辣，宋人視陳子昂奉武后爲正朔之行徑，自然無法諒解，而爲其辯解者，只好曲解一番，如文同認爲子昂是「緣事警奸，立文矯僭」，乃用心良苦所致。馬端臨雖爲元人，然其受宋人觀念影響，故對陳子昂之人品、作品均無較正面之看法。

明代除了承襲宋代建立的「正統」觀念外，再加上「復古」理論之興起，對陳子昂的評價愈苛，連其作品之地位都有了異議，對其五言詩作品是否合於「漢魏風骨」，頗多爭議。李攀龍之立場，是很容易了解的。

清人的立場較複雜，以致衆說紛紜。有的認爲陳氏「人品不足論」，連帶否定其作品，如潘德輿、李慈銘。有的如陳沆一直努力替陳子昂辯誣。值得注意的是，陳沆欣賞陳子昂之作品，認爲有阮籍之懷，而對其人品，則以「不得已」，爲之解釋，理由是陳子昂身居「坤乾易位之時，猰貐磨牙之日」，他居然肯上書倡言改革，其人品已較當時朝臣爲高，故以同情諒解之立場視陳子昂，爲其辯誣。而基本觀念上，他仍深受宋人之影響，並不認爲武后是正常的改朝換代繼位者。

而清人中，也有態度極激烈者，視陳子昂爲「無恥小人」，也許這得從「夷夏」正統的民族情結去探討。或許當時這種辨正邪、忠奸之觀念極重，亦有借古喻今之意。

五、結　語

陳子昂在歷史上的評價不一，甚而有高低起伏的情形，並非我國歷史人物中的特例。以文學史爲例，李白、韓愈、柳宗元……等，都有類似的情形。這種現象，卽使今日仍可見及。以大陸來說，由於政治勢力的影響，陳子昂有一度還被封爲「法家詩人」㉝。大體而言，從五四以後，陳子昂的評價多爲肯定的，一般文學史都譽其爲古文運動的先驅，且多從藝術的角度評價其成就。

我們回顧歷史上陳子昂的評價問題，發現歷史人物的評價，事實上反映的是後世各時代的思潮與立場。不禁思考一個問題：如何才能做到較客觀、公正的人物及作品評價？時代、環境、個人私情、批評者個人之理念，……種種因素都應予考慮，而文學作品的永恒標準何在？建立批評理論時如何兼及這些問題，以得出較持平的評價，應是亟待探索的嚴肅課題。

【注　釋】

① 有關陳子昂的生卒年之說，衆說紛紜，如近代學者韓理洲認爲其生年爲唐高宗顯慶三年（西元六五八年），卒年爲武則天聖曆二年（西元六九九年）。（詳見西南師院學報一九八〇年第四期〈陳子昂生卒年考辨〉。）主要是新唐書陳子昂傳記載他爲四三歲，而趙儋〈故右拾遺陳公旌德碑〉作四二歲，且其卒年不詳，上溯至生年，則有不同。本文依據羅庸《唐陳子昂先生伯玉年譜》（臺灣商務印書館發行）所考定，其生年爲唐高宗龍朔元年辛酉（西元六六一年），卒年爲武則天長安二年壬寅（西元七〇二年）。然而較合理的生年應爲高宗顯慶四年（西元六五九年），卒年是武則天久視元年（西元七〇〇年）。

② 陳子昂抗衡當時流行的綺靡詩風，頗有振衰起弊之志，見〈修竹篇並序〉：「東方公足下：文章道弊五百年矣。漢、魏風骨，晋、宋莫傳。然而文獻有可徵者。僕嘗暇時觀齊、梁間詩，彩麗競繁，而興寄都絕，每以永歎，思古人常恐逶迤頹靡，風雅不作，以耿耿也。……」而「與韋五虛己書」則頗有孤軍奮鬪的感慨：「命之不來也，聖人猶無可奈何，況於賢者哉！僕嘗竊不自量，謂以爲得失在人，欲揭聞見，抗衡當代之士。不知事有大謬異於此望者。乃令人慙愧悔赧，不自知大笑顚蹶，怪其所以者爾！」

③ 見《瀛奎律髓》卷一。

④ 唐代詩風之盛，可謂空前，作家作品極多，依《全唐詩》、《全唐逸詩》所錄，作品約四萬八千九百多首。

而依日本京都大學人文科學研究所平岡武夫主編的《唐代的詩人》索引統計，《全唐詩》收錄二千八百七十三人，《全唐逸詩》收一百二十九人，其中四十七人重覆。實得二千九百五十五人，且身分各異，帝王、僧侶、歌伎皆有，當時盛況不難窺見。

⑤ 趙儋〈右拾遺陳公旌德碑〉云：「年二十四，文明元年進士，射策高第。其年高宗崩於洛陽宮，靈駕將西歸乾陵，公乃獻書闕下。天后覽其書而壯之，召見金華殿，拜麟台正字。由是海內詞人，靡然向風。」又據《新唐書・陳子昂傳》云：「服終，擢右拾遺，子昂多病，居職不樂。」據羅庸的考證，此年約當長壽二年或三年（西元六九三年），陳氏三十三歲時。

⑥ 有關陳子昂評論之資料，大陸學者收集整理者頗多，如彭慶生《陳子昂詩注》（四川人民出版社）一九八一年初版。韓理洲《陳子昂評傳》（西北大學出版社）一九八七年初版。本文以朝代爲單位，主因是我國歷史上每次改朝換代在政治上均產生大變革，故以之作爲分期標準。

⑦ 吳喬《圍爐詩話》云：「子昂、太白，皆疾梁、陳之豔薄，而思復古道者。然子昂以精深復古，太白以豪放復古，必如此，乃能復古耳。」可見後人已將二人並列。孟棨《本事詩》中引李白自述：「將復古道，非我而誰？」也可看出李白自己的主張。

⑧ 原詩是「梁有湯惠休，常從鮑照游。峨眉史懷一，獨映陳公出，卓絕二道人，結交鳳與麟。……」史懷一是陳子昂生前篤交之友，爲四川峨嵋山僧。原詩見《李太白文集》卷十二。

⑨ 白居易〈江樓夜吟元九律詩成三十韻〉云：「每嘆陳夫子。」尊稱陳子昂爲「陳夫子」。

⑩ 陸龜蒙原詩見《唐甫里先生文集》卷一。皮日休《松陵集》卷一云：「射洪陳子昂，其聲亦喧闐。惜哉不得

時，將奮猶拘攣。……」則感嘆陳子昂生不逢時，有奮然力排衆意之志。

⑪ 《舊唐書》卷一百九十中：「時有同州下邽人徐元慶，父爲縣尉趙師韞所殺。後師韞爲御史，元慶變姓名於驛家傭力，候師韞，手刃殺之。議者以元慶孝烈，欲捨其罪。子昂建議以爲『國法專殺者死，元慶宜正國法，然後旌其閭墓，以褒其孝義可也。』當時議者咸以子昂爲是。」

⑫ 見牛嶠〈登陳拾遺書臺覽杜工部留題慨然成咏〉。

⑬ 據韓理洲《陳子昂評傳》頁一五九中說，這段時期，表示過意見的有喬知之、宋之問、李白、杜甫、李陽冰、高仲武、李華、蕭穎士、獨孤及、梁肅、李舟、顏眞卿、趙儋、皎然、權德輿、韓愈、柳宗元、元稹、白居易、沈亞之、皇甫湜、裴敬、司空圖、孫樵、陳希聲、陸龜蒙、皮日休、劉蛻、顧雲、王贊、王定保、孟棨、范攄、牛嶠、劉昫等人。可見評論陳子昂者頗多，其受重視之程度亦可見一斑。

⑭ 子昂所上者乃〈諫政理書〉，是年武則天稱帝，改元「光宅」。子昂藉機陳述個人的政治理想：「臣伏見天皇大帝，得天地之統，封於泰山，功德大業，與天比崇矣。然尚未建明堂之宮，遂朝上帝，使萬代鴻業，今猶闕然。……思願陛下念先帝之休意，恢大唐之鴻業，於國南郊，建立明堂。……臣聞天子立太學，可以聚天下英賢，爲政教之首，故君臣上下之禮於是興焉。……陛下何不詔天下胄子，使歸太學而習業乎？斯亦國家之大務也。」

⑮ 葉適《習學記言序目》卷四十一，唐書四云：「而新史別爲傳，……又嗤其勸武后興明堂太學，『薦圭璧於房闥，以脂澤汙漫之』，則輕侮甚矣。惟聖賢自爲出處，……如子昂，終始一武后爾，吐其所懷，信其所學，不得不然，可無訾也。……」也力爲子昂辯誣。

⑯ 唐朝人並不將武氏所建立之「周」視爲僞朝，李白〈上雲樂〉詩中稱「中國有七聖」，武后爲其一。可見唐人與宋人之觀點不同。從現存墓誌文獻資料亦可看出，南北朝及隋唐碑誌，並不忌諱一個人曾任「前朝之官」或歷任數朝之官。此論點係由臺大中文系葉國良教授提示，頗具參考價值。

⑰ 見元辛文房撰《校正唐才子傳》卷一「陳子昂」所引。

⑱ 見曾國藩〈復許孝廉振禕書〉。

⑲ 見《歐陽文忠公文集》卷七十三外集二十三。

⑳ 見《唐音癸籤》卷五。

㉑ 見錢謙益《唐音審體．古詩四言五言論》。

㉒ 見胡震亨《唐音癸籤》卷五。

㉓ 見鍾惺《唐詩歸》卷二。

㉔ 見《顏魯公文集》卷十二〈尚書刑部侍郎贈尙書右僕射孫逖文公集序〉。

㉕ 見《采菽堂古詩選》卷八。

㉖ 此統計數字依一九六〇年中華書局上海編輯所出版之徐鵬校本，該本於民國六十九年由臺灣世界書局翻印，名爲《新校陳子昂集》。該本以四部叢刊影印明弘治四年（一四九一年）刋刻楊澄校正本爲底本，校以全唐詩、全唐文及清道光丁酉蜀州刋本陳子昂先生全集、並參考世界文庫本《陳伯玉文集》校文。世界文庫本是鄭振鐸主編，以弘治本爲底本，參校嘉靖印明活字板本、明刋唐十二家詩本、明鈔唐百家詩本、四庫全書本、楊國楨本。關於陳子昂的詩作部分，有一首〈楊柳枝〉，據五代後蜀何光遠著《鑒戒錄》云，當爲胡曾

所作之〈咏史〉詩。則詩作之數當減一首，爲一百二十八首。

㉗ 陳氏在〈堂弟孜墓誌銘〉自述云：「吾家雖儒術傳嗣，然豪英雄秀，濟濟不泯。」亦可爲證。有關陳子昂個人身世及家學等，可參見戴景賢〈試論陳子昂之立身行事與其家學之關係〉一文。書目季刊第十五卷第一期（民國七十年六月）。

㉘ 唐文粹收錄此文，題文〈我府君有周居士文林郎陳公墓誌文〉。而文苑英華則作〈陳明經墓誌文〉。

㉙ 見岑仲勉《隋唐史》卷下唐史頁一五六。陳寅恪亦有類似之觀點。

㉚ 藝文類聚卷二五引。

㉛ 「正統」乃我國史學上重要觀念之一，此觀念之源起、發展以至定型，相當複雜。趙令陽《關於歷代正統問題之爭論》（學津出版社印行）、饒宗頤《中國史學上之正統論》（龍門書店）均有相當深入之介紹。本文之觀點認爲時代思潮與人物評價之間有密切關係，故有此聯想。但因「正統」之觀念頗複雜，宋人如何以此觀念品評前代人物，尙須多徵引例證以作比較，已超越本文範圍，故俟諸異日，另文敍述之。

㉜ 歐陽修全集卷一居士集一。

㉝ 據說大陸文革期間（西元一九六六—一九七六），江青推動「評法批儒」運動，力捧陳子昂，認爲他的政治主張「都是符合法家思想的治國之道的」。詳見韓理洲《陳子昂評傳》頁一六五。

政治衝突與中唐稅政

——以劉晏、楊炎爲中心

林偉洲

一、前言

安史之亂加速了唐朝內部的社會變動，這一變動除了使舊的社會結構逐漸的崩潰，也使得支持唐中央各項經費支出的賦稅制度，必需做一新的調適。其時，除了河北賦稅區已淪陷外，戶口的流失、人民的移動、籍帳的破壞、土地和財產的重新分配，遂使初唐以來的賦稅制度無法繼續推行。楊炎兩稅法的提出，正反映了當時社會經濟變動下，賦稅體制必須更動的事實。藩鎮的控制地方經濟，中央急需大量的稅收支出，更使此一時期賦稅內容較初唐以來有急速的擴增。這一擴增明顯的表現在山澤之利的開採上，以劉晏爲代表的榷鹽制，於代宗朝適時的彌補唐中央正稅收入的不足。德宗以後，山澤之利的稅收所得也始終占有唐中央歲入的重要比率。這二主流的賦稅改革雖非同時進行，中晚唐以後卻都成爲唐中央正式稅收來源的固定制度。

新的賦稅政策除了反映當時社會經濟的變動，同時也反映了唐中央的財政需求和決策者背後的政治意識。安史亂後，中央集權的形態已無能復現，但這並不影響唐室於決策過程中追求君權再集中的主觀意識。此外，制度的更替過程中，背後常隱含着決策者政治權力的運作，尤其是與舊體制的維護者，或同時它政策提出者間的衝突。而衝突的過程，並非經常的是以理性客觀的競爭意識或手段，相反的卻經常是以情感的或非理性的運作和目地表現以來，中唐的財政政策便可做爲此一代表。因此本文將以中唐賦稅政策背後的權力衝突作一研究，以理出此一時期代表山澤之利開採的劉晏與提出正稅改革的楊炎，兩者間的政治衝突所代表的意義與內涵。

大曆十四年（七七九）楊炎爲相後迅即提出兩稅法，從其政治作用和產生的現象，有數點值得提出來加以討論。其一，由楊炎早期的任官背景觀察，他從未執掌財經或參與改革，然爲何於任宰輔後便急於提出兩稅法？劉晏與楊炎早在大曆年間便因元載事件而不協，等到楊炎入相後即倡言報仇，因此兩稅法的產生，不得不讓人聯想到有針對劉晏而提出者。其二，劉楊二人的政治衝突中，背後隱含著不同派系間的政治衝突。侯外廬便認爲這一衝突乃「舊門閥豪族和新起庶族之間的統治階級內部的鬪爭」，並且是「通過經濟問題的一次黨爭」。衝突的背後是否有如此嚴格的階級劃分？透過主要黨爭人物的身分制加以分析，應可獲得一較客觀的事實。其三，劉晏的財經改革曾獲得代宗的大力支持同樣的楊炎的兩稅也是德宗支持下的產物，在君權更替中，中央財政的決策爲何產生如此大的變動？其考量的因素爲何？其四，衝突過後新舊制度如何整合發展？權力衝突後的影響又如何？總此，本文將由個人衝突、朋黨之爭、君權意識與稅政合法化的過程，做一簡要的敍述。

二、劉楊的政治衝突

大曆十四年（七七九）五月唐德宗卽位，八月楊炎隨卽拜相。其時德宗「方勵精求治，不次用人」①，崔祐甫因而薦炎的器業，故自遷謫中加以擢升。除了崔祐甫的引薦外，楊炎早年便以文學知名於時，終而能獲德宗的賞識。雖然如此，德宗之任楊炎爲相，似乎並無特別屬意他於某一社會現象之改革，與楊炎同時拜相的另有喬琳，史稱其「性粗率、喜恢諧、無它長」②，因張涉的推薦遂與炎同時拜相。由此也可證明德宗初卽位時，雖急於追求政治的新氣象，但胸中並無改革社會現象之完圖。以文學知名於時而又負責財經的推行或改革，於通才型官僚掌權時代並無甚奇特③，但楊炎的拜相卻開啓了中晚唐稅制的一大變革，尤其於任相後隨卽提出兩稅法，其動機頗值得懷疑。

先此，全國財經職權因德宗卽位另有一番變化。原於永泰元年（七六五）以後二分的地方財政權責④，於大曆十四年（七七九）五月因韓滉之罷，度支使遂由劉晏兼領。此時韓滉之罷財經使，是否能視爲德宗全面改革財經體制的先聲？史稱，德宗卽位後以韓滉「掊克過甚」⑤罷其度支使，參照德宗此時的其它作爲，如出宮人、斥遠宦寺、放禽獸等，皆以修德治爲本，並未及於各項體制之改革，另其雖罷韓滉卻又以度支使職權予劉晏，應可證明其是針對韓滉個人行爲遂罷其職務。而使劉晏完全掌領全國財賦，也可說明德宗對劉晏的職能及財經使體制應無懷疑。

另從楊炎的角度觀察，大曆十二年（七七七）代宗以元載專橫而欲誅之。其時「會有告載、縉（按：指王縉）夜醮，圖爲不軌者」⑥，代宗乃命吏部尚書劉晏鞫之。元載被殺後，楊炎因爲載之黨遂及於貶。另外據史稱，劉晏任吏部尚書時楊炎爲侍郎，「各恃權挾氣，兩不相得」，楊炎被貶後「晏快之昌言於朝」⑦。因此等到楊炎再入朝拜相後，「時人言載之死晏有力焉，炎將爲載復仇」⑧。由此，楊炎入相後，除了直接對劉晏所作的政治報復外，其各項改革手段如涉及劉晏職權者，皆應可視爲對劉晏的報復手段之一。

楊炎既再朝入爲相，「追計前嫌」乃展開對劉晏的報復。他的報復手段可分爲兩方面來討論，一是以政治手段直接對劉晏進行攻擊。其次則是通過財經改革，也就是以間接手段使劉晏職權產生動搖兩者雖個別進行，目的卻指向同一。

新唐書卷一四九劉晏本傳略云：

先是，帝君東宮（按：指德宗），代宗寵獨孤妃，而愛其子韓王。宦人劉清潭與嬖幸請立妃為后，且言王數有符異，以搖東宮，時妄言晏與謀。至是，炎見帝流涕曰：「賴祖宗神靈，先帝與陛下不為賊臣所間，不然，劉晏、黎幹搖動社稷，凶謀果矣。今幹伏辜而晏在，臣位宰相不能正其罪，法當死。」⑨

請立韓王爲太子之事，劉晏是否參與已不可確知。但由當時另一宰崔祐甫的奏言：「此事曖昧，陛下已廓然大赦，不當究尋虛語致人於罪」⑩。楊炎乃故意舊事重提，欲羅識劉晏罪狀無疑。由此一事件中直接被指名的宦官劉忠翼（本名清潭）、兵侍黎幹二人，已於德宗卽位隨託以他事賜死，而未波及劉晏可爲旁證⑪。當然政治上未被牽連，並不就表示劉晏確未涉及請立獨孤妃爲后，及德宗內心疑慮已消除。但楊炎的舊事重提恰可加深德宗的猜疑，由後來德宗「賜劉晏自盡敕」一文，稱劉晏「性本姦回，志惟凶慝」⑫，可能便有受此事件影響而來。

楊炎的這一羅織，朝臣中除了崔祐甫加以釋疑外，另有朱泚與崔寧也曾「力相解釋」⑬。朱、崔二人爲何加入「解釋」？詳細情形已不得而知，但卻使此一事件越加不單純。原來獨孤妃早於大曆十年（七七五）十月便已身亡，因此前述劉晏如欲扶持韓王爲太子便應在此之前。朱泚雖早於大曆九年（七七四）九月便已入朝，其時距獨孤妃之死尚有年餘，但此事本曖昧，連當時內朝官員都無法確定劉晏是否涉案，何況來自外朝的朱泚。至於崔寧更是晚至大曆十四年（七七九）始入朝，其不能預聞此事更可確定。因此朱、崔二人的力相解釋，恐不宜以彼等確知劉晏未曾密請立獨孤妃爲后來解釋，此毋寧指向他們與劉晏的交誼，或爲反對共同的政敵——楊炎，而結合的權力作用。但他們兩人的加入排解，非但未能使劉晏免遭德宗疑忌，反而使得單純的衝突事件層面愈形擴大，以及劉晏遭貶時，多了一項「坐新故所交，簿物抗謬」之罪名⑭。

在直接的復報手段中，楊炎更有意的將它提升至暴力的層面。建中元年（七八〇）二月，德宗雖「託以奏事不實」將劉晏貶爲忠州刺史⑮，但這一結果楊炎明顯的並不滿意。另一與劉晏有隙的庾準，早年雖以門蔭入仕，但因昵於王縉而得驟遷至職方郎中、知制誥，遷中書舍人。大曆十二年（七七七）同因元載，王縉事件而被貶爲汝州刺史，後再入爲司農卿。劉晏被貶爲忠州刺史後，楊炎乃用庾準爲荊南節度使以伺劉晏動靜，果然庾準乃上言：「得晏與朱泚書，且有怨望，又召補州兵以拒命」⑯。建中元年（七八〇）七月，德宗乃密遣中使就忠州縊殺劉晏，後乃下詔賜死，楊炎的直接報復行動至此才告結束。

楊炎的另一報復行動則是屬間接性手段，雖缺少暴力傾向，但影響卻較直接手段更爲深遠。在楊炎的直接報復行動中，雖能使德宗對劉晏產生不信任感，但僅此則未必能因而動搖劉晏之根本。劉晏自代宗永泰元年（七六五）以來便長久執典國家利權，榷鹽收入、運河轉輸，已成爲唐中央最爲倚靠的歲入來源；財經使職權也由臨時差辦，至代宗初期逐漸發展出長久的專責機構，劉晏所掌領的財經機構更因得自辟僚佐，且嚴密的控制在其個人權威底下，使其控制之財政系統逐漸析離於原中央的官僚體制，形成一半獨立的財經系統⑰。因此，以不可確定性的政治手段，便欲動搖劉晏於當時的財經地位則屬勉強，但配合楊炎不斷的提出財政改革，劉晏的財經職權遂被完全取代。

唐德宗卽位後，隨卽以韓滉「掊克過甚」遂罷其職務，其判度支並由劉晏兼領，至此劉晏乃完全掌領全國財賦，但是這一職務的擴大，並未能使劉晏繼續推行其財經改革於全國⑱。代宗以來劉晏因長久執典利權，故爲衆所忌，德宗卽位後言事者遂「稱轉運可罷久矣」⑲，言事者於此時提出罷轉運，似乎也僅能視爲政治上權力衝突的結果。蓋唐於安史亂後，中央財賦所入幾倚辦於東南，運河的轉輸功能，對於唐中央與東南財賦區政經分離現象，應當扮演更重要的連繫地位，何況劉晏的財經改革便是以漕運爲中心，而形成相互配合的財經體系。於此時僅提出罷轉運，卻沒有同時提出一套可以取代的財經制度，同樣是很難對劉晏的職務有所更動的。這一提議在德宗或朝臣中產生多大影響已不可確知，但是在隨後楊炎提出稅制改革的建議時，朝臣並無爲轉運之罷提出辯護者，因此，罷轉運之議，可能便已爲楊炎政策的提出，先行醞釀了政治情境。

楊炎既能再入朝廷，其對財政的改革似乎特別用心，從入相到兩稅法發佈實施，短短的五個月（大曆十四年八月至建中元年元月），他先後提出了三項重要的財政變革。這三項變革雖都未指名針對劉晏，但影響所及卻都與劉晏有關。史書中並未明確載明諸項改革的確切先後，因以本文選擇由稅政到稅制的次序加以論述。

其一是楊炎奏出肅代以來改貯於大盈內庫的金帛。資治通鑑卷二二六大曆十四年十二月略云：

舊制，天下金帛皆貯於左藏，太府四時上其數，比部覆其出入。及第五琦為度支、鹽鐵使，時京師多豪將，求取無節，琦不能制，乃奏盡貯於大盈內庫，使宦官掌之，天子亦以取給為便，故久不出。由是天下公賦為人君私藏，有司不復得窺其多少、校其贏縮，殆二十年。宦官領其事者三百餘員，皆蠶食其中，蟠結根據，牢不可動。楊炎頓首於上前曰：「財賦者，國之大本，生民之命，重輕安危，靡不由之，是以前世皆使重臣掌其事，猶或耗亂不集。今獨使中人出入盈虛，大臣皆不得知，政之蠹敝莫甚於此。請出之以歸有司。度宮中歲用幾何，量數奉入，不敢有乏。如此，然後可以為政。」上即日下詔：「凡財賦皆歸左藏，一用舊式，歲於數中擇精好者三、五千匹，進入大盈。」一炎以片言移人主意，議者稱之。

從楊炎的奏言加以分析，他似乎僅是針對宦官所控制的大盈內庫，欲出其利權以革其弊端，但此舉卻連帶的對財經使的權力產生影響。相對於舊體制中戶部諸司與太府等財經官僚體制而言，財經使的出現和宦官的控制國家財政，於此時仍屬未完全合法化的體制，安史亂起，唐中央需財孔急，臨時措制的體制乃逐漸侵奪原財經系統之職權。這一系統的權力，雖然也是直接來自君權的授與，但權力的增大已有取代原官僚體制之職權。擁有絕對的、最終權力來源的君權，遂成為新舊制度衝突中權力分配的裁定者。

大盈庫職掌的擴大，最初乃玄宗時王鉷爲戶口色役使，於各地徵剝財貨，爲承恩固寵遂將財貨悉入百寶大盈庫。其時：

玄宗在位多載，妃御承恩多賞賜，不欲頻於左右藏取之。鉷探旨意，歲進錢寶百億萬，便貯於內庫，以恣主恩錫賚。鉷云：「此是常年額外物，非征稅物。」玄宗以為鉷有富國之術，利於王用，益厚待之。⑳

此後大盈庫乃成人主私藏郡國貢獻方物之處。肅宗時第五琦又將國家賦稅直接輸入大盈庫，此不但使原官僚體系中，掌邦國庫藏的左藏庫功能已失，連掌判天下庫藏錢帛出納的金部功能也已失去，而宦官更由控制皇室財政，進而控制國家財政出納。財政諸司功能的喪失和宦官得與聞國家財政，當是君權與財經使，侵奪原中央財政體制的職權而產生的。

唐代宦官權勢之盛始自玄宗時代，然爲害尚不甚烈，及肅代以來宦官便逐漸干預朝政，內外朝官員且多有與其深相結託者㉑。諸財經使同樣也不能免於這一現象，其時如元載與李輔國、第五琦與魚朝恩，至於劉晏則於寶應二年（七六三）因「坐與程元振交通」而罷相。此後雖未再有劉晏與宦官交友紀錄，但他所掌管的財賦既直接輸入大盈庫，則其必與掌財庫宦官有較親密的關係。宦官的職權既直接來自於君主，透過職務，財經使與宦官的關係，應可同視爲與王權的直接連繫，楊炎既奏罷宦官所掌大盈財賦，也等於罷去了劉晏與王權間的直接關係。德宗初卽位，頗多勵精圖治之作爲，而其最終目的乃爲再恢復中央集權，財經使雖爲君主直接控制，但權力過於增大終會危及君權。因此，楊炎提出恢復左藏功能，終能獲德宗同意。另從楊炎的角度觀察，他不但罷去了劉晏與王權之間的連繫，同時也爲他提出的下一個改革奠下了基礎。

其二，楊炎建議「尚書省國政之本，比置諸使分奪其權，今宜復舊」㉒。這一政權回歸舊體制的建議雖具有普遍性，但施行結果卻僅針對財經部門。唐代各種使職之侵奪中央政權機構之權力，至代宗時已愈形嚴重，其時君臣之間便有「深惜舊章之墜、屢敕規復舊章」之舉㉓。如永泰二年（七六六）制，「典章故事久未克舉，其尚書省宜申明令事，一依故事」㉔然並未施行。又如大曆五年（七七○）「復尚書省故事制」，所行卻祇罷去第五琦度支使職務㉕，次年又命韓滉爲判度支，與劉晏共領天下財賦，財經使職權並未稍削。究其因則爲「度支、鹽鐵轉運諸使對上直承君相之命，製爲政令，指令自己直轄遍佈京師四方之判官、判院爲之施行，故政令之推行能貫徹、能迅速，其運用較戶部符下，司農太府及州府爲之施行者，自遠爲靈活」㉖。雖然如此，晚唐財經使制度化的過程，仍有待建中年間的演變。前述楊炎奏罷大盈掌財賦，太府左藏的功能便已恢復。今楊炎又建議恢復尚書省職權，則戶部所屬金、倉二司的功能也將恢復，此後在兩稅奏疏中，楊炎更以新立稅制由「度支總統之」，原戶部四司職權則將全面恢復。戶部功能如能再全面恢復，則財經使職將無存在必要，由兩稅法頒佈後迅卽罷去度支、轉運使可以爲證。而此時度支、轉運使俱由劉晏掌領，楊炎的政治目的已甚爲明顯。

戶部四司在楊炎計劃下雖短暫恢復其名，但是因尚書省「本司職事久廢，無復綱紀」，楊炎的建議乃成爲「徒收其名，而莫總其任，國用出入無所統之」㉗。建中元年（七八〇）三月，便又以戶部侍郎韓洄判度支，金部郎中杜佑權勾當江淮水陸運使，舊唐書因此便認爲此乃「楊炎之排晏也」㉘。從政治作用的角度觀察，此固甚是，然戶部四司職權之不再復彰，蓋與現實財經需要有關也。

其三，除了建議恢復舊財政機構職權外，楊炎另提出新的財稅改革——兩稅法。兩稅法的產生自有其內在形成過程，本文此處僅討論其在政治上的作用。

在政治衝突過程中，除了一些外顯的、屬直接的技術手段外，也常包含著一些內在的競爭，這種內在的競爭雖然較少暴力衝突的傾向，但影響卻往往超過於外顯的衝突。尤其衝突如至更高級的層面便可能形成制度間的競爭和團體間的衝突㉙。前述楊炎的恢復太府左藏和金倉二司的功能，可視爲政治衝突中內在的次級衝突，這種次級的衝突雖然也影響到劉晏的一些政治資源，但就整體而言，並不足以完全動搖劉晏在當時的財經地位。此蓋因劉晏當時尤控制地方賦稅與榷鹽，因此，欲動搖其地位，最根本的手段便是提出一新的賦稅方法，與其競爭，甚或取代，兩稅法的產生便有這種政治作用。

大曆十四年（七七九）八月楊炎爲相，乃上疏奏稱：

國家初定令式，有租賦庸調之法。至開元中，玄宗修道德，以寬仁為治本，故不為版籍之書。人戶寖溢，隄防不禁，丁口轉死，非舊名矣；田畝移換，非舊額矣；貧富升降，非舊第矣。戶部徒以空文，總其故書，蓋非得當時之實。舊制：人丁戍邊者，蠲其租庸，六歲免歸。玄宗方事夷狄，戍者多死不返，邊將怙寵而諱敗，不以死中，故其貫籍之名不除。至天寶中，王鉷為戶口使，方務聚斂，以丁籍且除，則丁身焉往，是隱課而不出耳。遂按舊籍，計除六年之外，積徵其家三十年租庸，天下之人苦而無告，則租庸之法弊久矣。迨至德之後，天下兵起，始以兵役，因之饑厲，徵求運輸，百役並作，人戶凋耗，版圖空虛。軍國之用，仰給於度支、轉運二使，四方大鎮又自給於團練節度使，賦斂之司增數，而莫相統攝。於是綱目大壞，朝廷不能覆諸使，諸使不能覆諸州。四方貢獻悉入內庫，權臣猾吏緣以為奸，或以託進獻私為贓盜者，動以萬計。有重兵處皆厚自奉養，正賦所入無幾。吏之職名隨人署置，俸給厚薄由其增損，故科斂之名凡數百，廢者不削，重者不去，新舊仍積不知其涯。百姓受命而供之，旬輸月送無有休息，吏因其苛蠶食於人，凡富人多丁率為官為僧，以色役免，貧人無所入則丁存，故課免於上而賦增於下。是以天下殘瘁蕩為浮人，鄉居地著者百不四五，如是者迨三十年。㉚

從整體精神來分析這一奏疏，則楊炎是以初唐以來正稅及中央賦稅體制爲著眼，認爲玄宗以來租庸調之法已開始凋敝，至安史亂起更使得國家財政，不論職權或稅目皆陷入混亂。此時除「科斂之名凡數百」外，「賦斂之司增數而莫相統攝」，這裏所指涉自然包括第五琦以來的榷鹽制，和相互配合的各項財經使職。在這篇奏疏中，雖也肯定度支、轉運二使對於軍國之用的貢獻，但從其眼光看，仍將其視爲賦斂之司名目之一，兩稅法公佈後，隨卽罷去度支、轉運二使可證。因此，由此一指向也可視爲是，直接針對當時執掌度支、轉運二使的劉晏。

從楊炎的政治目的來分析，兩稅法的產生，不僅是對於中唐以來混亂的正稅體制做一整頓，更是對於肅代以來產生的，各種臨時雜徵稅目的一項清理。其不僅是欲以兩稅法來抗衡劉晏所掌領的財賦權，更是欲以舊體制職權的恢復，來完全取代財經使職。

兩稅法頒佈後，德宗隨卽下詔罷去劉晏所有財經使職。其文曰：

元年正月甲午詔，東都河南江淮山南東道等轉運租庸青苗鹽鐵等使、尚書左僕射劉晏，頃以兵車未息權立使名，久勤元老集我庶務，悉心瘁力垂二十年，朕以徵稅多門，鄉邑凋耗，聽於羣議，思有變更，將置時和之理，宜復有司之制。晏所領使宜停，天下錢穀委金部、倉部，中書門下揀兩司郎官，准格式調掌。㉛

至此，在這場政治衝突中，劉晏的政治資源已完全喪失，罷使、貶謫、賜死，在楊炎一步步的進攻下逐次的被完成。

劉楊的政治衝突過程中，劉晏似乎全處於挨打和被動的局面。除了最初涉及獨孤妃事件中有崔祐甫、朱泚和崔寧的助援，及劉晏貶於忠州時庾準所上言，「得晏與朱泚書且有怨望，又召補州兵以拒命」外，則全無劉晏加以回應的史料記載。反觀他的對手則處處進逼，楊炎這一睚眥必報的個性，從他早年嘗因「神烏令李大簡因醉酒辱及渠」，及至楊炎再與其同幕於呂崇賁處，而「率左右反接之，鐵棒撾之二百，流血被地幾死」㉜，便已明確的表現出來。他也因感於元載的提拔，及爲相「專務行載舊事以報之」㉝。至於劉晏卻同時涉及大曆十二年（七七七）元載事件之「審劾」及楊炎的貶謫，由此楊炎爲相後對劉晏的報復手段，就其個性分析則不難理解。劉晏在衝突中的失敗，不但使其遭到貶死的命運，連他一手創立，緊密連結的各項財經改革也都隨之罷去。兩稅法頒佈後，榷鹽和各項財經使職的復現，已另牽涉到唐中央財經的現實需要，和行政技術整合的過程，劉晏的整體財經理念此後已不復存在。而這次的衝突事件，因兩位當事人職位甚高，並且牽涉到制度之爭，使得其間更隱含著朋黨的派系衝突。因此，本文下一節將繼續處理此一問題。

二　政爭中的朋黨

政治運作過程中個人常因不同的理念、利益、出身等因素，結合成各自不同的派系團體，不同的派系團體爲瓜分稀少的政治資源，乃產生政治衝突。而衝突的產生愈是由核心分子主導，或是愈危及整體利益時，衝突中的競爭手段必然愈加劇烈，影響也將愈形深遠㉞。舊史中將此種派系衝突總稱爲

「朋黨」之爭，透過各種不同性質的派系結合，黨爭又呈現出不同的形式。以唐代最爲人所知的牛李黨爭爲例，陳寅恪便認爲是崇尚禮法的山東士族與以文詞爲仕進、浮華放浪著稱的統治階級，透過科舉形式的衝突㉟。毛漢光先生在「中國中古賢能觀念之研究」一文中，則提出牛李黨爭是「累世存在於儒家之中的兩種不同賢能標準衝突的白熱化」，也就是主張經術德行與辭章才學者，透過政治表現的不同而產生的衝突形式㊱。代德之間的劉楊朋黨之爭，是否也有不同的派系性質？其呈現出來的衝突形式又如何？侯外廬在其「中國封建社會的發展及其由前期向後期轉變的特徵」一文中認爲，唐代的黨爭乃是「舊門閥豪族和新起庶族之間的統治階級內部的鬬爭」，而劉楊的衝突乃是「通過經濟問題的一次黨爭」㊲。新興庶族的興起，除了武后時期透過科舉「特見拔擢」之人外㊳，盛唐以來商品生產的發達，使得社會上也出現了一批新興的富商豪賈，這一批富商豪賈又和土地兼并結合爲一，形成了一擁有商業資本和土地的新興階層㊴。這一階層表現在政治作爲上，明顯的和舊豪族門第謹守禮法者有極大的差異，尤其在唐代尚保有較嚴緊的門第觀念時期，透過經濟階級對立是有可能也在政治上產生朋黨衝突。但是劉楊背後朋黨之爭，是否確如侯氏所言，則有需要再做一檢驗。

除了從統治階層內部官僚的不同出身，而結合成各自的派系衝突做爲研究外，黨爭是否也受著政治結構的變化而產生？安史之亂前後正是唐代政治、社會變動最大的時期，舊政治結構的崩潰和新的組織制度未完全確立，加上中央政策的施行多採權宜，使得社會變動時，中央與地方權力的不均衡而產生認同差異。而此時國家政策施行的理念差異，官僚體系內不同組織，或新舊組織相互更替時產生的人事不平，是否皆有可能導至派系的衝突？於此，本節除從前述問題出發，並將就不同出身所產生的派系衝突再做一檢討。

舊唐書卷一五九載韋處厚與穆宗論及朋黨之害時曾云：「建中之初，山東向化，只緣宰相朋黨，上負朝廷。楊炎爲元載復讎，盧杞爲劉怨報怨，兵連禍結，天下不平」等言⑳。將奉天之難歸因於宰相朋黨雖稍嫌太過，但文中卻也點出了代、德二朝，朋黨之事實及主要核心人物。元載與楊炎屬同一黨派迨無疑問，至於盧杞與劉晏是否能劃爲同一黨派則需另行考察。

前引侯外廬的文章中，他曾簡單的分析少數朋黨人物的出身，並就此提出結論，筆者以爲有需要再加以分梳。爲了更清晰劃分出劉楊衝突中朋黨的身分制，本文略將其分爲，㈠主要人物的出身。這一設定乃是從大曆十二年（七七七）元載事件開始，至建中二年（七八一）楊炎被賜死之期間，史料明文介入政治衝突，或者遭受政治牽連者。㈡從史書中追蹤各核心分子的交友及其出身。這一追踪的理由乃是爲了加強證明是否有嚴格的身分對立。而交友態度又可分爲友善者與非友善者二類，與某黨派核心分子友善或交惡者，並不必然屬於另一黨派，其理甚明，將其析離出來，有助於分析的客觀性。㈢由於劉楊二人皆曾對財政加以改革，其人事行政值得研究。楊炎的回歸舊財政體制，實行時日甚短，故其人事佈局除杜佑認同態度較突出外，並未能再培養出自己的財經班底，至於劉晏則主掌財政近二十年，其僚屬已形成堅實的網絡。需要說明的是其各自僚屬雖未明確介入黨爭，但仍可視爲其派系分子及政治資源。至於個人身分的性質判定，本文乃依據毛漢光先生於「唐代統治階層社會變動」

一文中所劃分的士族、小姓、寒素三大類爲標準㊶。除了因這一分類已爲學界所認同,同時也因細密的劃分,可避免粗疏的認定個人出身。

這一黨爭的導火線,本文前已簡單的提及,乃是大曆十二年(七七七)元載得罪,由劉晏爲主審官而判處元載死罪及楊炎的貶謫。在此之前,元、劉二人的交往中並無明確的交惡記錄,相反的早在肅宗寶應元年(七六二),元載以「度支轉運使職務繁碎」,而又「素與劉晏相友善」,乃推薦劉晏代己之度支轉運職務㊷。其後乃有劉晏遺元載書信,訴說自己的財經抱負,終使劉晏能一展長才。然此時代宗爲何以劉晏訊鞫元載,則已不可確知。按唐代律法,「凡鞫大獄,以尚書侍郎與御史中丞、大理卿爲三司使」㊸,此時劉晏官吏部尚書,以其爲主審官似乎並不合體制,此可能乃因元載、王縉俱爲宰臣而又事涉隱晦,上乃命官高、親近者加以審訊。其如高宗顯慶四年(六五九)詔司空李勣、中書令許敬宗、侍中辛茂將訊鞫長孫無忌一般㊹。同時參與審訊元載的諸人,是否介入黨爭則值得繼續追查。

劉晏既奉詔訊鞫元載,因顧忌載樹黨遍天下,乃請御史大夫李涵、右散騎常侍蕭昕、兵部侍郎袁傪、禮部侍郎常衮、諫議大夫杜亞共同推鞫㊺。

表一：參與審訊元載諸人身分及升遷表

姓名	出身途徑	身分	當時任官	事後遷轉	備考
李涵	進士	士族	御史大夫	京畿觀察使	宗室
蕭昕	少補崇文進士 學博學宏辭	小姓	右散騎常侍		
袁傪			兵部侍郎		兩唐書俱無傳。嚴著唐僕尚丞郎表（四）兵侍
常袞	進士	小姓	禮部侍郎	門下侍郎同平章事	
杜亞	獻封章言政事	寒素	諫議大夫	給事中河北宣慰使	

五人中兵部侍郎袁傪兩唐書俱無傳，大曆十四年（七七九）七月，仍見在任㊻。蕭昕本傳則均未提到參與審訊元載，也無朋黨跡相。諫議大夫杜亞則於永泰元年（七六五）與楊炎並為杜鴻漸判官，大曆十二年（七七七）因共同審訊元載，劉晏得罪後，坐貶睦州刺史，可劃歸劉黨。御史大夫李涵本出宗室，審訊元載後雖代李栖筠為京畿觀察使，但劉晏貶謫後未受牽連，應非朋黨中人。至於禮部侍郎常袞則「性清直孤潔，不妄交遊」，雖參與審訊元載，卻與楊炎友善，並無朋黨跡相。另由此次審

訊「辨罪問端，皆出自禁中」㊼，及楊炎事後「鋭意爲元載報讎，凡其枝黨無漏」㊽的個性分析，這一次的審訊，並未明顯的間雜團體利益衝突。

表二：元、楊黨人物出身表

姓名	籍貫	出身途徑	身分	最高任官	資料來源	備考
元載	鳳翔岐山	莊老文列四子舉	寒素	中書侍郎同中書門下	舊一一八、新一四五本傳	
王縉	河中人	草澤及文辭	士族	中書侍郎同中書門下平章事	舊一一八、新一四五本傳	
楊炎	鳳翔	進士	小姓	中書侍郎同平章事	舊一一八、新一四五本傳	
庾準	常州	門蔭	小姓	尚書右丞	舊一一八、新一四五本傳	
王昂		出自戎旅	寒素	刑部尚書知省事	舊一一八、	
李少良		吏	寒素	殿中侍御史	舊一一八、	
董秀		宦官	寒素	左衛將軍知內侍省事	兩唐書無傳	

卓英倩						元載主書
李待榮						元載主書
李季連						陰陽人
王紞	河東		士族	太常少卿	新七二宰相世系	
韓會	鄧州南陽	進士	小姓	起居舍人	新七三宰相世系三上	
韓洄	昌黎棘城	門蔭	士族	戶部侍郎判度支	舊一二九	韓滉弟
王定	京兆杜陵	進士	士族	太子右庶子集賢院學士	新七二宰相世系二	
包佶	潤州	進士	小姓	刑部侍郎	新一四九	
徐璜				諫議大夫知制誥		舊書卷十一代宗大曆十二年諫議大夫知制誥韓洄、王定、包佶、徐璜、戶侍趙縱、
趙縱				戶部侍郎		

裴冀				大理少卿		大理少卿裴冀、太常少卿王紞、起居舍人韓會等十餘人皆坐元載貶官。
孫成						
盧東美						
李舟						

元、楊黨分子的身分結構，由表二中可看出，並非如侯外廬所言爲一庶族的聯合團體。主要人物中除元載出身寒素外，王縉爲士族，楊炎與庾準爲小姓，其它次要人物也皆包含這三個階層。就這一團體內部結構身分而言，恰可用侯氏所言爲一「品級聯合」的身分團體[49]。

舊史家喜以「道德判準」作人物忠奸之辨，此蓋有其道理，如其言元載秉政，廉潔守道者多不更職[50]，另如載「弄時權而固位」、縉「附會奸邪，以至顚覆」、炎「酬恩報怨，以公害私」、庾準之「險佞」等，皆直指道德。此外這一黨派也有很強的政治利益結合性，如元載爲相多年，「權傾四海」、「外方珍異，皆集其門」、「輕浮之士，奔其門者，如恐不及」[51]。另如王縉於元載用事時，「縉卑附之，不敢與忤」[52]。其如庾準「以柔媚自進，既非儒流，甚爲時論所薄」[53]，它率類此。因此，這一黨派可視爲是以政治利益做爲結合，而形成的政治團體。

表三：劉黨人物出身表

姓名	籍貫	出身途徑	身分	最高任官	資料來源	備考
劉晏	曹州南華	舉神童	小姓	吏部尚書平章事	舊一二三、新一四九本傳	
朱泚	幽州昌平	軍將	小姓	太尉	舊二百、新二二五、逆臣	
崔寧	衞州	符離令從軍爲步卒	寒素	檢校司空同中書門下平章事	舊一一七、新一四四本傳	
崔造	博陵安平	辟徵	士族	給事中守本官同平章事	舊一三〇、新一五〇本傳	
杜亞	京兆	獻封章言政事	寒素	檢校吏部尚書判東都省事	舊一四六	

表三中並未將盧杞劃歸劉黨，其理由如下，劉、盧有無交往，並無明確史料爲證，唯杞在大曆中曾任吏部郎中，時劉晏爲吏部尚書，二人交往如何不得而知。除前引韋處厚所云，「盧杞爲劉晏報怨」，再無史料佐證，而盧杞既居相位後，不論元、楊或劉黨分子皆迭遭貶竄，連晏兄劉暹亦爲其所排（54），另忠貞之士如顏眞卿、張鎰、李揆也不爲所容，將其列入劉黨，筆者頗以爲不可。至於劉黨分子身分由表三中可看出，劉晏出自山東小姓，崔造爲山東士族，杜亞則自云京兆人，應非士族。朱泚和崔寧劃

入劉黨則稍嫌勉強，此二人原皆爲地方強藩，大曆年間先後入朝，恰遇劉、楊的衝突而救解劉晏。朱泚與劉晏是否有深交不得而知，崔寧則原本厚結元載，後又附炎，大曆十四年（七七九）入朝，嘗代喬琳爲御史大夫，因主張選御史當出自大夫，不謀及炎，事寢，遂與其結怨[55]。另外，劉、楊衝突中從旁救解劉晏的尚有崔祐甫，侯外廬因其出自門閥大族，乃將其劃入劉黨。筆者前節也曾提及，楊炎的入相便出自崔祐甫的推薦，如此似更應將崔祐甫列元、楊黨，機械的二分人物出身其病固多矣。如果除去盧、朱、崔三人則能列入劉黨的似已少之又少，但如將三人列入則劉黨也僅能是鬆散的，因事件而臨時結合的團體。然則言劉晏「不黨」？此又不宜，劉晏自有黨，祇是其黨派性質、結構不同於元楊黨而已。

前此乃從黨派內部分子分析其身分，繼則分析其交友狀況。交友態度主要是分爲友善與交惡二類其中友善者則尚包括擢拔與姻婭。

表四：與元楊交善者表

姓名	籍貫	出身途徑	身分	最高任官	資料來源	備考
苗晉卿	上黨壺關	進士	小姓	侍中	舊一一三、新一四〇本傳	
王鉷	太原祁縣	門蔭	士族	中書侍郎	舊一〇五、新一三四本傳	

裴冕	河東	門蔭	士族	中書侍郎同中書門下平章事	舊一一三、新一四〇本傳	
嚴武	華州華陰	門蔭	士族	黃門侍郎劍南節度使	舊一一七、新一二九本傳	
郭英乂	瓜州常樂	軍功	小姓	右僕射劍南節度使	舊一一七、新一三三本傳	
王忠嗣	太原祁	門蔭	小姓	充河西隴右節度權知朔方河東節度使事	舊一〇三、新一三三本傳	元載岳父
常袞	京兆	進士	小姓	門下侍郎同平章事	舊一一九、新一五〇本傳	與楊炎友善並稱常楊
崔祐甫	博陵安平	進士	士族	中書侍郎平章事	舊一一九、新一四二本傳	
崔寧	衛州	符離令從軍爲步卒	寒素	檢校司空同中書門下平章事	舊一一七、新一四四本傳	
樊澤	河中	賢良對策	小姓	山南東道節度使	舊一二三、新一五九本傳	
陳少遊	博州		小姓	檢校右僕射同平章事	舊一二六、新二二四叛臣	
盧惎	幽州范陽	門蔭	小姓	京兆大尹	舊一二六	

杜鴻漸	濮州濮陽	進士	小姓	中書侍郎同中書門下	舊一〇八、新一二六	
于頎	河南	吏幹	小姓	工部尚書	舊一四六	

表五：與元楊交惡者表

姓名	籍貫	出身途徑	身分	最高任官	資料來源	備考
崔渙	博陵安平	門蔭	士族	黃門侍郎同中書門下平章事	舊一〇八、新一二〇本傳	
裴冑	河東聞喜	明經	士族	荆南節度使	舊一二三、新一三〇本傳	
李栖筠	趙郡衞州	進士	小姓	御史大夫	新一四六本傳	
裴諝	河南洛陽	明經	士族	吏部侍郎御史大夫	舊一二六、新一三〇本傳	
李揆	隴西成紀	進士	士族	中書侍郎平章事	舊一二六、新一五〇本傳	
源休	相州臨漳	吏幹局	小姓	光祿卿	舊一二七	

嚴郢	華州華陰	進士	小姓	京兆尹	新一四五本傳
段秀實	隴州汧陽	別將	小姓	涇原節度檢校禮部尚書	舊一二八、新一五三本傳
顏眞卿	瑯邪臨沂	進士	士族	刑部尚書	舊一二八、新一五三本傳

舊唐書卷一百二十六載隴西冠族李揆，曾以元載地望寒微，而諷其爲「瘴頭鼠目之子」，階級的對立似乎相當尖銳，但是由表四中所列人物的身分分析，與元、楊友善者，幾乎全爲士族與小姓階層與元載友善者中，最突出的如王鉷、苗晉卿曾先後的對元載提拔，王忠嗣則爲載的岳父，其它諸人則大抵曾依附元、楊。例如嚴武，「與宰臣元載深相結託，冀其引在同列」[56]。另如裴冕，「宰臣杜鴻漸卒，載遂舉冕代之，冕時已衰瘵，載以其順己，引爲同列，受命之際，蹈舞絕倒，載趨扶起，代爲謝詞」[57]。又如郭英乂，「與宰臣元載交結，以久其權」[58]。政治利益的結合已甚明顯。

相同的是與元、楊交惡者，主要也是由士族與小姓二階層所組成（見表五），諸人中除了李揆對元載有較強烈的階級對立意識外，其餘則無明確的顯露。至於列入本表中人物的才性氣質，則幾與元、楊諸人有明顯的不同，如崔渙「性尚簡澹，不交世務，頗爲時望所歸」[59]。李栖筠則「有重望，虛心下士，幕府盛選才彥」[60]。又如裴胄，「簡儉恆一」、「抱義危行，守政奉公」[61]。但也有如源休，於涇原兵叛後，與朱泚言「多悖逆，盛陳成敗，稱述符命，勸令僭號」，遂爲泚謀主[62]。至於段秀實，則因楊炎固執的欲推行元載所未完成的「城原州以復秦原」㊸，而與秀實意見相左，結果卻引發了涇州之變。顏眞卿則不但「元載坐以誹謗，炎惡之」，連盧杞也惡其直言，令奉使李希烈，竟使眞卿歿於賊㊹。從與元、楊交友態度者分析，階級的對立同樣並不明顯，何況這一批與元、楊交惡者與劉晏也很少有友好關係，反之，相同的是與盧杞多採交惡態度。

再看劉晏的交友，不論友善或交惡者皆祇有少數幾人（見表六、七）。與劉晏交惡者如嚴莊、敬羽、蕭華三人，事皆因上元元年（七六〇）商胡康謙者，「出家貲佐山南驛稟，因而累試鴻臚卿，後因其婿告其叛，事連嚴莊繫獄，京兆尹劉晏乃發吏防其家，莊恨之。後晏爲酷吏敬羽所構，宰相蕭華亦忌之，以漏禁中事」㊺，晏遂被貶爲通州刺史。另常袞因忌劉晏有公望，不欲其升任宰甫，乃奏晏宜爲百吏師表，用爲左僕射，實欲奪其權㊻。與劉晏態度友善者如程元振，舊史僅云：「坐與元振交通」，前已分析。顏眞卿則於寶應元年（七六二）劉晏舉其自代爲戶部侍郎，令狐彰則因臨終前欲舉劉晏代己之職，崔祐甫事見前，此諸人皆與劉晏無明確的、或常久的深厚友誼。因此，從整個交友態度分析，劉晏恐也不宜將其視爲代表任何階層。

表六：與劉晏交惡者表

姓名	籍貫	出身途徑	身分	最高任官	資料來源	備考
敬羽	寶鼎		小姓	御史中丞	舊一八六、新二〇九本傳	酷吏
嚴莊				司農卿		兩唐書無傳
蕭華	京兆	門蔭	士族	中書侍郎同中書門下平章事	舊九九	
常袞	京兆	進士	小姓	門下侍郎同平章事	舊一一九、新一五〇本傳	

表七：與劉晏友善者表

姓名	籍貫	出身途徑	身分	最高任官	資料來源	備考
程元振		宦官	寒素	元帥行軍司馬鎭軍大將軍	舊一八四、新二〇七本傳	
顏眞卿	瑯琊臨沂	進士	士族	刑部尚書	舊一二八、新一五三本傳	

令狐彰	京兆富平	軍功	寒素	檢校右僕射滑亳六州節度	舊一二四、新一四八本傳
崔祐甫	博陵安平	進士	士族	中書侍郎同平章事	舊一一九、新一四二本傳
鄧景山	曹州	文吏	寒素	太原尹	舊一一〇、新書一四一

如果僅從政治衝突的參與，或是交友態度的分析，均很難得出劉晏有「朋黨」之現象，更遑論代表某一階層之事實。然則劉晏豈眞無黨？劉晏自廣德二年（七六四）以後便任職吏部並兼任各項財經使職，直到建中元年（七八〇）止共歷時十六年，這期間儘管他在中央的官職略有更動，但所領財經使職則大致相同。經過如此長久的任職，加上所屬機構的龐大，豈有可能不形成，以劉晏爲中心的地方財經官僚體系。由於這一批人大都屬於地方財經專才，因此在中央政治衝突中，大部分劉晏的僚佐並未涉入，而更易爲人所忽略。這一團體不但是劉晏的最大政治資源，更因其職務、專長而有別於元楊的政治團體。

由表八中所列劉晏僚佐身分分析，可以看出其個人出身也包含了士族、小姓、寒素三階層，符合劉晏凡所任使「必後進有幹能者」，而不行權貴請託的任人原則。舊唐書謂「晏沒後二十餘年，其故吏如韓洄、元琇、裴腆、包佶、盧徵等繼掌財賦」[67]雖言過其實，但由這些人的身分分析，無法代表門閥豪族利益則是可以肯定的。

表八：劉晏僚佐身分表

姓名	籍貫	出身途徑	身分	最高任官	資料來源	備考
韓洄	昌黎	蔭	士族	戶部侍郎判度支	舊一二九 新一二六本傳	韓滉弟曾與元載楊炎友善
元琇				尚書右丞	新一四九	舊書卷一二三劉晏傳云：晏沒後二十餘年，韓洄、元琇、裴腆、包佶、盧徵、李衡繼掌財賦，皆晏故吏。
裴腆			士族	判度支		
包佶	潤州延陵	進士	小姓	刑部侍郎	新一四九	
盧徵	范陽	辟徵		給事中同華刺史	舊一四六	
李若初		吏	寒素	浙西觀察使諸道鹽鐵使	舊一四六	
張羣						
杜亞	自云京兆	獻封章言政事	寒素	檢校吏部尚書判東都省事	舊一四六	
李衡						
陳諫				全唐文卷六四八		晏屬吏

總之，不論從朋黨成員或交友態度分析其身分性質，皆無法使吾人得出，這是一次代表庶族集團與豪族集團的利益衝突。這一次的黨爭乃起因於大曆十二年（七七七）劉晏的審訊元載，繼則大曆十四年（七七九）楊炎入相後，爲元載復仇而展開的政治衝突。衝突事件由兩個不同性質的黨派核心分子，於唐中央的政治衝突，其後更因楊炎提出財經改革，使得衝突擴展至制度之爭。侯外廬所認爲，是透過經濟形式的一次衝突，並不甚精確，更確切的說，劉、楊的衝突乃是透過政治、財政形式的衝突。

三、制度化過程中的財政三司

初唐以來尚書省戶部四司的職掌，經安史之亂前後，財經諸使的侵權，使其漸成閒廢機構。尤其代宗時期財經使的區域二分制，及大曆十四年（七七九）五月劉晏集財經諸使於一身，天下財賦遂歸其統領，戶部更形同虛設。但是劉晏這一掌領全國財賦並未能持續很久，便因與楊炎的政爭，及權力過於集中，建中定稅後，其所領諸使便爲德宗所罷去。與兩稅法頒佈的同時，楊炎曾建議新稅法由度支總統之，並將錢穀之司回歸金倉二部，戶部四司職權因而暫時恢復。但是未及三月，楊炎奏請恢復的戶部四司，卻因「省職久廢，耳目不相接，莫能振舉，天下錢穀無所統領」[68]，乃又以韓洄判度支，財經使職權遂又獲得開展。雖然如此，諸財經使的職權，直到德宗晚期才有固定的劃分，終形成晚唐財政三司的制度化形式，而財政三司制度化過程，更隱含著決策者各式的權力運作，可視爲劉楊衝突的延續。由此，本節除將舖陳德宗時期使職權責劃分，並將略述其中權力運作的過程。

德宗建中元年（七八〇）正月既罷去劉晏所領諸使，乃同時下詔曰：

朕以征稅多門，郡邑凋敝，聽於羣議，思有變更，將致時雍，宜遵古制。其江淮米准旨轉運入京者，及諸運糧儲，宜令庫部郎中崔河圖權領之。今年夏稅以前，諸道財賦多輸京者，及鹽鐵財貨，委江州刺史包佶權領之。天下錢穀，皆歸金部、倉部，委中書門下簡兩司郎官，準格式條理。[69]

詔命既下，旋以出納無所統，乃又復置使領之，同年三月便又以韓洄判度支，令金部郎中杜佑權勾當江淮水陸運使。舊唐書謂此一如劉晏、韓滉之則也[70]，不論從權力職掌或職權所屬層級來分析恐都有誤，需要補充的是，嚴耕望先生「唐僕尚丞郎表」鹽運條考證，認爲包佶亦當於此時充鹽鐵使[71]。唐會要卷五八戶部侍郎條引蘇氏駁曰：

故事，度支案：郎中判入，員外郎判出，侍郎總統押案而已，官銜不言專判度支。至乾元元年十月，第五琦改戶部侍郎，帶專判度支，自後遂為故事，至今不改，若別官來判度支，即云知度支事，或云專判度支。

兩稅法既以度支總統之，未復使職前，又以江淮米轉運由崔河圖，鹽鐵由包佶權領，此後雖復使，但職權所屬層級仍應依此。至其權力執掌與劉晏、韓滉時，集度支轉運鹽鐵常平諸使於一身，更不可同日而語。另從權力分散的角度觀察，更不可能於剛罷去劉晏後，便又迅速的讓某財經使集諸權力於一身。另從人事佈局來分析，此時新罷劉晏，及楊炎「凡劉晏枝黨無漏」的報復手段，自不可能再由劉晏的故吏掌領財賦。因此，直到建中二年（七八一）七月楊炎罷相止，其所用財經使，皆應是屬元楊黨或與楊炎友善者。如韓洄，雖爲劉晏故吏，但大曆中便曾坐與元載友善，而被貶爲邵州司戶參軍；德宗時復與楊炎善，故被擢爲判度支，等到楊炎得罪，尋被貶爲蜀州刺史。另如包佶，大曆中同坐善元載被貶嶺南，劉晏奏起復財經使，晏罷後，楊炎以佶充諸道鹽鐵輕貨錢物使⑫，其非堅實的劉黨可知。而楊炎本非財經出身，其更無專業的財經班底，以韓洄、包佶領使，仍符合其黨派的權力運作。又如杜佑，除特爲楊炎所擢拔外，史書中並未明確的交代兩人的交友過程，但由其所著通典稱允兩稅法爲：「遂令賦有常規，人知定制，貪冒之吏莫得生姦，狡猾之甿皆被其籍，誠適時之令典，拯敝之良圖」⑬，然卻幾無提及劉晏的任何事蹟，其心態可知。但這一人事佈局旋因楊炎罷相而有所改變。

建中二年（七八一）十一月韓洄既貶蜀州刺史，「時方軍興，餽運之務，悉委於佑，遷戶部侍郎、判度支」⑭，然杜佑尋爲盧杞所惡，出爲蘇州刺史。與此同時使職權責及人事行政皆有所更動，三年（七八二）五月以趙贊爲戶部侍郎判度支，八月又從趙贊奏，以江淮鹽鐵使崔縱充汴西水陸兩稅鹽鐵使，仍隸度支⑮。兩唐書俱無趙贊傳，但其既爲盧杞所引，又與盧杞同罷，以「杞作相三年，矯誣陰賊，排斥忠貞，朋附者欬唾立至青雲，睚眥者顧盼已擠溝壑」⑯，則趙贊所屬黨派已甚明瞭。趙贊既罷判度支，建中四年（七八三）十二月乃繼以京兆尹裴腆判度支，劉晏的屬吏乃正式登場其後至貞元二年（七八六）的三年間，財經使的職權又三度變更。先是汴東西水陸運兩稅鹽鐵使的區域分掌制被取消，由戶侍判度收元琇兼領。繼則因宰臣崔造因嫉錢穀之使罔上之弊，乃奏請：

> 天下兩稅錢物，委本道觀察使、本州刺史選典官部送上都，諸道水陸運使及度支、巡院、江淮轉運使等並停。其度支、鹽鐵委尚書省本司判，其尚書省六職，令宰臣分判。乃以戶部侍郎元琇諸道鹽鐵、榷酒等事，戶部侍郎吉中孚判度支及諸道兩稅事。宰臣齊映判兵部承旨及雜事，宰臣李勉判刑部，宰臣劉滋判吏部、禮部，造判戶部、工部。[77]

財經諸使又再一次的遭到停罷。此一時期掌財賦者如裴腆、元琇、判戶部崔造等，或爲劉晏屬吏、或屬劉黨，吉中孚事蹟則不詳[78]。楊淑洪於其「唐代前後期財政權責之研究」一文中，謂晚唐戶部三司中，判戶部之設始於崔造[79]，恐有誤。按此時崔造所判之戶部，乃指尚書省轄下六尚書之戶部，非指判戶部本司應可確定[80]。而崔造所奏文中，以度支、鹽鐵委尚書省本司判，其所指「本司」不知是指戶部司，仰或度支、鹽鐵司，由文中以戶部侍郎元琇判鹽鐵、榷酒，吉中孚判度支，則似應指後者。苟如此，則戶部三司（尤指鹽鐵司）應於此時便已合法化。但崔造所罷諸使，隨因韓滉以「司務久行不可遽改」，而以滉專領度支、諸道鹽鐵轉運等使，崔造所條諸法遂皆改[81]。

從建中元年（七八〇）三月起復財經諸使，至貞元元年（七八五）韓滉以鎭海軍節度、江淮轉運使加判度支，充諸道鹽鐵使止，短短六年間財經使職權數易其變，人事行政上更經歷楊炎、盧杞、劉晏、韓滉等，或黨派或個人的綜理財賦，其混亂可知。這一期間，唐中央也由德宗初即位時的勵精圖治，經歷奉天之難，而形成德宗的「方務聚斂」。國家財賦益形倚靠東南地區的結果，使得韓滉於德宗初即位時因「掊克過甚」被罷，至此時反以「江淮漕米大至京師，德宗嘉其功」[82]，而復判使。觀察此時德宗的政策，正是王夫之所云：「期效迫而不副其所期，則懲往而急於改圖」[83]，無經久制法精神，更無制度規則可循。

韓滉卒後，晚唐財經使職權又面臨新的調整。先是韓滉於判度支、充諸道轉運鹽鐵使時，曾以戶侍班宏充度支鹽鐵轉運副使，此後財經使遂有副使的設置。貞元八年（七九二）又曾短暫的恢復使職區域分掌制，其時「竇參爲德宗所疏，乃讓度支使，遂以班宏專判，而參又不欲使務悉歸於班宏，乃又薦張滂爲戶部侍郎、鹽鐵使、判轉運，尚隸於班宏以悅之」，其後因「每署院官，宏、滂更相是非，莫有用者」，由是遵大曆故事，如劉晏、韓滉所分，以班宏爲關內河東劍南山南西道兩稅鹽鐵轉運事，另以張滂爲東都河南淮南江南嶺南山南東道兩稅鹽鐵轉運事[84]。但此區域分掌制施行未久，便因班宏之卒，及裴延齡爲戶侍、判度支而罷，此後度支與鹽鐵乃益殊途而理。

鹽鐵使自王緯以浙西觀察使兼領後，先後有李若初、李錡繼其以地方方鎮兼領，其治所也由京口、朱方而於永貞元年（八〇五）杜佑改理於揚州，此後鹽鐵使或理於長安、或理於揚州漸成定制。另其時若鹽鐵使理於江淮，則副使便爲「上都留後」，如李錡時的潘孟陽；反之若鹽鐵使理於長安，則副使需長駐或巡行江淮，如元和年間王播之副使程异一般[85]。此蓋因江淮地區爲唐海鹽主要產地，「揚子院，鹽鐵轉運委藏」之地[86]，其又控制運河轉運樞紐故也。

戶部本司的發展，自安史亂起，戶籍不整，版籍停造後，其功能便已陷於停頓。通典卷二三職官紀戶部尚書郎中條載：

建中三年正月，戶部侍郎判度支杜佑奏：天寶以前戶部事繁，所以郎中員外各二人判署。自兵興以後戶部事簡，度支事繁，唯郎中員外各一人，請回輟郎中員外各一人，分判度支案，待天下兵革已息，却歸本曹，奉敕依。

此後有關戶部本司的史料便極缺乏。德宗貞元四年（七八八）以後，戶部本司才有正式的經費收入。其時：

上以度支自有兩稅及鹽鐵榷酒錢物，以充經費，遂令收除陌錢、及闕官料、並外官闕官職田、及減員官諸料，令戶部侍郎竇參專掌，以給京文武官員料錢，及百司紙筆等用。⑰

舊唐書德宗本紀則謂：

李泌以京官俸薄，請取中外給用除陌錢，及闕官俸外一分職田，額內官俸，及刺史執刀司馬軍事等錢，令戶部別庫貯之，以給京官月俸，令御史中丞竇參專掌之。歲得錢三百萬貫，謂之戶部別處錢，朝臣歲支不過五十萬，常有二百餘萬以支國用。⑱

嚴耕望先生在「唐僕尚丞郎表」戶侍條考證中，認爲竇參此時當以御史中丞兼戶侍⑲。戶部別處錢於此時雖未明言是由戶部本司掌理，但以其有別於度支、鹽鐵所掌錢物，及其後元和間李絳以戶侍、判本司事時所奏，「請諸州府闕官職田祿米，及見任官抽一分職田，所在收貯，以備水旱」⑳，可證此一戶部別處錢乃由戶部本司掌理，而戶部本司也由於有此固定經費，地位遂益形重要。
貞元十三年（七九七）王純（紹）以兵部郎中判戶部，是可見史料中最早以他官判戶部本司者。舊唐書卷一二三王紹本傳紀其事曰：

貞元中為倉部員外郎，時屬兵革旱蝗之後，令戶部收闕官俸，兼稅茶及諸色無名之錢，以為水旱之備。紹自拜倉部，便準紹主判，及遷戶部、兵部郎中，皆獨司其務。

其後如衞次公以右丞兼判戶部事，李絳由中書舍人、翰林學士承旨出院爲戶侍、判本司事，皆可見戶部本司地位已愈形重要。元和十三年（八一八）十月中書門下奏：

戶部度支鹽鐵三司錢物皆繫國用，至於給納，事合分明，比來因循，都不剖析，歲終會計，無以準繩，蓋緣根本未有綱條，所以名數易為盈縮。伏請自今以後，每年終各令具本司，每年正月一日至十二月三十日所入錢數，分為兩狀入，來年二月內聞奏。⑨①

以戶部三司之名稱，則三司之合法化便應在此之前，然也在此奏狀之後，戶部三司職權才有更明細的劃分。

初唐以來尚書省戶部轄下四司，經安史之亂前後，因唐中央適時性的需要，金、倉二部職權或爲它使侵及，或以他官爲之⑨②，漸失其功能。此後史料中雖仍偶見倉部郎中，員外郎等名目，但其所掌職權已與原倉部職權無關。至於戶部本司，則一度因國家內部動亂，版籍不造，而失其功用。及國內動亂稍安，戶部本司所掌如戶口、籍帳、賦役、孝義、優復、蠲免、婚姻、繼嗣、百官衆庶園宅等

⑬，才漸又恢復。其後又因戶部別處錢的常費收入，使其地位益增重要，才足以和度支、鹽鐵二司鼎足。至於度支職務則由初唐時「掌支度國用租賦多少之數，物產豐約之宜，水陸道路之利，每歲計其所出，而支其所用」⑭。至中唐時「以制用惜費，漸權百司之職，廣置吏員」⑮，至其職掌則於初定兩稅時，便以國家正賦收入由度支總統之。其後諸使雖復職，但度支以其掌理國家賦稅出納，仍占財政中最重要地位。如權德輿於「論度支疏」中所云：

(前略)且度支所務，天下至重，量入為出，從古所難，使物無遺利，而不可竭，竭則害生類；使無隱情，而不可刻，刻則傷人和。調其盈虛，制其損益，上繫邦本，下繫元元。⑯

貞元以後，鹽鐵使雖漸與度支分理，但元和初鹽鐵使李巽又以「界年糶鹽比類錢數具所收錢，除淮舊例充鹽本外，伏請度支收管」⑰，使得鹽鐵雖獨立於度支之外，但所收稅錢仍大部分輸入度支供其出納。憲宗元和以後雖或仍有一人獨領三司者，但戶部三司分由專人掌理，已成財政制度的固定形式。

財經諸使恢復後，職權一度陷於混亂，建中元年至貞元元年的六年間，度支使六易其人，而其轄下轉運鹽鐵等使職權也數易其變。此時財經諸使的更替，明顯的是隨著宰臣的起罷而更替，朋黨的遺跡似仍沿續著劉楊時的政治衝突，但劉晏時集諸使職權與全國財賦於一身的現象已不可復見。制度的混亂雖不利於行政運作，但卻似可避免劉晏現象的再出現。

安史亂起，唐中央賦稅所由漸倚江南，政治中心與經濟中心的分離，使得唐中央特意經營東南財賦區的控制。及涇師之亂，德宗出幸奉天，其時「軍用既繁，道路又阻，關中饑饉，加之災蝗，江南兩浙粟帛，府無虛月，朝廷賴焉」⑱，而此時控制江南、浙西財賦區的便爲鎭海軍節度使韓滉。滉之是否忠心朝廷，曾一度引起德宗疑慮⑲，及崔造條奏諸法，以罷財經使罔上之弊，盧建榮先生特指出，此乃造擬訂並執行德宗政策，欲奪久任江淮節帥韓滉控制全國經濟重心之權，並遣元琇任諸道鹽鐵轉運使，冀分韓之權以爲削弱⑩。中央與地方權力衡突的結果，使得崔造所條諸法皆改，並反而以韓滉判度支諸道鹽鐵轉運使，然滉尋徵入朝，方解除了此一中央與地方對立的危機。

經此一變，韓滉卒後，貞元間遂又行區域分掌制及度支，鹽運分別條理，以分諸使之權，但江南地區財賦控制權，仍隱然威脅著唐中央。貞元十五年（七九九）又以宗室李錡爲浙西觀察使，兼諸道鹽鐵轉運使，但錡既得兼領財賦，遂盛貢獻以固恩澤，鹽鐵之利積於私室，最後謀反誅⑪。元和初年李巽遂以鹽鐵之利歸於度支，可視爲中央對地方權力運作的另一手段。但此舉也使得鹽鐵使地位雖對等於度支，然其重要性仍遠不及。德宗晚期稅政漸成制度化，人治的現象方稍減，權力衡突的現象雖不能免，但終不若其初期劇烈。

四　結　語

在內外交相爭奪權力之下，唐王室雖重興於安史之亂，卻又衰頹於使職、權臣與宦官。其初雖多因安史之亂，然代宗之柔弱寬蹤更助成其勢之起。王夫之於讀通鑑論中，曾論及代宗之機得之於老氏：

老氏曰：將欲取之，必固與之。天下之至柔，馳騁天下之至剛，此至險之機也，而代宗以之。固為寬弱極悍戾者之驕縱，驕縱已極，人神共憤，而因加殺戮也不難，將自以為善制姦慝而必死於其手。乃天下皆告其術，而受其與，不聽其與，不聽其取，乘弱制之以不復剛，終處於無何而權以倒持，安足以馳騁哉？自敝而已矣。⑩②

船山此一評論用以觀代宗之對付李輔國、程元振、元載等諸人，頗見其妙處。然決機於事後，權力已散之於四方；殺戮以個人，非法之體制系統已成。

德宗即位後，亟思復振王權，大曆十四年（七七九）五月首先以郭子儀權任太重，乃罷其副元帥及所領諸使。其後如罷上獻、出宮女、疏斥宦官等，於是中外皆悅，淄青軍士至投兵相顧曰：「明主出矣，吾屬猶反乎」⑩③。此外德宗也注意司法的審理，中使的公求賂遺，罷天下榷酒收利等⑩④，更使得「天下以為太平之治，庶幾可望焉」⑩⑤。

然觀德宗個人此時之作為，似乎僅能針對某些不合法現象有所糾正，至於社會長久以來不合理現象、及不合法的體制，則沒有能力提出全盤的改革規劃，以作為其恢復中央集權之執行工具，也就是在決策過程中，並未觸及「權威性政策」的制定⑩⑥。以財經使為例，德宗即位後隨即以韓滉「掊克過甚」而罷其判度支，相對於原中央政體中戶部職權而言，財經使此時尚未合法化，新舊制度的衝突，在決策過程中，如何取決、判斷，德宗均未能計及。另外德宗雖罷去韓滉，卻又將其職權由劉晏兼領就權力分散以為制衡的運作角度，同樣能印證德宗的政治理念，此時僅及於對不合法現象的糾正。

楊炎既爲相，先後提出了政權回歸舊體制，與全面整頓財稅的兩稅法，其目的當然有意於唐中央的權力再集中，故能獲德宗的支持。但因其復仇心切，對於「事實判斷」缺乏深入的探討，故能罷去劉晏，卻又使得財經使迅卽恢復。而德宗「驟爲震世之行」⑩⑦，卻缺乏決策技術之規劃與了解，終使得全國統一再集權中央的目的迅卽瓦解。

〔附　註〕

①「資治通鑑」卷二二六代宗大曆十四年頁七二六七。
②同前註。
③盧建榮「唐代後期戶部侍郎人物的任官分析」，史語所集刊五十四本二分頁一五七—一八一。
④鞠清遠「劉晏評傳附年譜」頁十一—十五。商務民五九。
⑤「資治通鑑」卷二二五代宗大曆十四年頁七二六〇—一。
⑥「資治通鑑」卷二二五大曆十二年頁七二四二。
⑦「舊唐書」卷一二三劉晏傳頁三五一五。
⑧同前註頁三五一六。
⑨「新唐書」卷一四九劉晏傳頁四七九六—七。
⑩同前註頁四七九七。
⑪「資治通鑑」卷二二五代宗大曆十四年頁七二六〇。

⑫「全唐文」卷五四二五三。
⑬同註⑤。
⑭同註⑨。
⑮「資源通鑑」卷二二六德宗建中元年頁七二七八。
⑯同前註頁七二八四。
⑰鞠清遠「劉晏評傳附年譜」九政治觀念與屬吏登庸頁五九－六四。
⑱「資治通鑑」卷二二五代宗大曆十四年頁七二六〇。
⑲「舊唐書」卷一二三劉晏傳頁三五一五。
⑳「舊唐書」卷一〇五王鉷傳頁三二二九。
㉑王壽南「唐代宦官權勢之研究」第六章唐代宦官得勢對政治之影響頁一四五－六四。臺北大化書局民六十七年九月初版。
㉒「資治通鑑」卷二二六德宗建中元年頁七二七六。
㉓嚴耕望「論唐代尚書之職權與地位」下後期尚書省地位職權之轉變與墜落頁七一－九七唐史研究叢稿香港新亞民五十八年十月初版。
㉔「唐會要」卷五七尚書省頁九八六。
㉕同前註。
㉖同註㉓。

㉗「唐會要」卷八七轉運鹽鐵總敍頁一五九〇。
㉘「舊唐書」卷十二德宗本紀頁三二五。
㉙唐納著馬康莊譯「社會學理論的結構」第六章衝突理論的傳統頁一九七—二一三臺北桂冠民七十四年。
㉚「唐會要」卷八三租稅上頁一五三五—六會要誤爲建中元年八月另參考李劍農「魏晉南北朝隋唐經濟史」頁二九一臺北華世民七十年。
㉛「全唐文」卷五〇令天下錢穀歸尚書省詔頁二四一。
㉜「舊唐書」卷一一八楊炎傳頁三四一九。
㉝同前註頁三四二二。
㉞蔡文輝「社會學理論」第五章衝突學派頁一二三—一四七臺北三民民七十三年。
㉟陳寅恪「唐代政治史述論稿」中篇政治革命及黨派分野頁五〇—一二七陳寅恪先生文集三臺北里仁民七十一年。
㊱毛漢光「中國中古賢能觀念之研究」頁三六三—六史語所集刊第四十八本民六十六年九月。
㊲侯外廬「中國封建社會史論」中國封建社會的發展及其由前期向後期轉變的特徵頁二七四—二九三臺北谷風民七十七年。
㊳同註㉟頁二一。
㊴金寶祥「論唐代的兩稅法」頁八九—九二唐史論文集甘肅人民出版一九八四。
㊵「舊唐書」卷一五九韋處厚傳頁四一八四。

㊶毛漢光「唐代統治階層社會變動」第一章專論頁二一—三臺北政大博士論文未刊本。
㊷「舊唐書」卷一一八元載傳頁三四一〇。
㊸「新唐書」卷四六百官一刑部頁一一九九。
㊹「資治通鑑」卷二百高宗顯慶四年頁六三一六。
㊺「舊唐書」卷一二三劉晏傳頁三五一四。
㊻嚴耕望「唐僕尙丞郎表」四卷十八兵侍頁九五〇臺北史語所刊本民四十五年。
㊼「新唐書」卷一四五元載傳頁四七一三。
㊽「舊唐書」卷一二三裴胄傳頁三五〇八。
㊾同註㊲。
㊿同註㊷。
51同註㊷。
52「舊唐書」卷一一八頁三四一七。
53「舊唐書」卷一一八庾準傳頁三四二七。
54「新唐書」卷一四九劉晏傳頁四七九九。
55「新唐書」卷一一七崔寧傳三四〇〇。
56「舊唐書」卷一一七嚴武傳頁三三九五。
57「舊唐書」卷一一三裴冕傳頁三三五四。

㊽「舊唐書」卷一一七郭英乂傳頁三三九七。
㊾「舊唐書」卷一百八崔渙傳頁三二八〇。
㊿「舊唐書」卷一三二裴胄傳頁三五〇七－八。
61 同前註。
62 「唐舊書」一三七源休傳頁三五七五－六。
63 「舊唐書」卷一三八段秀實傳頁三五八六。
64 「舊唐書」卷一二八顏眞卿頁三五九五。
65 「新唐書」卷二三五上逆臣傳頁六四二五。
66 「舊唐書」卷一二三劉晏傳頁三五一四。
67 同前註。
68 「資治通鑑」卷二二六德宗建中元年頁七二七九。
69 「舊唐書」卷四九食貨下頁二一一七。
70 「舊唐書」卷十二德宗本紀頁三二五。
71 嚴耕望「唐僕尚丞郎表」卷三鹽運頁七九六。
72 「新唐書」卷一四九劉晏傳附包佶頁四七九九文中謂晏奏起爲汴東兩稅使，當誤，晏時未立兩稅。
73 「通典」卷七食貨七歷代盛衰戶口典四二。通典於貞元十七年杜佑自淮南使人詣闕獻上，貞元十年陸贄已屢糾兩稅之弊，兩相觀照則杜佑所云，適時令典，拯弊良圖云云，皆有言過其實之處。

(74) 「舊唐書」卷一四七杜佑傳頁三九七八。

(75) 「舊唐書」卷十二德宗本紀頁三三四。新書謂兩使仍隸度支，通鑑則謂，度支總其大要而已。然以常理推論趙贊勢必不可能自己條奏他使來分己之權。何況包、崔二人官職皆不高，應不可能由此職位掌控全國財賦。

(76) 「舊唐書」卷一三五盧杞傳頁三七一六—七。

(77) 「舊唐書」卷一三〇崔造傳頁三六二六。

(78) 「新唐書」卷二〇三盧綸傳附吉中孚頁五七八六傳中僅云：「鄱陽人官戶部侍郎，大曆中與盧綸等皆能詩，齊名，號大曆十才子」。

(79) 楊淑洪「唐代前後期財政權責之研究」第三章唐代後期的中央財政組織及其事權頁九七—八臺北文化大學史研所七十六年碩士論文。

(80) 嚴耕望「唐僕尚丞郎表」卷十一輯考四上戶尚條崔造。

(81) 同註(77)。

(82) 同註(77)。

(83) 王夫之「讀通鑑論」卷二四德宗頁八二三。

(84) 「舊唐書」卷一二三班宏傳頁三五一九。

(85) 「舊唐書」卷四九食貨下頁二一二〇。

(86) 同註(84)。

(87) 「唐會要」卷五八戶部侍郎條頁一〇一一—二。

⑧⑧「舊唐書」卷十三德宗本紀下頁三六四。
⑧⑨嚴耕望「唐僕尚丞郎表」三卷十二輯考四下戶侍頁六九九。
⑨⓪同註⑧⑦。
⑨①同註⑧⑦。
⑨②「通典」卷二三職官五典一三六。
⑨③同前註。
⑨④「大唐六典」卷三戶部度支郎中員外郎條頁七二。
⑨⑤「唐會要」卷五九尚書省諸司下度支使頁一〇一六。
⑨⑥「全唐文」卷四八六權德輿「論度支疏」頁二二二九。
⑨⑦「册府元龜」邦計山澤一頁五八九八。
⑨⑧「舊唐書」卷一二九韓滉傳頁三六〇一。
⑨⑨「資治通鑑」卷二三一德宗興元元年頁七四四七—八〇。
⑩⓪盧建榮「唐代財經專家之分析—兼論唐代士大夫的階級意識與理財觀念」頁一五七—二三一史語所集刊五十四本第四分。
⑩①「舊唐書」卷一一二李國貞附錡頁三三四一。
⑩②王夫之「讀通鑑論」卷二三頁八一五。
⑩③「資治通鑑」卷二二五代宗大曆十四年頁七二五九—六〇。

⑭ 同前註。頁七二六一—五。
⑮ 同註⑬頁七二六三。
⑯ 易君博「政治理論與研究方法」肆政治學中的決策研究法頁七七—一〇九臺北三民民七十三。
⑰ 王夫之「讀通鑑論」卷二四德宗頁八二二一。

⑯ 王夫之[illegible]「[illegible]」[illegible]頁八三。

⑰ [illegible]「[illegible]」[illegible]

⑱ 同前書，頁七[illegible]

⑲ 同前書，頁三六[illegible]

隋文帝時代軍權與「關隴集團」之關係

——以總管爲例——

甘懷真

一、問題所在

陳寅恪氏的中古史學說中，最著名的當推「關隴集團」理論。陳氏認爲自宇文泰起，至李唐前期（約武后時代），「關隴集團」一直是統治的核心集團。①陳寅恪氏並指出：無論是周武帝和隋文帝的改革，都未影響到關隴集團的存在，只是這個集團原來所帶的鮮卑色彩，經周武或隋文的改革，已經褪色。②

陳氏所謂的「關隴集團」可以包含兩種概念，一是地域集團，一是社會階層。就前者而言，如其所冠的「關隴」二字，是指明這個集團的勢力基礎在關隴地區；就後者而言，是指西魏以來長安政權下的統治階層。如衆所周知，關隴集團的成立，主要是由兩股勢力結合而成，其一是由關東開進關中的北鎭軍團，另一股勢力是華北西部（河南、關隴）的豪族鄉帥及其鄉兵。這二股勢力以府兵的軍事體系爲媒介，位於府兵體系上層的將領，凝結成一個政治集團，主要是一批武人門閥。③

隨着長安政權版圖的擴大，一次是在北周武帝時，山東被納入北周的版圖；另一次是隋文帝時，江南也成爲有隋的領土。這種發展勢必造成統治集團性質的改變。即使身爲征服者的「關隴集團」也必須盡可能的整合其他（甚至敵對）集團的菁英，最直接的方法就是讓他們分享部分政權，適度保有他們統治者的地位。換言之，當統治領域加大，而政治集團數目增加時，政權必須要有開放性。但在另一方面，對於統治的核心集團而言，兵權常是最後的支持力量，故統治集團可以不斷吸收屬於核心集團以外的社會菁英加入政權，但核心集團仍有控制軍權的強烈欲望與需求，因此相應於政府中其他部門的開放，軍事部門常是最保守與封閉的。從另一個角度來說，統治核心集團即使讓出了許多高級文官的位子給其他集團，但仍能控制軍權，也證明他們仍掌握政權。對於關隴政權而言，統治核心集團原就是一批武人門閥，當面臨新時代的來臨，他們是否失去了兵權？統治者是否能要求他們讓出部分兵權？

本文主要是探討這批在西魏所形成的武人門閥，到了隋文帝時代控制兵權的能力。亦即研究隋文帝時代軍事菁英的流動，包括橫向的地域集團之間，與直向的社會流動。藉此探討希望能進一步理解關隴政權的性質。

本文考察隋文帝時代的兵權是以總管爲判準。隋的總管府制度是承襲北周。總管一職是出自北周明帝武成元年（五五九年）的新制，④然其淵源是繼承北魏都督制。此時，都督一職已經散官化，成爲敍階之用，故北周把實際領兵的都督諸州諸軍事改稱總管（諸州諸軍事）。總管是其轄區內軍政、民政的最高首長，成爲中央與州之間的中間機關。⑤在軍事上，總管可管轄部內諸州的州兵，並直轄管內防（鎮）、戍。⑥隋文帝對於府兵制度有所釐革，當然也牽涉到總管與中央衞府與地方軍府、州兵的關係，關於這方面，還有許多地方曖昧不明，筆者希望另文研究。但至少可以肯定的是在隋文帝末年，亦卽隋煬帝廢總管府的前夕，總管仍控有軍權，最顯著的例子是煬帝卽位前後的漢王楊諒舉兵反。《隋書》卷七十〈李子雄〉傳曰：

漢王諒之作亂也，煬帝將幽州兵以討之。時竇抗為幽州總管，帝恐其有二心，問可任者於楊素。素進子雄，……馳往幽州，……後二日，抗從鐵騎二千，來詣子雄所，子雄伏甲，請與相見，因擒抗。遂發幽州步騎三萬人，自井徑以討諒。

可知幽州總管至少控有二千的重裝騎兵及三萬步騎聯合部隊。

二、隋文帝時代總管分析

以下描述隋代總管的個人資料，內容的重點有二：一、判定其所屬的地域集團。二、祖、父，在西魏、北周時重要經歷，尤其是重要軍職，目的是在考察社會流動。

至於分類法及代號說明如下：

A１　北魏末、大統初由關東入關者。主要是賀拔岳及侯莫陳悅所率領的北魏關中平亂軍將領，追隨魏孝武帝入關的禁衛軍、追隨部隊將領，以及賀拔勝的部隊。

A2　關隴（及河南西部）豪族

A3　後梁系。西魏征服後梁，因之出仕長安政權者

A4　北齊系。北齊滅亡後，出仕長安政權者

A5　南陳在隋平陳前投奔長安者

AX　不明所屬的地域集團

M　其家族在西魏、北周擁有軍權。所謂家族，是指大功親以上，卽最遠包括堂兄弟。北朝時期一般的家庭多以大功親爲同居共財的範圍，實際生活在一起。⑦又所謂擁有軍權，有以下幾個標準：一、宇文泰成立十二軍，曾領一軍；二、在西魏、北周時曾任大將軍以上；三、在西魏及北周初曾任都督諸州軍事者；四、在北周時曾出任總管。五、曾參加大統初年的重要戰役。六、另行說明者。

R　其家族在西魏、北周沒有明顯的兵權，但屬統治階層，所謂統治階層，是指其家族曾出任三品（七命）以上官。

以下分別介紹隋代總管。人名後的第一個括號內的代號爲分類，第二個括號的數字爲確認其爲總管的《隋書》卷數。

一、侯莫陳穎（A1，M）（二、五十五）

其父是侯莫陳崇，武川人，侯莫陳崇隨賀拔岳入關中平亂，推舉宇文泰爲元帥。大統三年（五三七年）擒竇泰，復弘農、破沙苑，四年（五三八年）戰河橋。大統十六年時，爲西魏八柱國之一。（《周書》卷十六本傳）北周初年，與李弼、于謹等爲最高決策者。⑧侯莫陳穎的伯父，亦卽侯莫陳崇之兄侯莫陳順，在西魏亦掌軍權，大統十六年爲大將軍、荆州總管。（《周書》卷十九本傳）其叔父亦卽侯莫陳崇之弟侯莫陳瓊，在北周時代也是軍權顯赫，曾任金州總管、荆州總管、秦州總管。（《周書》卷十六本傳）其兄侯莫陳芮在建德六年五月至宣政元年七月期間，任大司馬，爲當時最高的軍政首長。⑨侯莫陳穎本人則是大統末年，以父軍功受爵。

二、梁睿（A1，M）（三十七）

其父是梁禦，武川人，從爾朱天光入關，後從賀拔岳鎭長安，推舉宇文泰爲元帥。（《周書》卷十七本傳）（大統三年宇文泰東伐時組成十二軍，梁禦領一軍。（《周書》卷二〈文帝紀下〉））大統四年卽去逝。梁睿襲父爵，又「以禦佐命有功」，進爵。（《周書》卷十七本傳）大象二年，益州總管王謙舉兵討楊堅，楊堅派梁睿爲益州總管，並任命爲行軍元帥，討伐王謙。（《隋書》卷三十七本傳）

三、劉昶（A1，M）（八十）

父劉亮，中山人，其父爲領民酋長，從賀拔岳入關。賀拔岳遇害後，是推舉宇文泰的將領之一。宇文泰置十二軍，劉亮領一軍。擒竇泰、復弘農、破沙苑。劉昶娶宇文泰女西河長公主。在北魏大象中，劉昶已出任秦、靈二州總管。（《周書》卷十七〈劉亮傳〉）。

四、王誼（A1，M）（一、四十）

武川人。其伯父王盟，隨爾朱天光入關，爲賀拔岳前鋒。宇文泰討侯莫陳悅時，以王盟爲原川留後大都督，應是宇文泰的親信。大統三年，西魏大軍東征，以王盟爲大都督行雍州事，節度留後的關中諸軍。大統八年，東西魏大戰於玉璧，奉命守蒲坂。王盟弟王顯，卽王誼之父，任宇文泰帳內都督，爲宇文泰親信。王誼則是北周武帝的親信。⑩（《周書》卷二十〈王盟傳〉）楊堅爲丞相時，司馬消難舉兵反，以王誼爲行軍元帥。（《隋書》卷四十王誼傳）

五、李昺（A1，M）（《舊唐書》卷一〈高祖本紀〉）

父李虎，西魏八大柱國之一。（《舊唐書》卷一〈高祖本紀〉）

六、于義（A1，M）（三十九）

其父爲于謹，河南洛陽人。于謹從爾朱天光入關，爲宇文泰的心腹。宇文泰建立十二軍，于謹領一軍。擒竇泰，復弘農，破沙苑，戰邙山。魏恭帝元年（五五四年）以于謹爲首，伐江陵政權。宇文護執政時，與李弼、侯莫陳崇共掌最高決策權。于謹子孫在北周時代也官位顯赫，就軍權而言，其子于寔在北周時曾任涼州總管；（《周書》卷五〈武帝紀上〉）于謹另一子于翼在北周時曾任安州總管、宜陽總管、陝州總管、豫州總管、幽州總管。至於于義本人，以父功起家爲直閤將軍。王謙稱兵反，以于義爲行軍總管，後拜爲四川地區的潼州總管。（《隋書》卷三十九〈于義傳〉）

七、于顗（A1，M）（一、三十九、六十）

其祖爲于謹，父爲于寔。于顗在北周有軍功，大象中，韋孝寬經略淮南時，任水軍總管。尉遲迥叛變時，楊堅爲籠絡于顗，授吳州總管。（《隋書》卷六十本傳）

八、宇文述（A1，M）（六十一）

其父宇文盛，武川人，擒竇泰、復弘農、破沙苑，武帝初任延州總管。建德五年率步騎一萬東伐。（《周書》卷二十九〈宇文盛傳〉）宇文述本人則以父軍功，起家便拜開府。楊堅爲丞相時，宇文述任行軍總管從韋孝寬擊尉遲迥，「每戰有功」。（《隋書》卷六十一〈宇文述傳〉）

九、宇文慶（A1，M）（一、五十）

宇文泰的族子。⑪其父宇文顯和是魏孝武帝的「藩邸之舊」，又任禁軍將領（朱衣直閤、閤內大都督）。從魏帝入關後，任宇文泰的帳內大都督。其子宇文神舉，亦即宇文慶之兄，爲武帝宇文邕的心腹，領軍東伐北齊，宣政元年（五七八年）出任并州總管。（《周書》卷四十〈宇文神慶傳〉）宇文慶本人則在北周時任行軍總管討延安的胡人叛變，因此出任延州總管，後任寧州總管。楊堅「與慶有舊，甚見親待」。是楊堅的親信。（《隋書》卷五十〈宇文慶傳〉）

十、宇文弼（A1，R）（二、三、四十一、五十八）

河南洛陽人，其先與周同出。父周宕州刺史。（《隋書》卷五十六本傳）

十一、楊義臣（A1，R）（六十三）

代人，本姓尉遲氏，尉遲迥的族人。父仕周爲儀同大將軍，與楊堅親善，尉遲迥兵變時，楊堅恆

置左右。楊義臣養於隋宮中。（《隋書》卷六十三〈楊義臣傳〉）

十二、李衍（A1，M）（五十四）

父李弼，遼東襄平人，從爾朱天光入關，後隸侯莫陳悅。當宇文泰攻侯莫陳悅時，李弼臨陣倒戈，使侯莫陳悅軍團不戰而潰。李弼續領侯莫陳悅軍團，甚有實力。⑫宇文泰置十二軍，李弼領一軍。擒竇泰，復弘農，破沙苑，大統九年（五四三年）戰邙山。大統十六年時爲八柱國之一。宇文護執政時，與于謹、侯莫陳崇等共掌最高決策權。（《周書》卷十五〈李弼傳〉）李弼子李輝也掌軍權，建德元年任梁州總管。⑬李弼弟李檦也掌軍權，在北周武成初任延州總管。（《周書》卷十五〈李檦傳〉）李衍在王謙叛變時，爲行軍總管，隨梁睿征討之。（《隋書》卷五十四〈李衍傳〉）

十三、李長雅（A1，M）（五十四）

李衍之姪。（《隋書》卷五十四本傳）

十四、豆盧通（A1，M）（三十九）

其父豆盧寧，昌黎徒何人，父曾任柔玄鎮將。豆盧寧從爾朱天光入關，後屬侯莫陳悅，悅敗後，與李弼歸宇文泰。擒竇泰、復弘農、破沙苑、戰邙山。（《周書》卷十九〈豆盧寧傳〉）大統十六年時的十二大將軍之一。豆盧寧嗣子豆盧永恩也曾在武成元年任都督利沙文三州諸軍事。（《周書》卷十九〈豆盧永恩傳〉）豆盧寧子豆盧勣在大象二年任利州總管，王謙叛變時，豆盧勣力守，故是楊堅的開國功臣。豆盧通本人則曾督宇文護親信兵，高祖爲丞相時，尉遲迥叛變，豆盧通與尉遲迥的軍隊

作戰，破之。（《隋書》卷三十九）

十五、元孝矩（A1，R）（五十）

據《西魏書》卷二十〈元均傳〉，知元孝矩爲西魏宗室，高祖是北魏景穆皇帝（北魏文成帝之父），子元均⑭入關中，或是隨魏武帝西遷。楊堅又娶其女爲妃，故關係匪淺。楊堅爲丞相時，又加大冢宰，而以元孝矩副之，爲小冢宰。⑮楊堅卽位後，又立元孝矩女爲皇太子（楊勇）妃，寵絡備至。（《隋書》卷五十〈元孝矩傳〉）

十六、元褒（A1，R）（五十、五十三）

元孝矩弟。楊堅爲丞相，從行軍元帥韋孝寬征討尉遲迥。（《隋書》卷五十元褒傳）

十七、元景山（A1，R）（一、三十九）

其高祖爲北魏景穆皇帝，曾祖元休、祖元燮爲北魏安定王。（《魏書》卷十九下〈安定王傳〉、《隋書》卷三十九〈元景山傳〉）父元琰當隨魏帝入關。（《北史》卷十八〈元琰傳〉）元景山從韋孝寬經略淮南，出任亳州總管。平尉遲迥兵變有功。（《隋書》卷三十九〈元景山傳〉）

十八、元胄（A1，R）（二、四十）

魏昭成帝（拓跋什翼犍）之第六代孫。元胄以軍功在北周時已至大將軍。楊堅陰謀奪權終至篡位，元胄一直是楊堅的心腹侍從，⑯北周趙王宇文招欲謀密楊堅，元胄是楊堅的救命恩人。（《隋

書》卷四十本傳）

十九、郭衍（A１）（六十一）

父郭崇以舍人從魏孝武帝西遷入關。郭衍在尉遲迥叛變時，從韋孝寬進攻尉遲迥。又與楊堅密謀篡位，「由是大被親昵」。（《隋書》卷六十一本傳）

二十、竇熾（A１，M）（一）

北周的宿將。仕魏孝武帝，爲禁軍將領（閤內大都督、朱衣直閤），從魏帝西遷入關。擒竇泰、復弘農，破河橋，戰邙山。北周武成二年（五六〇年）已拜柱國大將軍，「朝之元老，名位素隆」。（《周書》卷三十本傳）

二十一、竇毅（A１，M）

竇熾姪。隨魏孝武帝西遷入關。在西魏、北周時，軍功、軍權顯赫。擒竇泰、復弘農、戰沙苑。「特爲朝廷所委信」。在北周末年出任蒲州總管、金州總管。（《周書》卷三十本傳）大象二年（五八〇年）八月出任大司馬，（《周書》卷八〈靜帝紀〉）這個時候正是尉遲迥的叛變剛平定，司馬消難的叛變尚未平定，王謙又據州不受代，軍情緊急的關口，楊堅任命竇毅爲軍政的最高首長，[17]當是依重竇毅的實力與能力，也有籠絡之意。這一年的十二月，局勢大抵安定後，才由楊堅子楊勇接任大司馬。（同上）

二十二、竇榮定（A１，M）（二、三十九）

竇熾姪。父竇善以中軍大都督隨魏孝武西遷入關，故是魏帝追隨部隊將領。（《周書》卷三十〈竇善傳〉）竇榮定在西魏時戰邙山，有軍功，也是楊堅的姊夫，「高祖（案，楊堅也）少小與之情契甚厚。榮定……尤相推結。」楊堅爲相時，爲禁兵統帥（領左右宮伯），平尉遲迥有功。（《隋書》卷三十九本傳）

二十三、竇抗（A 1，M）

竇榮定子，亦即楊堅的外甥。（《隋書》卷三十九本傳）

二十四、周搖（A 1，M）（五十五）

河南洛陽人。其先與北魏同源，曾祖、父俱爲北平王。父周恕延曾任南荆州總管。其家族如何遷至關中，史無記載。周搖在北周歷任晉州總管、豫州總管，已有顯赫兵權。（《隋書》卷五十五本傳）

二十五、趙仲卿（A 1，M）（七十四）

父趙剛，河南洛陽人。魏孝武帝的禁衞軍的軍官（閤內都督），是魏孝武帝的親信，大統初年才入關。在北周時曾出任利州總管。（《周書》卷三十三趙剛傳）趙仲卿在北周有軍功，從齊王憲伐齊，典宿衞。王謙叛變時，與利州總管豆盧勣發兵拒守，有戰功。（《隋書》卷七十四〈趙仲卿傳〉）

二十六、史祥（A 1，M）（六十三）

父史寧，原涼州人，居撫冥鎭（六鎭之一）。史寧爲魏帝的禁衞軍將領（直閤將軍），「宿衞禁中」。後隸賀拔勝的荊州部隊，與賀拔勝皆陷於梁朝，大統三年隨賀拔勝歸關中，西魏、北周期間，歷任重要軍職，（如涼甘瓜三州諸軍事、梁州刺史；涼・西涼二州諸軍事、涼州刺史；荊州總管⑱。

二十七、獨孤羅（A1，M）（一、五十三、七十四）

其父獨孤信，武川人，隸賀拔勝的荊州部隊，與賀拔勝陷於梁，大統三年隨賀拔勝歸關中。復弘農、破沙苑、戰邙山。長期鎮守隴右，為隴右大都督，（即秦州總管的前身。並為西魏八柱國之一。實際統領賀拔勝的荊州部隊。⑲（《周書》卷十六〈獨孤信傳〉）獨孤羅在北魏末年的紛亂中，陷於東方的高氏政權，至周平齊後，始得歸關中。所以他在隋朝的政治地位，完全拜獨孤信的遺緒與楊堅的厚愛。（《隋書》卷七十九〈獨孤羅傳〉）

二十八、獨孤楷（A1）（二、五十五）

父李屯原屬東魏政權，沙苑敗後，為獨孤信所擒，「配為士伍」，在獨孤信家從事勞役。曾任宇文護的執刀，後有軍功。北周末，從韋孝寬略地淮南。楊堅為丞相，督楊堅的親信兵。（《周書》卷五十五本傳）

二十九、崔弘度（A1，M）（一、二、七十四）

博陵崔氏第二房楷支，為山東著名的士族。父崔說，（與其兄崔謙皆曾隸賀拔勝的荊州部隊。崔謙在北周也歷掌軍權，任涼州總管；崇德防主、十三防諸軍事。（《周書》卷三十五〈崔說傳〉）崔弘度本人則被宇文護引為親信，有戰功。從韋孝寬略地淮南。尉遲迥叛變時，為行軍總管，（從韋孝寬討之。（

（《隋書》卷七十四〈崔弘度傳〉）

三十、崔弘昇（A1，M）（七十四）

崔弘度弟。從崔弘度擊尉遲迥。（《隋書》卷七十四〈崔弘昇傳〉）

三十一、楊弘（A1，M）（二、四十三）

楊堅從祖弟。（《隋書》卷四十三本傳）

三十二、楊秀（A1，M）（一、二、四十五）

楊堅子。（《隋書》卷四十五本傳）

三十三、楊俊（A1，M）（一、二、四十五）

楊堅子。（《隋書》卷四十五本傳）

三十四、楊爽（A1，M）（一、四十四、七十三）

楊堅子。（《隋書》卷四十四本傳）

三十五、楊處綱（A1）（四十三）

楊堅族父。（《隋書》卷四十三本傳）

三十六、楊廣（A1，M）（十、三）

楊堅子，隋帝。（《隋書》卷三本紀）

三十七、楊諒（A1，M）（三、四十五）

楊堅子。(《隋書》卷四十五本傳)

三十八、楊暕(A1,M)(二、五十九)

楊廣子。(《隋書》卷五十九本傳)

三十九、崔仲方(A1,M)(二、六十)

博陵崔氏第二房挺支,爲山東著名的士族。父崔猷間行入關中投奔魏孝武帝。在西魏恭帝時曾任都督梁利等十二州白馬儻城二防諸軍事、梁州刺史,保定元年重授梁州總管。(《周書》卷三十五〈崔猷傳〉)至於崔仲方本人,少時與楊堅是同學,「由是與高祖(案,楊堅也)少相款密。」北周宣帝崩,崔仲方是楊堅奪權的預謀者之一。(《隋書》卷六十〈崔仲方傳〉)

四十、杜彥(A1,R)(二、五十五)

代人(雲中)。父杜遷,當屬北魏的國人層,葛榮之亂時,逃到關中(豳),其後的經歷,史無記載,然由其子杜彥釋褐爲左侍上士,也可推知杜遷是屬於北魏留在代北的統治階層。從韋孝寬討伐尉遲迥。(《隋書》卷五十五本傳)

四十一、房兆(A1)(五十三)

《隋書》卷五十三〈劉方傳〉史失其事,只知道是代人。當是六鎭亂後,徙入關中的。父祖官職當皆不顯著。

四十二、段文振(A1,R)(六十)

北海期原人，父段威，當是在六鎮亂後，遷入關中，然而史缺其事。在北周，歷任州刺史。段文振在北周曾任揚州總管府長史，從韋孝寬略地淮南。尉遲迥叛變時，段文振不顧其老母妻子都在鄴城（鄴乃相州治所），歸於楊堅，楊堅引爲丞相掾。司馬消難投奔陳，楊堅命段文振鎮壓淮南，故是楊堅的開國功臣（《隋書》卷六十本傳）

四十三、達奚長儒（A1，R）（一、五十三）

代人。父驃騎大將軍、儀同三司。達奚長儒年十五襲爵安樂公，從北周武帝平齊，在北周末進位大將軍、行軍總管。楊堅作相，率軍擊破利州等六州的蠻反。（《隋書》卷五十三本傳）

四十四、龐玄（A1）（十、二、六十三）

河南洛陽人。在大統中期出生，⑳其父祖如何遷入關中，史缺記載。北周武帝時，任益州總管府長史、京兆尹。楊堅爲丞相時，出任行州總管，討平和州蠻反。（《隋書》卷六十三本傳）

四十五、賀若弼（A1，M）（一、三十九、五十一、五十二）

祖賀若統，大統三年由東魏投奔宇文泰。父賀若敦，代人。在西魏曾任金州都督七州諸軍事、金州刺史，在北周時出任金州總管。（《周書》卷二十八〈賀若敦傳〉）賀若弼本人北周宣帝時，從韋孝寬伐陳。（《隋書》卷五十二〈賀若弼傳〉）

四十六、賀若誼（A1，M）（一、三十九、五十三）

賀若敦弟，即賀若弼叔。賀若誼在北魏時曾任直閤將軍、大都督。宇文泰據有關中，引爲隨從。

在北周時，曾任原、信二州總管，平齊之役有功。楊堅爲丞相時，任命爲亳州總管，討平尉遲迥有功。在隋代是屬於元老級的將領。（《隋書》卷三十九〈賀若誼傳〉）

四十七、尒朱敞（A1）（一、五十五）

尒朱榮之族子。投奔宇文泰。在北周歷任刺史。（《隋書》卷五十五〈尒朱敞傳〉）

四十八、李雄㉑（A1）（七十）

渤海蓨人。父李棠，先仕東魏，與高仲密在大統九年（五四三年）叛東魏降西魏，曾任冀州刺史（僑置州）。李雄本人在北周平齊之役有功。楊堅作相，從韋孝寬破尉遲迥。（《北史》卷七十四本傳）其出任總管時間是在隋煬帝時。

四十九、吐萬緒（A一，R）（一、二、六十五）

代郡鮮卑人。父吐萬通爲北周郢州刺史。吐萬緒在北周數從征伐，累遷至大將軍。（《隋書》卷六十五本傳）

五十、源雄（A2，R）（一、三十九、五十二）

源雄高祖是南涼王禿髮傉檀（統治期四〇八～四一四年），子源賀（卽源雄曾祖）投奔北魏，封隴西王，在隴西至河西一帶甚有實力。（《魏書》卷四十一〈源賀傳〉）源雄在北魏大亂時西歸長安。北周末年，檢校徐州總管，平尉遲迥有功。（《隋書》卷三十九本傳）

五十一、李詢（A2，M）（一、三十七

父李賢、叔李遠，高平鎮人，當爲當地的統治階層。（宇文泰置十二軍，李遠領一軍。（《周書》卷二〈文帝紀下〉大統三年八月丁丑條）且是西魏十二大將軍之一。李氏家族自西魏以來軍權顯赫。李賢另一弟李穆，（從建德六年起任并州總管。（《周書』卷六〈武帝紀〉）在尉遲迥兵變時，李穆決定支持楊堅，是楊堅成功的關鍵。李詢在尉遲迥叛亂時，爲韋孝寬之行軍元帥府長史，「委以心膂」，是楊堅安置在韋孝寬軍中的心腹。（《隋書』卷三十七〈李詢傳〉）

五十二、李崇（A2，M）（三十七、八十四）

父李賢，李詢弟。

五十三、李禮成（A2，R）（一、五十）

隴西狄道李氏，西涼王李暠的第六世孫，曾祖是北魏的李沖。（《魏書》卷八十三下〈李延寔傳〉）李禮成七歲入關。娶楊堅妹爲繼室，與楊堅「情契甚歡」。楊堅爲丞相時，「委以心膂」。（《隋書》卷五十〈李禮成傳〉）

五十四、楊文紀（A2，M）（二、四十八）

其父是楊寬，東雍州弘農人，北魏孝武帝時，任黃門侍郎、兼武衞將軍，爲側近的侍從兼禁兵將領。當魏孝武帝與高歡發生嫌隙時，爲閤內大都督，「專總禁旅」，故其所率爲魏帝的禁衞部隊，後從孝武帝入關。另一方面楊寬亦是關中豪族，（東雍州・弘農），故朝廷也借重他的在地勢力，在大統五年出任都督東雍州諸軍事、東雍州刺史，本籍任用也。（《周書》卷二十二〈楊寬傳〉）楊寬弟楊儉也在大統八年出任都督東雍・華二州諸軍事、華州刺史，（同樣的也是朝廷借重楊氏在東雍州一帶的在地勢力。）（《周書》卷二十二〈楊儉傳〉）（可知楊氏一族的興起，靠著楊寬是魏帝的禁兵將領又兼關中在地的豪族兩種關係。楊文紀在北周襲父楊寬的爵位。楊堅爲丞相時，從行軍元帥梁睿進攻王謙。（《隋書》卷四十八〈楊文紀傳〉）

五十五、楊素（A2，R）（一、二、四十八）

其父楊敷，大統年間曾任宇文泰的大丞相府墨曹參軍，保定年間任陝州總管府長史，天和六年（五七一年）任汾州諸軍事，汾州刺史。北齊來攻，戰敗死於北齊。（《周書》卷三十四〈楊敷傳〉）（楊素的從叔祖是楊寬，堂叔父是楊文紀。據說楊素深得楊寬的喜愛。（在北周時，平齊戰役時有功，位至上開府。宣帝時追隨韋孝寬略地淮南。楊堅爲丞相時，曾率軍擊破尉遲迥的軍隊。（《隋書》卷四十八〈楊素傳〉）

五十六、楊异（A2，M）（二、四十六）

其父楊儉，故知楊寬是他的伯父。（在北周時有軍功，楊堅爲丞相時，出任行濟州事。（《隋書》卷四十六本傳）

五十七、王長述（A2，M）（五十四）

祖王羆，爲關中豪族，「世爲州郡著姓，……州閭敬憚之。」北魏末年關中變亂時，王羆被任命爲岐州刺史，進行鎭壓。其後南秦州也數叛，永安三年（五二九年）王羆又行南秦州事。（在爾朱天光、賀拔岳入關之前，王羆已長期率軍在關中討亂。後投効於宇文泰。王羆是當時關中豪族的將領中，輩分高又具有實力者，他的輸誠，可以引起關中漢人豪族的連鎖反應，對宇文政權貢獻極大。在永熙三年（五三四年），宇文泰懼高歡來攻，令「王羆率甲士一萬，先據華州。歡若西來，王羆足得抗拒。」（《周書》卷一〈文帝紀〉）一萬的兵力對於宇文泰軍團而言是十分可觀的，又負責鎮守華州的任務，可見其兵權甚大。任雍州刺史時，有一次蠕蠕來侵，朝廷命令王羆派兵屯守京城，因爲長安城屬於雍州的軍區。㉒但是「羆不應命，臥而不起」，謂使者曰：「若蠕蠕至渭北者，王羆自率鄉里自破之，不煩國家兵馬。」（《北史》卷六十二本傳）王羆是京兆人，在雍州地區當擁有十分可觀的鄉兵，故藐視以鮮卑兵爲主的「國家兵馬」。他的傲慢也足以顯示他的軍事實力。王長述是王羆的嗣孫，在北周時代任大將軍、襄、仁二州總管。楊堅爲丞相時，授信州總管，後爲行軍總管討王謙有功。（《隋書》卷五十四本傳）

五十八、王世積（A2，M）（三、四十）

闡熙人（闡熙在河套，接近夏州）。父王雅，宇文泰入關後，「聞其名，召入軍。」當是夏州附近的豪族。擒竇泰、破沙苑、戰邙山。在西魏、北周之世，曾二度爲夏州刺史，本籍任用也。（《周書》卷二十九〈王雅傳〉）王世積曾從韋孝寬擊尉遲迥。（《隋書》卷四十〈王世積傳〉）

五十九、令狐熙（A2，R）

父令狐整，燉煌人，爲河西的豪族，「世爲西土冠冕」。六鎮亂後，瓜州等河西地區，也是變亂蜂起，令狐整憑藉其家族的在地勢力，支持宇文氏政權，被立為瓜州義首。其弟宇文休被宇文護任命為燉煌郡守，本籍任用也，也是借重他們的在地勢力以進行間接統治。令狐整曾率領鄉親二千人隨軍征討，可證領有鄉兵。天和六年進位大將軍。（《周書》卷三十六〈令狐整傳〉）

六十、龐晃（A2，R）（二、五十）

楡林人。在北魏時，刺史杜達召補州都督，可見是當地的首要豪族，且控有鄉兵。父在北周為驃騎大將軍。龐晃在北周之世，與楊堅有深交，且屢為其部屬。楊堅任定州總管時，龐晃任定州管下的常山太守；亦是其揚州總管底下的僚屬；為丞相時，為開府督左右（兵）。是楊堅篡位的預謀者。（《隋書》卷五十本傳）

六十一、田式（A2）（七十四）

馮翊下邽人。祖、父「俱為本郡太守」，可推知其家族是當地的首要豪族。周明帝時授都督，領鄉兵。自己也出任本郡太守。楊堅為相時，從韋孝寬擊之。（《隋書》卷七十四本傳）

六十二、李充（A2）（五十三）

史失其事，僅知為隴西成紀人。（《隋書》卷五十三〈劉方傳〉附）

六十三、李景（A2，R）（六十五）

天水休官人。父李超，在北周任過刺史。平齊有軍功。平尉遲迥。（《隋書》卷六十五本傳）

六十四、皇甫績（A2，R）（二、三十八）

安定人。爲外祖父韋孝寬所鞠養，可推知皇甫家也是名門。楊堅受命爲丞相的前夕，朝臣顏之儀等謀推宇文仲輔政，皇甫績等擒住宇文仲、顏之儀。故是楊堅的佐命功臣。（《周書》卷三十八〈皇甫績傳〉、〈鄭譯傳〉）

六十五、韋世康（A2，M）（二、四十七）。

京兆杜陵人，世爲關右著姓。其父韋夐，叔父韋孝寬。韋孝寬從大統八年（五四二年）至建德六年（五七七年）之間，長期鎮守玉壁，抵抗東魏北齊。平定北齊後，又被派往對付陳朝，任行軍元帥略地淮南。尉遲迥發動兵變時，韋孝寬受命爲楊堅陣營的行軍元帥。京兆韋氏當是楊堅建隋的第一號功臣，其一門在隋代軍權顯赫。韋世康在尉遲迥兵變時，受楊堅命爲絳州刺史，替楊堅守住汾水與黃河分界處，防止幷州總管李穆的軍隊倒戈，是楊堅的心腹。（《隋書》卷四十七本傳）

六十六、韋沖（A2，M）（二、四十七）

韋世康弟。在北周曾任汾州刺史，負責抵抗稽胡的入侵。（《隋書》卷四十七本傳）

六十七、韋洸（A2，M）（二、四十七）

韋世康弟。從叔父韋孝寬擊尉遲迥有功。（《隋書》卷四十七本傳）

六十八、韋藝（A2，M）（二、四十七）

韋世康弟，北周末，出任魏郡太守，魏郡屬於相州，故是尉遲迥的屬官。在周、隋鼎革之際，先

是屬於尉遲迥的黨羽，後從叔父韋孝寬擊尉遲迥，有軍功。（《隋書》卷四十七）

六十九、韋操（A２，M）（四十七）

韋世康的從父弟。在北周曾任上開府、光州刺史。討平尉遲迥有功。（《隋書》卷四十七本傳）

七十、陳永貴（A２）（五十三）

史失其事，僅知爲隴右胡人。（《隋書》卷五十三〈劉方傳〉附）

七十一、陰壽（A２，R）（三十六、三十九）

武威人。父陰嵩，北周夏州刺史。從北周武帝平齊。陰壽則在楊堅爲相時，被延攬爲丞相府掾。尉遲迥作亂時，被命爲行軍元帥韋孝寬的監軍。當是楊堅的親信。（《隋書》卷三十九本傳）

七十二、魚俱羅（A２）（六十四）

馮翊下邽人。祖、父的官職不詳，在北周沒有官歷，是完全在隋朝時崛起的將領，當是新興的豪族。（《隋書隋》卷六十四本傳）

七十三、賀婁子幹（A２，R）（一、二、五十三）

本代人，隨魏氏南遷，世居關右。父賀婁景賢，右衞大將軍。（《隋書》卷五十三〈賀婁子幹傳〉）釋褐爲司水上士。從韋孝寬略地淮南。（《隋書》卷七十四〈崔弘度傳〉）故爲韋孝寬的僚屬。尉遲迥叛變，再從韋孝寬討之，有殊功，楊堅還特別手書嘉勉。（《隋書》卷五十三〈賀婁子幹傳〉）

七十四、楊武通（A2）（五十三）

史缺其事，僅知爲弘農華陰人。（《隋書》卷五十三〈劉方傳〉附）

七十五、燕榮（A2，R）（一、二、四十一、七十四）

弘農華陰人。父偘（案，北史作侃），北周位至大將軍。在北周之世，伐齊有功。（《隋書》卷七十四本傳）

七十六、蘇孝慈（A2，R）（一、四十六）

扶風人。父武周爲周兗州刺史。蘇孝慈在北周伐齊有功。（《隋書》卷四十六本傳）

七十七、蘇沙羅（A2，R）（四十六）

蘇孝慈弟。（《隋書》卷四十六本傳）

七十八、權武（A2，R）（一、六十五）

天水人。祖權超，北魏秦州刺史，天水爲秦州州治所在，由本籍任用可知權氏當爲天水地區的豪族領袖。父權襲慶曾以開府從楊忠與齊師戰於幷州，力戰而死。權武起家拜開府。權武平齊有功。楊堅爲相時，爲隨身侍從。（《隋書》卷六十五〈權武傳〉）

七十九、韓擒虎（A2，M）（一、五十二）

父韓雄，爲河南地方的鄉帥。大統初，率其屬六十餘人在洛西起兵，數日間衆至千人，投効西魏。參與破河橋、戰邙山。一直替西魏、北周防守東境，以防東夏政權入侵。韓擒虎本人在北周伐齊

有功，且曾任行軍總管伐陳。（《隋書》卷五十二〈韓擒虎傳〉）

八十、韓洪（A2，M）（五十二、七十四、八十四）

父韓雄，韓擒虎弟。從韋孝寬平定尉遲迥的叛變。（《隋書》卷五十二〈韓洪傳〉）

八十一、韓僧壽（A2，M）（五十二）

父韓雄，韓擒虎弟。從韋孝寬討平尉遲迥。（《隋書》卷五十二〈韓僧壽傳〉）

八十二、和洪（A2）（五十五）

汝南人。祖、父的官職無載。北周時，平齊有功。楊堅爲相時，以行軍總管從韋孝寬擊尉遲迥，數有戰功。（《隋書》卷五十五本傳）

八十三、裴政（A3）（六十六）

高祖以下皆仕南朝。裴政在江陵陷落時，被送至長安。宇文泰引爲相府僚屬。（《隋書》卷六十六本傳）

八十四、席世雅㉒（A3，M）（二）

父席固，襄陽著姓，後梁元帝即位江陵時，據州以待變，至大統十六年以地歸西魏。席固在西魏時曾任昌歸憲三州諸軍事。（《周書》卷四十四〈席固傳〉）

八十五、叱列長叉（A4，R）（一、八十四）

其父爲叱列平，代郡人，襲第一領民酋長，投靠高歡。叱列長叉爲北齊官僚，在北齊武平（五七

○——五）末，仍爲北齊新寧王。故推知叱列長又是在周平齊後，始歸北周。（《北史》卷五十三〈叱列平傳〉）

八十六、薛道衡（A4，R）（五十七、六十六）
爲河東士族（西祖第二房），㉔北齊官僚，齊亡後成爲北周的官僚。楊堅作相，從梁睿擊王謙，故有功於隋的創立。（《隋書》卷五十七本傳）

八十七、乞伏慧（A4，R）（五十五）
馬邑（案，屬恆州）鮮卑。祖、父俱爲北魏第一領民酋長。乞伏慧爲北齊官僚。周平齊後，轉爲北周官僚。楊堅爲丞相，從韋孝寬擊尉遲迥軍隊，有功。（《隋書》卷五十五本傳）

八十八、慕容三藏（A4，M）（六十五）
父爲北齊官僚。慕容三藏亦仕齊，屢敗周師，爲北齊優秀的軍事將領。周平齊，周武帝引見，還下詔褒揚，很受重視。轉爲北周官人。（《隋書》卷六十五本傳）

八十九、樊子蓋（A4，R）（三、六十三）
祖爲梁官人，父樊儒因侯景之亂，投靠北齊，爲北齊官人。樊子蓋亦爲北齊官人，曾任州太守。周平齊，轉爲北周官人。

九十、周法尚（A5，R）（一、二、六十五）
周法尚及祖、父皆仕南朝。周法尚在周宣帝時投奔北周，被任命爲順州刺史。《周、隋之際，司馬

消難叛變，周法尚爲楊堅力守順州城。隋滅陳時，任行軍總管，率水師攻陳。（《隋書》卷六十五本傳）

九十一、張奫（A5）（六十四）

淮陰人。淮南地方本屬北齊，北齊武平五年（五七四年），陳占領淮南。北周消滅北齊後，派韋孝寬攻略淮南，華北政權再次占領淮南。（《北史》卷十〈周本紀〉大象元年十一月條）張奫爲淮南淮陰地方的豪族，在北周與陳的攻防戰中，積極的支持北周。楊堅爲丞相，授大都督，領鄉兵。

九十二、張威（AX）（五十五）

《周書》卷五十五〈張威傳〉曰：「不知何許人也。」在北周時，位至柱國。王謙叛亂，以行軍總管從梁睿擊之。

九十三、乙弗寔（AX）（一）

九十四、元亮（AX）（一）

九十五、王景（AX）（一）

史缺其事。

九十六、姜須達（AX）（一）

九十七、梁遠（AX）（一）

九十八、馮昱（AX）（五十三）

楊堅爲丞時，任行軍總管，與王誼、李威等討平叛蠻。平之拜柱國。（《周書》卷五十三〈劉方

傳〉）

九十九、趙訥（AX）（八十）

一〇〇、韓延（AX）（二）

北周天和五年宇文憲東伐時，任開府，爲北齊所虜（《北齊書》卷十七〈斛律光傳〉）隋朝曾受封撫寧郡公，故推測或是六鎮民。（《隋書》卷二〈文帝紀下〉開皇十三年二月條）

三、隋文帝時代的兵權——綜合分析

由以上的描述及分類，可以得出幾個統計數字。

表一　隋文帝時代總管所屬地域集團（一）

集團	A1	A2	A3	A4	A5	AX	總計
人數	四九	三三	二	五	二	九	一〇〇
百分比	四九	三三	二	五	二	九	一〇〇

說明：A1北魏末、大統初進入關中的北魏軍團

A2關隴、河南豪族

A3後梁入西魏者

A4北齊系

A5南陳入北周者

表二　隋文帝時代總管所屬地域集團（二）

集團	關隴	北齊	不明	總數
人數	八六	五	九	一〇〇
百分比	八六	五	九	一〇〇

表三　隋文帝時代出身關隴集團的總管所屬社會階階

階層	M	R	其他	N+R	共計
人數	四八	二二	一二	七〇	八二
百分比	五八・五	二六・八	一四・六	八五・四	

說明：M表示在西魏、北周爲有兵權的統治階層
R表示在西魏、北周爲沒有兵權的統治階層

由以上的考證，可以得到以下幾點意見。

首先，就地域集團而言，從表一、表二可知隋文帝時代的兵權仍絕對的掌握在「關隴集團」手中。就地域集團而言，在可知的一百位總管中，北鎭軍團（A1）與關隴、河南豪族（A2）就佔了八十二位。如果將由後梁入西魏者（A3）、由南陳入北周者（A5）也看成是「關隴集團」，則佔了八十六位。如表二所示。相對於關隴集團，北齊滅亡後入北周者只有五位；南陳滅亡後，沒有人在隋文帝時代任過軍區的司令。

其次，就社會階層而言，如果僅考慮狹義的關隴集團，卽北鎭軍團（A1）與關隴（及河南）豪族（A2），如表三所示，八十二人之中，其家族在西魏、北周曾任高級軍事將領者，共有四十八人，佔了一半以上（五八·五），如果再加上其家族沒有明顯兵權，但屬於西魏、北周統治階層者，則佔了全部的八五·四。西魏以來各軍系的首領家族在隋文帝時代仍然掌握兵權，如賀計有七十人，拔岳軍團（包括宇文泰嫡系）的侯莫陳崇、梁禦、劉亮、王盟、李虎、于謹、宇文盛等人；屬於侯莫陳悅軍團的李弼、豆盧寧等；屬於賀拔勝部隊的史寧、獨孤信、崔說，楊堅之父楊忠亦曾屬於賀拔勝的荊州部隊；曾在洛陽任魏帝禁衞軍將領者有竇熾等。在關隴（河南西部）豪族方面有李遠兄弟、楊寬、王羆、韋孝寬、韓雄等人的子孫也佈滿了重要的軍職，兵權顯赫。

再者，在關隴集團的內部，從表一可知北鎮軍團的人數略多於關隴（河南）豪族。如果考慮皇室的特殊性，將北鎮集團中的八位皇室人員減去，則北鎮集團與關隴集團的人數差距不顯著。在西魏府兵制度成立之初，關隴豪族多處在軍事體系的中下層，到了隋文帝時代，關隴豪族已多能成爲軍事體系中的上層將領，可以看出關隴豪族的相對抬頭。

總之，由地域集團與社會階層的分析，可以證明隋文帝時代的軍事菁英集團極其封閉，爲西魏大統年間所形成的關隴集團所壟斷，尤其是這個時期所形成的武人門閥。由此也可以看出隋文帝面臨的是中國再統一的新局勢，但他對於軍事將領的人事安排卻顯得相對保守，而採取尊重舊勢力的政策。

四、展　望

隋文帝篡周時，相州總管尉遲迥發動兵變，使楊堅有驚無險的登上帝位。隋文帝在仁壽四年（六〇四年）七月崩，隋煬帝楊廣即帝位，并州總管漢王楊諒舉兵反，（《隋書》卷三〈煬帝紀上〉）雖然也只是虛驚一場，但顯示總管兵權太大，對於中央而言，一直如芒刺在背。楊廣登基後的第二年改元大業，第一件事情便是廢總管府。㉕隋煬帝的用意當是要廢止中央與州之間的中間機構，尤其是像總管府這樣的大軍區制。然後配合中央衞府權力的加強，將兵權收歸中央。

從本文的研究可知在隋文帝時代出任總管者多是關隴集團的權貴家族，總管府的廢止無疑是削弱他們的兵權，打擊他們對政治的影響力。如果煬帝有計畫的削弱關隴權貴的兵權，如何反映在制度上？又兵權由誰掌握？隋朝的覆亡與隋煬帝將兵權收歸中央是否有關？以上這些疑問，筆者希望能另文研究。

拙稿的研究不能稱完備。首先，在研究方法上仍有許多的缺陷，如總管任期的長短、各總管區及總管的重要性及實力也有不同，在統計上應採用加權的方法。㉖但仍有許多資料上、方法上的問題待克服，現在筆者都沒有能力作到。但由於得到的統計數字中，各集團的比例相差懸殊，所以拙稿所得到的結論還不致於有誤。其次，拙稿將隋文帝的統治期當作一個整體來研究，自然忽視這段時間當中的發展趨勢，也應在現有的基礎上作更細緻的探索。再者，拙稿的分析架構主要是社會集團之間的權力關係，所以對於「皇權」的問題，無法獨立出來討論。根據拙稿的研究，是無法知道皇帝對於軍權的政策爲何。而皇帝對於軍事將領的人事安排的「意志」，則非拙稿想要討論的。

【註　釋】

① 見陳寅恪〈唐代政治史述論稿〉，收入《陳寅恪先生全集》（臺北，里仁書局，民國六十八年），頁一七○。
② 萬繩楠編《陳寅恪先生魏晉南北朝史講演錄》（合肥，黃山書局，一九八七年），頁三二四。
③ 除陳寅恪氏的著作外，可參考毛漢光〈西魏府兵史論〉，收入氏著《中國中古政治史論》（臺北，聯經出版社，民國七十九年）；谷川道雄〈武川鎮軍閥の形成〉，《名谷屋大學東洋史報告》八，一九八二）。
④ 《周書》卷四〈明帝紀〉武成元年正月己酉條曰：「初改都督諸州軍事爲總管。」
⑤ 參考嚴耕望《中國地方行政制度史（四）》（臺北，中央研究院歷史語言研究所，民五十二年），頁五二九

——五三五。

⑥ 參考菊池英夫〈唐折衝府の分佈問題に關する一解釋〉（《東洋史研究》，二七—二，一九八六年）。

⑦ 參考杜正勝〈傳統家族試論〉（《大陸雜誌》，六五—二、三，民七一—八、九）。

⑧ 《周書》卷十五〈于謹傳〉：「孝閔踐阼，……（于謹）與李弼、侯莫陳崇等參議朝政。」

⑨ 參考王仲犖《北周六典》（臺北，華世出版社重印，民七十一年），頁三二一—三。

⑩ 《周書》卷二十王誼傳曰：「深爲高祖所親委。」

⑪ 據《隋書》卷五十宇文慶傳知其父爲宇文顯和，《周書》卷四十宇文神擧傳知神擧父亦爲宇文顯和，且宇文神擧爲「太祖之族子也」。

⑫ 參考毛漢光〈西魏府兵史論〉。

⑬ 《周書》卷十五本傳。《周書》卷五、四十九皆作李暉，未知孰是。

⑭ 《隋書》卷五十〈元孝矩傳〉記孝矩父子均，子均當是字。

⑮ 參見《隋書》卷五十本傳、《周書》卷八〈靜帝紀〉大象二年十二月壬申條。

⑯ 《隋書》卷四十元冑傳曰：「高祖初被召入，將受顧託，先呼冑，次命陶澄，並委以腹心，恆宿臥內。」

⑰ 大象二年七月楊堅任都督內外諸軍事，故當時的軍事大權是總於都督內外諸軍事府。

⑱ 史書但書「荆襄淅郢等五十二州及江陵鎭防諸軍事、荆州刺史」，而其任期至保定三年，故在武成元年時應隨例改稱荆州總管，見《周書》卷二十八本傳。

⑲ 參考毛漢光〈西魏府兵史論〉，頁一八二。

⑳ 在義寧中卒，年七十七，見《隋書》卷六十三本傳。

㉑ 根據《北史》卷七十四〈李雄傳〉作李雄，《隋書》卷七十作〈李子雄〉。

㉒ 當時的刺史例帶當州諸軍事，參考嚴耕望《前引書》，頁五二五——九。

㉓ 《隋書》卷二作席代雅，《北史》卷六十六作席雅，《周書》卷四十四作席世雅，當以《周書》爲是，席代雅及席雅皆避李世民之諱。

㉔ 《新唐書》卷七十三〈宰相世系表〉。

㉕ 參考嚴耕望〈隋代總管府考〉（《中國學誌》六，一九七二）。

㉖ 曾使用過加權方法的有毛漢光〈五朝軍權轉移及其對政局之影響〉，收入《中國中古政治史論》。

論杜甫奇數句詩

李立信

一、緒言

古來詩歌多以偶數句成篇，雖間或有奇數句者，然究屬少數。一則固係由於國人尚「偶」之觀念使然。再則我國詩歌，率多偶數句用韻，苟奇數句成篇，韻腳必不易安排。且六朝以後，詩歌大抵以「聯」爲單位，近體尤其如此。是以近體絕無奇數句成篇者；而古體之中，奇數句成篇亦殊罕見。少陵古體，則每以奇數句成篇，亦詩歌之一變也。蓋少陵古體，每與近體作兩極化之安排，拉大兩者間之距離，使古體與近體，呈現明顯之差異。近體必偶數句成篇，少陵古體，乃刻意以奇數句成篇，以示古拗。

二、少陵集中之奇數句詩

少陵集中之奇數句詩計十八篇，若聯章分別計數，則得二十七首。茲將詩題抄錄如下：

1. 晚晴（十三句）
2. 入奏行贈西山檢察使竇侍御（二十七句）
3. 君不見簡蘇徯（九句）
4. 憶昔二首之一（十七句）
5. 冬狩行（二十七句）
6. 曲江三章章五句（各五句）
7. 乾元中寓居同谷縣作歌七首（各九句）
8. 虎牙行（十七句）
9. 後苦寒行二首（各七句）
10. 醉歌行贈公安顏少府請顧八題壁（十三句）
11. 魏將軍歌（二十一句）
12. 王兵馬使二角鷹（二十一句）
13. 蠶穀行（七句）
14. 蘇端薛復筵簡薛華醉歌（二十七句）
15. 桃竹杖引贈章留後（二十一句）
16. 戲題王宰畫山水圖歌（十五句）

17. 戲韋偃爲雙松圖歌(十七句)

18. 兵車行(三十五句)

以上十八篇皆爲奇數句。而其中「曲江三章章五句」、「乾元中寓居同谷縣作歌七首」、「後苦寒行二首」均爲聯章之作, 如聯章分別計算, 則共二十七首。以下僅就此二十七首所呈現之特色, 詳爲討論如後。

三、少陵奇數句詩之特色

一、以上二十七首全係七言, 未見五言。此實少陵奇數句詩之最大特色也。

案: 早期五言作品如漢書五行志、尹賞傳等所引成帝時童謠, 班固詠史、張衡同聲歌、古詩十九首等, 均爲偶數句, 罕見奇數句成篇者。但七言則大不相同, 早期之七言作品如靈寶謠①崔駰「鸞鳥高翔時來儀」②、張衡四愁詩四首③等, 均爲奇數句成篇者。其後之七言, 雖亦絕大多數爲偶數句, 然時亦有奇數句者, 是以七言以奇數句成篇, 實前有所承也。

又無論五、七言或古、近體, 任何詩歌之末句必須入韻, 五絕未見末句不入韻者。早期七言如前舉數篇, 及柏梁台聯句④、曹丕燕歌行等, 均句句入韻。可見早期之七言詩, 無論奇數句或偶數句, 均可入韻。是知奇數成篇之七言詩, 其末句(奇數句)亦可入韻也。至於五言, 則率皆偶數句入韻, 除首句或換韻後之首句外, 極少見奇數句亦入韻者。是以五言如亦以奇數句成篇, 則其末句恐難入韻。

苦句基於以上原因，少陵奇數句成篇之作未見五言，亦理之必然也。

二、以上二十七首固全屬七言，雖然又可大別爲「純七言」與以七言爲基調之「雜言」兩類。且雜言幾佔半數。

案：自唐朝以來我國古典詩歌，無論古體或近體，恆以五、七言爲主流。古體中之五言，情形較爲單純，而七言則可分爲「純七言」及「雜言」兩類。所謂雜言，固然是指在一首詩中，各句字數未必完全相同，由一言至十五言都可能出現⑤，但大抵總以七、五、三言爲基調，尤其是七言，更是佔了主要的篇幅。正因爲如此，所以許多分體的詩選集，都將「雜言」詩歸入到「七言古詩」之下⑥。如果「齊言」及「偶數句成篇」是我國詩歌的「常態」，那麼「雜言」及「奇數句成篇」就應該是詩的「變體」。從這個角度出發，那麼「雜言」和「奇數成篇」就成了物以類聚的難兄難弟了。這也正足以說明，何以少陵二十七首奇數成篇之詩歌中，雜言竟佔了十三首之多的原因。玆將雜言詩題列舉如下：

1. 入奏行贈西山檢察使竇侍御。
2. 君不見簡蘇徯。
3. 乾元中寓居同谷縣作歌七首。
4. 醉歌行贈公安顏少府請顧八題壁。
5. 桃竹杖引贈章留後。（十七句）

6. 戲題王宰畫山水圖歌。

7. 兵車行。

計七篇十三首。一般詩人雜言之作均不多，僅偶一爲之。而少陵奇數句成篇之詩，竟將近一半是雜言，比例甚高。此一現象，由也足以讓我們了解，少陵確實能充分掌握住詩歌的「常」與「變」。對詩的體認十分深切。

三、這二十七首奇數句成篇的詩，歌、行、引體佔了十九首。可見少陵奇數句成篇之詩，具有濃厚之樂府性。

案：這十九首是：

1. 虎牙行。

2. 蠶穀行。

3. 後苦寒行二首。

4. 兵車行。

5. 入奏行贈西山檢察使竇侍御。

6. 醉歌行贈公安顏少府請顧八題壁。

7. 魏將軍歌。

8. 蘇端薛復筵簡薛華醉歌。

9. 戲題王宰畫山水圖歌。
10. 戲韋偃爲雙松圖歌。
11. 乾元中寓居同谷縣作歌七首。
12. 桃竹杖引贈章留後。

計凡十二篇十九首。其中一至五篇爲「行」；第六篇是「歌行」；七到十篇爲「歌」；第十二篇則爲「引」。「歌」、「行」、「引」，原皆屬古樂府之一體，本可合樂，隨樂之短長而爲始終，樂終，詩亦隨之而盡；故不必偶數句始能成篇，但視樂之短長耳。高祖大風歌（三句）、武帝李夫人歌（三句）、李陵別歌（五句）、漢靈帝招商歌（五句）等歌，均係奇數句。曹丕燕歌行二首（其一十五句，另一十三句）、曹叡燕歌行（五句）、陸機鞠歌行（十五句）等，均爲奇數句。陸機順東西門行（十五句）、日重光行（二十一句）、月重輪行（二十一句）等，亦皆爲奇數句成篇。漢琴曲歌辭思歸引（七句）等，亦爲奇數句成篇。以上諸作皆出自樂府。是樂府之習用奇數句以成篇，亦可知矣。少陵奇數句詩之所以有大量歌、行、引諸體，亦理之當然也。

四、少陵奇數句成篇之詩，用韻頗爲特異。如：

王兵馬使二角鷹

悲台蕭瑟石寵（董韻）　哀壑横枒浩呼洶（董韻）

中有萬里之長江（江韻）　迴風滔日孤光動（腫韻）
角鷹倒翻壯士臂（寘韻）　將軍玉帳軒翠氣（寘韻）
二鷹猛腦絛徐墜（未韻）　目如愁胡視天地（寘韻）
杉鷄竹兎不自惜（陌韻）　孩虎野羊俱辟易（錫韻）
韝上鋒稜十二翮（陌韻）　將軍勇鋭與之敵（陌韻）
將軍樹勳起安西（齊韻）　崑崙虞泉入馬蹄（齊韻）
白羽曾肉三狻猊（齊韻）　敢決豈不與之齊（齊韻）
荊南芮公得將軍（文韻）　亦如角鷹下朔雲（文韻）
惡鳥飛飛啄金屋　安得爾輩開其羣（文韻）
驅出六合梟鸞分（文韻）

此詩二十一句，凡五換韻，前四韻句句入韻⑦，末一韻僅第十九句不入韻。是以全詩雖僅二十一句，然卻押二十韻，此種用韻方式極爲特殊。又如：

戲題王宰畫山水圖歌

十日畫一水　五日畫一石（陌韻）
能事不受相促迫（陌韻）　王宰始肯留眞蹟（陌韻）

壯哉崑崙方壺圖（陌韻） 挂君高堂之素壁（陌韻）
巴陵洞庭日本東（東韻） 赤岸水與銀河通（東韻）
中有雲氣隨飛龍（東韻） 舟人漁子入浦漵（東韻）
山水盡亞洪濤風（東韻）
尤工遠勢古莫比（紙韻） 咫尺應須論萬里（紙韻）
焉得並州快剪刀 剪取吳淞半江水（紙韻）

此詩前六句押陌韻，又二、三、四、六句入韻；次五句用東韻，句句入韻；又次四句用紙韻，一、二、四句入韻。有逐句用韻者，亦有隔句用韻者。前一首（王兵馬使二角鷹）最後五句押四韻，而此首中間五句卻句句入韻，眞變幻莫測。又如：

戲韋偃爲雙松圖歌

天下幾人畫古松 畢宏已老韋偃少（嘯韻）
絕筆長風起纖末 滿堂動色嗟神妙（嘯韻）
兩株慘裂苔蘚皮（支韻） 屈鐵交錯廻高枝（支韻）
白摧杉骨龍虎死 黑入太陰雷雨垂（支韻）
松根胡僧憩寂寞（藥韻） 龐眉皓首無住著（藥韻）

偏袒右肩露雙腳（藥韻）　葉裏松子僧前玆（藥韻）
韋侯韋侯數相見（霰韻）　我有一匹好東絹（霰韻）
重之不滅錦繡段（翰韻）　已令拂拭光凌亂（翰韻）
請公放筆爲直幹（翰韻）

此詩有逐句用韻者，亦有隔句用韻者；有首句入韻者，亦有首句不入韻者。且用韻逐漸增密。尤可怪者，如：

入奏行贈西山檢察使竇侍御

竇侍御驥之子鳳之雛（虞韻）　年未三十忠義俱（虞韻）
骨鯁絕代無（虞韻）　炯如一段清氷出萬壑
置在迎風露寒之玉壺（虞韻）　蔗漿歸厨金盌凍
洗滌煩熱足以寧君軀（虞韻）　政用疎通合典則
戚聯豪貴耽文儒（虞韻）　兵革未息人未蘇（虞韻）
天子亦念西南隅（虞韻）　吐蕃憑陵氣頗麤（虞韻）
竇氏檢察應時須（虞韻）　運糧繩橋壯士喜
斬木火井窮猨呼（虞韻）　八州刺史思一戰

三城守邊卻可圖（虞韻）　此行入奏計未小
密奉聖旨恩宜殊（虞韻）　繡衣春當霄漢立
綵服日向庭闈趨（虞韻）　省郎京尹必俯拾
江花未落還成都（虞韻）　江花未落還城都（虞韻）
肯訪浣花老翁無（虞韻）　爲君酤酒滿眼酤（虞韻）
與奴白飯馬青芻（虞韻）

此詩二十七句，一韻到底，押平聲七虞韻，但頭一句卻押了去聲的御韻，去聲六御和七遇可通，所以與此詩所押之平聲七虞韻可視爲平仄通押。而且，此詩奇數句完全入韻，而四、六、八、十四、十六、十八、二十、二十二等偶數句卻又不入韻。整首詩中的奇數句完全入韻，在七言古詩當中並不足爲奇，蓋曹丕燕歌行以前之七言詩，原本是句句用韻的，奇數句當然可以入韻；但偶數句不入韻，卻是極爲罕見的現象，甚至可以說是違背了我國古典詩的基本用韻原則。如此怪異的押韻方式，不僅在杜詩中頗爲罕見，卽使在其他詩人的作品中，恐亦極少能看到類似的例子。杜甫奇數句成篇之詩歌，其用韻之怪異，有如此者。

又如桃竹杖引贈章留後詩，其用韻情形亦頗反常態。（此詩前十二句用十一韻，而後九句卻又只用三韻，前半首用韻綿密，後半首則用韻極疏，似刻意造成同一詩中，前後之明顯差異。他如苦寒行二首之一、憶昔二首之一、魏將軍歌等，用韻亦頗富變化。（此類奇數句詩用韻之所以如此反常，蓋以其多出自樂府之歌行體，而歌行體之詩；韻腳每出不測。孔廣森詩聲分例云：

……今之詩主於文，古之詩主於歌。歌有徐疾之節，清濁之和，或長言之，咏歎之，累數句而無以韻為；或繁音促奏，至於句句有韻，字字有韻，而莫厭其多。

明乎此，則少陵奇數句成篇之詩，其用韻之所以如此怪異，一反常態，亦可知矣。

五、奇數句成篇之詩，率以換韻爲常。如：

1. 王兵馬使二角鷹
2. 戲題王宰畫山水圖歌
3. 戲韋偃爲雙松圖歌
4. 醉歌行贈公安顏少府請顧八題壁
5. 魏將軍歌
6. 蠶穀行
7. 蘇端薛復筵簡薛華醉歌
8. 桃竹杖引贈章留後
9. 後苦寒行二首之二
10. 乾元中寓居同谷縣作歌七首
11. 兵車行

計十一篇十六首，俱皆換韻。然奇數句詩之換韻，又極詭變，往往無方。如桃竹杖引贈章留後，全詩二十一句，凡三換韻，有六句一換者，有九句一換者。玆將該詩抄錄如下：

桃竹杖引贈章留後

江心蟠石生桃竹（屋韻）　蒼波噴浸尺度足（沃韻）
斬根削皮如紫玉（沃韻）　江妃水仙惜不得（職韻）
梓潼使君開一束（沃韻）　滿堂賓客皆歎息（職韻）
憐我老病贈兩莖（庚韻）　出入爪甲鏗有聲（庚韻）
老夫復欲東南征（庚韻）　乘濤鼓枻白帝城（庚韻）
路幽必爲鬼神奪　拔劍或與蛟龍爭（庚韻）
重爲告曰　杖兮杖兮
爾之生也甚匹直　愼勿見水踴躍學變化爲龍（東韻）
使我不得爾之扶持　滅跡於君山湖上之青峰（東韻）
噫　風塵澒洞兮豺虎齩人
忽失雙杖兮吾將曷從（東韻）

此詩三換韻，前六句屋、沃、職合韻，次六句押庚韻，又次九句押東韻。然開頭六句逐句用韻，次六句而用五韻，最後九句則反只押三韻。此詩開始時用韻甚密，最後九句只押三韻，則用韻又極疏。

少陵之齊言偶數句換韻詩，通常四或八句一換韻，而奇數句成篇之詩，不僅換韻距離之長短難測，即入韻之位置及用韻之疏密，亦時出不測。又如：

蘇端薛復筵簡薛華醉歌

文章有神交有道（皓韻）　端復得之名譽蚤（皓韻）
愛客滿堂盡豪翰　開筵上日思芳草（皓韻）
安得健步移遠梅　亂插繁花向晴昊（皓韻）
千里猶殘舊氷雪　百壺且試開懷抱（皓韻）
垂老惡聞戰鼓悲　急觴爲緩憂心擣（皓韻）
少年努力縱談笑　看我形容已枯槁（皓韻）
座中薛華善醉歌　歌辭自作風格老（皓韻）
近來海內爲長句　汝與山東李白好（皓韻）
何劉沈謝力未工　才兼鮑照愁絕倒（皓韻）
諸生頗盡新知樂　萬事終傷不自保（皓韻）
氣酣日落西風來（灰韻）　願吹野水添金杯（灰韻）
如澠之酒常快意　亦知窮愁安在哉（灰韻）

忽憶雨時秋井塌　古人白骨生青苔（灰韻）

如何不飲令心哀（灰韻）

此詩凡二十七句，前二十句押上聲皓韻，後七句換平聲灰韻，兩韻之比重，顯然有別。又如：

戲韋偃爲雙松圖歌

天下幾人畫古松　畢宏已老韋偃少（嘯韻）

絕筆長風起纖末　滿堂動色嗟神妙（嘯韻）

兩株慘裂苔蘚皮（支韻）　屈鐵交錯廻高枝（支韻）

白摧杉骨龍虎死　黑入太陰雷雨垂（支韻）

松根胡僧憩寂寞（藥韻）　龐眉皓首無住著（藥韻）

偏袒右肩露雙腳（藥韻）　葉裡松子僧前茲（藥韻）

韋侯韋侯數相見（霰韻）　我有一匹好東絹（霰韻）

重之不減錦繡段（翰韻）　已令拂拭光凌亂（翰韻）

請公放筆爲直幹（翰韻）

此詩前四句隔句入韻；次四句則一、二、四句入韻；再次四句則全入韻；再次二句換韻，亦全入韻；最後三句換翰韻，亦全入韻。是以此詩開頭用韻頗疏，越往後韻腳越密，最後至於句句入韻。餘例仍多，不再贅述。

由前舉數例，可知少陵奇數句成篇之詩，並不僅以換韻為常，且換韻之距離，入韻之位置，用韻之疏密等，均極盡變化之能事。

四、變體奇數句詩

除了前面提到的二十七首奇數句成篇之詩外，少陵作中，尚有以下幾首，表面上是偶數句，而實際上卻是不折不扣的奇數句詩。如：

短歌行贈王郎司直

王郎酒酣拔劍斫地歌莫哀（灰韻）
我能拔爾抑塞磊落之奇才（灰韻）
豫章翻風白日動
鯨魚跋浪滄溟開（灰韻）
且脫佩劍休徘徊（灰韻）
西得諸侯棹錦水（紙韻）
欲向何門趿珠履（紙韻）

仲宣樓頭春色深

青眼高歌望吾子（紙韻）

眼中之人吾老矣（紙韻）

此詩共十句，屬偶數句。但前五句押平聲灰韻，後五句換上聲紙韻。前五句一、二、四、五句入韻，後五句則六、七、九、十句入韻。雖全詩爲偶數句，而實係由兩組奇數句組合而成。所以此詩表面上雖爲偶數句，而實當屬奇數句詩。此外尚有：

荆南兵馬使太常卿趙公大食刀歌

太常樓船聲嗷嘈（豪韻）　問兵刮寇超下牢（豪韻）

牧出令奔飛百艘（豪韻）　猛蛟突獸紛騰逃（豪韻）

白帝寒城駐錦袍（豪韻）　玄冬示我胡國刀（豪韻）

壯士短衣頭虎毛（豪韻）　憑軒拔鞘天爲高（豪韻）

翻風轉日木怒號（豪韻）　冰翼雪淡傷哀猱（豪韻）

鐫錯碧罌鸊鵜膏（豪韻）　鋩鍔已瑩虛秋濤（豪韻）

鬼物撇捩辭坑壕（豪韻）　蒼水使者捫赤絛（豪韻）

龍伯國人罷釣鼇（豪韻）　芮公廻首顏色勞（豪韻）

分開救世用賢豪（豪韻）　趙公玉立高歌起（紙韻）
攬環結佩相終始（紙韻）　萬歲持之護天子（紙韻）
得君亂絲與君理（紙韻）　蜀江如線如針水（紙韻）
荆岑彈丸心未已（紙韻）　賊臣惡子休干紀（紙韻）
魑魅魍魎徒爲耳（紙韻）　妖腰亂領敢欣喜（紙韻）
用之不高亦不痺（紙韻）　不似長劍須天倚（紙韻）
呼嗟光祿英雄弭（紙韻）　大食寶刀聊可比（紙韻）
丹青宛轉麒麟裏（紙韻）　光芒六合無泥滓（紙韻）

此詩共三十二句，雖爲偶數句，然其中一至十七句押平聲豪韻，十八至三十二句押上聲紙韻，均爲逐句押韻，豪韻凡十七句，紙韻共十五句，皆爲奇數句。可見此詩實係由兩組奇數句組合而成。雖然表面上是偶數句，但實際上應歸入奇數句成篇之作。

除以上兩首外，尚有飲中八仙歌似不可不論。先將該詩抄錄如下：

飲中八仙歌

①知章騎馬似乘船（先韻）　眼花落井水底眠（先韻）
②汝陽三斗始朝天（先韻）　道逢麴車口流涎（先韻）　恨不移封向酒泉（先韻）

③左相日興費萬錢（先韻）　飲如長鯨吸百川（先韻）　銜杯樂聖稱避賢（先韻）
④宗之蕭灑美少年（先韻）　舉觴白眼望青天（先韻）　皎如玉樹臨風前（先韻）
⑤蘇晉長齋繡佛前（先韻）　醉中往往愛逃禪（先韻）
⑥李白一斗詩百篇（先韻）　長安市上酒家眠（先韻）
天子呼來不上船（先韻）　自稱臣是酒中仙（先韻）
⑦張旭三杯草聖傳（先韻）　脫帽露頂王公前（先韻）　揮毫落紙如雲煙（先韻）
⑧焦遂五斗方卓然（先韻）　高談雄辯驚四筵（先韻）

這是一首仿柏梁台體而寫作的詩。因爲柏梁台聯句是每人一句，聯綴成詩，所以各句彼此之間並不十分關聯，這是柏梁台體最大的特色之一。杜甫這首詩，就充分的掌握住這個特點。所以這首詩，描寫了八位酒仙，而八仙彼此之間，都毫不關聯。寫賀知章用了兩句；寫汝陽王李璡用了三句；寫左相李適之也用了三句；寫崔宗之也用了三句；寫蘇晉只用了兩句；寫李白卻用了四句；寫草聖張顛用了三句；而寫布衣焦遂只用兩句。以上總共寫了八個人，有的人用兩句，有的人用三句，寫到李白甚至用了四句。所以在這首詩裡頭，有二句一組，有三句一組，也有四句一組。也就是說，在這首詩裡面，有偶數句一組的，也有奇數句一組的。如寫汝陽王李璡、左相李適之、美少年崔宗之、及草聖張旭等四人，都只用了三句。可見在這首詩裡，有四組奇數句，也有四組偶數句，這八組加在一起，成了二十二句的偶數句詩。

這三首表面看來是偶數，而實際上是奇數的詩，都是「歌行」或「歌」；頭一首短歌行是雜言；後面兩首雖是齊言，但用韻也都十分怪異；而且也全都是七言，（含雜言），與前面提到的奇數句成篇的特色，幾乎完全吻合。可見這三首，也應視同奇數句成篇的詩看待。

五、結　語

歷來歌頌杜詩者不計其數，而且有一點是大家都肯定的——各體咸工。大家都稱揚杜詩各體咸工，可是我們卻很少去注意到，所謂「各體」，究竟包含了多少體？我想，奇數句成篇的詩，應該也算是「各體」中的一體吧！這一體，在杜詩中確實呈現出極大的特色。與一般偶數句詩相比，它的確顯得相當「與衆不同」。

奇數句成篇的詩，是詩歌中的變體，而非常態。既是「變體」，我們就不能以「常態」的標準去看它，所以少陵奇數句詩處處表現出不同於常態的特色，它是古中之古，拗中之拗。杜集中奇數句成篇的詩，確實能掌握住這樣的特色。可見杜甫對各體詩的歷史背景，都有極深切的體認，眞不愧爲詩聖。

【附　註】

①　詩云：「吳王出遊觀震湖。龍威丈人名隱居。北上包山入靈墟。乃造洞庭竊禹書。天帝大文不可舒。此文長傳六百初。今強取出喪國廬。」（見木鐸出版社出版、逯欽立輯之先秦漢魏晉南北朝詩頁四三）

②　詩云：「鸞鳥高翔時來儀。應治歸德合望規。啄食楝實飲華池。」（見先秦漢魏晉南北朝詩頁一七一）

③　見先秦漢魏晉南北朝詩頁一八〇。四首均爲七句，且每首第一句皆有「兮」字，或以爲當屬楚歌，不應視爲七言詩。其實七言源出楚歌，張衡此詩，正足爲此語作一註脚。

④　此詩歷來頗有爭議，或以爲漢武帝時群臣合作，或以爲後人僞託。然就其用韻觀之，與漢人用韻頗爲相似。即或是後人僞託，其僞託時間亦當在漢朝。

⑤　詩中一至九言，殊不乏例。但九言以上，則又較爲罕見。茲僅將九言以上，以至十五言者，均各擧一例如下：

九言如「上有六龍廻日之高標，下有衝波逆折之廻川」（李白蜀道難）

十言如「皇穹竊恐不照余之忠誠」（李白遠別離）

十一言如「嗟爾遠道之人胡爲乎來哉」（李白蜀道難）

十二言如「嘉祐六年秋九月二十有八日」（歐陽修鬼車）

十三言如「常恨處非大荒窮北極寒之曠野」（歐陽修答聖俞白鸚鵡雜言）

十五言如「不然妄得巧工妙手憊精竭思不可到」（歐陽修吳學士石屏歌）

⑥ 蘅塘退士的唐詩三百首及高步瀛的唐宋詩擧要都是分體的，但只有七言古詩體而沒有雜言體，所有雜言詩，都收入到七言古詩底下。其他分體的選本也都如此。

⑦ 此詩頭四句韻脚極爲特異。以古體用韻而論，東、冬、江三韻俱收 ng 尾，本可視爲一韻用之。此詩一、二句押上聲董韻，三句押平聲江韻，而四句又押上聲腫韻（腫爲江之上聲韻）。一、二句與三、四句所押之韻雖不同，但東、冬、江本可視爲一韻，則此四句自可視爲同一韻，且爲平、仄通押；或亦可視爲三、四句換韻，而且爲平、仄通押。

⑧ 或將「車轔轔，馬蕭蕭」視爲一句，則此詩卽成一、二、四、六句押韻。然三、三、七句型本爲民歌所習用。少陵此詩有頂針格，亦頗用口語，本來就有極濃厚的民歌色彩，所以不應將「車轔轔，馬蕭蕭」併爲一句。致使原來的三、三、七句型改爲六、七句型。

兩唐書王昌齡傳補正

何寄澎

唐詩雖璀璨，而唐詩人生平事蹟，見於兩唐書所記則頗簡略，甚且有無傳者（如岑參）。此不可謂無憾焉。余昔年讀王昌齡詩，參以史籍所載，略可勾勒昌齡一生之大端，因草此文，略補正史之不足，藉供學者參考。

玆按，本篇之成亦有得於近人研究成果者，如：譚優學〈王昌齡行年考〉（文學遺產增刊十二輯）、傅璇琮〈王昌齡事蹟考略〉（北京中華書局〈唐代詩人叢考〉）。爲行文方便，於是處依之，非處改之，不一一註明，蓋本篇之作非針對二文而發也。

今先錄兩唐書王昌齡傳於下，以便與下文比觀，知余所補正也。

舊唐書文苑傳下

王昌齡者，進士登第，補秘書省校書郎，又以博學宏詞登科，再遷汜水縣尉，不護細行，屢見貶斥，卒。昌齡為文，緒微而思清，有集五卷。

新唐書孟浩然傳附

……位不顯。昌齡字少伯，江寧人，第進士，補秘書郎，又中宏辭，遷汜水尉，不護細行，貶龍標尉。以世亂還鄉里，爲刺史閭丘曉所殺。張鎬按軍河南，兵大集，曉最後期，將戮之，辭曰有親，乞貸餘命，鎬曰：「王昌齡之親欲與誰養？」曉默然。昌齡工詩，緒密而思清，時謂王江寧云。

一、登進士、官校書、遷汜水

據唐才子傳，昌齡開元十五年（七二七）李嶷榜進士。唯唐才子傳云，「授汜水尉，又中宏辭，遷校書郎」——則與兩唐書所記正好相反。今按昌齡〈夏月花萼樓酺宴應制〉詩云：

土德三元正，堯心萬國同。汾陰備冬禮，長樂應和風。……玉陛分朝列，文章發聖聰。愚臣忝詩賦，歌詠頌絲桐。

花萼樓在長安。再據通鑑，開元十一年春正月壬子祭后土於汾陰，開元二十年冬十月庚申祀后土於汾陰，昌齡詩云「汾陰備冬禮」，是應指二十年之祀。又，題云「應制」，則玄宗當有御制，檢全唐詩第一函第二册，玄宗有〈首夏於花萼樓觀羣臣宴寧王山亭回樓下又申之以賞樂賦詩並序〉，取與昌齡詩題對照，時、地皆同，性質亦同爲酺宴，二詩爲同時作殆可無疑。明皇詩序云：「今年帶閏，節候全晩，暑氣猶淸，芳草未歇」，又云「足以締夏首之新賞，補春餘之墜歡。」言「帶閏」，「暑氣猶淸」，「夏首」，「春餘」，皆足以推之，是閏三月。再按陳垣廿史朔閏表，開元十二年閏十二月

——此與序言景象不合；開元廿一年閏三月——正與詩序全符，是知明皇此詩作於開元廿一年四月，則昌齡應制詩，亦作於此時。由此可斷，開元廿一年（七三三）昌齡在長安官校書郎，否則不能應制賦詩。又按昌齡〈放歌行〉詩云：

南渡洛陽津，西望十二樓。明堂坐天子，月朔朝諸侯。……昇平貴論道，文墨將何求？有詔徵草澤，微誠將獻謀。……望塵非吾事，入賦且遲留。幸蒙國士識，因脫負薪裘。今者放歌行，以慰梁甫愁。……

頗強言自慰——憶昔日蒙識而脫負薪之裘，今日遭遷，但何妨放歌遣憂。詩中言「洛陽」，又言「西望」，固可推知詩乃由校書郎遷汜水尉，道經洛陽，感懷而作。詩云「有詔徵草澤」，考〈舊唐書玄宗本紀〉，開元廿三年春正月下詔：「才有霸王之略，學究天人之際，又堪將帥牧宰者，令五品以上清官及刺史各舉一人」，故知昌齡此詩作於開元廿三年。或即是正月行經洛陽聞詔而作；然則昌齡於開元廿三年（七三五）始遷汜水尉，在此以前，均在長安官校書郎（按，天寶六載亦曾下詔，唯彼時昌齡自江寧貶龍標——（詳後），不能在洛陽）。

考唐才子傳云先授汜水尉，中宏詞，再遷校書郎，殆以一般情形度之也。蓋唐代重內任而輕外任，校書郎屬內任，而汜水尉屬外任；又按舊唐書職官志，河南府縣尉乃正第九品下階，校書郎正第九品上階；若昌齡初登制科，官校書郎，繼遷汜水尉，是由內而外，由高而低；頗與一般情形不合，故唐才子傳訂之如此。然昌齡何必同於一般情形？舊唐書明言「屢」遭貶斥，則可能入仕不久即遭外放。故仍應依前考，訂昌齡先官校書郎，再遷汜水尉。唯兩唐書俱言，中進士，補校書郎，仍有疏誤。蓋唐代授官，當經吏部考試，昌齡之官校書郎，應在中博學宏詞後。清除松登記考稱「十九年中博學宏詞，遷校書郎」較符事實，而用「遷」字仍不當——蓋受唐才子傳之影響也。

二、貶嶺南

昌齡約於開元廿五、六（七三七、七三八）年時，又貶嶺南，廿七年（七三九）遇赦北返，貶嶺南事，兩唐書不載，所以可知，蓋孟浩然有〈送王昌齡之嶺南〉詩：

洞庭去遠近，楓葉早經秋。峴首羊公愛，長沙賈誼秋。已抱沉痾疾，更貽魑魅憂。數年同筆硯，茲夕間衾裯。意氣今何在？相思望斗牛。

昌齡謫嶺南，過襄陽，故孟贈是詩。「楓葉早經秋」一句，疑暗寓前此已遭遷——是則當指遷汜水尉一事也。而據唐王士源〈孟浩然集序〉：「開元廿八年王昌齡遊襄陽，時浩然疾疹發背，且瘉，食鮮疾動，終於治城南園，年五十二」，是知浩然此詩必作於此時前，則昌齡之嶺南亦在此時前也。又，昌齡有〈巴陵送李十二〉一詩，李十二即李白，詹瑛李白詩文繫年，以開元廿七年秋白在巴陵，則昌齡此詩，當作於此時。再按舊唐書玄宗本紀「開元廿七年二月己巳加尊號開元聖文神武皇帝，大赦天下，常赦所不免者，咸赦除之。」固可推知昌齡於此時遇赦，自嶺南北返，於秋日在巴陵遇李白也。昌齡又有〈奉贈張荊州〉詩，按全唐文四四徐浩〈張九齡碑銘〉一文，張以開元廿五年四月貶爲荊州長史，廿八年春請拜掃南歸，五月七日遘疾，薨於韶州曲江私第。詩稱張荆州，必作於廿五年以後，詩中云「魚有心兮脫網罟，江無人兮鳴楓杉。王君飛舄仍未去，蘇耽井中意遙緘。」顯然有因遭貶斥而欲求神仙以解脫之意，宜卽作於謫嶺南時。昌齡謫嶺南當卽在開元廿五年左右、而廿七年遇赦北返。

此外，昌齡仍有詩可證——〈次汝中寄河南陳贊府〉：

> 汝山方聯延，伊水才明滅。遙見入楚雲，又此空館月。紛然馳夢想，不謂遠離別。京邑多歡娛，衡湘亹沿越。明湖春草遍，秋桂白花發。豈惟長思君，日夕在魏闕。

「衡湘亹沿越」一句、點明路途——溯湘水赴嶺南。此詩卽是經汝中、遙見楚雲，有感而作。〈全唐詩逸〉載昌齡〈見謫至伊水〉殘句「得罪由己招，本性易然諾」，亦是謫嶺南，行至伊水時作，當稍早於前首詩。另，〈出郴山口至疊石灣野人室中寄張十一〉詩云：

> ……永與世人遠，氣還草木收。盈縮理無餘，今往何必憂。郴土羣山高，耆老如中州。孰云議舛降（一作外）？豈是娛宦遊！陰火昔所伏，丹砂將爾謀。昨臨蘇耽井，復向衡陽求。同疚來相依，脫身當有籌。……

之嶺南，必過衡陽、經郴州。「孰云議舛降，豈是娛宦遊」，言己遭貶。詩中亦同樣有求神仙解脫意；「今往何必憂」，仍強言自慰也。

此外，河嶽英靈集云「……謗議沸騰，垂歷遐荒，使知音者歎息」，毛斧季本，「垂」作「再」。按昌齡云貶，可謂「歷遐荒」者，除龍標（見後）外，殆屬嶺南，毛本作「再」，當指此次謫嶺南；

唐才子傳云「兩竄遐荒」，是必指謫嶺南與貶龍標也。

昌齡謫嶺南，略考如上，雖諸書不載，殆可無疑。

昌齡於開元廿七年遇赦北返，在巴陵遇李白，已見前述，則孟浩然集序所記，當即此次北返，廿八年時過襄陽，與浩然相値甚歡。孟浩然又有〈送王大校書〉一詩：

導漾自潘冢，東流為漢川。維桑君有意，解纜我開宴。雲雨從茲別，林端意渺然。尺書能不怖，時望鯉魚傳。

將此詩與前引〈送王昌齡之嶺南〉詩對照，二詩愁意，深淺自見，殆不可能作於同時。且細檢詩句「維桑君有意，解纜我開宴。雲雨從玆別，林端意渺然」，疑是昌齡頗恬長安，不克久留，逆漢水北返，浩然慨匆匆又別，設宴作詩以贈也。詩又題爲「送王大校書」，則昌齡斯時應官校書郎也。是可推斷，昌齡官校書郎時，亦曾赴襄陽訪浩然。

綜此，昌齡訪浩然，至少當有三次：第一次爲官校書郎時，第二次爲謫赴嶺時，第三次爲自嶺南歸時。

三、出官江寧丞

開元廿八年（七四〇）昌齡返抵長安，冬日旋出爲江寧丞。全唐詩岑參卷一有〈送許子擢第歸江寧拜親因寄王大昌齡〉詩云：

……玄元告靈符，丹洞獲其銘。皇帝受玉冊，羣臣羅天庭。喜氣薄太陽，祥光徹窅冥。奔走朝萬國，崩騰集百靈。……

據通鑑，天寶元年正月甲寅陳王府參軍田同秀上言『見玄元皇帝於丹鳳門之空中，告以『我藏靈符，在尹喜故宅。』上遣使於故函谷關尹喜臺旁求得之。壬辰，羣臣上表，以『函谷靈符，潛應年號，先天不違，請於尊號加天寶字』從之。參詩又有「六月槐花飛」句，故可斷作於天寶元年六月。詩又云「王兄尚謫宦，屢見秋雲生」，可知此時謫宦江寧已不止一載，故昌齡出爲江寧丞必在天寶元年以前，且不可能在開元廿九年；而昌齡廿八年始北返才過襄陽，是又必在此後。同卷參又有〈送王大昌齡赴江寧〉詩：

對酒寂不語，悵然悲送君。明時未得用，白首徒攻文。澤國從一官，滄波幾千里。羣公滿天闕，獨去過淮水。……北風吹微雪，抱被肯同宿。君行到京口，正是桃花時。……

細體詩意，是昌齡啓程出官江寧丞時，參送別作。言「北風吹微雪」，知在冬日；言「君行到京口，正是桃花時」二三月到京口，可推知啓程約在冬末。另，昌齡有〈留別岑參兄弟〉詩：

江城建業樓，山盡滄海頭。副職守茲縣，東南櫂孤舟。長安故人宅，秣馬經前秋。便以風雪暮，還爲縱飲留。……

與參詩對照，時、景皆同，當卽答參送而作。又云「長安故人宅，秣馬經前秋」，知地點爲長安，是昌齡於開元廿八年冬自長安出官江寧丞。按「秣馬經前秋」一語，譚氏謂天寶元年東去，三載歸，正是睽別二秋；其實詩意當指曾在前此之秋天，經過長安故人（指岑參）之宅，謂說過於執著，恐不合旨。近人聞一多氏〈岑嘉州繫年考證〉云，前秋指廿七年之秋天；此亦誤以爲「前」字必指「前一年」，不知昌齡廿七年秋行至巴陵，無緣在長安故人宅中。「前秋」在此詩中，唯指「前一個——猶言已過去的一個秋天」也。昌齡有一詩可佐證其於開元廿八年冬自長安官江寧丞。——〈宿灞上寄侍御嶼弟〉：

獨飲灞上亭，寒山青門外，……佐邑由東南，豈不知進退？……不應百尺松，空老鍾山靄。

地點在灞陵，屬京兆府，在長安附近，爲昌齡故鄉（詳後）。云「寒山」，知在冬日。「佐邑由東南」指出官江寧。鍾山卽紫金山，末二句意謂「應仍有前途，不會老死於江寧」也。故此詩亦作於得令將官江寧丞時。而「侍御嶼弟」指王嶼——後曾相肅宗之方士。舊唐書卷百三十王嶼傳云「開元末，玄宗方尊道術，靡神不宗，嶼抗疏引古今祀典，請置青壇祀青帝於東郊，玄宗甚然之，因遷太常博士，侍御史」。王嶼官侍御在開元末，繫昌齡此詩於開元廿八年冬，並無不合。

於江寧丞任內，曾返長安一次，再由長安經洛陽回江寧，時約在天寶元年（七四二）夏。昌齡〈有東京府縣諸公與綦毋潛李頎相送至白馬寺宿〉詩：

鞍馬上東門，徘徊入孤舟。賢豪相追送，卽櫂千里流。……南風開長廊，夏夜如涼秋。江月照吳縣，西歸夢中遊。

地在洛陽，時在夏日。稱洛陽爲東京，按舊唐書玄宗本紀「天寶元年二月改東都爲東京」，則此詩之作不得早於天寶元年二月。詩云夏夜，當在四、五、六月間。再按前引參〈送許子擢第歸江寧拜親因寄王大昌齡〉詩，已斷於天寶元年六月作，詩題曰「因寄」知斯時昌齡已離長安回江寧，故昌齡此詩當作於四、五月道經洛陽遇綦、李等人送別時。詩中回味此次北返，恍如一夢。另，李頎亦有〈送王昌齡〉詩可證：

漕水東去遠，送君多暮情。淹留野寺出，向背孤山明。前望數千里，中無蒲稗生。夕陽滿舟檝，但愛微波情。舉酒林月上，解衣沙鳥鳴。夜來蓮花界，夢裏金陵城。歎息此離別，悠悠江海行。

時、地、景及詩中所咏之情，無一不與昌齡之詩相合，惜綦毋潛詩不存。

知此次昌齡由江寧返，曾歸長安，尚有王維〈青龍寺曇壁上人兄院集幷序〉詩可證，序云「時江寧大兄持片石，命維序之」，稱「江寧大兄」，可證昌齡仍官江寧丞。據宋人敏求長安志：「南門之東青龍寺，北枕高原，南望爽塏，爲登眺之美」，此是在長安之證。昌齡亦有〈同王維集青龍寺曇壁上人兄院五韻〉一詩。又，李白有〈同王昌齡送族弟襄歸桂陽二首〉其一云：「秦地見碧草，楚謠對清樽……」，地點在長安無疑，李白天寶元年入長安，三載東去，時亦合。又，堯山堂外紀云昌齡，「開元中，自吳抵京國」，雖時間不甚相合，然或仍可爲昌齡曾自江寧返長安之一旁證。

凡此可證昌齡於開元廿八年冬出官江寧丞，約天寶元年初返長安，夏初再回江寧。官江寧丞事，兩唐書不載而唐才子傳有之。

四、貶龍標尉

全唐詩昌齡詩集後附輯殘句，有「昨從金陵邑，遠謫沅溪濱」，可知新唐書所云貶龍標，乃自江寧丞貶。據元和郡縣志云江南道敍州，「漢爲武陵郡舞陽縣地……隋初於此置辰州。貞觀八年分辰州龍標縣置巫州，天授二年改曰沅州，開元十三年復爲巫州，天保元年改爲潭陽郡，大曆五年以境接敍浦，改爲敍州」；舊唐書地理志江南西道巫州下云「貞觀八年分辰州龍標置巫州，其年置夜郎、渭溪、思微三縣。九年廢思微。天授二年改爲沅州，分夜郎、渭溪縣。長安三年割夜郎、渭溪置舞州……開元十三年改沅州爲巫州，天寶元年改爲潭陽郡，乾元元年復爲巫州」，業州下云，「長安四年分沅州二縣置舞州，開元十三年改爲鶴州，二十年又改爲業州。天寶元年改龍標郡，乾元元年後爲業州，珍州下，「……天寶元年改爲夜郎郡」。析清一統志，貴州黎平府，「漢爲武陵郡地，梁天監中龍欄縣置屬武陵郡……唐武德七年改縣名。貞觀八年析置思微縣，先天元年又析置潭陽郡，尋俱廢……」，並引名勝志云「司境有龍標砦，乃唐敍州潭陽郡龍標縣地，今開泰縣龍里所，明天啓中建祠於隆里所城西」。按，一統志以龍標卽約今貴州開泰縣，一般則以潭陽郡約今湖南黔陽一帶，龍標亦在此附近，未知孰是。實此亦無法定言之。昌齡詩云「遠謫沅溪濱」，「龍溪只在龍標上」〈送崔參軍往龍溪〉詩），李白〈聞王昌齡左遷龍標遙有此寄〉詩云「聞道龍標過五溪」，「隨風直到夜郎西」。據前引舊唐書地理志，夜郎與龍標必相去不遠，夜郎今何處亦頗難言；且昌齡、李白所稱之龍標與夜郎，是舊稱抑或改稱，又卒難明。故龍標確實屬今何地，不能知也。然李白既云「過五溪」，昌齡云「沅溪濱」，可斷當在今湖南西部與貴州接處附近。其於昌齡亦可謂嚴遺矣。

昌齡貶龍標究在何時？王琦李白年譜繫前引白遙寄之詩於天寶三載後，至德前（見譚文引）。按昌齡有「別劉諝」詩云：

天地寒更雨，蒼茫楚城陰。一尊廣陵酒，十載衡陽心。倚仗不可料，悲歡豈易尋？相逢成遠別，後會何如今！……

在廣陵與劉諝別，詩謂十載前曾相值於衡陽，彼次相逢即成遠別，而孰料後會竟如此神傷——蓋此次再遠謫龍標也。按，前考昌齡約開元廿五年（七三七）謫嶺南，則十載後，約當天寶六載（七四七）。（不繫爲五載，見後）。

昌齡〈至南陵答皇甫岳〉詩云：

與君同病復漂淪，昨夜宣城別故人。明主恩深非歲久，長江還共五谿濱。

明自江寧貶龍標作，若知皇甫岳漂淪之時，則昌齡貶龍標之年亦可定矣。此詩同時透露出赴龍標之路線——過宣城，南陵，沿江而往。故〈九江口作〉一詩云「水與五谿合，心期萬里遊」，亦在赴龍標道中；詩又云「明時無棄才，謫去隨孤舟」，若此二句確有諷刺之意，則昌齡謫龍標或可斷在天寶六載；蓋天寶六載春正月，玄宗欲廣求天下之士，命通一藝以上皆詣京師，李林甫恐草野之士對策斥言其姦惡，乃令郡縣長官精加試練，既而至者，試以詩、賦、論，無一人及第，林甫乃上表賀野無遺賢。昌齡此詩或卽鑒於林甫表賀，而已明明有才卻遭遠謫，故譏之也。

昌齡在龍標，期間頗長，故作詩亦多，現存集中亦不少，檢之自見，今不贅錄。

五、卒事

昌齡官龍標尉以後事蹟不可考。新唐書云「以世亂還鄉里爲刺史閭丘曉所殺。後張鎬按軍河南，兵大集，曉最後期，將戮之，辭以有親，乞貸餘命。鎬曰『王昌齡之親欲與誰養？』曉默然，遂杖殺之。」則昌齡於天寶末、至德初，返回鄉里，爲閭丘曉所殺。按，閭丘曉兩唐書無傳，全唐詩僅載其詩一首，無由知其生平，舊唐書張鎬傳言其「豪州刺史」，新傳言其「濠州刺史」，通鑑卷二百二十則云「譙郡太守」，胡注引考異，曰「……統紀作『亳州刺史』」。按濠州在淮南，去睢陽遠。亳州與睢陽接境，必亳州也。今從統紀。余按通鑑改統紀之亳州爲譙郡，以此時未復郡爲州也。讀者宜知之」，是僅知閭丘曉於至德二載時官亳州刺史。張鎬殺曉事，兩唐書所記相同，而曉殺昌齡，舊書卻不載，不知新書何據？且昌齡還鄉里（灞陵，詳後），不必經亳州也，此是令人疑處。或以斯時，京洛阻兵，不克前行，故先入亳州亦未可知。昌齡有〈客廣陵〉詩：

樓頭廣陵近，九月在南徐……夜帆歸楚客，昨日度江書……

疑詩中自稱歸鄉之楚客，卽自龍標返，順江而下，行自南徐。故新唐書所言或竟符合事實。

六、從軍、隱居、生年之推測

昌齡以邊塞詩著，讀其「塞下曲」、「塞上曲」、「從軍行」、「少年行」……諸詩，可見其曾窺塞垣，親戎旅，所到之地，約有河西、隴右、青海、玉門等處（有〈山行入涇州〉詩，知至涇州。〈塞下曲〉之一云「八月蕭關道，出塞復入塞」，據元和郡縣志，涇州東南至上都（長安）四百八十里；蕭關東南至原州一百八十里；原州東南至涇州三百二十里。則昌齡已在距長安九百八十里的塞上了。〈塞下曲〉之二云「黯黯見臨洮」；知更西行至臨洮。〈從軍行〉七首之四「青海長雲暗雪山，孤城遙望玉門關」，之五「前軍夜戰洮河北」，之六「碎葉城西秋月圓」，言青海、洮河、更言碎葉城，甚且遠至新疆了）。但不知昌齡戎旅生涯有多長久。按〈從軍行〉二首之一云：

……百戰苦風塵，十年履霜露。雖投定遠筆，未坐將軍樹。早知行路難，悔不理章句。

則戎旅生涯或有十年之久。自開元十五年中進士，至天寶之亂被殺，已略考如前，是昌齡之從軍應在其早年（學者多以爲昌齡未嘗從軍，其邊塞詩皆案頭吟咏之作，恐不可從）又按〈代扶風主人答〉一詩云：

……少年與運會，何事發悲端？天子初封禪，賢良刷羽翰。……

玄宗封禪在開元十三年（七二五）十一月，則此詩作於此以後，昌齡在扶風。此時前云「遊子彌不歡，依然宿扶風」，則在扶風或已有數月之久。設在此以前，昌齡仍在軍中，而昌齡從軍，當不得早於十五歲（杜甫兵車行：「或從十五北防河」。）再設此時正爲十年之後，則昌齡至少已廿五歲；廿五歲在扶風主人眼中，自仍是少年。依此推算，昌齡約生於則天后久視元年（七〇〇）。另，陸、馮中國詩史謂生於則天后聖曆元年（六九八）不知所據爲何。

開元十三年末至十四年初約在扶風，十五年中進士，十九年授官。疑此四、五年間，昌齡在故里閒居。〈山中別龐十〉詩云：

幽娟松篠徑，月出寒蟬鳴。散髮臥其下，誰知孤隱情？吟時白雲合，釣處玄潭清。瓊樹方杳靄，鳳兮保其貞。

〈獨遊詩〉：

林臥情每閒，獨遊景常晏。時從灞陵下，垂釣往南澗。……

此外如〈秋興〉〈齊心〉諸詩，俱極清閒，常建亦有〈宿王昌齡隱居〉一詩，故昌齡入宦途以前曾經隱居，殆可無疑。

七、籍里之辨證

最後，討論昌齡之籍里。

舊唐書文苑傳下陸據傳云：

開元天寶間，文士知名者，汴州崔顥、京兆王昌齡、高適、襄陽孟浩然，皆名位不振。

是以昌齡爲京兆人。新唐書孟浩然傳附王昌齡傳，則以之爲江寧人，宋計有功唐詩紀事同之。殷璠河嶽英靈集卷中王昌齡下云「頃有太原王昌齡」是以昌齡爲太原人，元辛文房唐才子傳采其說。

今按昌齡〈鄭縣宿陶太公館中贈馮六元二〉詩云：

儒有輕王侯，脱略當世務。本家藍田下，非爲漁獵故。

元和郡縣志：「藍田屬京兆府，東北至府八十里」，是昌齡爲京兆人之一證。又，〈別李浦之京〉詩云「故園今在灞陵西」，據元和郡縣志，霸陵即句鹿原，在萬年縣東二十里，亦謂之霸上，漢文帝葬其上，因謂之霸陵，南五十里爲終南山，北五十里爲渭水，東二十里爲霸水；此是昌齡爲京兆人之又一證。〈少年行二首〉之一云「西陵俠少年」，自稱已爲霸陵俠少，是爲京兆人之又一證也。

然則或謂殷璠與昌齡約同時，云爲太原人，豈不更可信？殊不知唐人習尚擧郡望，殷璠所言正擧其郡望也。

而新唐書及唐詩紀事以其爲江寧人，余忖當係從「王江寧」一名附會而來。蓋唐以前多以莅官郡邑稱其人，如陶彭澤，鮑參軍；唐時仍同之，如張燕公，高常侍；唐以後則有稱籍貫者，如王臨川，張江陵。新唐書，唐詩紀事俱宋人所撰，殆聞「王江寧」之名，而遂以宋人之習，謂其爲江寧人。且據唐武宗時人裴敬〈翰林學士李公（白）墓碑〉云：「夫古以名德稱佔其官諡者甚稀，前以詩稱者，若謝吏部，何水部……唐朝以詩稱者，若王江寧、宋考功……以文稱者，陳拾遺、蘇司業……」，可見稱「王江寧」，確是稱其官諡，而非稱其籍貫；唐才子傳即明云「官江寧丞，故世稱王江寧」。

綜理上述，簡述昌齡生平犖犖如下：

昌齡字少伯，京兆人，約生於則天后久視元年（七〇〇），卒於肅宗至德元載（七五六）。早歲從軍，親戎旅，出塞入塞約十年之久，開元十三年（七二五）客扶風，十五年（七二七）登進士第，四、五年間隱居故里，閑放爲生。十九年（七三一）中博學宏詞，官校書郎。廿三年（七三五）遷汜水尉，廿五年（七三七）謫嶺南。廿七年（七三九）遇赦北還。廿八年（七四〇）冬出爲江寧丞。天寶元年（七四二）曾返長安一次，夏月再回江寧。天寶六載（七四七）左右，自江寧貶龍標。天寶末，安祿山反，歸鄉里，至德元載（七五六），以京洛阻兵，客廣陵，經南徐，至亳州，爲刺史閭丘曉所殺。

附註：

作者非精考證，本篇又屬昔年偶然嘗試之作，疏誤必多，有待學者指正。論文發表之時，承潘呂棋昌敎授惠賜卓見，受益良多。文中最值商榷者，葢昌齡中宏辭之年。傅璇琮訂於開元廿二年；余因開元廿一年昌齡已官校書郎（見文內考），又執於未經吏部考試不能授官，故從＜登科記考＞訂爲十九年。潘呂敎授以爲兩唐書或竟省文，不宜求之過深；而唐會要七六判科擧條，開元十九年登宏辭科者名下未見昌齡，是應從傅說爲是。今者並未加以改訂，葢余以爲登科記考當必有据了而兩唐書是否多省文，猶待斟酌。況唐人仕宦之途綦廣，或意不經吏部而逕授官；而同一制科，亦有一人二試二中者（如蕭昕兩擧宏辭——見舊書一四六本傳）。在在顯示有關唐人制擧仕宦之詳貌仍多可探究，而其中實不乏不會常情者，讀者若因本文而重新審視思考有關唐代制擧之諸說陳見，則本文之作誠擬磚而引玉矣。

唐初傳刻古人字跡於石兩事及其影響考

翁同文

壹、導論

將文字刻石以傳久遠的行爲，在我國可以上溯到東周初期的〈石鼓文〉。秦始皇巡行天下，所到各地，多刻石以紀功德。東漢以後，稱爲「勒石」，其逐漸盛行過程，有著錄碑碣銘文各書可考。

古代無紙，凡刻文字於石，事先必由善書者直接書寫於石，俾刻字匠依石上字跡奏刀鐫刻。由於自古習俗以紅色爲吉祥之色，故又多以硃代墨書寫，稱爲「書丹於石」。這種情形不知究竟始於何時惟東漢靈帝熹平四年洛陽太學門前所刻「石經」，出於蔡邕手筆，載籍已云蔡邕「書丹於石」。

紙在西漢時期即已發明，東漢和帝末年（一〇五）以後，經過改良的「蔡侯紙」出現，漸行普及。靈帝熹平四年刻立「石經」，出自蔡邕手筆的「石經」字跡，遂爲士人的欣賞對象，且有很多人攜紙而來，面對「石經」，將蔡邕的字跡，「摹寫」於紙，亦即模仿石上字跡的原來模樣而寫。這種辦法如對字帖臨寫，只憑各人得心應手之巧，即使巧者，也未必能全合原模，但卻是後代具有特殊技法的各種字跡複製術之始。按「摹」字與「模」字同音通訓，故歷來「摹寫」亦作「模寫」。後世的複製技法術語，先有東晉南朝間出現的「摹搨」「摹拓」兩詞，亦依同理可作「模搨」「模拓」，故唐五代間續出的新術語，如「模勒」「模刻」「模印」三詞，遂皆前冠「模」字，藉示依據字跡原來模樣複製之義，其下一字所綴動詞，則表示程序不同的複製技法。

上述六詞的各別意義，在本會第一屆筆者所提論文〈與印刷史夾纏之元稹筆下「模勒」一詞確詁〉中，已有略具系統性的解釋。該文除辨闢「模勒」絕對不指雕板印刷以外，又闡發唐代「勒」字具有雙線鈎勒之義，並非皆沿漢魏時代訓刻，並已指出這一事實，可以上溯唐初傳刻古人遺跡之時。蓋傳刻古人手書遺跡於石，既不能使古人親自「書丹於石」，也不可使當代任何書法家代筆「書丹於石」，勢必由精於雙鈎技法者「鈎勒上石」，此外更無他法。（參見《第一屆國際唐代研究學術會議論文集》頁七九二）因傳刻古人遺跡於石而引起的這種從「書丹於石」到「鈎勒上石」轉變，是石刻史上的重要變革與發展，後來並發生幾項影響，必須從唐初的有關事實說起，才能了解由來原委。本文即承前揭舊文已發端緒，考論當時太宗命工傳刻〈蘭亭序〉於石，以及民間據碑石不存的〈嶧山碑拓本〉再刻於石兩事。

從東漢到五代間陸續出現的字跡複製術語六詞，前人迄無系統性的全面研究，故易引起誤解附會。前揭拙撰舊文第貳節以下，雖有略具系統性的解說，亦仍未能周詳。由於常常思考這些問題，這六個術語不時在腦中浮現，筆者後來忽然發覺，若循各術語所表示的複製程序，視其所憑藉或所接觸的物質材料先後，即能藉先後兩種主要物質材料的名稱，將特性不同的複製分爲三種，以「從石到紙」、「從紙到紙」、「從紙到石」三者表示，並使術語六詞，各以二詞爲一組，分屬三種複製之下，使其特徵呈現，減少混淆可能。按分類能使不同範疇分明，使複雜的情形簡化，凡曾讀前揭筆者舊文，對傳統複製術諸術語已有相當認識者，只要稍爲思索，亦不難將前述六詞，分隸三類複製之下。惟傳統複製術已經廢絕，歷來的曲解附會，如以「摹搨」稱「摹拓」，認「模勒」爲「模刻」或「模印」等，在前揭筆者舊文刊出以後，亦尚有人不信，故筆者認爲應將三種複製名目於此揭明，使有關術語分隸其下，略爲解說，並不憚煩瑣，將前人的誤解附會辨闢，俾讀者對古代複製術發展，有更清楚的全面瞭解。

一、從石到紙的複製：即將碑石上銘文的字跡，於紙上製成複本。其法有二：㈠摹寫：是東漢時發生的原始簡單辦法。即面對碑石，將石上碑文的字跡模仿而寫於紙上，所成複本曰摹本。㈡摹拓：是蕭梁時代發明的精巧新法。於碑石上覆紙進行，手續過程頗爲繁複，但能製造黑地白字，字跡逼眞石上原跡的複本，稱爲拓本、拓片、打本，或石本。欲知詳細情形，可參閱《第一屆國際唐代研究學術會議論文集》頁七八三末端筆者的解說，或辭書的〈拓本〉條或〈拓印〉條。惟自中唐以來，即有人將「摹拓」與「摹搨」相混，遂將「拓本」誤稱「搨本」，當代辭書多沿其誤，或於〈搨本〉條下解釋「拓本」，或於〈拓本〉條下註「見搨本條」，使人引起混淆。由於「摹拓」行爲對雕板印刷術的發明有啓發誘導效能，李書華著《中國印刷術起源》立專章討論，除標題誤作「摹搨」以外，全章出現三十三個「摹搨」，又將唐人著作中出現的「搨」字，概釋爲「拓」。按中唐時雖有人誤「拓」爲「搨」，但仍罕見，唐人用「搨」字，多指下文「從紙到紙的複製」。

二、從紙到紙的複製：卽將原在紙上的字跡，複製於另一紙上，可分直接間接兩法。卽不須通過任何「字模」的摹搨法，以及必須經過「刻板」作爲「字模」的模印法。㈠摹搨：東晉時代卽有這一名目，搨字義同冒字，卽將空白的紙，冒於有文字原跡的紙上，然後進行，但技法隨時改進，到南朝時，已有三法。第一法稱爲「搨寫」，或「影書」，卽在所冒紙上，依照原跡筆劃的影子模仿而寫，如現代兒童的「描紅」，所成複本，卽稱「搨本」，或稱「摹本」「模本」。第二法稱爲「嚮搨」，乃因陳年舊跡已經灰黯，冒紙其上，筆劃影子不夠分明而設計；卽於暗室中將窗門開一透光部份，將原跡的紙與所冒紙，在透光部份張開，從內向外看，原跡的字跡筆劃，因室外光線照射，就會顯得比較分明，然後搨寫，所成複本，曰「嚮搨書」。第三法稱爲「廓塡」，據後世學者解釋，卽於所冒紙上，依照原跡筆劃影子，用遊絲筆鉤勒原跡上的筆劃輪廓，如今人所謂空心字，然後用濃墨塡充輪廓以內部份，卽成能逼眞原跡的複本，當時也稱「搨本」。唐人將此法稱爲「模勒」，後世又將循此法所成的複本，稱爲「雙鉤本」或「鉤勒本」，又或省稱「勒本」。惟當時雖已這種技法，並無這類名稱，亦卽雖有其實而無其名。㈡模印：五代時，和凝「有百集卷，自篆於板，模印數百帙，分惠於人」。所謂「模印」，也就是雕板印刷術發明以後的印刷名義之一，但「自篆于板」一語，則是簡省的說法。因任何書籍印本，都是先由善書的人，依照書中文字次序，手書字樣於紙，然後倒貼於板，俾刻字匠依照紙上「反字」的筆劃墨跡，奏刀而刻，刻成以後鋪紙印出「正字」印本，除文字次序與原書相同以外，字跡也與寫樣的人手書的筆劃墨跡無異，也是字跡複製的一種，故此也可前冠「模」字，稱爲「模印」。惟和凝本人「自篆」於板，則又強調書中字跡，乃複製其本人手跡而已。按雕板印刷術，乃傳統字跡複製術的一終點，自此以後，就不再有發展。從印本書籍的生產程序看，雖然中間必須經過雕板作爲「字模」階段，但從字跡複製術看，則是從原稿紙到印書紙，也可列入「從紙到紙的複製」一類。

三、從紙到石的複製：就是將原在紙上的字跡，複製於已經磨平的碑石平面之上，以便刻字匠依照碑石上的字跡，奏刀而刻。未刻以前，石上已有「雙線鈎勒」所成的「空心字式」字跡，不得不謂爲字跡複製，刻成以後，留有凹下的陰文字跡，雖非紙上複本，卻是字跡同於紙上原跡的複本，也不得不謂爲字跡複製。如今仍保存相當史料，足以考定唐初曾有兩處將古人的紙上遺跡傳刻於石的事實。有關記載雖僅云「勒石」，對所用技法並無清楚說明，但因所刻是古人的紙上遺跡，傳統「書丹於石」之法已不適用，勢必採用南北朝人原來只施於紙，作爲「廓塡」先行程序的「雙線鈎勒」之法，改施於石。卽先將上有古人遺跡之紙覆於石上，再將紙上字跡逐一「鈎勒」於石上，然後鐫刻。雖然當時連「雙線鈎勒」這一術語也未出現，但從早有「廓塡」之事，所刻的又是絕不能用「書丹於石」的古人遺跡，想來用「鈎勒於石」之法，必是當時的事實，絕無疑義。本文卽在考定這一史實，並進而據中唐以後的資料，說明其術語發展過程，是先有「模勒」與「鐫刻」對舉，次有「模勒」與「模刻」對舉，最後定型於「模勒上石」與「模刻於石」，從而知這兩術語是表示前後兩種手續相承的石刻術語，並非性質不同的複製。按施於紙的模勒，乃用筆尖在原跡以上所冒的紙上運作，施於石則用刀尖，若將珍貴的原跡之紙覆於石上，勢必被刀尖損壞，故此我想必先施模勒於紙法將原跡製成複本然後將複本覆於石上，再行「模勒上石」。所以刻古人遺跡上石，必須有先後兩次的模勒。

「上」上文的複製類別，將五代出現，實卽雕板印刷的「模印」列於「從紙到紙」類下，且謂爲複製術發展的最後一步，以後除性質有別的「套印」或「餖版」以外，再無新的發展。惟前冠「模」字的「模勒」一詞，實上承中唐出現的「模勒」與「模刻」兩詞而發生，若論其由來原委，亦可上溯唐初傳刻古人遺跡於石，重視字跡原模，不得不採用「鈎勒」（義同晚起的模勒）上石新法之時。按筆者力辯唐人的「模勒」與「模刻」不指雕板印刷，惟唐初傳刻古人遺跡後來亦發生以刻板取代刻石，且所刻之石面積縮少到接近書籍版面，則對雕板印刷的發明，不無誘導作用，本文亦將論及。

貳、唐太宗命工傳刻〈蘭亭序〉於石

王羲之（三〇七—三六五）王獻之父子兩人，都是東晉時代著名的書法家，世稱二王，或分稱大王小王，因羲之曾任右軍將軍，又稱王右軍。大王手書筆跡，尤爲世人所重，奉爲楷模法帖，早以摹搨法製成搨本，流傳於世。據唐玄宗時劉餗所撰《傳記》中一條所記，唐初武德初年，秦王李世民獲見大王〈蘭亭序〉搨本，甚爲驚喜，遂以高價收購大王書，但〈蘭亭〉迄未出現。後悉在越州僧辯才師處，乃遣歐陽詢往越州向辯才師求得，故〈蘭亭〉遂於武德四年（六二一）入秦王府。到貞觀十年太宗令搨〈蘭亭〉十本，以賜近臣。太宗崩後，以〈蘭亭〉爲陪葬物入昭陵，人間只餘搨本。此由於唐太宗的推崇，〈蘭亭〉成爲王羲之最著名書跡，有關異說雖多，與本文主題原無關涉，於此只略爲交待。第一，世人皆知有所謂「蕭翼賺蘭亭」故事，情節曲折生動，故宮博物院又藏所謂唐初閻立本繪〈蕭翼賺蘭亭圖卷〉，圖中僧辯才坐在有靠背扶手之藤椅上。按「賺蘭亭」之說出於唐玄宗時何延之所撰〈蘭亭記〉，後收於晚唐張彥遠《法書要錄》卷三。南宋桑世昌輯纂所見有關資料爲《蘭亭考》一書，卷三〈紀原〉並兼收何氏〈蘭亭記〉與劉餗《傳記》有關之條。何劉兩人關於唐太宗如何取得〈蘭亭〉的異說，宋人以來至今，多認爲何延之說過於誇誕，等於傳奇志怪，不如劉說樸質可信。筆者按：劉餗爲提倡「實錄史學」之《史通》著者劉知幾子，其記事樸實或承父風，此其一。又據《舊唐書・歐陽詢傳》言詢早學大王書，高麗遣使特求其書，致高祖嘆其書名遠播夷狄，此其二。又據〈高祖本紀〉，武德四年五月，王世充以東都洛陽降，十一月，平荆州獲蕭銑，會稽李子通旋以其地來降，然則東南道路已通，此其三。結合而觀，則劉餗記該年歐陽詢往越州向辯才求得〈蘭亭〉之事，頗爲切合實情，當可徵信。然則貞觀中「蕭翼賺蘭亭」云云，則必出於虛構，從而閻立本所繪之圖，亦必出於後人僞託。第二，清代以來學者如阮元、趙之謙、李文田、姚華、姚大榮等人，據近代出土的晉磚晉碑字跡，謂東晉仍爲隸書當令時期，由隸書到行楷的變革，在南朝尤其梁陳以後，世傳〈蘭亭〉字跡姿媚，毫無隸意，殊爲不類，未免有乖發展程序，因疑〈蘭亭〉乃梁陳以後書家僞託，並非大王手跡。李文田並且指出，蕭統《文選》未收〈蘭亭序〉之文，《世說新語・企羨篇》劉孝標注文雖引該文起首一段，但無「夫人之相與」一句以下之一大段，且稱爲〈臨河序〉，不稱〈蘭亭序〉，故李氏復進一步，疑大王只撰〈臨河序〉，後人增添「夫人之相與」以下一大段，始成今〈蘭亭序〉，全文既然晚出，字帖自出僞託。一九六〇年代之初，南京附近出土晉碑兩種，文字皆作隸體，郭沫若遂撰文附和李文田說，主張〈蘭亭序〉之文與帖皆出僞託。後來郭氏又倡言所謂因陪葬入昭陵之事出於虛構，認爲傳世之〈馮承素摹本〉，世人稱爲〈神龍本〉者，當卽僞託之〈蘭亭〉原本。至於僞託之人，郭氏承宋人吳說之言，定爲陳隋間的書法家釋智水，亦卽辯才之師，大王的七世孫。按郭氏重提的這一問題，正反兩方參加辯論者約近二十人，文多刊於一九六五年六月後的《文物》月刊，一九七三年，文物出版社將散見各期之文彙編爲《蘭亭論辨》一書出版。筆者經過審核，認爲阮元、李文田等人之說，大致可以成立。惟郭氏以〈蘭亭序〉之文與帖皆出智永僞託，又將世人認爲摹本之〈神龍本〉，作爲智永手書原本，是否有當，筆者目前仍未能斷。

爲恐有人對有關爭執饒有興趣，未免發生疑問，故上文略作交待。其實〈蘭亭序〉或眞或僞，皆不礙唐初人視作古人遺跡刻石；問題倒在將〈蘭亭〉刻石之事，劉餗與何延之二人之文皆未提及，僅見於宋人跋「定武蘭亭」之文，必須徵引原文，再加解說。按定武卽宋時定武軍所在，卽今河北省正定縣，辭書亦多有〈定武蘭亭〉條，悉引南宋桑世昌輯纂《蘭亭考》卷三所引碧岫野人跋文，茲卽從該書逕錄其文如下：

此文自唐文皇得真跡，(勒石)刻之學士院，人間不復見。朱梁簒竊，輦(石)置汴都。耶律德光破石晉，(亦運)此(石)刻渡河。帝羓既歸，(將石)與輜重棄之(定州)殺虎林。後置之州治，(並製拓本)，遂曰定本。碧岫野人趙栻仲古跋。(蘭亭考卷三頁十四，知不足齋叢書本)

按跋者之文過於簡省，故於括號內補數字以便瞭解。文皇卽太宗別稱，學士院亦在宮中，帝羓則爲後人對遼太宗耶律德光之謔稱，因其病死北返途中，契丹人將其屍體挖去腸胃，以鹽塡塞，然後北運之故。簡而言之，跋文謂五代汴都原有唐太宗命刻於長安宮中之「蘭亭石」，耶律德光南征石晉到汴都時，亦曾視爲「文化財」北運，中途又復棄於定州，故宋人多見拓本，亦卽定本，又稱「定武蘭亭」。

按《蘭亭考》自卷三以下，錄宋人跋其所見〈定本蘭亭〉之文而又兼及其石者頗多，但少及唐初刻石原委；卷六頁十三所錄沈揆跋文所引何子楚跋一段，亦只從石晉說起。惟清人陳元龍輯纂《格致鏡原》所錄何跋，則從唐初說起，較前引之跋，且有補充處，玆轉錄如下：

唐太宗詔供奉臨〈蘭亭〉，惟歐陽詢自搨之本奪真，勒石留之禁中，他本付之於外。一時貴尚爭相打搨。唯禁中石本，人不可得，其石獨完善。(下述該石入宋以後遭遇，略) 何子楚跋。(格致鏡原卷三十九頁九下)

按何子楚其人雖難稽考，由前引沈揆之跋已引其跋，而沈爲北宋末人，則何當亦爲北宋人。何氏謂唐初勒石之〈蘭亭〉，乃當時諸搨本中最能奪眞之歐陽詢搨本，雖未說明有何依據，惟見於《蘭亭考》卷五頁十一下，年代稍晚之李之儀跋，亦疑出歐陽詢本，則應是當時人共同意見。就歐陽詢卒於貞觀十五年，並知太宗命刻〈蘭亭〉於石之事，在貞觀十五年以前。按所謂搨本，如本文〈導言〉第二目「從紙到紙的複製」下所述，乃循「摹搨」三法所製複本之通稱；惟南朝以來，經過改進比較精密之第三法已經出現，可由「鈎勒」再經「廓塡」製成鈎勒本或模勒本，唐人自必採用，故凡謂唐人搨本，實皆指施鈎勒於紙所成之原跡複製本。讀者既然已知這種情形，則讀何子楚跋時，若未熟思，或不免發生疑問。卽當時目的既在傳刻出於王羲之手筆之〈蘭亭〉，何以不將〈蘭亭〉原跡勒石，反將歐陽詢循鈎勒法複製之本勒石？其實這種情形，正透露傳刻古人遺跡於石在技術上的特殊性。蓋傳刻古人遺跡於石，必須將紙上字跡，先行以刀尖或針尖鈎勒上石，以利鐫刻。若將原跡之紙覆於石上鈎勒字跡，原跡之紙自必損壞；爲保護原跡之紙不致因刻石損壞，則可以新紙冒於原跡之紙，藉筆尖以遊絲筆鈎勒字跡，製成複本以後，將複本覆於石上，再行鈎勒字跡上石；複本雖受刀尖或針尖損壞，原跡之紙因有替身，則仍完好如初。這種辦法，不必將保有原跡之紙覆於石上，另以預先製就的複本取代，也可將原跡鈎勒上石，可謂間接上石法，在程序上必須經過施於紙與施於石的兩次鈎勒，所用工具與技巧亦復不同，本文〈導論〉「從紙到石的複製」一目之末，已經述及，今何子楚跋述及歐陽詢搨本，則又爲程序上之第一次鈎勒提供例證。又「勒石」一詞的「勒」字，自漢代以來率皆訓刻，凡言勒石義卽刻石。何子楚跋文，謂將歐陽詢自搨奪眞之本勒石，固然也等於說刻石；惟搨本上所傳的乃王羲之字跡，當刻石前，不允許他人「書丹上石」，必須將所搨之本覆於石上，然後將字跡「鈎勒上石」。這種因傳刻古人遺跡所發生的前所未有情形，後來不斷出現，就漸漸使原本訓「刻」的「

勒石」之「勒」，意義轉變爲「鈎勒」之「勒」，終於出現「鈎勒」與「鐫刻」對舉，「模勒」與「模刻」對舉，以及「勒」與「刻」對舉，勒字不再訓刻的事實。若是追究緣故，最後都必溯因於唐初傳刻古人遺跡於石這一事實。

按宋人言唐人事，自然難免臆測，然確有〈蘭亭刻石〉自唐代傳下，見拓本者題跋紛紛，皆上溯推崇〈蘭亭〉之唐太宗以及歐陽詢，然則該石之史料價值，亦不下於出土之實物，可以無疑。

叁、唐貞觀年間據拓本重刻〈嶧山碑〉

秦始皇巡行各地所刻之石，後世雖多亡失。傳出李斯手筆的小篆〈嶧山碑〉，因書法家推崇，則向有拓本流傳。唐人曾記歷代摹拓情形，並及其石因故燬後，到唐初又行重刻之事。按嶧山在今山東鄒縣東南，古稱繹山。玆節錄唐封演《封氏見聞記》卷八〈繹山〉條有關之文如下：

（上略）始皇刻石紀功，其文字李斯小篆。後魏太武帝登山，使人排倒之。然而歷代摹拓，以為楷則。邑人疲於供命，聚薪其下，因野火焚之，由是殘缺不堪摹拓。然猶上官求請，行李登涉，人吏轉益勞弊。有縣宰取舊文勒於石碑之上，凡成數片，置之縣廨，須則拓取。自是山下之人，邑中之吏，得以休息。今間有〈嶧山碑〉，皆新刻之碑也。其文云：「刻此樂石」，學者不曉「樂石」之意。顏師古云：「謂以泗濱磬石作此碑。始皇於瑯琊、會稽諸山刻石，皆無此語，惟〈嶧山碑〉有之故知其然也。（趙貞信《封氏見聞記校證》卷八頁四，民國二十二年出版，北平哈佛燕京社出版）

按李書華《中國印刷術起源》第二章，爲討論碑石摹拓對雕板印刷術發明的影響，早曾徵引《封氏見聞記》中此文，惟「顏師古」據光緒刊本作「顏思古」。李氏並引《資治通鑑》劉宋元嘉二七年（西元四五〇）下之文，以證北魏太武帝於該年確曾登鄒山，並使人排倒「嶧山碑」，封氏記載正確，旋進而謂文中所記「歷代摹拓」之歷代，似應爲後魏至唐各代。又引葉昌熾《語石》卷一第二則：「嶧山（碑）唐時被焚於火」之語，繼而斷稱：「則原碑因被燒而殘缺，應爲唐代之事。如是則西元五世紀時或更早，中國已知石碑摹拓（凡拓字，李氏概誤作搨字）方法。」惟據筆者管見，李氏判斷兩者皆誤，必須於此糾正。一是摹拓以製拓片的技術發明，鄙見以爲與講究書法風氣，欲複製石刻所保留之古人文字遺跡有關；依目前所見證據如李氏書後文所舉者，只能始於晚於魏太武帝五十年之南朝蕭梁時代，然後由南方傳往北方。故封氏所記「歷代摹拓」之歷代，只能從與蕭梁同時的北魏末年算起亦卽李氏所判斷之摹拓起源時代，應移後約一百年。蓋華北區域，自西晉末年起卽有五胡之亂，直到魏太武帝時始臻統一，絕不能於太武帝以前卽知摹拓之故。二是〈嶧山碑〉被焚毀以及取舊拓本重刻於石的時代，李氏承葉昌熾之說，定爲唐代，亦卽從唐初直到出現《封氏見聞記》的德宗貞元年間（七八五—八〇四），長達一百六十餘年，未免過於泛泛。按葉昌熾氏僅據杜詩「野火焚」句（後文卽將引及），未見封氏此文，故遂斷碑石焚燬等事，發生於杜甫生前。李氏雖引封氏此文，但據一清代刊本，將「顏師古」誤作「顏思古」，因不知爲何時何人，遂亦泛泛稱爲唐代。惟筆者所據之本爲今人趙氏《封氏見聞記校證》，乃據明清兩代之抄本與刊本十餘本合校而成，作「顏師古」自必更爲可信。顏師古乃唐初著名學者，《舊唐書》卷一九八本傳記其卒年爲貞觀十八年（六四五），然則其所議論〈嶧山碑〉重刻於石事項，即在唐初一段時間。從文中「凡成數片」一句，並知已將原石上的文字，分刻數石，使石之面積縮小，以便模勒與模刻。至於〈嶧山碑〉原石被遭殃受累之鄒縣吏民焚燬年代，則可能早到唐初以前某時，因記載欠詳，則已無法確定。

前文第貳節引錄何子楚跋文，已言當時貴族分子，利用宮中所刻之「蘭亭石」，打拓石本（拓本別稱）。今引封氏所記重刻〈嶧山碑〉事，對複製拓本之目的，尤有明白表示。按自蕭梁以來，世人已知藉現成之古代石刻或「字跡原模」，以製拓本，今將重刻〈嶧山碑〉一事的年代提前到唐初，使與前述傳刻〈蘭亭序〉之事異地同時，遂知唐初人已更進一步，又將任何欲製複本之古人紙上遺跡傳刻於石，使成「字跡原模」，以製拓本。這種情形，與後來萌芽發軔之雕板印刷術程序，先將任何欲製複本之紙上文字次序刻板，作爲「字序原模」，然後印造印本書籍，手續相似，原理相通，對於雕板印刷術的發明，自必有誘導作用，亦即封氏所記此文，在石刻史以外的價值所在。

將〈嶧山碑〉重刻於石一事，後來又有發展。玄宗天寶年間竇臮所撰之〈述書賦〉，到了肅宗乾元（七五八——九）年間，由其兄竇蒙作注。該賦所述之事，依照時代次序，原文有「石雖貞而云亡紙可寄而保傳」兩句，意即石刻亡失以後，古人遺跡仍可藉紙上拓本保存傳世，竇蒙注云：

> （李斯）作小篆，書〈嶧山碑〉，後其石毀失，土人刻木代之，與斯「石上本」差稀。（影印文淵閣本四庫全書第八一二冊頁一〇一：唐張彥遠《法書要錄》卷五〈述書賦〉）

按此文謂〈嶧山碑〉原石焚毀以後，卽曾傳刻於木板，若以此爲準，似乎唐初卽已刻板。想來在事情發展上，必先經唐初的重刻於石階段，才有後來的重刻於板階段，應將前引封氏之文與此文互相補充，至於結以「差稀」兩字的末句，未免費解，筆者認爲乃因竇蒙時代，有兩種〈嶧山碑〉拓本流傳，從李斯原石所製拓本已甚稀少，從重刻於板所製拓本雖也稀少，但比較易見，稀少度有差，故言「差稀」。伯希和遺著《中國印刷術之原始》一書（Paul Pelliot, Les Débuts de l'Imprimerie en Chine, p.22, 1953），解釋這一含有稀字的句子，說重刻於板的〈嶧山碑〉，字較原石瘦少，原已錯誤，又適與「肥失眞」的杜甫所見之本相反。

代宗大曆元年（七六六），亦卽杜甫卒前第七年，杜甫作〈李潮八分小篆歌〉，亦有兩句涉及重刻於板之事，句云：

嶧山之碑野火焚，棗木傳刻肥失眞。

當代的印刷史專家，如李書華氏與張秀民氏等位，因相信若干「似是實非」的史料，都認爲唐太宗時已有雕板印刷。若果如此，則從重刻〈嶧山碑〉發展而來的重刻於板一事，已在雕板印刷術發明以後，對於後者不可能發生誘導作用。惟據筆者研究，若將所有「疑似史料」逐一辯闢，貶爲廢料，全部清除，使雕板印刷起源的實際情況呈現，則從唐高宗時直到中唐初期，總共只有四項可靠史料，證明曾有佛教徒刻印佛像與佛咒〈陀羅尼〉兩事。惟前者旁紹印度人以泥雕「佛印」印像傳統，刻木質「佛印」捺印於紙，尚非雕板印刷；後者繼承印度貝葉書形制，將〈陀羅尼咒〉文字刻於「縱短橫長」之板，然後刷印，固然可稱雕板印刷，所雕之板既非方形，亦仍不合以「方版」爲準，中唐時代才出現的常格印刷。既然盛唐時代初無雕板行爲，後來雖有雕板也非常格，然則當時以板代石重刻〈嶧山碑〉之事，對於雕板印刷的起源與初期發展，多少必有影響。

按自古多刻石而罕刻板，主要乃因石質堅硬可傳久遠。既然已有摹拓以製拓本之法，則「紙可寄而保傳」，不必專恃以石傳遠；何況板的硬度低，遠較石爲易刻，影響所及，又使「鈎勒上板」易於「鈎勒上石」，此皆當時捨重刻於石而採重刻於板的因素。由於這一變革，當時或又考慮所刻之板的大小形制，有所設計，以利鐫刻，未必全依原石規格。竊謂這類傳刻古人紙上遺跡於板的經驗，皆必有助於雕板印刷發明的誘導。惟若於此深入細論，則不免偏離本節主題，容待本文末節申論。

肆、勢必採用使石刻史發生變革的新技法

傳刻古人遺跡於石，既不能使古人親自「書丹於石」，又不可使當代書法家代筆「書丹於石」，勢必由精於鈎勒技法者將原跡「鈎勒上石」或「模勒上石」，本文於第一節〈導論〉之中，即已揭明。該節後文〈從紙到石的複製〉一目，於討論有關技術時並已說明：在將原跡「鈎勒上石」以前，爲使原跡之紙不致損壞，必須先循「從紙到紙」的鈎勒，將原跡製成複本，然後將複本覆於石上，再行「從紙到石」的鈎勒；亦即「鈎勒上石」或「模勒上石」，從全程看來，必須經過先後兩次方法稍異的鈎勒。在本文第貳節徵引何子楚跋文之後，筆者復據跋文所述，用「歐陽詢自搨之本」「勒石」一事

作爲例證說明。歐陽詢所搨之本，乃冐紙於〈蘭亭序〉原跡之紙而以筆尖遊絲線鈎勒所成，亦卽「從紙到紙」的第一次鈎勒。循此法製成複本（南朝到唐代沿稱搨本，後世又稱勒本或雙鈎本）以後，可將絲毫未損的原跡之紙仍復珍藏，然後將複本覆於碑石之上，從事以刀尖進行的「從紙到石」之第二次鈎勒，亦卽「鈎勒上石」或「模勒上石」。

惟唐初雖已發生「鈎勒上石」這一新的事實，直到很久以後，都仍無此術語。所以見於第叁節引錄的中唐初期封氏記載重刻〈嶧山碑〉之文，只沿古代刻石術語，說是取舊拓本「勒於碑石之上」；見於第三節引錄的宋人何子楚跋〈定武蘭亭拓本〉之文，也只說將歐陽詢自搨之本「勒石」。若讀者習聞漢魏以來「勒」字訓刻，「勒石」就是「刻石」之說，而又將前引之文章草讀過，就未免將「傳刻古人遺跡」這一唐初發生的新事實，與古代刻石視爲一類，從而忽略鐫刻文字以前，必經「鈎勒上石」這一先行手續。惟如前文之所分析，在傳刻古人遺跡於石的過程中，這一「鈎勒上石」的手續確實存在。由於「鈎勒上石」這手續完成以後，仍須鐫刻文字，傳刻古人遺跡的工程才告完成，所以有關記載所用「勒石」一詞，若沿舊說釋爲「刻石」，只要知道在鐫刻以前尚須鈎勒，固無不可。但從中唐以後陸續發生「鈎勒」與「鐫刻」對舉，「模勒」與「鐫刻」對舉，「模勒」與「模刻」對舉，「模勒上石」與「模刻於石」對舉，等等現象看來，唐人所用「勒石」一詞，也已隱含晚起的「鈎勒」「模勒」等詞之義，到晚唐人著作之中，遂有義與「刻」字相對的「勒」字出現，例證已見本文〈導論〉所揭筆者所撰舊文第叁節之三，或參閱《第一屆國際唐代研究學術會議論文集》頁七九三。

前文已經論證，凡傳刻古人遺跡於石，必須經過性質不同的前後兩次鈎勒，絕無疑義。第一次是從紙到紙的鈎勒，卽冒紙於原跡之紙，將原跡以游絲筆鈎勒於所冒紙上製成複本，如今人所謂寫空心字，很易理解。第二次是從紙到石的鈎勒，卽將已從原跡製成的複本覆於已磨平的碑石平面之上，將原跡以刀尖鈎勒於石上，乃從晚出的「鈎勒上石」或「模勒上石」等詞推知，從未有人記述執刀鈎勒實況。由於石質堅硬，究竟如何運作，未免令人發生疑問。按木板硬度較低，若是傳刻於板，鈎勒上板，將從原跡所製複本覆於板上，然後循字跡輪廓邊沿之線，執刀用力以刀尖壓於板面，將原跡鈎勒上板，自有可能。惟石質堅硬，若執刀用力將刀尖垂直壓下，因較難作勢，恐難於石上留下痕跡。若執刀以刀尖循字跡輪廓邊沿之線斜拖，較易用力，似可使石面留下鈎勒痕跡，又恐複本之紙必被拖破，損及文字原跡，無從繼續鈎勒。筆者經年注意這一問題，後來發覺「蠟」之爲物，硬度可以控制，可硬可軟，甚易雕塑，效用頗多。唐僖宗乾符元年，且有〈模蠟本蘭亭〉，見《蘭亭考》卷五頁五。竊謂若於碑石平面鋪上一薄層蠟，既乾轉硬以後，將文字原跡複本覆於蠟上，卽可以針取代刀尖，緣文字輪廓沿邊之線刺下，使蠟面留下合於原跡的針孔形空心字。全部完成以後，將文字原跡複本揭去，則蠟面亦已出現全部原跡。然後執刀，以刀尖循蠟面字跡輪廓邊沿之線用力鈎勒，由於蠟既不厚又不太硬，刀尖觸及石面卽留鈎勒痕跡，若鈎勒者是熟煉老手，自必合於原跡。全部鈎勒完畢後，將蠟除去清洗，全功已告完成，可使刻字匠依石上所鈎勒的字跡奏刀鐫刻。像這樣的鈎勒上石技法，乃筆者思考設計，固似言之成理，然與古人所用之法有無暗合之處，又究能實踐與否，皆未可知；只因古法不傳，姑述於此，聊供一說而已。若有博雅君子，對此問題有所賜教，尤所企望，玆並附誌於此。

伍、這一傳刻行為及其新技術的影響

中國從東周初（西元前七七〇——）起，就有將文字刻石，紀述功德，以傳久遠的事，石上所刻文字，都由當時書寫者親自「手書於石」或「書丹於石」，約經一千四百年之久，大率無變。唐初發生的「傳刻古人遺跡於石」一事，雖也不離刻石行為，卻是石刻史上劃時代的變革，這可從下列三點說明。一是所刻的對象是古人所遺書法名跡，純從藝術欣賞的角度出發，在動機上無為任何大小人物紀述功德之意。二是因留有遺跡的古人已經無存，在刻石以前，必須採用能使古人原跡在石上重現的「鈎勒上石」新法。自唐初至今又達一千餘年之久，此法與「書丹於石」舊法並行，此外更無他法。三是石既刻成以後，卽藉原已發明的摹拓之法，從石拓製拓本，以供愛好者欣賞或作為法帖之用，並非如古代石刻，任留荒郊以傳久遠。這種性質不同、技術新異的刻石行為，發展到後來，並有後列多項影響。

一、開「傳刻古人遺跡於石」先河

將文字刻石之事，人類各大文明皆有發生。惟「傳刻古人紙上法書遺跡於石」，則只發生於發明造紙技術、重視書法藝術，而又習知摹拓以製拓本的唐初中國，其他古文明並無類似現象可資比較。

唐高宗咸亨二年（六七二）所刻〈大唐三藏聖教序〉碑，雖然序文是太宗遺文，字則集王羲之所書而成，或者是繼起的「傳刻古人遺跡」最早事例。該碑有題爲《宋搨聖教序》的臺北故宮博物院印行的宋拓影印本，第三行有「弘福寺沙門懷仁集晋右軍將軍王羲之書」十七字，末有「文林郎諸葛神力勒石，武騎尉朱靜藏鐫字」，最易目驗。

在這以後的唐人「傳刻」例子，筆者未曾研究，並無所知，惟有各種法帖目錄可以考查。如清初孫承澤《閒者軒帖考》，卽有五代梁末帝所刻〈貞明帖〉，宋初南唐所刻〈昇元帖〉等。至於宋太宗時所刻《淳化閣法帖》，則可謂集大成。宋人熱衷〈蘭亭序〉，竟達一百十七刻之多，以後直至明清。筆者前在海外，曾見丁福保所纂法帖總目錄曰〈藝術編〉，惜今無其書。

按書市印行《開皇蘭亭眞本》一册，末有「開皇十八年三月廿日」字樣，附明董其昌清王文治等人題跋，皆信爲隋代石刻拓本，但未言石在何處，何時發現。筆者認爲若果由石刻拓成，則刻石時當在南宋末年以後，玆附辯於此。按孫承澤《閒者軒帖考》已著錄此本，奉爲「禊帖」石刻之祖。然元初周密《雲煙過眼錄》記龔聖予言，又云「禊序有大業間石本」，刻時又晚於開皇。須知〈蘭亭〉若有隋代刻本，唐人必已轟傳，何以未見記載。南宋桑世昌纂《蘭亭考》十卷，對〈蘭亭〉異本搜羅極廣，也未有隋刻之本；惟卷五頁十二著錄一「墨跡本」，下有「開皇十八年三月二十日」字樣，與所謂隋刻本符合，或卽後人據此本刻石。至於隋代有〈蘭亭〉墨跡本，亦復令人詫異。若循南宋吳說之說，則可以當時辯才之師智永臨本解釋。惟原跡之紙既已不存，眞假亦無從判斷了。

二、新法亦廣施於「今人墨跡」的刻石

能使紙上的文字原跡現於石上的「鈎勒上石」法，原是爲傳刻紙上的「古人遺跡」設計。至於當代的「今人墨跡」，向來是由其本人「手書於石」或「書丹於石」。惟這種工作，必須面對沉重難以移動的碑石進行，遠比展紙於案上書寫，辛苦得多，古代並無別法可想，只好將就。唐初既出現「鈎勒上石」新法，自然就有人利用這一新法，擺脫這種勞役，亦卽將須刻石的文字，寫在紙上，或「書丹於紙」，讓善於鈎勒技法的人去「鈎勒上石」。清末的石刻研究專家葉昌熾，早知這種「書丹於紙」以備鈎勒的事，但不知始於唐初。玆節錄其所著《語石》卷六〈古人書碑重鐫字〉一則末段之文：

蓋古人刻碑，或書丹於石，或別書丹（於紙），而雙鈎其文以上石。模勒卽鈎勒。今人以「勒字」為「刻字」，失之矣。（商務「人人文庫特四三本」《語石》頁二二五）

按此文中，葉氏雖知有「別書丹於紙」，然後雙鈎上石之事，但語氣籠統，似謂自古卽與「書丹於石」並行，實因未知「唐初傳刻古人遺跡」以後，始有此法。至於末三語則甚精闢，乃針對明末以來不少人「以模勒爲模刻，亦卽雕板印刷」之誤而發，筆者已有專文覈論，見本文〈導論〉所揭舊文。將「鈎勒上石」之法，用於非「遺跡」的刻石，自然是始於能役使「勒者」或「勒碑人」的帝王以及貴族份子，後來逐漸推廣到社會上的有力人士。但「書丹上石」之事，直到近代亦仍存在，主要因爲「鈎勒上石」也是特技，並非到處都有精於此道的人。

唐太宗及其大臣歐陽詢等，都是書法家，刻石的書跡，多有拓本流傳。凡能考定是刻於生前的，都必是「別書丹」而「鈎勒上石」。如敦煌發現，今藏巴黎的太宗手書〈溫泉銘〉，今藏倫敦的歐陽詢書〈化度寺塔銘〉，都是例子，影本見於日本平凡社印行的《書道全集》等書。

聖曆二年（六九九）所刻武則天手書的〈昇仙太子碑〉，據王昶《金石萃編》卷六三頁一上著錄有勒者二人姓名，刻者三人姓名。王昶按語云：勒「御書」者二人，謂摹勒也。可見武則天確是只「書丹於紙」，有「勒者」代爲「鈎勒上石」，不勞再「書丹於石」了。《金石萃編》以及其他著錄碑石書籍，如此例子極多，不再續舉。

三、專業「鈎勒上石」的「勒碑人」漸多

南北朝人製搨本的第三法爲「廓塡」，在「廓塡」以前必須先行「從紙到紙的鈎勒」。李書華《中國印刷術起源》頁三四末引《唐六典》之文，記貞觀以來「搨書手」名額，先後各數人不等，想來除鈎勒於紙以外，亦必兼營「鈎勒上石」工作。惟李書華誤釋「搨」爲「拓」，認爲「搨書手」概兼摹拓以製拓本工作，則未免有誤。

專業「鈎勒上石」的人，姓名見於所刻碑石者，先有咸亨三年（六七二）〈大唐三藏聖教序〉末與「鐫字」人相對之「勒石」人諸葛神力，已見前第一節徵引。前節所引聖曆二年武則天所書〈昇仙太子碑〉，又有與「刻者」相對之「勒者」二人姓名，可見這種工作已獨立爲專業出現。自中唐以後

鈎勒又稱模勒，這種人自然又稱「模勒者」。按漢魏時代將「刻石」稱爲「勒石」，原是省稱，實際包括開石使合碑石規格，磨平碑石、書丹、刻字等一系列工作，石上大率只有書者與刻者姓名。到唐代發生「鈎勒上石」手續，工作之難與性質的重要，都不下於刻字，爲稽核責任，必須於刻字匠名前添鈎勒者姓名。當刻《聖教序》時，或者由於沒有前例，故亦用「勒石」兩字以稱擔任「鈎勒上石」工作的諸葛神力，意義與漢魏時代的「勒石」已經不同。

鈎勒後來又稱模勒，從紙到石的「模勒上石」工作，若非素習，確難精工。至於從紙到紙的模勒，亦卽南北朝人「廓塡」的先行手續鈎勒，由來已久，則非太難。中唐時代，「模勒上石」已很流行，從紙到紙的模勒自然更爲通常普遍。唐穆宗長慶四年（八二四），元稹爲白居易的《長慶集》作序，有一段極度誇張過去「二十年」白詩流傳之廣，結以「至於繕寫、模勒，衒賣於市井，或持之以交酒茗，處處皆是。」諸句。其中的「模勒」就是鈎勒，亦卽將白居易手書詩稿原跡，循從紙到紙鈎勒之法，鈎勒於另一紙，向人衒賣。可是明末以來，包含胡適在內的不少著名學者，沿漢魏時代勒字訓刻的舊義，誤解「模勒」，以爲就是模刻，亦卽雕板印刷，相沿以至今日。本文〈導論〉所揭筆者舊文，已經詳盡辯闢，並有著名訓詁學者多人表示贊同，並有謂胡適九泉有知，亦必承認接受。蓋若將「模勒」認爲印刷，等於說元稹作序以前的二十年前，當德宗貞元末年（八〇五），中國處處都有雕板印刷，依據切實史料，是絕無可能的事。又若將這一「模勒」釋爲從紙到石的「模勒上石」，在未刻字以製拓本以前，亦無從售賣；所以只有釋爲從紙到紙的模勒，循雙鈎法製成勒本售賣，才切合實情。

四、爲強調符合原模導致術語前冠模字

傳刻古人遺跡的程序，是先行將紙上原跡「鉤勒上石」，然後刻字。在碑石上出現的術語，則有演變，如前文所引高宗咸亨三年與武氏聖曆二年兩碑，已可見到前者是「勒」與「鐫」對舉，後者是「勒」與「刻」對舉。以目前所知，到中唐時代，才前冠「模」字，成爲「模勒」與「模刻」對舉，但是先出現「模勒」，後出現「模刻」，例證都出於王昶《金石萃編》。前揭筆者舊文中〈可證模勒爲模刻先行程序之例〉一節已經徵引並有說明，茲再簡舉於此。如貞元三年（七八七）的〈張延賞碑〉，以「模勒」與「刻字」對舉，到元和七年（八一二）的〈裴耀卿碑〉，才出現「模刻」，更晚才有「模勒」與「模刻」對舉，最後並定型爲「模勒上石」與「模刻於石」。

這種發展情形，表示唐人刻碑注重符合原模的風氣。蓋「鉤勒上石」在程序上先於鐫刻，刻字之合於文字原跡模樣與否，全視鉤勒是否合於原模，故將「勒」字前冠「模」字。後來有人覺得，若鐫刻有欠精到，單是鉤勒合於原模，也是徒然，故又於「刻」字前也冠「模」字，終於成爲「模勒上石」與「模刻於石」對舉。

唐文宗太和年間（八二七—八三五），常格的「方版」雕板印刷發軔，到五代時已頗流行。《五代史・和凝傳》說：「（和凝）有集百卷，自篆於板，模印數百部，分惠於人。」其中「模印」一詞

意在強調書中字跡，合於著者手書原模，也是求合原模風氣的影響。

按自東漢創始字跡複製術以來，凡主要複製術語，不冠摹字即冠模字，皆示從原模複製之義。蓋因摹字與模字同音通訓，兩者可任意互代。然統觀前後發展，畢竟唐以前的摹寫、摹搨、摹拓三詞，另冠模字者較少，自唐至五代間的模勒、模刻、模印三詞，改作摹字者亦少。而前後兩者的分界線，即在石刻發生重要變革之唐代，亦不無巧合之處，主要因傳刻古人遺跡，對求合原模意識，尤多激發加強之故。

五、對於雕板印刷術發明的重大影響

唐初傳刻古人遺跡於石行爲的最後一項影響，就是對雕板印刷術的發明必有誘導效能，其中有關細節，構成印刷史前史的重要部分。由於雕板印刷已脫離石刻史範圍而又具世界性意義，亦即小標題特稱重大影響之故。

按中國自古早有刻石行爲，秦漢以後下逮唐初，雖刻木印，且有能容百餘字之大印，但迄無刻板行爲。由於本文第三節的考證，得知以板代石重刻〈嶧山碑〉的時期，竟可上接貞觀年間重刻於石的初唐時代，然則後來以「雕板」爲主要技術要素的印刷術發明，必受初唐時將〈嶧山碑〉「重刻於板」的影響無疑。

寫在紙上的著作書籍，由會發生意義而有固定次序的文字構成，否則無從閱讀，所以印製書籍的雕板印刷術，實乃文字次序的複製術。這種複製文字次序的雕板印刷術，與字跡複製術當然是各異的事，有好些不同之點，但畢竟也是複製術的一種。從這一觀點看來，則雕板印刷雖已擺脫石刻史範圍，實際上卻未擺脫複製術史的範圍。如後文所論，這有所不同的前後兩種複製術，除在技術層次有「刻板」一項關聯以外，亦尚有共同理念的相襲。

「關於雕板印刷術的史前史，似乎可從「雕板」與「印紙」兩項主要技術要素，分別考察，一是古代刻的行爲如何發展到刻板，二是古代印的行爲怎樣發展到印紙。凌純聲氏《樹皮布印文陶與造紙印刷術發明》一書（中央研究院民族學研究所專刊之三），將造紙術與印刷術兩者的發明，都溯源於古代或環太平洋落後民族刻板印製樹皮布花紋與印文於陶器兩事。筆者讀後，對於樹皮布與印文陶的知識雖有增加，但對於造紙術與印刷術兩者的發明而言，則深感其所論繁而寡要。關於造紙術的發明乃由蠶絲生產的「漂絮」過程中，出現「天然絲質紙」而啓發，筆者認爲前人所論已經精審切當。至於雕板印刷術的發明，由於紙是印刷術的靈魂，則認爲可卽從紙的使用普及以後，發現「紙的適印性」，將自古印於「封泥」的圖章改印於「紙」的「印紙」行爲說起。這「印紙」行爲通過不同方式發展，從將圖章所刻文字的「捺印於紙」，又將碑石所刻文字「拓印於紙」，終於達到將書板所刻文字「刷印於紙」，雕板印刷術始告發明。凡此種種，已見拙撰〈溯源於殖蠶產絲術的三種連鎖性發明〉一文（刊於《東吳文史學報》第六號頁一，民國七十五年）。今筆者此文，在〈導論〉的「從紙到紙的複製」一目之下，將這類複製分爲直接間接兩法：一是不須通過紙以外任何「字模」的直接複製，如「

摹搨法」」。二是必須將紙上原跡傳刻於某種性質的「字模」，然後藉這一「字模」作爲媒介，然後轉印於紙的間接複製，曾舉以刻有文字的書板作爲「字模」的「模印法」或「雕板印刷術」爲例。筆者後來思考，覺得五代時和凝用以表示雕板印刷的「模印」一詞，也可作爲「間接複製」的總名，藉以包括前述三種「字模」各異的「印紙」法，亦卽以圖章爲字模的「捺印於紙」，以碑石爲字模的「拓印於紙」，以及刻書板爲字模的「刷印於紙」。這麼一來，已將雕板印刷術納入複製術中的「間接複製」範疇，從三者前後相承的發展中，易於看出「藉字模而行間接複製」這一理念早已存在，雕板印刷術的發明，乃循這一理念，而又在「字模性質」與「印紙方式」兩方面，都有改進，始行達成。其實這樣說也太簡單，有欠妥當，因爲刻圖章與刻碑石起源很早，當時無紙，都是將字直接寫在圖章與石上就行刻字，並未經過所謂「從紙到圖章」或「從紙到石」的複製階段，更無所謂「印紙」行爲，說不上是「從紙到紙」的「間接複製」。惟自紙的使用普及，發生「印紙」行爲以後，當刻字以前，或先寫字於紙貼在圖章上照刻，或先「書丹於紙」，然後「鈎勒上石」照刻，刻成以後，或「捺印於紙」或「拓印於紙」，就都成爲「從紙到紙的間接複製」了。

關於圖章印紙與碑石拓印開雕板印刷的先河之說，印刷史專家之書，如美國學者杜瑪斯·法蘭西斯·卡德所著《中國印刷術的發明及其西傳》以及李書華所著《中國印刷術起源》，都已各立專章討論，惟未將三者視作一線的連貫發展，不易見其相承軌跡。比較而言，創始「印紙」的「捺印於紙」，對印刷術的發明乃是間接關係，不如「拓印於紙」之爲直接而又重要。蓋「拓印於紙」的手續程序比較複雜，必待構想發明；而且早期只從古代所遺的現成石刻拓印，凡是沒有現成石刻的其他文字，就無從拓印，不能如意選擇所欲獲得的其他文字遺跡，也仍未免缺憾。到了唐初，將多人欲得拓本的古人紙上遺跡「傳刻於石」，藉以「拓印於紙」，才算間接利用「字模」的「從紙到紙複製法」。這種新的複製法全程提示一個理念，即任何紙上的文字原跡，都可經過刻製字模而得複本，雕板印刷術除了「字模」性質有異以外，在原理上與此並無不同。到了初唐盛唐之間，原來重刻於石的〈嶧山碑〉又進而重刻於板，除了仍沿石刻傳統只刻「陰文正字」，仍非合於印刷的「陽文反字」以外，與爲印刷而雕板已極接近，只待有大量複製願望的人去構想實踐罷了。從上述分析中，可見唐初「爲複製拓本而傳刻古人遺跡於石」行爲的「從紙到紙間接複製法」中，已隱藏雕板印刷術的理念。後來「重刻嶧山碑」進一步「以板代石」，又爲雕板印刷術提供優勝的「板式字模」。對於雕板印刷術的發明，實有理念層次與技術層次的雙重影響，並非單以「摹拓法」就可說明的。

研究歷史現象因果關係的史學，雖不必追究到人類史以前的宇宙始因或「最後因」，卻該研究任何新異事物的背景或間接因素。雕板印刷術發明以前的印刷史前史，若從「雕板」這一要素着眼，可以上溯到初唐時代〈嶧山碑〉的「重刻於板」。既知「重刻於板」，又可再上溯唐初貞觀年間〈嶧山碑〉的「重刻於石」行爲。這與當時同步並行的「傳刻〈蘭亭序〉於石」行爲性質相同，目的都在藉刻石複製拓本，與雕板印刷術藉刻板複製印本，原理相同，都是利用「字模」作爲中間媒體，從紙上文字原跡，製造紙上文字複本的「間接複製法」。雕板印刷術的原理，既可上溯到唐初文字原跡的「

間接複製法」，若再從這一方法的手續全程考察，則又牽涉從東晉南朝以來出現的字跡複製各種技法。蓋唐初的「傳刻古人遺跡於石藉製拓本」，亦卽先於雕板印刷的「文字原跡間接複製法」，從技法角度看其全程有下列步驟。第一步是將紙上的文字原跡，循從紙到紙的「直接複製法」製成複本，作爲原跡之紙替身，此法就是將新紙冒於原跡紙上，以「鈎勒法」將原跡鈎勒於新紙。第二步是將所製成的原跡複本，覆於石上，將原跡「鈎勒上石」，以便刻字。第三步是刻畢以後，從刻成的碑石循「摹拓法」複製拓本。在上述「間接複製法」各步驟所用諸技法中，只有「鈎勒上石法」或「從紙到紙的鈎勒」是唐初創始「傳刻」時發明的新技法。其他兩法，如列爲「摹搨」第三法，或「從紙到紙的鈎勒」，以及從碑石複製拓本的「模拓法」，都是唐以前已經發明。如果沒有這已發明的兩項字跡複製法，唐初就不可能有「傳刻古人遺跡於石藉製拓本」的構想，亦卽沒有與雕板印刷術原理相通的，從紙到紙的文字原跡「間接複製法」出現。然則東晉南朝以來的字跡複製術，對雕板印刷術的發明也有間接影響，絕非無稽之談。

研究字跡複製術史，就容易發覺一個事實，卽文人重視書法藝術，需要名跡複本，是複製術發生發展的主要動因。不然的話，卽使有紙的發明與普及，也未必有字跡複製術以及雕板印刷術。所以中國文人重視書法的傳統，對雕板印刷術的發明，也有影響。易言之，中國有獨特的雕板印刷發明，除因中國有獨特的造紙術發明以外，尙有重視書法發生字跡複製術的獨特文化背景。由於造紙術在第十一世紀已經西傳歐洲，而歐洲人到十九世紀末尙無將碑石文字摹拓於紙之法，或可作爲筆者判斷的佐證。

（七十九年十二月完稿）

本文導論所揭筆者舊撰〈與印刷史夾經之元稹筆下模勒一詞確詁〉一文，刋於《第一屆國際唐代學術會議論文集》頁七七六到頁七九六間，事後發現兩項錯誤，玆附誌於此，以代校正，敬希讀者注意。一是頁七七七第八行下，與第八字地位相當的逗點（，）以下，有十四個字的空間，直到「向達」兩字以前，都是誤植與上下文不能連貫的文字，應該塗去，然後補入「對於模勒一詞的解釋，與」字樣，與下文連讀，成爲「與向達完全相同」一句，意義始明。二是頁七七九到頁七八〇間之表，誤列「伯希和」以下兩行，應該抹去。後一誤自必是筆者原稿之誤並此附誌謙意。又此文對有關資料出處來源，多於文中附及。事後曾經析出，作爲註脚，再刋於《東吳文史學報》第七號頁三七—五三，幸無重大錯誤。

試論垂拱四年李唐宗室反武之役

黃約瑟

一、引言

由於中國古代男尊女卑，加上正統觀念，所以舊日史家對武則天篡唐建周，大多持否定態度，他們對有關歷史的記載，亦因而難免偶有偏差，後人不察，容易受到誤導，同樣抱有不必有的偏見。

《舊唐書》卷六十四韓王元嘉傳：「及天后臨朝攝政，欲順物情，乃進授元嘉爲太尉，定州刺史霍王元軌爲司徒，青州刺史舒王元名爲司空，隆州刺史魯王靈夔爲太子太師，蘇州刺史越王貞爲太子太傅，安州都督紀王愼爲太保，並外示尊崇，實無所綜理，其後漸將誅戮宗室諸王不附己者，元嘉大懼……」，因此有起兵之舉。

《資治通鑑》卷二百四垂拱四年記：「太后潛謀革命，稍除宗室。絳州刺史韓王元嘉、青州刺史霍王元軌、邢州刺史魯王靈夔、豫州刺史越王貞及元嘉子通州刺史黃公譔、元軌子金州刺史江都王緒、虢王鳳子申州刺史東莞公融，靈夔子范陽王藹、貞子博州刺史琅邪王沖，在宗室中皆以才行有美名，太后尤忌之，元嘉等內不自安，密有匡循之志。」（標點本六四四九頁）這段記載目的亦十分明顯，是將武則天的纂唐，解釋爲李沖起兵的動機。

司馬光形容這些宗室「以才行有美名」，是有一定根據的。例如《舊唐書》李元嘉本傳稱讚他好學，而且是個藏書家，《歷代名畫記》卷九亦記他善書畫，《冊府元龜》卷二七零除了如本傳指出他兒子有文才，好交當代名士外，又指出他有志於經學。同傳所收李元軌本傳不僅說他少多才藝，更認爲他有孝心、好學、爲官清廉等美德，《冊府元龜》卷二九二更記他禮賢下士。李元名的本傳亦表揚他的清高和在地方的政績。不過，並非每位唐室宗室，都如司馬光所記一樣。起兵者李貞，雖然「頗涉文史，兼有吏幹」，但「所在暱狎羣小」（《冊府元龜》二九九），以致正直官員多被貶退，下屬又多擾民，結果是「人伏其才而鄙其行」。正可能正是因爲他有點小聰明，又有多少政治野心，始成爲李唐宗室中推行反武運動的主要人物，我們可以理解司馬光同情唐宗室一點，但他把李貞視爲正面甚至正義人物，實無必要，徒然露出他的偏見。

《新唐書》卷七十六的武則天傳也有記李唐宗室起兵事：「時柄去王室，大臣重將皆撓不得逞，宗室孤外無寄足地。於是韓王元嘉等謀舉兵唱天下，迎還中宗」。這小段前面三句不僅是描繪當時的政局，也可說是起兵的動機。換言之，國家面臨困境，故宗室起兵，以求抒發危機。不過在各種現存紀錄中，我們找不到在這一段時期的證據，可以進一步支持「大臣重將皆撓不得逞」和宗室有「迎還中宗」意圖或表示的說法。我們便不能肯定這些是《新唐書》編者的主觀意見，但亦不能否定此種可能性的存在。不必懷疑，李元嘉等可能提出過「迎還中宗」的口號，但其動機相信仍在自保多於復立舊帝。我們討論的焦點，相信仍應放在宗室本身的利害關係上。

各紀錄雖然同將日後李唐宗室起兵的原因諉於武后身上，不過細節稍爲有別，《舊唐書》指武后「稍除宗室」，《資治通鑑》則說她「漸將誅戮宗室諸王不附己者」，《新唐書》則謂「宗室孤外無寄足地」。總之是武后所爲，引起恐慌，宗室於是不得不先下手爲強。考慮到史家所持的偏見，究竟他們所記，是否實情？①

二、起兵與誅宗室的次序問題

上引《舊唐書》所記，武后在臨朝稱制後將一大批李氏宗室封爲各種有名譽無實權職位的事實，亦見於同書紀，各人背景，可見表一。他們都是高祖和太子兒子，亦即是高宗的弟弟和叔叔，可說是當年李唐皇室最主要的宗親。加封事發生在皇太子即位後一星期，是新君上場第一批的新封職，比新宰相班子的組成尚要早。所以上文所謂武后「欲順物情」，對各人「外示尊宗，無所綜理」，又或《舊唐書·紀》所指，武后「恐其生變，故進加虛位，以安其心」，都應是接近事實的評語。

從表中所見，這班人後來除了高宗十八子元名和太宗十子紀王愼外，全都在早期牽入了李沖起兵事，所以如果武后像《資治通鑑》所記「稍除宗室」，令各人不安，則「被除」的宗室自然另有其人，他們究竟是誰？

表一　武則天建周前受害主要宗室表（高祖系參《舊唐書》卷六四，太宗系參同書卷七六）

名號	皇室背景	高宗末職	垂拱初職	垂拱後職	下場	備註
韓王元嘉	高祖十一子	澤州刺史	太尉	澤州刺史	起兵，坐誅	(a)
霍王元軌	高祖十四子	定州刺史	司徒	襄州刺史	起兵，配流死	(b)
舒王元名	高祖十八子	青州刺史	司空	滑州刺史	陷酷吏被殺	(c)載初年間事
魯王靈夔	高祖十九子	隆州刺史	太子太師	邢州刺史	起兵，配流死	(d)
越王貞	太宗八子	蘇州刺史	太子太傅	蔡州刺史	起兵，被殺	
紀王愼	太宗十子	安州都督	太子太保	貝州刺史	配流死	(e)永昌元年事

註：

(a)《新》七九・三五五一謂垂拱中徙絳州刺史；同紀錄及同書七六・三四八〇並《舊》六・一一九皆謂自殺。

(b)又參《舊》六・一一九調配流黔州，同七・一三七謂「遭非命」。

(c)《新》四・八八記永昌元年正月任司徒，同四・九〇、《舊》六・一二一及《鑑》（六四六四）又記天授元年七月，其子被殺前，流於「淮南道」和州（《新》七九・三五五八本傳利州，疑誤），但被殺年份不詳。據新紀，其子於載初元年七月被殺。總之，元名似未有參予起兵。據《舊》一八六上・四八四四和《新》二〇九・五九〇九，被陷事與侯思止及周興有關，但二本傳則謂被丘神勣所構。

(d)又見《舊》六・一一九、《新》七六・三四八〇。

(e)見《新》四・八八、《鑑》六四五八，當年七月事。

表二紀錄了一些據載死在武后手下的唐室名單，其中清楚有參與起兵的記載只有李譔一人，其餘都可說是不同程度的無辜受害人。其中受害機會最大的應該是染指皇位可能性最高的高宗三個兒子。但其中只有李賢在垂拱初遇害，他的兩個同父異母弟，據本傳所記，在垂拱期所受待遇並不太差。其餘人中，五個本傳紀錄在垂拱中受害的人，根據其他有繫年較準確資料，均在垂拱四年，而更多在永昌元年，他們當中，沒有一個有清楚年份紀錄，能證實他在李沖起兵之前曾受武后迫害。因此，武則天對唐宗室的屠殺或流放，似乎應如《新唐書·紀》所記，在垂拱四年底開始。②換而言之，本篇開始所引《資治通鑑》所謂武后在垂拱四年之前「稍除宗室」，可說並無其事，只是史家因偏見的誤筆。而「稍除宗室」事，大多發生在李唐宗室起兵之後。

表二　武則天建周前受害次要宗室

（高祖系主要參《舊唐書》六四、太宗系參同書七六、高宗系參同書八六）

名	宗室關係	受害時間	經過	備註
緒	高祖孫，元軌子	垂拱中	坐與裴承光「先」被殺	鑑（頁六四五四）、新紀作四年
亶	高祖孫，元名子	載初元年	爲丘神勣所陷，被殺	參上表注(c)，新紀（七月）
昭	元名子	載初元年	殺	新紀（八月），同七九·三五五八
銑	高祖孫（兄弟二人）	不明	爲酷吏所陷	
融	高祖孫，鳳子	垂拱後	爲支黨所引，被誅	

穎	高祖孫，元曉子	載初元年	殺	新紀（八月），作穎
循琦	高祖孫，元嬰子（餘五人）	垂拱中	陷詔獄	鑑（頁六四六一）作永昌元年九月事鑑及新七九・三五六〇均作脩琦
譔	高祖孫，元嘉子	垂拱中	應謀起兵	
諶	高祖孫，元嘉子	不明		新七九・三五五一
厥	太宗孫，承乾子	永昌元年	殺	新紀（九月）
欣	太宗孫，泰子	則天初	陷酷吏獄，貶昭州	
璠	太宗孫，泰子	永昌年	配流歸誠州而死	
煒	太宗孫，惲子	垂拱中	爲則天所害	新紀作瑋，永昌元年四月事通鑑（頁六四五七）作煒，又參舊紀
琮	太宗孫，愼子	垂拱中	遇害	（兄弟共五人）
俊	太宗孫，明子	垂拱中	遇害	兄弟二人，新紀作永昌元年事
諲	太宗孫，元慶子	永昌元年	殺	兩紀（四月）、鑑（頁六四五七）
謐	太宗孫，元慶子	永昌元年	殺	兩紀（四月）
蓁	太宗孫，元禮子	永昌元年	殺	兩紀（四月）
畑	太宗孫，愔子	永昌元年	殺	新紀（四月）
璥	太宗孫，元懿子	永昌元年	殺	通鑑（頁六四六一），新紀（十月）
賢	高宗子	垂拱元年	殺	
上金	高宗子	載初元年	殺	兩紀（七月），舊七六
素節	高宗子	載初元年	殺	兩紀（七月）
義珍	高宗孫，上金子	載初元年	殺	舊七六，記七人，只有六人名
璟	高宗孫，素節子	載初元年	殺	新紀（八月），舊紀（七月）

瑛	高宗孫，素節子	素節子	殺	新紀（十月），舊紀（七月），共八人，舊七六記九人
榮	宗室	不明	爲酷吏所殺	
孝逸	宗室	載初元年	貶，殺（參註8）	新紀（五月），貶事在垂拱三年
文暕	宗室	垂拱中	貶，誅	《舊》六〇
直	宗室（餘十一人）	載初元年	殺	新紀（八月）

三、初唐權力鬪爭中的宗室

然則，武后在臨朝稱制後，究竟對李唐宗室採取了一種甚麼方針？她後來又何以會大行殺戮，令人產生錯覺，以爲她的掌權，意味了恐怖政治的即時來臨？

回顧一下以前的歷史，有助於對當時潮流動向和事件的了解。隋代雖然統一中國，建立了不少成爲後世基礎的典章制度，但在皇帝繼承問題上，並未能眞正實行傳長子的制度。隋文帝廢長立次，而去世後四子楊諒便在太原發動政變，雖然失敗，卻在隋煬帝朝留下陰影。事實上政壇上也沒有長子必然繼承皇位的觀念，名義上或是有德者居之，實際上則是有力者稱雄。隋末羣雄並起，自立爲帝，以及隋煬帝以一國之尊被弑，與當時南北朝遺留下來的政治投機主義風氣未清不無關係。

唐初李世民兄弟內鬨，發生流血政變，始取得政權，也是衆所周知的，但除了李世民吸納了兄長的一些舊部外，新政權如何善後的問題討論得並不多。李世民把政變中失敗的兄弟舊部收爲自己下屬，一方面可以說是他懂得用人，同時也是一種防止反對勢力集結的措施。較少人注意的，是他又將「宗室率以屬疏降爵爲郡公，唯有功者數人封王，」（《舊唐書》六〇、「餘並降爲縣公」（《貞觀政要》三、《通典》三一）。李世民在紀錄中表示他不想勞苦百姓，表面似乎大公無私，不過他的私心，早在他即位後所新封的功臣榜中暴露無遺③，把宗室降爵，無非是另一種削權的手段，不過李世民對付宗室最強硬的一招，莫過於將其兄弟李建成、李元吉的下一代全部殺掉。目前《舊唐書》卷六十四的紀錄，看來是高祖的命令，但政變後的高祖已遭軟禁，下滅門令的是李世民無疑。

李世民對宗室的態度，還可以通過貞觀元年四月涼州都督李幼良有罪伏誅事看出大概。李幼良任職涼州都督，是李世民的叔祖。據《舊唐書》卷六十本傳，有人告他陰養死士，李世民便派出中書令宇文士及調查此事，結果把他殺了。用中書令去調查邊境軍鎭一個將領是否養了一些亡命之徒，可見李世民對此事的重視，也可見他感到頗大威脅，《舊唐書・紀》記李幼良有罪伏誅，與本傳所記遭縊殺頗有不同。李幼良的獲罪，大概也只是宇文士及的一面之詞。宇文士及自此駐守涼州一段時期，未知是否事先安排。不管如何，這件看來成是件因政治鬭爭而出現的寃案。

我們可以用不擇手段去形容李世民如何對付異己，但他的選擇實在不多。他雖然對宗室嚴加注視，但卽位後依然受到起兵威脅。一位是他的從叔幽州都督李瑗，另一位則是賜姓李的隋末降將、駐守涇州的左翊衞大將軍羅藝。兩處兵變雖然很快便平定（見《舊》紀，同五六、六〇），但必然多少在統治者心底留下陰影。李幼良事件大約發生兩處兵變之後，故此唐太宗的處理手法，並不爲奇。事實上，這並不是最後一次出現的起兵事件。同年年底，《舊唐書·紀》又載利州都督李孝常和右武衞將軍劉德裕等，因被指謀反而被殺，同時被牽連的尚有長孫皇后的異母兄安業和劉弘基，前者因皇后關係得免被誅（《新唐書》七六），後者則被除名（《舊唐書》五〇）。李孝常雖然兩書無傳，卻因爲獻永豐倉成爲開國的重要功臣，從他封邑有三千戶和封爲左衞大將軍以至將籍屬加入皇族事可知。（《册府》三八四）他造反的詳情，例如是否曾起兵等，無法可知，但李世民從所謂宗室受到另一次威脅卻是不爭事實。

由此可見，南北朝那種有機會便試圖建立本身政權的風氣，依然存在於初唐的一些統治階級，特別是皇室中人身上。貞觀十七年齊王祐起兵失敗，可說是另一個例子。掌權者因此不得不時刻加以防範，特別在權力交替之際，最易爲人有機可乘。因此高宗上台後，這種情形的再度出現，並不爲奇。從表三可見，高宗登基後曾普遍增加宗室的實封，做皇帝三個月後，又加封李元景爲司徒，李恪爲司空兼梁州刺史。（《舊》紀）不過這種懷柔政策，只是高宗對宗室的一面，從同表也可見到，永徽年間，卽有好幾位宗室因疑與謀反而被貶或賜死。這不能說完全是高宗的個人主張。永徽四年房遺愛謀反賜死，李恪被誅，據其本傳便是長孫無忌因妒忌而生的主意，同年李道宗被流象州，也是因與長孫無忌及褚遂良不和。

表三　高宗登基後的李唐宗室（道宗見《舊》六〇，其餘高祖系參同書六四，太宗系參同書七六）

名	宗室關係	高宗新勳及職
道宗	高祖堂弟	加實封滿六百戶，加授特進，永徽四年坐房遺愛事流象州
元景	高祖子	加實封滿一千五百戶，加授司徒；永徽四年，坐謀反賜死
元禮	高祖子	加實封〔滿〕千戶；四年，加授司徒，兼潞州刺史
元嘉	高祖子	加實封滿千戶
元懿	高祖子	加實封滿千戶；總章中，累授絳州刺史
元軌	高祖子	加實封滿千戶，爲定州刺史
鳳	高祖子	加實封滿千戶；累授青州刺史
元慶	高祖子	加實封滿千戶；永徽四年，歷滑州刺史
元裕	高祖子	加實封滿千五百戶，歷壽、襄州刺史
元名	高祖子	加實封滿千戶，轉石州刺史
靈夔	高祖子	加實封滿千戶，永徽六年，轉隆州刺史
元祥	高祖子	加實封滿千戶
元祥	高祖子	加實封滿千戶，轉澤州刺史
元嬰	高祖子	加實封滿千戶
恪	太宗子	司空、梁州都督（刺史）；永徽四年，以謀反被誅
愔	太宗子	加實封滿千戶，元年，貶黃州刺史；四年，因坐逆謀，廢爲庶人
惲	太宗子	加實封滿千戶，永徽三年，除梁州都督；上元年，以謀反自殺

貞	太宗子	加實封滿千戶，永徽四年，授安州都督
愼	太宗子	加實封滿千戶，拜左衞大將軍；二年，授荊州都督
福	太宗子	加右衞大將軍，累授梁州都督
明	太宗子	加實封滿千戶，累授梁州都督，永淳中，坐與庶人賢通謀，自殺

總之，由於皇位繼承不穩定，權力的分配往往通過武力來決定④，以至掌權者在維持本身的權力上，不能不使出各種方法，一方面是懷柔，例如封官和封戶，這多見於掌權者權力未穩時。另一種則是高壓，卽爲了斬草除根，往往將宗室貶官或誅殺。推行這些手段的，有時是皇帝本人，有時也可能是如長孫無忌一樣與皇帝關係密接的臣下。

從這個角度來看，武則天在她臨朝稱制後大封李氏宗親，除了三公外又封他們爲太子三師的措施雖然似乎未有先例，但實質上並非一項創舉，只能說她封的人較多。同樣，她在中宗登位後不久卽使人殺了可能不是她親生的前太子李賢，在事件的性質上同樣不能說是前所未見，在手段上亦不見得比太宗更爲殘酷。太宗在所謂玄武門之後曾將兄弟滅門，卽位後卻假仁假義的將死去的兄弟改葬，還循例大哭一場，武則天在李賢被迫自殺後，同樣替他舉哀於城門和追封（《通鑑》光宅元年三月）。不過她未有將李賢絕後，另外對高宗三子上金和四子素節，亦未再加以新的迫害，二人待遇，反而似乎比高宗在生時還要好一點。

更應指出，武則天臨朝稱制後，不單對李氏宗室多採懷柔政策，實際上更利用了他們其中的一些中在朝中任職。李晦在則天臨朝後任戶部尚書，後來被派往參加平定徐敬業之亂，又拜右金吾衞大將軍，垂拱末年，又轉秋官郎刑部尚書。武后讓他鎭守以復唐爲口號的起兵據點，無疑信任有加。李沖玄亦在垂拱中，官至冬官郎工部尚書⑤。二人都是較疏的宗室，染指皇位機會不大，或是他們得保官位原因。前引《新唐書》所記宗室「無寄足地」，不能不因此必須視作帶有誇張的記載。

不過在李貞等起兵後，武后在短期間內用激烈和強硬手段對付宗室，規模顯較前人有過之而無不及。這可能有兩方面原因。首先，這與唐宗室經過兩朝繁殖，數目大爲增加有關，與此同時，李沖起兵雖然失敗，卻是唐朝開國以來，地方宗室起兵反中央的同類活動中，牽涉李氏人數最廣的一宗事件。要清算的話難免遭殃者多，事實上，宗室中除了男性外，高祖女常樂公主因夫婿壽州刺史趙瓌答應提供道路方便，也曾牽涉其中，後來似受到周興清算⑥。另外太宗女城陽公主所生的薛顗時任濟州刺史，亦曾與弟薛紹舉兵接應⑦，不過未有成功。可見起事牽連頗廣。這次是武后掌權後繼李（徐）敬業起兵後第二次受到的挑戰，這除了使武后感到不安甚至不耐煩外，相信必然還令她檢討以至改變本身的政策，由過去的懷柔方式改爲以寧濫無缺的方針去剷除反對份子。這其實無非是過去宮庭鬭爭方式的種延續，李唐宗室的慘劇，正是因此而出現。

無可否認，李唐宗室中，有不少並未參與起兵，但後來死於非命。舒王元名在永昌元年一度曾任司徒（新紀），顯然亦未曾參予起兵。和他有類似經歷的尚有有虢王鳳子申州刺史東莞公李融，是高祖孫，司馬光將他與其餘李氏宗人放在一起，但他由於「以武勇見知」，爲其餘主張起兵的宗室拉攏，他將事情上報，得到添爵升官，不過最得亦受到人告發他的舊關係而被誅。（《舊》六〇）李唐宗室無疑大量受害，但應注意的是，武則天並未有將李唐一族趕盡殺絕。前記任戶部尚書的李晦在永昌元年去世，可見李唐中人仍有少部份留在政壇。另外高宗朝被誅的太宗子李恪兒子重里，由於「數進獻符瑞」，也未受害，只是封爲「襄州刺史，不知州事」。他的傳記說他「褊躁無才」（《舊》七六），但另外又有紀錄說他由於不貪污，所以受到武則天讚賞，認爲他是「吾家千里駒」，故此改名千里（《册府元龜》八二五）。《朝野僉載》又載他使嶺南，究竟他是被貶又或正式派使，不能肯定，但他所爲，卻似與當時的酷吏無疑。⑧他弟弟李琨，亦在則天朝中歷任六州刺史，同樣未見受害，而且還「有能名」。可以懷疑，他們的官方紀錄，或曾經子孫修飾，但另一方面，前述各宗室所有美名，同樣也可懷疑是他們日後得到平反後而得，如果說不少唐朝宗室在唐初任地方官不稱職，而武則天乘機整頓，亦非全無可能。卽使一些受到相當大打擊的家庭，例如高祖子元嬰，有子六人在垂拱中死詔獄，但他兄弟十八人，其餘人遭遇如何，史未明載，但並不需要硬指全受逼害。

不管如何，武則天在李貞等起兵後雖然對所有宗室都有一度程度的懷疑，而其中有不少人無辜受害，但也有部份，特別是那些對武氏政權表明「忠心」的獲得存留。李千里傳中描寫垂拱年間政局，有所謂「時皇室諸王有德望者，必見誅戮」的描寫，大概應該作這樣的理解。另外，高祖女兒安定（千金）公主據載「以巧娟、善進奉」——主要是指他介紹薛懷義給武則天事得——以獨存，因得恩寵，加實封及賜姓武氏，亦或可爲印證⑨。

四、說武承嗣

應該一問，如果高宗朝對宗室推行高壓政策時有長孫無忌在興波作浪，到了武則天時，情況又有否改變？換言之，對付李唐宗室事，是否只是武則天一個人的主意？

一個較少爲人認眞討論的人物是武承嗣。《舊唐書》卷八十七裴炎傳有以下一段紀錄：「時韓王元嘉、魯王靈夔等皆皇屬之近，承嗣與從父弟三思屢勸太后因事誅之，以絕宗室之望。劉禕之、韋仁約並懷畏憚，唯唯無言，炎獨固爭，以爲不可，承嗣深憾之。」《資治通鑑》把紀錄收光宅元年十月下裴炎被下獄前，又加上一句「太后愈不悅」（頁六四二五），作爲武則天應對裴炎日後之死應負責的伏筆。原文出於裴炎傳，本身確有「太后不悅」字，不過指的是裴炎反對武嗣立武氏七廟的建議（又見《册府元龜》三二七、《新》七六）。《資治通鑑》不單將建廟事誤以爲在此事上「太后不從」⑩，又將「太后不悅」四字移花接木，改在處理李氏一族問題上，手法實在大有問題。不過，若果武則天果如司馬光所記，在崇先人事上與裴炎意見相異而不從，則在誅李氏二王一事上再度態度分岐時，亦大可照樣不從。然而實情顯然不是這樣：裴炎被武后殺了好幾年後，李氏宗親大多健在。所以紀錄當以裴炎傳爲準，即是說，因爲沒有誅李氏一族而感到遺憾的是武承嗣，原因無疑是武后依從了裴炎的意見，寬大處理李氏一族，而武承嗣和武三思的建議則未有執行。

武承嗣的建議雖然未被武后接納，但無可否認，他是武氏一族中的代表人物。（高宗朝咸亨五（六七四）年，他已經當上了宗正卿（《舊紀》），後來一度被貶嶺南（《舊》一八三本傳），何時回京不清楚。但到了高宗朝末年，他已成爲武后親信。永淳元年（六八二）四月，名將裴行儉病卒，遺物中包括重要論行軍的兵書十卷，武則天派去收爲內宮所用的官員就是武承嗣。（《舊》八四）武后臨朝稱制後，老臣劉仁軌表示不願當東當留守時，派往撫慰的人，又是武承嗣（《舊》八四），而睿宗册爲皇帝時的主禮人，同樣是他。（《通鑑》頁六四一八—九）武則天並一度有意將女兒太平公主嫁給他（《新》八三）。他的官運在武后臨朝稱制後急速上昇：光宅元年初，任禮部尙書；閏五月，爲太常卿、同中書門下三品。他在前面討論建先人廟和殺宗室兩件事中皆有份參與，雖然意見未被接納，並亦可見到他的地位和權勢。《舊唐書》卷六十七徐敬業傳載當時「諸武皆當權任，人情憤怨」，這比起《資治通鑑》改寫成的「諸武用事，唐宗室人人自危」，相信更接近事實。徐敬業當時雖然依然姓李，但在駱賓王替他寫的《討武照檄》中，仍以「皇唐舊臣」自居，雖然除了武則天外，未見針對武氏中人。但這既然是一篇宣傳文章，爲求煽情，只把衆人熟悉的武后作爲唯一攻擊對象，也是可以理解的。然而武承嗣等人對宗室所抱態度，李唐中人必然有所理解，亦當然存有介備之心。

最令李氏宗室提高警覺的事例，莫過於李孝逸的遭遇。他大概一片忠心，故得被派平定徐敬業起兵，「時譽益重」，卻因爲武承嗣等忌嫉，左遷黜中道的施州，後又遭人誣告，配徙儋州，死於當地。他雖然在載初元年始被殺⑪，但其餘李氏宗室有唇亡齒寒的感覺，實在難免。由此看來，武承嗣的本傳說他「諷則天革命，盡誅皇室諸王及公卿中不附已者，承嗣從父弟三思又盛贊其計，天下於今寃之」，應該不是誇張而是寫實之詞。前述武承嗣與裴炎在建武氏廟和處理李唐宗室關係兩個問題上先後意見不和，武承嗣更因意見受裴炎反對而「深憾之」。可以推測，這兩位身居朝廷高位的大臣，在其他事上也可能有不咬弦現象，而裴炎之下臺，與武承嗣或不無關係。武承嗣在裴炎失勢後，亦成爲朝中最有影響力大臣。正史中的武承嗣傳（《舊》一〇三、《新》二〇六）十分簡單，但參考其他紀錄，他與所謂酷吏關係密切，除李孝逸之死他應該有責任外，高宗子上金、素節後來幾乎族滅亦與他和周興有關（《舊》八六），後來岑長倩、格輔元、歐陽通等不贊成他爲皇嗣，亦遭受他一族和來俊臣等的毒手（《舊》七〇、一八九上），韋方質與他不合，結果被周興、來子珣所害，亦當算入他的帳（《舊》七五），另外李昭德、狄仁傑、喬知之等亦因他遭殃（《舊》八七、八九、一九〇中）。他對付政敵手法，從中可見一斑。他多次任相後又在短期內罷相，原因不太清楚，令人懷疑他缺乏出任高職能力。武后雖然一方面需要他的支持，另一方面卻未太信任或重用他，前面提及他的意見兩次未受採納卽是例子。他靠家族背景能勢和本身能力不足令他在朝中不能服衆。所以在他希望做皇太子時，替他上表的不過是鳳閣舍人張嘉福與洛州人王慶之，和所謂「輕薄惡少數百人」（《舊》七〇、八七），可見他支持者的不濟。武承嗣本身大概也可能有自知之明，故不斷以高壓手腕來施政。武周朝酷吏橫行無疑是事實，但看來並非純是武則天個人的需要，更是因武氏一族由於本身在朝廷中沒有實力而採用恐怖手段所引起。

李貞等起兵反對中央，就是在這樣的背景下的產物。他們鎭守地方，本與中央相安無事，但朝廷中武承嗣等人對李皇一族充滿敵意，使他們人心惶惶，冀求自保。垂拱四年武后建明堂完成，要舉行大禮，召宗室入京，更引起疑慮。本文起始所引《舊唐書》的記述謂武后「其後漸將誅戮宗室諸王不附己者，元嘉大懼」，其實二句次序應倒轉，卽如《新唐書》卷八十李貞傳所記，李唐宗室「共疑后遂大誅戮不遺種」，始有起兵之舉，更合乎事實。唐代明堂之禮一向以李唐先祖來配祀⑫，所以武后召各人到京，起碼在名義上是正當的。武后在明堂落成的詔書中，亦在其中提出「夫明堂者，天子宗祀之堂，朝諸侯之位也。」（《舊》二二：八六三）未有證據顯示，武后有任何陰謀舉動。據《資治通鑑》，武后命諸州到神都事在垂拱四年五月，而六月中，有〔太宗女〕「東陽大長公主削封邑，並二子削巫州」的一段紀錄。（頁六四四八）但參考《新唐書》卷八十三同記載，削封邑事乃受章懷太子事所累，所以該在高宗朝末年，而二子徙置巫州事則在「垂拱中」，司馬光把紀錄繫在此月，無非想指出武后醜行，但內容時間上均大有問題。而且公主失寵原因，是由於她嫁了給長孫無忌的舅族高履行，也就是說，武后討厭和針對的並非是皇室李氏一族，事情故此不能視爲她迫害唐宗室證據。我們再看七月行明堂禮時的情形：武后任初獻、皇帝爲亞獻、太子爲終獻。這與她日後自任初獻，武承嗣和武三思分任亞獻和終獻情形大異其趣⑬。武后無疑個人專政，不過李氏皇室權力雖然受到架空，但起碼在形式上仍保有極高的地位，並未有被代替的現象。⑭總而言之，垂拱四年李唐宗室反唐運動的主要起因，與其說由於武后個人的威脅，無寧說由於以武承嗣爲首領集團的威脅，更爲妥當。

李唐部份宗室在垂拱四年起兵反武一役，不足一個月便以失敗爲結束。失敗主因，無疑是準備不足，行事倉卒。⑪事情過程並不重要，因爲它並沒有搖動廷的權力根基，不過它卻改變了武則天的態度，使李唐宗室受到一場小型屠殺。事情本末，不能純從武則天要建立周朝的私心單方面去理解，而應從當時政壇中，特別是宗室間和政治集團間的傳統鬪爭方式，始能看清楚問題的本質和產生悲劇的原因。

五、李唐宗室起兵與武周革命

《資治通鑑》以所謂「太后潛謀革命，稍除宗室」去解釋這次起兵，雖然未見穩當，但起兵事與日後的武周革命事，並非毫無關係。按一般的說法，武后在臨朝稱制後，卽有打算簒唐。若然，按照當時的權力鬪爭傳統，她對於唐宗室，必然有所動作。但從上面的析卻清楚看出，雖然實際上有人建議削弱唐宗室力量，武后卻未有依計而行，先下手爲強的，反而是唐宗室。因此，我們對武則天簒唐野心的孕育過程的舊有說法，有重新檢討必要。武則天雖然廢了中宗，但這並非全是她個人主意⑫，她雖然把睿宗也當作傀儡，獨掌大權，卻不能說她已有簒唐之心，亦不見得她有必然非如此做不可之原因。如果說武則天在臨朝聽政初年未有聽從武承嗣等人意見，則她在起兵後大力打擊李唐一族，無疑是一種顯著的改變。武后固然充滿政治野心，但她的權力本源自高宗，故對李唐皇室，卽使在高宗去死後，仍保持一種維護態度。但她在宗室起兵後處理李唐一族的手段，卻流露了對李氏宗室的厭惡。敦煌變文〈唐太宗入冥記〉相信卽寫於其後不久，文中指責唐太宗「殺兄弟於前殿，囚慈父於後宮」，把李世民醜化⑬，另外道教典籍《雲笈七籤》卷一二二李賞斫龍州牛心山古觀松柏驗條，記龍州牛心山有李唐遠祖葬地，「武氏簒國，濳欲革命，敕鑿斷山脈」，大概亦有一定程度的可信性。兩件事情均反映到武氏政權對李唐宗室的刻意打擊，相信可以間接追溯到起兵一事和武后態度的轉變。

論者曾謂武則天崛起的特點是少有倚靠別人，但這個說法大概只適用於她的上半生，當她未掌大權之際。⑭能否用於她的下半生，卻大有疑問。武后在建立周朝後命相之時，並不忘時常留一席位給「當宗及外家」（《舊》六二楊執柔傳），可見不管她治術如何高明，亦不能完全在朝廷中沒有支持者。李唐宗室起兵失敗後，武后在政治上的盟友，亦從李唐一方，改爲勢力日增的武氏一族。她不久建周代唐，大概也是接納了由武承嗣等提出的建議。由此看來，在武則天由臨朝稱制至簒唐的經過上，宗室的起兵卽使不是武氏態度改變的關鍵，相信也起了催化劑的作用。總而言之，與其如舊日史家所論，將垂拱四年李唐宗室起兵視爲武則天簒唐的經過和手段，無寧視之爲武則天日後改朝革命的誘因，更爲妥當。

【附　註】

① 過去武則天的專著提及此事時，有按史籍所載理解這事，如近年澤田瑞穗：《則天武后》（李天送譯，西安，三秦出版社，一九八九），頁一三七；有未提及史籍所提供的這個遠因，如外山軍治：《則天武后》，

中央公論社，一九六六，頁一二〇，採用的只是「明堂禮陰謀說」，胡戟：《武則天本傳》，西安，三秦出版社，一九八六，頁九七－八一，則以爲唐宗看透了太后在「潛謀革命」而惶惶不安。郁賢皓、方義兵：《女皇帝武則天》，上海人民出版社，一九八七，頁一〇四－五，說法類似。

② 過去，林語堂《武則天傳》（宋碧雲譯本，遠景出版社遠景叢刊一〇五，一九七九），頁一四七－四九有「謀殺表之二」，列出諸王被殺時間，有同樣結論，但氏只強調武氏殺人一面。

③ 參拙文〈武士彠事蹟另探〉所論唐太宗封功臣部份，收《食貨》復刊一三－九、一〇，一九八四。

④ 參李樹桐：〈唐代帝位繼承之研究〉，收《唐史研究》，一九七九，臺灣中華書局，原載《中國歷史學會史學集刊》四，一九七二。

⑤ 除《舊唐書》六〇本傳外，參嚴耕望：《唐僕尚丞郎表》頁六三一－二。

⑥ 參《新唐書》八三、三六四四－五常樂公主本傳，又見同書八〇、三五七七及《舊唐書》五一、二一七一。另《新紀》四、八七載她在垂拱四年九月被殺，疑誤，因《新唐書》七九、三五五一提及詔改元嘉，魯王、越王姓「虺」紀錄中，未提及常樂公主，》新紀《所載，可能是加揷紀錄。

⑦ 見《新唐書》八三、三六四七－八、同八〇、三五七七。

⑧ 《朝野僉載》（北京中華書局標本，一九七九）二、三三。

⑨ 安定公主背景見《新唐書》八三、三六四四，與武則天關係參《舊唐書》一八三、四七四一－二薛懷義傳，《新唐書》七六、三四八〇所記薛懷義與安定公主不同，不從。

⑩ 《資治通鑑》頁六四二二，據《 舊唐書 》一八三、四七二九武承嗣傳，置武氏七廟事在天授元年，《新唐

書》四、九〇作同年九月丙戌。

⑪ 《舊唐書》六〇，又參《鑑》二〇四、六四四六。《新唐書》四、九〇記他於載初元年五月被殺，《通鑑》不從，但從《考異》所引《統紀》及《唐曆》所記而看，他的死與「其黨」一起，似非自然而是有組織的暗殺行動，今不從《通鑑》。

⑫ 有關明堂討論，可參金子修一〈則天武后の明堂について——その政治的性格の検討〉中第二節〈唐初的明堂〉，唐代史研究會編：《律令制》，汲古書院，一九八六。

⑬ 前者見《通鑑》二〇四、六四五六。後者見《新唐書》七六、三四八二。

⑭ 事件本末，可參《册府元龜》二八九、《册府元龜》二〇四、六四四九—五二及《舊唐書》七六、二六六一—三。谷霽光在〈安史之亂前的河北道〉（《燕京學報》一九，一九三六；後收《史林漫步》，北京中華書局，一九八二），以爲河北人民曾支持此事，說爲浦立本 (E. G. Pulleyblank) 在 *The Background of the An Lu-shan Rebellion*, School of Oriental and African Studies, Universits of London, 1955, 頁七六所引，但二人顯然未能擧出例證。近年 R.W.L. Guisso 在 *Wu Tsu-t'ien and the Politics of Legitimation in T'ang China*, Western Washington University Press, 1978, 頁六六，引《資治通鑑》頁六四五一，有不同看法。《通鑑》文與《舊唐書》七六等同，因《考異》引有實錄，疑當爲實錄文。

⑮ 參拙文〈論武則天的臨朝聽政〉，武則天研究會。文水武則天紀念館編：《武則天與文水》，山西人民出版社，一九八九。簡本見「武則天何以臨朝聽政？」，臺灣『歷史月刊』一八，一九八九年七月。

⑯ 參蕭登福〈敦煌寫卷《唐太宗入冥記》之撰寫年代及其影響〉，《敦煌俗文學論叢》，臺灣商務印書館，一九八八；初刊『中華文化復興月刊』一八—六、六，一九八五。

⑰ C. P. Fitzgerald, *The Empress Wu*, 1935, London, P. 52. 作者在這裏主要討論武則天任皇后初期對親人的無情。

唐魚二種

莊申

壹、鯉魚

飲食是文代的一部份。飲食的歷史不但應該視爲文化的歷史的一部份，也應該視爲生活之歷史的一部份。近年我國學界對於唐代文化的研究，雖然日漸興盛，可是對於包括飲食在內的唐代生活史之研究，似乎還未見開拓。這篇論文只能算是對於唐代文化史之研究的一個新嘗試。

一、唐代以前的鯉魚

鯉魚是我國最常見的淡水魚類之一。它與中國飲食文化的關係是悠長而密切的。《詩經》的〈小雅〉，在〈魚麗〉裏曾說：魚麗於四留，鰋鯉。君子有酒，旨且有。①〈小雅〉的〈六月〉又說：吉甫燕喜，既多受祉。來歸自鎬，我行永久。飲御諸友，包鼈膾鯉。侯淮在矣，張仲孝友。②《詩經》的〈周頌〉在〈潛〉篇又說：猗與漆沮，潛有多魚。有鱣、有鮪、鰷、鱨、鰋、鯉。以享以祀，以介景福。③《詩經》的〈陳風〉也曾說：

豈其食魚，必河之鯉。④

在上引各詩之中，頌是貴族祭祀時頌神或頌祖先的樂歌，雅是貴族在大型宴會所用的樂歌，而風是表現各地風土人情的民歌。既然《詩經》的頌、雅、與風都提到鯉魚，可見在從周代到春秋時代的這幾百年之間，貴族的祭祀與宴會，既然要用鯉魚，就在民間，當時的飲食，也重視鯉魚。〈魚麗〉雖未提到鯉魚的產地，可是〈六月〉卻明白的指出給吉甫賀喜的酒宴是在鎬京舉行的。鎬京的位置在成爲黃河之支流的渭水的南岸，⑤所以吉甫的酒宴中所吃的鯉魚應該來自渭水。〈潛〉篇所提到的包括鯉魚在內的六種魚都來自漆、沮二水。這二水又是距離鎬京不遠的渭水的一條支流。⑥由這兩首來看，周代貴族在祭祀與宴會時所用的鯉魚的來源，是鎬京以北的渭水與其支流。在〈衡門〉篇裏鯉魚的來源是河。在先秦時代，所謂河都指黃河。⑦〈陳風〉是大致寫於公元前五九九年以前的陳國的民歌。⑧春秋時代，陳國的國土雖然兼跨河南與安徽等兩省，⑨但其主要領土，卻在河南的開封以東，這一帶正是流入淮河的潁水流域的上游。產於黃河裏的鯉魚雖然特別肥美，但是由於地理位置的關係，陳國的國民或者是沒有機會吃得到的。〈陳風〉裏的那兩句詩的原義雖然是說，如果想要吃魚，什麼地方所產的魚都可以吃，不一定只有產於黃河的魚才能吃。可是事實上，如果能把這個意思作反面的瞭解，也許可以說，遠在春秋時代，在孔子删定《詩經》之前，住在潁水流域的陳國人卻早已知道，雖然什麼地方的魚都可以吃，不過在品質上，由於產於黃河裏的鯉魚，特別的肥美，才是最好吃的。

位於開封以西的洛陽，是河南的一個重要的城市。在地理上，洛水是黃河的支流，洛陽就處在洛水的北岸。在政治上，在唐代以前，洛陽曾經先後是東周、東漢、北魏的國都。在南北朝時代，當北魏建都於洛陽的時候，洛陽的佛寺極多。在北魏孝靜帝武定五年（五四七年），楊衒之還特別爲這些佛寺而編寫了著名的《洛陽伽藍記》五卷。此書卷三在記述位於洛陽與洛水之間的永橋市場的時候，曾經特別指出：

伊、洛之魚，多於此賣。士庶須膾，皆詣取之。魚味甚美。京師語曰：洛鯉、伊魴，貴於牛羊。⑩

根據這段記載，產於洛水的鯉魚，既然魚肉「甚美」，或者與產於黃河裏的鯉魚一樣，品質是非常好的。大概正由於產於洛水的鯉魚品質好，在市場上面供不應求，所以才形成洛鯉在北魏時代的售價，比牛肉或羊肉還高的局面。儘管在北魏時代，當時的魚價與牛羊肉價，現在已難稽考，不過如以楊衒之的紀錄爲證，產於洛水的鯉魚，在北魏時代的飲食文化之中，佔有相當重要的地位，或許是無須置疑的。在瞭解了黃河之鯉與洛水之鯉在唐代以前的飲食史上的歷史地位，再來討論鯉魚與唐代飲食文化的關係，似乎就更有意義了。

二、唐代的鯉魚

唐代雖把陝西的長安建爲國都，不過仍把河南的洛陽定爲東都。唐代的天子雖然以住在長安的時間較多，可是每當他們偶住洛陽，應該是可以享用產於洛水之鯉魚的。可是事實上，自從唐玄宗在開元元年（七一三年）即位以後，唐代的天子不但沒吃過「肉味甚美」的洛水鯉魚，恐怕在他們的一生之中，是連任何一種鯉魚也從來沒吃過的。玄宗即位以後，唐代的十四位天子都吃不到洛鯉，並不是由於濫捕，以致鯉魚已在洛水之中絕種，而完全是由於受到當時的政治禮教的影響。爲了能把這個觀點解釋清楚，不得不先從漢代開始但到唐代仍在使用的避諱制度，稍爲介紹一下。

1. 唐代的諱字與鯉魚

從文獻上看，大概遠從西漢時代開始，中國的民間已經實行一種避諱的制度。所謂避諱，就是民間的書面文字，要避免使用天子及其家屬之姓與名的諱字。假如這些諱字在書面上無法避免，就要根據改字、空字或缺筆等三種方法，而把諱字的結構與形狀，或加以改變，或加以省略，或改由同聲的字來代替，以達到避諱的目的。

秦始皇的姓名是嬴正。正字既然成爲民間不能使用的書面諱字，所以不但在秦始皇生前就已鐫刻完成的銘刻之中，不能使用「正」字，⑪就在西漢時代，當司馬遷編寫《史記》，依然要避「正」字的諱。⑫王莽簒漢，建立新朝（九年）。十七年後，光武帝中興，又滅了新，而建立了東漢王國（二五年）。由於漢光武希的本名是劉秀，在東漢，秀字又成爲民間不准使用的另一個書面諱字。關於這一點，無論以班固的《漢書》爲例，⑬還是以東漢時代的碑刻爲例，⑭都可清楚的看得出來。把正字改成端字，以及把秀字改成茂字，是用一個字來代替某一個諱字的改字避諱法。

許愼在東漢和帝永元十二年（一〇〇年）編成《說文解字》十五卷，成爲中國的第一部字典。在這部字典中，許愼對於每一個字，是先用篆書寫出它的結構，然後再在這個篆字之下用楷書寫出它的意義與讀音。從光武帝，到漢和帝，東漢的四位天子分別是光武帝、明帝、章帝、與和帝。除了光武帝的本名是劉秀，已如上述，其他三位天子的本名分別是劉莊、劉炟、與劉肇。在《說文解字》之中，許愼雖然用篆書寫出了明帝、章宗、與和帝等三人的本名，可是在莊、炟、肇等三個篆字之下，他不但並未用楷書把這三個字加以辨認，而且還特別注明「上諱」。⑮意思是這三個字都是天子的本名，他爲了要避諱，所以把應該用楷書辨認的釋文都省去了。

在唐代，唐太宗的本名是李世民。世、民二字既是諱字，民間的書面文字當然是不能使用的。所以在刻於貞觀三年（六二九年）的《等慈寺塔記》之中，王世充這個名字就寫成了王充。⑯在王世充的姓名之中省掉世字，就是在書面上用空字法來避免諱字。在書面上，把應該寫出來的字，故意的省略掉，是用空字的方法來避免某一個諱字的省字避諱法。

此外，在刻於唐高宗乾封元年（六六六年）的《贈都泰師孔宣公碑》之中，碑文裏的「愚智齊泯」這一句，是刻成「愚智齊泜」的⑰泯是破滅，⑱泜是停止。⑲這兩個字的字義既不相同，「齊泯」是不應該刻成「齊泜」的。可是由於民與氏的字形非常接近，所以才特別把泯字刻成泜字。用泜來代替泯，當然是由於泯字與民字同音，是唐代的諱字。所以把泯字刻成泜字，就是在書面上，用改字的方法來實行避諱的。

2. 唐代的刑法與鯉魚

在簡單的介紹了漢唐之間的避諱制度之後，應該回到唐代的鯉魚的這個主題上來。唐代是由李淵（五六六—六三五年）創立的。所以在唐代，李字是國姓；國姓當然是一個諱字。⑳鯉字既與李字同聲，所以鯉字也成爲唐人的一個諱字。因爲如果把吃鯉魚簡化爲吃鯉，吃鯉也可與吃李相當。所以無論是在口語上、還是在書面上，吃李都是對唐代之國姓的一種侮辱。唐玄宗開元三年（七一五年），唐代的中央政府明文規定民間不准吃鯉魚。㉑根據當時的法律，捕到了鯉魚，應該加以放生。如果偸賣鯉魚而被政府發現，是要接受用木棒在身上棒打六十下之杖刑的。㉒在唐代，如果私自拆開政府的公文信封而偸看公文的內容，所受的笞刑，不過只是六十竹棒而已。㉓此外，如果官奴或官婢逃亡而被捉回，每逃一天所受的杖刑也不過是六十木棒。㉔可見因爲買賣鯉魚而被杖六十木棒，刑罰是相當重的。偸賣鯉魚而要被懲以這樣嚴重的刑罰，是由於對於國姓的侮辱。

3. 唐人是否吃鯉魚

唐玄宗既然是開元三年才下令禁止民間吃鯉，可以想見，在他頒佈這條法令之前，在民間，也許還是可以吃鯉魚的。何以證明呢？在唐玄宗時代，《遊仙窟》是由張鷟所寫的一篇小說。在《遊仙

窟》之中，當女主角崔十娘與男主角相對飲酒的時候，是有不少下酒菜的。其中一種是「荷間細鯉」。㉕

張鷟的《遊仙窟》的寫成時代雖難確考，不過日本文人山上憶良在日本的天平五年（相當於唐玄宗開元二十一年，七三三年）曾作〈沈痾自哀文〉。在這篇文章之中，山上憶良曾經引用了《遊仙窟》裏的韻文。㉖由此可證《遊仙窟》的寫本不但應在開元二十一年之前已經傳到日本，而且這部小說的撰寫，也應該比開元二十一年更早。

遠在隋煬帝大業三年（相當於日本推古天皇十五年，六〇七年），日本政府已經開始派遣遣隋使到中國來朝貢。㉗到了唐代，這個朝貢團的派遣，非但沒有停止，反而更加頻繁了。從時間方面觀察，大概遣唐使的第八、第九、與第十次，與張鷟的活動時代正好密切有關。日本的第八次遣唐使雖在大寶二年（相當於唐武后長安二年，七〇二年）六月來華，團員卻在日本慶雲元年（相當於唐武后長安四年，七〇四年）七月、慶雲四年（相當於唐中宗景龍元年，七〇七年）三月、以及日本養老二年（相當於唐玄宗開元六年，七一八年）分成三批，陸續返日。㉘第九次遣唐使在日本養老元年（相當於唐玄宗開元五年，七一七年）三月來華，團員在養老二年返日。㉙第十次遣唐使在日本天平五年（七三三年）來華，團員又分成三批，分別在天平六年（相當於唐玄宗二十二年，七三四年）十一月、天平八年（相當於唐玄宗開元二十四年，七三六年）七月、以及天平十一年（相當於唐玄宗開元二十七年，七三九年）返日。㉚在這三次遣唐使之中，第十次遣唐使正是在山上憶良寫成〈沈痾自哀文〉的那年才來華的。如果《遊仙窟》不會在傳到日本之後，立卽風靡一時，使得山上憶良在他的〈沈痾自哀文〉裏也要引用《遊仙窟》裏的韻文，可見《遊仙窟》傳入日本的時間，應該比第十次遣唐使來華的時間要早一點。易言之，此書傳入日本的時間，是應該早於開元二十一年（七三三年）的。

根據一位學者最近的研究，張鷟約生於唐高宗顯慶三年（六五八年），卒於唐玄宗開元十八年（七三〇年）。[31]在唐武后的垂拱三年（六八七年），張鷟的年齡是三十歲。對於享年七十三歲的張鷟而言，二十八歲到三十歲的這三年（也卽從垂拱元年到三年，六八五—六八七年）可以算是他的早年。如果《遊仙窟》是張鷟早年的作品，[32]這篇小說或者可以假定是他在垂拱三年或此年之前寫成的。根據這個假設，到長安四年（七〇四年），也卽當日本的第八次遣唐使之團員返日的那年，這篇小說已經寫成了十五年。再據同樣的假設，到開元五年（七一八年），當日本的第九次遣唐使之團員返日的那年，這篇小說已經寫成了四十年。《遊仙窟》既已寫成了這麼多年，所以在從長安四年到開元五年之間，日本的遣唐使之團員才有機會把這篇小說由中國帶回日本。卽使《遊仙窟》傳入日本的時間遲至開元五年，可是到開元二十一年，當山上憶良作〈沈痾自哀文〉，它已在日本流傳了十六年。因此山上憶良才有機會把《遊仙窟》裏的韻文，引用到他的〈沈痾自哀文〉裏。如果以上的推測可信，張鷟在《遊仙窟》裏把「荷間細鯉」當作一種下酒菜，就可以得到一種解釋。因爲這篇小說可能寫於唐武后垂拱三年前後，在那時候，唐玄宗非但不是天子，而且還只是一名年齡只有三歲的嬰孩。[33]由唐玄宗所規定的民間不准吃鯉魚的禁令，既在武后垂拱三年還沒頒佈，崔十娘當然是可以用

「荷間細鯉」當作下酒菜的。

與張鷟先後同時的杜甫（七一二—七七〇年），是盛唐時代最重要的詩人之一。杜甫在他的晚年，在肅宗寶應元年（七六二年），曾經轉住綿州（今四川綿陽一帶）。在這年，他寫過一首詩題是〈觀打魚歌〉的詩，㉞詩中曾說：漁人漾舟沉大網，截江一擁數百鱗。衆魚常才盡都棄，赤鯉騰出如有神。㉟晚唐時代，李復言撰《續玄怪錄》，據此書之〈薛偉〉篇，薛偉除了曾經與他的同事一齊吃鯉魚，又曾夢見自已化身爲鯉魚，可是當他的化身被漁人捕到，因爲別人想要吃鯉魚，所以斫下了他的化身的魚頭。㊱

杜甫的〈觀打魚歌〉是他在寶歷元年的作品。㊲這時候，由唐玄宗在開元三年所製定的民間不得買賣鯉魚之禁令，已經頒佈了五十多年。杜甫既在這首詩裏提到當地的漁民用網去捕赤鯉，可見在綿竹，四川的居民是吃鯉魚的。

至於在《續玄怪錄》裏，薛偉與其同事一齊吃鯉魚的事，雖然發生在唐肅宗乾元元年（七五八年），可是故事發生的地點，仍與上引杜甫詩中所提到的地點一樣，同在四川。不過特別值得注意的是，根據北宋初年的一種文獻的記載，李復言的活動時代，是晚唐文宗的太和（八二七—八三五年）與開成（八三六—八四〇年）時代。㊳所以記載了發生於乾元元年的人化爲魚的怪事的〈薛偉〉篇，似乎也應該視爲李復言在太和或開成時代才完成的作品。如果〈薛偉〉寫於太和九年（八三五年），其時上距杜甫在寶歷元年記載綿竹居民用網去捕赤鯉的時間，已有七十二年。假如〈薛偉〉寫於開成五年（八四〇年），上距杜甫在四川綿竹見人捕鯉，已經接近八十年。

總之，以杜甫的詩句與李復言的小說爲證，可以看出至少在從唐肅宗寶歷元年到唐文宗開成五年左右的這七十年之間（七六二—八四〇年），四川的居民是吃鯉魚的。他們敢在禁令之下偷吃鯉魚，大概是由於四川遠處西南；唐代中央政府所頒佈的禁止吃鯉魚的法令，在這些南部地區，恐怕是難以執行的。

中唐詞人白居易（七一二—八四六）在他的〈舟行〉詩裏說：船頭直行竈，炊稻烹紅鯉。㊴這首詩在詩題下面有「江州路上作」的五字注文。在白居易的一生之中，他是在憲宗元和十一年（八一六）之秋被貶到江州，又在元和十三年（八一八）之春離開江州的。㊵唐代江州的州城是潯陽，其他在今江西鄱陽湖北端之西側。㊶〈舟行〉雖難確斷是他在江州時期的何年之作，但即使用最保守的方法來計算，也不會遲於元和十三年。詩文既說「炊稻烹紅鯉」，可見在相當於八一六至八一八的那三年，江西的江州一帶的居民，是吃鯉魚的。綜合杜甫、白居易、和李加見的詩，以及李復言的小說，河南與江西居民吃鯉魚的時間，與四川居民吃鯉魚的時間是脗合的。這樣說，在從七六二到八四〇年的這八十年間，禁吃鯉魚的法令的執行，至少在河南、江西、與四川三地都不夠嚴格。風格詭異的李賀（八九一—八一七）寫過〈大堤曲〉。在此詩中，李賀曾經寫過下引之詩句：郎食鯉魚尾，妾食猩脣。㊷此詩的寫作地點與時間都難確定。不過李賀曾居昌谷，其地在今河南洛陽西南之宜陽。成爲黃河的支流的洛水，正好流經宜陽北郊。也許〈大堤曲〉裏所提到的鯉魚的來源，正是洛水。㊸在時間上，用最保守的方法來計算這首詩的寫成時代，不會遲於八一七年，也卽李賀卒世之年。假如事實的確如此，可見由楊衒之在五四七年所記載過的洛鯉，到八一七年左右，依然是洛水流域居民喜愛的菜肴。

4. 鯉魚在唐代的別名

晚唐的另一位文人段成式（八〇五—八六三年），是著名的《酉陽雜俎》的作者。據他在這部書裏的紀錄，在唐代，鯉魚是有「赤鯶公」之別名的。㊹所謂鯶（音渾），按照晉人郭璞（二七六—三二四年）的說法，就是鯇魚。㊺而鯇魚，再按照明人李時珍的解釋，就是草魚。㊻根據魚鱗的顏色，鯇魚雖然又有白鯇與靑鯇之別，㊼可是事實上，並沒有長著紅鱗的赤鯇，所以所謂的「赤鯶」，是並不存在的。可是把紅鱗的赤鯉稱以赤鯶公的別名，似乎並非沒有意義。

把赤鯉稱爲赤鯶公雖然是無中生有的不切實際的事，不過用別名來稱呼鯉魚，並不是由唐人開始的。至少在文獻上，可以找到不少的先例。譬如根據張揖的紀錄，在三國時代的魏代，長了黑鱗的鯉魚，是有「鯶」之別名的。㊽時代稍晚一點，到了晉代，根據崔豹的紀錄，鯉魚鱗共有五種顏色：在當時，長了紅鱗的鯉魚的別名是「赤驥」、長了靑鱗的鯉魚的別名是「靑馬」、長了黑鱗的別名是「玄駒」、長了白鱗的別名是「白騏」、而長了黃鱗的鯉魚的別名是「黃雉」。㊾在過去，玄駒雖然是螞蟻的別名，㊿但由崔豹的紀錄來看，到了晉代，在三國時代開始使用的，把黑鱗的鯉魚稱爲鯶的這個別名，似乎已經不再使用了；而且玄駒似乎也已不再是螞蟻的別名，因爲黑鱗鯉魚的新別名正是玄駒。所謂駒，本來是對年青力壯的馬匹的泛稱。㉛其實在晉代，不僅把黑鯉稱爲玄駒，是用馬來稱呼魚，就是把赤鯉稱爲赤驥、把青鯉稱爲青馬、以及把白鯉稱爲白騏，也都是用馬來稱呼魚；因爲在字義上，驥是奔速最快的千里馬，㉜而騏是一種在身上長著深黑色之斑點的馬。㉝在晉代，鯉魚的比較特別的別名是把黃鱗的鯉魚稱爲黃雉。所謂雉，就是具有長尾的野雞。㉞在京劇之中，裝飾在武生頭冠上的長羽，正是雉的長尾羽。用雉與馬匹的不同的名稱作爲五種鱗色不同的鯉魚的別名，是晉人對鯉魚給予新的代名詞的一種風氣。

段成式既說唐人爲紅鱗鯉魚所起的別名是赤鯶公，可見這個別名是用一種魚來稱呼另一種魚。在類型上，唐人把赤鯉稱爲赤鯶，與魏人把黑鯉稱爲黑鯙，是一致的。這也無異於說，在類型上，唐人把赤鯉稱爲赤鯶，與晉人把赤鯉稱爲赤驥、或把黃鯉稱爲黃雉的那種把魚稱爲馬，或稱爲鳥的方法是不一致的。前面說過，唐人把紅鱗的鯉魚稱爲赤鯶公，雖然可能並沒有特別的涵義，不過當唐玄宗頒佈了民間不得買賣鯉魚的禁令以後，用赤鯶公作爲紅鯉的代名詞，至少可以避免使用鯉、李同聲的這個諱字。假如這個推測可以接近事實，唐人把紅鱗之鯉稱爲赤鯶公，一方面既與魏人在三國時代把黑鱗之鯉稱爲黑鯙的那個文化傳統有些關係，另一方面，又可以在賣魚的時候，由於並未直接使用紅鯉這個諱字，而免掉六十棒的笞刑，眞不可不說是用心良苦的。

貳、鯿魚

一、唐以前與唐以後的鯿魚

唐人所吃的第二種淡水魚，是鯿魚。這種河魚的地理分佈雖然相當廣，不過根據李時珍（一五一八——一五九三）的調查，至少在明代晚年，也卽在十六世紀的下半期，鯿魚的產量，似以流穿陝西與湖北的沔水流域與漢水流域最多。[55]《爾雅》在〈釋魚〉部份提過「魴魾」。[56]據晉人郭璞寫在魴魾二字之下的注文，魴魚是江東對於鯿魚的稱呼。[57]再據一般的慣用法，所謂江東，通常是指安徽蕪湖以東的長江下游之南岸地區而言的。[58]鯿魚既在江東地區，另有魴魚之別名，可見長江的下游地區，應該也是鯿魚的產地之一。李時珍的紀錄既然特別指出鯿魚的產量以陝西的沔水與湖北的漢水流域最盛，可見就以長江流域爲例而言，鯿魚集的集中地區，似有因時而異的現象。易言之，鯿魚的產地，從時間方面來看，好像並不是一成不變的。

沔水與漢水流域的中游與下游雖然都產鯿魚，可是這兩個地區並不是鯿魚的唯一的產區。譬如三國時代的吳國陸璣就曾明白的指出：

> 魴，今伊、洛、濟、潁魴魚。廣而薄，肥恬而少力，細鱗魚之美者。……遼東梁水魴，特肥而厚，尤美於中國魴。故其鄉語：居就糧，梁水魴。[59]

在陸璣的這段記載之中，有兩點是値得注意的：首先，他指出魴魚在體型上的特徵是「廣而薄」。用比較通俗的字眼來形容，魴魚在體形上的特徵是又大又扁。這種魚被稱爲鯿魚，應該正與它的體質上的特徵有關。其次，陸璣指出鯿魚在長江流域以外是另有產區的。伊與洛雖然分指洛陽之南的伊水與洛水，但濟與潁則各指發源於河南，卻分別流入山東與安徽的濟水潁水。儘管濟、潁二水的下流已經流出河南，卻不能說這兩條河是與河南無關的。這樣說，在河南地區的伊、洛、濟、潁等四水流通過的地方，也卽中國的中原地區，又是鯿魚的另一個產區。在三國時代，由陸璣所提到的出產魚的梁，應該就是在漢代，由班固所提到的大梁水。⑥⓪在遼東半島，分爲大、小遼河的遼水，是當地最重要的河流。大梁水雖然發源於遼東半島東側的山地，卻向西流，流過遼東郡的郡治所在地以後，繼續向東流，然後在遼陽以南注入小遼河，成爲遼水的一部份。⑥①

二、唐代的鯿魚

綜合吳人陸璣、晉人郭璞，與明人李時珍的紀錄，鯿魚在中國的分佈相當廣闊，無論是在東北的遼水流域、華北的黃河流域，還是在華中的長江流域，無不都有相當多的產量。從另一個角度來看，據前引楊衒之的記載，產於伊水的鯿魚，既能和產於洛水的鯉魚一樣，在售價上，高於當時的牛肉或羊肉的售價，伊水鯿魚的品質應該是相當好的。此外，再據前引陸璣的記載，產於大梁水的鯿魚的魚肉，不但既肥且厚，而且「尤美於中國魴」，可見產於東北的鯿魚的品質，可能比產於中原地區的鯿魚的品質更好。可惜在文獻上，除了陸璣讚美過東北的鯿魚，產於大梁水的品質優美的東北鯿魚，竟從未見於唐人的紀錄。所以唐人所吃到的鯿魚，可能只限於湖北漢水流域的槎頭鯿。

1. 漢水流域是鯿魚的產地

上游發源於陝西南部的漢水，在流入湖北以後，在武漢注入長江，成爲長江中游地區的重要支流。可是在地理上，位於陝西漢中以西的漢水上游，是另有沔水之專稱的。[62]在明代後期（或在十六世紀的下半期），無論是漢水、還是沔水，都產鯿魚。[63]然而在唐代，鯿魚的產地，似乎只限於漢水，特別是漢水下游的襄陽地區。在當時，沔水不產鯿魚，不知究竟是由於唐人的疏忽，還是由於漢水的鯿魚，產量逐漸增多，所以到了明代後期，鯿魚的產地，已經由漢水擴張到沔水了。

盛唐時代的詩人孟浩然（六八九——七四〇年），在籍貫上，是襄陽人。[64]在孟浩然的五十二歲的生命之中，他雖然三次離家遠游，[65]可是他的一生，仍以居住在襄陽的時間較長。所以在孟浩然的詩篇裏，在提到襄陽附近的地方的時候，也常常提到襄陽的鯿魚。譬如他在〈峴潭作〉中說：

> 石潭傍隈隩，沙岸曉夤緣。試垂竹竿釣，果得槎頭鯿。
> 美人騁金錯，纖手膾紅鮮。因謝陸內史，蓴羹何足傳。[66]

峴山位於襄陽東南四十五里，在漢水的西岸。[67]峴潭是峴山的一個水潭。由這首詩，可知在峴山之下的水潭裏，是有鯿魚的。此外，他在〈多至後過吳張二子檀溪別業〉詩中又說：

卜築因自然，檀溪不更穿。園廬二友接，水竹數家連。
直與南山對，非關選地偏。草堂時偃暴，蘭枻日周旋。
外事情都遠，中流性所便。閒垂太公釣，興發子猷船。
余亦幽棲者，經過竊慕焉。梅花殘臘月，柳色半春天。
鳥泊隨陽雁，魚藏縮項鯿。停杯問山簡，何似習池邊。⑱

此詩詩題所謂檀溪，應該是檀溪水的簡稱。檀溪水是漢水的支流，位於襄陽以北。⑲由這首詩，又可知非但漢水出產鯿魚，在漢水支流的檀溪水裏，同樣也有鯿魚的出產。據〈峴山作〉，產於峴山之下的鯿魚，可以用漁竿釣，再據〈冬至後過吳張二子檀溪別業〉中「閒垂太公釣」之句，產於檀溪水裏的鯿魚，仍然要用漁竿釣取。看來孟浩然與他的朋友每次想吃鯿魚，就可持竿垂釣。這樣看，魚在襄陽一帶的產量應該是相當豐富的。

除了上引二詩，孟浩然又在〈送王昌齡之嶺南〉詩中提到鯿魚。此詩的詩文如下：

洞庭去遠近，楓葉早經秋。峴首華公愛、長沙賈誼愁。
土毛無縞紵，鄉味有槎頭。已抱沈痼疾，更貽魏魋憂。
數年同筆欲，茲夕閒衾裯。意氣今何在，相思望斗牛。⑳

2.關於　魚的別名

綜合上引三詩，對於襄陽的鯿魚，孟浩然曾經使用過兩種不同的別名，一種是縮項　，另一種是槎頭鯿。爲什麼鯿魚會有這兩種別名呢？一般而言，所謂縮項，就是縮頸，這個動作是指人類在害怕時，儘量把頸部縮短的一種表現。[71]大概由於　魚的頭部與腹部之間的距離很短，在視覺上，與人類把頸部儘量縮短的形像很接近，所以這種魚才得了縮項鯿的別名。

可是關於槎頭這個名稱的由來，從文獻上看，傳統的解釋似乎是相當混雜的。據簡單的統計，至少曾有四種不同的解釋。根據南宋初期的吳曾的說法，按照杜田的《杜詩補遺正謬》，槎頭之名，可有兩種解釋：據第一種，槎頭是襄陽的一個地方。所以槎頭鯿就是產於槎頭的鯿魚。據第二種，槎頭是釣魚的石岸上的枯木。[72]事實上，根據〈襄陽縣志〉，襄陽並沒有叫做槎頭的這個地方。[73]因此槎頭爲地名之說，是不能成立的。此外，因爲岸上有些枯木，就得把水裏的魚稱爲槎頭，似乎也太牽強。所以槎頭爲枯木之說，恐怕也難以成立。於是曾繹又提出了第三種說法。他認爲在養魚的水裏所堆積的木材叫做「魚椮」。可是襄陽人卻把魚椮稱爲「槎頭」。[74]按照曾繹的解釋，槎頭鯿應該是在堆着木材的養魚塘裏所出產的魚。

可是吳曾卻認爲由杜田所介紹的兩種傳統的解釋既然不對，就是曾繹的解釋也是不對的。他指出，在東晉時代，由習鑿齒所寫的《襄陽耆舊傳》裏曾說，住在漢水旁邊的人，爲使漢水的鯿魚不致被人濫捕，於是把斜斫的木材，也就是槎，丟進漢水裏去保護鯿魚。[75]除了吳曾，南宋初年的葛玄方（？—一一六四）對於槎頭也有相同的說法，只是他並沒提到習鑿齒的姓名與他的著作而已。[76]根據習鱉齒的說法，槎頭鯿應該是生長在斜斫的木槎的掩護之下的漢水裏的鯿魚。這樣說，他的說法與曾繹的說法相當接近。所不同的只是根據曾繹的解釋，鯿魚是生長在堆着木材的養魚塘裏的魚，但據習鑿齒的說法，鯿魚是生長在堆着木材的漢水裏的魚而已。

3. 魚與孟浩然之死

王昌齡的年齡雖然比孟浩然小九歲，[77]卻也是盛唐時代的著名詩人之一。孟浩然與王昌齡（六九〇—七五六年）大概是在玄宗開元十七年（七二九年）在長安認識的。[78]開元二十六年（七三八年），孟浩然正在襄陽養病。[79]就在這年，王昌齡在他被貶到廣東去的行程中，專程到襄陽去探望孟浩然。[80]〈送王昌齡之嶺南〉應當是孟、王二人在襄陽分別之前，由孟浩然爲王昌齡所寫的送別詩。由孟浩然在這首詩裏所提到的槎頭，應該就是他在〈峴潭作〉那首詩裏所提到的槎頭鯿之簡稱。由詩中「已抱沈痼疾」與「鄉味有槎頭」兩句來看，當王昌齡去探訪孟浩然的時候，孟浩然的病況，似乎已經不輕。不過病中的孟浩然，還是用襄陽所產的鯿魚來招待遠來的王昌齡。

開元二十七年（七三九年）的二月，朝廷羣臣爲唐玄宗上「開元聖文神武皇帝」之尊號。玄宗大概就因爲這件事而龍心大悅，所以不但免了民間當年應繳的各種稅款，而且大赦天下。[81]王昌齡可能就因爲這道赦令，免除了在荒僻的廣東服務的懲罰。開元二十八年的二月，他在回到中原去的途中，又專程到襄陽去探望久病的孟浩然。孟浩然見到王昌齡，當然非常高興，所以他不但喝了酒，而且又吃了魚。可是這樣的酒食，對孟浩然的身體是相當不利的。大概孟浩然就在王昌齡離去不久之後，因病不治，死在襄陽。⑧②

關於孟浩然病死的原因，《舊唐書》雖然一字不提，《新唐書》卻說是由於背上的毒瘡的發作。⑧③根據唐人王士源在《孟浩然集》序裏的說法，當王昌齡第二次到襄陽的時候，孟浩然背上所長的毒瘡，已經醫好了。可是他由於「食鮮疾動」，⑧④也就是由於吃了魚，引發了某一種病，才不治而死的。所謂「疾動」，按照《新唐書》的說法，似乎是背疽的重發。然而從另一面來看，這個說法，似乎並非絕對可靠。因爲在明代，由凌濛初所刻用朱墨套印的，劉長翁與李夢陽批點本的《孟浩然集》裏，「食鮮」是刻成「食膳」的。⑧⑤所以如果根據這個版本，孟浩然的死因是由於吃了鱔魚，重新引發了背疽的原故。卒於開元初年的孟洗（約六二一—七一三），年紀雖然大於孟浩然，卻幾乎可說是前後同時的人物。根據孟浩然所寫的《食療本草》，⑧⑥吃鱔魚不但沒有壞處，而且還可補五臟、逐十二風邪，和治濕風。⑧⑦在時代較晚的醫書裏，鱔魚除了可治內痔出血，⑧⑧又可治長在腳上的臁瘡。⑧⑨另一方面，根據孟浩然說的老師孫思邈的醫書，醫治背疽不下二十六種方法，⑨⓪不過卻沒說背上長疽的人不能吃魚。看來鱔魚對於背疽，也許並無壞處。所以如說孟浩然之死，是由於吃了鱔魚，似乎難以令人首肯。

從物產方面著眼，如前引，襄陽的鯿魚，既然隨處可得，產量應該是相當豐的。孟浩然既在王昌齡第一次到襄陽來的時候，用鯿魚來招待他，當王昌齡第二次再到襄陽來的時候，孟浩然又用當地所產的鯿魚來招待他，應該也是極有可能的。「食鮮」既可刻成「食鱔」，也許這個鮮字或鱔字本來應當是鯿字。如果這個假設可以成立，孟浩然之死的原因，似乎是由於食鯿。據醫書，吃鯿魚，有調胃氣、利五臟等等功能。可是「疳痢人勿食」。⑨¹所謂疳，就是肺癆，而痢，是痢疾。痢疾是腹瀉，是短期可癒的小病。可是肺癆卻是需要長期休養的大病。孟浩然既從開元二十六年的秋季起就在襄陽養病，到開元二十八年二月，王昌齡重遊襄陽，他在家休養的時間，至少已經超過一年半。孟浩然既需要長期養病，可見他所得的病，可能不是背疽而是肺癆。有肺癆病的人是不應該吃鯿魚的。可是孟浩然正好因為王昌齡的遠道過訪，所以在招待老朋友的酒食之中，吃了鯿魚。這樣看，孟浩然之死，既與他久患不癒的肺癆有關，也與他所吃的鯿魚有關。如果這個推測可以成立，《新唐書》認為孟浩然之死，是由於他的背疽，或者並不是完全正確的說法。

4.其　他

杜甫雖然也是盛唐時代的詩人，可是他不但比孟浩然小二十四歲，⑨²而且杜甫與孟浩然從沒有過面。可是杜甫對孟浩然這位前輩詩人的事跡，似乎並不是毫無所知的。如前述，唐代宗大曆二年（七六七年），杜甫住在四川夔州。在這一年，他想起了許多以前曾經活動於玄宗之開元、與天寶時代，可是當時都已逝世的人物，於是寫了十二首七言絕句來懷念他們。這組總題是〈解悶〉的第六首，是為孟浩然而寫的。詩文是：

復憶襄陽孟浩然，請詩句句盡堪傳，
即今耆舊無新語，漫釣槎頭縮項鯿。⑬

據詩中「漫釣槎頭縮鯿」之句，杜甫不但知道襄陽出產鯿魚，而且知道當地的鯿魚，是到處垂釣可得的。孟浩然在〈峴潭作〉中所說的「試垂竹竿釣，果得槎頭鯿」，杜甫是知道的。產於江南的鱸魚，從六朝時代開始，就被認爲是一種美味。⑭孟浩然雖然在他到浙江天臺山去旅游的途中，到過江南，可是據他自己的詩，大概直到開元二十一或二十二年，或者一直到他四十四或四十五歲的時候，他還沒吃過鱸魚。⑮在另一方面，杜甫雖然知道襄陽出產鯿魚，可是他既從沒到過陝西南部的沔水流域與湖北西北部的漢水流域，看來在杜甫的一生之中，他似乎是從來沒有吃過鯿魚的。

儘管襄陽盛產鯿魚，可是這種魚，正如孟浩然在〈送王昌齡之嶺南〉詩中的「鄉味有槎頭」一句所指出，只是當地的一種土產而已。在行政區域上，襄陽在唐代，屬於山南道。在山南道的貢品之中，襄陽的貢品除了綸巾和漆器，還有柑、蔗、芋、薑等農產品。⑯可是在江陵的貢品之中，除了絲織品裏的綾和布，農產品裏的柑、橙、橘、椑，還有一種白魚。⑰根據這個簡單的淸單，襄陽的鯿魚，既不像江陵的白魚一樣，被襄陽的地方政府作爲當地的貢品，也許在品質上，並不是十分好的。按照這個邏輯，孟浩然之死是由於吃了品質並不很好的鯿魚，以致於引發了他的癆病，也許又可增加一項側證了。

【註　釋】

① 見屈萬里《詩經釋義》(一九五三年，臺北，中華文化出版事業委員會出版)，下册，頁一二九。
② 見同上，下册，頁一三五。
③ 見同上，下册，頁二七〇。
④ 見同上，上册，頁九七。
⑤ 見譚正驥主編《中國歷史地圖集》，第一册，(一九八二年，上海，地圖出版社出版)，頁一七—一八，〈西周時期中心區域圖〉。
⑥ 見同上，同圖。
⑦ 見屈萬里〈河字意義的演變〉，載於《中央研究院歷史語言研究所集刊》第三十本(一九五九年，臺北，中央研究院歷史語言研究所出版)，頁一四三—一五五。又見黃河。又見高亨《詩經今注》(一九八〇年，上海，古籍出版社出版)，頁一七九、楊任之《詩經今譯今注》(一九八六年，天津，古籍出版社出版)，頁一八六、以及徐華龍《國風與民俗》(一九八八年，北京，中國民間文藝出版社出版)，頁五五。
⑧ 見上引楊任之《詩經今譯今注》序，頁九。
⑨ 見屈萬里《詩經釋義》(一九五三年，臺北，中華文化出版事業委員會出版)，上册，頁九七。
⑩ 見徐高阮重別文注幷校勘本《重刊洛陽伽藍記》(一九六〇年，臺北，中央研究院歷史語言研究所出版)，卷三，頁二五。

⑪秦始皇二十八年（公元前二一九年），秦始皇到東方海邊去巡視。在山東，他在到過諸城縣附近的琅邪臺之後，在這個石臺上留下了著名的《琅邪臺刻石》。這件刻石，直到一九三〇年代，還保存在山東省諸城縣的民衆教育館裏，詳見《燕京學報》第十七期（一九三五年，北平燕京大學出版），頁一二五至一七二，容庚《秦始皇刻石考》。司馬遷在西漢的武帝時代，編撰《史記》。他在此書卷六的〈秦始皇本紀〉，首先紀錄了「琅邪臺刻石」的全文，詳見標點本《史記》（一九五九年，北京，中華書局出版），頁二四五至二四七。在這篇刻石之中，刻有「端平法度」之句，據註⑫所引司馬貞的解釋，「端平」應該是「正平」。

⑫《史記》卷一六〈秦楚之際月表〉，在秦二世二年（公元前二〇八年）的二月之前，有一欄的標題是「端月」。據唐代的司馬貞在《史記索隱》裏的解釋，由於秦代王朝的建立者秦始皇姓嬴名正，正字成爲民間不得使用的諱字。爲了避免使用這個諱字，於是用「端」字代替「正」字，所以正月就寫成端月。這與註⑥所提到的把「正平」改寫成「端平」一樣，都是用改字的方法來實行避諱制度。

⑬班固在《漢書》卷六〈武帝紀〉，曾經記載了武帝在元封五年（公元前一〇六年）所下的詔文，詳見標點本《漢書》（一九七〇年，香港，中華書局出版），頁一九七。詔文之中，提到了「茂材」。據漢人應劭在這兩個字下面所加寫的注，「茂材」就是「秀才」。把「秀」字改用「茂」字來代替，是由於在漢代，因爲秀字是光武帝的本名，所以是一個民間不得使用的諱字。

⑭刻於東漢靈帝建寧元年（一六八年）的《沛相楊君碑》，記載了楊沛還沒擔任金城太守之職以前經歷，其中一項是茂才。所謂「茂才」，正如應劭在《漢書》的注文裏的解釋，應該就是「秀才」。

⑮莊字見《說文解字》（據段玉裁《說文解字注》本，一九五五年，臺北，藝文印書館出版），第一，下，草

部，頁四；沮字見同書第十，上，火部，頁四〇；秀字見同書第七，上，禾部，頁三八。

⑯《等慈寺塔記銘》之全文，見王昶《金石萃編》（經訓堂刻版，雖無出版時間，但書前有一八〇五年，即嘉慶十年的王氏自序），卷四二，頁三至八。王充之名，見頁四。

⑰《贈都泰師孔宣公碑》之全文，見《金石萃編》，卷五五，頁五—一一。「愚智齊泯」四字，見頁七。

⑱泯字不見《說文解字》，但見南北朝時梁代顧野王所編《玉篇》卷一九，水部。

⑲泜字見《說文解字》第十一上，水部，頁二七。

⑳清陳大章《詩傳名物集覽》（一九三七年，上海，商務印書館《四部叢刊》初編排印本），卷六，頁一五〇。

㉑據劉昫《舊唐書》卷八，〈玄宗紀〉，玄宗在開元三年二月，「禁斷天下採捕鯉魚」，詳見標點本《舊唐書》（一九七五年，北京，中華書局出版），頁一七五。

㉒所謂根據唐律，賣鯉要受六十杖之杖刑的說法，似乎首見於晚唐的段成式的《酉陽雜俎》（據一九八一年，北京，中華書局標點本）前集，卷十七，頁一六三。稍後，又見於北宋的錢易的《南部新書》（據一九五八年，北京，中華書局標點本），庚集，頁七五。段、錢兩人所說的唐律，應該是《唐律疏議》的簡稱。由於此律的疏議本是在唐高宗永徽四年（六五三年）編撰完成的，所以全書通稱《永徽律疏》。唐玄宗雖在開元三年（七一五年）下令禁止賣鯉，不過《永徽律疏》既在開元三年之前的六十三年已經編撰完成，玄宗的禁止賣鯉的法令，在《永徽律疏》裏，當然是沒有的。這樣看，段、錢兩人認爲唐律規定民間不得賣鯉，在資料上，必定不是《唐律疏議》，而另有來源。

在北宋時代，宋綬與宋敏求父子，在神宗熙寧三年（一〇七〇年），編成《唐大詔令集》一百三十卷。此書的內容，是唐代各帝之詔令的總集。此書卷一〇九雖然收有唐玄宗在開元十一年（七二三年）所頒佈的〈禁殺馬牛驢肉敕〉，卻並未收有唐玄宗禁止民間賣鯉的任何詔令。

可是由董誥領銜而在清嘉慶十三年（一八〇八）編成的《全唐文》，卻收有玄宗所頒的〈禁採捕詔〉，詳見《全唐文》（一九八三年，北京，中華書局影印出版）卷三十二，頁一三。詔文的本身雖未署明年月，不過詔文卻明白指出由於民間在河南滎陽的僕射陂、與陳留的蓬池二地，「採捕極多」，所以從此要「嚴加捉搦。輒有違犯者，白身決六十。」此詔既然提到蓬池，同時又指出，在當時，在滎陽與陳留二地的生物，被「採捕極多」，可見這些生物似乎是應該包括鯉魚在內的。唐玄宗此詔文裏所用的「採捕」等二字，既與劉昫在《舊唐書》之中所用的辭彙完全一樣，而詔文規定凡去捕魚，一定要處以受笞六十竹棒的懲罰，也與段、錢二家的說法前後一致，也許段成式所說的，根據唐律，凡是買賣鯉魚，要受笞六十杖的這段紀錄的資料來源，正是《全唐文》裏的〈禁採捕令〉。如果段、錢兩家的資料來源，確是〈禁採捕令〉，看來收錄在《全唐文》裏的玄宗的這道詔文，在文字上，是有散佚的。至少在這道詔文中，與禁捕鯉魚有關的那些字句，已經散佚了。

然而從時間的因素來考慮，把唐玄宗所頒的禁賣鯉魚令的文獻根據，就定爲詔文內容或有散佚的〈禁採捕令〉，似乎也還不能視爲定論。因爲根據《舊唐書》，玄宗的禁令頒於開元三年，但是根據《全唐文》，〈禁採捕令〉卻頒於開元十一年。二者在時間上，前後還有八年的差距。看來玄宗在開元三年所頒的禁鯉令的資料出處，似乎還得從別的文獻中另尋來源。

㉓ 見錢大群《唐律譯注》（一九八八年，江蘇古籍出版社出版），卷一〇，頁三五〇，唐律第四三九條。

㉔見同上引，卷十一，頁三六八，唐律第四六三條。
㉕見汪辟彊標點注釋本《唐人小說》（一九五五年，上海，古典文學出版社出版），頁二六。
㉖見同上，頁三四。
㉗見木宮泰彥著，陳捷譯《中日交通史》（一九三二年，上海，商務印書館出版），上册，頁六八。
㉘見同上，上册，頁八二至九二，〈遣唐使一覽表〉。
㉙見同上。
㉚見同上。
㉛見趙守儼〈張鷟與朝野僉載〉，刋於《文史》第八輯（一九八〇年，北京，中華書局出版），頁一二九至一四〇。
㉜汪辟疆在《唐人小說》，頁三五，曾有「竊意張氏此書，當爲早年一時興到之作，當時有無寓意，今不可知」之語。
㉝據劉昫《舊唐書》，卷八，〈玄宗紀〉，頁一六五，玄宗生於武后垂拱元年（六八五年）八月。所以在垂拱三年（六八七年）二月，原名是李隆基的唐玄宗，只是一名年齡還不到三歲的嬰孩。
㉞據楊倫《杜詩鏡銓》（原刻刋於清乾隆五十六年。辛亥，一七九一年，現據一九八一年，北京，中華書局出版的標點排印本）所附〈杜甫年譜〉，頁一一四九，杜甫在寶應元年的七月，因送嚴武離蜀，曾由成都到綿州。但據四川省文史研究館所編《杜甫年譜》（一九五八年，成都，四川人民出版社出版），頁七〇，杜甫寫作〈觀打魚歌〉的地點是綿竹的東津。

㉟見楊倫《杜詩鏡銓》，卷九，頁四〇八。

㊱見汪辟疆《唐人小說》，頁二二七。

㊲楊倫《杜詩鏡銓》把此詩編入卷九，並在卷九二字下面的注文裏說，收入這一卷裏，的都是杜甫在寶應時代住在成都、與客居梓州時時所完成的作品。四川省文史研究館《杜甫年譜》，頁七三，也把此詩的寫成年代確定在寶應元年。

㊳據李昉所編《太平廣記》（現據一九六〇年，北京，中華書局標點排印本），卷一二八，頁九〇六至九〇八，所引《續玄怪錄》之〈尼妙寂〉篇，篇內有「太和庚戌歲，隴西李復言遊巴南，與進士沈田會於蓬州」等語。太和庚戌爲太和四年（八三〇年）。汪辟疆《唐人小說》頁二一五於徵引〈尼妙寂〉篇後續云：「據

㊴見白居易《白氏長慶集》（據一九七一年，臺北，藝文印書館影印宋刋本），卷六，頁七六。又見標點本《全唐詩》（一九六〇年，北京，中華書局出版），卷四二九，頁四七三九。

㊵見朱金城《白居易年譜》（一九八二年，上海，古籍出版社出版），頁七五，又見一〇一。

㊶見譚其驤《中國歷史地圖集》，第五册（一九八三年，上海，地圖出版社出版），頁五七—五八，〈江南西道〉圖。

㊷見李賀《李長吉文集》（據一九六七年，臺北，學生書局影印宋版），卷一，頁四〇。

㊸見註㊶所引《中國歷史地圖集》，第五册，頁四四—四七，〈都畿道〉圖。

此，則知李復言固太和，開成間人矣。」

㊹見段成式《酉陽雜俎》，前集，頁一六三。

㊺ 見清郝懿行（一七五七至一八二五年）《爾雅郭注義疏》（據一九三六年，上海，中華書局出版《四部備要》本），卷下之四，釋魚第十六，頁二。

㊻ 見同上。

㊼ 見同上。

㊽ 見張揖《廣雅》（據一九七三年，臺北，商務印書館影印的《五雅》本），卷十，頁六（後頁）。

㊾ 見崔豹《古今注》（據《怡蘭堂叢書》本，卷中，頁六。但《增訂漢魏叢書本》之《古今注》，卷中，頁九，黃雉作黃雄，無解。今從《怡蘭堂叢書》本。

㊿ 《大戴禮記》第四十七篇的〈夏小正〉在十二月條內說：「小有二月，玄駒賁。」據《禮記》的傳文，玄駒是螘。再據王念孫的《廣雅疏證》，螘的俗稱是螞蟻。

(51) 見《說文解字》第十篇，上，頁二。據許愼的解釋，駒是兩歲的馬的專名。所以駒正是年青力壯的馬。

(52) 見同上書，第十篇，上，頁六。許愼的解釋的原文是：「驥，千里馬也。」

(53) 見同上書，第十篇，上，頁一。許愼的解釋的原文是：「騏，馬青，驪文如綦也。」而驪，據許愼在同書，第十一篇，上，頁三的解釋，就是深黑色的馬。

(54) 據班固《漢書》卷三〈高后紀〉，漢代建立者漢高祖的皇后姓呂名雉。民間爲了避免雉這個諱字，所以才把雉改稱爲野雞。

(55) 見李時珍《本草綱目》（據一九八六年，臺北，商務印書館影印故宮博物院藏文淵閣本），卷四十四，頁二〇。

(56) 見明郎奎金輯《五雅》本《爾雅》（一九七三年，臺北，商務印書館影印明刻本）第十六篇〈釋魚〉，頁二四。

(57) 郭璞的說法，在陸璣的《毛詩草本鳥獸蟲魚疏廣要》卷下之下，頁一一一，〈維魴及鱮〉條，曾加徵引。現據陸書專引。

(58) 司馬遷《史記》卷七，頁三三六：「項王笑曰：天之亡我，我何渡爲！且籍與江東弟子八千人渡江而西，今無一人還。」這是史籍中第一次使用「江東」之名。自漢至唐，向把安徽蕪湖以東的長江下游之南岸地區稱爲江東。

(59) 見陸璣《毛詩草本鳥獸蟲魚疏廣要》卷下之下，頁一一一，〈維魴及鱮〉條。

(60) 見《漢書》卷二十八，下，〈地理志〉，下，頁一六二五至一六二六，遼東郡。

(61) 見譚其驤《中國歷史地圖集》第二冊，（一九八二年，上海，地圖出版社出版），頁二七至二八，「幽州刺史部」。

(62) 見酈道元《水經注》（一九三六年，上海，商務印書館《萬有文庫》本），卷五，頁二五，沔水條。

(63) 見李時珍《本草綱目》（一九八六年，臺北，商務印書館影印故宮博物院藏《文淵閣四庫全書》本），卷四十四，頁二〇。

(64) 見《新唐書》（一九七五年，北京，中華書局出版標點本），卷二〇三，「文藝傳」，下，頁五七七九，「孟浩然傳」。

(65) 據陳貽焮〈孟浩然事跡考辨〉，初載《文史》第四輯（一九六五年，北京，中華書局出版），頁四一至七六，後收入同人所著《唐詩論叢》（一九八〇年，長沙，湖南人民出版社出版），頁一至六二，孟浩然一生中共有三次遠遊。第一次遠遊的目的是赴京應舉，時間是從玄宗開元十六年（七二八年）之冬到次年（七二九年）之冬。第二次遠遊的目的是入越求仙，時間是從玄宗開元十八年（七三〇年）的夏秋之際開始，直到開元二十一年（七三三年）五月，他才回到襄陽。第三次遠遊的目的是入蜀遊覽，時間是從開元二十一年到開元二十五年（七三七年）之間。由於這三次遠遊，孟浩然離開襄陽的時間，大約八年。

㊿66 見《全唐詩》（一九六〇年，北京，中華書局出版標點本），卷一六〇，頁一六二三。

67 據清光緒十一年（乙酉，一八八五）重修本《襄陽府志》，卷二，頁二，峴山一名峴首山，距襄陽城南七里。

68 見《全唐詩》，卷一六〇，頁一六六三至一六六四。

69 見酈道元《水經注》，卷二十八，頁三九。

70 見《全唐詩》，卷一六〇，頁一六六一。

71 標點本《新唐書》，卷一一三，頁四一八九，〈徐有功傳〉之傳文曾云：「當此時，左右及衞仗在廷階者數百人，皆縮項不敢息，而有功氣定言詳，巍然不橈。」

72 見標點本吳曾《能改齋漫錄》（一九六〇年，上海，中華書局出版），卷六，頁一三三所引。但杜田《杜詩補遺正謬》，今佚。

73 據註55所揭《襄陽府志》，襄陽無槎頭。

74 此亦據註60所揭《能改齋漫錄》，卷六，頁一三四所引轉引。

(75) 乾隆五十三年（一七八九）任兆麟校刊本《襄陽耆舊記》無此條。關於習鑿齒的說法是根據註(71)所引《能改齋漫錄》轉引的。

(76) 見葛立方《韻語陽秋》（據一九八四年，上海，古籍出版社影印宋版），卷一六，頁七（後頁）。

(77) 據註(53)所揭陳貽焮〈孟浩然事跡考辨〉，孟浩然生於唐武后永昌元年（六八九年），再據譚優學《唐詩人行年考》（一九八一年，成都，四川人民出版社出版）內的〈王昌齡行年考〉，王昌齡生於武后聖曆元年（六九八年）。所以孟浩然比王昌齡年長九歲。

(78) 見註(53)所揭陳貽焮〈孟浩然事跡考辨〉。

(79) 據同上引，孟浩然約於玄宗開元二十五年（七三七年）夏末秋初赴荆州，入張九齡幕，同年年底，已還襄陽。

(80) 據註(64)所揭譚優學〈王昌齡行年考〉，王昌齡在開元二十六年（七三八年）貶赴嶺南，係自洛陽首途。但據註(53)所揭陳貽焮〈孟浩然事跡考辨〉，「王昌齡於開元二十二年後，到他貶官嶺南前曾有數年在襄陽一帶作官」，此說恐非。

(81) 見標點本《新唐書》，卷五，〈玄宗紀〉，頁一四一，開元二十七年二月條。

(82) 據《文史》第二十八輯（一九八七年，北京，中華書局出版），頁二二九至二三八，劉文剛〈兩唐書孟浩然傳辨證〉，王昌齡在嶺南遇赦後，第二次到襄陽探望孟浩然的時間是在開元二十八年（七四〇年）的年初。「孟浩然之卒，或在開元二十八年春夏」。

(83) 見標點本《新唐書》，卷二〇三，〈文藝傳〉下，頁五七七九，〈孟浩然傳〉。

(84) 王士源在《孟浩然集》的序文裏說：「開元二十八年，王昌齡遊襄陽。時浩然疾疹發疽，且癒，相得歡甚，浪情宴謔，食鮮動疾，終於冶城南園。」

⑧⑤ 據明末淩濛初所刻朱墨套印本《孟浩然集》（卽劉長翁、李夢陽之批點本），王士源在此集序文中所說的「食鮮動疾」，是刻成「食鱔動疾」的。

⑧⑥ 此書已佚，現有謝海洲、馬繼興等四人重輯本《食療本草》（一九八四年，北京，人民衞生出版社出版）。

⑧⑦ 見上引書，卷中，頁九二。

⑧⑧ 煮鱔魚可治內痔出血之說，見李時珍《本草綱目》，卷四十四，頁三一。

⑧⑨ 見同上引書，卷四十四，頁三一。

⑨⓪ 孫思貌的《備急千金要方》（據一九八六年，臺北，商務印書館影印故宮博物院藏《文淵閣四庫全書》本），在卷六十六（丁腫方，癰疳第二）列舉了醫治背疽的藥方十六種，又在卷六十七（丁腫方，發背第三），列舉了醫治背疽的藥方十種。合計之，共有二十六種。

⑨① 見註⑧⑥所引書，卷中，頁一〇二。

⑨② 據楊倫《杜詩鏡銓》所附〈杜甫年譜〉及四川省文史研究館所編《杜甫年譜》，杜甫生於唐睿宗先天二年（七一三年）。再據註⑤③所引〈孟浩然事跡考辨〉，孟浩然生於唐武后永昌元年（六八九年）。所以在年齡上，孟浩然比杜甫年長二十四歲。

⑨③ 前揭四川省文史研究館所編《杜甫年譜》，頁一二五，把杜甫的〈解悶〉詩確定在大曆二年。

⑨④ 據標點本《晉書》（一九七四年，北京，中華書局出版），卷九十二，頁二三八四，〈張翰傳〉，張翰是江蘇吳縣人，卻在河南洛陽作官。「因見秋風起，乃思吳中菰菜、蓴羹、鱸魚膾，……遂命駕而歸。」可見產

於江南的鱸魚，不但被當時的文人認爲是一種美味，而且在黃河流域，是無法吃得到的。所以張翰才會拋棄他在洛陽的官位，專門回故鄉去吃鱸魚。

⑨⑤ 見《全唐詩》卷一六〇，頁一六六二，孟浩然有〈與崔二十一遊鏡湖寄包賀二公〉詩，詩文的前二聯是：「試覽鏡湖物，中流到底清。不知鱸魚味，但識鷗鳥情」。鏡湖位於浙江紹興城南，是當地的名勝。據前引〈孟浩然事跡考辨〉，孟浩然從開元十八年起到開元二十二年，也卽當他在四十二到四十六歲的這幾年之內，曾經爲了求仙，而離開襄陽，經過洛陽，在浙江的沿海地區漫遊。如果上述的遊鏡湖詩是他在開元二十一或二十二年的作品，似乎可說孟浩然在他四十四或四十五歲的時候，還沒吃過鱸魚。

⑨⑥ 見標點本《新唐書》，卷四〇，〈地理志〉四，頁一〇二七，山南道，江陵府，江陵郡。

⑨⑦ 見上引書，卷四〇，〈地理志〉四，頁一〇三〇，山南道，襄州襄陽郡。

孟郊「列仙文」與道教降眞詩

——兼論任半塘的「戲文」說

李豐楙

孟郊的詩集中，收錄一組奇特的「列仙文」，其題目與主題在孟郊詩的寒苦風格中，確實顯得突兀而有趣，就是在唐詩中，也是爲數不多的仙言仙語的組詩。由於構成這些詩的辭彙與意象，與道教的上清經系有密切的關係，和孟郊的其他作品作一比較，就顯得隱晦而不易確解，所以研究孟郊詩的學者對它也只能儘量試加詮釋而已。①由於形式特殊，也會有誤解的情況。②惟對於這組形式奇特的仙歌，卻有任半塘先生獨具慧眼，從唐戲弄的觀點想要證明它是戲文，是「唐代道家戲劇方式之一」。③關於列仙文的體裁問題，經任氏的詮釋後，確是引發出一些值得討論的問題。本文將從道教文學的立場，將列仙文放在道教的經派史上考察，嘗試解說成組出現的仙歌，會出現在何種創作情境？它們如何在教派內部、外部流傳？爲何孟郊與這些仙歌有所關聯？而最後要解決的是，從仙歌的原始型態及其衍變，在唐代的崇道氣氛中，「列仙文」到底是眞誥、眞迹式的降眞詩遺跡？還是道家（教）戲劇的戲文形式？這是本研究的重點所在。

二、

孟郊詩集中收錄四首仙歌，總題爲「列仙文」，其下按照次序分別記明出諸四位仙眞：方諸青童君、清虛眞人、金母、安度明，其中只有金母一首，特別標出「飛空歌」，所以任半塘就認爲「四歌之初，既已標明爲飛空歌，其餘三首體格與內容之性質，與飛空歌並無二致，自然亦爲唱辭無疑。」④其實從體格與性質言，這類仙歌難免具有同一飛空性質，但從列仙文的形成情境言，卻是各有獨立的曲名。如果將孟郊列仙文孤立地讀，既無序文敍說原委，而在孟詩或唐詩中確也罕見同一性質的仙歌，因而讓後人不易索解，這些既收在孟郊詩集，又特別標明「右」出某仙的情況，到底其確定的作者應歸屬於誰的名下？實在是全唐詩中罕見的情形？

任半塘的研究在這一關鍵點上，確能表明其卓識之處，將四首仙歌放回魏夫人的傳記集的脈絡裏，分別是顏眞卿撰「魏夫人仙壇碑銘」、《太平廣記》卷五八引杜光庭《墉城集仙錄》魏夫人傳及「本傳」，及《雲笈七籤》卷九六「四眞人降魏夫人歌」共五章並序。⑤他所引的兩種傳記、一種仙歌集，是至今尙存的較早期的魏夫人傳記。今傳的筆記小說中尙有多種版本：有題顏眞卿撰「南岳魏夫人傳》，如顧氏文房小說本、叢書集成初編本；也有題唐蔡偉撰《魏夫人傳》的，如綠窗女史本、重編說郛本等，類此晚出的本子均屬《太平廣記》系統，因此逕題爲顏眞卿或蔡偉撰，實與傳文的編撰情況有所出入。

宋人編撰魏夫人的傳記，一仍《廣記》體例，注「出集仙錄及本傳」，所根據的有兩種資料，前者即晚唐五代的高道杜光庭所編的《墉城集仙錄》，此本尚有一不完整的本子，保存於明《正統道藏》（竭字號），卻未錄存魏夫人傳；而《雲笈七籤》卷一一四（棠五）所引的《集仙錄》中，也未收魏夫人傳，因而無從比較《廣記》所引的文字中，到底有多少屬於杜光庭所撰。至於「本傳」所指爲何？就更需要細加討論，從文末敍及蔡偉將黃靈徽事跡編入「後仙傳」，顏眞卿立碑紀事，可以推知其中部分資料的來源，大抵《廣記》編撰者曾經多方取材：顏眞卿、蔡偉及杜光庭等人所撰傳文，均融鑄於傳文中。根據道教仙傳的撰述習慣，這些傳文相互傳襲，又補益部分後出的事跡，因而顏眞卿撰述碑銘時也是有所本的，就是更早期的魏夫人傳。

孟郊的列仙文歌辭並未出現在顏碑及《廣記》魏傳中，卻又陸續出現於多種道經內？其中存在一個極爲重要的問題，就是列名孟郊名下的「列仙文」，是孟郊創作而爲後出仙傳所襲用？抑是孟郊只是改作而仙傳直接襲自更早期的傳記？這一錯綜複雜的問題，均圍繞著魏夫人傳的「出世」時間及其後的續傳。

道教內部的習慣說法，將道經的寫出流傳，稱爲「出世」，屬於宗教家對於寶經觀念的神秘說法。魏夫人的仙傳在道教學者陳國符的早年研究中，既已明白指出：早在「晉代出世」[6]，葛洪《神仙傳》說范邈撰「魏夫人傳」，而陶弘景編撰《眞誥》也說范邈是王清虛（褒）弟子，奉命撰「南眞傳」，范邈與魏華存同是王褒的弟子，都是西晉末東晉初的奉道者，故能以同道的立場爲魏夫人撰傳。

這部上清經派的聖傳流傳於後世，爲唐、宋兩朝的藝文志所著錄，如隋志、新舊唐志及宋志等，⑦可知後來雖有杜光庭等的新傳行世，但范邈此傳卻仍流傳不已。盛唐時顏眞卿撰寫碑銘時，一開始就表明引述「褒命中侯上仙范邈爲立傳」的傳文：此外還有唐項宗所撰《紫虛元君魏夫人內傳》一卷，較爲晚出。既然這兩種較早的傳記今已不存，所傳的都是據以改編，增飾的新傳，而且顏眞卿及杜光庭兩種較能確定年代的本子又都未錄存歌辭，徒留辯明歌辭的寫作諸難題！

由於范邈撰成於西晉初的魏夫人傳既已不傳，目前就只能根據顏眞卿所撰的碑銘推測，眞人的歌辭是否東晉初既已出現？從傳文的寫作體例及作品風格言，這是一篇典型的上清經派聖傳，與晉代同一時期先後出世的仙眞傳記有一致之處，可稱爲修道成仙的傳記類型。其中除敍述傳主的籍貫、慕道修眞等較具有眞實性外，其餘多爲虛幻的宗教體驗，也就是多有降眞、降筆的紀錄。仙眞歌辭卽是出現在晉世，而紀錄者又多是江南的奉道者，他們有不少是江南舊族，爲中級的官吏，能詩能文，尤其多書法能手，成爲以勾容茅山爲中心的上清經派，魏華存在《茅山志》中被尊爲「嗣上清第一代太師」（卷十），就是天才卓異，該覽老莊、經子的女性，具有優雅的人格涵養。至於立傳的范邈也在《眞誥》中出現多次，爲魏夫人的諸弟子楊羲、二許（謐、翽）等人降筆，被稱爲「范中侯」。所以類此傳文、歌辭均可視爲東晉文士的降眞筆法，爲典型的六朝道教文學產物。

顏眞卿是以碑銘體例行文，採取范邈的傳文材料時有所删略，所以傳首「略云」二字既已表明態度。在前半以降眞爲主體的傳記中，主要的降眞情境凡有二次：首次的見神體驗發生在她嫁後生二子，就離隔室宇，齋於別寢，經「清修百日」後，而有諸仙降見：凡有太極眞人安度明、東華大神方諸青童、扶桑碧河（一作阿）湯谷神王景林眞人、小有仙清虛眞人王褒，這場降眞場景，除了表明王褒爲魏華存之師，並授予三十一卷經文，其餘也各有告戒、授予，接下就有仙歌的排場，顏碑出之以簡略筆法：

> 於是四真吟唱，各命玉女彈琴、擊鼓、吹簫，合節而發歌。

所歌爲何卻未錄出。而《廣記》魏傳在此下還有一段描述，充分表現仙眞吟歌的奇幻情景：

> 是時太極真人命北寒玉女宋聯清彈九氣之璈、青童命東華玉女煙景珠擊西盈之鐘、暘谷神王命神林玉女賈屈廷吹鳳唳之簫、青虛真人命飛玄玉女鮮於虛拊九合玉節；太極真人發排空之歌、青童吟太霞之曲、神王諷晨啓之章、清虛詠駕飈之詞。

四位眞人中，除神王所諷的，均與孟郊列仙文相近，孟郊詩的次序及其首句，青童君歌「太霞霏晨暉」，清虛眞人歌「欻駕空清虛」；然後第四首安度明「丹霞煥上清」就不用首句二字，而另用「排空之歌」的歌名。至於神王所諷的「晨啓之章」，孟郊詩集未錄，卻見於《雲笈七籤》卷九六，及《諸眞歌頌》（道藏淵六），這一情況就透露出值得探究的問題。

傳中第二度較詳細的降眞情景，安排於臨終前，也就是晉成帝咸和九年（三三四），王褒與東華青童來降，賜以靈藥而得解化。此後就是尸解後的奇幻世界：先有陽洛山的諸眞降教，繼有迎入天界，「位爲紫虛元君，領上眞司命南嶽夫人」，繼續齋戒修鍊，最後才出現西王母的仙歌場景，同時降見的還有三元夫人馮雙禮珠：

時夫人與王君為賓主焉，神肴羅陳，金觴四奏，各命侍女陳曲成之鈞（廣韵作鈞成之曲，較是），九雲（音）合節，八音零粲（雲際）。於是西王母擊節而歌，歌畢，馮雙禮珠彈雲璈而答歌，餘真人各歌。

這段只有描述而未錄出的歌辭，卻完整保存於《雲笈七籤》卷九六讚頌歌中：王母贈魏夫人歌一章並序、雙禮珠彈雲璈而答歌一章。《諸眞歌頌》也襲此全錄歌辭。從序中文字比對《集仙錄》金母元君傳，其最後一節就是王母贈魏夫人歌，文字相近，可知屬於同一系統。孟郊詩中的「金母飛空歌」就是這首「駕我八景輿」，只文字小有出入而已。

綜合上述的傳文、讚頌，就可發現一些値得注意的現象：

一是顏碑、魏傳等傳記文體，雖可推知是襲用范邈的傳文，卻都有意省略歌辭，這一假設如能成立，就可證明孟郊並非是「列仙文」的原作者。從傳文的肌理脈絡考察，應該是有頌歌場景，就需有頌歌，就像《漢武內傳》或金母傳的一段贈歌情況，文歌配合，才能表現情節的完整性。傳文是以敍述爲主，故有省略歌辭的筆法，同一情況也見於《茅山志》卷十的「嗣上清第一代太師」傳中，這是後來文體決定了取材的現象，因此不應是孟郊之後的仙傳採用「列仙文」。

二是道藏中所見的搜集整理同一文體的情況，在讚頌歌中完整保存了一些歌辭，其中多爲道經內的材料，且較爲完備，所以多出扶桑神王歌一章，清虛眞人歌另一章「紫霞儛玄空」及雙禮珠答歌「

玉淸出九天」一章，凡有三章。當然也可假設，這是杜光庭採用孟郊列仙文後，另行仿作三章的。不過從上淸經派的寫作習慣言，頌歌是傳文中的有機體的一部分，這是通例，應不會出現列仙文一特例？

然則如何解釋孟郊與魏夫人傳的關係？這是硏究孟郊詩的學者有待解說的公案。

二、

孟郊的四首列仙文，在他的詩集中之所以顯得突兀，早就有人注意，淸宋長白柳亭詩話三引蔣杜陵說：「孟郊列仙文類六朝步虛詞，疑非唐人所能作。」說是類步虛詞，不如說是降眞詩，而類此懷疑，任半塘則加以否定，認爲孟郊模擬神仙口吻，形成一種「戲劇文體」。⑧其實問題可能並不這麼容易解釋。首先要解明的是異文問題（包括用韻），其次就是辭彙與意象，然後可以嘗試解說孟郊與此類仙歌的可能關係：其中包括孟郊是原作、改作，抑或羼入的情況？

列仙文與道藏所錄存的仙歌之間，存在異文的現象，這絕非一般版本流傳而致有異文的情況。此下卽以孟詩爲主。而以《雲笈》卷九六所引的對校，首爲方諸靑童君一章：

太霞霏（一作扇）晨暉，元（九）氣無常形。
玄轡飛霄外，八景乘高淸。
手把玉皇袂，攜我晨中生。

（盼覯七曜房，朗朗亦冥冥。
超哉魏氏子，有心復有情。）
玄庭自嘉會，金書拆（東）華名。
賢安密所妍（研），相期洛水（暘谷）輧（汧）。

異文中極可注意的：一是東華、暘谷兩個神話地理名，方諸青童就是東華大神，在上清經派中方諸青童是較早出現的仙眞，《眞誥》就說東華方諸宮爲多女官所隸之處，⑨所以出現於四眞中符合其神仙傳說的時代情境；改成「拆」以與「自」字對，是較符合二一一二句型，但拆除華名，語意全變。暘谷（一作湯谷）是扶桑神話地理，切合暘谷神王的治所與授書的期望，這是諸眞期望會於仙界多所勉勵的話，則其上有賢安密研句。孟詩用「妍」字，所期的洛水輧乘，隱約使用洛水女神的傳說，情境大異。二是盼觀兩句，鼓勵、讚美魏氏子的有心有情，可以呼應前半乘虛步空的逍遙自在，「我」是青童自稱，以此神仙樂事激勵魏氏賢安堅定求仙的意志，完全符合初次降見的情節。
清虛眞人王褒詠駕飈之詞相勉，在傳文中是最後登場，這種安排符合他爲師的身分，孟郊則列於第二首：

欻駕（駕欻）空（控）清虛，徘徊西華館。
瓊輪（林）曁晨（神）抄，虎騎（斿）逐煙散。
惠（慧）風振丹旌（旍），明燭朗八煥。

解襟墉（庸）房內（裏），神鈴鳴璀璨（蒨粲）。
棲景若林柯，九弦空（玄）中彈。
遺我積世憂，釋此千載（年）歎。
怡眄（盼）無極已，終夜復待旦。

首二字「駕歘」與傳文相符，孟郊只是一首獨立的仙詩，不必顧慮「駕颷之詞」的詞名。其次就是辭彙的運用，瓊輪、虎騎相對，屬較落實描述神仙車駕的情形，讚頌歌則一律使用「虎旂」（金母飛空歌也有虎旂攝朱兵句），與瓊林對，前半奇幻地呈現神仙儀仗御空而行，在風煙之中，虎旂、丹旍，隱約浮現。孟郊連用兩個「空」字，仙歌則先用「控」字，表現控制車駕的動作，次用「玄」字，表現玄妙神曲的現象。詩中有兩個神仙地理：西華館、墉房，前者與東華宮一樣，以方位表示不同的神仙治所；墉房則如同西王母所治的「墉城」，爲女子得仙所棲止之所。後半正寫棲止仙界宮宇的情景，神鈴、九弦交相和鳴，自可遺棄濁世的煩憂，這裏「我」字的用法，及其中所要排解的世情，完全是晉人的語氣，只是出諸一得仙者的口吻而已。

在魏夫人傳中首先登場的太極眞人，發排空之歌，列仙文中則列爲最後一位，這是不能與傳文配合的出場序。讚頌歌是作「飛空之歌」，所描述的正是飛翔虛空的情景，以此樂相勉，確能與初降的情節呼應：

丹霞（明）煥上清，八風鼓太和（霞）。

迴我神霄華，遂造嶺玉（玉嶺）阿。
咄嗟天地外，九圍皆我（吾）家。
上采白日（日中）精，下飲黃月華。
靈觀空無中，鵬路無閑（間）邪。
顧見魏賢安，濁氣傷汝和。
勤研玄中思，道成更相過。

這首的異文較少，不過仍可看出不同的語言習慣，讚頌歌習用「太霞」一辭，就不能再用「丹霞」。其次「嶺玉」不如「玉嶺」的符合仙境事物。另有一種服食法，所謂「日中精」，在《眞誥》及《登眞隱訣》中均提及此種服氣法，⑩所謂日月精華者即是。孟詩較有整齊化的傾向，這也是較晚出現的現象。整首仙歌是以太極眞人第一人稱敍事的，自稱爲「我」，而用「汝」代稱魏賢安，也是誇說仙眞遨遊於仙界的樂事，激勵魏夫人早日脫離濁世，道成仙聖。類此筆法，最能折射地反映魏氏子初期修道的心境，也是當時宗敎情境中上淸經敎團修道的集體宗敎意識，表現亂世士人隱微的內在心願。

這類求仙的情緒也同樣出現在列仙文未收的其他兩章，其一是淸虛眞人所歌之二：

紫霞儛玄空，神風無綱領。
欻然滿八區，祝爾豁虛靜。

八窻無常朗，有冥亦有靈。
洞觀三丹田，寂寂生形景。
凝神挺相遇，雲姿卓鑠整。
愧無郢石運，蓋彼自然穎。
勤密攝生道，泄替結災眚。
靈期自有時，携袂乃俱上。

敍事者清虛眞人以殷切的口吻期勉魏氏子，「祝爾豁虛靜」，爾與汝字均指同一人；又勉她勤密攝生，其中點明的洞觀三田法，正是《眞誥》等上清經常提的存思法，存想三丹田中各有身中神的形影，正是早期內丹法的修法特色，仙歌中的辭彙運用確是當行本色。

孟郊未錄的扶桑神王歌，正是「晨啓之章」，也是證明范邈原出傳文中既有歌辭的佳例，是孟郊列仙文中漏列或未收，而並非杜光庭等僞作，這首仙歌也充分流露殷切期盼之情：

晨啓太帝室，超越匏瓜水。
碧海飛翠波，連岑赤嶽峙。
浮輪雲濤際，九龍同轡起。
虎旂鬱霞津，靈風翻然理。
華存久樂道，遂致高神挺。

拔徒三緣外，感會乃方始。
相期陽洛宮，道成携魏子。

從詩中的辭彙，意象言，這是切合扶桑碧阿暘谷神王的身分，諸如碧海、赤嶽的神話地理，神仙化的仙眞，御駕九龍，靈風飄拂著虎旂，表現出類似九歌的情境，但已著上道教色彩。而這位景林眞人曾授魏氏「黃庭內景經」，囑付要「晝夜存念，讀之萬遍後，乃能洞觀鬼神，安適六府（腑），調和三魂五臟，主華色，反嬰孩，乃不死之道也。」因應告戒之語的，就是華存以下三句，尤其「相期陽洛宮」一句，正以仙家預知未來的能力，預示五十餘年後，魏氏子的「托劍化形而去，徑入陽洛山中。」由此可證仙歌是與傳文的肌理脈絡有密切的照應關係，如孟郊詩集忽出列仙文，而又無小序作解，故注家常無從注起。

孟郊列仙文最不符合傳文的肌理的，就是挿在第三首的金母飛空歌，任氏就認爲是四色分唱的戲文，用於前後兩場。⑪其實就歌辭內容卽可覺察，這是魏夫人道成入仙班的情況，魏傳中敍述分明，杜光庭撰的西王母也錄出其情節、歌辭，讚頌歌中都明揭爲「王母贈魏夫人歌一章」並有序，才能聯結其肌理脈絡：

駕我八景輿，欻然入玉淸。
龍羣（集仙錄作旌、讚頌歌作裙）拂霄上（漢），虎騎（旂）攝朱兵。
逍遙三弦（玄津）際，萬流無（无）暫停。

哀此去留會，劫盡天地極（傾）。

當尋（盡）無（无）中景，不死亦不（无）生。

體彼自然道，寂觀合大（太）冥。

南嶽挺直幹（翰），玉英（映）曜穎精。

有佳（任）靡期（集仙錄作其）事，無（虛）心自虛靈（受靈）。

嘉會絳河內，相與樂朱英（未央）。

對校兩者的異文就可發現：傳文原有歌辭，且在孟郊之前。西王母是晉世上清經派的重要女仙，具有傳達天帝使令，並作女仙統領者的職司。贈歌前大半即寫出適合其身分、排場的景象：神輿飛翔，出入玉清，逍遙玄津，儀仗盛壯。龍裙（或旌）、虎旂諸仙駕意象，正與傳文中「虎旂龍輦，激耀百里中」的儀仗行列相互呼應，孟郊卻寫作實際的龍輦、虎騎——輦字從裙臆改，可爲鐵證。此外將玄津改作三弦也失去神話地理的情趣。至於忽入南嶽句，只讀詩會覺得突兀，但在傳文中就可理解，西王母等人降於「小有清虛上宮絳房之中」，歌畢，「司命神仙諸隸屬，及南岳近官並至」就命駕東南而行，俱詣天臺霍山臺，所以歌才轉入南嶽事。最後指出相會的「絳河」也是道教轉用的神話地理，仙境之內，其樂未央，是六朝承續漢詩的句法，改成「朱英」反而不像仙歌的結語。大體而言，孟郊所作，有時有意表現神仙意象，如將「玉珠」的南嶽景象改作「玉英」；但有時卻將「受靈」的宗教體驗，改作「虛靈」的無心經驗；此外有意避重覆的「盡」字，都可看出文人的藝文習慣。

最後可多注意的還有三元夫人彈雲璈的答歌，傳文的敍述顯示是簡筆，在上清經派的女仙中，三元夫人常與西王母一起出現，也是《四極明科經》的授經仙人之一，從讚頌歌所保存的答歌，確可看出兩位女仙的互答情況：

玉清出九天，神館飛霞外。
霄臺煥嵯峩，靈夏秀蔚嚳。
五雲興翠華，八風扇綠氣。
仰吟消魔詠，俯研智與慧。
萬真啓晨景，唱期絳房會。
挺穎德音子，神映乃拂沛。
天嶽凌空棣，洞臺深幽邃。
遊海悟井隘，履真覺世穢。
儛輪宴重空，筌魚自然廢。
廻我大椿羅，長謝朝生世。

從發句就可明白答和王母歌的「玉清」，然後轉出遊仙景象。其中的消魔、智慧正是上清經派的重要古道經《消魔智慧經》，爲「誦之亦能消疾」（眞誥語）的經典。⑫此外切合降臨景象，凡有萬眞晨啓、絳房期會；與南嶽事有關的是天嶽句。三元夫人也有贈答之意的，就是讚頌魏夫人爲挺穎之子；

同時相勉世俗之隘且穢，縱有大椿之壽也是世羅（網），不如早朝神仙佳境。

比較孟郊詩集中的四首列仙文與魏夫人傳的七首仙歌，就可以發現原本兩種情況下出現的降眞詩，卻在一個總題之下，被雜揉在一起；而其後所附的仙眞之名，如不知原傳的敍事情節，就無從理解其用意何在？因此對校兩組後，發現其中的異文並非起因於流傳久遠之故，而是作者（應卽孟郊本人）有意的改作，將其中的神話地理名詞改動，或部分重覆辭句略加更易，其中自有一種後出者求其精緻、整齊的心意，殊不知此類作法，剛好違離了降眞詩的道教文化情境。降眞詩原是特殊創作氣氛下的產物。

三、

關於孟郊列仙文與顏碑的銘文，其間的關係，任半塘認爲時至唐末，被杜光庭等融入仙傳文體，這一假設較合適，使得「歌辭幾乎變成像從衆仙口邊記錄下來一般」。⑬不過本論文的假設則有所不同，認爲東晉初范邈的原傳有文有歌，自然配合；而顏眞卿撰碑銘，略其歌辭，僅記事記言，保持碑銘體的散文風格。但由於魏夫人傳隨著茅山派的風行，孟郊既有幸一睹魏傳，就摘錄其中的歌辭略加更易，又題上「列仙文」的總題——原先或有序，後來爲編孟郊詩集者刪略？因此歌辭的原始創作者就需要反覆辨證，才能得到一個比較接近眞實情況的假設。

從道教仙傳文學的形成史言，只有假設傳文與歌辭是同出於一位作者的手中，才能獲得如此完美的一致性；而無法想像顏碑先出傳文，孟郊再揣摩文意，造出歌辭，另由杜光庭作出高明的融爲一體的新傳，這是非常費力，且易於流下破綻的事。因此將歌文兼備的仙傳文體定位在六朝，尤其是東晉上清經派創始期，是解決這些難題的首要條件。魏華存被茅山派中人崇奉，被《茅山志》尊爲「嗣上清第一代太師」，所以在創教初期由教門中人整理出完備的一篇傳記，這是完全符合常情的；而且當時撰傳的習慣正是採用有歌有文的文體，文字風格也是典型的東晉詩的格調。

爲何東晉前後會出現此類歌文兼備的仙傳體？這不是只有魏夫人傳的一個孤例，而可以找到一批證據。陳國符早期考證上清經時，既已指明「諸眞傳實皆出於晉代」，諸如紫陽眞人周君內傳、茅三君傳、蘇(林)傳、清靈眞人裴君傳、清虛王君傳，魏夫人傳也是其中的一種，此外另有新造構的漢武內傳，這些仙傳的內容主要在敍述「傳授眞經」，⑭借以彰顯其在道經傳授史上的神聖地位。這批上清諸傳有一共同特色，就是在敍述性的散文體中，一定會適度插入歌辭，通常都會出現在諸眞會唱的場面。陶弘景後來辛勤搜集的《眞誥》中，就保存了不少降眞歌詩的資料。其實這一特色前代學者早已致疑，清孫星衍就說「眞誥記神仙降形，善寫歌詩之屬，似近世所謂扶箕降仙書者。」⑮而許地山更明指爲扶乩降筆的紀錄。⑯由此可以推知在靈媒的降眞情況下，「眞人口喥之語」，即爲眞誥；以當時的隸書寫出，如眞人之手迹，即爲眞迹。從眞誥到眞迹只是過程的前後階段，或直接經乩筆寫出，這是中國原有的宗教傳統，上清經教團吸收之後精緻化、體系化，成爲道教史的一大盛事。固然東渡前，東晉渡江之後，政治、文化開展新局，而宗教、道教也在江南獲致突破性的進展。

基於「濱海地域」的因緣，⑰道教已在江南發展一些不同的派別，但上清經派則與天師道有關，魏夫人傳特別提到解化後，經張道陵授明威章奏及符訣，理由卽是「在世當（嘗）爲女官祭酒，領職理（治）民故也」；而在修法上強調精誠、齋潔，因有見神的宗教體驗，並蒙諸眞傳經、賵歌。從宗教學的理論言，這是巫（Shaman）——靈媒的同一經驗，經由精神集中的修練，在恍惚狀態中產生幻覺（幻視、幻聽），因而能接受神的囑語，傳達神旨。⑱東晉前後的仙傳中就是紀錄這類宗教體驗，楊、許集團在勾容、茅山所錄的眞誥，也屬於同一性質，可說是江南知識圈新流行的靈媒實錄。

魏夫人及其弟子楊、許等人，屬於中級官吏，眷屬的階層，曾接受傳統的藝文訓練，諸如作詩、書法等，因而表現在接遇仙眞時，所賜降的仙歌也具有較高的文學水準。其仙歌的旨趣也折射地反映「志慕神仙，味眞耽玄」的趣味，正是神仙思想流行、離亂世局的心態。在魏夫人接遇的仙眞中，不管是男眞或女仙，其所賜贈的仙歌風格大體相近，甚而與《眞誥》中衆多的仙眞所歌的也有類同之感，因而引發一種推想，就是當時江南勾容、茅山地區流行的靈媒集團，習慣掌握同一表達的手法，極熟悉仙歌的辭彙、意象，及五言詩體的體製，故能在進入恍惚狀態中，吐辭發聲，仙言仙語，在固定的寫作模式中，表現出優雅而飄逸的仙詩風格，這是六朝詩中尙待整理的一批史料。⑲

在用韻方面仙歌也具現東晉前後的語音現象，這一點任氏的研究中完全忽略，對於辭彙、意象猶可說模仿，但對於唇吻自然的押韻要刻意去仿作就較不容易。列仙文所有的四首中，方諸青童章用韻：形（青）、清（淸）、生（庚）、冥（青）、情（淸）、名（淸）、軿或洴（青），屬於庚、淸、青三韻同用），漢至魏晉多見，齊梁以後較少。金母飛空歌章也表現同一現象：清（清）兵（庚）、停（青）、傾（清）、生（庚）、冥（青）、精（清）、靈（青）、史（陽），最後的央字如是英，則爲庚部，用韻較寬，也是魏晉詩的現象。清虛眞人一章的用韻：館（換）、散（翰）、煥（換）、璨（翰）——粲也是，彈（翰）、歎（翰）、旦（翰），魏晉時，換翰同在一部，尤其魏詩特別明顯。安度明一章，霞（麻）——作和（戈）、阿（歌）、家（麻）、華（麻）、邪（麻）、和（戈）、過（戈），這種戈歌麻同用的現象，兩漢有之，魏晉最多，齊梁以後就未見，而有麻韻獨用的情形。從孟郊詩集出現四首用韻現象不與其他作品相一致的情況，也不與中唐的用韻習慣一致，這一問題要解說爲模仿，實在忽略了詩人創作的一般現象，比較可以接受的推論，就是孟郊只是改作者，才能符合魏晉詩韻的情況。

讚頌歌中的其他三首作品，更可加強前一推論。清虛眞人所歌之三：領（靜）、靜（靜）、靈（青）、景（梗）、整（靜）、潁（靜）、眚（梗）、上（養），其中耕部字與養合韻的現象，正是晉代，而非魏代的用韻。扶桑神王歌則爲止脂二韻同用：水（脂）、峙（止）、起（止）、理（止）、擬（止）、始（止或脂）、子（止），多爲止韻，也與脂部押，爲魏晉宋詩的現象。至於三元夫人一章，用韻現象更可注意：外（泰）、翳（霽）、氣（未）、慧（霽）、會（泰）、沛（泰）、邃（至）、穢（廢）、廢（廢）、世（祭），其中霽、廢、祭——晉代祭部分爲祭、泰二部；與泰、未、至同出現在一詩中，用韻尤寬，也是早期詩韻。基本上扶乩、降眞的年代即表現該時期的語音現象，而非以該仙眞傳說中的年代爲準，既然降眞是發在東晉前後，則仙歌飄渺也自是晉時音，這是研究仙歌首需確定的一個前提。⑳

孟郊對於魏夫人傳的仙歌有所接觸，一因顏眞卿撰述碑銘前後，魏夫人的事跡廣爲流傳：先有長壽二年（六九三）女道士黃令微（華姑）在胡超幫助下，㉑尋得舊迹；睿宗景雲中（七一〇—七一一）葉善信承睿宗令，置洞靈觀；開元初，玄宗使人醮祭。魏夫人觀宇終在華姑的努力下重建，其後靈異之說傳頌不絕，在天寶年間均曾度女道士焚修香火。直到大歷三年（七六八）顏眞卿任州刺史，因觀宇增修，而重新在范邈舊傳的基礎上，撰成碑銘：前半敍述魏夫人的事跡，後半則敍唐興以來的靈驗事跡，對於魏夫人的信仰作一總結。其實魏夫人傳說的傳播需結合茅山派在唐代的發展，茅山道統傳承其敎法，在各代高道的手中至唐代臻於鼎盛，不但與帝室關係密切，也多有文士相互交往，所以道敎諸派中茅山居於主流，魏夫人貴爲第一代太師自也倍受重視。

宮川尚志博士析論茅山道派與王室的關係，提出數項重要的觀察：包括創業期的預告符籙（王遠智）、茅山高道的道業深受帝王貴族的器重（司馬承禎）、茅山的優異形勢對於時人的吸引力。㉒在茅山道業隆盛的氣氛中，魏夫人的傳記，與上淸經派的道經、仙傳等，均爲文士所傳頌，孟郊自有機會得睹其仙經秘笈，根據孟郊一生的思想行事，由於仕途並不得意，因而與方外之士的過從也是自然會有的事，其實這也是唐代文人的生活習慣之一，佛敎、道敎的人生哲理與山林環境，提供方外的另一種世界，借以安頓其在現實界具有挫折感的身心，孟郊的交遊中就有多位道士，且有詩相送：「送蕭鍊師入四明山」、「同李益崔放送王鍊師還樓觀」、「送無懷道士遊富春山水」及「送丹霞子阮芳顏山上歸山」，蕭、王二鍊師、無懷道士及丹霞子均爲道士；此外「送李尊師玄」、「送道士」、「贈城郭道士」及「訪嵩陽道士」等，都表現出他對「口誦碧簡文」的道士生活並不陌生，有時自己也有機會遊覽道觀，如「西上經靈寶觀」的經驗，類此道教經驗均提供他閱讀、欣賞魏夫人傳中仙歌的契機，至於他以何種心境完成列仙文，就只能推測爲一種寄託，如他贈送道士歸山的詩，縱有嚮往之情，但終究身在紅塵，徒羨清閒而已。

任氏對於孟郊詩集中風格迴異於其他寒僻風格的情況，解釋爲擬作，而且假設爲當時伶黨或教坊擬於舞臺上扮演金母、清虛等腳色，因而促使孟郊擬仿六朝仙歌的筆調寫出戲文。㉓這一推測固是從唐戲弄的觀點出發，但用以解說列仙文，則嫌太富於想像力，說是戲文實在缺乏有力的證據。他又退一步從道家（敎）的科儀作解，假設仙壇上男女道士代表衆仙，分別歌唱，近於講唱，是乩文而近於戲文。不過從道教科儀史的立場言，科儀自有其一套結構，其所唱的步虛是另一種道敎音樂文學，不能與降眞詩混同。其實列仙文就是降眞詩，是眞誥，它必需還原於魏夫人傳的肌理絡脈中，在相關的情節、場景，人物的襯托下，這些仙歌才具有可以理解的意義。所以孟郊如眞是列仙文的作者而非羼入於詩集的，他所扮演的是改作的腳色，因當時的道敎文化氣氛，魏夫人信仰及其傳說的流傳，使他興起改作的興趣，並標以列仙文的題目。從寫作習慣言，當有小序記事，而爲後人刪落。

或許有人會覺得任半塘先生的觀點也有成立的可能，只是目前尚無證據支持其假設。固然在魏夫人的宗教體驗中，高度入靜後，諸眞下降，其服飾富麗，相好莊嚴，且儀仗盛壯，宛如一幕幕神仙道化劇的演出，但終究這是幻視、幻聽，是宗教見神的經驗。這一經驗確可依樣以戲劇形式演出，但目前道教學界尚無此等史料證成此說，否則道教文學一定可新添一章歷史。因此本文從道教史的立場，可以證實的只是列仙文確是原出乩壇的歌辭，顏眞卿但取其敍述部分，孟郊則取歌辭部分，可惜未錄或佚失小序，不然就不致引起千年後的諸多推測。

四

孟郊詩集有列仙文四首，風格體製均不類於其他作品的寒僻風格，往昔論者旣已致疑其僞，而近人任半塘則力證爲孟郊之作，並假設爲戲劇文體，爲唐戲弄的珍貴史料。不過從道教史、從上淸經派史的立場，就可發現它原是一批降眞詩，東晉初范邈撰傳時，卽遵循當時仙傳撰述的體例，採用歌文兼備的文體，散文部分承擔敍述功能，而詩歌部分則是在見神經驗中幻視幻聽的宗教實錄，魏夫人傳只是諸多上淸諸眞傳之一而已，因此從當時的通例考察，魏夫人不會成爲只有文而無歌的特例。

入唐之後，茅山派爲道教主流，魏夫人信仰及其傳說又經重振，除范傳外尙有項宗所撰一種，已佚；此外顏眞卿節略舊傳，補益新說，撰成膾炙人口的碑銘，爲唐代魏夫人傳說、事跡的集成。孟郊其人旣與道士有所往來，因緣際會，撰成「列仙文」流傳後世。至唐末五代，杜光庭廣泛彙集顏碑及本傳撰成新傳，收入《集仙錄》中，杜道士所整理的道教史料極爲精博，所以敎內如《雲笈七籤》、

《茅山志》等皆取材於此，甚至教外編《太平廣記》也多所取資，因而後世筆記叢書均出自此一系統，也造就了魏夫人的固定化形象。

【附　註】

①　近人注解孟郊詩，以陳延傑用力最爲精深，積十五年之力完成《孟東野詩注》，有臺北新文豐出版的翻印本。

②　近年對孟郊所作的專門研究，有尤信雄的《孟郊研究》，頗稱詳盡。惟遺憾的是將該詩所託名的作者與詩，全部誤置，見臺北、文津版，頁七四、七五。

③　任半塘竭其心力所作的系列研究中，《唐戲弄》的補說部分就敏銳地使用孟郊列仙文爲討論資料，參臺北、漢京版，頁一二八五。

④　任半塘前引書，頁一二七五。

⑤　同右，頁一二七六—一二七七。

⑥　陳國符開拓性的道藏研究，見其《道藏源流考》（中華書局，一九六〇）頁一二—一三。

⑦　陳國符前引書，頁一三。

⑧　任半塘前引書，頁一二七九。

⑨　參《眞誥》卷三、十五b；十二、十a。

⑩　有關陶弘景《眞誥》等上清經派的服氣法，筆者已另篇處理，將另行發表。

⑪ 任半塘前書，頁一二八一。
⑫ 詳參拙撰「漢武內傳研究」，收於《六朝隋唐仙道類小說研究》（臺北、學生，一九八六）頁三八―四〇。
⑬ 任半塘前引書，頁一二八四。
⑭ 陳國符前引書，頁七―十四。
⑮ 陳國符引孫星衍《廉石居藏書記內編》卷上，見前引書頁八。
⑯ 許地山《扶箕迷信底研究》有約略地說明，《商務，臺版，一九六六）
⑰ 這一觀念由陳寅恪創發，極有見地，其中自有需修正之處，但仍可解釋許多宗教現象，參見「天師道與濱海地域之關係」，收於《陳寅恪先生論文集》（臺北、九思、一九七七）
⑱ 關於靈媒的研究。詳參拙撰「西王母五女傳說的形成及其演變」，刊於《東方宗教》一期（臺北、文殊、一九八七、九）
⑲ 關於六朝仙詩的整理，包括辭彙及用韻等，目前正由女弟林帥月整理撰寫論文（東吳中研所），將有較細的分析。
⑳ 陳國符《道藏源流續考》首先作韻考，採用羅常培、周祖謨的研究成果，不過陳氏常以仙眞的時代爲準，嫌其過早（本文亦以羅，周的韻考爲主，另參何大安的研究，此點蒙莊申教授提醒注明。
㉑ 胡超卽胡慧（惠）超，參秋月觀暎有關唐代許眞君傳及許遜教團的研究，胡惠超爲關鍵人物。《中國近世道教的形成》（東京、創文社、一九七八）
㉒ 宮川尙志博士，「唐室の創業と茅山派道教」，刊於《佛教史學》第三號。
㉓ 任半塘前引書，頁一二八一。

附表：魏夫人傳流傳表

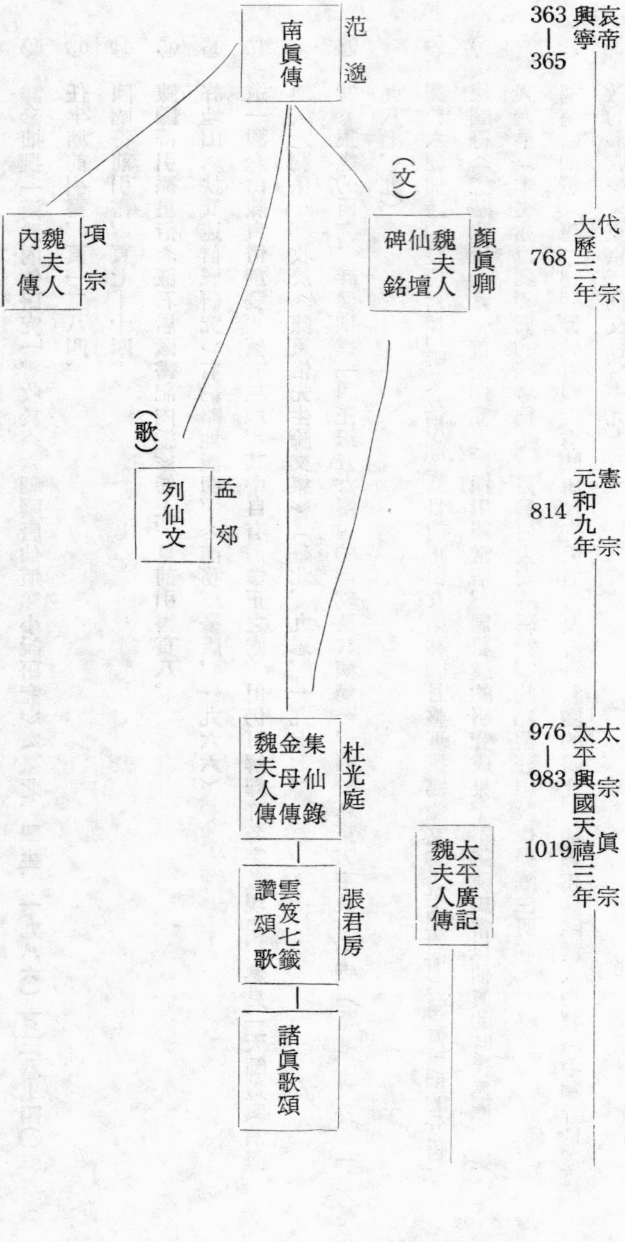
哀帝 興寧 363—365
代宗 大歷三年 768
憲宗 元和九年 814
太宗 太平興國 976—983
眞宗 天禧三年 1019
太平廣記 魏夫人傳
范邈 南眞傳
顏眞卿 魏夫人仙壇碑銘（文）
項宗 魏夫人內傳
孟郊 列仙文（歌）
杜光庭 集仙錄 金母傳 魏夫人傳
張君房 雲笈七籤 讚頌歌
諸眞歌頌

試論韓愈古文之陽剛風格

王基倫

我國文章風格的區分，始於南朝劉勰的「八體」（參《文心雕龍》〈體性〉篇），至清初姚鼐始集其大成。姚氏結合「陰陽」與「剛柔」的說法，認爲才性氣質稟之於天，天地之道，陰柔而陽剛，因此文章也有柔婉與剛健的分別。凡是雄渾、勁健、豪放、壯麗等風格都可納入陽剛一類①；修潔、淡雅、高遠、飄逸等都可歸入陰柔一類。

而據前賢所論，韓愈古文當屬於陽剛風格類②。不過，此風格究竟如何形成？除了「稟之於天」的因素外，有無其他形成風格之因素？其形成後的風格效果如何？……上述由陽剛風格衍生之問題，迄今無專文討論③。故筆者不揣淺陋，擬就此加以探討。

一、韓愈古文陽剛風格之由來

㈠自其性情觀之

一篇文學作品的產生，必然來自作者內在心靈的活動，此種活動，與性情息息相關。劉勰《文心雕龍》〈體性〉篇所謂「才有庸儁，氣有剛柔」的「才」與「氣」，就是「稟賦於自然」的「作者的內在特殊精神」④，此乃構成作品風格的重要元素。姚鼐也認爲「觀其文，諷其音，則爲文者之性情形狀舉以殊焉」⑤，可見文章風格主要是來自作者性情的表現。換言之，作者先天具備的不同的剛柔氣性，正是文章風格有陽剛與陰柔之分的由來。

就韓愈的性情而論，確實有構成陽剛風格的條件。韓愈「自少卽有積極進取之性格，其意態之軒昂，志行之高潔，均可自其詩文中窺見之。」⑥他在二十六歲〈上考功崔虞部書〉時，說：「斯道未喪，天命不欺，豈遂殆哉！豈遂困哉！」那種壯志凌雲的豪情，「直百世以竢聖人而不惑，質諸鬼神而不疑」（〈與馮宿論文書〉語）的堅定信心，正是他一生勇往直前的主要動力。可分兩方面說明：

首先，韓愈自我樹立道德標準，而後遵循仁義道德行事，能勇往直前，復興古道。其〈答陳生書〉做了如下的說明：

蓋君子病乎在己而順乎在天，待己以信，而事親以誠。所謂病乎在己者，仁義存乎內，彼聖賢者能推而廣之，而我蠢焉爲衆人。所謂順乎在天者，貴賤窮通之來，平吾心而隨順之，不以累於其初。所謂待己以信者，己果能之，人曰「不能」，勿信也。己果不能，人曰「能之」，勿信也。孰信哉？信乎己而已矣。所謂事親以誠者，盡其心不夸於外，先乎其質後乎其文者也……。

此處「仁義存乎內」、「信乎己而已矣」、「先乎其質後乎其文」的生活態度，就是韓愈基本性情的表徵。正因為仁義蘊育於心，強調使命感與自信，且重視道德修養，故能語氣堅定、氣度恢宏，寫出許多剛健的作品。例如〈原道〉，以其絕大的道德勇氣，擯斥異端，抨擊佛、老。又如〈論佛骨表〉，認為佛非特中土所固有，且不合先王之道，當棄去之。且信佛之君反多夭壽，以此知佛不可信。其言不避忌諱，眞為敢言；殊不知此下更有激切之言曰：

> 乞以此骨，付之有司，投諸水火，永絕根本！斷天下之疑，絕後代之惑，使天下之人，知大聖人之所作為，出於尋常萬萬世，豈不盛哉？豈不快哉！佛如有靈，能作禍祟，凡有殃咎，宜加臣身。上天鑒臨，臣不怨悔。

此段文字，勸君悔悟，敢言敢當，直欲根除佛骨，永絕後患。至於災殃之事，若有之則一己承擔，且指明上天為鑒，氣魄何其雄快淋漓。他如韓愈「奮不顧流俗，犯笑侮，收召後學，作〈師說〉，因抗顏而為師，……以是得狂名。」⑦又嚴詞質問那些熱中避諱、阻撓別人前程的人：「若父名仁，子不得為人乎？」（語出〈諱辯〉）又力為許遠辨誣，寫下〈張中丞傳後敍〉；以及〈伯夷頌〉、〈重答張籍書〉、〈答崔立之書〉、等篇，皆足以證明韓愈「信道篤而自知明」（語出〈伯夷頌〉），富有不畏強禦的精神⑧，故能發為慷慨金石聲，詞嚴義正之風格油然而生。

其次，韓愈亟欲改革六朝駢儷文風，遂大肆抨擊「齊梁及陳隋，衆作等蟬噪。搜春摘花卉，沿襲傷剽盜。」（語出〈薦士〉）他堅決勇敢地向舊文風挑戰，不顧「時人始而驚，中而笑且排，先生益堅，終而翕然隨以定。」⑨這段摧陷廓清之功，比於武事，可謂「雄偉不常者矣」（同註⑨）的努力過程，使他立志寫出具有獨創價值的古文作品。

原來在韓愈當時，「時文」遠比「古文」流行。時文美麗華贍，最易留存於制誥、詔策、章表、奏狀之間。其寫作標準，以「模範古義」爲佳⑩，既要求立義正大，足以昭示羣臣；復要求文辭平整，表達謹愼恪守之心。故此類作品「雖無峻峯激流嶄絕之勢，然屬詞豐美，得中和之氣」⑪，已有漸趨一致的統一風格。韓愈志不在此，遂反其道而行，主張「惟古於詞必己出，降而不能乃剽賊」（語出〈南陽樊紹述墓誌銘〉），命意遣詞，不蹈襲前人一言一句，遂能推陳出新。如此不斷地辛勤耕耘，實踐了復古革新的文學主張，使他成爲古文運動領導者，將中和穠麗的時文作品，蛻變成剛健奇崛的古文。

除上所述，另有一點尚待補充說明。世人常有窮愁潦倒之時，處此情景，或懷憂喪志，趑趄不前；或積極進取，突破萬難。性格之分野，於斯可見。韓愈顯然屬於後者，故其〈上兵部李侍郎書〉云：

> 愈少鄙鈍，於時事都不通曉，……薄命不幸，動遭讒謗，進寸退尺，卒無所成。性本好文學，因困厄悲愁無所告語，遂得究窮於經傳史記百家之說，……而奮發乎文章。

可見困厄悲愁的日子，促使韓愈更用心力研讀典籍，有助於發憤爲文。韓愈〈送孟東野序〉也說：

> 大凡物不得其平則鳴。……人之於言也亦然。有不得已者而后言，其謌也有思，其哭也有懷，凡出乎口而為聲者，其皆有弗平者乎？……抑不知天將和其聲，而使鳴國家之盛邪？抑將窮餓

其身，思愁其心腸，而使自鳴其不幸邪？

全文以「鳴」字爲骨幹，環繞此字發揮許多議論，最後顯出孟郊「自鳴其不幸」的努力方向。由此可知，韓愈親身體驗到：窮愁環境不足畏，能自我惕勵憤激方有所成。陰柔美的一大特色，就在於感情蘊藉淡泊，無慷慨不平之氣。據此亦可反證，韓愈憤激不平的寫作精神，亦是陽剛風格的來源之一。

㈡自其學養觀之

韓愈藉用先秦兩漢的「古學」以改革文風，也藉用「古文」作品來弘揚重視人倫日用的儒道；兩者相輔相成，交互影響。所以韓文陽剛風格之來源，必與其「古學」「儒道」的修養有關。正如管同〈與友人論文書〉所說：「得天之剛，世亦無幾，其餘必進之以學。進之以學者，孟子所云『以直養而無害』是也。日蓄吾浩然之氣，絕其卑靡，遏其鄙吝，使夫爲體也常宏，而其爲用也常毅，則一旦隨其所發，而至大至剛之概，可以塞乎天地之間矣。如此則學問成，而其文亦隨之以至矣。」⑫

今觀韓愈平生所學，一以儒家思想爲主，主張「行之乎仁義之途，游之乎《詩》《書》之源」，直待「其皆醇也，然後肆焉」（〈答李翊書〉語）；可見他要求躬行仁義道德，而後發之於文辭。〈答尉遲生書〉也說：「夫所謂文者，必有諸其中，是故君子愼其實。實之美惡，其發也不揜，本深而末茂，形大而聲宏，行峻而言厲，心醇而氣和，昭晰者無疑，優游者有餘。體不備不可以爲成人，辭不足不可以爲成文。」益可見韓愈重視道德修養爲寫作的先決條件，且要求文章思想內容與藝術形式並重。唯其如此，故能「義深則意遠，意遠則理辯，理辯則氣直，氣直則辭盛，辭盛則文工。」⑬歸根究底，儒家思想立意正大，充沛心田，實有以致之。周振甫〈韓愈的散文〉曾說明此現象：

我們就他散文中的主要部份如論文、贈序、雜記、碑傳來看，可以看到，雖然各篇的內容不同，論點不同，表現手法不同，但其中貫徹着一個共同的東西，那就是儒家觀點。就論文說，試舉〈原道〉、〈爭臣論〉作例。……就贈序說，試舉〈送董邵南序〉、〈送廖道士序〉作例。……就雜記說，試舉〈新修滕王閣記〉、〈燕喜亭記〉作例。……就碑傳說，試舉〈張中丞傳後敍〉、〈柳子厚墓誌銘〉作例。……這樣看來，韓愈的散文，卽使體材不同，內容不同，也都貫徹着儒家的觀點。這種觀點，又跟他所寫的事件、情景、人物等密切結合。這是他的散文能够吸引人的原因之一。⑭

可見，儒家思想的學養，是貫串韓文的主要力量。不論在思想、文論、寫作等方面，韓愈皆受儒家思想——尤其是孟子的影響最多⑮。但是，儒家思想如何形成陽剛之風格呢？這可能牽涉到文論方面的問題。

原來，韓愈〈答李翊書〉已透露此中消息。該文一再強調道德修養與儒家典籍的重要，而一旦下筆爲文時，又有其需努力之處。韓愈此文云：

當其取於心而注於手也，惟陳言之務去，戛戛乎其難哉！其觀於人，不知其非笑之為非笑也。如是者亦有年，猶不改，然後識古書之正僞，與雖正而不至焉者，昭昭然白黑分矣。而務去之，乃徐有得也。當其取於心而注於手也，汩汩然來矣。其觀於人也，笑之則以為喜，譽之則以為憂，以其猶有人之說者存也。如是者亦有年，然後浩乎其沛然矣。吾又懼其雜也，迎而距之，平心而察之，其皆醇也，然後肆焉。

這段寫作經驗，可分兩點說明。其一，所謂「不知其非笑之爲非笑也」、「笑之則以爲喜，譽之則以爲憂」、「如是者亦有年」等等，說明韓愈奮不顧流俗，以堅定恒久之毅力來從事寫作的歷程。其次，所謂「陳言之務去」的努力，除了必須與前述的信心毅力配合外，更需有閱讀古書的識見，認淸「古書之正僞，與雖正而不至焉者」，如此方能去其雜而得其醇，得其醇然後肆其文。此又非經年累月研讀儒家思想則不爲功。故韓愈古文在語詞上反對因襲，貴獨自創新的風格，實與其重視儒學有關。

此外，韓愈《答李翊書》強調仁義、《詩》《書》爲終身志業後，又再提出「氣」的看法。顯然「氣」也是完成古文作品的重要因素。他說：「氣，水也；言，浮物也；水大而物之浮者大小畢浮。氣之與言猶是也，氣盛則言之短長與聲之高下者皆宜。」郭紹虞先生對這節文字解釋道：

提出了寫古文要以氣勢為先的問題。作者把氣勢與語言的關係比作水與浮物的關係，強調「氣盛則言之短長與聲之高下者皆宜」。這主要在闡明古文的特徵，它不同於被對偶形式所拘束，矯揉造作，不合自然語氣的駢體，而是言有短長，聲有高下比較接近於口語。韓愈自己的創作，正是善於以氣勢駕馭語言與聲調的良好範例。⑯

依韓愈原意，「氣」是一股生命力，最顯著的表現就是「氣勢」，這股力量旺盛時，可以意氣風發，慷慨陳詞，寫出「爲文辭有氣」（〈唐河中府法曹張君墓碣銘〉語）的篇章。事實上，韓愈的「氣」由儒家修養工夫而來，經過「養其根而竢其實，加其膏而希其光」的努力，終身「無迷其途，無絕其源」（俱出〈答李翊書〉），方能大力宣揚儒家思想，寫出許多有聲有勢的作品⑰。故張籍曾批評韓愈論事不能平心靜氣，而韓愈〈重答張籍書〉的辯解是：

謂吾與人商論，不能下氣，若好勝者然。雖誠有之，抑非好己勝也，好己之道勝也。己之道乃夫子、孟軻、揚雄所傳之道也。若不勝則無以為道，吾豈敢避是名哉！

據此，則韓愈明確表示好以儒家之道勝人，此其所以「不能下氣，若好勝者然」。既然如此，韓文風格自然容易走上雄勁剛健一途。

㈢自時空環境觀之

作品風格之形成，除了性情、學養等關乎作家修養的因素外，另有時代地域的環境因素。此類因素非出自作者主動的學習，而是來自被動的感應，此所以《文心雕龍》另有〈諸子〉、〈時序〉、〈物色〉等篇也涉及文學風格之討論。

以韓愈〈師說〉爲例。文章一開始就指出師的重要，又以巫醫樂師百工不恥相師，聖人無常師，孔子曰三人行則必有我師，來證明士大夫恥師的無知。他提出「無貴無賤無長無少」都可以拜其爲師，「弟子不必不如師，師不必賢於弟子」，以比較開明的觀點，用實例反復批駁當時社會的病態，說明從師的必要性與正確性。當時人皆已不肯拜師，恥於相互學習，甚至訕笑學作古文者，若非病態如此嚴重，韓愈勢必無法寫出這篇作品。

又例如韓愈〈雜說四首〉之三揭露出「貌則人，其心則禽獸」的社會敗類，稱得上是篇「憤世嫉邪」之作。又如〈圬者王承福傳〉、〈爭臣論〉、〈送李愿歸盤谷序〉……等文，都或多或少揭露了統治階級驕侈淫逸的生活以及宦途的險惡。類似例子不勝枚舉，許多作家文集亦隨處可見，玆無庸贅述。

除此之外，山川風景也是作品風格形成之助因。例如韓愈〈祭河南張員外文〉：

側肩帖耳，有舌如刀。我落陽山，以尹鼯猱；君飄臨武，山林之牢。歲弊寒兇，雪虐風饕，顛於馬下，我泗君咷。夜息南山，同臥一席；守隸防夫，觝頂交跖。洞庭漫汗，粘天無壁，風濤相豗，中作霹靂，追程盲進，颿船箭激。……自別幾時，遽變寒暑，枕臂欹眠，加余以股。僕來告言，虎入廐處，無敢驚逐，以我驂去。君云是物，不駿於乘，虎取而往，來寅其徵。我預在此，與君俱膺，猛獸果信，惡禱而憑。……郴山奇變，其水清寫；泊砂倚石，有還無捨。衡陽放酒，熊咆虎嗥，不存令章，罰籌蝟毛。委舟湘流，往觀南嶽，雲壁潭潭，穹林攸擢。避風太湖，七日鹿角，鉤登大鮎，怒頰豕狗。臠盤炙酒，羣奴餘啄，走官階下，首下尻高，下馬伏塗，從事是遺。

清初劉大櫆評曰：

昌黎善為奇險光怪之語以驚人，而與張員外同出竄貶，其所經過山川險阻、患難，適足供其役遣，故能雄肆如此。⑱

綜右兩段引文可知，韓愈所經歷的山川景物，亦能造成用詞奇險光怪的剛健風格。所謂「文章之作，恆發於羈旅草野」（〈荊潭唱和詩序〉語），山川助益，衆人皆然。然柳宗元與韓愈同時，亦久遭竄斥，而其遊記風格近乎陰柔⑲，可見「草野」之外，「羈旅」心境的異同，尤爲重要。今《韓昌黎集》內，罕見遊記作品，如〈徐泗濠三州節度掌書記廳石記〉、〈藍田縣丞廳壁記〉、〈新修滕王閣記〉皆是論理論事作品，足證韓愈一心一意傳儒統、憂家國，實無多少閒情逸致，此所以涉及景物者其風格亦遠離陰柔之故。

綜合而之，韓文確實具有陽剛風格。此風格主要導源於性情與學養，如胸襟氣度、不畏強禦的個性，恆心毅力，以及儒家思想的識見等等。至於時空環境的因素，實居於次要地位。然而，風格形成之後，作者之性情與學養，將能造成那些文字上的效果？以下卽分別探討。

二、韓愈古文陽剛風格之寫作特色

㈠排比句鋪排成勢

清代曾國藩《曾文正公家訓》云：「行氣爲文章第一義。……昌黎之倔強，尤爲行氣不易之法。」同書又云：「雄奇以行氣爲上，造句次之，選字又次之。……余好古人雄奇之文，以昌黎爲第一，揚子雲次之。二公之行氣，本之天授，至於人事之精能，昌黎則造句之工夫居多，子雲則造字之工夫居多。」⑳據此可知，韓文氣勢雄奇，允爲陽剛風格最大特色。此特色得於先天性情者多，來自後天努力者則在造句、選字。

例如前已言及，韓愈〈原道〉起筆連排四句，造成全文一氣直下的風格㉑。誠然，排比句型文意相連貫，讀來一氣呵成，易使文章氣勢雄健。例如韓愈〈送浮屠文暢師序〉勸佛徒返回儒道，說：

道莫大乎仁義，教莫正乎禮樂刑政。施之於天下，萬物得其宜；措之於其躬，體安而氣平。堯以是傳之舜，舜以是傳之禹，禹以是傳之湯，湯以是傳之文武，文武以是傳之周公、孔子，書之於冊，中國之人世守之。今浮屠者，孰為而孰傳之？

文中宣揚儒家道統時，排句加上「頂眞」的寫法，讀來倍有氣力。此外，韓愈另有雙排比的寫作方式，如〈師說〉云：

古之聖人，其出人也遠矣，猶且從師而問焉；今之衆人，其下聖人也亦遠矣，而恥學於師。是故聖益聖，愚益愚，聖人之所以為聖，愚人之所以為愚，其皆出於此乎？

文中運用雙排句作對比，凸顯出主要論點，讀來印象深刻，發人深省。類似作法，〈原道〉、〈原毀〉、〈送許郢州序〉、〈考功員外盧君墓銘〉……等篇亦有之。此外，韓愈往往重複某些字詞，使排比句的語氣重疊，層層讀下，頗有文勢。如〈原道〉云：

古之時，人之害多矣。有聖人者立，然後敎之以相生養之道；為之君，為之師，驅其蟲蛇禽獸而處之中土；寒然后為之衣，飢然后為之食；木處而顛，土處而病也，然后為之宮室；為之工以贍其器用，為之賈以通其有無，為之醫藥以濟其夭死，為之葬埋祭祀以長其恩愛，為之禮以次其先後，為之樂以宣其壹鬱，為之政以率其怠勌，為之刑以鋤其強梗；相欺也，為之符璽斗斛權衡以信之；相奪也，為之城郭甲兵以守之；害至而為之備，患生而為之防。

此處用十七個「爲之」於句首或句中，鋪敍聖人愛民之道。其中「寒然後爲之衣」三句、「爲之工」以下八句、「相欺也」兩句、「害至……」兩句，全是排比句型，而長短不同，饒富變化。讀來有重複節奏感，又有變化靈動感，一氣呵成，筆力強健。類似作法，〈後廿九日復上書〉、〈畫記〉……等篇亦有之。尤須注意者，排比句型的氣力，實與文意大旨相應。試以韓愈〈爭臣論〉爲例：

今陽子在位不為不久矣，聞天下之得失不為不熟矣，天子待之不為不加矣，而未嘗一言及於政！視政之得失，若越人視秦人之肥瘠，忽焉不加喜戚於其心。問其官，則曰「諫議也」；問其祿，則曰「下大夫之秩也」；問其政，則曰「我不知也」。有道之士固如是哉？

此處先有一段排比句型，重複相似之內容結構，而卻陡然作收，「未嘗一言及於政」、「問其政，則曰我不知也」，此論點與前文相對照下，更凸顯有力。換言之，本段氣勢雄健處，並非來自排句，而是來自排句末尾，陡然反詰的那一句話；可見文意最爲重要，排句襯托出文意，且隨伴文意而有氣勢。明乎此，則可從韓愈「五原」、〈對禹問〉、〈與孟尚書書〉……等文意明暢、內容博厚之篇章，隨手拾得雄健深厚風格的作品，而非拘泥於排句形式而已。

(二)長短句靈活運用

前節所述排比句型，是求整齊的寫作方式。當文意一致時，排比句連貫而下，有建立文勢之功。然另有一種情形，當文思泉湧奔流而下時，往往未遑修整文句，於是長句短句間雜而出，雖非排比，而仍有氣勢。如韓愈〈送高閑上人序〉云：

> 往時張旭善草書，不治他伎，喜怒窘窮憂悲愉佚怨恨思慕酣醉無聊不平有動於心，必於草書焉發之；觀於物，見山水崖谷鳥獸蟲魚草木之花實，日月列星風雨水火雷霆霹靂歌舞戰鬬天地事物之變，可喜可愕，一寓於書。故旭之書變動猶鬼神，不可端倪，以此終其身而名後世。

又〈唐故朝散大夫尚書庫部郎中鄭君墓誌銘〉云：

> 君天性和樂，居家事人與待交遊，初持一心，未嘗變節。有所緩急曲直薄厚踈數也，不為翕翕熱，亦不為崖岸斬絕之行。俸祿入門，與其所過逢吸笙彈箏飲酒舞歌詼調醉呼，連日夜不厭，費盡不復顧問。或分挈以去，一無所愛惜，不為後日毫髮計留也。

右二段文字，如高山流水，一瀉千里，行文流暢無以復加。類似作法如〈送孟東野序〉「楊朱墨翟管夷吾晏嬰老聃申不害韓非眘到田駢鄒衍尸佼孫武張儀蘇秦之屬，皆以其術鳴」，長達三十餘字可連讀；又〈鱷魚文〉「況禹跡所揜，揚州之近地，刺史縣令之所治，出貢賦以供天地宗廟百神之祀之壤者哉！」讀來亦可連成一氣。這種句式的出現，一方面來自韓愈理直氣壯，氣勢磅礴，能「言之短長與聲之高下者皆宜」；一方面也來自韓愈「惟陳言之務去」的理想，主張創新詞句，不蹈襲古人一言一句。故韓愈意新語奇，縱橫浩瀚的寫作特色，屢見不鮮，常爲人所注意。柳宗元說：「退之猖狂恣睢，肆意有所作。」[22]皇甫湜說：「韓吏部之文如長江秋注，千里一道，冲飆激浪，瀚流不滯。」[23]蘇洵也稱贊「韓子之文如長江大河，渾灝流轉。」[24]可見韓文此特色，有目共睹。

古文有長句之奔瀉而下，自然亦需有短句之調節文氣；穿插長句短句、交錯單字句偶字句之現象，本不足爲奇。但《韓昌黎集》內不乏刻意濃縮字詞的作法，則見出韓愈用心良苦。如〈原道〉篇：

火于秦，黃老于漢，佛于晉魏梁隋之間。

筆之於其書。

夏葛而冬裘。

諸侯用夷禮則夷之，進於中國則中國之。

人其人，火其書，廬其居。

右例皆把名詞用作動詞，使文字更加精練靈活，是爲修辭學上「轉品」格。此外另有省略字詞之例，調節文氣之例[25]，俱是運用短句成功之證。短句能造成「頓挫」的效果，讀者至此應會停頓以思其文意；且因多用實字，少用虛字之故，促使文勢勁健有力。然亦如前節所述，文意最爲重要，句型變化亦需配合文意而後始有氣勢，如〈鱷魚文〉不乏長句（見前頁引），乃在百般勸說後，韓愈下令曰：

今與鱷魚約，盡三日，其率醜類南徙于海，以避天子之命吏。三日不能至五日，五日不能至七日，七日不能，是終不肯徙也，是不有刺史聽從其言也。不然，則是鱷魚冥頑不靈，刺史雖有言，不聞不知也。夫傲天子之命吏，不聽其言，不徙以避之，與冥頑不靈而為民物害者，皆可殺。刺史則選材技吏民，操强弓毒矢，以與鱷魚從事，必盡殺乃止，其無悔。

此處站在天子命吏的立場，籲鱷魚遠徙，再三寬限而不從，則仁至義盡，遂「皆可殺」、「必盡殺乃止，其無悔」。文末語氣嚴峻，正是來自前文「處處提出天子二字，刺史二字壓服他，如問罪之師，正正堂堂之陳，能令反側子心寒膽慄。」㉖可見韓愈此文，前以長句鋪敍事理，後以短句收煞作結，實皆由文意而來。

㈢文意「雄奇萬變」

柳宗元稱贊韓愈古文「恢奇」㉗，又稱贊他「文益奇」㉘，以「奇」相許，當非偶然。而韓愈頗敬重司馬遷「疏蕩有奇氣」，又贊揚柳宗元文「雄深雅健，似司馬子長。」㉙則「奇氣」顯然是剛健風格的表徵。今揆度韓愈本意，所謂「奇氣」不僅在字句修辭之間，尤在題材內容的表現。其〈答劉正夫書〉說：

若皆與世沈浮，不自樹立，雖不為當時所怪，亦必無後世之傳也。足下家中百物皆賴而用也，然其所珍愛者，必非常物。夫君子之於文，豈異於是乎？……若聖人之道不用文則已，用則必尚其能者，能者非他，能自樹立，不因循者是也。

而〈送窮文〉亦自評其文說：

不專一能，怪怪奇奇。不可時施，秖以自嬉。

合此觀之，「奇」不僅是一種藝能，而且是作文章「能自樹立，不因循」的表現方式所造成時人「所怪」的「怪怪奇奇」風格。此風格不單獨表現於字句之間，往往落實在命意遣詞都不落俗套的整體風格上。周振甫〈韓愈的散文〉曾舉例說：

比方講仁義道德，這在孔子的話裏已經談過很多，……在仁的實踐上要求不同，所以孔子回答的話也各不同。韓愈針對這種情況，他在〈原道〉裏一開頭對仁義道德作了說明，說：「博愛之謂仁，行而宜之之謂義，由是而之焉之謂道，足乎己無待於外之謂德。」這樣，他把孔子以來儒家講仁義道德的話，給以抽象概括，得出一個很扼要的定義式的說明。這樣講法是孔子所沒有講過的，從含意到遣詞都是新的。再像對於伯夷的看法，……韓愈的〈伯夷頌〉……從特立獨行不顧天下人的反對這一點立論，這個命意確是新的，是孔孟所沒有講過的。……再看語言，孔孟的話都很簡短，韓愈的話就比較長，更充暢，氣勢更旺盛有力，也是不同的。他的這種語言是跟命意相適應的。㉚

由此可見，內容構思奇突新穎，語言氣勢旺盛有力，結合而成「雄奇」的風格表現。羅聯添先生《韓愈研究》從用字、題材、造句修辭三方面列舉韓文的怪奇現象，證成「怪奇是韓文主要的特徵。」㉛方介《韓柳比較研究》也從題材、命意、結構、修辭四方面，證明韓文有「怪怪奇奇」的風格㉜。二書選擇〈石鼎聯句詩序〉、〈大理評事王君墓誌銘〉、〈柳州羅他廟碑〉、〈毛穎傳〉……等數十篇文章爲例，足以說明韓愈勇於創新的寫作態度，開創了古文「奇崛」風格。

實則，〈毛穎傳〉爲毛筆立傳，一本正經地敍其籍貫、家世、性情、才能、任職、退廢，乃至子孫綿延不絕，受封於管城，終老於斯。其內容帶有小說風味，故事性頗強，時人皆「大笑以爲怪」，柳宗元也「甚奇其書」㉝，且欽佩說道：

> 索而讀之，若捕龍蛇，搏虎豹，急與之角而力不敢暇，信韓子之怪於文也。……且凡古今是非六藝百家，大細穿穴用而不遺者，毛穎之功也。韓子窮古書，好斯文，嘉穎之能盡其意，故奮而為之傳，以發其鬱積，而學者得以勵，其有益於世歟！㉞

周振甫〈一家風格〉據此論道：

> 這篇文章（指〈毛穎傳〉），從文辭看，沒有什麼險奇的。那末所謂「捕龍蛇，搏虎豹」，表現在哪裏呢？柳宗元指出「古今是非六藝百家，大細穿穴用而不遺」，指出毛筆的功用。在這篇裏講的這方面的話，一般人沒有想到的，顯得突出，這可能就是指「捕龍蛇，搏虎豹」吧。㉟

由此觀之，韓愈此文別出心裁，能言人之所未言，故讀來有「突出」的感覺。柳宗元對此文的評語，顯然非就結構修辭而說，乃專就立意成效而說。稍後孫樵形容韓愈〈進學解〉一文：「拔地倚天，句句欲活，讀之如赤手捕長蛇，不施控騎生馬，急不得暇，莫可捉搦。」㊱其形容用語與柳宗元同，含意亦當與柳宗元相近㊲。

在中、晚唐間，如此詮釋韓愈古文者甚多，如李翺〈祭吏部韓侍郎文〉云：

及兄之為，思動鬼神。撥去其華，得其本根。開合怪駭，驅濤湧雲。㊳

皇甫湜〈韓文公墓銘〉云：

茹古涵今，無有端涯，渾渾灝灝，不可窺校。及其酣放，豪曲快字，凌紙怪發，鯨鏗春麗，驚耀天下。然而栗密窈眇，章妥句適，精能之至，入神出天。㊴

李漢〈昌黎先生集序〉云：

汗瀾卓踔，奫泫澄深，詭然而蛟龍翔，蔚然而虎鳳躍，鏘然而韶鈞鳴。㊵

右列各家以「開合怪駭」、「不可窺校」、「入神出天」、「詭然而蛟龍翔」之類的語句，形容韓文神奇變化，不可端倪。這種風格特色是：文意奇詭變化，以及辭語驚耀天下。然而如皇甫湜所說，辭語亦有「章妥句適」時。北宋蘇洵稱：

韓子之文，如長江大河，渾灝流轉，魚黿蛟龍，萬怪惶惑，而抑遏蔽掩，不使自露；而人望見其淵然之光，蒼然之色，亦自畏避不敢迫視。㊶

這裏蘇洵以長江大河的渾灝流轉，比喻韓愈文章的氣勢旺盛。以魚黿蛟龍的萬怪惶惑，形容「文中的特殊的命意或觀點，不同於常人之見，故使常人惶惑。」又以抑遏蔽掩不使自露，形容「這種非常的命意或觀點，在文中出於自然，使人不感到突出。」㊷如此形容方式，恰當地說明了萬怪惶惑的內容，加上抑遏蔽掩的文辭，構成韓愈古文剛健雄奇之標準風格㊸。

四、結　論

總結前文，已能確立韓愈古文深具陽剛風格。玆補充說明如下：

一、韓愈古文之陽剛風格，主要源自性情、學養兩方面，而時空環境因素次之。其強烈的使命感與自信心，立志發揚古道，持續寫作古文，愈是遭受阻力，就愈加奮起努力，形成一股沛然莫之能禦的氣勢，主導文學創作的進行。故其文章縱横恣肆，出入自得，呈現了雄勁剛健的風格。

二、韓愈服膺儒家思想，閱讀《詩》《書》，修養仁義，終身不懈。故能去其雜而得其醇，「其皆醇也，然後肆焉。」（〈答李翊書〉語）㊹以仁義修身的過程，正足以堅定心志，勇往直前，因而氣充辭沛，筆力萬鈞。就這層意義來說，性情與學養實相輔相成，造就了渾浩宏偉的風格。

三、古文陽剛風格的表現方式，與排比句型關係密切。多用排比句，彷彿長江大河之奔流。今觀韓愈古文的排比方式有三：㈠排句加頂眞格。㈡雙排句。㈢排句加重複字詞。此三類型爲大宗，寫來甚有氣勢。

四、長江大河奔流而下，亦將有激湍洄流種種變化，顯出錯綜之美。今觀韓愈古文除排比句外，亦需有長短句穿插其中，不失其靈活變化。由於韓愈主張「氣盛言宜」、「陳言務去」，故創新詞句作法層出不窮。其中如轉品、省字濃縮字詞的手法，穿插長句短句、交錯單字句偶字句調節文氣的例證，皆足以構成豐富變動的風格。

五、不論字句如何奇瑰壯麗，總不及題材雄奇變化來得矯健有力。今觀韓愈古文的奇崛激越風格，往往來自題材不墮庸弱，不同凡響。所以「意新語奇」固然重要，「語不奇而意更新」尤爲韓愈陽剛之美的標準風格。

【附註】

① 姚鼐〈復魯絜非書〉云：「鼐聞天地之道，陰陽剛柔而已。文者天地之精英，而陰陽剛柔之發也。……得於陽與剛之美者，則其文如霆、如電、如長風之出谷、如崇山峻崖、如決大川、如奔騏驥，其光也如杲日、如火、如金鏐鐵，其於人也如馮高視遠、如君而朝萬衆，如鼓萬勇士而戰之。」此說頗爲抽象，卻常被人引用。曾國藩〈庚申三月日記〉云：「吾嘗取姚姬傳先生之說，文章之道分陽剛之美、陰柔之美。大抵陽剛者，氣勢浩瀚，……浩瀚者噴薄而出之。」又〈癸亥九月日記云：「文章陽剛之美，莫要於愼、湧、直、怪四字。」又〈乙丑正月日記〉云：「嘗慕古文境之美者，……陽剛之美曰：雄、直、怪、麗。」參《曾文正公日記》〈文藝〉，頁五三、五三。郭紹虞據此指出，雄渾、勁健、豪放、怪麗爲陽剛風格的特徵。參郭紹虞對姚鼐〈復魯絜非書〉的〈說明〉，《中國歷代文論選》下册，頁二〇六——二〇七。

② 韓愈同時及其身後，如柳宗元〈讀韓愈所著毛穎傳後題〉、〈答韋珩示韓愈相推以文墨事書〉，裴度〈寄李翺書〉，張籍〈祭退之〉，李翺〈祭吏部韓侍郎文〉，皇甫湜〈韓文公墓銘〉，李漢〈昌黎先生集序〉……等文，都對韓文的主要風格怪、奇、雄、肆有所指述。《註釋音辯唐柳先生集》卷二一、三四，《唐文粹》卷八四，《張司業詩集》卷七，《李文公集》卷十六，《皇甫持正文集》卷六，《韓昌黎集》書首。

③ 據羅聯添、王國良編《唐代文學論著集目》，CHARLES HARTMAN《Han Yü and the T'ang Search for Unity》及何法周《韓愈新論》書後所附書目，可知近年並無討論韓愈古文陽剛風格之著作。惟周振甫《怎樣學習古文》討論一家風格時，曾介紹韓愈古文風格，歸之於剛健；方介《韓柳比較研究》第四章第一節〈韓文的風格〉亦有討論文字，然皆非針對陽剛風格進行探究。

④ 參廖蔚卿〈劉勰的風格論〉，《六朝文論》頁一九〇。

⑤ 語出姚鼐〈復魯絜非書〉，《惜抱軒文集》卷六。

⑥ 參汪淳〈韓愈之性格〉，《韓歐詩文比較研究》頁四八——五三。

⑦ 語出柳宗元〈答韋中立論師道書〉，《註釋音辯唐柳先生集》卷三四。

⑧ 參方介〈韓文的風格〉，《韓柳比較研究》頁三一五——三二四。

⑨ 語出李漢〈昌黎先生集序〉，《韓昌黎集》書首。

⑩ 參《舊唐書》卷一九〇〈齊澣傳〉。

⑪ 語出《舊唐書》卷一九〇〈許景先傳〉。許氏時任中書舍人，掌知制誥，以文翰見稱於世。張說評許氏之文如此。

⑫ 語出管同〈與友人論文書〉，《因寄軒文初集》卷六。

⑬ 語出李翺〈答朱載言書〉，《李文公集》卷六。

⑭ 語出周振甫〈韓愈的散文〉，《古代名家寫作技巧漫談》頁八一——八三。又葉國良〈韓愈冢墓碑誌文與前人之異同及其對後世之影響〉曾指出韓愈〈殿中侍御史李君墓誌銘〉、〈太學博士李君墓誌銘〉二文，皆能表現崇儒之立場。參《石學蠡探》頁六四——六六。又何寄澎〈韓愈古文作法探析〉亦指出韓愈〈衢州徐偃王廟碑〉、〈處州孔子廟碑〉、〈故太學博士李君墓誌銘〉三文，皆一致表現尊孔學儒守仁道之立場。參《唐宋古文新探》頁三五——三六。

⑮ 參王基倫〈孟子書對韓愈文的影響〉，孔孟月刊第二三卷第三期。

⑯ 語出郭紹虞對韓愈〈答李翊書〉的〈說明〉，《中國歷代文論選》上册，頁四三五。

⑰ 曾國藩〈癸卯二月日記〉云：「杜詩、韓文所以能百世不朽者，彼自有知言養氣工夫。惟其知言，故常有一二見道語，談及時事，亦甚識當世要務。惟其養氣，故無纖薄之響。」參《曾文正公日記》〈文藝〉，頁五九。

⑱ 語出劉大櫆評韓愈〈祭河南張員外文〉，收在《評註古文辭類纂》卷七三。

⑲ 按方苞評柳宗元〈游黃溪記〉云：「子厚諸記以身閒境寂，又得山水以盪其精神，故言皆稱心。探幽發奇，而出之若不經意。」劉大櫆評此文亦云：「山水之佳，必奇峭，必幽冷。子厚得之以爲文，琢句鍊字，無不精工。古無此調，子厚創爲之。」可見柳宗元遊記風格近乎陰柔。方、劉語收在《評註古文辭類纂》卷五二。

⑳ 語出曾國藩〈諭紀澤（行氣爲文章要義）〉、〈諭紀澤（論文之古雅雄奇）〉，《曾文正公家訓》頁三一、

十六。

㉑ 參方介〈韓文的風格〉,《韓柳比較研究》頁三〇九。

㉒ 語出柳宗元〈答韋珩示韓愈相推以文墨事書〉,《註釋音辯唐柳先生集》卷三四。

㉓ 語出皇甫湜〈諭業〉,《皇甫持正文集》卷一。

㉔ 語出蘇洵〈上歐陽內翰第一書〉,《嘉祐集》卷十一。

㉕ 參方介〈韓文的風格〉,《韓柳比較研究》頁三五六——三五七、三一八——三一九。

㉖ 語出吳楚材、吳調侯評韓愈〈祭鱷魚文〉,《評註古文觀止》卷八。

㉗ 語出柳宗元〈答韋珩示韓愈相推以文墨事書〉,《註釋音辯唐柳先生集》卷三四。

㉘ 語出柳宗元〈先君石表陰先友記〉,《註釋音辯唐柳先生集》卷十二。

㉙ 語出劉禹錫〈唐故柳州刺史柳君集〉引韓愈語,《劉夢得文集》卷二三。

㉚ 語出周振甫〈韓愈的散文〉,《古代名家寫作技巧漫談》頁八四——八五。

㉛ 參羅聯添先生〈韓文特徵〉,《韓愈研究》頁二七三——二九〇。

㉜ 參方介〈韓文的風格〉,《韓柳比較研究》頁三三一——三五八。

㉝ 語出柳宗元〈與楊誨之書〉,《註釋音辯唐柳先生集》卷三三。

㉞ 語出柳宗元〈讀韓愈所著毛穎傳後題〉,《註釋音辯唐柳先生集》卷二一。

㉟ 語出周振甫〈一家風格〉,《怎樣學習古文》頁一六四。

㊱ 語出孫樵〈與王霖秀才書〉,《孫樵集》卷二。

㊲《今觀韓愈〈毛穎傳〉、〈進學解〉、〈送窮文〉等篇，率皆家愁潦倒而後有作，其學養之豐厚，詞語之暢達，自不待言；而尤須注意者，三文背後皆有不平之氣，故雖出之以詼詭筆調，仍難掩其雄邁奇崛。故張裕釗評〈毛穎傳〉：「遊戲之文，借以抒其胸中之奇。」王文濡評〈進學解〉：「滿腹牢騷」、「仍以詼語作結」。又評〈送窮文〉：「窮不負人，人自負窮耳。諧語中有固窮主義，讀者幸勿略過。」參王文濡《評註古文辭類纂》卷三八、七一。

㊳語出李翺〈祭吏部韓侍郎文〉，《李文公集》卷十六。

㊴語出皇甫湜〈韓文公墓銘〉，《皇甫持正文集》卷六。

㊵語出李漢〈昌黎先生集序〉，《韓昌黎集》書首。

㊶語出蘇洵〈上歐陽內翰第一書〉，《嘉祐集》卷十一。

㊷參周振甫〈一家風格〉對蘇洵此文的詮釋，《怎樣學習古文》頁一六〇——一六四。

㊸例如韓愈〈與孟東野書〉，就內容說，對於「人人」，言之無聽，唱之無和，獨行無徒，這種思想跟一般人不同，顯得奇特。又〈送董邵南序〉，用意不明講，婉轉透露，看似柔婉，然其中「明天子在上」的正大號召，一氣貫注的擁護中央精神，仍有剛健風範。上述諸例足以證明，內容千奇百怪，文辭不必突出，仍可算是陽剛風格之表現。

㊹張伯行〈柳文序〉說：「韓於書無所不讀，於道見其大原，故其文醇而肆。……韓文如大將指揮，堂堂正正，而分合變化，不可端倪。」可見思想影響其文辭。參《唐宋八大家文鈔》柳集卷首。

由墓誌看唐代取佛教化名號的社會現象

耿慧玲

名、字、號都是人在團體中的代號，用以區別某人與他人的不同，也標示出某人的特殊性，唐國史補卷上有如下一則記載：

> 韓晉公（滉）聞徑山，以為妖妄，肩輿召至庭中，望其狀貌，不覺生敬，乃為設食，出妻子以拜之。妻乃曰：「願乞一號。」徑山曰：「功德山。」後聞自杭至潤，婦人乞號，皆曰功德山也。

在這則記載中，透露出一則訊息：在當時，①有取佛教名號的現象存在。這種現象是否存在著某些社會意義？再者，這現象是僅限於代、德之際？還是歷經唐代皆是？其所顯現的歷史意義，是否因時代而有所改變？這些以直接而公開方式彰顯其信仰立場者，是否代表著他們的信仰程度要較不若是者堅定？如果答案是肯定的，則這些取佛教名號者，當是佛教信仰羣中，除了出家的僧尼衆外，最足以做為佛教信仰社會化指標的一羣；如若答案是否定的，那麼這些取佛教名號者，對於取名號此事之社會意義可能重於信仰意義；抑或，前兩項的答案有同時存在的可能？凡此種種，似皆是研究唐代社會的好題材，但是，是否有足夠的資料做這些研究呢？本人從事唐代墓誌銘集釋工作已有八年，在摩莎拓片資料之際，發現在這些墓誌記載中，確實有許多的社會現象，是正史記傳中無法兼及者，這些原本埋藏在幽冥之間的記載，不限於一地，一族，不分其階級高低，不拘於男女老少；更可貴者，唐代墓誌傳世頗多，數量頗大，以「唐代墓誌集釋計劃」所蒐集資料而言，已近三五〇〇誌（一誌一人）②，這種大量的資料，自然的取樣，恰可以校勘史傳，補苴罅漏，故而本人就前述問題，擬訂六個方向廣泛的自唐代墓誌銘中蒐集有關資料③：

A、名、字、號確爲佛教名，墓誌記事亦有佛教信仰者。

B、名、字、號確爲佛教名，墓誌記事無佛教信仰者。

C、名、字、號疑爲佛教名，墓誌記事有佛教信仰者。

D、名、字、號疑爲佛教名，墓誌記事無佛教信仰，其家族有佛教信仰者。

E、名、字、號疑爲佛教名，墓誌記事無佛教信仰者。

F、名、字、號非佛教名，墓誌記事有佛教信仰者。

所謂佛教名，係指在佛教文化中特用的名稱，如尼、僧④、寺、大乘、摩訶、梵行及前引唐國史補中之功德山與其他三字字者，確定與佛教文化有關係；至於非佛教名，則係中國習見之一般名、字，如泰、壽、信、季、孟姜等，不似有外來文化影響之名、字；而所謂疑似佛教名、字者，則觀其名、字之意義，似有所指，可能與佛敎文化有關者，如惟明、像護、慈愛、智本、智宗等。在設計中，凡取佛敎名、字者，已肯定其與佛敎文化有關係，然其記載中是否有有關之佛敎信仰記載，可能有不同之意義，故再分爲A、B兩類，以爲比較。疑是佛敎名、字者牽涉問題較廣，㈠所謂疑似，可能只是不如尼、僧等如此無異義，實際上在唐代根本就是佛敎化下的名字，因此如果記載中有佛敎信仰記載，可能卽可證明此名、字確是佛敎化之表徵，可列入A內分類；若無佛敎信仰記載，自然無可證明；但若無記載；而其家族中有信仰佛敎之記載，則可證明或爲佛化名稱。㈡可能此名、字，根本就沒有佛敎的意義在內，那麼當有佛敎信仰記載時，可以當如一般未取佛名、字，卻有佛敎信仰者，以與取佛名、字者比較；如果無信仰記載，其家族亦無信仰迹象，可證此名、字可能確非佛敎名稱；若無信仰記載，而其家族有佛敎事蹟，當亦可以一般佛敎信仰狀態討論。總而言之，疑是佛敎名、字類者，其不確定性甚高，又與一般信佛而未取名者狀況不同，卻又苦於資料限制，無法做肯定分類，更不能捨棄不做比較，只好依有信仰記載、無信仰記載卻有家族信佛事蹟、無信仰記載亦無家族信佛事蹟分爲三類，以做比較。至於非佛敎名而有佛敎信仰事蹟者，本文亦加以蒐羅，以與取佛敎名者做對照，然而誌若明言爲居士、優婆夷、優婆塞者，因其與佛敎間關係已極確定，當另文再做研究，此處不列。

茲將資料分類後臚列於下：

表A

編號	名字	年齡	郡望	官爵（夫）	三代	子	卒地 葬地	卒時 葬時	資料來源	備註
1	(呂)張須摩(善宿)	八三	南陽	呂□文林郎	祖房州至誠府果毅 父同州馮翊令		長安義城里 長安昆明	永徽六、三、四 永徽六、三	史所拓片〇五二四五	
2	張獎（如相）	七二	南陽	隋潞州錄事參軍	祖道，周青州刺史 父導，隋沙河令	來	— 邙山	龍朔一、四、一一 龍朔一、一〇、八	千唐一七三	
3	(張)王智（梵行)	七六	太原	光州錄事參軍	曾忠，隋通事舍人 祖昱，和州別駕 父音，光州錄事參軍	敬玄	東都殖業里 邙山	咸亨三、七、一一 咸亨三、八、八	一四〇四八	
4	何摩訶（迦）	五一	東海郯	不仕	祖，梁元校尉 父底，隋儀同		洛陽嘉善里 邙山	調露二、二、一六 調露二、二、二八	一四〇七五	因官居姑臧大坪鄉
5	(楊)韋檀特(毘耶梨)	七四	京兆杜陵	楊政本。幽州范陽令	曾叔裕，魏太傅。祖總，周京兆尹 父匡伯，尚衣奉御		長安永寧里 明堂縣義善鄉	永隆二、八、一 永隆二、八、一八	〇五五六九	韋氏定著
6	(李)裴太一(貝多)	三二	河東聞喜	李□。鄜州司倉參軍事	曾道，朗州武陵令 祖義實，魏州貴鄉令		善和里 長安西南高陽原	永淳一、三、二六 永淳一、四、	一七一四三	夫爲李勣之孫。夫人姑夫爲元萬頃

					父悌，將作丞			七		，京兆王子推之後裔，與徐敬業兄弟善
7	梁寺（師暕）	三六	雍州藍田	澤王府主簿	曾祖遵周秦州清水令 祖殊隋監門錄事參軍 父柱騎都尉	景先	長安懷德里終南山梗梓谷信行禪師林側，大父之舊塋	垂拱四、一〇、五 垂拱四、一一、一七	金石文鈔 四	夫人唐惠兒亦信佛
8	(王)宋尼子(尼子)	六四	廣平	王□。邢州任縣主簿	曾欽道齊黃門侍郎 祖萬壽齊侍御史 父正名雍州始平尉	玄嗣大周東寺僧	東都和仁坊洛陽舊塋	天授二、閏五、二一 長壽二、二、一二	千唐四〇 五	
9	(韋)裴覺（寶眞空）	六六	河東聞喜	東韋頊。衞尉卿	曾鴻智，周襄州道大摠管。祖師武，隋蜀王府記室參軍。父懷昃，忠州刺史	鐵太子少保，駙馬都尉	長安永寧里萬年縣御宿川舊塋	景龍三、二、二六 三、七、一九	〇五七一 五	裴氏、韋氏皆定著房
10	(吳)席□大□	八四		吳眞			洛綏福里北邙山	開元二八、六 六、一七	一七七六 五	
11	(李)嚴□（眞如海）	六五	會稽		曾隱，光州樂安尉 祖果，絳州夏臺府折衝 父利貞，青州博昌令	倩吉州參軍	東都歸義里北邙王趙	開元二九、五 、一五 開元二九、七 、一	一七七五 五	夫死，由大照和上授記改名
12	(雷)宋□（功德山）	五七	廣平 ← 咸陽	雷□內侍	曾琛 祖通 父神慶 }不仕		京輔興里建塔舊塋	天寶四、九、 六 天寶四、一〇 、二五	考古通訊 一九五七 —五	夫死，改信佛，並改名，火化建塔

13	姚□（功德藏）	一八	河東桑泉		曾護，隋海州司馬；祖會，青州錄事參軍；父知章，左武衛中郎將	皇城尚舍廨宇；邙山金谷原	天寶一、八、二二 八、三〇	一三五九一	病而信佛
14	□和娘（佛婢）	一〇				永州零陵東郭門	元和五、四、三	全唐五八一	和娘生長安善和里，得病，乃更名佛婢，既病，遂去髮爲尼，號之爲初心

表B

編號	名字	年齡	郡望	官（夫）爵	三代	子	卒葬地	卒葬時	資料來源	備註
1	□僧壽				曾亮，漳水府校尉；父□，奉誠尉；母劉氏，信佛		私第洛清風鄉張方里	（父）貞觀一一、一一（母）永徽五、四 永徽五、五	一四〇三六	誌名「奉誠尉」篇號二四八
2	黃羅漢（道亮）	六三	荊舒楚人	不仕			｜邙山	（妻）永徽六、七 ｜	一七七八一	
3	（王）楊摩耶			王□。不仕	父舍才，陪戎尉	僧護	東都景行坊積善里邙山	永徽六、五、一二、永徽六、一〇、一三	一七五四一	誌名「王□」篇號二八〇

4	常達摩			驍騎尉，上大都督	祖靖，齊吉州刺史；父建，隋浮州司馬	(子)—北芒平樂鄉	(子)顯慶二、八、二八 一三六九九	誌名「常□」三篇號三二九
5	房僧榮		河南洛陽		曾兆，隋使持節二州刺史；祖叔，唐齊王右一府大將軍；父寶子，處士	(父)—河南平樂王村	(父)顯慶五、九、二〇、龍朔一、一一、一〇 一六九四一	誌名「房寶子」篇號四五六
6	竹妙(須摩)	六三	遼西		祖弘寶，周相州司馬；父懷威，隋幽州薊縣尉	—邙山	龍朔一、九、三 龍朔一、九、二三 〇五二八八	
7	侯僧達	五〇	隴西	懷音府隊正		洛尊賢里 洛清風鄉	麟德二、閏三 〇五三三四	
8	張德行身		河南汝州魯山	上騎都尉		—北邙河東村	延載一、五、一二 延載一、五、二六 千唐四二〇	
9	(王)孟大乘	五九	清河	王思惠戎州南溪丞	祖緒，平昌郡公；父弘義，—	洛來庭縣永泰坊 北邙山	證聖一、四、一七 證聖一、五、一四 一七〇〇九	
10	(孫)竹須摩提	三九	安喜	孫阿貴直營繕監	父仁度，—	神都弘敬里 洛千善里	大足一、三、一 大足一、三、一二 一七六五七	

11	（王）李清禪	二五	趙郡	王昕	曾德盛，魏州刺史 祖義府，中書令 父澤，桂府司直		—邙山	神龍三、三、二九 三、四、六	二三九九 五	
12	（陳）蘭尼（二娘）	五一	西河		曾衡，易州刺史 祖仁基，殿中監 父嗣恭，滄州□□參軍事	居士	京通善里 洛永昌平陰從新里	景龍二、二、二二 一〇、一二	千五四二	
13	（封）李常精進		趙郡	鄧州刺史	父晉客，司農少卿	希爽	揚州司馬舍 邙山	開元八、九、二五 九、五、二〇	一六六八 六	李氏著房封室宰相家
14	（李）慕容眞如海（淑）	七五	趙郡象城	成王	父一二衞大將軍	淩	洛勸善里京兆同人原	開元一三、二、二六 一四、一一、二八	西安郊區隋唐墓	王室
15	劉龍樹	七五	彭城	寧州羅川府折衝	曾彥，幷州太原府□孫玄豹		（妻）—北邙山	（妻）開元一七、一一	一六七三 八	
16	（李）楊無量壽	六五	弘農	李□。北涪州刺史廣平公	父知慶，右屯衞將軍		洛殖業里 洛清風北邙	開元一九、六、六 開元一九、六、一九	一六七四 九	王室，父爲則天外族，觀王房
17	（崔）盧梵兒（舍那）	五六	涿郡范陽	崔渾。監察御史	曾彥章，隋安興丞 祖莊道，侍御史 父金友，滁州刺史	衆甫。左武衛倉曹參軍事	河北官舍 河南萬安山	開元二三、六、五 二五、二、二八	一四六八 三	著房

18	（王）范如蓮花	三七	懷州河內	王察鄉貢明經	曾預 祖義愼 父元琛 }不仕	河內太行	天寶三閏二、一四 天寶三、四、一六	○五九二三	
19	（朱）王心自在	四六		朱□太府寺南寺令	曾畏，朗州刺史 祖朗，隨州司馬 父處默，辰州都督	洛，南鄽官舍北邙杜郭	天寶五、九、三 天寶五、一○、六	一七七九四	
20	張毗羅	七○	清河	左武衛將軍	父毗羅，不仕	長安金城里承平鄉	天寶一四、八、二七 天寶一四、一一、一七	○六○○二	
21	（竇）楊瑩（諦聽）	三一	弘農	竇□京兆府藍田丞	曾冲寂，司衛卿祖愿，汝州刺史。父廙，太子右贊善大夫	洛，殖業里洛北邙	大歷一二、三 大歷一二、一一、二一	一七八四九	觀王房，出自竇氏，復歸竇家
22	瞿曇譔（貞周）	六五	天竺	司天監	曾逸，祖羅，太史昇，監	｜長安渭水西原	大歷一一、四 大歷一一、一○、一	文物一九七八｜一○	夫人瑯琊王氏晉州別駕嗣之女，有佛行
23	（李）崔無生忍（無生忍）	五六	清河	嗣曹王	父珪璋，尚書工部道古員外	長安宣陽里河南邙山樂鄉原	貞元一三、六、二二 八、一七	一七八九四	疑著房
24	（王）侯□（僧娘）	二三	上谷漆水	王□（太原）	祖元，貝州別駕父子良，左武衛翊府左郎將	河南府脩善邙山	貞元一三、一一、二六 一一、二九	一四六六一	

表C

編號	名字	年齡	郡望	官爵(夫)	三代	子	卒地 葬地	卒時 葬時	資料來源	備註
1	韓□(智門)		宜陽		祖士通，隋平郡守 父節，隋南陽溧陽長		— 邙山	顯慶一、六、四 顯慶一、六、二一	〇五二四七	
2	袁相(厲俗)	七八	汝南	立信尉	祖顏，隋鎮將。父摩，郡主簿	崇慶	洛脩義坊 邙山	龍朔 龍朔	〇五三一五	
3	尚眞(仁爽)	七七	洛←陽 清河		父居士，蘆州巢縣令外孫定持，弘福寺僧		長安鄠縣脩德里 禪師林所	調露一、八、一九 長安三、八、九	〇五六九八	
4	周善持(善持)	七二	河南伊闕	陳州溵水主簿	祖郁，隋撫州司馬 父師，			聖曆一、九、二六 聖曆二、二、一一	一六九七〇	
5	(成)耿慈愛(正儀)	六七	鉅鹿	成□。陳州司馬	曾毅，隋州大中正 祖靜，定州大摠管府長上 父令威，雍州長安丞	維忠 潤州句容尉	相州官舍 北邙山	長安二、七、五 三、二、一七	一七〇七五	
6	(劉)張十一娘(上品)	五一	范陽 桑←泉	劉□。綏州別駕	父至德亳州眞源令		河南道政里 北邙山	開元一〇、四、二九 五、二六	二三八四五	

7	(李)崔上眞		五六	清河	李庭訓。齊州禹城令	父恪，深州刺史	仙裔 相州參軍	洛豐財里 洛平陰鄉陶村	天寶一〇、八、九 順天二、一一、一〇	一四一三九	崔氏定著
8	(朱)梁□(無量)		五七	安定		曾，郴州刺史 祖玄溢，婺州蘭溪令 父暉，國子主簿	英華 國子大學生	上東里 河南平樂鄉北邙山	天寶十三、十二、八 一四、一、一二	一九〇七五	
9	(盧)崔嚴愛		四三	博陵安平	盧招。魏州冠氏尉	曾儼，益州雒令 祖，衞尉少卿 父沔，右僕射		吉州官舍 河南平樂杜郭村	乾元二、九、七 大歷四、一一、二〇	一三〇六九	崔氏定著盧氏陽烏房
10	(崔)李道因			隴西成紀	崔曄 進士	曾僑，相州成安令 祖應，岳州巴陵長 父鸞，江西觀察史	儲	上都靖安里 邙原平樂鄉	乾符三、七、九 五、一、六	一六五八〇	

表D

編號	名	字	年齡	郡望	官爵(夫)	三代	子	卒地 葬地	卒時 葬時	資料來源	備註
1	王力士		六一	太原	東宮郎將	祖榮，隋左屯衞大將軍，父褘，隋倉州史	(女)尤娘	洛思恭坊 河南平樂鄉	貞觀八、五、十九 八、七、廿七	一三〇三八	夫人遂氏涼州息史女，篤信佛教。
2	(劉)袁相		六六	汝南 河南←口		祖欽∨不仕 父摩	玄敏	洛敦厚里 洛清風鄉邙山	乾封二、九、廿四 二、十、九	一七二〇一	龍朔年有袁相，亦自汝南遷至河南

			千鄉							，父亦名摩，信佛，疑此袁相與之為同族。
3	柏善德					孝感。金部主事	（妻）洛來庭縣綏福里北邙山	（妻）久視一臘二三 大足一、五、一二	一三五四二	誌名「柏仵氏」善德妻楚國人，信佛
4	（王）崔金剛（金剛）	八一	博陵安平	王庭玉徐州錄事參軍	曾仲方，隋虢州刺史。祖民令，隋滎州臨貞宰。父承福，齊、潤等五州刺史，越廣二府都督。	仲甫	洛，歸義里，邙山南	開元十二、二、廿二 十二、四、十三	一六六二六	與盧崔嚴愛同為博陵著房第二房，崔嚴愛有佛行。
5	王□（智言）	七二	太原	不仕	曾亮，隋□城丞，祖舉，建州刺史。父感，游擊將軍。	中子出家，少子仙同。	河南郾城邙山清風原	開元十九、六、十五、開元廿七、十、廿五	千唐七八一	一子出家，夫人清河張氏篤信佛教始於夫死之後，夫人死於洛城依仁里。
6	元眞（深）	四〇	河南	杭州錢唐尉	曾仁虔，疊州刺史，祖思忠，滑州靈昌令，父瓘，廬州刺史。		河陰縣，河南金谷鄉，焦古村	至德二、五、二 大歷四、七、八	一四六六六	誌云後魏景穆帝苗裔，歿而無子，時兵戈未息，故暫厝河陰縣佛果寺果園內，

後以大歷四年與兄弟元貞同日近葬焦古村。

表E

編號	名 字	年齡	郡望	官爵(夫)	三代	子	卒地 葬地	卒時 葬時	預料來源	備註
1	杜金剛		京兆杜陵		祖原始，隋鄂州江夏令。父文貢，河陽津令		（父）— 邙山	（父）貞觀十九、九、 顯慶二、二、廿六	一二九七四	誌名「杜文貢」篇號
2	顏相（仁肅）	六一	河南洛陽		祖感，隋清河宰。父和，隋並州司戶參軍		洛立行坊 北邙山	永徽五、四、六 永徽五、四、廿七	一七五四八	
3	李相（元輔）	七〇	趙郡贊皇	昌平尉	祖普賢，鹽山令。父阿相，安德丞	仁藝 澄素	— 縣東北七里平原	顯慶一、七、十六 永淳一、十一、二十	一〇一四八九	
4	張金剛（金剛）	五五	南陽自水（←雍州長安）	文林郎	祖元，周宕昌郡守。父秦師，隋左親衛		— 邙山	顯慶一、十一、八 顯慶一、十二、十二	一一三四〇七	

5	張善才		洛陽	慈州吉昌主簿	父直，冀州南宮尉		（母）｜北 山邨鄽里	、（母）顯慶四 、六、二三 七、九	一七五九 二	誌名「張楊大娘」篇號 三七七
6	張智慧（元泰）		安定 烏氏	右勳衞隊正	父，泉州刺史		洛陽 幽州宜祿岐 原	乾封一、七、 二六 總章一、十一 、四	考古與文 物一九八 一｜二	
7	李道瓘	六三	趙郡 贊皇	文林郎	曾黑，齊陝州刺史，大楷 祖雲，隋龍門令 父石，萊州錄事參軍		｜ 平陰鄉	垂拱四、六 、十七 四、十｜	一七四〇 〇	
8	高像護（景衞）	七二	渤海蓨	曹州離狐丞	曾愼，齊太子中舍思恭 人。 祖欽仁，左親衞大 督。 父袖，江州尋陽令		陸渾縣明高 北邙平樂原	天授二、七、 廿二　二、十、 廿三	一三七九 三	
9	劉善寂（承慶）	六二	彭城	上柱國	曾珪，隋白馬令 祖□，隋州博士 父絢，唐陪戎副尉		洛永泰坊 平陰鄉	如意一、八、 一六 長壽一、九、 一五	一四〇七 二	
10	敬覺（德峻）	八四	平陽	不仕	祖｝ 父｝不仕	會眞。集賢院侍講學士	洛州河南 河南河陰鄉	萬歲通天二、十 、開元十五、十 五	一六七一 一	
11	史善法（醜仁）	七五	濟北	恒州中山令	祖 父　昭武校尉		｜ 涇川	長安二、一一 、三 三、四、一八	北京一七 六三	

12	唐智宗（和裕）	六四	晉昌 酒泉	上柱國	祖仲達，高昌從事中郎，父太相，高昌□牙將軍	承嗣	— 高昌西北	長安四、三、廿八 長安四、四、五	高昌墓磚拾遺。	
13	蕭惟明		南蘭陵	揚州兵曹參軍	曾浚，丹州刺史，祖文遠，睦州別駕，父重暉，金州別駕。	渢 嶭 汝	丹揚私第 —	建中二、四 —	全唐五三〇	

表F⑤

編號	名字	年齡	郡望	官爵（夫）	三代	字	卒地 葬地	卒時 葬時	預料來源	備註
1	郭壽（君雅）	六五	太原←洛州偃師龍池鄉安教里	不仕	祖元象 父貴 } 不仕		安教里私第 洛陽清風鄉	龍朔一、九、十九 龍朔一、十、十一	〇五二九一	
2	朱信（文懿）	六八	洛陽 伊闕	不仕	曾咸，周太原郡縣長。祖弘，隋河南郡功曹。父達，隋定州義豐丞。	— 繕工監右校署監作	私第 河南北邙千金里	總章一、十二、廿一 二、正、十七	一六六六五	

3	王□	八四	太原 洛陽	不仕	祖國意 父懷智 }不仕	阿師	福善坊 北邙山	永隆二、四、五 永隆二、四、廿一	一三九六 二	
4	(周)(李□)(孟姜)	五九	隴西	周道務。駙馬都尉、	祖、唐高祖淵。父、唐太宗世民	季童 左千牛	幽州公館 昭陵	永淳一、五、廿一 永淳、一、十 二、廿五	文物一九七七—一〇	王室，夫永安周氏
5	(楊)杜芬	五四	京兆 杜陵	楊□。房州竹山主簿	曾良，北齊冀州刺史，祖延之，隋壽州揔管府長史。父政，隋光州其思縣令	約 秘書省正字	洛道里邙山舊塋	永淳二、一、十五 永淳二、二、十四	〇五五八 六	
6	孫義普(智周)	九三	樂安	魏州昌樂令	曾信，魏露門博士。祖進，周魏州刺史。父乾，隋鄖城、陳倉令。	承景 雍州高陵尉	終於河東官舍。 高陵西南樂安鄉偶原	上元二、正、二 文明一、五、廿一	〇五五九 二	
7	張濟(幹)	八三	南陽 白水	洛州肥鄉令	祖仁，周相州安陽令。父昇，滑州酸棗丞		私第 長子城西北	垂拱一、十、十二 —	山右冢墓遺文卷上	
8	王□通	七四	河南 合宮		祖□貴，果毅 父□生，上柱國	懷感	— 邙山	長安四、九、十三 長安四、十一、八	千唐五一 四	
9	(裴)賀蘭氏	四四		裴□。太常協律郎	曾虔，隋上柱國。祖靜，左千牛。父玄惁，潞州司士。	太玄	濟法寺。 鷄鳴□符禪師之塔	— 開元四、十二、十	〇五七五 四	誌云「夫人即協律之姑女也」

10	（王）裴氏	五七	河東聞喜	王同人 泗州刺史	祖承家，光州司馬渙 父援，屯田員外郎		長安永樂 萬年縣義善 鄉風栖原	開元二九、五、六、開元二九、九、廿五	故宮〇六四四五	王同人有誌，見央館拓片編號一五五四，同人爲太原王氏定著房。
11	（于）裴氏		河東	于□左清道率府錄事參軍	曾沓，亳州鄮縣令強 祖守忠，寧州刺史 父巨卿，儀王傳		東京宣毅里 洛陽北山	天寶十二、六、廿九、天寶十二、十一、五	一四一五五	南來吳裴定著房。

在檢視六項資料後，發現有幾項統計資料十分有趣，㈠就年代統計上如下表：

	A	B	C	D	E	F	計	−E
太宗		1		1	1		3	−1 = 2
高宗	6	6	3	1	5	6	27	−5 = 22
武后	2	4	2	1	5	2	16	−5 = 11
中睿	1	2					3	3
玄宗	4	8	3	2		3	20	20

肅宗			1	1			2	2
代宗		2					2	2
德宗		2			1		3	−1 ＝2
憲宗	1						1	1
僖宗			1				1	1
計	14	25	10	6	12	11	78	66

由於在資料上，C、D兩項名、字雖原不能肯定其是否爲佛教名稱，而經檢閱誌文記載後，證明確有信佛之事蹟，故除了E項爲非佛教信仰之記載而外，其餘五項均可代表佛教信仰之表徵。統計表所顯現之案例，以高宗、武后、玄宗之時期爲多，而本表係以各人卒年爲統計依據，名、字、號的取定雖非能以卒年計，卻亦不能以生年計，因爲取此特殊名號，可能因各種特殊原因，故取定時間甚難估計，今以卒年爲準，可上溯一個朝代（約卅年），卽各人主要之歷世時間，亦卽可能取定名、字、號之大約時間，因此本表所顯現資料應以兩個區段爲準，如代、德時之卒人，其主要歷世時期應在玄宗與代、德之間；玄宗時卒人，應在武后、玄宗間；高宗、武后時卒人，則在武德、貞觀至高宗、武之際；總言之，則此項資料顯示：以取名、字、號方式表現之佛教信仰，以唐代中、早期爲盛，代、德

之後此風似衰，這項統計，與篇首所引徑山爲韓滉夫人取號功德山之記載，似有些齟齬：記載明云「後聞自杭至潤，婦人取號，皆曰功德山也」，是其時，至少杭，潤一帶，取號功德山者極爲流行，而墓誌資料卻幾付闕如，這是否意味著原本北方亦曾盛行的取名、字、號至代、德以後已式微，而南方可能有不同的發展狀況？由於現今所能大量處理的墓誌資料多係北方所存，故將待蒐集足夠之南方資料後，方能與此項資料結果再做比較，以明瞭此現象全係時代關係，全國均已自代、德以下衰微，還是因地區而有南、北佛教信仰傳布上不同的發展。

㈡就男女取名號之比例上似有不同：E、F兩項資料，一已證明與佛教信仰無關，一與取名、字、號無關，故不予計算，就前四項而言，可作表如下：

	A	B	C	D	計
男	三	一〇	四	五	二二
女	一一	一五	六	一	三三
計	一四	二五	一〇	六	五五

由表中可以發現女子取名、字、號的比例，似乎比男子大，尤其以A項最爲顯著，若再與C項合併統

計，其勢更明，這是否顯示出在當時社會上的傾向，是女子較易以此方式表達他們對於信仰上的信念？也就是說，男子在當時的社會情況中所受之社會傳統規範要較信仰來得大，而女子則否？再者，如以B項資料之獨多觀之，則在當時縱使其人已堅定地改取佛教名、字、號，但是其行事仍多受社會傳統之規範，最起碼，社會一般對他們的要求如此，故而在撰寫其一生之蓋棺論定時，仍然著重於「其事親也，色難以養之」⑥，「處窮能通，既富而教」⑦，或是「德行工容，貴婦之表」⑧，「禮優內訓，蘋蘩可詠」⑨的社會規範，其實即使在A類記載中，亦對其屬於社會規範的行為多做記載，如史語所拓片登記號○五七一五韋裴覺誌即載：

> 夫人襲彩藍田，盈芳蕙畝，由公宮而立禮，自師氏而知和，淑問有孚，淳心允塞。既笄而字，……遂歸於我，若乃廟見禮成，婉兹婦順，蘋蘩采采，志六義之精華；巾盥事事，恭三本之骨髓，……而飲食奠饋，常恥弗躬，為絺為綌，率由於己，……加以寬厚慈恕，端莊靜直，中外吉凶，必聞必救，家人常務，以悅以情……。夫人、夙興左右，實勤內助，故象服以宜，鵲巢登頌矣！

綜以言之，在這些資料下似乎顯現著一些現象：男子不太以取名、字、號做為其信仰之表徵，當然這與其是否信仰佛教無關：女子會以取名、字、號做為其信仰的表徵，也可能篤信佛教，然而其與不如是者一樣必需受到社會的規範，因此是否也可能，雖然取了名、字、號，而其信佛的行為完全被忽視，不予記載，是因為社會的規範較信仰的力量來得大且重要呢？那麼，為什麼要取此名、字、號？

其社會意義究竟如何呢？

在上列六類表中，A、B、C三類中之個人與三代，鮮有不作官者，且多士族大姓，據統計，如下：

A5楊韋檀特，韋匡伯女，楊政本妻，其本家及夫家世系如下：（☆表山東五大姓定著房△表關中郡姓○表王室▽表權臣

△新唐書卷七十四上宰相世系表四上韋氏鄖公房：「文惠公旭次子叔裕字孝寬，隋尚書令、鄖襄公。六子：諶、總……，號鄖公房。」「總字善會，後周京兆尹、河南貞公。─匡伯，隋尚衣奉御、舒國懿公」。

△新唐書卷七十一下宰相世系表一下弘農楊氏（原武支）：

珍，後魏上谷太守。─眞，河內、淸河二太守。─懿，洛州刺史、弘農簡公。─順字延伯，冀州刺史、三門縣伯。─琛，儀同三司、平鄉縣公。─汪，字元度，隋梁郡通守。─令本，庫部郎中。

按，政本爲令本之兄弟，表失載。而政本又爲楊國忠之曾叔祖。

A6李裴太一，裴氏河東聞喜人，夫爲英國公李勣之孫，夫人姑夫爲元萬頃，後魏京兆王子推之後裔，以此推斷夫人家世應非碌碌之輩。

▽李勣，太宗時宰相，傳見舊唐書卷六十七，新唐書卷九十三。

A9韋裴覺，駙馬都尉韋鐬之母，世系如下：

△新唐書卷七十一上東眷裴氏道護支：

鴻智，襄州刺史、高邑縣侯。——師武——懷昃，忠州刺史。

△新唐書卷七十四上東眷韋氏道珍支：

鴻冑，後周儀同三司、本州大都督、新豐昭公。——澄，字淸仁，綿州刺史、彭城敬公。——慶植，魏王府長史——頊，工部尙書。——鐬，太子少保、駙馬都尉。

B11王李淸禪，淸禪爲義府之孫，嫁太原王昕。

▽李義府，高宗宰相，傳見舊唐書卷八十二，新唐書卷二百二十三。

☆太原王昕，宰相世系表有二王昕，一瑯琊王綝子，一太原烏丸王美暢子，王美暢夫人有誌，史語所拓片登記號〇二五〇六，載其大足元年薨，年六十四，年代與李淸禪誌世次略合，疑此王昕卽美暢子，則爲王氏著房。

B13封李常精進，父晉客，夫鄧州刺史封氏，子希奭。

☆新唐書卷七十二上趙郡李氏東祖系支：

系字和叔，後魏平棘令，追封平棘縣男。——順字德正，四部尙書、高平宣王。——弈字景世，後魏都官尙書、安平侯。——慶業，館陶令。——希騫字希義，後魏黃門侍郎文惠公。——仲卿，中山王開府諮議。——文政，虢州別駕。——晉客，司農卿，元氏縣男。

▽新唐書卷七十一下渤海封氏：

回字叔念，後魏尚書僕射，富城孝宣公。——興之，字祖胄，後魏平北府長史，諡曰文。

——孝璋——君夷——道弘，右司郎中，虢州刺史。——踐一。——無待，刑部侍郎。

——希奭。

據表，夫人之夫應卽無待。

B14 李慕容貞如海，父曾任職十二衞大將軍，夫成王。

▽十二衞大將軍。

○成王，卽李千里，新唐書卷八十太宗諸子：

鬱林王恪……四子，仁、……。光宅中，仁遇赦還……更名千里，……中宗反正，改王成紀，未幾，進王成。節愍太子誅武三思，千里與其子天水王禧率數十人斬右延門以入，太子敗，誅死，籍其家，改氏「蝮」。睿宗立，詔還氏及官爵。

B16 李楊無量壽，父知慶，夫廣平公李□。

△新唐書卷七十一下弘農楊氏觀王房：

國，後魏中散大夫。——定，并州刺史、晉昌穆侯。——紹字子安，後周驃騎大將軍、黨城信公。——達，字士達，隋納言、始安恭侯。——綝。——全節。——知慶，左武將軍。

按，誌云知慶爲「則天武后之外氏」而夫人爲節敏太子妃之姊。知慶三女，一卽量壽，嫁廣平公：一爲節愍太子妃，誌見全唐文卷二百三十二；一爲玄宗元獻皇后、肅宗母，傳見新唐書卷七十六。

○廣平公。唐有二廣平公。

①大鄭王房李孝慈：

新唐書卷七十上宗室世系表大鄭王房：

鄭孝王亮，隋趙興太守，長社郡公。——淮南（安）靖王神通。——廣平郡公孝慈。

舊唐書卷六十宗室列傳：

淮安王神通，高祖從父弟也。……有子十一人……孝慈，廣平王；……太宗曰：「朕理天下，本爲百姓，非欲勞百姓以養己之親也。」於是宗室率以屬疏降爵爲郡公。

②新唐書卷七十下宗室世系高祖子孫江王房：

江安王元祥——廣平郡公炅。

按就世系論：太祖——亮——神通——孝慈（廣平王→廣平郡公）

高祖——元祥——炅（廣平郡公）

故無法推斷楊氏究竟所適何人。

B17 崔盧梵兒，父盧金友，夫崔渾，子衆甫。

☆新唐書卷七十三上范陽盧氏陽烏房：

陽烏字伯源，後魏秘書監、固安懿侯，號大房。——道將，字祖業，燕郡太守，固安獻侯。——懷仁，字子友，後魏弘農太守。——彥章，武疆令。——莊道，刑部員外郎。——金友，水部員外郎、滁州刺史。

☆新唐書卷七十二下博陵崔氏第二房：

楷字季則，後魏殷州刺史，後將軍。——說，後周大將軍、安平壯公。——弘峻，隋趙王府長史。——儼，雒令。——晧，安平公。——渾，監察御史。——衆甫，著作郎。

B21竇楊瑩，父廙，夫京兆府藍田監。

△新唐書卷七十一下弘農楊氏觀王房：（參見前B二一李楊無量壽）

國，後魏中散大夫。——定，幷州刺史、晉昌穆侯。——紹字子安，後周驃騎大將軍、黨城信公。——士雄，隋雍州牧，司空、觀德王。——續，都水使者，弘農公。——思簡，太子舍人。——沖寂，司僕卿。——愿，汝州刺史。——廙，贊善大夫。

夫竇氏，無法查其世系。然誌云夫人「出自竇氏，復歸竇家」，兩家似有世婚狀況。

B23李崔無生忍，父珪璋，嫁嗣曹王。子道古。

夫人世系不詳，然誌云其望清河，並「余山東之風，以禮樂自守，褒顯爵號，非余始望」，想來應是山東清河大族。

○夫曹王皋即李皋：

新唐書卷七十下宗室世系太宗諸子曹王房：

曹恭王明。—嗣黎國公傑。—嗣曹王胤。—嗣王，右衞率府中郎將戢。—嗣成王，江南東道節度使、戶部尚書皋，字子蘭。—左金吾衞將軍道古。

C7李崔上眞，父恪，夫隴西李庭訓。子仙裔。

☆新唐書卷七十二下清河鄭州崔氏：

蔚，後魏郢州刺史。—玏，字季陽，後魏永昌郡守。—彥昇。—○—○—玄籍，利州刺史。—恪，申州刺史。

C9盧崔嚴愛，父沔，夫盧招，盧庭言子。

☆新唐書卷七十二下博陵崔氏第二房（參見B二十二崔盧梵兒）：

楷字季則，後魏殷州刺史，後將軍。—說，後周大將軍、安平壯公。—弘峻，隋趙王府長史。—儼，雒令。—晧，安平公。—沔，字若沖，太子賓客，清河孝公。

夫人父沔，與崔盧梵兒夫渾爲兄弟。

☆新唐書卷七十三上范陽盧氏陽烏房：

陽烏字伯源，後魏秘書監、固安懿侯，號大房。道—舒字幼安，後魏中書侍郎，襲固安縣爵。—熙裕。—士綸。—○—同吉。—元亨—庭言（—招）

按博陵崔氏二房與范陽盧氏陽烏房，似有世婚狀況。兩姓皆有取字，號之現象。

C10崔李道因，父鷺，外祖崔郾，夫崔曄。

誌云「曾王父僑……娶清河崔庭曜女，王父應……娶清河崔少通女；顯考鷺，……江西觀察使……夫人清河崔氏之出，外王父名郾……夫人曾外、大外於余為諸老姑，余於夫人 先尚書為諸從甥」。

李鷺，應，僑史書無傳，唯全唐文卷七百二十四有鷺題惠山寺詩序，末署為江南西道都團練觀察、處置等使、中散大夫、檢校左散騎常侍、使持節都督洪州諸軍事、兼洪州刺史、御史中丞、上柱國、賜紫金魚袋。⑩鷺娶清河崔郾女，新唐書卷七十二下清河小房崔氏：

☆公華—大質，復州刺史。—玄弼，延州刺史。—道郁。—綜，醴泉令。—佶，太子中允。—晊，御史中丞。—郾字廣昭，浙西觀察使，謚曰德。

祖應，曾僑亦娶清河崔氏女，此處所言庭曜，少通世次似有錯誤，姑列如下。

☆新唐書卷七十二下清河大房崔氏：

休字惠盛，後魏殿中尚書，文貞侯。—○—彥武，隋魏州刺史。—正辨，豐陽男。

—子聿—張蒼—○—

—玄默。—思貞，隰州刺史。—庭曜。

—○—○—少通。

據誌前云，則崔曄清河一族與李鷺隴西成紀一族亦有世婚之情況發生。

D4王崔金剛，父承福，夫太原王庭玉，子仲甫。

☆新唐書卷七十二下博陵崔氏二房挺支：

挺字雙根，後魏司徒、泰昌景子。——孝芬字恭梓，太常卿、太昌縣公。——猷字宣猷，隋大將軍、汲郡胡公。——仲芳字不齊，信郡太守、固安縣伯。——令。——承福，越廣二州都督。

其夫太原王庭玉，因太原王氏資料在宰相世系表中缺逸，故不能斷定是否太原王氏著族。

由以上資料來看，在A、B、C、D四項計55例中，就有14例，以百分之二十五的比例爲唐代的著支大房，可注意著爲此14例均爲女子，在14例中所牽涉到的著族，有山東五大姓中的太原王氏（烏丸房）、趙郡李氏（東祖系支）、范陽盧氏（陽烏房）、博陵崔氏（第二房）、清河崔氏（鄭州房、清河小房、清河大房）；關中郡姓的京兆韋氏（鄖公房、東眷道珍支），弘農楊氏（原武支、觀王房）、河東裴氏（東眷道護支）；其中尚有隴西李氏，然因世系未詳，不知是否著支，除此著房外，尚有大士族如渤海封氏，河南竇氏；權臣如李勣、李義府；均與取名、字、號之各女子有婚姻或親屬關係；甚至王室與此等女子亦有嫁娶關係，如慕容眞如海嫁成王李千里，崔無生忍嫁曹王李臯，而弘農觀王房楊知慶之三女，更是一嫁廣平公，一適節愍太子，更有爲玄宗后者，可見王室對此，雖以道教爲國教，卻也頗加優容。在這些著族大姓中，且有世婚的例子，如楊、竇兩家（見B21例），博陵崔氏第二房與范陽盧氏陽烏房（見B17，C9例），清河崔氏與隴西李氏（見C10例）。若與前述其他非著族例合看，則可以發現，在唐代墓誌銘中以取名、字、號表示其佛教信仰者，有如下幾點值得注意者：

(1)此種現象多發生於上層社會、官宦之家。

(2)此種現象多發生於女性羣中。⑪

(3)男性若取此名、字、號，其本身官爵大抵較低或不仕，其三代亦如是。

(4)即使取名，號確與信仰有關，其行爲仍多受一般社會規範所規範。

(5)在著族大房中，似乎會形成一個互相結合的團體。

(6)王室對於這種現象，有相當程度的接受。如例F四周李孟姜（太宗女臨川公主）即常手寫諸經，又畫佛像，且「每到忌月，輒斷薰辛」⑫，可見對佛教有相當程度的信仰。又，王室與取名號女性聯姻者頗多，如B14，B16，B23。

(7)王室對於這種現象的接受，似乎與弘農楊氏觀王房有相當程度的關聯，而觀王房中與王室有密切婚姻關係的楊無量壽家（B16），其父恰爲則天武后的外族，加上上述例F四周李孟姜與武后間的關係⑬，若與前列年代統計表合看，正和高宗、武后時期取名、字、號例獨多，隱隱相合。

因此，取名、字、號以彰明其信仰，固然有其宗教上的意義存在，如同爲山東五大姓，卻向以道教傳家的滎陽鄭道昭家族中，即未見一例存在；而河東裴氏一族，不拘於其名、字、號，大都有佛教信仰的記載，如F9，F10，F11之例；但是其間的社會意義，可能更爲重要。也就是說，這現象可能是當時上層社會的一種風尚，因此它會有時代的曲線，如上表所示，到了代、德以後，有逐漸衰微的現象。衰微的原因，我們現今無法知道，但是它似乎提供了我們一個很好的歷史背景說明：在唐代的中、前期，有一度大族曾如是熱烈的參與佛教的信仰，甚至在名、字、號上強烈的表現出對於佛教的支持，其時的佛教傳佈，可想見的，必然曾受到大族相當程度的尊重與支持，但是代、德以後，取名號的風尚熱潮淡化了，顯然其強烈支持的意願也可能同時淡化了，雖然佛教的傳佈仍然繼續著，卻不再有大族或權臣的政治勢力予以強烈的庇護，這是否也就是武宗得以成功排佛的原因之一呢？

取佛教化名號以表彰信仰，不始於唐，亦不終於唐，但卻能代表當時佛教傳佈時社會上的一些現象，本文卽試就唐代墓誌銘中所得之資料，整理出一些唐代的社會現象，希望一己之得，能提供前輩學者另一研究角度。

【註　釋】

① 約代宗大曆末至德宗貞元八年間（七七七－七九二）事，按韓滉大曆十三年拜蘇州刺史以後始鎭南，而徑山貞元八年已卒。參見舊唐書卷一二九，新唐書卷一二六韓滉傳及傳燈錄卷四徑山道欽禪師傳。

② 中研院史語所「唐代墓誌集釋計劃」所集釋之唐代墓誌拓片，係以該所傅斯年圖書館所藏唐代墓誌拓片爲主，並蒐羅中央圖書館、故宮博物院拓片複本，北京圖書館、千唐誌齋拓片資料、新出土發表之拓片資料，

歷代文獻中之石刻資料，約可建立三五〇〇個誌，以一誌一人計，則所得資料已超過正史記傳，且蒐集範圍繼續擴大中。

③本表取樣對象，初步以有明顯信仰傾向者爲準，復刪去明載爲居士等信仰虔誠者，故取樣較少，若以不明確記載其信仰傾向爲蒐集對象，案例可能增多。

④參見史語所拓片登記號〇六〇〇二張毗羅誌。

⑤參見史語所拓片登記號一四〇七二劉善寂誌。

⑥參見史語所拓片登記號一七四八九竇楊瑩誌。

⑦參見史語所拓片登記號一六六八六封李常精進誌。

⑧參見文博雙月刊一九八六年第四期，周紹良，唐志叢識五，崔曄妻李氏墓誌，頁三三。

⑨參見文物一九七七年十月號〈唐臨州公主墓出土的墓誌和詔書〉，頁五〇—五九。

⑩誌云：「天后孝徹明神，哀纏聖善，儀形萬國，感動四方，陰陽獻慘，天地變色。公主創題嘉頌，光贊坤規。援筆斯成，排閤進上。調符金石，思激風霜。天后覽奏興哀，披文警慮，親紆墨令，獎喩殷勤……。又天后曲降陰慈，載隆神澤，翰垂八體，詩備五言，裝成錦鄣，特賜公主……密勿承恩，皆此類也，並請參看趙守儼，唐臨州公主墓誌記事考索」文史第九輯，頁七五—八二，一九八〇年三月。

唐代嶺南高州馮氏對當時政局之影響

李德超

壹、引言

吾粵偏在東南，開發較晚。然自漢唐以後，則人物日蕃；士風日上。尤以曲江張子壽出，於學術則首拓詩風；於政治則貴爲國相，而百粵之聲名漸顯。然世惟知李唐一代，粵有曲江張九齡，豈知高州馮盎、馮衡、與高力士①祖孫三人，亦足以影響一時，而乃祖馮融，更啓粵人風雅②，則高州馮氏，有足講論者也。

粵之高、廉、欽、雷四州，偏於省之西南，粵人稱爲下四府。《舊唐書》卷二十一地理志四云：高州，隋高涼郡，舊治高涼縣，後改爲西平縣。貞觀二十三年（西元六四九）分西幾、杜陵，置恩州，高州移治良德縣。天寶元年（七四二）改爲高涼郡，乾元元年（七五八）復爲高州，領縣三，戶一萬二千四百。西北至竇州九十二里，北至瀧州界三百五十里，西南至潘州九十里，東至春州三百三十里，至京師六千二百六十二里，至東都五千五百二十里。良德、漢合浦縣地，屬合浦郡，吳置高涼郡，宋齊不改。電白、梁置電白郡，隋改爲縣地。保定、舊保定縣，至德二年（七五七）改爲保定。

又據鄭業崇《茂名縣志》③卷一〈輿地志〉、沿革云：

高州府、禹貢揚州南境，秦為南海郡地。漢為合浦郡高涼縣地。三國晉宋為高涼、高興二郡地。梁為高州地。又分置電白郡。隋平陳，郡廢為高涼、永熙二郡地（時茂名，電白二縣屬高涼郡，良德縣屬永熙郡）。唐初屬高州。貞觀八年（六三四）分置潘州（治茂名），二十二年（六四八）又徙置高州（始自高涼移治良德）。天寶初，改高州曰高涼郡，潘州曰南潘郡。乾元初，復曰高州、潘州。皆屬嶺南道。

下四府以偏在一隅，視廣州府爲較落後。然高州於初唐有馮盎者，世居其地，爲一方豪雄。武德五年（六二二）以南越之衆降高祖④，受唐封號，屢立戰功，遂左右嶺南一時政局。乃孫馮衡，爲廣州都督，曾孫力士，卽世所知名之宦官高力士也。爰據《茂名縣志》⑤、諸家《廣東通志》⑥、《隋書》〈譙國夫人傳〉，新舊《唐書》本傳⑦、及《文苑英華》⑧所載張說〈贈廣州大都督馮府君神道碑〉⑨、〈贈潘州刺史馮君墓志銘〉⑩、〈爲高力士祭父文〉⑪等，敍其世次如後：

馮祖思之後—馮宏—業—融—寶—僕—盎—智戣（亦作智戴）—衡—力士

案張說〈贈廣州大都督馮府君神道碑〉云：

君諱衡（集作君衡，一作象衡），其先長樂人也。釋趙歸秦，本家上黨，分燕徙越，又據高良。自遠祖榮，懷化侯業，以至於大父，贈荊州都督，益先考高州使君智戣⑫，咸以勳績建旗本郡，甲兵雄於一方；政化杳於千里。

又〈贈潘州刺史馮君墓誌銘〉云：

公諱衡，字正平，廣管高州人也。昔畢公苗裔，封於馮城，因以為氏。其適越者，則袁宏《過江錄》所載，長樂馮祖思（黃《通志》引作祖恩）之後也。

復案《新唐書》諸夷蕃將傳第三十五，馮盎列傳，載盎爲「高州良德人，本北燕馮宏裔孫。宏不能以國下魏，亡奔高麗，遣子業以三百人浮海歸晉。宏已滅，業留番禺。至孫融，事梁爲羅州刺史。子寶，聘越大姓冼氏女爲妻，遂爲首領，授本郡太守，至盎爲三世。」此言馮氏自寶、僕、至盎，三代以來，皆本郡太守也。按《隋書》卷八十〈譙國夫人傳〉：「陳永定二年（五五八）其子僕年九歲，遣帥請首領朝於丹陽，起家拜陽春太守……至德中（五八三—五八六）僕卒。」又《新唐書》馮盎傳載盎自言：「吾居越五世矣。」是馮氏自業始抵嶺南，至融始居羅州至馮盎爲入粵之五世也。羅州與高興郡原屬化州，在高州境內。據郭棐《廣東通志》卷五十一、郡縣志、高州府、沿革頁第五云：「化州本秦屬象郡，漢爲合浦郡高涼縣地，孫吳屬高涼郡，梁置羅州及高興郡。」亦卽馮氏自融始著籍爲高州人也。

馮融、馮寶於正史中無傳，惟《新唐書》於馮盎傳中略爲述及如前。金光祖《廣東通志》卷十六、人物上、頁第六、馮融傳云：

融、業之孫也，世為羅州刺史。融能以禮義威信鎮於俗，汲引文華士，相與為詩歌，蠻中化之，蕉荔之墟，絃誦日聞。每行部所至，蠻酋焚香具樂，望雙旌而拜迎者相望。輒戒其下曰：「馮都老來矣，毋為不善，以膺罪戮」。都老，猶言官長。自是溪峒之間，樂樵蘇而不罹鋒鏑者數十年。

則馮融不但爲政以德，且能汲引士人，以詩歌之美，曲導土俗，故屈大均《廣東新語》，謂融爲開吾粵風雅之先者也。

又金光祖《通志》載云：

初、融之涖政也，雖三世為守牧，然他鄉羈旅，號令不行，乃為其子高梁太守寶婚於郡大姓冼氏，俚人始相率受約束。融既卒，郡人思其德，祀之。隋初平陳，嶺南共推冼氏為主，寶子陽春太守僕有拒歐陽紇，族孫士翽，隋岡州刺史，入唐，累官至右武衞將軍。

按戴璟《通志》卷三十八陵墓，載「高州府唐譙國夫人准冼氏墓，在電白縣境。」而馮氏一門，確爲自融、寶二代，始紮根嶺南，爲高州著姓。迨至馮盎，乃雄據一方，其勢力範圍，至有逾於南越王國。茲篇討論範圍，限於唐代，故言馮氏，亦自盎始。

貳、馮盎之雄據嶺南及其對唐之叛服

馮盎生平，見於《茂名縣志》、諸家《廣東通志》、與新舊《唐書》，而大略相同。據《舊唐書》本傳云：

盎少有武略，隋開皇中，為宋康令。仁壽初，潮、成等五州獠叛，盎馳至京師請討之。文帝敕左僕射楊素與盎論賊形勢，素曰：「不意蠻夷中有此人，大可奇也。」卽令盎發江嶺兵擊之。賊平，授金紫光祿大夫，仍除漢陽太守。

此盎之首立戰功，初承封誥。先是，有林士弘者，爲饒州鄱陽人。大業十二年（六一六）與其鄉人操乞師起爲羣盜，乞師自號元興王，據豫章，以士弘爲大將軍。隋遣持書侍御史劉子翊討之，乞師中矢死，士弘遂領其衆，與子翊戰於起蠡湖，子翊敗死，士弘大振，領兵至十餘萬。次年，徙居虔州，自立爲皇帝，建元太平，國號楚，以其黨王戎爲司空，連陷臨川、廬陵、南康、宜春諸郡，北至九江，南至番禺，盡有其地⑬。唐高祖武德三年（六二〇），廣、新二州賊帥高法澄、冼寶徹等並受士弘節度，殺隋官吏，盎領兵破之。旣而寶徹兄子智臣，又聚兵新州，自爲渠帥，盎再往擊之。方交兵，盎御兜鍪大呼：「爾等頗識我否？」賊多棄戈肉袒而拜，遂潰散，乃擒寶徹、智臣，自是嶺表底定⑭。《舊唐書》卷五十九本傳載云：

或有說盎曰：「自隋季崩離，海內騷動，今唐雖應運，而風敎未浹，南越一隅，未有所定。公克平五嶺二十餘州，豈與趙佗九郡相比，今請上南越王之號。」盎曰：「吾居南越，於玆五代，本州牧伯，唯我一門，子女玉帛，吾之有也。人生富貴如我，殆難常，恐弗克負荷，以墜先業，本州衣錦便足，餘復何求。越王之號，非所聞也。」

爾時馮盎已爲南越一方之雄，雖不稱王，而已有其實。《舊唐書》本傳謂武德四年（六二一），盎以南越之衆降。高祖分其地爲高、羅、春、白、崖、儋、林、振八州，仍授盎上柱國高羅總管，封吳國公，尋改越國公。而拜其子智戴爲春州刺史，智彧爲合州刺史⑮，徙封盎爲耿國公。此盎入唐後所受策封，而唐之定有嶺南，端賴盎一人之力。

案《縣志》、本傳⑯，亦謂盎於武德四年降唐。惟《舊唐書》本紀一、高祖本紀，則謂：「（武德五年）……秋七月丁亥，吳王伏威來朝，隋漢陽太守馮盎以南越之地來降，嶺表悉定。」又《新唐書》高祖本紀一，亦作：「（武德五年）……七月丁酉，馮盎降。」又臺北華國出版社民國四十八年四月景印清龔士烱等撰《增補歷代紀事年表》第二十二册、卷六十一、頁第二十八，亦以武德五年秋七月，隋漢陽太守馮盎降。仍以五年爲較可信也。

又《新唐書》列傳第三十五》本傳，謂：

> 貞觀初，或告盎叛。盎擧兵拒境，太宗詔右武衞將軍藺暮發江淮甲卒將討之。魏徵諫曰：「天下初定，創夷未復，大兵之餘，疫癘方作，且王者兵不宜為蠻夷動，勝之不武，不勝為辱。且盎不及未定時，略州縣，搖遠夷，今四海已平，尚何事反？未狀當懷之以德，盎懼必自來。」帝乃遣散騎常侍韋叔諧諭盎，盎遣智戴入侍。帝曰：「徵一言，賢於十萬衆。」時暮兵已出，欲遂有功，遣副將上盎可擊狀。帝不許，罷之⑰。

俟貞觀五年（六三一），盎朝太宗，宴賜甚厚。未幾，羅竇諸洞獠叛，詔令盎率部落二萬爲諸軍先鋒。時賊數萬，屯據險要，不可攻逼。盎持弩連發七矢，而中七人，賊退走，盎縱兵追之，斬首千餘級。太宗令智戴還慰省之。自後賞賜不可勝數云。又盎有奴婢萬餘，所居二千里。然勤於簿領，詰擿姦狀，甚得其情。貞觀二十年（六四六）卒⑱。贈左驍衞大將軍、荊州都督。

戴璟《通志》卷三十八陵墓，載盎墓「在舊良德縣東南，今電白縣，有碑，書馮君之墓。」《新唐書》本傳，謂盎有子三十人，以智戴爲最知名，旣勇有謀，能得士死力。嘗隨盎至洛陽，統本部銳兵，宿衞煬帝，弒引其下，逃歸。是時盜賊繁多，嶺嶠路絕。智戴轉戰而前，至高源，俚帥脅爲謀主，會盎至，乃得與父俱去。其後入朝，帝勞賜加等，授衞尉，累遷左武衞將軍，卒贈洪州都督。又云：

盎族人子猶，亦以豪俠聞。貞觀中入朝，載金一舸自隨。高宗時，遣御史許瓘視其貲。瓘至洞，子猶不出迎，後率子弟數十人，擊銅鼓蒙排，執瓘而奏其罪。帝馳遣御史楊璟驗訊，璟至，卑辭以詰之，委罪於瓘。子猶喜，遺金二百兩、銀五百兩，璟不受。子猶曰：君不取此，且留不得歸。璟遂受之。還奏其狀，帝命納焉。

足見馮氏族人，雄霸一方，卽御史大臣，亦卑辭委婉，莫敢相抗。然馮族至是已達高潮，洎馮衡而每下愈況。故張說〈贈潘州刺史馮君墓誌銘〉，謂其「滅跡沉彩」，蓋因從逆被誅⑲，而少子力士，遽遇家艱，致冒高姓也。

叁、馮衡之生平與馮氏之中衰

衡字正平，盎之孫也。盎有子智戣，爲高州刺史；智玳，爲恩州刺史；猶子子猶，爲潘州刺史。衡爲智戣之子。據商務印書館景印文淵閣四庫全書第一三四二册、頁第一三四二——七七、《文苑英華》卷九百十三，張說〈贈廣州大都督馮君神道碑〉，謂其：

蘊含弘光大之德；守仲默安貞之志，秉難進易退之操詣，希聲若訥之道。為而不有，故物譽難得以稱；靜以居常，故世榮無因而及。以聖曆之歲，終於本州，子幼家艱，喪禮蓋闕。夫人麥氏，備女師（集作母師）之六行；履先姑之四德，處順思柔，以成婦道。及衞亡共伯；而魯重敬姜，誓以泛舟之師；遵其閫門之禮。季子今冠軍大將軍右監門衞大將軍上柱國渤海郡開國公力士，始髫齔來儀上京，旣違徙宅之歡；爰從倍年之訓，感三州之深義；易百代之因生，捨馮亭之本枝；從高傒（集作傒）之令族。千秋仕漢，遂去田宗……

讀此一段，頓覺馮氏家族，有無限淒涼。蓋馮衡以「從逆被誅」，乃至喪禮且闕，而幼子力士又迫而被閹，後復寄養於高延福家，冒姓高氏⑳，可謂家散人亡者矣。然碑文僅載馮衡卒於「聖曆之歲」，聖曆爲武周年號之一，共有兩年，即中宗嗣聖十五及十六年（六九八、六九九）㉑，案《舊唐書》列傳卷一三四宦官傳高力士傳，謂力士於聖曆元年，爲李千里所進入宮，則馮衡當卒於是年。

又四庫本《文苑英華》頁第一三四二——三五八，張說撰〈潘州刺史馮君墓誌銘〉，謂其：

量包山海，氣逸風雲，陰德以濟物；力行以游道，散岸從心，乘化而歿，斯實一方超邁全貞之士也。夫人南海郡太夫人麥氏，誕嫣（四庫《張燕公集》作嬿）勳門；作嬪傑室，初執冀妻之禮；終抗梁冥（集作寘）之行。郇大將軍宿國猛公之曾孫也。夫人有三子一女，同歸上京。長子元璡，左衛中侯；次子元珪，左領軍衛郎將；少子力士，右監門衛大將軍。以將軍少養於高氏，故擧家從其姓焉。……夫人享年八十有七。開元十七年（七二九）五月十二日，薨於西京來庭里，粤八月二十六日，安厝於長樂安之新城。惆將軍之純至；嘉先士之晦名，恩詔追贈潘州刺史，招魂而合葬焉。……

是則馮妻之卒也，距馮衡之被誅已三十年，始獲追贈而招魂合葬。其時玄宗當國，距中宗之復位又二十餘年，可見馮衡之被誅，當與武周有涉。

案《舊唐書》列傳十七，有〈李勣傳〉，謂勣亦名世勣，本姓徐，高祖賜之姓李。勣孫敬業，方高宗駕崩，則天臨朝，又廢帝爲廬陵王，另立相王爲帝，政由武氏，於是：

嗣聖元年（六八四）七月，敬業遣其黨監察御史薛璋先求使江都，又令雍州人韋超詣璋告變，云揚州長史陳敬之與唐之奇謀逆，璋乃收敬之繫獄，居數日，敬業矯制殺敬之，自稱揚州司馬，詐言高州首領馮子猷叛逆，奉密詔募兵進討。……

《新唐書》列傳十八〈李勣傳〉，則但云敬業自謂奉「密詔募兵討高州叛酋。」而未明言爲馮子猷。案子猷爲馮盎猶子，是馮衡之所以被禍，必因此而株連，故黃佐與郭棐《通志》謂其「從逆被誅」，職是故也。

又新舊《唐書》〈李勣傳〉，俱謂中宗反正後，詔還勣官封屬籍，並葺完塋冢。今玄宗又追贈馮衡潘州刺史，並准與夫人招魂合葬。第馮家至是已「滅跡沉彩」，無復昔年之雄霸一方。迨高力士權重京師，致奸人附會成黨，又影響於玄宗朝一時政局，而唐之國運，亦漸已中衰矣。

肆、高力士之獲寵與玄宗朝之政局

力士爲馮衡少子，少閹。嗣聖十五年（則天聖曆元年，西六九八）與金剛同爲嶺南討擊使李千里所進入宮㉒。據張說〈爲高力士祭父文〉曰：

> 維開元十七年（七二九）月日，孝子力士，敢告於考潘州府君，妣南海太君之靈。小子不天，夙齡凶閔，身嬰寇剽；家值虜裂。幸供掃灑之餘；遂蒙侍從之顧。拱戴明聖，逼畏艱難……

是力士之所以爲閹宦者，蓋以「夙齡凶閔，身遭寇剽，家值虜裂」。此當由馮衡之被禍致焉。以馮氏一方之雄，乃淪胥至是，及力士入宮，則天嘉其黠惠，總角修整，遂令給事左右。其後因小過而撻逐之。中人高延福收爲養子，乃冒其姓。延福出自武三思家，力士遂往來三思第。居歲餘，復得則天召入禁中，稟食司宮臺。（及壯，身長六尺五寸，性謹密，善傳詔令，勑授宮闈丞㉓。）故「祭父文」謂其「大固不敢不密，小亦不敢不誠。事必記心；言無漏口。日愼一日，將二十年。」

景龍中，玄宗在藩，力士傾心附結。既平韋氏，昇儲位，乃啓屬內坊，日侍左右，擢授朝散大夫、內給事。開元元年（七一三），以誅蕭、岑有功，拜右監門衞將軍，知內侍省事㉔，自是四方奏請，皆先省而後進。小事卽由力士專決，雖洗沐未嘗出，眠息殿帷中，徼倖者願一見，如天人然。玄宗至謂「力士當上我寢乃安。」

據前引《新唐書》本傳，謂是時

宇文融、李林甫、蓋嘉運、韋堅、楊愼矜、王鉷、楊國忠、安祿山、安思順、高仙芝等，雖以才寵進，然皆厚結力士，故能踵至將相。自餘承風附會不可計，皆得所欲。中人若黎敬仁、林昭隱、尹鳳翔、韓莊、牛仙童、劉奉廷、王承恩、張道斌、李大宜、朱光輝、郭全、邊令誠等，並內供奉，或外監節度軍。修功德、市鳥獸，皆為之使。使還，所裒獲動巨萬計。京師甲第池園、良田美產，占者什六，寵與力士略等。然悉籍力士左右輕重乃能然。

足徵力士影響，及於內外。甚至肅宗在東宮，亦兄事之。而他王公主呼之爲翁，戚里諸家尊曰爹，帝或呼爲將軍。然力士謹愼無大過，又能與時消息，觀其勢候，雖至親愛，臨覆敗不之救。其貲財之豐，非王侯所能比擬。

開元初，瀛州呂玄晤作吏京師，女國姝，有姿色，力士娶之爲婦。有華州袁思藝者，亦承恩幸顧，然性驕倨，人疏懼之，惟力士巧密，故得人譽。

又據前引《舊唐書》卷五十一列傳一，后妃上，頁第一五二三二楊貴妃傳云：

（開元）二十四年（七三六）惠妃薨，帝悼惜久之，後庭數千，無可意者。或奏玄琰女姿色冠代，宜蒙召見。時妃衣道士服，號曰太真。旣進見，玄宗大悅，不朞歲，禮遇如惠妃……

《新唐書》列傳一、后妃上、頁第一七〇三二楊貴妃傳，亦作「開元二十四年，武惠妃薨。」惟龔士烱等《增補歷代紀事年表》第二十三册卷六十五頁第三十六，載開元二十五年冬十二月，惠妃武氏薨，追謚貞順皇后。

又同書同卷頁第四十五載天寶四載（七四五）：

秋七月，册壽王妃韋氏。八月，以楊太真為貴妃。或言壽王妃楊氏之美，上見而悅之。乃令妃自以其意，乞為女官，號太真。更為壽王別娶郎將韋昭訓女，潛內太真宮中，宮中號曰娘子，凡儀禮皆如皇后，至是册為貴妃。贈其父玄琰兵部尚書。以從兄銛為殿中少監。錡為駙馬都尉。三姊皆賜第京師，寵貴赫然。

又同書同卷頁第三十四開元二十四年十一月條云：

上之在藩也，趙麗妃生太子瑛，皇甫德儀生鄂王瑤，劉才人生光王琚。及卽位，幸武惠妃生壽王瑁。

案自玄宗先天元年（七一二）至天寶四年（七四五），其間三十四年。使武惠妃薨於開元二十五年（七三七），則壽王瑁其時亦不過年二十許人耳。況如《舊唐書》楊貴妃傳，謂太眞旣見玄宗，不朞歲而禮遇如惠妃。又云：「五載七月，貴妃以微譴送歸楊銛宅，比至亭午，上思之不食，高力士探知上旨，請送貴妃院供張器玩稟餼等辨具百餘車。」然「五載」之上，未書年號，乃開元二十四年惠妃薨等語。則此「五載七月」之上，當脫「天寶」年號。而並前引龔士烱書所載天寶四載以太眞爲貴妃事觀之，知太眞之初見玄宗，當不早於天寶初年也㉕。然引見者誰，則前據各書，俱不見載。惟陳鴻撰〈長恨歌傳〉，則謂玄宗「召高力士潛搜內宮，得弘農楊玄琰女於壽邸。」以高力士累年對玄宗之親暱附結，乃至眠息殿帷，雖洗沐未嘗出，則陳鴻之言，當可採信也。

貴妃既得寵，高力士如虎添翼，莫敢相忤。卽李太白待詔翰林，玄宗度曲，欲造樂府新詞，白秉筆成十餘章，玄宗頗嘉許。然嘗酒醉殿上，引足令高力士脫靴，遂遭斥去，乃致浪迹江湖㉖。天寶十四年（七五五）因置內侍省內侍監兩員，秩正三品，以力士與袁思藝對任。洎玄宗幸蜀，思藝走投祿山，力士則從幸成都，進封齊國公。從上皇還都㉗，加開府儀同三司，實封五百戶。然力士畢生權勢，至是亦已達巔峯。

據《舊唐書》本傳，謂上元元年（七六〇）八月，上皇移居西內甘露殿。居十日，力士與內官王承恩、魏悅等侍上皇登長慶樓，爲李輔國所誣，除籍長流黔中道。至巫州，其地多薺而不食，力士感傷詠之曰：「兩京作斤賣，五谿無人採，夷夏雖不同，氣味終不改。」

龔士烱前引書卷六十六，則謂上元元年秋七月，李輔國遷太上皇於西內。又云：

> 上皇愛興慶宮，自蜀歸卽居之。上時自夾城往起居。上皇多御長慶樓，父老過者，往往瞻拜呼萬歲。又嘗召將軍郭英乂等上樓賜宴。李輔國言於上曰：「上皇居興慶宮，與外人交通。玄禮

力士，謀不利於陛下」。上泣曰：「聖皇慈仁，豈容有此。」對曰：「上皇固無此意，其如羣小何……」上泣不應。會上不豫，輔國矯稱上語，將射生五百騎，露刃遮道奏上皇曰：「皇帝以興慶宮湫溢，迎上皇遷居西內。」上皇驚，幾墜馬。高力士曰：「輔國何得無禮。叱令下馬。又叱輔國與己共執上皇馬鞚，侍衞如西內，居甘露殿。……高力士流巫州。……

寶應元年（七六二）三月，力士獲赦還。至朗州，遇流人言京國事，始知上皇厭代。乃北望號哭，嘔血而卒，年七十九。代宗以其護衞先帝，勞還其官，贈揚州大都督，陪葬泰陵[28]。於是力士一生，遂告終了，而馮氏一門之勢力，亦於焉寂滅。《茂名縣志》卷八紀述，古蹟頁第三三七，載高力士宅，在縣之西北二百四十步，有手植椰子樹二株，高百尺，宋時尚存云。又據黃《府志》引知府黃安講詩云：

列戟依稀舊閈閎，中涓聲勢傲公卿。殿頭雅有天人望；鄉曲猶存驃騎名。何處珍樓還突兀；於今香樹幾枯榮。野花開徧聞朱紫，不及巫州薺菜生。

蓋不盡今昔之感。

伍、結語

自馮盎降唐，至高力士之卒，百四十年之間，高州馮氏，皆與時消長。始則建旗本郡，雄甲一方，克平五嶺，勢過趙佗[29]。及歸唐，而嶺南方定。於是賞賜贈封，及於諸子。迨馮衡一代，亦本郡都督，祇以徐敬業討伐武周，株連起禍，遂致滅跡沉彩，家破人亡。由是馮家勢力，頓以衰挫。既而力士以閹宦入宮，初遭嘉納，惟後以小過撻逐，致爲高延福所收養，易姓高氏。及再度入朝，以性情謹密，又能洞察先機，早於玄宗在藩，已傾心附結，後復以誅蕭岑有功，以致權傾內外，抑又引進楊妃，彌增恩寵，莫之能禦，卽李太白亦以脫靴事而遭斥革，朝中大臣，益多攀附。是則力士一人之力，足以左右開元朝政，況力士生性謹愼，雖至親愛，臨覆敗不之救，故終無大過失。但卒爲李輔國所誣，致遭流放。雖尋獲赦還，及知二帝升遐，有無限傷感，遂慟哭嘔血而歿。綜觀力士一生，雖結納權貴，動搖國基，第自始及終，忠心護主，卒獲勞還官爵，陪葬泰陵。先是、馮盎以據地稱雄，藉兵力影響唐初嶺南政局，而力士則賴寵幸之隆，以勢力左右玄宗一朝進退。嶺南高州馮氏，於有唐政治，關係不少者也。

【附　註】

① 力士本馮盎曾孫，馮衡少子，以幼値家艱，寄養於內官高延福，遂冒其姓。詳見本文叄、肆兩節。

② 屈大均《廣東新語》卷十二詩語條云：「漢和帝時，南海楊孚、字孝元，其爲「南裔異物贊」，亦詩之流也……晉時高州馮融，汲引文華士，與爲詩歌……此皆開吾粵風雅之先者，至張子壽而詩乃沛然矣。」見澳門萬有書局景印康熙間屈氏原刻本頁第一八三。

③ 據臺北成文出版社民國五十六年十二月景印本

④ 案馮盎降唐，有武德四年、五年二說，詳見本文第二節。

⑤ 同③。

⑥ 計：景印美國芝加哥大學藏明嘉靖十四年（一五三五）戴璟本、香港大東圖書公司景印嘉靖三十六年（一五七七）黃佐本，景印芝加哥大學藏萬曆三十年（一六〇二）郭棐本、景印日本內閣文庫藏淸康熙三十六年（一六九七）金光祖本、及雍正九年（一七三一）郝玉麟本，與臺北中華叢書編審委員會民國四十八年十二月印行之阮元本等六種。

⑦ 據臺北成文出版社，民國六十年十月仁壽本。

⑧ 據臺北商務印書館民國七十二年一月景印文淵閣四庫全書本，第一三四二册。

⑨ 同⑧，頁第一三四二—七七。

⑩ 同⑧，頁第一三四二—三五八。

⑪ 同⑧，頁第一三四二—六九九。

⑫ 案智䶮，新舊《唐書》及《縣志》作智戴。而張說另撰〈贈潘州刺史馮君墓志銘〉則作智璣。詳註⑯。

⑬ 事見《舊唐書》列傳六，附李子通傳。

⑭ 見《縣志》李傳。

⑮ 前引《文苑英華》〈贈潘州刺史馮君墓志銘〉，則謂：「恩命分府爲三州，授君之三子智璣（注謂《唐書》作知載），高州刺史；子智玳（注謂《唐書》作知或）、恩州刺史；猶子子猷、潘州刺史。」則是智璣亦卽知䶮，或作智戴；而智玳亦卽智彧。按四部備要本《舊唐書》彧作或，《新唐書》則仍作彧。又新舊《唐

書》俱作智戴，非智載也，四庫誤書耳。諸子封號則「墓志」與《舊唐書》所載相同。

⑯ 同③頁第二三四。

⑰ 龔士烱前引書第二十二册，卷六十二頁第三亦載：「(貞觀元年）多十月，嶺南酋長馮盎遣子入朝。初，盎與諸酋長迭相放擊，諸州皆奏盎反。帝欲發兵討之。魏徵諫曰：『嶺南瘴癘險遠，不可以宿大兵，且告者已數年，而盎兵未嘗出境，此不反明矣。若遣信臣，示以至誠，可不煩兵而服。』帝乃遣使諭之。盎遣其子智戴隨使者入朝。帝曰：『魏徵一言，勝十萬之師，不可不賞。乃賜絹五百匹。』」

⑱ 此據《縣志》本傳。按《舊唐書》列傳五十九馮盎傳亦作二十年卒。《新唐書》列傳三十五本傳則不載卒年。

⑲ 據黃佐《通志》卷七十雜事下頁第一八七六，及郭棐《通志》卷七十二雜錄下頁第十二。諸書記馮衡之卒，惟此最明。

⑳ 按新舊《唐書》、《茂名縣志》等高力士傳俱載。

㉑ 案武周自中宗嗣聖七年（六九〇），變國號周，改元天授。然《通鑑》本《唐書》，列武后本紀，自中宗嗣聖元年，即以光宅紀元（六八四），其時武后尚未變易國號也。自武氏掌權，迭更年號，然中宗究爲唐之正統，其亦終能光復舊物，故《綱目》止以嗣聖紀年，不書武周正朔。

㉒ 此據前引《舊唐書》列傳百三十四，頁一六〇〇〇本傳。惟同書列傳二十六，頁第一五三六五吳王恪傳云：「吳王恪，太宗第三子也……有子四人：仁、瑋、琨、璄，並流於嶺表。尋追封恪爲鬱林王，並爲立廟。又封仁爲鬱林縣侯。永昌元年（嗣聖六年、六八九）授襄州刺史，不知州事。後改名千里。天授後（嗣聖七、

八年、六九〇—六九一），歷唐、盧、許、衡、蒲、五州刺史。時皇室許王有德望者，必見誅戮，惟千里褊躁無才，復數進獻符瑞事，故則天朝音免禍。長安三年（嗣聖二十年、七〇三），充嶺南安撫討擊使，歷遷右金吾將軍……」是則嗣聖十五年，李千里仍未任嶺南討擊使也。

㉓ 見前引《舊唐書》卷一三四宦官傳，頁第一六〇〇〇高力士傳，及前引《新唐書》卷一三二宦者列傳頁第一七六九八高力士傳。

㉔ 據前引《舊唐書》本傳，作：「先天中（七一二）預誅蕭岑等功，超拜銀青光祿大夫，行內事同正員。開元初（七一三）加右監門衞將軍，知內侍省事。」而《新唐書》本傳，則作「先天中，以誅蕭岑等功，爲右監門衞將軍，知內侍省事。」惟前引《茂名縣志》卷七人物下本傳，則作「開元初，以誅蕭岑功，爲右監門衞將軍，知內侍省事。」並夾註謂據《新書》。案睿宗太極元年（七一二）八月以後，爲玄宗先天元年。次年，則稱開元。又案龔士烱前引書第二十三冊卷六十五頁第二，載玄宗開元元年秋七月，「太平公主謀逆賜死，蕭至忠、岑羲、竇懷貞、崔湜伏誅……以高力士爲右監門將軍，知內侍省事。……上在藩邸，力士傾心奉之，及爲太子，奏爲內給事。至是以誅蕭岑功賞之。是後宦官增至三千人，除三品將軍者寖多，宦官之盛自此始。」則蕭岑之誅，既在開元元年秋七月，故以《縣志》所載爲較當也。

㉕ 又據藝文印書館、百部叢書集成之三第三函，唐太原郭湜撰《高力士外傳》頁第二，謂：「開元之末，天寶之初，陳希烈上玄元之尊，田同秀獻寶符之瑞。貴妃受寵，外戚承恩……」可爲旁證。

㉖ 前引《舊唐書》傳一百四十下，李太白傳云：「李白……與（道士吳）筠俱待詔翰林。白既嗜酒，日與飲徒醉於酒肆。玄宗度曲，欲造樂府新詞，亟召白，白已臥於酒肆矣。召入，以水灑面，即令秉筆，頃之，成十

餘章，帝頗嘉之。嘗酒醉殿上，引足令高力士脫靴，由是斥去，乃浪迹江湖，終日沉飲……」

㉗ 據龔士炯前引書卷六十六頁第十九「（肅宗至德二載、七五七）十月……上入西京，上皇發蜀郡……十二月，上皇還西京……」

㉘ 此據《舊唐書》本傳。龔士炯前引書卷六十六，頁第三十九僅載：「（寶應元年）宦者高力士，封齊國公六年。初，李輔國遷上皇西內，流力士於巫州，至是赦還。見二帝遺詔，北向慟哭，嘔血而卒，詔還其官……」按玄宗幸蜀，在天寶十五年（七五六），是年力士進封齊國公，至寶應元年（七六二），恰滿六年。同書同卷頁第三十三，載寶應元年建巳月（四月），太上皇崩，年七十八。時肅宗亦自仲春寢疾，聞上皇登遐，疾轉劇，乃命太子監國。是年，肅宗亦崩，太子卽位。是爲代宗。

㉙ 此據《舊唐書》本傳所載：或說盎反唐，謂「公克平五嶺二十餘州，豈與趙佗九郡相比」之語。

韓愈伯夷頌析論

方介

伯夷、叔齊爲殷、周易代之際，鼎鼎有名的聖賢，而其生平事蹟，卻因古書記載不詳，留下許多疑點。三千年來，學者屢爲詩文稱之、議之，觀點不一，攻駁互見，眞可謂見仁見智，新意迭出。①唐韓愈曾作伯夷頌一文曰：

士之特立獨行，適於義而已，不顧人之是非，皆豪傑之士，信道篤而自知明者也。一家非之，力行而不惑者，寡矣；至於一國一州非之，力行而不惑者，蓋天下一人而已矣；若至於擧世非之，力行而不惑者，則千百年乃一人而已耳。若伯夷者，窮天地亘萬世而不顧者也。昭乎日月不足為明；崒乎泰山不足為高；巍乎天地不足為容也。當殷之亡，周之興，微子賢也，抱祭器而去之；武王、周公聖也，從天下之賢士與天下之諸侯而往攻之，未嘗聞有非之者也。彼伯夷、叔齊者，乃獨以為不可。殷既滅矣，天下宗周，彼二子乃獨恥食其粟，餓死而不顧。繇是而言，夫豈有求而為哉？信道篤而自知明也。今世之所謂士者，一凡人譽之，則自以為有餘；一凡人沮之，則自以為不足。彼獨非聖人而自是如此。夫聖人，乃萬世之標準也。余故曰：若伯夷者，特立獨行，窮天地亘萬世而不顧者也。雖然，微二子，亂臣賊子接跡於後世矣。②

此文極具特色，素爲學者矚目、爭議之焦點，③故余不揣淺陋，亦欲一述管見，以就教於高明。

一、伯夷頌的取材觀點

有關夷、齊事蹟的記載，最早見於論語、孟子、莊子、呂氏春秋、韓非子、管子、戰國策、淮南子諸書④。片言隻語，難窺其詳，又往往相互牴牾，不知孰是。因此，至漢司馬遷作史記伯夷列傳，乃廣收傳聞雜說，綜述夷、齊之生平事蹟。然以年湮代遠，考證不易，後代學者對此傳之眞實性，仍表懷疑。舉凡論、孟所未載者，皆不置信，多所攻駁。而韓愈伯夷頌所取事蹟，正是史記所載，而論、孟所未具者，故亦爲學者所非。玆先概述論、孟、史記之所載，而後考察伯夷頌，便可明其取材觀點。

首就論語所述夷、齊事蹟，分析如下：

(1)公冶長篇謂其「不念舊惡，怨是用希」，意卽不念他人已往之過惡而思報復，故其心胸磊落無所怨，人亦少有怨之者。

(2)述而篇載：衞出公輒與其父蒯聵爭奪君位，子貢欲知孔子是否助輒拒父，乃入問曰：「伯夷、叔齊何人也？」孔子曰：「古之賢人也。」子貢曰：「怨乎？」孔子曰：「求仁而得仁，又何怨？」子貢乃知孔子必不助彼爭國。根據此條記載，可知孔子對伯夷、叔齊讓國而逃之事，以「仁」許之，並且表明仁者讓國，其心無怨。

⑶微子篇載逸民七人，伯夷居首，並以「不降其志，不辱其身」評之，殆就其避地隱居，不仕亂朝而言。

⑷季氏篇載其「餓于首陽之下，民到于今稱之。」此可見其固窮守道之節概。

綜上可知，孔子論述伯夷、叔齊，首重其仁者之心懷，⑴、⑵條是也。次觀其出處大節，⑶、⑷條是也。至其行跡，僅述及讓國、首陽二事，且極爲簡略。

次觀孟子所載夷、齊事，大要如下：

⑴萬章篇謂其「目不視惡色，耳不聽惡聲。非其君不事，非其民不使。治則進，亂則退，橫政之所出，橫民之所止，不忍居也。思與鄉人處，如以朝衣朝冠坐於塗炭也。當紂之時，居北海之濱，以待天下之清也。故聞伯夷之風者，頑夫廉，懦夫有立志。」此謂伯夷淸高自守，遠惡避亂，能使頑廉懦立，下文又以「聖之淸者」讚之。類似記載，亦見於公孫丑篇。

⑵公孫丑篇又載：「非其君不事，非其友不友。不立於惡人之朝，不與惡人言。……是故諸侯雖有善其辭命而至者，不受也。不受也者，是亦不屑就已。……伯夷隘，……君子不由也。」此論伯夷惡惡之心太甚，不免於「隘」。又，告子篇云：「居下位，不以賢事不肖者，伯夷也。」亦所謂「不屑就已」。

⑶離婁篇謂「伯夷辟紂居北海之濱，聞文王作，興曰：『盍歸乎來，吾聞西伯善養老者。』二老

者，天下之大老也，而歸之。」類似記載又見於盡心篇。

綜上以觀，孟子論述伯夷，一讚其「清」，一評其「隘」，皆就出處大節論。至其生平行跡，則述及避紂居北海之濱，而後歸順文王。

再看史記伯夷列傳，其要曰：

夫學者載籍極博，猶考信於六藝。……孔子序列古之仁聖賢人，如吳太伯、伯夷之倫，詳矣。……孔子曰：「伯夷、叔齊，不念舊惡，怨是用希。」「求仁得仁，又何怨乎？」余悲伯夷之意，睹軼詩可異焉。其傳曰：伯夷、叔齊，孤竹君之二子也。父欲立叔齊，及父卒，叔齊讓伯夷。伯夷曰：「父命也。」遂逃去。叔齊亦不肯立而逃之。國人立其中子。於是伯夷、叔齊聞西伯昌善養老，「盍往歸焉」。及至，西伯卒；武王載木主號為文王，東伐紂。伯夷、叔齊叩馬而諫曰：「父死不葬，爰及干戈，可謂孝乎？以臣弒君，可謂仁乎？」左右欲兵之。太公曰：「此義人也。」扶而去之。武王已平殷亂，天下宗周。而伯夷、叔齊恥之，義不食周粟；隱於首陽山，采薇而食之。及餓且死，作歌，其辭曰：「登彼西山兮，采其薇矣。以暴易暴兮，不知其非矣。神農虞夏，忽焉沒兮，我安適歸矣？于嗟徂兮，命之衰矣！」遂餓死於首陽山。「由此觀之，怨邪？非邪？或曰：「天道無親，常與善人。」若伯夷、叔齊，可謂善人者非邪？積仁絜行如此而餓死！且七十子之徒，仲尼獨薦顏淵為好學，然「回也屢空」，糟糠不厭，而卒蚤夭。……盜蹠日殺不辜，肝人之肉，……橫行天下，竟以壽終。……余甚惑焉！儻所謂天道，

> 是邪？邪非？子曰：「道不同，不相為謀。」亦各從其志也。故曰：「富貴如可求，雖執鞭之士，吾亦為之；如不可求，從吾所好。」「歲寒，然後知松柏之後凋。」舉世混濁，清士乃見，豈以其重若彼，其輕若此哉！「君子疾沒世而名不稱焉。」……伯夷、叔齊，得夫子而名益彰；……巖穴之士，趨舍有時若此類，名不堙滅而不稱，悲夫！閭巷之人，欲砥行立名者，非附青雲之士，惡能施于後世哉？

歸納所敍夷、齊事蹟，重點有五：⑴兄弟讓國而逃。⑵相偕往周，欲歸文王。⑶叩馬諫阻武王伐紂。⑷義不食周粟。⑸餓死於首陽山。其中，⑴、⑵項與論、孟相符；⑶、⑷項爲論、孟所無；⑸項與論語略異，易「餓」爲「餓死」。至若論語「不念舊惡」、「求仁得仁」語，傳中亦予引述，然對孔子所謂「怨是用希」、「又何怨乎？」，卻表示懷疑，且引西山之歌，以示其怨。此下遂發善人未必善終之感慨。可見，司馬遷論述伯夷事蹟，有意強調其「積仁絜行如此而餓死」之不幸遭遇。此種觀點在史記中一再出現，如孔子世家云：「孔子曰：譬使仁者而必信，安有伯夷、叔齊？使知者而必行，安有王子比干？」意謂仁、智者往往遭遇困阨，或餓死，或剖心。又如：游俠列傳云：「伯夷醜周，餓死首陽山，而文、武不以其故貶王；……由此觀之，『竊鉤者誅，竊國者侯，侯之門仁義存。』非虛言也。」此尤憤憤於伯夷醜周餓死，而文王、武王猶自爲天子，仁義之名往往附於王侯，眞正的仁者卻遭不幸。

司馬遷屢藉伯夷發其不平之鳴，殆因己身遭遇李陵案而受宮刑，寃抑難伸，故於伯夷之餓死，再三致其憤慨。後人論伯夷列傳之怨與不怨，或云：「太史公托以自傷其不遇，故其情到而詞切，然非伯夷怨是用希之心也。故後世高其文而非其旨。」⑤又或云：「此傳始雖不免於怨，至得孔子而名益彰，……則向之西山餓莩，軼詩寫怨者，皆付之冰清風釋矣，又何怨！」⑥然則，無論此傳之怨與不怨，太史公之論伯夷，已異於論、孟之就伯夷而論伯夷，而是藉伯夷以抒一己之情懷。伯夷因孔子而垂名後世，司馬遷亦欲竊比於孔子，而爲砥行君子立傳。故伯夷列傳首末皆論及孔子，而有無窮之感慨與深遠之抱負寄寓其間。

韓愈伯夷頌受史記伯夷列傳之影響頗大，伯夷列傳首末議論之篇幅遠多於中間敍事部分，與一般列傳體相異。伯夷頌亦然，首末皆議論，中間略敍事蹟，與一般頌體相異。伯夷列傳寄寓太史公一己之情懷，伯夷頌亦不僅就伯夷而頌伯夷，乃有自況之意。此外，伯夷頌敍夷、齊事蹟，亦是採自史記，其重點有二：(1)武王率天下賢士、諸侯伐紂，唯彼二人以爲不可。(2)武王滅紂，天下宗周，唯彼二人恥食其粟而餓死。凡此皆爲史記所載，而論、孟所無者。因此，後代學者批評史記伯夷列傳不符孔、孟之旨，往往連帶以駁韓愈此文。如宋黃庭堅伯夷叔齊廟記云：

> ……至於諫武王不用，去而餓死，則予疑之。陽夏謝景平曰：「二子之事，凡孔子、孟子之所不言，可無信也。其初蓋出莊周，空無事實；其後司馬遷作史記列傳，韓愈作頌，事傳三人，而空言成實。若三家之學，皆有罪於聖人者也。……」以予觀謝氏之論，可謂篤信好學者矣⑦

黃、二氏以爲「諫武王不用，去而餓死」之事，孔、孟未言，出於莊周，不可置信。今考莊子讓王篇云：

昔周之興，有士二人處於孤竹，曰伯夷、叔齊。二人相謂曰：「吾聞西方有人，似有道者，試往觀焉。」至于岐陽，武王聞之，使叔旦往見之，與盟曰：「加富二等，就官一列。」……二人相視而笑，曰：「嘻！異哉！此非吾所謂道也。昔者，神農之有天下也，……忠信盡治而無求焉……今周見殷之亂，而遽為政，……殺伐以要利，是推亂以易暴也。……其並乎周以塗吾身也，不如辟之以絜吾行。」二子北行至於首陽之山，遂餓而死焉。

此篇所載與史記有同有異。其同者如：以武王伐紂爲非，拒受官爵而餓死於首陽，推崇神農之治，謂周伐殷是以亂易暴等。然史記謂二人叩馬而諫，此謂武王遣叔旦往見之；史記謂滅紂後，二人恥食周粟而隱，此則謂伐紂前，卽以官爵邀之。可見，史記雖或有采於莊子，而其相異之處另有傳說來源。今考漢以前書記夷、齊事者，大抵皆謂其以武王伐紂爲非，拒受官爵，餓死首陽，而皆無叩馬之說⑧。韓愈伯夷頌敍夷、齊事，言「天下宗周」、「恥食其粟」，文字採自史記；而謂其於武王伐紂「以爲不可」，則未取叩馬之說，又似與他書暗合。然此或係行文時修辭需要，不知是否有意別於史記。

宋王安石曾作伯夷論，評司馬遷與韓愈云：

……孔、孟皆以伯夷遺紂之惡，不念以怨，不忍事之，以求其仁。餓而避，不自降辱，以待天下之清。……然則，司馬遷以為，武王伐紂，伯夷叩馬而諫，天下宗周而恥之，義不食周粟，而為采薇之歌。韓子因之，亦為之頌，以為微二子，亂臣賊子接跡於後世，是大不然也。夫商衰而紂以不仁殘天下，天下孰不病紂？嘗與太公聞西伯善養老，則往歸焉。當是之時，欲夷紂者，二人之心豈有異邪？及武王一奮，太公相之，遂出元元於塗炭之中，伯夷乃不與，何哉？蓋二老所謂天下之大老，行年八十餘，而春秋固已高矣。自海濱而趨文王之都，計亦數千里之遠。文王之興，以至武王之世，歲亦不下數十，豈伯夷欲歸西伯而志不遂，乃死於北海邪？抑來而死於道路邪？抑其至文王之都，而不足以及武王之世而死邪？如是而言，伯夷其亦理有不存者也。且武王倡大義於天下，太公相而成之，而獨以為非，豈伯夷乎？天下之道二：仁與不仁也。紂之為君，不仁也；武王之為君，仁也。伯夷固不事不仁之紂，以待仁而後出。武王之仁焉，又不事之，則伯夷何處乎？余故曰：聖賢辯之甚明，而後世偏見獨識者之失其本也。嗚乎！使伯夷之不死，以及武王之時，其烈豈獨太公哉？⑨

此論重點有四：⑴孔、孟皆以為伯夷避紂而待天下之清。⑵伯夷與太公皆有滅紂之心，而欲歸文王。⑶太公相武王伐紂，而伯夷年高，未及武王之世，故不與。⑷伯夷不事不仁之紂，必事仁如武王者，豈有反對武王伐紂之理？

王氏據此四項理由駁斥司馬遷、韓愈之說，清崔述豐鎬考信錄卷八伯夷條極表贊同，又為補充理由。其略曰：

……伯夷固嘗辟紂而居北海以待天下之清者也。欲天下之清，必無紂而後可；欲無紂，必有人伐之而後可。……民之困於紂極矣，若但自免其身，……而禁人救之，……惡足以為聖哉？然

> 則叩馬信則辟紂必誣；辟紂信則叩馬必誣。……史記記東遷以後事，采之春秋經傳，猶多乖謬，況克商以前乎？孟子之述伯夷，詳矣。……辟紂之文王至於三見，而無一言及於叩馬，則首陽之餓因辟紂，不因叩馬，明矣。辟紂故餓，餓故思養而歸於周，是以論語但云餓于首陽，而不云餓死于首陽。……戰國之時，楊墨並起，處士橫議，……伯夷既素有清名，又適有餓首陽一事，故附會為之說，以毀武王。……太史公習聞其說，不察其妄而誤采之耳。……獨怪唐之韓子，自命為抵排異端，……而亦信楊墨之邪說。……至於「父死不葬」之言，荒唐殊甚；西山命衰之歌，淺陋已極，而舉世皆信之，吁！其真可怪也夫！⑩

崔氏之論重點有五：⑴伯夷既避紂，必不禁人伐紂救民。⑵史記記事多有乖繆處，不盡可信。⑶孟子言避紂而不言叩馬，首陽之餓因避紂而不因叩馬。⑷叩馬之事乃戰國策士附會以毀武王。⑸父死不葬，西山之歌皆不可信。

崔氏據論、孟以駁史記，謂首陽之餓因避紂，不因叩馬，雖亦可以自圓其說，然論、孟未言叩馬，是否必無叩馬之事？避紂者是否必然贊同伐紂？實不可以爲必然。至於王氏之說，亦有牴牾之處，如云伯夷年高，未及武王之世，然太公亦爲年高之「大老」，何以能及武王之世？再者，不事不仁之紂，亦未必願事武王，又豈可強以後世之觀念加諸伯夷而以爲必然？因此，綜合王、崔之說，亦未必可以論定司馬遷與韓愈之非。

平心而論，史記記事確有可疑之處。例如，周本紀謂文王受命七年而崩⑪，「九年，武王上祭于畢，東觀兵，至于盟津，爲文王木主，載以車，中軍，言奉文王以伐。」是則文王已崩二年，武王方載木主伐紂，與伯夷列傳所謂「父死不葬，爰及干戈」相矛盾。兩處記載同出一人之手，而前後不能相符，則其所記自難昭信於人。伯夷列傳所以多致攻詰，良有以也。然此亦史料不足所致，後世可以存疑，未必卽可斷其必無⑫。若因懷疑史記，而並深罪韓愈，則可謂殃及池魚，而有苛責之嫌。畢竟，伯夷頌非以敍事爲主，韓愈採信史記之說，據以稱頌伯夷，與大多數學者之信從史記，並無二致，而其所以一再受責，殆因文筆卓特，予人極爲深刻之印象所致。

二、伯夷頌的主旨

前人論本篇主旨，說法不一。如宋俞文豹曰：

韓文公伯夷頌，無一辭及武王，末後方云：「雖然，微二子，亂臣賊子接跡於後世矣。」其罪武王也，凜然如刀鋸斧鉞之加，而鋒鋩不露。⑬

清儲欣亦云：

本意轉於掉尾見。⑭

是皆於文章尾句推求作者本意。然而，伯夷頌是否有罪武王之意？其文云：「武王、周公聖也，……未嘗聞有非之者也。彼獨非聖人而自是如此。夫聖人，乃萬世之標準也。」文中再三稱武王、周公爲聖人，又謂其爲萬世標準，就行文語氣觀之，並無非難之意。又，韓愈爲文素尊武王、周公爲聖人，原道篇述聖聖相傳之道統，亦包含武王、周公。若伯夷頌有罪責武王之意，豈非自相矛盾？可見，俞氏之說有過分深求之弊。

再者，文末所謂「微二子，亂臣賊子接跡於後世矣。」雖有萬鈞之力，可以托住上文，卻僅具有補住漏洞之作用，而非全文重心。因爲，上文既謂武王爲聖人，爲萬世標準，又贊伯夷能非聖人，自萬世而不顧，則此對立之二者似當有一是一非。武王是，則伯夷非，伯夷是，則武王非。然而，韓愈既不願罪責武王，又欲推尊伯夷，故須補述伯夷之功，在爲萬世樹立君臣之義，使亂臣賊子不敢弑君犯上。如此作結，則武王、伯夷皆可各行其是，皆成萬世標準。儲氏以末句爲本意所在，實爲喧賓奪主，有失其文本旨。

欲知本篇主旨，須先觀其如何推崇伯夷。前文曾述孔子之論伯夷，著眼於仁者之心與出處大節；孟子之論伯夷，偏重出處大節，讚其「清」，評其「隘」；史記之論伯夷，則有意強調其「積仁絜行而餓死」之不幸遭遇。至於韓愈之頌伯夷，則與前述三者又有不同，乃是強調他的特立獨行，敢於非聖自是。因此，文章起首便已標出主題：「士之特立獨行，適於義而已，不顧人之是非，皆豪傑之士，信道篤而自知明者也。」此下乃一再申說伯夷爲「特立獨行，窮天地亘萬世而不顧者。」此一論點，貫串全文，極爲突出，顯然爲其作文主旨。

今所欲究者爲，韓愈何以不就論、孟、史記之觀點以頌之，而獨選取此一觀點？其文云：「今世之所謂士者，一凡人譽之，則自以爲有餘；一凡人沮之，則自以爲不足。」可見，此文之頌伯夷，有意爲當世之士樹立典型。而此典型何在？不獨見於古之伯夷，亦將有見於唐之韓愈。此卽韓愈撰述本文之用意——頌伯夷，正所以自期自況。

今考韓愈一生行事爲人，正是「特立獨行，適於義而已，不顧人之是非，」正是「信道篤而自知明」也。此文寫作年代雖不可知，而其畢生皆能以此自期自勉，故亦終能獨立於千載之上，留名於萬世之後。玆舉其最要者說明如下：

(1)排佛老——唐代佛、道二教盛行，上自天子，下至百姓，皆熱衷於奉佛、祈禳，佛寺、道觀紛紛而立，僧尼、道士不斷增加，國計民生深受不良影響。因此，韓愈一生堅決排佛老，不僅於私下勸告友朋，並且公然爲文駁斥，甚至上書諫阻天子迎佛骨於禁中。如此言行，施於當日，實需莫大之勇氣與自信。韓愈重答張籍書云：

今夫二氏之所宗而事之者，下乃公卿輔相，吾豈敢昌言排之哉？擇其可語者誨之，猶時與吾悖，其聲嘵嘵，若遂成其書，則見而怒之者必多矣，必且以我為狂為惑。……今夫二氏行乎中土也，蓋六百年有餘矣。其植根固，其流波漫，非所以朝令而夕禁也。……其可易而為之哉？其為也易，則其傳也不遠，故余所以不敢也。⑮

觀此可知，當日欲排佛老，實無異與天子、公卿、士大夫、百姓爲敵，其所遭遇之困難、阻力必甚大。因此，韓愈早年猶不敢昌言排佛，然至德宗貞元末年，終於寫成原道篇，主張「人其人，火其書，廬其居」，公然向佛、道二敎宣戰。及至憲宗元和十四年，又上表諫天子勿迎鳳翔寺佛骨入禁中供養。謂歷代天子奉佛，皆不長壽，因此激怒憲宗，欲處以極刑。幸賴大臣極力營救，方貶潮州刺史。經此九死一生，卻仍未改其排佛立場。元和十五年作與孟尚書書猶云：

釋老之害過於楊墨，韓愈之賢不及孟子。孟子不能救之於未亡之前，而韓愈乃欲全之於已壞之後。嗚呼！其亦不量其力，且見其身之危，莫之救以死也。雖然，使其道由愈而粗傳，雖滅死萬萬無恨。⑯

此種膽識與擔當，正是由於「信道篤而自知明」，故能「特立獨行」，「不顧人之是非」也。伯夷勸阻武王伐紂，武王，聖人也，位爲天子；韓愈勸阻憲宗迎佛骨，憲宗，天子也，俗謂天子爲聖人。可見，伯夷之敢於非聖，正是韓愈敢於諫阻天子奉佛之力量泉源。伯夷之非聖，又不僅止於反對武王，武王乃天下後世之人所共尊者，反對武王，卽與天下後世立異。而韓愈之排佛，亦不僅止於反對天子，天子率天下人奉佛，代代相承已六百年，韓愈以其一身，敢於力敵天子、天下，乃至後世之奉佛者，亦可謂是「窮天地亘萬世而不顧」矣。

⑵倡師道——柳宗元答韋中立論師道書云：

由魏、晉氏以下，人益不事師。今之世不聞有師，有輒譁笑之，以為狂人。獨韓愈奮不顧流俗，犯笑侮，收召後學，作師說，因抗顏而為師。世果羣怪聚罵，指目牽引，而增與為言辭。愈以是得狂名，居長安，炊不暇熟，又挈挈而東，如是者數矣。⑰

魏、晉迄唐，師道不傳已數百年，在舉世不爲師之情況下，韓愈卻敢收召後學，作師說，倡師道，因此而得狂名，遭謗言，被迫由長安改調洛陽任官。這種不顧流俗，抗顏爲師的勇氣，亦可說是「舉世非之，力行而不惑者，千百年乃一人而已耳。」他曾作通解曰：

五常之教，與天地皆生。然而天下之人不得其師，終不能自知而行之矣。……自周之前千萬年，渾渾然不知義之可以換其生也，故伯夷哀天下之偷，且以彊則服，食其葛薇，逃山而死。故後之人竦然而言曰：雖餓死猶有義而不懼者，況其小者乎？故義之教行於天下，由伯夷為之師也。是三人者，俱成一身立教，而為師於百千萬年間，其身亡而其教存，扶持天地，功亦厚矣。⑱

可見，他之所以抗顏而爲師，以道統爲己任，正是效法伯夷之所爲，欲以一身立教，扶持天地。

⑶倡爲古文——舊唐書韓愈傳云：

常自以為魏、晉以還，為文者多拘偶對，而經誥之指歸，遷、雄之氣格不復振起矣。故愈所為，務反近體，抒意立言，自成一家新語。⑲

魏、晉以後，駢文盛行，數百年積習，一時難改，而韓愈爲文，極力去駢就散，獨樹一幟，在當時，亦曾遭到許多責怪攻擊。他曾作與馮宿論文書云：

僕為文久，每自測意中以為好，則人必以為惡矣。小稱意，人亦小怪之；大稱意，即人必大怪之也。時時應事作俗下文字，下筆令人慙，及示人，則人以為好矣。……不知古文直何用於今世也。然以竢知者知耳。……作者不祈人之知也明矣，直百世以竢聖人而不惑，質諸鬼神而不疑耳。⑳

觀此可知，韓愈倡爲古文，實有賴於堅定的信念，不祈人之知，而信己必傳於後世。李漢昌黎集序云：

> 時人始而驚，中而笑且排，先生益堅，終而翕然隨以定。

可見，其古文運動所以成功，亦賴其「不顧人之是非」，「信道篤而自知明」也。

根據以上三事，便可證明，韓愈所以爲文推崇伯夷之特立獨行，敢於非聖自是，實有自況自期之意。錢基博韓愈志韓集籀讀錄云：

> 伯夷頌則以自況，為斯道之重言之也。

所謂「斯道之重」，亦卽原道篇所揭櫫之聖道——由堯、舜、禹、湯、文、武、周公、孔子、孟子代代相傳之道統。韓愈所以排佛老、倡師道、爲古文，正是爲了發揚此一聖道，而伯夷頌一文，亦正爲了表明此一信念而作。

清代學者論伯夷頌之主旨，以劉開、曾國藩、林紓三人最能切中肯綮。劉開書韓退之伯夷頌後云：

> 韓子所以推崇伯夷者，美矣至矣，蔑以加矣。然彼非無為言之也。伯夷當商、周革命之際，獨顯斥其非，且以一死存萬世君臣之義，固其立行之高，亦所見之能決也。夫聖賢之事何常？亦決於義而已矣。賈子曰：「貪夫殉財，烈士殉名。」故士之有志者，無得失之見易，無毀譽之

見難。不惑於流俗之是非也易，不動於君子之臧否也難。伯夷行一己之安，且以衆聖人之行為恥，而近世之抗志希古者，乃為一凡人之毁譽所奪，此退之所以慨乎其言之也。且退之亦嘗負當世之謗矣。夫不為天下所共非者，必不能成一人之是。當退之卓起波靡中，為衆人所不能為，犯天下之不韙，其所謂豪傑之士信道而自知明者，雖頌伯夷，倘亦有自任之意乎？且彼排二家於千載之下，挽頹波於八代之餘，百折九死，不易其志，是誠舉世非之而不惑者矣。故其論古於伯夷有深契焉。㉑

曾國藩求闕齋讀書錄卷八云：

舉世非之而不惑，乃退之生平制行作文宗旨。此自況之文也。㉒

林紓韓柳文研究法云：

伯夷一頌，大致與史公同工而異曲。史公傳伯夷，患己之無傳，故思及孔子表彰伯夷，傷知己之無人也。昌黎頌伯夷，信己之必傳，故語及豪傑不因毁譽而易操。曰：『今世之所謂士者，一凡人譽之，則自以為有餘；一凡人沮之，則自以為不足。』見得伯夷不是凡人，敢為人之不能為，而名仍存於天壤。而己身自問，亦特立獨行者，千秋之名，及身已定，特借伯夷以發揮耳。蓋公不遇於貞元之朝，故有託而洩其憤。不知者，謂為專指伯夷而言，夫伯夷之名，孰則弗知，寧待頌者？

觀此三人所論，伯夷頌之義蘊，可謂抉發無遺矣。

三、伯夷頌的寫作技巧

本文共分三大段：

第一段分爲三小節。第一節由空際取勢，不述伯夷，卻先揭「士之特立獨行，適於義而已，不顧人之是非，皆豪傑之士，信道篤而自知明者也。」作爲全篇綱領。如此發端，彷彿平地突起一座高山，令人心神震懾，肅然起敬。以下全文皆就此一論點加以發揮。第二節就前節所謂「不顧人之是非皆豪傑之士」提出三種層次——「一家非之……」、「一國一州非之……」、「舉世非之……」一層比一層更高；而伯夷其人，又在前述三種層次之上，乃是「窮天地亘萬世而不顧者」。至此，其峯已入雲霄，足以睥睨千秋萬世。第三節乃順勢形容此一高峯，比日月更明，比泰山更高，比天地更廣闊，足以令人歎爲觀止。

在本段中，作者使用空際取勢與逐層增強之作法，將氣勢一路往上提昇，襯托伯夷高乎一切，成爲全文第一高峯。

以下陡然換筆，進入第二段，彷彿由高山下至谿谷。分爲兩小節。第一節「當殷之亡」至「餓死而不顧」，敍述伯夷特立獨行之事蹟。其中又分兩層：第一層以微子之去殷，武王、周公之率天下人攻殷，與「伯夷、叔齊乃獨以爲不可」作一對比。第二層以「天下宗周」與「彼二子乃獨恥食其粟」作一對比。藉此兩番正反對比，遂能襯出伯夷之「獨」行。第二節再以「繇是而言」收束上節，說明彼二子之獨行，並非有求而爲，乃是「信道篤而自知明」所致。「夫豈有求而爲哉？」乃是用反問句表明「適於義而已」，以與首段呼應。

在本段中，亦曾使用逐層增強法。所謂「微子賢也，抱祭器而去之」是一層，所謂「武王、周公聖也，……往攻之」則更進一層，其中揷入「率天下之賢士與天下之諸侯」一句，則強調武王爲天下人所共隨者，可更加強去殷、攻殷之「是」。至此，文勢增強至一高潮，突然打住，接云：「未嘗聞有非之者」，一則上承武王之「是」，一則下啓伯夷之「非」其「是」。以下遂兩用正反對比法，促使文勢更加曲折。大抵而言，本段文勢若與第一段相比，不似高山，而似流水，或上或下，曲折盤旋，雖無驚濤駭浪，卻是暗潮洶湧。末句一收，猶如逆流而上，溯至源頭，復與首段相應。

以下再度換筆，進入第三段，彷彿另立一山。分爲三小節。第一節以「今世之所謂士」與首段之「士」遙相對照。彼能「不顧人之是非」，「一家、一國、一州，非舉世非之，力行而不惑」，此則爲「凡人之毀譽所左右，眞「士」、假「士」立見分野。以下緊接「彼獨非聖人而自是如此」一句，遂將此今世之「士」所立之假山推倒。第二節再轉筆言：「夫聖人，乃萬世之標準也。」彷彿又立一山。而後下一結論：「余故曰：若伯夷，叔齊者，特立獨行，窮天地亘萬世而不顧者也。」又復回應首段之最高峯，似比「聖人」之山更爲孤絕而特出。至此，筆鋒突轉，入第三節：「雖然，微二子，亂臣賊子接跡於後世矣。」乃承上節說明伯夷之特立獨行，聳峙如山，足令亂臣賊子懼而遁跡。如此收束，似有萬鈞之力托住全篇，表明伯夷之偉大，並不僅由於特立獨行，非聖自是，而是因其能「適於義」、「信道篤」，以爲萬世立君臣之義。全篇藉此一句補述，意義乃更完足。

在本段中，第一小節是用正反對比法，襯出伯夷之「獨」，第二、三節則以突然轉筆之法，陡起陡落，製造高峯，以回應首段。由於轉折急遽，文勢相當險拔。故能將此激昂峻拔之氣，貫注讀者心中，造成極大之震撼。

綜上以觀，本篇結構之最大特色，卽是以開端三十一字之長句，作爲全篇綱領，而後處處回應首句。一方面極盡曲折變化之能事，一方面又能前後密切呼應，形成緊湊而多變之結構型式。在作法上，運用了空際取勢，逐層增強，正反對比，前後呼應，突然轉筆等手法，皆能使文章氣勢激昂峻拔。

此外，在修辭方面，有四點值得注意：

(1)重複使用相同或意義相近之字詞，使文章主旨更爲突出：

由於本篇主旨爲「特立獨行」、「不顧人之是非」、「信道篤而自知明」，因此，全文中重複出現這些字詞。例如：第一段云「寡」、「天下一人」、「千百年乃一人」、「窮天地」，皆有「獨」字之意，而「獨」字全文凡五見。又如：第一段三言「力行而不惑」，卽含有「獨行而不顧」之意，而「不顧」一詞全文凡四見，「特立獨行」兩見。再如：文中云：「一家非之」、「一國一州非之」、「舉世非之」、「未嘗聞有非之者」、「乃獨以爲不可」、「非聖人而自是」，皆言其「是非」。又，「信道篤而自知明」凡兩見，「自」字五見，「明」字三見。凡此皆足以突出主旨，加深印象，而尤以「獨」字爲最要，可謂全文眼目。

⑵時時揷用否定詞句，以增加抑揚頓挫之勢：

本文中，凡用十二「不」、五「非」、一「微」、一「未嘗」等否定詞，可見其否定句之多。行文時，全用肯定句，則一氣直下，平平無奇，若是時時揷用否定句，則能激起波濤，產生抑揚頓挫。例如：首句長達三十一字，分爲五子句，其中揷入否定子句：「不顧人之是非」，便覺抑揚有致，而此一子句，亦覺特別醒目。又如：「若伯夷、叔齊者，特立獨行，窮天地亘萬世而不顧者也。」，「彼伯夷、叔齊者乃獨以爲不可」等句，使用「不顧」、「不可」等否定詞於句尾，遂有斬鐵截釘之勢。

⑶多用長句與排比句，使文章氣足力勁而有韻致：

例如：首句長達三十一字，如水之一氣奔注，足以涵蓋全篇。又如：「武王、周公聖也，從天下之賢士與天下之諸侯而往攻之」，長達二十二字。「若伯夷、叔齊者，特立獨行，窮天地亘萬也而不顧者也。」亦長達十九字。類此長句，單行直下，皆有雄直之氣。

至於排比句，如「一家非之，力行而不惑者，寡矣；至於一國一州非之，力行而不惑者，蓋天下一人而已矣；若至於舉世非之，力行而不惑者，則千百年乃一人而已耳。」三句句式相同，而將其轉接連詞及子句字數加以變化，遂不覺單調平直。又如：「昭乎日月不足爲明；崒乎泰山不足爲高；巍乎天地不足爲容也。」三句句法完全相同，連成一氣，而以末句「也」字加以收束，誦之頗有韻味。

再如：「今世之所謂士者，一凡人譽之，則以爲有餘；一凡人沮之，則以爲不足。」正反兩句句法相同，而意義互相補足，有緩和文氣之效。類此排比句，亦可視爲一長句，文氣相連，而有廻旋之勢，故能增加文章韻致。

(4)運用短句以調節文氣：

本篇所用長句及排比句雖多，然亦能適時挿用短句，以調節文氣。如第一段皆長句相連，一氣貫注，達於頂峯。第二段遂以「當殷之亡，周之興」二短句開始，以下逐漸增加文句長度，至於「武王、周公聖也，從天下之賢士與天下之諸侯而往攻之」，已達二十二字，乃以「未嘗聞有非之者也」一較短句收束。如此伸縮文句之長度，遂能產生抑揚頓挫之勢。

根據以上四點分析，可知本文修辭技巧相當成功，不僅主旨突出，氣完力勁，而且曲折有韻致。

前人評論本篇，頗多贊譽。如姚鼐云：

用意反側蕩漾，頗似太史公論贊。㉓

張裕釗云：

介甫書李文公集後從此出，而氣太勁，神太迫，韻度迥不及此。㉔

馬其昶云：

用筆全在空際取勢，如水之一氣奔注，中間却有無數廻波，盤旋而後下。後幅換意換筆，語語令人不測，此最是古人行文秘密處也。㉕

錢基博云：

其文破空而來，寓提折於排宕，亦學孟子以開蘇氏；蘇軾策論多仿之。㉖

凡此皆就文辭技巧加以評論，可謂深得個中三昧。又，蔡世遠云：

激昂峻拔。讀之頑夫廉，懦夫有立志。㉗

曾國藩云：

岸然想見古人獨立千古，確乎不拔之概。㉘

此謂其文具有感動力，足以鼓舞讀者向上，非誇言也。

四、伯夷頌的文體

一般「頌」體文章，多以韻語爲之㉙；亦或以散文爲序，以韻語爲頌；㉚伯夷頌卻以散文爲之，不綴韻語，並且以論爲頌，頗爲特殊，故金人王若虛曾云：

退之評伯夷，止是議論。散文而以頌爲名，非其體也。㉛

其後，清人姚鼐古文辭類纂、曾國藩經史百家雜鈔亦逕以其文入論辨類、論著類，而不以入頌贊類。然而，此文雖似論體，卻實以「頌」爲名，而不以「論」爲名，是否宜入論體而不宜入頌體？須先考察何謂頌體？明吳訥文章辯體序說云：

詩大序曰：「詩有六義，六曰頌，頌者，美盛德之形容，以其成功告於神明者也。」……故頌之名，實出於詩。若商之那，周之清廟諸什，皆以告神為頌體之正。至如魯頌之駉、駜等篇，則當時用以祝頌僖公，為頌之變。故先儒胡氏有曰：「後世文人獻頌，特效魯頌而已。」頌須鋪張揚厲，而以典雅豐縟為貴。文心雕龍云：「敷寫似賦，而不入華侈之區；敬慎如銘，而異乎規諫之域。」諒哉！

吳氏認爲頌體源出於詩經，本用以告神；其後用以頌人，則爲變體。此類文章大抵「鋪張揚厲」、「典雅豐縟」、「敷寫似賦」、「敬愼如銘」，然而「不入華侈之區」、「異乎規諫之域」。此種看法上承劉勰文心雕龍，而後又爲徐師曾文體明辯序說所取，而增益之曰：「其詞或用散文，或用韻語。」故若根據吳、徐之說以觀，伯夷頌極力稱揚伯夷、叔齊「信道篤而自知明」，謂其「昭乎日月不足爲明，崒乎泰山不足爲高，巍乎天地不足爲容也。」正是所謂「美盛德之形容也」；其文雖無豐縟之辭藻，亦不以典雅勝，然而氣勢峻拔，用筆飛揚，亦可謂「鋪張揚厲」也。故雖與一般「敷寫似賦」、「敬愼如銘」之「頌」體有別，卻仍爲徐氏歸入頌體。今觀昭明文選卷四十七之頌，首列王褒聖主得賢臣頌，卽爲散文。可見，伯夷頌以散文爲之，雖頗異於一般頌體，卻自有其淵源。

反觀所謂「論」體，吳氏曰：

論有二體：一曰史論，乃史臣於傳末作論議，以斷其人之善惡，若司馬遷之論項籍、商鞅是也。二曰論，則學士大夫議論古今時世人物，或評經史之言，正其訛謬，如賈生之論秦過，江統之論徙戎，柳子厚之論守道，守官是也。

徐氏則引劉勰之言曰：

論者，倫也。彌綸羣言而研精一理者也。……其爲體則辯正然否，窮有數，追無形，迹堅求通，鉤深取極，乃百慮之筌蹄，萬事之權衡也。

可見，所謂「論」體，是以「斷其人之善惡」或「研精一理」、「辯正然否」爲旨，在作法上，往往窮根究底，「鉤深取極」。然而，伯夷頌非爲論其善惡而作，對於武王、伯夷孰是孰非？亦未深入討論，僅以激昂之筆調稱頌伯夷「窮天地亘萬世而不顧」之氣魄，以此自期自況。因此，其文以「頌」爲名，而不以「論」爲名，正是上承詩頌之流，情存比興。姚氏以入論辨類，又謂其文「頗似太史公論贊」，似欠妥當，然而，近人錢基博仍取其說曰：

伯夷頌，論體而頌意；其實乃補太史公伯夷列傳後一篇贊耳。㉜

今觀史記伯夷列傳，首尾皆論，中間爲傳，自成一體，並不缺贊，若眞以伯夷頌補贊，恐屬蛇足。至於是否可將其體視爲史贊？亦有商榷餘地。吳訥曰：

西山云：「贊、頌體式相似，貴乎贍麗宏肆，而有雍容俯仰頓挫起伏之態，乃為佳作。」大抵贊有二體：若作散文，當祖班氏史評；若作韻語，當宗東方朔畫象贊。金樓子有云：「班固碩學，尚云贊、頌相似。」詎不信然？

吳氏以爲，贊、頌相似，「貴乎贍麗宏肆」，若作散文，當祖班固史評。然而，班固史評乃「論」之一體，言約辭簡，絕非「贍麗宏肆」者。吳氏之言，顯見牴牾，故徐師曾曰：

劉勰有言：「贊之為體，促而不曠，結言於四字之句，盤桓乎數韻之辭，其頌家之細條乎？」可謂得之矣。至其謂「班固之贊，與此同流」，則予未敢以為然也。蓋嘗取而玩之，其述贊也，名雖為贊，而實則評論之文，……安得概謂之贊而無辯乎？

徐氏以爲贊體「促而不曠」，乃「頌家之細條」，而班固史贊實爲評論，與一般贊體有別。此種說法辨體甚明，自較吳氏可從。今觀伯夷頌，可謂「舖張揚厲」，不唯有別於「促而不曠」之「贊」體，亦有別於言約簡辭之史評，姚、錢二氏以史贊擬之，恐亦未當也。

總之，伯夷頌情存比興，峻拔飛揚，仍以歸入頌體爲宜。其文以散文爲之，略似「論」、「贊」，而不同於一般「典雅豐縟」、「敷寫似賦」、「敬愼如銘」之「頌」體韻文，亦是韓愈革新文體，「能自樹立」之顯例也。

五、結　論

歸納本篇論文，要點有五：

(1)伯夷頌謂其以武王伐紂爲不可，恥食其粟而餓死，乃採自史記伯夷列傳之記載，而爲論、孟所未載。後代學者對此屢加攻擊，而未能徹底推翻其說。

(2)伯夷頌受史記伯夷列傳之影響頗大：如寫作方式，寄寓一己之情懷皆是。

(3)韓愈一生排佛老，倡師道，爲古文，皆能不顧人之是非，獨行其道，因此，伯夷頌推崇伯夷「

特立獨行」、「信道篤而自知明」，實有自況自期之意。

(4)伯夷頌以首句爲綱領，貫串全文；又以「獨」字爲全篇眼目，乃其結構之最大特色。其文作法有五：空際取勢、逐層增強、正反對比、前後呼應、突然轉筆。而其修辭特點爲：重複使用相同字詞，多用否定句、長句、排比句，而能適時以短句調節文氣。

(5)伯夷頌情存比興，峻拔飛揚，乃承詩頌之流，故宜歸入「頌」體。其以散文爲頌，略似「論」、「贊」，而與一般「頌」體有別，正是韓愈革新文體，「能自樹立」之顯例也。

【附　註】

① 近代學者論伯夷、叔齊之文屢見不鮮。如馮其庸《歷代對伯夷、叔齊的評論》（一九六一年三月二十三日人民日報）、閻簡弼《也談談伯夷、叔齊》、劉開揚《關於伯夷、叔齊》（一九六二年文史哲雙月刊第一期摘要刊載二文集一九八七年二月西南財經大學出版，文史論學又刊劉氏全文）。根據以上三文可知，大陸學者曾因毛澤東在《別了，司徒雷登》一文中，批評韓愈伯夷頌「頌錯了人」，而對伯夷、叔齊展開熱烈批判。至於臺灣學者阮芝生所作《伯夷列傳析論》（一九八一年三月大陸雜誌六二卷三期），《伯夷列傳發微》（一九八五年十二月臺大文史哲學報三十四期），則對史記伯夷列傳之篇章結構、精義眞情詳加析論。其中，發微一文列擧日本學者論伯夷、叔齊之文凡九篇。而以上諸文對於歷代有關伯夷、叔齊之評論又多所引述。如劉開揚引孔子、孟子、莊子、司馬遷、班固、韓愈、黃滔、蘇軾、羅泌、顧炎武、馬驌、嚴可均、王安石、黃庭堅、吳仁杰、王直、胡應麟、柳識、俞樾諸說；阮芝生則引阮瑀、王粲、阮籍、陶淵明、韓愈、

顧炎武之說。可見，古今學者對此二人之議論迭出不窮。

② 韓昌黎文集校注卷一。

③ 根據韓愈資料彙編可知，王安石、程頤、黃庭堅、朱熹、俞文豹、黃震、王若虛、戴表元、王直、吳寬、茅坤、唐順之、儲欣、林雲銘、何焯、沈德潛、蔡世遠、愛新覺羅弘曆、劉開、曾國藩、林紓、譚嗣同等二十餘家，均曾論及韓愈伯夷頌。但今人專論伯夷頌者，則不多見。一爲日人松浦友久《韓愈の「伯夷頌」をめぐる二三の問題——伯夷說話の形成と繼承》；一爲大陸學者韓兆琦《關於韓愈的伯夷頌》（一九八〇年二月齊魯學刊）。

④ 如莊子大宗師，駢拇、讓王、盜跖諸篇；呂氏春秋誠廉篇；韓非子孤憤、外儲說左下、姦劫弑臣、說疑、安危、守道、用人、大體諸篇；管子制分篇；戰國策秦策三、韓策三、燕策一；淮南子繆稱、齊俗、泰族諸篇，皆曾論述夷、齊。

⑤ 史記評林引黃震語。

⑥ 史記評林引李廷璣語。

⑦ 豫川黃先生文集卷十七。

⑧ 如呂氏春秋誠廉篇云：「伯夷、叔齊……西行如周，……文王已歿矣，武王卽位，觀周德，……使叔旦就膠鬲……而與之盟曰：『加富三等，就官一列。』……又使保召公就微子開……而與之盟曰……。伯夷、叔齊聞之，相視而笑曰：『嘻，異乎哉！此非吾所謂道也……殺伐以要利，以此紹殷，是以亂易暴也。……與其竝乎周以漫吾身也，不若避之以潔吾行。』二子北行，至首陽之下而餓焉。」此謂武王以爵邀盟於膠鬲、微

子開，夷、齊聞而恥之，避至首陽。又如戰國策策卷二十九燕策一云：「廉如伯夷，不取素　，汙武王之義而不臣焉，辭孤竹之君，餓而死於首陽之山。」亦未言及叩馬而諫。再如韓非子姦劫弒臣篇云：「古有伯夷、叔齊者，武王讓以天下而弗受，二人餓死首陽之陵。」此謂武王讓以天下，與諸書所載大異；而餓死首陽之說亦同於他書。其餘諸書所載甚略，亦皆未言叩馬之事。

⑨ 臨川先生文集卷六十三。

⑩ 崔東壁遺書。

⑪ 周本紀云：「西伯陰行善，……虞、芮之人有獄不能決，乃如周。……諸侯聞之，曰：『西伯蓋受命之君』。明年，伐犬戎。明年，伐密須。明年，敗耆國。……明年，伐邘。明年，伐崇侯虎。明年，西伯崩。」據此推知受命七年而崩。然下文復云：「詩人道西伯蓋受命之年稱王而斷虞芮之訟。後十年而崩。」則相牴牾。

⑫ 近人呂思勉先秦史第四章嘗考武王伐紂之事曰：「劉歆以爲文王受命九年而崩，……蓋以周書文傳有文王受命九年，在鄗，召大子發之文，九年猶在，明其七年未崩。案史記謂文王受命七年而崩，九年，武王上祭於畢，東觀兵至於孟津，年代與劉歆異，而謂再期在大祥而東伐同。伯夷列傳曰：『西伯卒，武王載木主，號爲文王，東伐紂。伯夷・叔齊叩馬而諫曰：父死不葬，爰及干戈，可謂孝乎？』豈有再期而猶未葬者？楚辭天問曰：『武發殺殷何所悒？載尸集戰何所急？』淮南齊俗曰：『武王伐紂，載尸而行，海內未一，故不爲三年之喪始。』然則武王當日，蓋秘喪以伐紂；後周人自諱其事，謂在再期大祥之後；然文王死即東兵，猶爲後人所能憶，其事終不可諱；作周書者，遂將文王之死，移後二年也。」呂氏以爲，武王秘喪，載尸伐紂一事，可自史記伯夷列傳、楚辭天問、與淮南齊俗得證。後因周人自諱其事，謂在再期大祥之後伐紂，遂使

文王之崩與武王伐紂之年產生異說。錢賓四先生國史大綱亦云：「文王死未葬，武王奉文王木主以伐紂；蓋以乘紂之不備。及周人得志，並其先世事皆諱之，若伐紂盡出弔民伐罪之公，並無一毫私意存於其間。」可見，史記記事矛盾，乃周人自諱其事所致。然而，無論武王奉木主伐紂是在何年，皆可見其未必盡出弔民伐罪之公，故論語八佾篇載孔子論樂之言曰：「武盡美矣，未盡善也。」而伯夷、叔齊叩馬以諫武王之非，自亦不無可能。

⑬ 吹劍全編吹劍錄。
⑭ 昌黎先生全集錄卷一。
⑮ 韓昌黎文集校注卷二。
⑯ 韓昌黎文集校注卷四。
⑰ 柳河東集卷三十四。
⑱ 韓昌黎文集校注外集卷上。
⑲ 卷一六〇。
⑳ 韓昌黎文集校注卷三。
㉑ 孟塗文集卷一。
㉒ 求闕齋讀書錄卷八。
㉓ 韓昌黎文集校注引。
㉔ 韓昌黎文集校注引。

㉕ 韓昌黎文集校注語。
㉖ 韓愈志韓集籀讀錄。
㉗ 古文雅正卷二。
㉘ 韓昌黎文集校注引。
㉙ 如揚雄趙充國頌，史岑出師頌，蔡邕胡廣黃瓊頌，韓愈子產不毀鄉校頌，皆其著例。
㉚ 如陸機漢高祖功臣頌並序，元結大唐中興頌並序，李華無疆頌並序，皆其例。
㉛ 滹南遺老集卷三十五。
㉜ 同註㉖。

唐代絕句的幾個重要類型

施逢雨

長年以來，批評家似乎都是把絕句當做一個特色單一的詩歌體式在看待的。我們常看到批評家說絕句有（或應有）怎樣怎樣的特色，或說某人的絕句有怎樣怎樣的特色。不管他們的看法有多大差異，他們在這麼說的時候實際上都是把整個的絕句或某人的絕句看成單純一類的。然而，我們在玩索古人絕句時，卻往往會發現：即使同爲絕句，兩首詩也可能特色迥異，幾乎像是不同體式的作品。例如王維的〈鹿柴〉（「空山不見人，但聞人語響。返景入深林，復照青苔上。」）、王之渙的〈登鸛雀樓〉（「白日依山盡，黃河入海流。欲窮千里目，更上一層樓。」）、和李白的〈秋浦歌〉十七首其十三（「淥水淨素月，月明白鷺飛。郎聽采菱女，一道夜歌歸。」）互相之間就有這種現象。我們因此想到，前人絕句也許是還可細分爲多種類型的。若能分清這些類型，則對了解整個的絕句，或某一詩人的絕句，或某一特定絕句作品的特色，都將會有極大的幫助。本文的目的就在找出唐代絕句裏自然呈現的重要類型。這裏需要特別強調的是，我們所謂的自然呈現是指這些類型乃唐代絕句在發展過程中自然形成、突出顯現的，而非我們依據某一個或某些個事先設定的文學範疇（如主題、體式）劃分出來的。我們側重於分辨這種類型的原因是，我們發現這種類型乃是檢視唐代絕句表現方式特色的最佳指標。

而要做這個分類的工作，我們首先就得適當處理唐代絕句數量太大所造成的困擾。宋人洪邁曾編纂了《萬首唐人絕句》一書。其後明人趙宧光、黃習遠又對洪書作了整理、增補。依據這個增補本，唐人絕句共得一萬零五百餘首。①就本文的需要和能力而言，要根據所有這一萬多首詩來作分類的工作，實在是不可思議的事。在幾經斟酌之後，我們決定找一個適當的現代選本作樣本，來做分類的依據。我們手頭共有三個近年出版的唐代絕句選本。一是劉拜山、富壽蓀合著的《唐人絕句評注》，選詩六百十六首；②一是劉永濟的《唐人絕句精華》，選詩七百八十八首；③一是李長路的《全唐絕句選釋》，選詩一千五百首左右。④我們最終選擇了劉、富二人的本子，原因是此本雖和一般選本一樣以藝術成就爲主要選詩標準，卻還頗能維持所選詩作的廣泛代表性。當然，我們也充分理解到，用選集做樣本無論如何會有相當程度的失眞。因此，在可能且必要的範圍內，下文將盡力留意並指出這些失眞之處。

在逐首閱讀劉、富選本，並儘量設法將各詩歸併成類之後，我們發現可以將唐代絕句大略分成以下數類：

㈠寫一斬截而尖新、警策之論斷、體悟、諷寓、情境、或景觀等的詩。第三類擬樂府、民歌的作品往往也具有此類詩特色；這些兼具二類詩特色的作品我們就同時歸入二類之中。

㈡寫某一富有超然意趣的集中的、片刻的自然或人生境界的詩。

㈢模擬樂府或民歌的詩。

㈣只是四句，別無顯著特色，又非模擬樂府或民歌的詩。

第一類的絕句在出名的絕句作品中是很常見的。依我們的統計，在劉、富二人的選本中具有這種特色的詩多於全書的一半。推其原因，主要應是這類絕句泰半情意出人意表，很容易打動讀者。這一點由緊接著的討論自可慢慢看出，此處無需辭費。我們倒是要先特別交代一下，這類詩既然特別容易得到讀者喜愛，它們在選本中所佔的比例自然是偏高的。

這一類絕句究竟是什麼樣的絕句，單靠上文的描敍是很難眞正了解的。而且，誠如上文所已暗示的，這類作品乃是唐代絕句最重大的成就之一。因此，我們願意不厭其詳地透過各式各樣具有此類詩特色的實例來加以說明。先說，此類絕句最常見的寫法是在詩的前半泛泛描敍一個相當普通的情境，然後在詩的後半突然一轉，用一個警策尖新的結語戛然收束全詩，留下盪氣廻腸的餘韻。例如，王維〈送元二使安西〉說：

渭城朝雨裛輕塵，客舍青青柳色新。
勸君更盡一杯酒，西出陽關無故人。（四六）⑤

此詩前半只泛泛寫了送別的時刻、地點、和當時當地的景物、氣氛。說它平凡普通，沒有什麼特別引人注意的地方，相信大部份人都會同意。第三句乍看只是順承詩題與首二句的離別主題而來，並無新意。但是，讀者在把此句與末句合看之後，應可看出詩人進一步勸酒的原因不只在於二人要分別，更在於分別之後離人卽將西出陽關（故址在今甘肅敦煌縣西南，爲唐時往西域要道），⑥從此再也難遇故人這一傷感的事實。而就送別而言，離人卽將遠赴異域一點無疑是相當令人動容的。此詩後半適切強調了這點，隨後全詩卽戛然收束，因而有了動人心弦的效果。

其次如朱慶餘〈宮詞〉說：

寂寂花時閉院門，美人相並立瓊軒。

含情欲說宮中事，鸚鵡前頭不敢言。（二〇九）

看了詩題，再看前兩句，則這兩句只不過是描敍兩個失寵宮人孤寂面對春光的平凡文字而已。但接著再看看末兩句，讀者就會覺得詩意相當尖新了。和上面王維詩類似，本詩的第三句很像只是承接前二句而有，是寫宮人失寵孤寂之餘欲有相互傾訴之語。然末句一出就陡然顯示出：那互相傾訴根本是個遙不可及的願望，美人的辛酸還不是一個孤寂可以了得的，因爲鸚鵡會學舌，放在那邊想說心底話都有顧忌呢。如此一來，全詩的情意就豐富、警醒很多。此詩雖是唐詩選本所常選錄的作品（連《唐詩三百首》都有），我們卻極少看到有人特別深入討論其中最具關鍵性的末句。只有富壽蓀引了王涯（約七六五—八三五）〈宮詞〉的「教來鸚鵡語初成，久閉金籠慣認名」與王建（七七五年進士及第）〈宮詞〉的「鸚鵡誰教轉舌關，內人手裏養來姦」而推斷說「唐時宮中多畜鸚鵡。」⑦我們無法確定這個推斷是否可靠，也無法確定唐代宮裏的鸚鵡是做什麼用的。至於王建詩所說的宮中鸚鵡被宦官調養得十分狡詐一點，則恐怕多半是由宮女角度發出的憤激之詞，未必屬實。不過，話說回來，鸚鵡會學舌總是事實。而朱詩卽抓住這一點，用來突出宮人滿懷「寂寞心事」而卻又「憂讒畏譏」（黃叔燦《唐詩箋註》語）的處境。⑧

再如杜牧〈過華清宮三絕句其一〉說：

長安迴望繡成堆，山頂千門次第開。
一騎紅塵妃子笑，無人知是荔枝來。（二一九）

開頭二句寫由長安回望華清宮（在今陝西臨潼縣驪山上）所見的繁華景象以及重重宮門次第開啓的雄偉氣勢，只看得出可能是要寫一件宮中特殊事故，卻看不出詩人對華清宮之繁華以及宮內所發生之事物有何譴責譏刺之意要發抒。後半突然標出宮門開啓是爲了迎接奉玄宗命令以驛騎由遠地傳送入宮以取悅楊貴妃的荔枝，遂頓使全詩充滿了對玄宗耗竭國力以媚婦人的駭人罪行的控訴。有了後面這兩句，則原本彷彿只表現出繁華壯觀之感的前兩句便隱然也帶上了奢靡、荒謬的暗示意味了。詩中「無人知」三字與其像張明非那樣看成宮中無人知曉此事，⑨還不如解爲宮中無人能料知係如此一件事更合全詩旨意。實際上，不只是詩中人無從料知，連讀者當也難以料知。而這正是此詩出人意表效果的主要來源。末了要附帶一提的是，驛騎傳送荔枝的事《新唐書・楊貴妃傳》和《資治通鑑》均有記載，並非詩人想像之辭。⑩然二書均說荔枝係傳送長安，並均未提及華清宮。這似乎與後人之懷疑荔枝熟時玄宗未嘗在驪山者（按：史載玄宗多在歲末幸驪山，涉春回京）有共通之處。關於這一點，清人馮集梧曾引證數例，說明玄宗與楊妃確有夏日幸臨驪山之事，可以參看。⑪另富壽蓀引南宋謝枋得《唐詩絕句注解》說：

明皇天寶間，涪州（按：今四川涪陵）貢荔枝，到長安，色香不變，貴妃乃喜。州縣以郵傳疾走稱上意，人馬僵斃，相望於道。⑫

其中「人馬僵斃，相望於道」一點不知所據爲何。如果此言屬實，則杜牧詩中的譴責與控訴就更震撼人心，確實強到劉拜山評解所說的「一『笑』字背後，有多少人間血淚」的地步了。

有些絕句其尖新警策的論斷、體悟等雖仍在後半二句，其前半卻已多少協助經營此一效果。例如，劉禹錫的〈烏衣巷〉說：

朱雀橋邊野草花，烏衣巷口夕陽斜。
舊時王謝堂前燕，飛入尋常百姓家。（一七一）

此詩所表現的主要無疑是今昔盛衰之感，而最集中、最突出表現此一感觸的自然是末尾兩句。但是，這並不妨礙首句之於寫景之餘兼有含蓄透露同一主題的作用。朱雀橋在烏衣巷附近，而烏衣巷（在今南京市，三國吳曾在此設軍營，軍士穿黑衣，故名）爲東晉南渡大族王、謝卜居之處。⑬由此，寫朱雀橋邊長滿「野草花」，實際上已多少預示了後面盛衰無常的體悟了。

這樣的詩有時候甚至發展到整首詩明白地合起來形成一個論斷或體悟等。例如，杜甫〈復愁十二首其六〉說：

胡虜何曾盛，干戈不肯休。
閭閻聽小子，談笑覓封侯。（八〇）

由〈復愁〉諸詩中某些跡象看來，此詩應於大曆元年（七六六）或二年秋日作於夔州。⑭黃鶴並認爲全組第三首中的「萬國尙戎馬（一作「防寇」）」，故園今若何」係指大曆二年吐蕃寇邠州、靈州之事而言。⑮按安史之亂在代宗廣德元年（七六三）史朝義自殺後雖然基本上算已結束，其後關東安史降將卻割據作亂，繼續成爲國家大患。我們以爲「萬國」句主要應該是指這些藩鎭作亂而言。單單擾邊的少數民族似乎還達不到使「萬國」皆「戎馬」的程度。且邠、靈的戰事也與杜甫「故園」（仇註云：「指東都舊居」）無涉。再者，全組第八首（「今日翔麟馬，先宜駕鼓車。無勞問河北，諸將角榮華」）很明顯是針對藩鎭攻伐而言的。「胡虜」一首看來也是在寫藩鎭作亂的事。詩一開始就斬截地提出了一個很警策的問題，那就是：昔年因胡虜盛而全國見干戈，現在則何嘗有強盛的胡虜，爲何天下仍然干戈不休呢？這些話雖用問句寫出，其實在很大程度上等於已經論斷：天下干戈不休是因有「胡虜」以外的人在興風作浪。末二句接續前半，以一個極富代表性的具體事象來補充強化前面的抽象論斷：連在自己所處的偏遠地區的里巷中都有年輕後生在笑談要乘亂追求封侯的事，可見全國多戰、好戰到什麼程度！這對於剛剛飽受戰亂折騰的國家和人民是多麼令人膽戰心驚的事！

像這種以具體事象強化抽象論點，全詩構成一個警策論斷的作品，在第一類絕句裏雖不算多，其藝術效果卻似乎有超越其餘作品之勢，因此值得特別注意。以下我們願再舉個例子，那就是王維的〈

息夫人〉：

莫以今時寵，能忘舊日恩。

看花滿眼淚，不共楚王言。（三五）

息夫人爲春秋時息侯夫人。楚文王興兵滅楚，虜息夫人歸。息夫人至楚，終日不語。楚王問之，對曰：「吾一婦人而事二夫，縱不能死，其又奚言？」事見《左傳》莊公十四年。⑯此詩一開始卽斬截地寫出了息夫人堅貞奇崛的心境。此一心境不僅是息夫人所有淒涼行止背後的共同背景，而且可以看做所有具有類似經歷與節操的人的共同心聲。因此，這兩句詩作爲一個論斷，概括力、感染力是極強的。後面兩句則舉出了極能展現前述抽象心境的一個具體事例，在不削弱詩中論斷的情況下，給那論斷加上了一層意在言外、不卽不離的情韻。這樣的寫法使得詩的情意由鮮明強烈陡然轉爲朦朧含蓄，而卻仍能保持完整連貫，效果極其高妙。富壽蓀依孟棨《本事詩》一段記載認爲此詩是借息夫人事譏刺玄宗兄寧王強佔餅師之婦一事。按《本事詩》說法如下：

寧王曼（按：似應作「憲」）貴盛，寵妓數十人，皆絕藝上色。宅左有賣餅者妻，纖白明媚，王一見注目，厚遺其夫取之，寵惜逾等。環歲，因問之：「汝復憶餅師否？」默然不答。王召餅師，使見之，其妻注視，雙淚垂頰，若不勝情。時王座客十餘人，皆當時文士，無不悽異。王命賦詩，王右丞維詩先成：「莫以今時寵，寧忘昔日恩。看花滿眼淚，不共楚王言。」⑰

此說早在清人趙殿成的《王右丞集箋注》裏便已引用。⑱然《本事詩》乃筆記小說一類作品，且依其

〈序〉書係成於八八六年，去王維（七〇一—七六一，或作六九八—七五九）年代已久，其說本未可深信。再者，如果我們僅從餅師婦故事的狹窄角度來看王維此詩，則詩中的普遍意義將喪失淨盡，這可能不是很理想的讀詩方式。因此，本文僅附錄《本事詩》說法於此，以供參考，並不輕率採用。

有些絕句結尾的警策論斷除了字面上尖新之外，更可從某種象徵層面上看出其激蕩人心之處。例如，李商隱的〈嫦娥〉：

雲母屛風燭影深，長河漸落曉星沉。
嫦娥應悔偷靈藥，碧海青天夜夜心。（二三四）

從嫦娥故事本身來看，嫦娥從后羿那邊偸得不死藥，飛昇直奔月宮，本應是周旋於生老病死之間的凡夫俗子所嫉羡的事。因此，詩人斷言嫦娥在親歷了月宮生活的寂寞淒淸之後，必將夜夜湧起悔恨落寞之感，這自有其出人意表之處。不過，這個論斷還可以引用於世間許多性質相類的不同處境，而皆不減其動人效果。誠如蘇軾〈水調歌頭〉（「明月幾時有」）所說的，「瓊樓玉宇，高處不勝寒。」任何在各個方面追求超凡境界的人，不論他所追求的是事功、地位、學問、人品，在遠離常人之後，都難免會有知音日渺、孤寂落寞之感。至於李商隱寫此詩時是否已着意寄寓此一引申意義，則我們似乎只能說，衡諸其生平際遇應該極有可能，但卻無從證其必然。劉拜山說此詩「總是抒孤高不遇之感，而未容確指。」沈德潛說：「士有爭先得路而自悔者，亦作如是觀。」⑲都算得上是有得之言，但卻不必咬定是義山原意。

楊巨源有一首〈城東早春〉，也是可以兼從字面層次與象徵層次看其論斷的：

詩家清景在新春，綠柳纔黃半未勻。

若待上林花如錦，出門俱是看花人。（一四五）

「上林」指上林苑，是秦漢宮苑名，故址在今西安市西。此處似用來代指京都長安。⑳此詩末二句所言不僅在賞春看花一點上有其精闢之處。若從象徵面來說，則二句可理解爲看人看事須能洞燭機先，在美好人事初興乍起之時即能加以欣賞扶持，這才難得，否則就只是庸人趕場而已了。如此解來亦甚有理趣。

還有的絕句則是從字面上看不出尖新、警策之處，必須從擴大解釋的象徵面去看才看得出來的。例如，王之渙的〈登鸛雀樓〉：

白日依山盡，黃河入海流。

欲窮千里目，更上一層樓。（一八）

從字面上來說，末二句只是說爲了窮盡望遠之目，因而更爬高了一層樓，筆力固然雄健，卻沒有什麼警策的命意。但是當讀者從一個更廣大更普遍的角度來看這兩句詩時，則應該不難像陳邦炎那樣看到它們寫出了「向上進取的精神，高瞻遠矚的胸襟，也道出了要站得高才看得遠的哲理。」㉑

有的詩則警策之處一看便知是個諷喻，字面意義無關緊要，寄寓之意才是重點。例如，李約的〈觀祈雨〉：

桑條無葉土生煙，簫管迎龍水廟前。
朱門幾處看歌舞，猶恐春陰咽管絃。（一三九）

依富壽蓀注，「水廟」即「龍王廟」；「猶恐」句「謂唯恐天陰樂器受潮，樂音暗啞。」劉拜山說：「農夫祈雨，朱門望晴，其利害相反如此。特舉管弦爲言者，乃以小見大之法，彌見譏刺之切。」這大致已能道出詩中立意所在。只是詩人所譏刺者以「其利害相反如此」言之似還不夠切當。詩人所刺根本就是富人只知驕奢淫佚，全然不知農夫之死活了。

在上面所舉的各首絕句中，警策的部份都是表現對世間現象與道理的一種體悟或論斷的。在我們所說的第一類絕句中，另有極少數作品則警策的部份並不是什麼體悟或論斷，而只是一個尖新的情境或景觀。這種類型的警策詩句極難掌握，因此本應略微多費些篇幅來探討。只是由於實例難尋，我們這裏也就只能就情境與景觀部份各舉一首詩來看看而已。先是杜牧的〈南陵道中〉：

南陵水面漫悠悠，風緊雲寒欲變秋。
正是客心孤迥處，誰家紅袖凭江樓？（二一五）

劉學鍇指出說，由詩中所敍看來，詩人係在水路旅程中。㉒這一點似乎沒有什麼疑問。依此，前兩句只是寫詩人沿江趕路，秋意漸起，是很平板的開頭。後半陡然一轉，道出行旅異鄉，客心正覺孤寂，那堪突見江邊人家紅袖凭樓，引動內心對溫馨甜美情境的無限憧憬。誠如富壽蓀所說，「紅袖」當指婦女而言。但是，究竟這「紅袖」女子引起詩人懷想的是什麼呢？這倒是值得我們討論一下的。杜牧有名詩云：「落魄江湖載酒行，楚腰纖細掌中輕。十年一覺揚州夢，贏得青樓薄倖名。」（〈遣懷〉）又有詩云：「娉娉嫋嫋十三餘，荳蔻梢頭二月初。春風十里揚州路，捲上珠簾總不如。」（〈贈別二首其一〉）一想起這些詩，我們就難免會揣測：上述的「紅袖」女子令詩人懷想起的會不會是這類青樓女子呢？㉓關於這一點，劉學鍇所指出的一個事實多少有助於我們尋得一個合理的解答。他說，〈南陵道中〉或題爲〈寄遠〉。㉔如果這個或題可信，則按唐人詩題多以「遠」指遠方妻室的情形來看，此詩應是寫給妻子的。㉕另外，就詩情而言，人在「客心孤迥」時比較可能懷念的也應該是家而不是冶遊之處。所以，詩人當是由偶見凭樓眺望之女子而懷想起與妻子的恩愛生活，或許更警覺到家中的妻子也在孤寂「憶遠」（參用劉拜山說）。

其次是杜牧的〈齊安郡中偶題二首其一〉：

兩竿落日溪橋上，半縷輕煙柳影中。
多少綠荷相倚恨，一時迴首背西風。（三三）

溪橋落日、柳影輕煙，這些無疑是平常景象。而一時西風颳起，綠荷一片盡皆隨風舉起，彷彿倚恨回首一般，則是相當別致特出的景觀。把這樣的景觀放在詩尾描敍，也自有其動人心弦、餘韻無窮的效果。

第二類絕句，也就是寫一個集中的、一片刻的富有超然意趣的絕句，在劉、富二人的選本中只有三十多首，約佔全書二十分之一。由於這類詩也往往被視爲佳作，很容易收錄於選本中，我們估計它們在整個唐代絕句中所佔的比例又要比二十分之一小很多。雖然爲數不多，這類詩卻有其値得我們特立一類來討論的地方，那就是，這類詩與第二類一樣，是絕句（尤其五言絕句）發展獨特藝術效果的最重要方向之一。由於這類詩的特色並不比第一類容易掌握、理解，以下我們也將不厭其詳地透過分析實例來加以說明。

首先來看王維的〈欒家瀨〉：

颯颯秋雨中，淺淺石溜瀉。
跳波自相濺，白鷺驚復下。（四〇）

這是王維〈輞川集〉中的一首。依此〈集〉自序，欒家瀨乃是王維輞川別業附近的風景點。㉖「瀨」是「從沙石上流過的急水」。㉗「淺淺」，音「牋牋」，水疾流貌。㉘「溜」（讀去聲）是「水流」。㉙「石溜」當即由石面急滑而下之水流。在此詩中，飄灑的秋雨、傾瀉的石溜是在時間之流中不間斷、不變化的景象。因此，它們雖然都是動景，卻有轉化成靜態背景的傾向。藉着此一背景的襯托，水中跳波相濺，白鷺驚飛復下這一充滿大自然生命之躍動的瞬間景象便像黑夜中的火花一樣，鮮明耀眼地陡然展現，然後立刻歸於寧靜。這是頗具玄妙理趣的一個意境。

其次再來看看王維的〈鹿柴〉：

空山不見人，但聞人語響。
返景入深林，復照青苔上。（三九）

鹿柴（音寨）也是輞川別業附近的風景點。詩中寫的是黃昏時分山中兩個理趣一致的瞬間情境。前兩句分從兩面寫出了第一個情境。首句說山是「空」的，「不見人」跡，劈頭就給人山中幽寂的感覺。這一感覺直貫到以寫動境爲主的第二句中：「人語」聲之「響」亮正反襯四周之幽寂。不過，第二句寫出「人語」之後，無論如何幽寂的世界裏便充滿了飛動的了生命。透過這一靜一動的相互映襯，一個空靈中有生命飛動、生命飛動不擾亂空靈的情境就鮮明地展現了出來。第二個情境由後兩句呈現，同樣是透過映襯，只是靜境、動境出現的位置與前二句有別。「返景」（返照的陽光）是具有飛動的生命的事物。長了「青苔」的「深林」則是幽寂不受擾動的世界。「返景」照入「深林」、照到「青苔」，其理趣與「人語」在空山之中響起是一致的。

王維在這一類詩上的成就可能是有唐一代詩人中最大的。除了上面的兩首詩之外，他的〈辛夷塢〉、〈竹里館〉、〈木蘭柴〉、〈萍池〉等也都是相當傑出的作品。不過，爲了讓實例有比較廣的代表性，我們就不再援引他的作品，改來看其他詩人的例子。先是杜甫的〈漫成一絕〉：

江月去人只數尺，風燈照夜欲三更。
沙頭宿鷺聯拳靜，船尾跳魚潑剌鳴。（八八）

詩寫的是三更時分舟中所歷夜景的一個片刻。其時江中月影近在舟畔，故云去人只數尺。㉚「風燈」是船檣上的掛燈。「聯拳」是彎曲貌。「潑刺」（或作「撥剌」）是跳躍聲。㉛這一個情境沒有前面王維詩中所寫的那麼空靈突出，但是卻別有一種親切的風味。此詩詩題爲「漫成」，詩中開頭又用了「江月」一語，若把這兩個字眼與杜甫生平聯繫起來看，則這首詩很可能是杜甫晚年旅行於蜀江上時寫的。㉜其時杜甫歷經喪亂、漂泊天涯，而此刻復又旅途勞頓、深夜未眠，對他而言，沙頭鷺鷥的彎身（或彎足？）靜眠與水中魚兒的隨興跳躍有何意趣呢？有人留心到這是一靜一動兩個相對的景象，而認爲杜甫所要強調的便是這動靜的對比。㉝若照此說，則杜甫彷彿是在更深夜靜時一時忘懷了一切，本着澄靜的心靈在玩賞外面兩個形成有趣對比的情境。由於此詩很短，可供引導或約束詮釋方向的線索不多，我們也不能遽然判斷說這個說法不合詩旨。不過，我們認爲，我們下面換個方向來詮釋，也許可以把詩解說得更周延。當杜甫浪跡天涯、深夜不眠時，鷺鷥的靜睡與魚的跳躍，不管它是靜是動，都是一種生物得其所的表現。這些景象也許未必是詩人一時間所見聞，但卻極可能是共同於一時間引動詩人之感觸。至於自身不得其所的杜甫，在猝然感發於物得其所的情境時，其內心所湧起的究竟是感傷、羨慕、愛悅，還是其他什麼感受，則由詩句亦難以斷定。我們只能揣想說：大概很複雜吧？

再看韓愈的〈盆池〉五首其三：

瓦沼晨朝水自清，小蟲無數不知名。

忽然分散無蹤影，惟有魚兒作隊行。（一五三）

「瓦沼」即盆池，以瓦盆蓄水當作池沼，故稱瓦沼。㉞「小蟲」或說指飼魚的所謂小紅蟲。㉟依詩中「不知名」一語看來，此說似不可信。可能只是盆中聚生的無名小蟲而已。㊱如果把「小蟲」照後面這個解釋來看的話，則此詩讀起來就不會有立卽的、必然的魚吃蟲的聯想。如此一來，詩中就不會透露出肅殺之氣。相反地，我們可以看到，盆池裏好像是一個沒有世間擾攘的自然世界，等一下小蟲成羣、悠遊自得，等一下魚兒活躍起來，於是小蟲銷聲匿跡，只剩下魚兒成隊，自在遊行，彷彿大自然有其有趣的展現法則，即在細物亦不例外。此種意趣需淡於世情者方能得之。〈盆池〉詩第一首前二句云：「老翁眞個似童兒，汲水埋盆作小池。」看來詩人之所以能領略這種意趣，是因爲他當時已多少有點返老還童的心境吧？

最後我們要看的是柳宗元的〈江雪〉：

千山鳥飛絕，萬徑人蹤滅。
孤舟蓑笠翁，獨釣寒江雪。（一八一）

劉拜山評此詩說：「就章法而言，通篇皆用暗寫，最後方逼出『雪』字點題。」的確，寫千山萬徑不見飛鳥人蹤，實從側面寫出了雪勢之大。寫老翁披蓑戴笠，也可見是有雨雪。甚至連「孤舟」、「獨釣」、「寒江」這些孤立起來看與雪更不相干的景象，放在這裏也都有映襯江雪的作用。但是，我們仔細尋思，發現此詩雖然處處寫到雪，又以「江雪」爲題，寫的卻應該說是「江雪獨釣」。「獨釣」是通篇的靈魂。劉拜山說：「此詩句句寫景，亦句句抒情，而情景渾成之中，又分明有一特立獨行之作者在。」這裏所謂「情」，應該是指詩人在寫表面雪景背後所抒發的情意。劉氏似乎認爲柳宗元有藉寫老翁以自況的意思。他的話未必盡然可信。但是他「句句寫景，亦句句抒情」的說法讓我們想起：詩中所寫景象背後還傳達了一種意趣。而一旦用心追索，我們就發現，這一意趣正是大雪「獨釣」景象所蘊含的「特立獨行」的境界。寫到這裏，我們要特別指出：「特立獨行」這個字眼可能無法貼切完滿地表達出我們的意旨。這個字眼通常是用來形容人立身行事之不同流俗的，帶有道德判斷的意味。而老翁之雪中獨釣雖可從立身行事的角度解釋爲他在嚴峻的環境中堅忍獨立，卻顯然沒有必要一定如此解釋。比如說，若解釋爲老翁獨自在領略凡人無緣的奇趣，又有何不可？我們之所以從劉拜山那裏衍用了這個字眼，是因爲找不到更恰當的字。希望讀者在看了上面的簡短說明後，能自然不受這個字眼的道德判斷意味所束縛。

看過以上五個例子，讀者對我們所謂第二類型的絕句相信已有相當的了解。以下我們就來討論第三類，也就是樂府民歌一類。這類詩可再細分爲兩個分枝。有一些詩題目是樂府詩題，題材也是樂府詩的題材，但是語言、感情都相當文人化，並沒有什麼民間作品的特色：這是第一個分枝。有些詩則不管題目是否指明爲民歌，都具有頗濃的民歌氣息：這是第二個分枝。這兩個分枝的特徵都明白易曉，不需多做說明。以下我們各舉一些例子。先看第一個分枝的例。

崔國輔〈魏宮詞〉：

朝日照紅妝，擬上銅雀臺。
畫眉猶未了，魏帝使人催。(二〇)

王昌齡〈長信秋詞〉：

金井梧桐秋葉黃，珠簾不卷夜來霜。

熏籠玉枕無顏色，臥聽南宮清漏長。（二九）

韓翃〈羽林少年行〉：

千點斑斕玉勒驄，青絲結尾繡纏鬃。

鳴鞭曉出章臺路，葉葉春衣楊柳風。（一一七）

張籍〈涼州詞〉：

邊城暮雨雁飛低，蘆笋初生漸欲齊。

無數鈴聲遙過磧，應馱白練到安西。（二五九）

此首末二句謂當時邊城駝鈴無數，竟是在輸貢帛練，或說是在馱運吐蕃掠奪之帛練，前往安西（時爲吐蕃所據），不得不令人浩嘆唐之衰微。㊲語極警動。前文曾提過，樂府類絕句也常有警策論斷或體悟。這首詩是個好例子。

其次我們來看幾首具有民歌氣息的絕句。

王昌齡〈采蓮曲〉：

荷葉羅裙一色裁，芙蓉向臉兩邊開。

亂入池中看不見，聞歌始覺有人來。（二七）

王維〈雜詩三首其一〉：

家住孟津河，門對孟津口。

常有江南船，寄書家中否？（三六）

崔顥〈長干曲〉：

君家住何處？妾住在橫塘。

停舟暫借問，或恐是同鄉。（六八）

儲光羲〈江南曲〉：

日暮長江裏，相邀歸渡頭。

落花如有意，來去逐船流。（六九）

劉禹錫〈竹枝詞二首其一〉：

楊柳青青江水平，聞郎江上唱歌聲。

東邊日出西邊雨，道是無晴却有晴。（一六九）

以上兩枝樂府民歌類絕句在劉、富的選本中都各有八、九十首之多，合計大概佔全數四分之一多一點。

最後我們來談只是四句、別無顯著特色的絕句。這種詩在劉、富選本中有一百二十餘首。誠然，這種詩眞正寫得好的絕對可與第一、二類詩佳作互相匹敵。例如李白的〈黃鶴樓送孟浩然之廣陵〉（「故人西辭黃鶴樓，煙花三月下揚州。孤帆遠影碧空盡，惟見長江天際流。」（五四））和杜甫的〈江畔獨步尋花七絕句〉（錄一首：「黃四娘家花滿蹊，千朵萬朵壓枝低。留連戲蝶時時舞，自在嬌鶯恰恰啼。」（一八四）就都算是這種詩，而也都是有口皆碑的佳構。不過，一般說來，這種詩和普通的第三類詩（指沒有警策論斷或體悟的作品）一樣，確實比較不像第一、二類詩那樣容易有突出的效果。而更有進者，很多草率的應景絕句都是屬於這一類的。因此，這類詩收入選本的比例相信一定偏低。而且，單就劉、富的本子而言，這類詩入選的作品也往往不似第一、二類詩那般出色。交代了這點之後，我們要再舉幾個這類詩的例子，以便讀者持與第一、二類詩作比較。

駱賓王〈在軍登城樓〉：

城上風威冷，江中水氣寒，
戎衣何日定？歌舞入長安。（三）

李嶠〈中秋月〉：

盈缺青冥外，東風萬古吹。
何人種丹桂，不長出輪枝？（三）

王昌齡〈送魏二〉：

醉別江樓橘柚香，江風引雨入舟涼。
憶君遙在瀟湘月，愁聽清猿夢裏長。（三三）

杜甫〈贈李白〉：

秋來相顧尚飄蓬，未就丹砂愧葛洪。

痛飲狂歌空度日，飛揚跋扈為誰雄？（八二）

韋應物〈寒食寄京師諸弟〉：

雨中禁火空齋冷，江上流鶯獨坐聽。

把酒看花想諸弟，杜陵寒食草青青。（一二九）

若從文學史的角度來看，則以上這四類詩乃是六朝後期以來詩人建立、運用絕句這一體式過程中的幾個不同方面的重大發展。這一點我們限於篇幅，只好另文討論了。

【附　註】

① 見武秀珍、閻莉等編《萬首唐人絕句索引》（北京：書目文獻出版社，一九八四），〈內容提要〉和頁Ⅱ。

② 香港：中華書局，一九八〇；選詩數見其〈弁言〉，頁二。

③ 北京：人民文學出版社，一九八一；選詩數見其〈出版說明〉。

④ 北京：北京出版社，一九八七；選詩數見其〈小引〉，頁三。

⑤ 此數目表示引詩在劉、富選本中的頁碼，以下皆準此。

⑥ 見富壽蓀注。劉、富選本中的評解是劉拜山寫的，注釋與集評則是富氏寫的。見其〈弁言〉，頁三。

⑦ 王涯、王建詩句分見《全唐詩》（北京：中華書局，一九六〇新排本），三四六／三八七八、三〇二／三四四四。

⑧ 黃語轉引自富壽蓀注。黃書我未見。

⑨見蕭滌非等著，《唐詩鑒賞辭典》（上海：上海辭書出版社，一九八三），頁一〇六四。

⑩見《新唐書》（北京：中華書局，一九七五點校本）七六／三四九四及《通鑑》（北京：古籍出版社，一九五六點校本）二一五／六八七二。

⑪懷疑者之語及馮氏反駁論證均見馮著《樊川詩集注》（臺北：漢京文化公司，一九八三影新排本）二／一三八——三九。

⑫依富氏注釋引。謝書我未見。

⑬關於朱雀橋與烏衣巷之位置與歷史事迹，見劉永濟，《唐人絕句精華》，頁一四二以及富壽蓀注。

⑭〈復愁〉（見仇兆鰲，《杜少陵集詳註》（香港：中華書局，一九七四），二〇／五六——五八）第十首云：「江上亦秋色，火雲終不移。巫山猶錦樹，南國且黃鸝。」第十一首云：「每恨陶彭澤，無錢對菊花，如今九日至，自覺酒須賒。」據此可推定此組詩係於某一秋季作於巫山附近的長江邊。配合杜甫生平來看，則應即作於出名的夔州時期（大曆元年夏至三年初，見 William Hung, *Tu Fu: China's Greatest Poet* (New York: Russell and Russell. 1969; first Published by Harvard Univ. Press, 1952), pp. 222, 243）中的某個秋天。

⑮說見仇兆鰲《詳註》引。吐蕃寇邊事見《新唐書》六／一七三。《通鑑》二二四／七一九七只記寇靈州一點。

⑯見楊伯峻，《春秋左傳注》（臺北：源流公司，一九八二影本），頁一九八——九九。

⑰見該書〈情感第一〉，丁福保《歷代詩話續編》（臺北：木鐸出版社，一九八一影新排本），頁五。

⑱臺北：河洛圖書公司，一九七五年影本，一三／二五二。

⑲《唐詩別裁》（臺北：商務印書館，一九七八《人人文庫》本），第四部份，頁一四〇。

⑳見《唐詩鑒賞辭典》，頁七三八，王思宇說，以及一九七九年版《辭海》，〈上林苑〉條。

㉑陳氏語見《唐詩鑒賞辭典》，頁七三。

㉒見《唐詩鑒賞辭典》，頁一〇九五。

㉓「春風十里」指揚州倡樓歌館所在之地。富壽蓀有說，可參看。

㉔見註㉒及馮集梧《樊川詩集注》，頁三六三。

㉕詩題中以「遠」指遠方妻子的例可由詩句明確肯定的有李白〈代贈遠〉（或作〈寄遠〉；詩見王琦注本《李太白全集》（北京：中華書局，一九七七；以下簡稱《王本》）二五／一一七六）、李商隱〈念遠〉（見馮浩《玉谿生詩集箋注》（臺北：里仁書局，一九八一影新排本）二／二九一）、和杜牧本人的〈代人寄遠〉（見《樊川詩集注》四／二九九）。

㉖見趙殿成《王右丞集箋注》，一三／二四一，二四七。

㉗見一九七九年版《辭海》，〈瀨〉字條。

㉘見洪興祖《楚辭補註》（臺北：漢京公司，一九八三影新排本）二／六二〈九歌・湘君〉「石瀨兮淺淺」句下王逸注及洪氏補注。洪氏所引《文選》注係李善注。

㉙見一九七九年版《辭海》，〈溜〉字條。

㉚用仇兆鰲（《杜少陵集詳註》一五／一〇一）及富壽蓀說。周嘯天（《唐詩鑒賞辭典》，頁五九〇）說法大致相同。鄧魁英、聶石樵《杜甫選集》（上海：上海古籍出版社，一九八三），頁二六〇，解為「以月行喻

夜景推移」，並引梁朝劉瑗（當作「緩」）〈在縣中庭看月〉的「月光移數尺，方知夜已深」爲佐證。然若依此說，則杜詩既說夜已三更，就不應說月亮去人（「移」）「只」數尺，而應該說「已」數尺。故此說今不取。

㉛ 除「聯拳」外，見仇兆鰲注（上註已提及）。「聯拳」仇注云：「群聚貌」。宋夢弼《草堂詩箋》（臺北：廣文書局，一九七一影鍾仕良、何獻墀助刋本）二五／六二七注云：「聯拳，曲貌。謝莊〈翫月詩〉：『水鷺足聯拳。』」（所引謝詩不見於逯欽立《先秦漢魏晉南北朝詩》（臺北：木鐸出版社，一九八三影本）。）「曲貌」可兼通於杜、謝二人詩句；「群聚貌」則不可用以解釋謝詩。因此，我們認爲《草堂詩箋》這條注可能比較合適。

㉜ 此詩仇兆鰲《杜集詳註》一五／一〇一引〔黃〕鶴注說是杜甫由雲安下夔州時作。此年依 William Hung *Tu Fu*, p. 222 也就是大曆元年（七六六年）杜甫五十五歲時。鄧魁英、聶石樵，《杜甫選集》，頁二六〇和富壽蓀都從此說。然由詩作本身看，如此確切繫年似嫌牽強。我們先只能從「江月」一語推斷詩應作於南方以「江」稱呼河流的地方。其次，我們查知杜甫生平只有早年遊東南沿海（見 Hung, p.23）和晚年入蜀以後居住在南方。再者，杜甫有詩云：「老去詩篇渾漫與」（〈江上值水如海勢，聊短述〉）他的幾首以「漫興」、「漫成」名篇的詩（〈絕句漫興九首〉、〈漫成二首〉）又都可由詩句看出係作於晚年居蜀時。由此，我們可以推想本詩係杜甫晚年旅行於蜀江上時所作。

㉝ 此周嘯天說，見《唐詩鑒賞辭典》，頁五九一。李長路《全唐絕句選釋》，上册，頁二五三有類似看法。

㉞ 義見陳邇冬《韓愈詩選》（北京：人民文學出版社，一九八四），頁一一三。

㉟ 錢仲聯《韓昌黎詩繫年集釋》（收於臺北：河洛出版社，一九七五纂集鉛印本《韓昌黎集》中）九／四一六引汪佑南《山涇草堂詩話》說。陳邇冬（見上註）從之。

㊱ 止水《韓愈詩選》（香港：三聯書店，一九八〇）頁一六二已有類似說法。

㊲ 前者爲劉拜山說。後者見余冠英等《唐詩選》（臺北：華正書局，一九八三重排本），頁四八九。二說都言之成理，但我們尚未能在史籍中找到積極佐證。

試論敦煌寫本P三九一〇對考察「張騫乘槎」故事之價値

鄭阿財

壹、序言

敦煌石室遺書的發現，不僅爲中國文化史上的大事，也是近世學術史之盛事。自發現以來，由於海內外學者的努力，或從事寫卷的保存整理，或依各人學養專長考索鑽研。一時名家輩出，著述增華，遂使「敦煌學」一詞風行天下而號稱顯學。

敦煌學的研究對象，主要爲敦煌石窟藝術與敦煌寫本文書。敦煌學原本非如其他學科之有系統，特別是敦煌文書，其主要乃在於提供研究中國中古歷史、文化、社會、宗教、文學……等學者大量極爲珍貴的嶄新資料。由於這些資料卷帙繁多，粗略估計，總數逾四萬號；時代自四世紀末到十一世紀初，綿亙長達六百餘年；資料豐富，包羅萬象，舉凡釋門三藏、道流寶笈、儒家經典、諸子、史書、地志、圖經、文集、類書、詩詞、變文、歌讚、公私賬簿、地契、戶籍……等等，內典外書兼存，公私雅俗並蓄。無論長卷、整册，或斷片、殘卷，甚至隻言、片語，其於學術研究上，往往有意想不到之價值。例如：伯希和所得P三九一〇寫本中有三十行，五十九句《新合孝經皇帝感》，其內容卽保存了許多寶貴的民間故事，特別是有關「張騫乘槎」的故事，將張騫與西王母、牛郎織女等傳說故事雜糅聚合一起，成爲一旣新奇又富想像力的通俗文學作品。審其內容，顯然彙集了六朝以來民間舊有的故事傳說，幾經整合而成。其故事之豐富，情節之曲折，充分表現出民間文學敷衍附會，踵事增華的本色。本文旨在根據P三九一〇號寫本所保存之民間故事以論述其於考察察有關「張騫乘槎」故事的發展與演變上之價值，藉以說明敦煌文獻資料可貴之一斑。有關「張騫乘槎」故事本身之淵源流別，及其對後世文學之影響，拙著〈敦煌文獻中張騫乘槎故事之探討〉①，及陶喩之〈張騫乘槎故事源流考〉②等文中，已有探討，茲不贅述。至於有關西王母、嚴君平、支機石、東方朔、魯班……等傳說，將另文探討。

貳、P三九一〇寫本所保存的民間故事

一、寫本概述

P三九一〇號寫本，今庋藏於法國國家圖書館。係册子本，凡一十九葉。有四界、絲欄。每半葉七或八行，行十一至十七字不等。封面加襯《百行章》殘卷，全册分抄五部：首題有「已卯年正月十八日陰奴兒□册子」，第一部分抄有「《茶酒論》一卷幷序」，首尾完整。計六十九行，首題「《茶

酒論》一卷并序鄉貢進士王敷撰」，尾題「《茶酒論》一卷」。次爲「《新合千文皇帝感辭》」，首尾俱完，凡十八行，行二句，十四字。首題《新合千文皇帝感辭》壹拾壹首」，尾題「《新合千文》一卷」。三爲「《新合孝經皇帝感辭》一十一首」（首題），首尾俱全，計三十行，五十九句。前十九句與S五七八〇號卷子「《新合千文皇帝感辭》」多同。四爲「《新合孝經》一卷」（五言）。五爲「《秦婦吟》」，首尾俱完。有尾題作：「癸未年二月六日淨土寺趙員住左手書」。

在P三九一〇號寫本抄寫的第三部分「新合孝經皇帝感辭」，其於檃括《孝經》之後，抄有一歌詠張騫尋河，遇西王母，見牛郎織女等故事的歌曲，其內容頗富民間文學特色，以今所知，似爲僅見於敦煌石室遺書中。又根據《列寧格勒亞洲民族研究所藏敦煌寫本漢文文獻目錄》著錄，其第二八五五號，編號Ⅱ×－二三〇一卷子，其內容亦爲詠張騫西王母傳說的殘卷，當是P三九一〇之異抄③。惜原卷庋藏於蘇聯而未能寓目，無法持以校訂。

二、寫本校錄

民國六十五年陳祚龍〈敦煌古抄中世詩歌一續〉曾輯錄此歌曲，而題作「張騫壹西歌」④。近年任半塘《敦煌歌辭總編》一書，卷三「雜曲、普通聯章」中，「失調名」下收錄P三九一〇此歌曲，則作「聽唱張騫一新歌」九首⑤。玆據P三九一〇校訂迻錄如下：

上說明王行孝道，下論庶俗事先宗；儒教之中是第一，孝感天地鬼神通。

乾坤兩卦順陰陽，星辰日月耀三光；萬姓之中有一主，臣忠子孝在天王。
九經浩瀚論今古，書契文字發殷湯；孔子曾参說五孝，義出開宗第一章。
孝經宗祖仲尼居，孔子講說及諸徒；都邑總有三千數，達者唯有七十餘。
愛親行孝好順從，他親共己亦須同；而德教加於百姓，刑於四海悉皆通。

聽唱張騫壹曲歌⑥：

張騫本自欲登山，⑦　漢帝使遣上升天；⑧
今朝得遇西王母，　駕鶴乘龍上紫煙。
王母壹見甚玲瓏，　花林玉樹競開紅；
比聞仙桃難可見，　不期今日得相逢。
張騫尋河值朦朧，　正見藥樹在月中；
鷄鳴三聲在日裏，　狗吠三聲□虛空。⑨
閻浮太子專精進，⑩　欲往西園訪花林；
喚取魯班刻車輦，⑪　喚取嵇康來撫琴。⑫
張騫尋河甚遲遲，　正見織女在羅機；
五百交梭壹時動，　五百鑽頭並相隨。
玉女恒在寶臺坐，　常共牽牛七月期；

七月六日蹔相見，　　七月七日卽分離。
張騫尋河方消遙，　　正見織女摘仙桃；
共一牽牛為夫婦，　　狀似遠道苦征遼。
水深千丈而難度，　　交兒何處覓船艘；
織女啼哭莫抱槽，　　誰能為女造浮橋。
寄語填河烏鵲鳥，　　年年不為早恨嗥。⑬

三、其他有關「張騫乘槎」的敦煌文獻

《新合孝經皇帝感辭》⑭爲七言唱辭，開頭一段，自「上說明王行孝道」，至「刑於四海悉皆通」，計二十句。文字與P三一六六號《新合孝經皇帝感詞一十一首》，及S五七八〇號《新合千文皇帝感辭》多同，其作用猶如俗講經文中的押座文。其在「刑於四海悉皆通」句下，冠上「聽唱張騫壹曲歌」，性質正如押座文中末句之「×××唱將來」一樣。其下接唱正文故事，則爲膾炙人口之民間故事「張騫乘槎」的傳說。

在敦煌石室遺書中，除了P三九一〇的這段資料外，在變文〈前漢劉家太子傳〉中，也保存有一段與此相關的傳說故事，其文爲：

《史記》曰：漢武帝使大夫張騫計齎衣糧尋盟津河上源，西王母〔聞此〕莫然笑曰：「盟津河

在崑崙山腹壁出，其山擧高三阡三百六十萬里，縱雖卿一生如去，猶不能至。卿可還國，與卿支幾之石，報卿君命。」張騫用其言，將石還國，具與西王母言奏帝。〔帝〕得此石，在於殿前，慕（募）及國內，誰能識之？東方朔識之：「此是西王母支幾玉石，因何至此？」帝乃大悅龍顏，封張騫為定遠侯。⑮

此外，在敦煌通俗讀物《古賢集》中，亦有歌詠讚嘆張騫尋河與乘槎故事的文字，如：

張騫奉使尋河路；王母乘龍載寶花。……誰見牽牛別織女；唯聞海客鎮乘查。⑯

《劉家太子傳》的記述，則將「張騫奉使尋河」與「西王母」、「支機石」等故事傳說雜糅一起，而《古賢集》除了「張騫尋河源」與「西王母」外，也聚合了「海客乘槎」與「牽牛織女」等故事。

參、「張騫乘槎」故事之淵源與發展

一、「海客乘槎」之傳說

張騫乘槎浮海至天河，得見牛郎織女的神話故事，早在民間流傳多時，只是開始的傳說，對於浮海乘槎者，並無指名道姓，更無直指爲「張騫」者。關於此傳說之內容，最早則見於晉、張華（二三二—三〇〇）《博物志》，而故事之基本情節與架構也建立於此一記述中。《博物志》「雜說」下：

舊說云天河與海通。近世有人居海渚者，年年八月有浮槎去來，不失期，人有奇志，立飛閣於

> 查上，多齎糧，乘槎而去。十餘日中猶觀星月日辰，自後茫茫忽忽亦不覺晝夜。去十餘日，奄至一處，有城郭狀，屋舍甚嚴。遙望宮中多織婦，見一丈夫牽牛渚次飲之。牽牛人乃驚問曰：「何由至此？」此人具說來意，並問此是何處，答曰：「君還至蜀郡訪嚴君平則知之。」竟不上岸，因還如期。後至蜀，問君平，曰：「某年月日有客星犯牽牛宿。」計年月，正是此人到天河時也。⑰

《博物志》此則紀錄，係記敍一乘槎浮海而至天河者，後回家，至蜀郡訪嚴君平，方知自己到了天河，且見到牛郎織女。此一乘槎者是誰，並沒指名，而《博物志》中還強調此係「舊說」，足見此爲一古老的民間傳說。張華只是將口頭傳說加以記錄而已。在晉、王嘉（？—三九〇左右）《拾遺記》卷一「唐堯」下，也有「貫月查」的乘槎故事，《拾遺記》云：

> 堯登位三十年，有巨查浮於西海，查上有光，夜明晝滅。海人忘其光，乍大乍小，若星月之出入矣。查常浮繞四海，十二年一周天，周而復始，名曰貫月查，亦謂挂星查。羽人棲息其上，群仙含霧以漱，日月之光則冥矣。虞、夏之季，不復記其出沒。⑱

可見乘槎浮海，訪星，貫日月等，均爲古代民間解釋天文自然現象所產生之神話故事。至於變文《前漢劉家太子傳》中所提及之西王母給張騫支機石，以報君命，西王母支機玉石爲東方朔所識。這些情節則見於宋、李昉（九二五—九九六）《太平御覽》一書所引南朝宋、臨川王劉義慶（四〇三—四四四）之《集林》中。《集林》曰：

昔有一人尋河源，見婦人浣紗，以問之，曰：此天河也，乃與一石而歸，問嚴君平，云：此織女支機石也。⑲

《集林》此則記述，亦無指名道姓的說尋河源者爲誰，且給支機石者，乃一浣紗婦人，並非變文〈前漢劉家太子傳〉中所說之西王母。此外，識支機石者亦非東方朔，而是嚴君平。

二、從「海客乘槎」發展到「張騫乘槎」

在《太平御覽》中，另有與此相似之記載，只是引書不作《集林》，而作梁、宗懍（約五〇〇—五六三）《荊楚歲時記》，其內容作：

《荊楚歲時記》曰：「張騫尋河源，得一石，示東方朔，朔曰：『此石是天上織女支機石，何至於此？』」⑳

此後宋、吳淑（九四七—一〇〇二）《事類賦注》卷之七地部二「石」類，「或以支大漢之機」下注引《荊楚歲時記》曰：

張騫尋河源，得一石示東方朔，朔曰：「此是天上織女支機石。」㉑

此三則記述，文字略有異同，然內容情節則大致無殊，唯將「昔有一人」改爲「張騫」；「問嚴君平」變成「示東方朔」而已。

南宋、陳元靚《歲時廣記》卷二七「七夕中」，除「乘浮槎」條引張華《博物志》文外，「得機石」條下引《荆楚歲時記》則作：

漢武帝令張騫使大夏，尋河源，乘槎經月而去至一處，見城郭如官府，室內有一女織。又見一丈夫牽牛飲河。騫問曰：「此是何處？」答曰：「可問嚴君平。」織女取榰機石與騫而還。後至蜀問君平，君平曰：「某年月日客星犯牛女。」所得榰機石為東方朔所識。㉒

又元、王瑩《群書類編故事》卷一「天文類」，「乘槎犯牛斗」條下，除引張華《博物志》一則外，亦引《荆楚歲時記》，其文作：

漢武帝令張騫使大夏，尋河源，乘槎經月，而至一處，見城郭如官府，內有一織女。又見一丈夫牽牛飲河。問曰：「此是何處？」答曰：「可問嚴君平。」㉓

又明、陳耀文編的《天中記》一書，在「榰機石」條下，亦引有《荆楚歲時記》與《集林》。其引用之《集林》與《太平御覽》所引用之《集林》完全相同；所引《荆楚歲時記》則與《歲時廣記》所引相同。《歲時廣記》、《天中記》所引之內容與《太平御覽》所引不同，而同於《群書類編故事》所引，且較爲詳細而完整。《天中記》作：

漢武帝令張騫使大夏，尋河源，乘槎經月，而至一處，見城郭如州府，室內有一女織。又見一丈夫牽牛飲河。騫問曰：「此是何處？」答曰：「可問嚴君平。」織女取榰機石與騫而還。後至蜀問君平，君平曰：「某年某月客星犯牛女。」榰機為東方朔所識。㉔

《歲時廣記》、《群書類編故事》與《天中記》之記述，就內容與情節而言，與《博物志》中『

舊說云天河與海通』的記述大致相同，只是《博物志》的『此人』，與《歲時廣記》、《群書類編故事》與《天中記》已改成『使大夏，尋河源』的張騫。此外，《歲時廣記》、《天中記》又加上《集林》所載的『織女支機石』，並將『問嚴君平』與『爲東方朔所識』的情節加以整合貫串。如此，不但使整個傳說故事更爲完整，同時更使傳說中乘槎尋河窮源見牛郎織女的主角，由不知名者，搖身一變而成爲衆所皆知漢代出使西域的博望侯張騫。

肆、據P三九一〇看「張騫乘槎」故事始於宗懍《荊楚歲時記》傅會之說法

《荊楚歲時記》一書，爲梁、宗懍所撰。此書《隋志》不載，唐、宋以來各家史志著錄卷帙不一，或作一卷，或作十卷，或作六卷，或作四卷。當是各據所見加以著錄。原著後世不傳，今之傳本主要爲《寶顏堂秘笈》及《廣漢魏叢書》的本子，而均爲明代學者自類書中輯錄，含隋、杜公瞻之注文。細覈今本《荊楚歲時記》，其中並無上舉《太平御覽》、《歲時廣記》、《群書類編故事》、《天中記》……等宋、元、明書籍所引之內容記述。今本《荊楚歲時記》之記述全文如下：

> 七月七日為牽牛織女聚會之夜。晏：戴德夏小正云：「是月織女東向，蓋言星也。春秋斗運樞云：「牽牛，神名。略石氏」星經云：「牽牛名天關」。佐助期云：「織女，神名收陰。」史記天官書云：「是天帝外孫。」傅玄擬天問云：「七月七日牽牛織女會天河。」此則其事也。
>
> 舊說天河與海通，近世有人居海渚者，每年八月有浮槎去來不失期。人有奇志，立飛閣於槎

上，多齎糧，乘槎而去，十餘月至一處，有城郭屋舍甚嚴，遙望宮中有織婦，見一丈夫牽牛渚次飲之。牽牛人乃驚問曰：「何由至此？」此人為說來意，幷問：「此是何處？」答曰：「君還，至蜀都訪嚴君平則知之宿。」道不上岸，因還如期。後還蜀問君平，君平曰：「某年某月有客星犯牽牛宿。」計年月，正此人到天河時也。「牽牛星，荊州呼為河鼓，主關梁；織女則主瓜。嘗見道書云：「牽牛也，娶織女，借天帝二萬錢下禮，久不還，被驅在營室中。」河鼓、黃姑，牽牛也，皆語之轉。㉕

今本與《博物志》「舊說云」所述全同，亦無張騫尋河的記述。而南宋、陳元靚《歲時廣記》「得機石」條於引《荊楚歲時記》後，卽有按語云：

按騫本傳及大宛傳，騫以郎應募，使月氏，為匈奴所留，十餘歲得還。騫身所至者，大宛、大月氏、大夏、康居，而傳聞其旁，大國五六。為天子言其地形所有，並無乘槎至天河之謂。而宗懍乃傳會，以為武帝張騫之事，又益以搘機石之說。㉖

除以史實否定張騫乘槎尋河之說外，卻以爲「張騫乘槎」之說乃宗懍所傅會。又元、王瑩《羣書類編故事》於引《荊楚歲時記》後亦有按語云：

按：張華《博物志》卽無張騫之名，而〈張騫傳〉又無乘槎之說，宗懍作《荊楚歲時紀》，未知何所據而云？㉗

事實上，將此故事傳說的主角明指爲「張騫」，說係始自梁、宗懍附會的說法，實在頗有疑問。

張騫乘槎尋河窮源的傳說，無疑是由虛構的民間傳說所傳會而成的，而遇西王母、見牛郎織女、取支機石、訪蜀郡嚴君平、石爲東方朔所識，更是雜揉聚合了極富神仙氣味的神話而成，雖唐代以來詩人習聞其說，紛紛據以入詩，然唐、宋以來學者亦頗有指斥其說而加以辯說批評的，如：唐、趙璘（約八四四前後在世）《因話錄》即說：

《漢書》載張騫窮河源，言其奉使之遠，實無天河之說。惟張茂先《博物志》，說近世有人居海上，每年八月，見海槎來不違時。齎一年糧，乘之到天河，見婦人織，丈夫飲牛。遣問嚴君平，云：某年某月某日，客星犯牛斗，即此人也。後人相傳云：得織女支機石，持以問君平。都是憑虛之說。今成都嚴真觀有一石，俗呼為支機石，皆目云：當時君平留之。寶歷中，余下第還家。於京洛途中，逢官差遞夫舁張騫槎。先在東都禁中，今准詔索有司取進，不知是何物也。前輩詩往往有用張騫槎者，相襲謬誤矣。縱出雜書，亦不足據。㉘

《因話錄》直據《漢書》以斥無天河之說，復舉《博物志》說乘槎者非張騫。而世有張騫槎者，蓋謬說相襲縱出雜書，亦不足據。其文中不引《荆楚歲時記》以爲論說。而宋、胡仔《苕溪漁隱叢話》則有：

苕溪漁隱曰：『《緗素雜記》、《學林新編》，二家辨證乘槎事，大同小異，余今采摭其有理者，共為一說。案張茂先《博物志》曰：「舊說天河與海通。……（與今本博物志全同故略）正是此人到天河時也。」所載止此而已。而《荆楚歲時記》直曰：「張華《博物志》云：漢武帝令張騫窮河源，乘槎經月而去，至一處，見城郭如官府，室內有一女織，又見一丈夫牽牛飲河，騫問云：此是何處，答曰：可問嚴君平。織女取楮機石與騫而還。後至蜀問君平，君平曰某年月日客星犯牛斗。所得楮機石，為東方朔所識，並其證焉。」案騫本傳及〈大宛傳〉，騫以郎應募使月氏，為匈奴所留，十餘歲得還，騫身所至者大宛、大月氏、大夏、康居，而傳聞其旁大國五六，具為天子言其地形所有，並無乘槎至天河之說。而宗懍乃傅會以為武帝、張騫之事，又益以楮機石之說，何邪？子美〈夔府詠懷詩〉曰：「途中非阮籍，槎上似張騫。」又〈秋興詩〉曰：「奉使虛隨八月槎。」如此類，前賢多用之，恐非實事。』㉙

又宋、周密（一二三二—一二八九）《癸辛雜識》亦云：

乘槎之事，自唐諸詩人以來皆以為張騫。雖老杜用事不苟，亦不免有「乘槎消息近，無處覓張騫。」之句。按騫本傳止曰漢使窮河源而已。張華《博物志》云：舊說天河與海通，有人齎糧乘槎而去。十餘月至一處，有織女及丈夫飲牛於渚。因問此是何處，答曰：君還至蜀，問嚴君平則知之。還問君平曰：某年月日有客星犯牽牛宿」。然亦未嘗指為張騫也。及梁宗懍作《荊楚歲時記》，乃言武帝使張騫使大夏，尋河源，乘槎見所謂織女牽牛。不知懍何所據。㉚

胡仔及周富不但以爲張騫無乘槎至天河之說，並進一步認爲「武帝使張騫使大夏，尋河源，乘槎見所謂織女牽牛。」的說法，宋、元、明之辨者如：陳元靚、胡仔、周密、王瑩等，均疑張騫乘槎之說，然咸以此說係出自梁、宗懍《荊楚歲時記》之傅會，而不知宗懍何據。

在胡仔《苕溪漁隱叢話》所引的《荊楚歲時記》中，其開頭卻作「張華《博物志》云：漢武帝令張騫窮河源……」，似乎指宗懍的傅會是根據《博物志》，而傅會者當是張華。事實上此段記述內容與《天中記》所載全同，而《天中記》所引《荊楚歲時記》，並無「張華《博物志》云」等六字，且《苕溪漁隱叢話》所引的內容亦不見於今本《博物志》。就今日所見的資料詳加研究，我們發現指爲宗懍所傅會的說法，竟然全出現在宋以後的載籍中，如：《太平御覽》、《歲時廣記》、《事類賦注》、《苕溪漁隱叢話》、《癸辛雜識》、《羣書類編故事》、《天中記》等，而唐及唐以前的載籍中，卻無一提及是始自梁、宗懍《荊楚歲時記》的。

P三九一〇寫本開頭有「己卯年正月十八日陰奴兒□冊子」，按：英國不列顛圖書館藏編號S五四四一冊子本，亦有「太平興國三年戊寅歲二月二十五日陰奴兒記」、「戊寅年二月十□日陰奴兒寫文字一卷自手書記耳」、「太平興國三年戊寅四月十日氾孔目學仕郎陰奴兒自手寫季布一卷」的題記詳審P三九一〇與〇五四四一二冊子本，抄寫字跡相同，當係出自一人所抄，而抄者正是同一「陰奴兒」。則其抄寫年代「己卯年」當是宋太宗太平興國四年，西元九七九年。

又任半塘《敦煌歌辭總編》依據龍晦〈唐代西北方音與敦煌文獻研究〉一文之例，將P三九一〇號寫本之祖本書寫時代推至九世紀初，公元八三六年。㉛

又宋、葛長庚（約一一六三前後在世）〈瑤臺月〉詞中有：

煙霄凝碧。問紫府清都，今夕何夕。桐陰下，幽情遠，與秋無極。念陳虎殿蚪宮，記往事，龍簫鳳笛。露華冷，蟾光白。雲影淨，天籟息。知得。是蓬萊不遠，身無羽翼。廣寒宮，舞徹霓裳，白玉臺，歌罷瑤席。爭不思下界有人岑寂。羨博望，兩泛仙槎；與曼倩，三偷蟠實。把丹鼎，暗融液。乘雲氣，醉揮斥。嗟惜。但城南老樹，人誰我識。㉜

其中「羨博望，兩泛仙槎；與曼倩，三偷蟠實。」亦與敦煌文獻同樣涉及張騫與東方朔。其實張騫乘槎窮源的傳說，不僅廣爲中土人士所喜聞樂道，甚至還遠播東瀛，流傳扶桑。在日本平安朝末期（相當宋仁宗時，約在一一二〇以後）所編之《今昔物語》一書，其震旦部卽有「漢武帝以張騫令見天河水上語第四」（漢武帝令張騫尋天河水源故事），內容與《博物志》相同，而開頭則有《羣書類編故事》、《天中記》所引《荆楚歲時記》的：「漢武帝令張騫使大夏，尋河源」等記述，其文作：

今日言之，乃古昔之事也。漢武帝時，有張騫者。天皇召之，命尋天河水。張騫奉旨乘槎行河上，遠至一所，不識其地，見不似常人者，多立機織布，亦有不識之翁騫牛而立。張騫問曰：「此何地也？」答曰：「此天河也。」復問：「君何人也？」答曰：「我乃織女、牽牛也。君亦何人？」騫曰：「吾乃張騫也。奉天皇命，尋天河水至此也。」衆人言於張騫：「此天河水今返！」張騫乃返。於是張騫回報天皇：「既尋天河之水，至一處，織女立機而織，牛郎星告曰：此天河也。旣返，吾所見者不似常人。」張騫未返之時，天文博士七月七日上朝，奏於天皇：「今日天河岸有不識之星出。」天皇聞而異之。張騫返聞其言，思天聞博士之所言，不識之星乃張騫之行現也；實尋得其地，乃信之㉝

荊楚歲時記》一書之卷帙、著錄、傳本頗有問題，前已論及。綜合上列敦煌文獻中有關張騫乘槎之故事及唐、宋、元、明等各代之載籍資料而論，疑乘槎浮海窮源之傳說，當是因於民間久爲流傳後，而逐漸有所穿鑿，以致有傅會張騫者。此傳說流傳至唐，更爲廣大民衆所喜聞樂道，以致有編爲變文以講唱，有作爲歌曲以傳唱，更有採以入詩以詠嘆的。故事廣泛流行，傳播久遠後，自然使人深信不疑，導致宋人不察而增删改易《博物志》之文，署作梁宗懍《荊楚歲時記》，於是宋人載記中之《荊楚歲時記》乃有「漢武帝令張騫尋河源」的產生。

乘槎浮海到天河，見牽牛織女的故事傳說，自晉朝以來，卽普遍流傳於廣大民衆之口耳間，特別後來將乘槎者傅會成漢武帝時之張騫後，更成家喻戶曉之傳說故事。而《史記、大宛列傳》中有「今自張騫使大夏之後也，窮河源，惡睹本紀所謂崑崙乎？」「河出崑崙」。其後《水經注》亦有「張騫使大宛，而窮河源」之說㉞。此更加深人們對乘槎尋河窮源，至天河，見牽牛織女等傳說之印象。加以「崑崙山」乃中國神話傳說中之仙鄉，是西王母所居之處。而牽牛織女，七月七日相會亦與西王母傳說有關。因此又結合了西王母之神話故事，復由西王母而牽出東方朔之情節。㉟

伍、結　語

在民間文學中，神話傳說民間故事，雖各有其界限；然彼此間，每每存在著交互錯綜且難以劃分之奇妙關係，張騫乘槎，窮河源，得支機石，訪嚴君平等故事，卽爲一例。而P三九一〇號寫本之故事則更顯明。主要因民間故事傳說，隨時間之流傳與地域之擴散而有不同之衍化。有時更因傳述者或記錄者之誤聽、誤記、誤解、誤傳而有所增刪改易，甚至穿鑿傳會，張冠李戴。儘管如此，然對於古老之民間傳說，倘有足夠之資料，只要細加尋繹，其間之脈絡源流，有時依舊是歷歷可見的。

敦煌寫本P三九一〇號所保存之民間故事，將牛郎織女與西王母等家喻戶曉之美麗神話傳說，與大家所熟知張騫通西域英雄式的歷史故事雜揉聚合一起，成爲一既新奇又富想像力之民間文學，正是此一典型例子。它彙集了「漢武帝命張騫通西域」的史實，及《博物志》等六朝以來民間舊有之「海客乘槎」、「牛郎織女」等傳說故事，以及《漢武故事》、《漢武內傳》之西王母、東方朔等傳說，加以整合，並添加了唐代盛行之魯班造車、造舟等傳說。使原本貧瘠之內容，更爲豐富；單調之情節，亦發曲折。充分表現出民間文學就舊有傳說進行再創作之特色。其篇幅雖僅短短的三十幾句，二百多字，然卻能使「張騫乘槎」此一膾炙人口的複雜之民間故事，其發展之脈絡與演變之軌跡清晰可見。

〔附註〕

① 見〈敦煌文獻中張騫乘槎故事之探討〉，中興法商學報二一，一九八六：十二，頁四二五－四三四。

② 見〈張騫乘槎故事源流考〉，民間文學論壇，一九八九：二，頁四－一一。

③ 「列寧格勒亞洲民族研究所藏敦煌寫本漢文文獻目錄」，第二八五五號，編號Ⅱ×－二三〇一卷子，起「……爲〔女〕早恒㦗，□從邊〔塞〕……」，訖：「……東鄰」。按此內容也是「新合孝經皇帝感辭一十一

首」詠張騫西王母傳說的殘卷。

④ 見〈敦煌古抄中世詩一續〉，夏聲月刊一四五，一九七六：十二。

⑤ 見《敦煌歌辭總編》，上海古籍出版社，一九八七：十二，頁六二七—六三五。

⑥ 「曲」，陳校作「西」；任校作「新」。

⑦ 「山」，任校改作「仙」。

⑧ 「上」，陳校作「二」，釋作「而」。

⑨ 「狗吠」，原作「獨吱」，任校作「獨笑」。按：雞鳴與狗吠正相對。

⑩ 「專」，原作「傳」，依陳校改。

⑪ 「魯班刻」三字，原作「魚班剋」，依陳校改。

⑫ 「撫」，原作「武」，依陳校改。

⑬ 「七月七日卽分離」後各句，任校臆補校改作「織女身向內宮坐。擬共牽牛爲夫婦。狀似遠道昔征遼。水深千丈而難渡。張騫尋河放逍遙。正見織女摘仙桃。敎兒何處覓船艦。織女啼哭苦號咷。織女啼哭莫號咷。誰能爲汝造浮橋。寄語塡河烏鵲鳥。年年爲汝早塡壕。」

⑭ 按「皇帝感」爲唐代敎坊曲之一，有七言四句，與五言八句二體，盛唐間甚爲流行。今敦煌寫本中，有檃括《孝經》的，也有檃括《千字文》的，詳參拙著《敦煌孝道文學研究》頁五七五—五八一，石門圖書公司，一九八二・八。

⑮ 見潘重規先生《敦煌變文集新書》頁一〇三六—一〇三七，中國文化大學、中文研究所印行，一九八四・一。

⑯ 見陳慶浩〈古賢集校注〉敦煌學三，頁八五、八七，一九七六・一二。
⑰ 見《博物志》卷十、雜說下，明文出版社，頁一一一。
⑱ 見《拾遺記》卷一，木鐸出版社，一九八二，二，頁二三。
⑲ 見《太平御覽》卷八、漢，明倫出版社，頁一七六。
⑳ 見《太平御覽》卷五十一、地部十六、石上，明倫出版社，頁三九九。
㉑ 見《事類賦注》卷之七，地部二，北京中華書局，一九八九，一二，頁一四八。
㉒ 見《歲時習俗資料彙編》冊六，頁八七一－八七五，藝文印書館，一九七〇，一二。
㉓ 見《羣書類編故事》卷一，江蘇廣陵古籍刻印社，一九九〇，一〇，頁一〇。
㉔ 見《天中記》卷二、四十二葉下，四庫珍本第十一集。
㉕ 寶顏堂本《荊楚歲時記》，二十二葉下－二十三葉下。
㉖ 同註㉒。
㉗ 同註㉓。
㉘ 見《因話錄》卷五、徵部，世界書局，頁四二。
㉙ 見《苕溪漁隱叢話前集》卷十一、杜少陵六，長安出版社，頁七三－七四。
㉚ 見學津討源本《癸辛雜識前集》葉二十五下－二十六上 。「乘槎」條，
㉛ 同註⑤，頁六二九及七四一。
㉜ 見《全宋詞》葛長庚，明倫出版社，頁二五七四。

㉝ 見《今昔物語》卷十、「漢武帝以張騫令見天河水上語第四」。按：《今昔物語集》爲日本說話文學之名著全書三十一卷，大體成於十二世紀。中計分：天竺、震旦、本朝三部分。其中震旦部分，主要改編剪輯自中國典籍與傳說。

㉞ 見《水經注》卷二引《涼州異物志》。

㉟ 參見《漢武故事》及《漢武帝內傳》。

韓愈對永貞改革的評價

劉 健 明

一

唐順宗年間，以王叔文、王伾、韋執誼爲首的年青官僚，嘗試推行一些改革朝政的措施，但由於他們缺乏足夠的威望，作風急進，無法取得其他朝臣的支持。最後他們挺而走險，謀奪宦官兵柄，以俱文珍爲首的掌權宦官，結合其他朝臣、藩鎭，逼順宗內禪憲宗，貶逐二王八司馬爲外官，二王後更被處死。①後世的官修史書，對王叔文等人的評價甚低，如《舊唐書》卷一三五傳贊斥他們狂妄，②《新唐書》卷一六八傳贊更斥王叔文爲小人，竊天下柄。③官修史書大力抨擊王叔文等人的行爲操守，其史料來源主要依據韓愈等人編修的《順宗實錄》，而評王叔文爲小人竊柄的說法，亦是來自韓愈的〈永貞行〉詩。可見韓愈對永貞改革的評價，對後世的影響甚大。

韓愈是柳宗元、劉禹錫的好朋友，他爲何會對這次改革有所批評，一直引起後人的爭論。歸納前人的論調，有主張韓愈於德宗貞元十九年被貶陽山，是爲二王所排，所以他挾私怨而大肆抨擊；也有認爲韓愈是機會主義者，眼見王叔文等人與朝中當權派爲敵，且欲阻擁立憲宗，現在王叔文等人被貶，爲討好憲宗及朝中當權派，故抨擊王叔文等人；也有認爲二王出身卑微，不爲韓愈所看重，故於他們失敗後加以抨擊。④以上的說法，其實都有根本的缺點，下文會詳細討論。這些說法最大的毛病，是沒有探討最主要的問題，韓愈主要抨擊王叔文等人在什麼地方？要了解韓愈爲何要抨擊王叔文等人，卽去分析韓愈的動機，總不免要作一些猜想。如何去證實這些猜想，是不容易解決的問題。但韓愈的詩文俱在，細心分析〈永貞行〉、《順宗實錄》等詩文，我們不難發現韓愈抨擊王叔文等人的主要地方，在於王叔文等人利用患病的順宗去控制朝政，這和韓愈的治道思想有明顯的衝突。本文透過韓愈的評價，一方面可以了解韓愈的思想，另方面也可加深我們對永貞改革的了解。

二

挾私怨說早見於淸人陳祖范，他說：

> 予讀韓退之《順宗實錄》及〈永貞行〉，觀劉、柳輩八司馬之冤，意退之之罪王、韋，實有私心，而其罪固不至此也。退之於伾、文、執誼有宿憾，於同官劉、柳有疑猜，進退禍福，彼此有不兩行之勢。而伾、文輩又連敗，於是奮其筆舌，詆斥無忌，雖其事之美者，反為以惡，而劉、柳諸人朋邪比周之名成矣。⑤

此說在八十年代以前獲得大部份學者的支持。⑥

實則有關韓愈貞元十九年被貶陽山事，當時的記載已有明顯的分歧。導致韓愈被貶的說法有三：一是諫宮市，二是諫天旱，三是被幸臣所讒，而幸臣也有指李實和指王叔文等人的兩種不同說法。指王叔文之說，主要依韓愈〈赴江陵途中寄贈王二十補闕李十一拾遺李二十六員外翰林三學士〉詩，詩云：

孤臣昔放逐，血泣追愆尤。汗漫不省識，況如乘桴浮。或自疑上疏，上疏豈其由？是年京師旱田畝少所收。……適會除御史，誠當得言秋。拜疏移閤門，為忠寧自謀。上陳人疾苦，無令絕其喉。……天子惻然感，司空歎綢繆。謂言即施設，乃反遷炎州。同官盡才俊，偏善柳與劉。或慮語言洩，傳之落冤讐。二子不宜爾，將疑斷還不。⑦

韓愈作此詩時，是否確知他被貶斥的原因顯有問題，是因上疏抑或劉柳洩其言語，他也沒有肯定的答肯，可見此詩並不能說明韓愈與柳宗元、劉禹錫有宿怨。

其次，持挾私怨說的也會舉〈憶昨行和張十一〉詩中有「伾、文未揃崖州（執誼）熾，雖得赦有恒愁猜。近者三奸悉破碎，羽窟無底幽黃能。眼中了了見鄉國，知有歸日眉方開。」⑧說明順宗即位後，愈量移江陵法曹，又受到柳宗元丈人楊憑的壓抑，可見他與王叔文等人有敵對關係。實則楊憑與王叔文等人並無關係，韓愈作此詩時王叔文等人已下臺，他對叔文等人頗有不滿，故順宗即位時他得量移江陵，自知與當朝掌政者不合，故得赦有恒愁猜，可知此詩也不能說明愈被貶陽山和王叔文等人有關。何況，若韓愈眞的爲王叔文等人所排斥，順宗即位，王叔文等正掌權，爲何還要讓韓愈量移江陵呢？

同時，韓愈在〈岳陽樓別竇司直〉詩也說：「前年出官由，此禍最無妄。公卿采虛名，擢拜職天仗。奸猜畏彈射，斥逐恣欺誑。」⑨奸猜很難確知爲何人，但從詩中顯示奸猜是當權者，皇甫湜：〈韓文公神道碑〉亦記「專政者惡之」，⑩可知貶韓愈的是當朝掌政者。德宗晚年政不任下，只寵信裴延齡等一班聚斂之臣，王叔文雖獲太子賞識，但太子和王氏俱非掌權者，亦非執政者，在政治上也沒有重要的表現，不似是韓愈批評的對象。⑪

復次，元和元年劉禹被貶南下，在江陵與韓愈相遇，韓愈還出示〈岳陽樓別竇司直〉詩給劉禹錫看，並請他和詩，禹錫在和詩中云：

故人南臺舊，一別如弦矢。今朝會荆蠻，斗酒相宴喜。為余出新什，笑抃隨伸紙。曄若觀五色歘然臻四美。⑫

可知二人相見甚欣。如果劉禹錫串同王叔文排擠韓愈，愈出示遭奸猜貶逐之詩相逼，恐怕二人難有敍舊的情況出現。

總之，韓愈是不滿王叔文等人的作風，在他們下臺後大肆抨擊王叔文等人，後人遂因此懷疑他被貶陽山，乃由於王叔文等人的排斥，實則現在並無確實證據證明愈爲叔文所排，挾私怨之說也無從說起。

批評韓愈爲機會主義者，最早始見於岑仲勉：〈翰林學士壁記注補〉一文，文中云：

憲宗中官官計，惑於不願立太子之譖，切齒叔文，文人需次稍久鬱鬱不得志如韓愈輩，更詆以新進，從而羣吠之。⑬

大陸學人普遍接受這種看法，如陳光崇：〈談有關韓愈的幾個問題〉便以爲愈在當時的政治風氣下，急於求進，故作〈永貞行〉以求討好當政者。⑭蔣凡：〈韓愈與王叔文集團的永貞改革〉更指出韓愈只是在永貞改革的失敗既成事實以後，打打死老虎，表示反對王叔文、王伾、韋執誼等，並沒有不分青紅皂白地反對王叔文集團所有人，更未實際形成政治上的全面對抗。⑮二人尚有爲韓愈開解之意，但《中國思想通史》、吳文治：《柳宗元評傳》、劉國盈：《韓愈》則直斥愈爲機會主義者，眼見王叔文等失勢，大肆抨擊叔文以討好當政者。⑯

韓愈爲何要作〈永貞行〉詩，今日當然不易推測其動機，詩中推許憲宗「嗣皇卓犖信英主，文如太宗武高祖」，當然有討好憲宗的意思，但詩的後半表示韓愈同情劉禹錫的被貶，如「四門肅穆賢俊登，數君匪親豈其朋。郎官清要爲世稱，荒郡迫野嗟可矜。」⑰若果韓愈藉批評王叔文、王伾、韋執誼以求進，他爲何同情二王的黨人劉禹錫呢？爲何要一面大罵王叔文，一面又要表示同情劉禹錫的被貶呢？可知道如果只就韓愈作此詩爲討好當政者以求進的角度去了解，是無法解釋〈永貞行〉的撰寫的。

指出韓愈看不起王叔文等人而加批評的，最早是屈啓秋，他認爲韓愈重視禮法觀念，不滿王叔文等人的浮薄作風。⑱八十年代以後的大陸學人，如蔣凡、熊篤、嚴壽澂、何子科等，都認爲韓愈有傳統士大夫的偏見，看不起出身寒微的王叔文等人，特別是王叔文以棋待詔出身。⑲

實則韓愈並非出身大門第，他的禮法觀念並不強烈，他重見紀綱，肯定君臣父子的名份，主要是就政治上立論。對於個人的出身，他並不太重視，如李賀舉進士，時人以賀的父親名晉肅，賀不應犯諱考進士，韓愈爲賀作〈諱辯〉，反駁時人的意見，可見韓愈絕非泥古不化的人。⑳再就韓愈一生去看，他不免枉尺直尋，他爲求得到功名，三次上書宰相，推銷自己，又作〈符讀書城南〉勉勵兒子讀書可得高官，㉑這些行爲都頗受後世的非議，可見韓愈並非篤於禮教之人。

復次，韓愈文集中討論社會身份的只有〈省試學生代齋郎議〉，其中云：

齋郎職奉宗廟之小事，蓋士之賤者也。執豆籩、駿奔走，以役於其官之長，不以德進，不以言揚，蓋取其人力以備其事而已。……學生或以通經舉，或以能文稱，其微者、至於習法律，知字書，皆有以贊於教化，可以使令於上者也。……然則奉宗廟社稷之小事，任力之小者也；贊於教化，可以使令於上者，德藝之大者也。……今夫齋郎之所事者，力也；學生之所事者，德與藝也。以德藝舉之，而以力役之，是使君子而服小人之事，且非國家崇儒勸學誘人為善之道也。㉒

韓愈在文中所言的君子、小人，主要是勞心者與勞力者的劃分，他所輕視的，不是身份，而是職責，所以說韓愈輕視王叔文等人出身卑微，並沒有很強的論據。

三

韓愈爲何要作〈永貞行〉詩，今日當然不易了解其寫作動機，但〈永貞行〉批評王叔文、王伾、韋執誼則極爲嚴厲，詩前半云：

君不見太皇諒陰未出令，小人乘時偷國柄。北軍百萬虎與貔，天子自將非他師。一朝奪印付私黨，懍懍朝士何能為？孤鳴梟噪爭署置，睗睒跳踉相嫵媚。夜作詔書朝拜官，超資越序曾無難。公然白日受賄賂，火齊磊落堆金盤。元臣故老不敢語，晝臥涕泣何汍瀾！董賢三公誰復惜侯景九錫行可歎。㉓

他批評王叔文等人主要有三點：一是他們利用順宗患病偷國柄，二是他們用人超資越序，三是公然受賄賂。

〈永貞行〉是韓愈個人的文學創作，當然主要表示了韓愈的個人意見，他對王叔文等人改革朝政的措施，並沒有討論。《順宗實錄》則是一部史書，是書記錄了王叔文等人的改革，近人因此認爲韓愈是同情他們的改革的，這是有問題的，因爲《順宗實錄》是一部史書，當然應該記載以順宗名義發出的改革詔令，韓愈記載這些改革，是否表示他肯定這次改革，這種解說是令人難以信服的。㉔

《順宗實錄》是官修史書，韓愈雖是主要撰著者，他的意見當然可以表達於史書之中，但官修史書有宰相領銜，史臣的意見並不會隨意發抒，所以史臣在記載及評論時，當然需要參考當政者及當時

輿論。㉕

綜觀今本《順宗實錄》所記內容，與〈永貞行〉詩所批評的三點頗爲相近，現先引原文以資比較。卷一記：

上自(貞元)二十年九月得風疾，因不能言，使四面求醫藥，天下皆聞知。德宗憂感形於顏色，數自臨視。二十一年正月朔，含元殿受朝。還至別殿，諸王親屬進賀，獨皇太子疾不能朝，德宗為之涕泣，悲傷歎息，因感疾，恍惚日益甚。二十餘日，中外不通兩宮安否。……二十三日上知內外憂疑，紫衣麻鞋，不俟正冠，出九仙門召見諸軍使，京師稍安。……德宗大漸，上疾不能言，伾即入，以詔召叔文入，坐翰林中使決事。伾以叔文意入言於宦者李忠言，稱詔行下，外初無知者。㉖

同卷又記：

辛亥，詔吏部侍郎韋執宜守左丞，同中書門下平章事，賜紫。初，執誼為翰林學士，知叔文幸於東宮，傾心附之。叔文亦欲自廣朋黨，密與交好，至是，遂特用為相。㉗

卷二記：

初，叔文既專內外之政，與其黨謀曰：判度支則國賦在手，可以厚結諸用事人，取兵士心，以固其權。㉘

同卷又記：

（以）武元衡為左庶子。初，叔文黨數人，貞元末，已為御史在臺。至元衡為中丞，薄其人，待之鹵莽，皆有所憾，而叔文又以元衡在風憲，欲使附己，使其黨誘以權利，元衡不為所動，叔文怒，故有所授。㉙

同卷又記：

（三月）丁酉，吏部尚書平章事鄭珣瑜稱疾去位。其日，珣瑜方與諸相會食於中書。故事：丞相方食，百寮無敢謁見者。叔文是日至中書，欲與執誼計事，令直省通執誼，直省以舊事告。叔文叱直省，直省懼，入白執誼。執誼逡巡慚赧，竟趕迎叔文，就其閤語良久。宰相杜佑、高郢、珣瑜皆停筯以待。有報者云：叔文索飯，韋相已與之同餐閤中矣。佑、郢等心知其不可，畏懼叔文，莫敢出言。珣瑜獨歎曰：吾豈可復居此位。顧左右取馬徑歸，遂不起。前是，左僕射賈耽以疾歸第，未起；珣瑜又繼去。二相皆天下重望，相次歸臥，叔文、執誼等益無所顧忌，遠近大懼焉。㉚

卷三記：

（五月）辛未，以右金吾大将軍范希朝為檢校右僕射、兼右神策京西諸城鎮行營兵馬節度使。叔文欲專兵柄，藉希朝年老舊将，故用為将帥，使主其名，而尋以其黨韓泰為行軍司馬專其事。……甲申，以萬年令房啓為容州刺史、兼御史中丞。初，啓善於叔文之黨，因相推致，遂獲寵於叔文，求進用，叔文以為容管經略使。……乙酉，以尚書左丞韓皐為鄂岳觀察武昌軍節度使。初，皐自以前輩舊人，累更重任，頗以簡倨自高，嫉叔文之黨，謂人曰：吾不能事新貴人。皐從弟曄幸於叔文，以告，叔文故出之。㉛

卷四記：

六月己亥，貶宣州巡官羊士諤為汀州寧化縣尉。士諤性傾躁，時以公事至京，遇叔文用事，朋黨相煽，頗不能平，公言其非，叔文聞之，……遂貶焉。㉜

同卷又記：

（七月）乙未，詔軍國政事，宜權令皇太子某勾當。……上自初卽位，則疾患不能言，至四月益甚，時扶坐殿，羣臣望拜而已，未嘗有進見者。天下事皆專斷於叔文，而李忠言、王〇為之內主，執誼行之於外。朋黨諠譁，榮辱進退，生於造次，惟其所欲，不拘程度。既知內外厭毒，慮見摧敗，卽謀兵權欲以自固，而人情益疑懼，不測其所為，朝夕伺候。會其與執誼交惡，心腹內離，外有韋皐、裴垍（應作均）、嚴綬等牋表，而中官劉光奇、俱文珍、薛盈珍、尚解玉等，皆先朝任使舊人，同心怨猜，屢次啓上。上固已厭倦萬機，惡叔文等，至是遂召翰林學士鄭絪、衛次公、王涯等入至德殿，撰制詔而發命焉。㉝

卷五記：

（王）叔文，越州人，以碁入東宮，頗自言讀書知理道，乘間常言人間疾苦。上將大論宮市事，叔文說中上意，遂有寵。因為上言，某可為將，某可為相，幸異日用之。密結韋執誼，並有當時名欲僥倖而速進者陸質、呂溫、李景儉、韓曄、韓泰、陳諫、劉禹錫、柳宗元等十數人，定為死交，而凌準、程异等又因其黨而進，交遊蹤跡詭秘，莫有知其端者。……叔文既得志，與王伾、李忠言等專斷外事，遂首用韋執誼為相，其常所交結相次拔擢，至二日除數人，日夜羣聚。伾以侍書幸，寢陋吳語，上所褻狎。而叔文頗任事自許，微知文義，好言事，上以故稍敬之，不得如伾出入無阻。叔文入至翰林，而伾入至柿林院，見李忠言、牛昭容等，故各有所主。伾主往來傳授，劉禹錫、陳諫、韓曄、韓泰、柳宗元、房啓、凌準等主謀議唱和，採聽外事。㉞

上文詳列《順宗實錄》原文，希望可以看出《順宗實錄》對王叔文等人的記載和批評。綜合各段引文可以看出抨擊王叔文等人的地方主要有二：一是藉順宗病危而結納牛昭容、宦官李忠言，遂得專斷望政，王叔文以翰林學士在內廷掌決策，以王伾通傳到牛昭容、李忠言，再由韋執誼任相主執行。故當其他大臣主張請皇太子監國，叔文等爲了繼續控制朝政，遂與羣臣、宦官等發生衝突。㉟其二是叔文等人集團意識很強，在未掌政以前，已積極拉攏年青官僚；及至掌政後排斥異己，對依附他們的不次拔擢。㊱這些批評，與〈永貞行〉所抨擊的相近。至於〈永貞行〉批評他們公然受賄，《舊唐書、王伾傳》，也有記載伾公然受賄，㊲今本《順宗實錄》屢經刪改，伾的傳記實有遺漏，《舊唐書》多抄錄實錄，故王伾受賄之事應載於《順宗實錄》。可知〈永貞行〉所評各事，絕非無中生有，捕贓嫁禍。

當然，〈永貞行〉與《順宗實錄》也有不同的地方。〈永貞行〉完全是站在批評、大罵的立場去抨擊，《順宗實錄》則沒有否定王叔文的爲人，說他「知理道」、「乘間常言人間疾苦」；又說他「頗任事自許，微知文義」。這當然是由於〈永貞行〉是個人撰述，以發抒個人意見爲主，而《順宗實錄》是史書，應據事直書。不過，更應指出〈永貞行〉是批評王叔文的施政，沒有言及他的爲人；但《順宗實錄》有叔文的傳記，作傳則必須言及傳主的爲人，所以《順宗實錄》肯定叔文爲人有志向，能關懷民間疾苦，但在討論王叔文的施政時，仍是大肆抨擊，故〈永貞行〉與《順宗實錄》並無根本的矛盾。但二者同樣有失實的地方，如〈永貞行〉有「天子自將非他師」，及《順宗實錄》載順宗同意內禪，都和事實不符。㊳不過這是牽涉及內廷權力的鬥爭，其內情複雜，韓愈是否確知其中內幕，也成問題；縱然韓愈確知，但礙於當時的政治環境，恐怕也無法明白道出。

四

從〈永貞行〉詩及《順宗實錄》，我們分析了韓愈不滿王叔文等人的地方，現可進而了解韓愈爲何要作這些批評。有關公然受賄一點，抨擊自是當然。至於王叔文等人用人的作風不循資格，不屬於王叔文集團的人表示不滿，也是很易理解的。韓愈大力抨擊王叔文的，主要在「小人乘時偸國柄」一點，這是和韓愈的治道思想最相違背的地方。

韓愈的治道思想以追求穩定爲最高的目的。他認爲爲求政治的穩定，避免權力的鬪爭，所以他雖推崇孟子，但孟子肯定堯舜禪讓，韓愈卻認爲世襲制度可以避免鬭爭的最佳辦法，〈對禹問〉篇云：

> 或問曰：堯舜傳諸賢，禹傳諸子，信乎？曰：然。然則禹之賢不及於堯與舜也歟？曰：不然。堯舜之傳賢也，欲天下之得其所也；禹之傳子也，憂後世爭之亂也。堯舜之利民也大，禹之慮民也深。曰：然則堯舜何以不憂後世？曰：舜如堯，堯傳之；禹如舜，舜傳之。得其人而傳之，堯舜也；無其人，慮其患而不傳者，禹也。……曰：禹之慮也則深矣，傳之子而當不淑，則奈何？曰：時益以難理，傳之人則爭，未前定也；傳之子則不爭，前定也。前定雖不當賢，猶可以守法；不前定而不遇賢，則爭且亂。天之生大聖也不數，其生大惡也不數，傳諸人，得大聖，然後人不敢爭；傳諸子，得大惡，然後人受其亂。禹之後四百年然後得桀，亦四百年然後得湯與伊尹，湯與伊尹不可待而傳也。與其傳不得聖人而爭且亂，孰若傳之子，雖不得賢，猶可守法。曰：孟子之所謂天與賢則與賢，天與子則與子者，何也？曰：孟子之心，以為聖賢不苟私於其子以害天下，求其說而不得，從而為之解。[39]

韓愈經歷安史之亂後動盪的世局，他側重如何穩定政局，傳賢雖然理想，但賢人不易求，沒有明確的繼承制度，只會引起更多的紛爭，故韓愈寧願君位世襲。韓愈的立足點和孟子有異，看法不同是自然的。

韓愈一意追求穩定的局面，政治的穩定必須有完善的制度和明確的職份，避免因人事的變動或少數人的野心而出現動盪的局面，所以韓愈特重紀綱。他認爲紀綱是國家之根本，天下的安危在於紀綱能否確立，〈雜說四首〉之二云：

善醫者，不視人之瘠肥，察其脈之病否而已矣；善計天下者，不視天下之安危，察其紀綱之理亂而已矣。天下者，人也；安危者，肥瘠也；紀綱者，脈也。脈不病，雖瘠不害；脈病而肥者死矣。通知此說者，其知所以為天下乎？夏殷周之衰也，諸侯作而戰伐日行矣，傳數十王而天下不傾者，紀綱存焉耳；秦之王天下也，無分勢於諸侯，聚兵而焚之，傳二世而天下傾者，紀綱亡焉耳。是故四支雖無故，不足恃也，脈而已矣；四海雖無事，不足矜也，紀綱而已矣。⑩

韓愈深信朝廷的安危，不在於兵強馬壯或軍備不足，而在於紀綱能否維持。要維持紀綱，便得分辨君臣的名份。君臣的名份確定，各行其職份，動亂可以減少。

要確立朝廷的紀綱，便得正訂名份，孔子所提倡「君君、臣臣、父父、子子」之說，自爲韓愈所接受。

韓愈深信君臣民各有他們的職責，〈原道〉篇云：

……是故君者，出令者也；臣者，行君之令而致之民者也；民者，出粟米麻絲、作器皿、通貨財，以事其上者也。君不出令，則失其所以為君；臣不行君之令而致之民，民不出粟米麻絲、作器皿、通貨財、以事其上，則誅。㊶

君臣民各有職份，各應盡其本份；如果不盡他們的職責，都應受到懲罰。可是，韓愈生於帝制的時代，他只能強調君主應盡其本份，假如君不君，他是無法提出任何懲治的辦法。相反地，他對於臣民不能履行他們的職責時，卻提出最嚴厲的處罰——誅殺。近代學人批評韓愈，主要是抨擊他有誅民的思想。㊷平心而論，韓愈處於帝制的時代，無法提出懲治失君道的人君，這是可以理解的，但臣民不盡職便要誅殺，處置未免過苛。究其實，恐怕是韓愈過重紀綱，任何行爲可能威脅國家的紀綱的，他都深惡痛絕，所以提出不惜誅殺以求穩定朝廷的紀綱。

明白了韓愈的治道思想，我們可以了解任何破壞君臣名份；危害朝廷紀綱的，韓愈都是深惡痛絕的。王叔文的改革，主要是利用患病的順宗的名義發出的。順宗長期有病，躲在深宮之中，朝臣無法與他接觸，他是否支持王叔文的改革，當時的朝臣不無懷疑。《順宗實錄》描述順宗患病，不能見大臣，牛昭容與李忠言在深宮與王叔文在翰林院，暗中控制朝政，卷一記「伾以叔文意入言於宦者李忠言，稱詔行下」，卷四記「天下事皆專斷於叔文」，又記叔文「謀兵權欲以自固，而人情益疑懼」，都暗示王叔文等人利用順宗的患病，控制朝政，羣臣根本無法確知所下詔令是順宗同意的，還是王叔文等人假傳聖旨，這和〈永貞行〉詩批評王叔文等人利用順宗諒陰未出令，他們乘時偸國政，又把王叔文比喻爲侯景，都顯示韓愈最不滿王叔文等人的，不在於他們改革朝政的措施，而在於他們有僭越的嫌疑。王叔文既有挾天子以令羣臣之嫌，這便破壞君臣的名份，他們是出令者，而非行君之令而致之民者，這便擾亂朝廷的紀綱。韓愈雖肯定王叔文的爲人較王伾、韋執誼爲佳，但卻不能寬恕他們挾君以改革的作風，他把王叔文、王伾、韋執誼視爲偸國柄的小人，視爲三姦，自然是不難理解了。當然從今日去看，宦官逼順宗內禪憲宗，亦是破壞朝廷紀綱的例子。不過韓愈在記此事時，以爲是出自順宗本人的意思。（《順宗實錄》卷四）這一點與韓愈的治道思想，當無矛盾的地方。

五

韓愈是一個有抱負的人，他極有意於政治上求發展，自然會熱衷於功名。他也是生活於現實世界的個人，自然有個人的恩怨愛憎。韓愈批評王叔文等人，動機有否藉機求上進和報私怨，個人雖有懷疑，也不能完全否定。但韓愈撰〈永貞行〉及在《順宗實錄》中抨擊王叔文等人，決非求上進或報私怨等簡單理由可以解釋清楚。本文希望從韓愈的治道思想，分析王叔文等人利用患病的順宗去推行改革時政，其動機及政策可能是善良的，但他們的行爲，破壞君臣的職份，危害朝廷的紀綱，這是韓愈深惡痛絕的，所以招致韓愈的猛烈的抨擊。不明白這點，純從個人恩怨、個人動機或個人社會地位去考慮，決難得出全面的答案。而傳統史書對王叔文等人的改革，貶多於褒，也不能理解爲傳統史官有階級偏見或成敗論英雄，而是王叔文等人利用患病的順宗去控制朝政，推行他們的改革計劃，在帝制時代，確有僭越之嫌疑，韓愈的評論實代表了這樣的看法。

【註　釋】

① 關於這次改革，近人多稱爲永貞改革，實則順宗即位並未改元，仍用貞元二十一年爲年號，至憲宗即位始改元永貞，永貞改革的說法本有問題，（參楊泲：〈關於「永貞革新」的提法〉，載《歷史研究》一九七六年三期，頁六七；柳思言：〈評所謂永貞革新〉，載《重慶師院學報》一九八一年一期，頁二三—二七；及黃

永年：〈所謂永貞革新〉，載《青海社會科學》一九八六年五期，頁六〇—七一，但因永貞的提法恐怕是來自韓愈〈永貞行〉詩，故文中仍稱爲永貞改革。大陸學人對此次改革的評價極高，如章士釗：《柳文指要》（北京：中華書局，一九七一年）及王藝生：〈論二王八司馬政治革新的歷史意義〉，（載《歷史研究》一九六三年三期，頁一〇五—一三〇）近年則對此次改革不再一面倒的推崇，如上引柳思言及黃永年二文。海外的研究，較全面的是王壽南：〈論王叔文之爲人及其失敗的原因〉。（載林天蔚、黃約瑟主編：《唐宋史研究》，香港：香港大學亞洲研究中心，一九八七年，頁九—三四）

② 《舊唐書》卷一三五傳贊，北京：中華書局，一九七五年，頁三七四四。

③ 《新唐書》卷一六八傳贊，北京：中華書局，一九七五年，頁五一四三。

④ 自陳寅恪：〈順宗實錄與續玄怪錄〉懷疑韓愈與俱文珍有連，（載《金明館叢稿二編》，上海：上海古籍出版社，一九八〇年，頁七四—八一）後人更有認爲韓愈抨擊王叔文，主要是他和俱文珍有連，如施子愉：《柳宗元年譜》，武漢：湖北人民出版社，一九五八年，頁三九及胡如雷：〈關於唐代韓柳之爭的幾個問題〉載《歷史研究》一九七七年四期，頁八六—九七。近人對此已有充份的反駁，見蔣凡：〈韓愈與宦官——讀送汴州監軍俱文珍序札記〉，載《學術月刊》一九八〇年一期，頁五〇—五四。

⑤ 轉引自章士釗：《柳文指要》下〈通要之部〉卷十五，頁二〇七六。

⑥ 如黃雲眉：〈柳宗元文學的評價〉，載《韓愈柳宗元文學評集》，香港：龍門書店，一九六七年，頁一〇三；吳文治：《柳宗元評傳》，北京：中華書局，一九六二年，頁四八—五〇；羅聯添：《韓愈研究》，臺北：學生書局，一九七七年，頁六五—六八；孫昌武：《柳宗元傳論》，北京：人民文學出版社，一九八二

年，頁二二九—二三一；閻琦：〈評價韓愈和永貞革新關係的幾點淺見〉，載《唐代文學》一九八一年一期頁二五四—二六七；王啓興：〈爲韓愈一辯〉，載《西北大學學報》一九七九年四期，頁三三—三九；及周勛初：〈韓愈的永貞行以及他與劉禹錫的交誼始末〉，載《中華文史論叢》一九八七年二、三期合刊，頁二〇三—二一九。

⑦ 見錢仲聯：《韓昌黎詩繫年集釋》卷三，臺北：世界書局，一九七七年三版，頁一三三—一三六。

⑧ 見同上卷四，頁一七二。

⑨ 見同上卷三，頁一四七。

⑩ 見《皇甫持正文集》卷六〈韓文公神道碑〉，四部叢刊初編縮本，臺北：商務印書館，一九六七年，頁二二下—二三上。同樣的記載亦見於李翺：《李文公集》卷十一〈韓吏部行狀〉，四部叢刊初編縮本，臺北：商務印書館，一九六七年，頁四八上；程俱：《韓文公歷官記》，載馬日璐輯：《韓柳年譜》卷二，人人文庫本，臺北：商務印書館，一九七八年，頁四a；及洪興祖：《韓子年譜》，載《韓柳年譜》卷四，頁一一a。

⑪ 《順宗實錄》卷五記：「貞元十九年，補闕張正買（《舊唐書、韋執誼傳》作張正一）疏諫他事，得召見。正買與王仲舒、〔韋成季〕、劉伯芻、裴茝、常仲孺、呂洞相善，數遊止。正買得召見，諸往來者皆往賀之。有與之不善者，告叔文、執誼云：正買疏似論君朋黨事，宜少誡。執誼、叔文信之。執誼嘗爲翰林學士，父死罷官，此時雖爲散郞，以恩時時召入問外事，執誼因言成季等朋讌聚遊無度，皆譴斥之。」（見馬通伯校注：《韓昌黎文集校注》，香港：中華書局，一九七二年，頁四二一）近人因此以爲王叔文等在這時

已可排張正買等人，當可排韓愈。但《舊唐書、韋執誼》記此事時，是執誼上奏，德宗令金吾伺之，可知韋執誼上言，德宗非言聽計從。單從此事更難證明王叔文等人勢力已抬頭，並能排斥朝廷官員。

⑫ 見《劉禹錫集》卷三五〈韓十八侍御見示岳陽樓別竇司直詩，因令屬和，故足成六十二韵〉，上海：人民出版社，一九七五年，頁三四七。詩首、二句是「伊余負微尚，夙惜慚知己」，後人以為他有排斥韓愈時，故有第二句，實則此二句表示劉禹錫參加王叔文集團，為韓愈所不能諒解，故才有此二句。關於韓愈挾私怨而抨擊王叔文等人的說法，近人也多有批評，詳細可參看王春庭：〈韓愈與永貞革新〉，載《江西師院學報》一九八〇年四期，頁五一－五五；張日燊：〈韓愈對二王八司馬態度初探〉，載《揚州師院學報》一九八八年四期，頁四〇－四六；及劉國盈：〈再論韓愈和永貞革新的關係〉，載《北京社會科學》一九八九年四期，頁七九－八六。

⑬ 載《史語所集刊》一五本，一九四八年，頁五一。

⑭ 陳光崇：〈談有關韓愈的幾個問題——揭穿所謂儒法鬭爭中的一個騙局〉，載《遼寧大學學報》哲社版，一九七七年六期，頁五三－六〇，後載於陳氏：《史學研究輯存》，瀋陽：遼寧大學出版社，一九八八年，頁七三－八一。

⑮ 載《復旦大學學報》社科版，一九八〇年四期，頁六八。

⑯ 具侯外廬等：《中國思想通史》第四卷上冊，北京：人民出版社，一九五九年，頁三二五；吳文治：《柳宗元評傳》，頁四八；劉國盈：《韓愈》，北京：北京出版社，一九七九年；及劉國盈：〈論韓愈和永貞革新的關係〉，收劉氏：《唐代古文運動論稿》，西安：陝西人民出版社，一九八四年，頁八六－一〇一。

⑰ 見《韓昌黎詩繫年集釋》卷三，頁一五四。

⑱ 屈啓秋：〈韓愈對永貞內禪評價試釋〉，載《新亞歷史學系系刊》第二期，一九七二年九月，頁四七—五九

⑲ 見韓凡：〈韓愈與王叔文集團的永貞改革——兼論韓愈政治思想的進步因素〉，載《復旦大學學報》一九八〇年四期，頁六七—七四；熊篤：〈試論韓愈對永貞革新的態度——兼就今本順宗實錄的眞僞問題與張國光同志商榷〉，載《重慶師院學報》一九八二年一期，頁一九—二四；嚴壽澂：〈永貞革新與韓柳——思想淵源和社會背景的分析〉，載《重慶師院學報》一九八四年一期，頁五四—六二；及何子科：〈韓愈和永貞革新〉，載《四川師範大學學報》一九八六年一期，頁二四—二八。

⑳ 文載《韓昌黎文集校注》，頁三四—三五。

㉑ 分見《韓昌黎文集校注》卷三，頁八九—九五及《韓昌黎詩繫年集釋》卷九，頁四四五—四四七。

㉒ 見《韓昌黎文集校注》卷二，頁六七—六八。

㉓ 見《韓昌黎詩繫年集釋》卷三，頁一五一—一五四。

㉔ 詳見拙著：〈唐順宗實錄三論〉，載黃永年主編：《古代文獻研究集林》第一集，西安：陝西師範大學出版社，一九八九年，頁九八—一二一。

㉕ 參趙呂甫：〈唐代的實錄〉，載《南充師院學報》一九八一年一期，頁一—一六。

㉖ 見《韓昌黎文集校注》，頁四〇四—五。有關今本《順宗實錄》的作者與版本，近人有頗多爭論，詳可參拙著：上引文。

㉗ 同上，頁四〇六。

㉘ 同上，頁四〇九。

㉙ 同上，頁四〇九。

㉚ 同上，頁四一〇。

㉛ 同上，頁四一二。

㉜ 同上，頁四一四。

㉝ 同上，頁四一九。

㉞ 同上，頁四二一。

㉟ 關於王叔文等人和宦官的衝突，詳可參章士釗：《柳文指要》下〈通要之部〉卷一〈册府元龜之永貞史料〉，頁一三—六二；及卞孝萱：〈劉禹錫交游新考〉，載《文史》第七輯，一九七九年，頁一九九—二二八，後收入卞氏：《劉禹錫叢考》，成都：巴蜀書社，一九八八年，頁一九—三三。

㊱ 有關王叔文的用人及其局限性，詳可參卞孝萱：〈試述王叔文集團的任人唯賢及其局限性〉，載《西北師院學報》一九八三年二期，頁六三—七二。

㊲ 《舊唐書．王伾傳》載：「而伾與叔文及諸朋黨之門，車馬塡湊，而伾門尤盛，珍玩賂遺，時歲不絕。室中爲無門大櫃，唯開一竅，足以受物，以藏金寶，其妻或寢臥於上。」（頁三七三六）後文或有誇張，但王伾受賄應無問題。

㊳ 劉禹錫晚年作〈子劉子自傳〉云：「叔文既得用，自春至秋，其所施爲，人不以爲當非。時上素被疾，至是尤劇，詔下內憲，自爲太上皇，後謚曰順宗，東宮卽皇帝位。是時太上久寢疾，宰臣及用事者不得召對，宮

掖事秘，而建桓立順，功歸權臣。」（《劉禹錫集》卷三九，頁三三一）可知宦官是逼順宗內禪的。詳可參陳寅恪：《唐代政治史述論稿》，香港：中華書局，一九七四年，頁九五—九七。

㊴《韓昌黎文集校注》，頁一七。

㊵同上，頁一九。

㊶同上，頁九。

㊷一八九五年，嚴復發表〈辟韓〉一文，責斥韓愈知有一人而不知有億兆，抨擊他尊君的思想，（見王栻主編《嚴復集》第一册，北京：中華書局，一九八六年，頁三二—三六）近代學人評論他的政治思想時，都大力抨擊韓愈爲擁護專制政體的代表，如蕭公權：《中國政治思想史》，臺北：華岡出版有限公司，一九七七年六版，頁一七九；薩孟武：《中國政治思想史》，臺北：三民書局，一九七七年增補再版，頁三五三；陶希聖：《中國政治思想史》第三册，臺北：食貨出版社，一九七二年重印本，頁二八七；楊幼烱：《中國政治思想史》，臺北：商務印書館，一九七七年四版，頁二二一；韓逋仙：《中國中古哲學史要》，臺北：正中書局，一九六〇年，頁一七九；及楊榮國：〈韓愈思想批判〉，載楊氏：《初學集》，北京：三聯書店，一九六一年，頁五二—八四。章士釗：《柳文指要》下〈通要之部〉卷六〈第韓〉更批評韓愈持誅民史觀。（頁一五八一—一六四〇）近人何法高：《韓愈新論》則一反多年來的批韓論調，認爲韓愈所誅的僅是佛、老二家。（開封：河南大學出版社，一九八八年，頁一—一四）實則雙方的論調都各有所偏。更重要是站在今天的立場去批評古人，無助於我們了解歷史人物的行爲與思想。

試論唐代散官制度的成立過程

王德權

如所周知，正式組織通常是由「人」及「職位」二者共同組合而成，關於組織型態及其運作過程的研究，亦莫不以此二者爲討論之重心。至於組織內部成員的晉用、昇遷與任免，則屬於「文官系統」、「人事行政」的範疇。一般而論，文官系統的結構有兩種類型：一、「品位分類」；二、「職位分類」。二者頗有不同，前者既有官階，又有職位，「官階」標示官員的品位等級、地位高低。資格深淺、報酬多寡；「職位」則標示權力等級、職責輕重、任務繁簡。換言之，「職位分類」以職務爲分類之準據，著重點在「事」（職位功能）；「品位分類」以「人」爲核心，重點在「人」。①據此一分類，我國傳統官制顯然是以品位分類爲主。以唐代官制而論，官品結構包括：「散官、職事官、勳官、封爵」四類官序。②當時官人繫銜的基本型式即依前述順序排列，如：「大中大夫、守黃門侍郎、護軍、潁川（郡）開國公韓瑗」（《唐律疏議》卷首〈進律疏表〉）。四類官序中，「勳官」自比正二品～比從七品，不分上、下階；「封爵」則依據傳統的「公侯伯子男」五等爵號排列。以上二者在品級構造與名稱上比較特殊，不致與另二者產生混淆。至於「散官」、「職事官」則不然，職事官自正一品～從九品下，共三〇階；散官無正一品，僅廿九階。二者在品級結構上相當接近。加上唐令規定：凡是擔任九品以上職事官者，必須帶有散位，稱爲「本品」。③顯見散官制度在唐代文官系統的運作上扮演著相當重要的角色。然而，後世在處理散官或散官與職事官之關係時，卻經常忽視其重要性：或者認爲散官「無實利而徒有虛名」；④或者認爲散官是「假之又假，實不勝虛。」⑤這些批評是否得當，亟待檢證。筆者曾專文探討唐代官人待遇與散位間的關聯，認爲二者關係相當密切。⑥至於本稿將繼續探討散官制度的淵源、成立過程，及其成立過程所顯示的政治意義。

由於散官制度的功能與價値向來不受後世肯定，因此相關的討論相當少見。據筆者目前所見，民國以前有宋・岳珂⑦、清・黃定宜⑧等；至民國七十六年，始見黃清連〈唐代散官試論〉⑨一文的發表，此文長達七萬餘字，深入檢討散官的淵源、散官與職事官的區別、散官的取得、散官的番上、散官的待遇等相關問題，可說是關於散官制度的力作。由於黃氏論點與筆者略有異同，拙稿僅就散官成立過程爲討論範圍，尙祈前輩學者不吝賜正。

在方法上，擬以唐代散官之特徵與名號作爲分析的指標。大體說來，唐代散官制度包括兩個部分：㈠不擔任職事的純粹散官；㈡職事官所帶的散位（「本品」）。前者的用意主要在於培訓人材；後者則具有職事官繫品秩的功能。尤其是後者，更是唐代散官的主要特徵，也是拙稿討論其淵源時的主要指標。其次，討論制度淵源不能拘泥於「名號」之異同，尤其應重視「制度功能」的遞變過程，

「名號」不同的制度間也可能存在著「功能」的繼承關係，從散官淵源的討論卽可證明此點。

第一節　加官與將軍號

唐代散官包括文、武兩部分，以名號而論，文散官的起源似較武散官複雜；至於武散官，學者多已指出其與魏晉以來的將軍號有關。因此，本節擬大略檢討諸大夫官、加官與將軍號，對散官制度的成立究竟發揮何等影響。

一、加官、加銜與諸大夫官

若以名號而論，文散官名號多已見諸前代，秦漢以來，卽有諸大夫官與各種型態的加官、加銜，名目頗多。「加官」部分，如：侍中、給事中、議郎（郎吏）、博士等，唯其意義只是「兼官」性質，並未具備標識官人品秩的功能。⑩至於「加銜」部分，如：開府儀同三司、特進等名號，皆爲唐制繼承，但其本質係給予官員若干特權，同樣未有繫品秩的作用。⑪至於諸大夫官，如：光祿大夫、太中大夫、中大夫、中散大夫。或繼承秦制而來，在漢代本爲「冗散、閑散」之官，亦無繫品秩之功能。

南朝承襲兩漢的冗散之官開始出現分化現象，或成爲重要的職事官，最顯著的例子卽侍中發展成門下省。⑫其餘仍未脫冗散、加官的意義，只用來「處舊齒老年」，⑬成爲大臣「養老療疾」之所，「閑秩」的性質甚濃。

大中至於北魏方面，曾經出現「散官五等」，本質上是爲了培育人材而設，然不知其詳。⑭後經孝文帝改革，光祿大夫等諸職卽成爲「五等大夫」（左右光祿大夫、金紫光祿大夫、（銀青）光祿大夫、太中大夫、中散大夫）。⑮五等大夫雖稱尊貴，也還是「閑冗之官」。⑯至於繼承北魏制度的北齊，其「特進，左右光祿，金紫、銀青等光祿大夫，用人俱以舊德就閑者居之。」⑰可見北齊諸大夫職一如北魏，只是有功大僚養疾休閑之所，「閑秩」性質依然濃厚，迄未發展繫品階之功能。

綜言之，漢魏以來加官、諸大夫官與唐代散官的關係，僅限於個別名號上的承襲。由於此類官序階數少，且未普及於各品階。整體而論，作爲繫職事官品階的條件仍不充分，只能視作加官的一種型態。因此，諸大夫官在個別名號上對唐代散官可能有所影響；但就功能而言，諸大夫官一直未能發展出繫品階的功能。因此，唐代散官制度實另有其來源，與前代的諸大夫官等官號無直接關聯。⑱散官制度的眞正起源，可能必須求之於魏晉以來的將軍號，以及後來周隋的散實官制度。

二、魏晉以來的將軍號

關於將軍的起源及其在漢代的發展，學者已有專論，⑲此處不再贅述。漢末大亂，羣雄割據，軍事行動趨於頻繁，將軍號更配合「都督」的出現，益加普及，成爲領兵者必備的官銜。各種將軍號因應而生，規模益加擴大。都督與早期的將軍號相同，並無固定品級，其在官僚體系的地位，由其所繫將軍號而定。⑳即使同爲都督，因所繫將軍號不同而有品級上的差異；但作爲統兵者的意義則是一致的。

魏晉以降，將軍號逐漸膨脹（晉五十餘號，劉宋八十餘號；蕭梁天監改制，增爲一二五號；北魏百號左右）。將軍號趨於龐雜，使九品官制中多數品階都擁有將軍號。同時，也逐漸形成多數官僚（不論文、武）都帶有將軍號的現象。㉑學者稱此一現象爲將軍號的「階官化」。㉓「階官化」意謂著官人除本職外，必須另帶將軍階；且官人在官僚體系的地位由此系列官階決定。《大唐六典》卷二吏部郎中員外郎〈朝議郎〉條本註云：

宋、齊、梁、陳、後魏、北齊，諸九品散官，皆以將軍為品秩，謂之加戎號。

《六典》撰者認爲整個南北朝時期的將軍號都是「散官」，在時間上過早，不無可議之處。㉒但《舊唐書》卷四二〈職官志一〉云：「後魏及梁，皆以散號將軍記其本階。」認爲蕭梁、北魏時將軍號已如唐代散官作爲職事官本品般，成爲職事官的本階。就將軍號的發展觀之，則較《六典》可信。由北魏太和前令、後令裏將軍號的變動，即可看出將軍號「階官化」的現象。前令九品五四階裏，廿五階設有將軍號；後令九品三〇階中，則有廿一階。㉔顯見太和後令裏將軍號的階官化現象已經加強。且由以下史料亦可證明北朝末年將軍號已經成爲「階官」，《魏書》卷七八〈張普惠傳〉云：

> 世宗崩，坐與甄楷等飲酒遊從，免官。……故事：免官者，三載之後，降一階而敍；若才優擢授，不拘此限。熙平中，吏部尚書李韶奏普惠有文學，依才優之例，宜特顯敍。敕除寧遠將軍、司空倉曹參軍。朝議以不降階爲榮。

此事發生在魏孝明帝熙平中，當時官制爲太和後令。據張氏本傳，免官前官銜爲「揚烈將軍・步兵校尉・領河南尹丞」：揚烈將軍，第五品上階；步兵校尉，第五品下階。免官後復敍寧遠將軍，第五品上階；司空倉曹，第六品上階（《魏書》卷一一三〈官氏志〉記載太和後令）。張氏免官前後唯有將軍號保持在同一等級，職事官則由原來第五品下步兵校尉，轉爲第六品上司空倉曹。故傳文所謂「不降階」，卽指不降其將軍號，㉕可見當時將軍號已經成爲官人選敍時的「本階」。北魏末史料經常出現「階」、「級」、「勳」等都是指將軍號，且可分爲兩類：㈠授予征職白民者；㈡授予「實官正職」者。㉖前者頗似勳級，後者則是作爲職官所繫的官階。據上所論，至北魏中晚期，將軍號已「階官化」，成爲官員的「本階」，㉗這正是唐代散官繫官人品階之功能的起源。

南朝將軍號的階官化現象較不顯著，但梁武帝天監官制的改革或與此事有關。㉘梁武帝鑑於將軍號過於雜亂，命令改正，遂定十品廿四班之制。其特徵是：㈠每個班位皆有將軍號；㈡經過精心規劃，排列整齊。㈢包括位登二品、不登二品、授予外國三類。尤其值得注意的是「制簿悉以大號居後，以爲選法自小遷大也。」一語，據此則梁武帝時將軍號或已成爲官人參加選敍時的「階官」。學者認爲南朝官重清濁，而將軍號皆爲濁官，故士人多不樂居之。㉙宋齊以前暫且不論，天監以後的將軍號是否仍能視爲濁官？前述天監制度有專爲「不登二品」者使用的將軍號，則上述十品廿四班將軍號其實都是「位登二品」者專用。南北朝「位登二品」一語具有特殊意義，泛指高級士族任官的特權。㉚因此，天監制一百廿五號將軍都是清流士族纔能取得的戎秩。由此看來，至梁武帝時南朝將軍號的階官化現象可能已具相當規模。不過，天監將軍號改革的方向側重在秩序化；惟數量卻較晉宋爲多。總之，南朝將軍號階官化的現象雖不顯著，亦無直接史料加以證明，但梁武天監改革與將軍號之階官化，可能有某種程度之關聯，值得深入檢討。

北朝末北周、北齊大幅簡化將軍號：北齊減少至六十餘號，較北魏百餘號大爲精簡；北周的改革更是澈底，總數可能不到四十號。㉛再者，自北魏末大亂爆發以來，將軍號的授予已不若早先嚴格，價值大幅下降。此時西方的北周更衍生另一種官序——散實官（後來的勳官），取代將軍號原有繫品秩的功能。

第二節　周隋散實官的優越地位及其演變

北朝末年將軍號的僞濫，似較南朝嚴重，約略出現在孝文帝遷洛以後。由於不斷對南方用兵，軍事行動頻繁，增加軍人獲得勳級（即將軍號）的機會，導致將軍號逐漸濫授的現象；授與標準降低，不若早先嚴格。另一方面由於官司行政的遲滯，使姦吏有機可乘，篡改文簿，「竊勳賣階」。㉜結果促成將軍號加速變質，以致「邊外小縣，所領不過百戶，而令長皆以將軍居之。」㉝或有縣令帶二品重號將軍，甚至帶儀同三司加銜者。㉞因將軍號價値的急劇下降，此時逐漸產生一個新的領兵體系，這個新官序後來落實於北周創行的府兵制度中，更爲同屬關隴集團的隋唐政權所承襲，此卽唐制的「勳官」。

根據嚴耕望先生對魏晉南北朝地方行政的研究，北朝（或北魏）都督區制度不若南朝穩固、普遍。但北魏末年大亂爆發後，「都督」制卻急速發展，出現衆多「當州都督」、「當郡都督」的都督號，甚至一個州裏出現多數「都督」的現象。㉟其後都督號逐漸盛行，有所謂「子都督、帥都督、大都督」等，不一而足。魏末兵馬倥偬之際，這些不同等級的都督號是軍隊的實際統率者，也就是在此過程裏，逐漸形成「子都督——都督——帥都督——大都督」的領兵體系。此一統軍體系後來成爲西魏、北周一系政權的基本軍事單位，而這個系統本身正是魏晉以來「都督」制的化身；這個官序的出現，可說是北魏末將軍號的冗散導致的結果。按，《北史》卷三〇〈盧辯傳〉末載北周命秩（《周書》卷二四同傳略同）云：

周制：……授柱國大將軍、開府、儀同者，並加使持節大都督；其開府又加驃騎大將軍、侍中；其儀同又加車騎大將軍、散騎常侍。

依據此段史料作成簡表如下：

加官	將軍號	加銜	都督
無	柱國大將軍	無	使持節大都督
無	大將軍	無	使持節大都督
侍中	驃騎大將軍	開府儀同三司	使持節大都督
散騎常侍	車騎大將軍	儀同三司	使持節大都督
通直散騎常侍以下諸散騎官五等大夫	驃騎將軍～寧朔將軍間各將軍號	無	使持節大都督
			持節帥都督
			持節都督

府兵制初期的柱國、大將軍、開府、儀同等各級統率者，其實都是大小不同的各級都督，顯示北魏末將軍號冗濫後，代起的正是「都督」，這也是北周不能沿用魏晉以來「都督區」制度，必須另創「總管區」制的主因。㊱

散實官的名號內容頗爲複雜，包括加官（文散官）、將軍號、加銜、（使）持節各級都督。進一步考察，更可發現北周府兵制的統領體系，具有將以往各種不同官序加以整合的傾向。如：「侍中・

「都督號」四類，卽開府儀同三司的將軍號必爲「驃騎大將軍」，文散官必爲「侍中」；儀同三司的將軍號則爲車騎大將軍，加官爲散騎常侍。

關於府兵統領官序的形成過程，暫以《周書》所載大統十六年（五五〇年）「八柱國——十二大將軍」（《周書》卷十六〈趙貴傳〉末），及若干中下級軍將經歷較詳者，作爲討論的對象。八柱國是宇文泰、李虎、元欣、李弼、獨孤信、趙貴、于謹、侯莫陳崇；十二大將軍爲元贊、元育、元廓、宇文導、侯莫陳順、達悉武、李遠、豆盧寧、宇文貴、賀蘭祥、楊忠、王雄。扣除宇文泰本人與元魏宗室外，共十五人。其次，另列舉十六名中下級軍將的昇進過程（參照拙稿附表二）。

由前述軍將的昇進歷程，可知各級都督的昇進順序如下：「（子都督）——都督——帥都督——大都督——儀同——開府——大將軍——柱國」。此一昇進順序顯係經歷長期演進纔完成的。如：大統元年，宇文導將軍號已至車騎大將軍，仍未晉級儀同三司；亦有已授散騎常侍而未至車騎大將軍、儀同三司者（如：普泰元年的于謹，此例猶可視爲北魏制度的延續；大統十四年蘇椿官銜爲「散騎常侍・大都督」，可見前引《周書》之制晚至大統十四年仍未完成。）此一官序的完成，可能在大統十四～六年間，除宇文泰及元魏宗室外，其餘柱國與大將軍多半是在這段期間昇任，如：李虎、李弼、獨孤信三人於大統十四年昇任柱國，趙貴、于謹、侯莫陳崇三人在大統十五年；大將軍部分，除李遠、楊忠較早昇任外，其餘都在大統十六年昇任。由此可知這段時期的調整，很可能是有計畫的整理。其次，各級都督仍延續魏晉以來習慣，帶使持節或持節之號。㊲至於大都督、帥都督、都督等中下級軍將的將軍號與加官，就史料言之，所帶加官並不固定，但不外「通直散騎常侍、通直散騎侍郎、員外散騎常侍、員外散騎侍郎」等各種「散騎官」，以及北魏以來的「五等大夫」。至於所配的對軍號，也不固定，自正二品的驃騎將軍以下，至正五品的寧遠將軍皆有其例。㊳且常見已任各級都督後，仍昇其將軍號之例（如：獨孤信、于謹任大都督後昇其將軍號；任都督後加將軍號之例有于謹、侯莫陳崇、宇文導、豆盧寧、賀蘭祥、蘇椿等），這個現象似乎表示同級都督地位的高下，仍與其所帶將軍號有關。㊴

這種將各類官銜固定化的傾向，顯示北朝末北周面對魏晉以來紊亂、冗雜的官制，嘗試加以整理、簡化的努力。此時北方另一個政權北齊，在這方面的發展意圖，可能不如北周來得強烈。㊵大體上，後來楊隋、李唐政權也繼承此一改革方向，繼續從事制度之變革。唐代散官制度的成立，可能必須從此一角度加以觀察，纔能掌握其歷史意義。

北周立國後，柱國、大將軍等官的授予漸趨廣泛；至武帝親政，更增設若干等級，名為「戎秩」。㊶基本上，北周自柱國已下的各級都督，仍擁有領兵實權，並未成為虛銜。但正如一位府兵制度研究者的看法，府兵系統內各級統領者的實權以及地位，不斷地隨著時間演進而逐漸降低。㊷至隋文帝開皇時，原先具有實權的各級都督，在制度上就成為「散實官」（《隋書》卷二八〈百官志下〉）。換言之，有實、有散，開府以下各級單位似仍保有統兵的職權。㊸至於上層的大將軍、柱國失去領兵權，成爲名符其實的「散官」，尊榮的意義較大，不若早先位高權重。不過，開皇散實官在官制結構裏仍具有相當重要的地位。㊹關於這一點，可由《隋書》列傳裏官人昇遷的敍述，多半記載其散實官與職事官的現象得到證明。

隋文帝削弱府兵統領者的職權、品位，但至少在形式上，仍保持原先府兵統率等級的名號。至煬帝即位，制定大業律令，多所改革，㊺乾脆將此一系統名號（上柱國～都督）及開皇時代的散官、散號將軍，盡數削除，重新制定開府以下九大夫、八尉的「散職」（品階名稱參見拙稿附表三）。然則，大業散官與開皇官制間的關係究竟如何？關於這一點，必須檢討頒行大業令前後官人名銜的變化。《隋書》列傳與傳存墓誌資料甚多，以下即援引芒洛冢墓遺文諸編與《隋書》加以分析。

㈠《芒洛冢墓遺文》卷上〈隋故秘書監・左光祿大夫・陶丘藺侯蕭君（瑒）墓誌并序〉：

（大業二年）授上開府儀同三司。三年，朝旨以近代官號隨時變改，雖取舊名，不存事實。改上開府授銀青光祿大夫。

蕭氏戎秩本爲上開府儀同三司，從三品開皇散實官；至大業三年新令頒行後，改授同品級的銀青光祿大夫，從三品大業散官。可見誌主的大業散官銀青光祿大夫，本即由開皇散實官上開府直接改換而來。

㈡《芒洛冢墓遺文續編》卷上〈隋故朝請大夫・右禦衞東陽府鷹揚郎將羊君（瑋）墓誌〉：

仁壽元年除儀同三司。……大業三年改授朝請大夫。

儀同三司，正五品開皇散實官；朝請大夫，正五品大業散官，羊氏的朝請大夫係由儀同三司轉換而來。

㈢《芒洛冢墓遺文續編》卷上〈大隋故銀青光祿大夫・始扶汴蔡四州刺史段使君(濟)墓誌銘〉：

開皇元年……以勳授上開府儀同三司。……(大業)三年，以例改授銀青光祿大夫。

上開府，從三品開皇散實官；銀青光祿大夫，從三品大業散官，銀青光祿大夫係由上開府轉來。

㈣《芒洛冢墓遺文四編》卷一〈孔(神通)河陽都尉墓誌〉：

(大業)二年，授上議同(當作「儀同」)。三年，轉授通議大夫。

上儀同，從四品開皇散實官；通議大夫，從四品大業散官。

㈤《隋書》卷四九〈牛弘傳〉云：

大業二年，進位上大將軍。三年，改為右光祿大夫。

上大將軍，從二品開皇散實官；右光祿大失，從二品大業散官，牛弘右光祿大夫係由上大將軍轉換而來。

根據以上事例，大業三年頒布新令後，官人名銜的轉換是以開皇制散實官直接改爲同品級大業「散官」，可見大業散官正是開皇「柱國——大將軍」系列官序的延伸。因此，史料有稱大業散官爲「散官」者，㊻也有稱爲「戎資」者。㊼甚至在大業八年(六一二年)頒布的詔書裏，更稱之爲「勳官」，《隋書》卷四〈煬帝紀下〉大業八年九月詔云：

> 自三方未一，四海交爭，不遑文教，唯尚武功。設官分職，罕以才授。班朝治人，乃由勳敘。……自今已後，諸授勳官者，並不得迴授文武職事。……若吏部輒擬用者，御史卽宜糾彈。

詔文揭露在此之前，隋代任命官員的標準與「散實官——大業散官」有關。煬帝有意改變魏晉以來的尚武習性，轉而崇尚文治，但此舉卻間接限制武人的仕進，嚴重打擊以武力統一天下的府兵系統人物。煬帝末年三伐高麗，引發大亂，叛亂組成份子中，出身府兵系統者占有重要的地位。[48]這個現象或可作如下解釋：煬帝的文質化、中央集權化措施，導致原屬府兵系統者（府兵主體是關隴集團人物）不滿。及民衆叛亂日亟，府兵系統人物進而加入變亂行列，一吐對煬帝政策的憤恨。隋末大亂中常見「復開皇之舊」[49]的政治口號，足以看出這種反煬帝而不反隋的政治態度。卽使後來李淵順利進佔關中，成立新王朝，也不能不暫時順應民心向背，在制度上以開皇律令爲主體。[50]

煬帝的急速中央集權政策雖導致隋朝覆亡，但當唐朝根基漸固時，制度上的中央集權傾向又再度湧現。武德七年制定武德律令，大體沿襲開皇制度，但對府兵制及勳官系統在官制結構裏的地位，卻作了決定性的調整，正式將勳官從原來的散官體系中分離出去（參見本稿第三節）。

就官制結構而言，唐制勳官仍保持相當尊貴的價值與功能；[51]若與府兵制初期的周、隋比較，誠不可同日而語，《通典》卷四〇職官二二〈秩品五〉云：

> 如柱國，後魏末置，並是當時宿德，勳成業崇，皆主重兵，寵貴第一。周隋以後，受者至多；曁平國家，迴作勳級，唯得三十頃地耳。

杜佑對勳官的來源及變質過程的理解，極爲明晰。周隋時期，授受此類官序者雖漸趨頻繁，但地位仍高，權勢猶重。入唐以後，柱國價値卻低落到祇能授予勳田三十頃。[52]至於唐高宗晚期、則天時期以後，勳官因濫授而導致地位下降的現象，學者已多所論述，此處不再論及。[53]

第三節　唐初散官制度的完成

隋開皇元年（五八一年）頒布的開皇令，除職事官、封爵外，另有散官、散實官、散號將軍（以下所論官稱參照拙稿附表三～五）。散實官前已論及，至於散官部分，五品以上（特進～朝散大夫）係延續魏晉諸大夫官，功能侷限在「加文、武官之德聲者，並不理事。」[54]仍爲「閑秩」，且未區分文、武。六品以下設四十三號散號將軍，共十六級，「以加泛授」。[55]至開皇六年（五八六年）於吏部置六品以下文散官（八郎、八尉），其任務係「散官番直，出使監檢。」此係隋代散官制度一大發展，創制本意似在培訓人才、儲才待須，頗有漢代郎吏制度遺意。相對於四百年的紊亂官制，文帝此舉在恢復官僚體制之正常運作上，實具有重要意義；唐代散官制度「培訓人材」之功能，正是此制的進一步發展。不過，開皇六品以下散官雖歸吏部管轄，但由其名號「郎、尉」，可見文、武仍未分化，亦未發展出繫品秩的功能。且就《隋書》觀之，開皇散官的地位與價値遠不如散實官重要（《隋書》關於開皇散官的記載實不多見，而散實官與職事官則經常出現）。至於六品以下散號將軍，係舊來將軍號的延伸，開皇令將散號將軍壓縮於六品以下，可見此時將軍號的地位與價值，已無法與南北朝時相提並論。

煬帝大業改制，將開皇散號將軍、散官、散實官全部廢除，整合成單一系列的散官制度，基本上延續開皇散實官，前已論及。值得注意的是煬帝另創的郎官制度，分別於秘書省、謁者臺置儒林郎、文林郎、散騎郎、承議郎、通直郎、宣德郎、宣義郎、徵事郎、將仕郎、常從郎（後改登仕郎）、奉信郎（後改散從郎）等職，皆有定額，屬正員官，各依品秩支領正祿。除正員郎外，又有散員郎，無固定員額，不支正祿。各級郎官主要任務在於出使，斟酌事情大小輕重，「據品以發之」。㊱此制與開皇六品以下散官之制略同，在於培養人才，基本上受漢代郎吏制度的影響。㊲

李淵起兵太原，至進佔長安期間，仍採煬帝大業制度。至武德元年（六一七年）稱帝，正式廢除大業體制，改行將開皇律令略加修改而成的「新格」，大業散官於是還原爲「散實官」，乃至稱爲「勳官」。

(一)溫大雅《大唐創業起居注》卷中記載：

其來詣軍者，帝並節級授朝散大夫以上官……。或以授官太高諫帝者。帝曰：「云云。」

此處朝散大夫即指大業散官。

(二)〈姜謨墓誌〉：㊳

（李淵起兵）公投袂麾下，……即授正議大夫、大將軍府功曹參軍事。尋授右光祿大夫，又進位左光祿大夫，……京城清定，遷光祿大夫，轉相國府胄曹參軍事。……授員外散騎常侍、河東道安撫大使。

李淵入長安前，姜氏所授官位是大業散官，李淵攻入長安後改授光祿大夫（從一品大業散官），品秩甚高。至武德令頒行後，文散官轉爲通直散騎常侍（武德文散官，從五品下），二者品秩並不銜接，故知其性質本不相同。

㈢〈唐故開府右尚令王君（仁則）墓誌銘幷序〉：[59]

解褐隋代王府典籤，……隋歷云謝，率義歸朝，以勳授朝請大夫，尋加開府。

此誌所授朝散大夫也是大業散官（從五品），後改行開皇制度，遂轉換爲同品級的開府儀同三司（開皇制散實官，從五品）。

㈣〈唐故常君暨夫人柳氏墓誌銘〉：[60]

（常君）公達摩，唐任勳朝散大夫、驍騎尉、上大都督。

誌主所任朝散大夫係勳官性質的大業散官，改用開皇制度後，轉爲同品級的上大都督（從五品散實官）；至武德令頒行，又轉爲同品級的驍騎尉。其實三者性質、品級皆相同，不過因制度變革使其名稱有所不同而已。

大業散官之本質係勳官，李淵起兵初期（改元武德前）採大業官制，其後隨官制轉變（武德元年～七年間採開皇制度），原來的大業散官復原爲勳官（或散實官）。因此，此類官序與武德文散官無關，這是引用唐初人物傳記時必須特別注意者。《舊唐書》卷四二〈職官志一〉載：

永徽已後，以國初勳名與散官名同，年月漸久，漸相錯亂。咸亨五年三月，更下詔申明，各以類相比。武德初光祿大夫比今日上柱國，左光祿大夫比柱國，右光祿大夫及上大將軍比上護軍，金紫光祿大夫及（缺「大」字）將軍比護軍，銀青光祿大夫及上開府比上輕車都尉，正議大夫及開府比輕車都尉，通議大夫及上儀同三司比上騎都尉，朝請大夫及儀同比騎都尉，上大都督比驍騎尉，大都督比飛騎尉，帥都督比雲騎尉，都督比武騎尉。

史文敍述唐初勳名與散官名稱的混亂，主因是武德元年前採大業散官，武德元年～七年間爲開皇散實官，其名號與貞觀勳官易生混淆。詔書目的在於藉個別官名的比對，恢復唐初勳官原有名位。由於武德、貞觀勳官等級較開皇、大業時低一階，故比對方式係將開皇散實官、大業散官降一階，改敍貞觀勳官，以解決唐初官號混淆所造成的問題。㊶

其次，無論開皇或大業，散實官授受標準尚稱嚴格；李淵起兵過程裏，不惜以高品大業散官賜與來歸者，藉此招攬民心。由於這種大規模的賜予，放寬原本嚴格的授予標準，導致此一官序價値的下降。至自立爲帝，廢大業律令，回歸開皇體制，㊷恢復散官、散號將軍、散實官並立的情況。復因國內尚未平定，不遑改作，至武德七年，天下大勢底定後，纔頒布唐王朝第一個正式法規：武德律令。

武德令的官制構造，包括：職事官、勳官、散官、散號將軍四類。㊸基本上是開皇令的延續。必須注意的是武德令雖以開皇令爲藍本，在官制上卻有若干改變。武德令開始正式使用「勳官」一詞，由於隋末以來授受標準的降低，勳官地位與價値隨之下降。前節討論勳官官序的產生與都督制度密切相關，開皇散實官仍保留都督稱號；煬帝大業改制將此系列名號全部更動，廢除其中各級都督；武德令雖以開皇令爲藍本，但在這方面卻一如煬帝大業制度，正式切除勳官與都督制度的關聯，這是武德令在承襲「開皇之舊」大方向下的重要轉變，其意義則爲勳官正式脫離府兵統率體系，成爲「榮譽性」的官銜。

其次，武德令另一値得注意的變化厥爲將軍號地位的提昇，開皇散號將軍壓抑在六品以下，武德令則設輔國大將軍以下二大將軍、十將軍共十二級將軍號，列於正二品～從五品間（參照拙稿附表五），大幅提昇將軍號的地位，此制爲後來貞觀武散官制度奠定基礎。不過，武德的散號將軍並非武散官，其性質在於「加武士之無職事者」，㊽亦卽帶散號將軍者都是不擔任職事的武官，尚未成爲武職事官之本階。因此，武德令雖設文散官，但武散官制度仍未完成。至於文散官部分，係雜揉開皇與大業散官、郎官制度而成。其中，開府原係中級散實官（開皇制），大業令提昇至散官的最高品階，「同漢魏之制」。㊾特進、左右光祿大夫則開皇、大業皆有之。太中大夫、中大夫、中散大夫係遠承北魏五等大夫制而來。至於六品以下諸郞，各品上階名號採自開皇散官制的同品上階官號；各品下階的部分，自承議郞以下至將仕郞（承務郞除外㊿）都是從大業郞官制度而來。

散官制度大體完成於貞觀十一年（六三七年）頒布的貞觀律令。(67)貞觀散官制度對武德制作了大規模的改進，首先是正式確立文、武散官的區別。(68)其次，名號上也有若干調整。文散官名號（參看拙稿附表四），三品以上部分保留武德制的開府儀同三司、特進，削去左、右光祿大夫，改置光祿大夫，另加金紫、銀青二光祿大夫。四、五品部分，保留武德制太中大夫、中大夫、中散大夫，並增設若干名號。其中，朝議、朝散二大夫採自開皇，正議、通議、朝散三大夫襲自大業。六品以下諸郎，除通議郎改爲奉議郎外，與武德制大致相同。至於武散官部分，五品以上採武德散號將軍，六品以下諸校尉、副尉則係新創設。⑲以名號觀之，散官制度本身卽蘊含濃厚的身分階層色彩：文散官五品以上爲大夫，六品以下爲郎；武散官五品以上爲將軍，六品以下爲諸尉，卽爲明證。⑳又文、武散階的分立，使人事銓綜的進行更有秩序，當官人由文職調任武職時，其散位也由文散官改爲同品階的武散官，反之亦然。

貞觀散官制度的改革不僅名號而已，更重要的是在功能上的調整。前述散官包括兩種類型：㈠、爲職事官所帶的散位，稱爲「本品」；㈡、則係不擔任職務的純粹散官。基本上，貞觀散官與開皇散官、大業郎官有著本質的差異。開皇散官的功能在「番直」與「出使監檢」，大業散員郎官，略與純粹散官相近，意義在於培訓人材；至於大業「正員郎」係職事官，亦非官人所帶的散位。㉑唐代散官的特殊地位在於作爲官人的「本階」，就此而論，與唐代散官性質相近的隋代官序，毋寧是開皇散實官、大業散官。換言之，開皇散官制度仍停留在㈡的階段，並未產生繫職事官品秩的功能，而隋代官人繫品秩的位階則是以散實官爲據。《舊唐書》認爲隋代改用開府儀同三司以下的官序，作爲官人本階，正是指「開皇散實官——大業散官」而言，這種說法是可信的。㉒

「本品」一詞，自武德令即已有之。⑬唯其意義恐與貞觀令以後不盡相同，《舊唐書》卷四二〈職官一〉記載：

武德令：職事高者解散官，欠一階不至為兼，（職事卑者），不解散官。貞觀令：職事高者為守，低者為行，欠一階不至為兼，與同階者，皆解散官。

武德令與貞觀令對散官與職事官關係的界定不同，武德令職事官與散官的關係分成三類：㈠職事品高於散位者，解去散官；㈡散官低於職事品一階者爲兼；㈢職事品低於散官者，不解散官。可見武德令裏「散官——職事官」結構是在官人的職事品與散位兩種品級中，取其高者作爲官人的品秩。官人職事品高於散階，必須解去散官。⑭故此時官人僅保有一個品秩（卽職事品）；若職事品低於散階二階以上，則保留其散階。換言之，武德令裏「本品」並不一定指官人的散位。至於貞觀令，除同階或低一階者解去散官外，其餘無論高、卑，都適用行、守之制。亦卽無論行、守，都是以職事官所帶的散位爲基準，其意義在於認定一個官品——散位，作爲官人在官僚體系裏地位的表徵。換言之，由職事官所帶的散位作爲官人的品秩，「本品」的意義正由此而來。至於同階或欠一階者解散官，其意義在於官人的職事品與散位同階或散位較低一階時，解去其散官。因此，以「某職事」爲銜者，卽表示此官人在官僚體系裏的地位卽職事品（亦等於散位）；以「兼某職事」爲銜者，表示其散位低於職事品一階，⑮使人對此官人散位與職事品間的關係一目瞭然。至於行、守者，則保留散位，作爲其「本品」。透過此一制度的運作，原則上使散位成爲反映官人在官僚體系內等級高低的指標。因此，貞觀散官制度是以散位代表官人的品秩，這也是職事官所帶的散位稱爲「本品」的原因。

貞觀令頒行後，唐代散官制度大抵已經完成。其後演變係武散官部分逐漸發展若干特殊性質的散階，與前述散官意義有異，《唐會要》卷一〇〇〈歸降官位〉高宗顯慶三年（六五八年）八月十四日條載：

置懷德（當作「化」）大將軍，正三品；歸化（當作「德」）將軍，從三品。以授初附投首領，仍隸屬諸衛，不置員數及月俸、料。

據《舊唐書》卷四〈高宗紀上〉顯慶三年二月條的記載，蘇定方大破西突厥，降者甚衆，設懷化大將軍、歸德將軍二級武官，安置新歸附的酋帥。此類武散階其後演變的資料頗多，臚列於下，並略作疏證，《舊唐書》卷一三〈德宗本紀下〉貞元十年（七九四年）七月條載：

吐蕃大將論乞髯陽沒藏悉諾硉以其家內附，授歸義（當作「德」）將軍。因置四品已下武官，以授四夷歸附者；仍定懷化大將軍已下俸錢。

《册府元龜》卷九七六外臣部〈褒異三〉條云：

（貞元）十一年正月甲申，以降吐蕃論乞髯湯沒藏悉諾硉為歸德將軍。

《唐會要》卷一〇〇〈歸降官位〉德宗貞元十一年（七九五年）正月條云：

置懷化大將軍，正三品，每月料錢四十五千文、雜料三十五千文。歸德將軍，從三品，（以下有關俸料部分從略）。懷化中郎將，正四品，……歸德中郎將，從四品，……懷化郎將，正五品，……。歸德郎將，從五品，……。懷化司階，正六品，……。歸德司階，從六品，……。

懷化中候，正七品，……歸德中候，從七品，……。懷化司戈，正八品，……懷化執戟長上，

正九品，……歸德執戟長上，從九品。

吐蕃大將降唐係貞元十年中事，但「置四品已下武官」則在貞元十一年正月。又《會要》詳載十四級武官品秩與俸料，其中懷化大將軍、歸德將軍設於顯慶三年，不給俸料。故貞元十一年改制包括兩部分：⑴懷化大將軍、歸德將軍的月俸料，⑵增置四品已下懷化、歸德「中郎將——郎將——司階——中侯——司戈——執戟長上」等十二級武官。須注意的是自懷化大將軍～歸德執戟長上的品級，均未分上、下階。唯據《新唐書》卷四六百官一〈兵部尚書〉條（參見拙稿附表五），謂武散官有四十五階。除貞觀以來卅九階，顯慶三年新設兩號，貞元十一年增設十二號外，另有「懷化將軍，正三品下；歸德大將軍，從三品上。」此事可疑。蓋唐代九品官制結構，三品以上分正、從，四品以下每一正、從各分上、下階。懷化將軍、歸德大將軍是在正、從三品再細分上、下階，此制實爲對整個官品結構的破壞。再者，此二官稱之由來頗成疑問。據筆者所見，《新唐書》卷五五〈食貨五〉謂：「唐世百官俸錢，會昌後不復增減，今著其數。」[76]其中著錄支領俸料的官職中，也祇有貞元十四級武官，無懷化將軍、歸德大將軍二官。因此，此二官稱可能是增設於會昌後，《冊府元龜》卷九七六外臣部〈褒異三〉記載：

（後唐明宗長興三年）三月丙申，回鶻朝貢使・都督拽祝為懷化將軍，副使印安勤懷化郎將。

(三月)己亥，以吐蕃朝貢使、左廂首領、左千牛衞將軍同正野利閭心爲歸德大將軍。

這段記載可能是最早提到這兩個官號的史料。一般說來，《新唐書》百官志雖以開元廿五年令爲本，但常挾雜若干安史亂後，甚至更晚的制度。⑰因此，新志武散官四十五階之說卽使不誤，其時代恐亦甚晚，可能是會昌以後的制度。再者，《新志》四品已下部分已分化爲上、下階，亦與貞元十一年制不同。

總之，顯慶三年增設懷化大將軍、歸德將軍，武散官仍爲廿九階，不能視爲卅一階。蓋懷化等散階的設立，並未於原有品級外，另設品階，以階數言仍爲廿九階。以開元七年令爲藍本的《六典》也說「武散官廿九階」，而實數則爲卅一。⑱直到出現「正三品下、從三品上」兩階後，纔轉變成卅一階。⑲換言之，歷代增置的結果是號數的增加，而非階數的增加，這是有必要加以澄淸的。⑳

至於此類武散官與一般散官的區別，約略包括以下幾點：

㈠散官必須番上，文散官歸吏部管理，武散官則歸兵部，主要任務是送符與諸司見習。㉑此類散階的番上任務係「配諸衞上下」，亦卽據任宿衞。㉒

㈡此類散官的名號頗近於職事官稱(如：司戈、司階、執戟等)，與一般武散官較具抽象性的稱謂不同。

㈢除最高階的開府、特進外，不擔任職事的純粹散官一般都不能支領俸料。但貞元十一年後，此類官階卻可支領俸料。㉓

㈣此類官階祇授予外族，而一般散官卻無此限制。[84]

綜合上述討論，若將懷化、歸德之類專門授予外族的武階看作武散官，則貞觀十一年～顯慶三年以前，武散官共有廿九階，廿九號；顯慶三年二月～貞元十一年以前仍爲廿十階，但有卅一號；貞元十一年以後有廿九階，四三號。會昌以後演變成爲卅一階，四五號。至於此類官階的源流，或可與南朝梁武帝天監改革裏專門授予外國的將軍號相比擬。[85] 亦即從唐朝的天下秩序著眼，纔能瞭解此一特殊武散官之性質。[86]

第四節 小結——兼論散官制度成立的背景

綜合本章的討論，可獲致以下幾點初步的結論。

一、唐代散官制度包括兩項內容：㈠是純粹無職事的散官；㈡是作爲職事官繫品秩的散位。前者具有培訓人材的意義，係延續漢代郎官制度之遺意，如：開皇六年吏部散官、大業郎官制度，都具有此一功能。至於後者，側重人事行政層面，這是唐代散官制度在傳統官制中具有獨特地位的主因。

二、以繫職事官品秩的功能而論，諸大夫官、加官迄未發展此一功能，也未能形成較完整的體系，與唐代散官制度之關係僅侷限在個別名號的承襲上。至隋開皇令，諸大夫職仍不脫「閑秩」、「加官」色彩。開皇六年設六品以下散官，開始出現較完整的體系，然其意義祇如唐制不擔任職事的純粹散官一般，亦未發展繫品秩之功能。其後經唐初，尤其是貞觀朝的釐定，散官制度始告完成。

三、據筆者淺見，唐代散官制度繫職事官品秩的功能，係自將軍號、勳官等軍事性質官序而來。西晉時期，將軍號已成爲官人官銜的一部分，⑰至南北朝晚期，更可能已經出現「階官化」現象，這是繫職事官本階之制的直接來源。⑱

四、唐代散官制度的完成與隋制關係密切，散官名號的來源除魏晉以來將軍號、五等大夫外，採自隋代建置者最多。但整個體系的完成（如散官正式分化爲文、武），仍是貞觀君臣努力規畫的結果。⑲其次，大業制度對唐代散官的完成，影響深遠；煬帝急速地中央集權政策雖導致隋朝的覆亡，但後來的唐朝仍然部分地繼承煬帝改革的志向，尤其是貞觀制度與大業官制較爲接近，這一點是研究隋唐之際制度傳承時值得注意的現象。⑳

以上係初步觀察，論證過程仍有若干問題亟待解決，如：將軍號的發展及其階官化過程、勳官官序的發展與府兵制的關聯，諸如此類問題皆非筆者目前能力所及，暫置以俟來日。

拙稿所論其實祇是對《舊唐書》卷四二〈職官志一〉所謂：「（文）武散官，舊謂之散位，不理職務，加官而已。後魏及梁，皆以散號將軍記其本階；而隋改用開府儀同三司已下。貞觀年，又分文武，入仕者皆帶散位，謂之本品。」的說法作一註腳而已。這段記載包括三個部分：⑴將軍號；⑵勳官（戎秩、散實官）；⑶貞觀散官的完成。至於將軍號、勳官與散官的關係，則必須從魏晉南北朝的歷史背景加以理解。

自漢末大亂～隋文帝開皇九年統一全國，除西晉的短暫統一外，中國本土經歷近四百年的的分裂。分裂過程中，軍事行動相當頻繁，而將軍號、勳官正是在軍事背景中衍生的官序，尤其是作爲隋唐制度母體的北魏，其軍事性更是濃厚。⑨¹將軍號的意義表現在兩方面：㈠隨著將軍號逐漸普及，出現以將軍號、勳官作爲官人品秩的現象（「階官化」）。㈡由將軍號衍生的軍府體制原本祇是軍事性質的單位，南北朝期間逐漸取代漢代以來地方行政主體的「州郡佐僚（鄉官）」（學者稱這種現象爲「軍事統制之地方官化」⑨²），行使實際的統治權。至於任用方式，鄉官是地方長官「辟召」當地人士而署置，而將軍號的授予及軍府僚佐的任命權，屬中央政府（吏部）的權限。⑨³南北朝期間（尤其是北朝）吏部職權的加強，可能與控制這批爲數極廣的地方軍府僚佐任命權一事有關。⑨⁴至隋文帝開皇十五年（五九五年），廢除州郡鄉官一系佐官，⑨⁵保留原來的軍府僚佐作爲地方行政單位，正式將地方行政機構的人事權收歸中央，結果造成全國「一命以上」官僚的任命「咸歸吏部」，強化中央集權的體制。⑨⁶其實軍府僚佐的任命權本屬於吏部，文帝廢鄉官的歷史意義在簡化地方行政機構，將府佐系統正名爲地方行政單位。由此看來，南北朝時期將軍號的出現，固然表現出地方分割中央軍事權力的現象，但也蘊藏若干中央集權的因子，爲後來隋代集權化措施提供一個良好的基礎。從這一個角度看來，代將軍號而起的唐代散官制度，本質上或多或少具有強化中央集權的意義。

隋文帝～唐太宗期間四度修改散官制度，修正次數的頻繁足以顯示散官制度在隋及唐初制度改革的重要意義。⑨⁷學者認爲科舉出現的背景與文帝廢鄉官，鞏固中央吏部之人事任命權一事有關。⑨⁸其實，散官制度的形成及其改革之頻繁，亦可由此一角度來理解，爲促使爲數甚廣的地方行政官員之任命能更有秩序，遂致力於改進人事運作上至爲重要的散官制度。南北朝時期雖然逐漸形成以將軍號繫官人品秩的方式，但爲數超過一百的將軍號，畢竟是過多而且不利人事銓綜之進行，因而自南北朝末期即出現簡化的傾向。隋唐散官制度的主要發展方向，除了簡化工作的繼續進行外，並企圖掃除將軍號、勳官官序濃厚的軍事色彩，恢復文官體系文、武並立的正常性體制，以適應大一統時代人事行政之需求。隋煬帝改革過速，將各官序整合於具強烈文官色彩的單一體系，又刻意壓抑武人的昇遷，遂激起反彈。太宗君臣記取教訓，進行文武分化時注意保持二者間的均衡，而文武並立的散官制度則爲唐代人事運作提供了良好的制度架構。

散官制度成立的另一層意義，在於隋唐統治者亟思改變自魏晉九品官人法以來，「士大夫不爲天子所命」的現象。關於這一點，太宗在貞觀十一年頒布新律令後，曾作如下的宣示：「散位一切以門蔭結階品，然後勞考進敍。」⑲這是「尙冠冕」的關中政權所作的政策性宣示，以「蔭任」（以官品爲基準）作爲官人入仕的主要途徑，藉以打破士族閥閱憑藉其社會威望（或門資），壟斷官職的現象；目的不外將擁有豐富社會資源的舊士族，納入以官品爲標準的新體制，以強化官僚體制的功能。

⑩官僚的昇遷與考課制度、散官制度嚴密配合，唐代文官體系頗具合理性的一面卽在於此。

【註　釋】

①楊百揆等著《西方文官系統》（臺北・谷風出版社重編本，民國七十六年），頁九五－六。

②仁井田陞《唐令拾遺》（東京・東京大學出版會影印，一九六四年），頁一〇二官品令第一條引開元二十五年令。

③《舊唐書》卷四二〈職官志一〉。

④呂思勉《隋唐五代史》（臺北・里仁書局影本，民國六十六年），頁一一〇一。

⑤朱禮《漢唐事箋・唐事箋》卷二〈階爵勳封〉條。

⑥拙著〈唐代律令中的散官與散位——從官人的待遇談起〉（《中國歷史學會史學集刊》二十一，民國七十八年七月）。

⑦岳珂《愧郯錄》（四部叢刊續編本）卷七〈散階勳官寄祿功臣檢校試銜〉。

⑧黃定宜《考辨隨筆》卷一〈散階考〉。

⑨黃清連〈唐代散官試論〉（《史語所集刊》五八：三，民國七十六年三月）。

⑩《漢書》卷一九上〈百官公卿表上〉，相關討論參見曾資生《中國政治制度史：秦漢》（臺北・啓業書局重印，民國六十八年）第五篇第六章〈加官與散官〉；陶希聖・沈任遠《秦漢政治制度》（臺北・臺灣商務印書館，民國五十三年臺一版）第五章第六節〈加官與散官〉。

⑪《宋書》卷三九百官志上、《大唐六典》卷二吏部郎中員外郎〈開府儀同三司〉、〈特進〉條本註。

⑫ 參見註一○曾資生《前引書》，頁一九九—二○三。

⑬ 《南齊書》卷一六百官志〈光祿勳〉條。

⑭ 《魏書》卷一一三〈官氏志〉魏道武帝天賜元年（四○四年）九月條。

⑮ 宮崎市定氏將五等大夫解釋爲〈太中大夫、中大夫、下大夫、中散大夫、散員大夫〉（氏著『九品官人法の研究』，京都・同朋社，一九五六年，頁四○四）。唯據《魏書》卷一一三〈官氏志〉，太和後令並無「中大夫、下大夫、散員大夫」，此三職均爲前令裡的制度。宮崎氏可能是誤引前令裡的諸大夫職作解釋，恐須修正。

⑯ 《魏書》卷一一〈出帝紀〉載永熙二年（五三三年）五月乙巳詔、《同書》卷二一上〈高陽王雍傳〉載元雍上表。

⑰ 《隋書》卷二七百官志中載〈後齊官制〉。

⑱ 隋以前的諸大夫官、加官與唐代散官制度的關係，侷限在名號的傳承上，但在功能方面，確無直接的關係。

⑲ 大庭脩〈前漢の將軍〉、〈後漢の將軍と將軍假節〉（均收入氏著《秦漢法制史の研究》，東京・創文社，一九八二年）。

⑳ 嚴耕望《中國地方行政制度史》上編卷中〈魏晉南北朝地方行政制度上册〉（臺北・史語所專刊四五，民國五十二年，以下簡稱《前引書A》），頁八七—一○二；小尾孟夫〈晉代における將軍號と都督〉（《東洋史研究》三七：三，一九七八年十二月），頁一一一—三。

㉑ 嚴耕望氏《中國地方行政制度史》上册卷中〈魏晉南北朝地方行政制度下册〉（以下簡稱《前引書B》），

頁五八四。

㉒ 窪添慶文〈北魏前期の將軍號〉（《東洋文化》六〇，一九八〇年二月）一文。

㉓ 從南朝將軍號普及化的過程觀之，南朝初期的宋、齊是否已經以將軍號爲散官？不無疑問。參見嚴耕望《前引書A》，頁二三三。

㉔ 窪添慶文〈前引文〉，頁六七—八。

㉕ 福島繁次郎氏亦曾引用此段史料，但並未指出「不降階」與張氏將軍號間的關聯，參見氏著〈北魏の停年格と吏部權の發展〉（收入氏著《增補中國南北朝史研究》，東京・名著出版株氏會社，一九七八年），頁二六〇—一。黃清連〈前引文〉同意福島論點，認爲此處所昇之階、級，應爲「職官」的品階，與唐之「散階」有別（頁一三九註㉔）。

㉖ 《魏書》卷七六〈盧同傳〉載盧同上表。

㉗ 楊樹藩認爲北魏已經發展出散階，此一結論大致可信。唯楊氏所據史料多有錯誤，並未察覺將軍號作爲官人「本階」的現象，參見氏著《中國文官制度史》（臺北・黎明文化事業公司，民國七十一年）上册，頁一七四—五。

㉘ 天監改革的內容，參見《隋書》卷二六百官志上。

㉙ 周一良〈南齊書丘靈鞠傳試釋兼論南朝文武官位及清濁〉（收入氏著《魏晉南北朝史論集》，北京・中華書局，一九六三年）一文。此外，《魏書》卷八八〈明亮傳〉記載北魏世宗延昌年中實施考課，明亮授勇武將軍。明氏以官號清濁爲辭，拒絕接受戎號，與世宗間展開一段對話，可見當時確有以將軍號爲濁官的現象。

㉚ 九品官人法之下「門第二品、位登二品」的意義，宮崎市定氏有極深入的檢討，參見氏著《前引書》，頁二三三以下。

㉛ 《隋書》卷二七百官志中。

㉜ 《北史》卷三〇盧同傳。

㉝ 《魏書》卷六八〈甄琛傳〉。

㉞ 嚴耕望《前引書B》，頁六二八—九。

㉟ 《北齊書》卷一八〈高隆之傳〉；近人討論，參見嚴耕望《前引書B》，頁五二五—九。

㊱ 北魏末年以後，地方行政除原來州郡佐官（鄉官）與將軍府外，又出現都督府，形成三系並列的局面。至北周設總管府，又減爲總管府與州郡佐官二系。將軍開置將軍府係依其將軍號，然則北周總管既得設置總管府，其標準爲何？根據王仲犖《北周六典》（臺北・華世出版社影印，民國七十一年）卷十〈總管府第廿五〉，北周總管府的主要職務皆未繫命秩（頁六二三—六三一），則北周總管府之設置是否係依擔任總管者之「戎秩」而有不同，如賀婁慈（張慈）於周武帝天和元年（五六六年）授使持節大都督，「治柱國總管府司錄」（《陳子山集》卷十四〈周車騎大軍賀婁公（慈）神道碑〉），此例是否可以解釋爲總管府之規模、府佐之命秩係依總管之柱國銜而置？關於這一點，仍待深入檢討。

㊲ 大都督以上多加〈使持節〉號（如《周書》卷三九〈王子直傳〉）。至於帥都督、都督多半爲「持節」（如《同書》卷三四〈裴寬傳〉）。

㊳ 同註㉟。

㊴ 若進一步推測，各級都督（大都督、帥都督、都督）所配的將軍號，可能各有一定的範圍。關於北周將軍號的功能與作用，均有待進一步檢討。

㊵ 北周地方行政有一特別現象，即以州佐「治」軍府官，嚴耕望推測「治」即行事之意，並認爲此制目的是企圖統合州佐、府佐兩系列佐官爲一系，藉以增強行政效率（氏著《前引書B》頁八五七及頁五九八）。此現象顯示北周在行政運作上亦朝簡化的方向進行。學者討論南北朝末期鄉官任命權逐漸由中央剝奪的發展過程，經常引用北齊「賣官降中，敕用鄉官」的史料（《北齊書》卷八「幼主紀」末），此事固然可以視爲中央權力擴張，將州佐的任命權部分地收歸中央。然而，此一事件終究祇是政治腐敗後引發的變化。至於北周的「治」，可能是一種有意識的改革，巧妙地統合了原先二系列的鄉官、府佐系統。因而，北周這種傾向更能作爲南北朝末期地方行政變化的證明。

㊶ 《周書》卷六〈武帝紀下〉建德四年（五七五年）冬十月戊子條。

㊷ 谷霽光《府兵制度考釋》（臺北・弘文館出版社重編本，民國七十四年），頁一一二—三。

㊸ 《隋書》卷二八〈百官志下〉開皇左右衛條載：「左右衛又各統親衛，置開府（……東宮領兵開府准此）。府置開府（一人）。……又有儀同府（東宮領兵儀同皆准此）。」即開皇制有領兵開府與不領兵開府、領兵儀同與不領兵儀同之別，儀同下的大都督、帥都督、都督亦然。領兵者即爲實官，不領兵者爲散官。大體說來，開府以下或領兵，或不領兵；上開府以上則皆爲不領兵的「散官」。

㊹ 例如《隋書》卷六五〈周羅睺傳〉載：「（開皇九年）其年秋，拜上儀同三司。……先是陳裨將羊翔歸降于我，使爲嚮導，位至上開府，班在羅睺上。」據此條則開皇時期的朝會與散實官有關。又《隋書》卷一七〈

韓擒虎傳〉記載一則逸事，大略是說韓擒虎將卒之前出現的神異，韓擒虎說：「生爲上柱國，死作閻羅王，斯亦足矣。」此事或許荒誕不稽，然而其中卻反映了隋代散實官的尊貴價值。

㊺ 煬帝大業改革的方向是努力強化中央集權體制，參見菊池英夫〈隋唐律令法體系の歷史的位置づけをめぐる一試論——「家產官僚制國家」の法と「封建法制」論——〉（收入唐代史研究會編《律令制——中國朝鮮の法と國家》，東京・汲古書院，一九八六年），頁二〇五。相對於南北朝時期濃厚的軍事色彩，中央集權的另一側面即爲文質化，此乃一事之兩面，並不矛盾。

㊻ 羅振玉《芒洛冢墓遺文續編》卷上〈隋故朝請大夫・右禦衛東陽府鷹揚郎將羊君（瑋）墓誌〉。

㊼ 《隋書》卷七三〈循吏・柳儉傳〉。

㊽ 谷川道雄〈府兵制と府兵制國家〉（收入唐代史研究會編《前引書》），頁四二九—四三〇；氣賀澤保規〈隋煬帝期の府兵制をめぐる一考察〉（收入唐代史研究會編《前引書》），頁四四八—四五三。

㊾ 布目潮渢《隋唐史研究》（京都・同朋社，一九六八年）上篇第一章〈楊玄感の叛亂〉。楊氏舉兵時，署置百官「皆準開皇之舊」（《隋書》卷七〇本傳），此事即爲隋末「復開皇之舊」之先聲。後來李密在取代翟讓後，接受皇泰主的授官，其意義也是一樣的。布目氏從現實政治的角度分析此一口號的意義在于否定煬帝的統治，但並未否定隋朝（氏著《前引書》，頁九六）。然而，此口號亦有其制度史上的意義，後來李淵代隋，廢除大業律令，回歸開皇體制，即爲此一口號之具體實現。

㊿ 《唐會要》卷三九〈定格令〉：武德令雖對開皇令有所修正，但範圍不大，基本上仍以開皇令爲主體。至於開皇、武德二令之差異，主要在于「五十三條格」的性質，凡此皆待進一步檢討。

(51) 關於勳官在唐代官品結構裡的功能，以下即摭引唐律、仁井田陞《唐令拾遺》中若干條文與其它典籍中相關記載加以列擧：一、刑法的特別優待（名例律卷二名例律一〇、十七條）；二、勳田（開元七、廿五年田令，頁六一七）；三、蔭任（開元七、廿五年選擧令，頁三〇〇—一、《唐會要》卷八一「用蔭」引開元四年十二月敕）；四、賦役（開元七、廿五年賦役令，頁六八七）；五、房舍（開元七、廿五年營繕令，頁八〇二）；六、立戟（開元七、廿五年儀制令，頁四九五）；七、設置府官（永徽東宮王府職員令，頁一五三—四）；八、優先擔任胥吏（《大唐六典》卷三〇州鎭倉督州縣市令、《通典》卷三食貨〈鄉黨：大唐〉條），西村元佑氏《中國經濟史研究——均田制度篇》（京都・同朋社，一九六八年），頁六一九以下已有部分討論。

(52) 開元七年、廿五年田令〈官人永業田〉條，見仁井田陞《前引書》，頁六一七。

(53) 近來因敦煌籍帳資料的出土，益加證明唐代前半期自高宗晚年以後勳官價值下降的過程，參見西村元佑「唐代における勳官の相對價値の消長と絕對價値」（《愛知學院大學文學部紀要》八，一九七八年）一文。

(54) 《隋書》卷二八「百官志下」。

(55) 同註(54)。開皇令六品以下散號將軍，似如魏晉以來，並未區別文武，可能是文、武官皆可泛授的官階。

(56) 同註(54)。

(57) 漢代郎吏制度，參見嚴耕望「秦漢郎吏制度考」（《史語所集刊》二三上，民國四十年十二月）一文。

(58) 毛漢光《唐代墓誌銘彙編附考》第一冊（臺北，史語所專刊八一，民國七十三年），頁一五七。

(59) 同註(58)，頁三九三。

⑩ 毛漢光《唐代墓誌銘彙編附考》第四册（臺北，史語所專刊八一，民國七十五年），頁一一一。

⑪ 西村元佑認爲此詔目的在於提高士卒的戰鬪意志，防止勳官價值的低落（氏著〈前引文〉，頁二三四）。筆者認爲此詔似無西村氏所說的意圖，且不能發揮防止勳官價值低落的效果。詔書的目的是希望藉著比類的方式，恢復原來唐初勳官的名位，不與文散官混淆。否則，武德初雜用開皇勳官名號中的開府儀同三司與武德、貞觀文散官中最高階的開府同名，易造成混亂。換言之，詔書的重點與其說是勳官，不如說是爲了防止散官被勳名所亂。

⑫ 《舊唐書》卷一〈高祖紀〉武德元年六月甲戌條。

⑬ 《舊唐書》卷四二〈職官志一〉引武德官制。

⑭ 同註⑬。黃清連根據《舊唐書》卷四二職官志，認爲「武散官包括二大將軍、十將軍、四騎尉，共十六階。」，甚至包括「天策上將府五種武散官。」（頁一四六）按，武德令僅有「散號將軍十二階」，黃氏之說可能係誤讀〈職官志〉所致。

⑮ 《隋書》卷二八〈百官志下〉引煬帝大業官制。

⑯ 「承務郎」一職亦煬帝首創（《隋書》卷二八〈百官志下〉），唯其職位有如唐代尚書省列曹員外郎，武德散官僅是取其名號而已。

⑰ 《舊唐書》卷五〇〈刑法志〉、《唐會要》卷三九「定格令」。但《舊唐書》謂高宗顯慶元年又置驃騎大將軍員，從一品（卷四二〈職官志一〉），根據此條記載，則至高宗初始置驃騎大將軍一階；然而，或可認爲此階初置於貞觀令，至顯慶初始有武將授此高位，有待進一步討論。又黃清連根據《通典》，認爲部分文散

官的階品至高宗顯慶時始分上、下階。由於唐代九品官制結構，三品以上分正從，四品以下除分正從外，每一正從分上下階。此一分類係整個官制之骨幹。斷無其他制度已分上、下階，唯若干散階不分上、下之理。史文有闕，當據整體結構之合理性，補正史文。總之，顯慶年間並未對文散官作「局部修正」，唐代散官制度大體至貞觀令已告完成。

⑱《舊唐書》卷四二〈職官志一〉。

⑲開皇散官的諸尉係各品下階，至大業令則六品以下皆為尉，貞觀時定制諸校尉恐卽由此影響而來（《大唐六典》卷五兵部郎中員外郎〈陪戎副尉〉條本註）。其次，以五、六品間作為將軍與校尉（副尉）的分界，與文散官的階層區分相互對應，使整個散官制度更加體系化；同時，也改變了自魏晉以來一品至九品皆為將軍的型態。

⑳關於散官與官人身分間的關係，參見拙著〈前引文〉，頁四三～四六。

㉑同註⑦岳珂的意見。

㉒黃清連強調「後魏及梁恐仍未發展出品、階分立，並用本品作為官僚銓敍、考課之標準。」否定《舊唐書職官志》的說法。據筆者淺見，《舊志》的看法並不誤，拙稿的討論卽本於《舊志》的線索進行的。

㉓仁井田陞《前引書》，頁四五九引武德衣服令。唯此條「本品」一語，是否卽指職事官所帶的散位，仍待深入檢討。《舊唐書》卷四二〈職官一〉認為貞觀以後官人所帶散位，謂之「本品」。嚴格說來，本品一詞自武德卽有之；但武德令的本品不必然是指官人所帶的散位，參見下文的討論。

㉔「解其散階」的「解」字，依唐律用法，應為「解去」之意，參見滋賀秀三《譯註日本律令五：譯註篇一》

(東京・東京堂，一九七九年)，頁一〇二註⑩。

⑮ 散官低職事一階爲兼的事例，參見岑仲勉《唐史餘瀋》(臺北・弘文館出版社影本，民國七十一年)，頁一六～九〈岑文本兼中書侍郎〉條；又孫國棟氏〈唐書宰相表初校〉(《新亞學報》二：一，一九五八年八月) 一文亦有多處考證，頁三一〇～二，頁三一四～六，頁三一八～三二〇。

⑯《新唐書》卷五五〈食貨五〉；若將新志所載俸料數與《唐會要》卷九一、九二〈內外官料錢〉貞元四年俸料額度相較，頗有差異。因此，《新志》認爲係會昌之制的說法大致是可信的。

⑰ 高明士〈新舊唐書百官（職官）志所載官制異同的檢討——以學制爲中心——〉(《臺大歷史學報》七，民國六十九年十二月) 一文。

⑱《大唐六典》卷五兵部郎中外郎〈武散官〉條。

⑲《資治通鑑》卷一九〇唐紀六〈武德七年三月〉條記載武德七年三月初頒武德令時，文散官爲廿八階（當爲廿九階之誤），武散官有卅一階。同條胡註引用《新書百官志》的武散階爲釋。換言之，胡三省未用《新志》四五階之說，認爲祇有卅一階而已。

⑳ 黃清連〈前引文〉(頁一五一) 卽其一例。

㉑《舊唐書》卷四二職官志上。

㉒ 關於懷化等武散官的宿衞任務，參見章羣《唐代蕃將研究》(臺北・聯經出版事業公司，民國七十五年)，頁九七～一〇二。

㉓ 據《舊唐書》卷四二〈職官志一〉，不擔任職事的純粹散官，除開府、特進（包括同等級武散官驃騎大將

軍、鎭軍大將軍）外，原則上不給俸料，參見拙著〈前引文〉。

㉞ 此類官階係專爲蕃將而設，但蕃將也有授任一般文、武散階者，參見章羣《前引書》附載的〈唐代蕃將表〉。又池田溫〈唐朝處遇外族官制略考〉（收入唐代史研究會編《 隋唐帝國と東アジア世界 》，東京・汲古書院，一九七九年）第三節〈專任外族武階〉，頁二五六～二六二。

㉟ 《隋書》卷二六〈百官志中〉引梁天監改制。

㊱ 魏晉南北朝時期授予外國君主、臣僚將軍號的意義，以及與中國天下秩序（或稱「東亞世界秩序」）的關係，參見坂元義種《古代東アジアの日本と朝鮮》（東京・吉川弘文館，一九七八年）第五章第二節〈國際的地位と將軍號——將軍號の有效性をめぐって〉。關於中國天下秩序的構造及其歷史意義，參見高明士〈中國文化與東亞世界〉（收入劉岱總主編《中國文化新論——根源篇》，臺北・聯經出版事業公司，民國七十年）以及〈從天下秩序看古代的中韓關係〉（收入中華民國韓國研究學會編《中韓關係史論文集》，民國七十二年）。

㊲ 參見高明士〈從天下秩序看古代的中韓關係〉，第四章〈魏晉南北朝時代的中韓關係〉，尤其是頁八七～九二。

㊳ 池田溫認爲六朝時期將軍號的階官化現象，官階的高下由散號將軍來標示；至煬帝大業改制，廢除各級散號將軍，向階（散官）制轉移，掃除品階組織中原有的軍事色彩，參見氏著〈律令官制の形成〉（收入《岩波講座世界歷史五・古代五》，東京・岩波書店，一九七〇年），頁三一七。

㊴ Twitchett 強調貞觀時期政府基本結構、行政細節等體制都已建立於隋朝，「太宗時卻未出現新的制度」

（參見 D. Twitchett 編，高明士總校訂《劍橋中國史第三冊隋唐篇上》，臺北·南天書局，民國七十六年，頁一四。）此說承襲陳寅恪先生的看法，強調隋唐制度間的傳承關係。若從巨視的觀點而論，此說誠不可易。然而，唐初對政治制度的改革雖非全面性、基本性的，亦未出現結構性的變遷，但唐朝在繼承隋制之餘所作的調整，尤其是太宗朝對制度的改革，須加以注意。

⑩ 「開皇——大業——武德——貞觀」四朝制度的遞嬗變遷，目前並無全盤加以檢討的研究成果，這是隋唐制度史研究上的一個重要課題，有待深入檢討。關於大業與貞觀制度間的關係，可由唐人對煬帝的評論看出端倪，「煬帝嗣位，意存稽古，建官分職，率由舊章。大業三年，始行新令。於時三川定鼎，萬國朝宗，衣冠文物，足爲壯觀。」（《隋書》卷二六〈百官志序〉）唐人對煬帝的批評多於稱美，但唐初《五代史志》的編撰者卻肯定煬帝官制改革有其可觀之處。再者，《五代史志》的編撰者多爲貞觀重臣，其中或有參預貞觀律令之修撰者（如長孫無忌），可見唐初官制改革受煬帝影響的可能性極大。近代學者多少也注意到此種現象，如：中村裕一氏於考述《太平御覽》裏的唐令佚文後，也認爲貞觀令與大業令之間的關係頗爲密切，值得研究，參見氏著〈太平御覽所引の唐令、特に鹵簿令に就いて〉（收入唐令史研究會報告集Ⅱ《中國律令制の展開——周邊諸國の影響を含めて》，東京·刀水書房，一九七九年），頁三九。菊池英夫氏亦持此種看法，參見氏著〈前引文〉，頁二〇五。總之，必須從隋及唐初政治演進的角度著手，重新評估隋煬帝改革所扮演的角色，以解明此種變化所具有的歷史意義。

⑪ 北魏孝文帝以前，不斷地進行征服，軍事行動頻繁，將軍號且可世襲，至太和十六年始革此制（《魏書》卷一一三〈官氏志〉）。

⑨² 嚴耕望《前引書B》，頁八九九八。
⑨³ 將軍號的授予爲中央政府之權限，當無疑義。至於軍府僚佐亦由中央政府任命，地方長官僅有推薦權而無任命權，亦即表示府佐係中央正式的品官，參見嚴耕望《前引書A》，頁一五三、《前引書B》，頁九〇三。
⑨⁴ 南北朝期間吏部職權的擴大，參見曾資生《前引書》，頁一四六以下、宮崎市定《 前引書 》，頁一九四以下、福島繁次郎〈北魏の停年格と吏部權の發展〉（收入氏著《前引書》）一文。
⑨⁵ 《隋書》卷二八〈百官志下〉開皇十五年條。
⑨⁶ 《通典》卷一四選擧二〈歷代制上〉云：「自是海內一命以上之官，州郡無復辟署矣。」
⑨⁷ 隋及唐初官制改革的重點也包括職事官系統，貞觀時所作的調整尤其值得注意。然而，職事官系統的功能主要在於執行實際統治權，而散官則作爲官人本階，偏重在今日所謂「人事行政」的層面。如果更進一步觀察，在貞觀官制的設計規畫上，也具有將職事官與散官組合成一個完整體系的意義。因此，當安史之亂發生，職事官系統之功能受到侵蝕的同時，散官的地位也開始下降，二者之興衰相互關聯。
⑨⁸ 宮崎市定《前引書》，頁六六三～六六五。
⑨⁹ 《唐會要》卷八一〈階〉條載貞觀十一年正月敕文。
⑩⁰ 柳芳分析士族地域性差異時，認爲「關中之人雄，故尚冠冕。」（《新唐書》卷一九九〈儒學中：柳芳傳〉）唐初編定氏族志、姓氏錄的爭議，也表現爲以皇帝爲中心的官品秩序與士大夫之社會名望間的衝突，參見毛漢光〈敦煌唐代氏族譜殘卷之商榷〉（收入氏著《中國中古社會史論》，臺北・聯經出版事業公司，民國七十七年），頁四三六。關隴人物之尙冠冕有其歷史淵源與現實背景，北周即表現出政治上的新傾向，強調官

僚之功績，對當時東方北齊政權下承自北魏以來的「貴族制」進行有意識的反抗，參見宮崎市定《前引書》，頁五六，此一傾向卽爲隋唐二朝統治集團的基本態度。

附表一：【唐代散官淵源略圖】

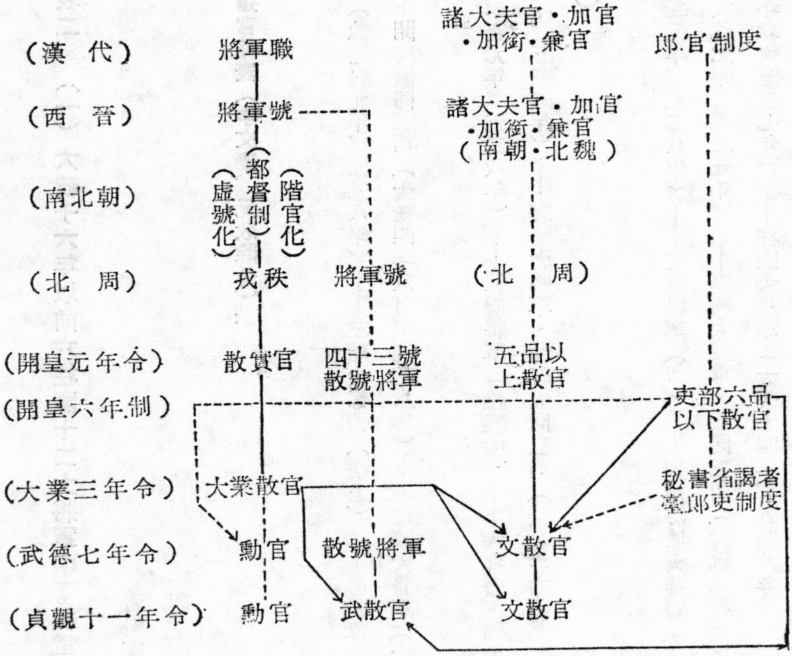

註附：實線「——」表示發展的主要脈絡：各種虛線表示與部分名號或功能有關。

附表二：（一）大統十六年以前六柱國十二大將軍中下級軍遷官表

資料來源：《周書》

附　註：年代不詳者記以？號。

〈甲〉六柱國遷官略表（宇文泰、元欣除外）：

1.李　虎

寧朔將軍（魏建義元年，五二八年）——左廂大都督（仝上）——衞將軍（？）——儀同三司（大統元年，五三五年）——開府儀同三司（大統四年八月，五三八年）——柱國大將軍（大統十四年，五四八年）

2.李　弼

別將（魏永安元年，五二八年）——征虜將軍（建義中）——大都督・通直散騎常侍（孝莊帝末）——儀同三司（大統元年，五三五年）——驃騎大將軍・開府儀同三司（大統三年春，五三七年）——柱國大將軍（大統十四、五年）

3.獨孤信

別將（建義元年，五二八年）——安南將軍（？）——荊州防城大都督（？）——大都督（？）——大都督・衞大將軍（大統元年，五三五年）——車騎大將軍・儀同三司（大統元年）——侍中・驃騎大將軍・開府儀同三司（大統三年秋，五三七年）——柱國大將軍（大統十四年，五四八年）

4.趙　貴

伏波將軍（建義元年，五二八年）——光祿大夫・鎭北將軍・都督（永熙三年，五三三年）——大都督（仝年五月）——大都督・鎭北將軍（仝年八月）——車騎大將軍・儀同三司（仝年十月）——侍中・驃騎大將軍・開府儀同三司（大統三年，五三七年）——（坐罪）大都督・驃騎將軍（大統九年，五四三年）——大將軍（大統十年，五四四年）——柱國大將軍（大統十五年，五四九年）

5.于　謹

積射將軍（正光四年，五二三年）——別將（孝昌元年，五二五年）——都督・宣威將軍（孝昌二年，五二六年）——鎭遠將軍（孝莊帝初）——征虜將軍（永安二年，五二九年）——金紫光祿大夫・征北大將軍・散騎常侍（普泰元年，五三一年）——大都督（永安末）——衞將軍（太昌中）——防城大都督（太昌中）——車騎大將軍・儀同三司（孝武帝西遷）——驃騎大將軍・開府儀同三司（大統元年，五三五年）——大將軍（大統七年，五四一年）——柱國大將軍（大統十五年，五四九年）

7.侯莫陳崇

建威將軍（永安二年，五二九年）——安北將軍・太中大夫・都督（建明中）——征西將軍（太昌中）——散騎常侍・大都督（大統元年，五三五年）——車騎大將軍・儀同三司（？）——驃騎大將軍・開府儀同三司（大統三年，五三七年）——柱國大將軍（大統十五年，五四九年）

〈乙〉十二大將軍遷官略表（元魏宗室除外）

1.宇文導

都督（永熙末）——冠軍將軍・通直散騎常侍（孝武帝末）——散騎常侍・車騎大將軍・左光祿大夫（大統元年，五三五年）——大都督（大統三年，五三七年）——儀同三司（大統三年末）——侍中・驃騎大將軍・開府儀同三司（大統四年，五三八年）——大將軍（大統十六年，五五〇年）

2.侯莫陳順

統軍（孝昌中）——輕車將軍（武泰初）——寧朔將軍（孝莊中）——征西將軍（普泰元年，五三一年）——散騎常侍・衞將軍・閤內大都督（孝武西遷）——儀同三司（大統元年，五三五年）——驃騎大將軍・開府儀同三司（大統六年，五四〇年）——大將軍（大統十六年，五五〇年）

3.達悉武

別將（永熙中）——子都督（?）——中散大夫・都督（永熙末）——散騎常侍（大統初）——大都督（大統三年，五三七年）——車騎大將軍・儀同三司（大統三年末）——侍中・驃騎大將軍・開府儀同三司（大統四年，五三八年）——大將軍（大統十六年，五五〇年）

4.李　遠

別將（正光末）——伏波將軍（孝莊帝中）——銀青光祿大夫（孝武西遷）——征東大將軍（大統元年，五三五年）——都督（大統三年，五三七年）——車騎大將軍・儀同三司（大統三年末）——侍中・驃騎大將軍・開府儀同三司（大統九年，五四三年）——大將軍（大統九年）

5.豆盧寧

別將（永安中）——都督（孝莊帝中）——前將軍（大統元年，五三五年）——撫軍將軍・金紫光祿大夫（？）——衞大將軍・兼大都督（大統三年，五三七年）——車騎大將軍，儀同三司（大統三年一月）——散騎常侍（大統七年，五四一年）——大將軍（大統十六年，五五〇年）

6.宇文貴

（魏末經歷不詳）——車騎大將軍・儀同三司（大統三年，五三七年）——侍中・驃騎大將軍・開府儀同三司（大統六年，五四〇年）——大將軍（大統十六年，五五〇年）

7.賀蘭祥

威烈將軍（永熙中）——都督（永熙末）——征虜將軍（大統三年，五三七年）——鎭西將軍（大統三年）——大都督（大統四年，五三八年）——散騎常侍・車騎大將軍・儀同三司（大統八年，五四二年）——侍中・驃騎大將軍・開府儀同三司（大統九年，五四三年）——大將軍（大統十六年，五五〇年）

8.楊忠

都督（孝莊帝末）——安西將軍・銀青光祿大夫（大統元年，五三五年）——征西將軍・金紫光祿大夫（大統三年，五三七年）——左光祿大夫・兼大都督（大統四年，五三八年）——大都督（大統九年，五四三年）——散騎常侍・車騎大將軍・儀同三司（大統九年）——侍中・驃騎大將軍・開府儀同三司（大統十年，五四四年）——大將軍（大統十五年，五四九年）

9.王雄

征西將軍・金紫光祿大夫（永安末）——都督（孝武西遷）——驃騎將軍・大都督（大統初）——儀同三司（大

統二年，五三六年）—侍中・開府儀同三司（大統十年，五四四年）—大將軍（大統十六年，五五〇年）

〈丙〉中下級軍將遷官表（大統十六年以前）

1. 崔　說
冠軍將軍・防城都督（永熙末）—衞將軍・都督（大統二年，五三六年）—帥都督（大統三年，五三七年）—通直散騎常侍，撫軍將軍・大都督（大統六年，五四〇年）

2. 司　馬　裔
員外散騎常侍・中堅將軍（北魏末）—平東將軍（大統六年，五四〇年）—太中大夫・前將軍（大統十年，五四四年）—都督（大統十三年，五四七年）—帥都督（大統十五年，五四九年）

3. 柳　檜
都督（大統四年，五三八年）—太中大夫，平東將軍（大統八年，五四二年）—帥都督（大統十四年，五四八年）—撫軍將軍・大都督（大統十五年，五四九年）

4. 元　定
襄威將軍（永安初）—平遠將軍（永熙中）—太中大夫・前將軍（大統初）—都督（大統三年，五三七年）—金紫光祿大夫・征東將軍・帥都督（大統四年，五三八年）—通直散騎常侍・大都督（大統十三年，五四七年）—車騎大將軍・開府儀同三司（大統十五年，五四九年）

5. 蘇　椿

盪寇將軍（正光中）——厲威將軍·中散大夫（？）——太中大夫·平西將軍·都督（魏末）——鎮東將軍·金紫光祿大夫（大統初）——帥都督（大統四年，五三八年）——散騎常侍·大都督（大統十四年，五四八年）——車騎大將軍·儀同三司（大統十六年，五五〇年）

6. 赫 連達

都將（永熙中）——都督（永熙末）——平東將軍（？）——鎮南將軍·金紫光祿大夫·通直散騎常侍（永熙三年，五三四年）——帥都督（大統三年末，五三七年）——大都督（大統六年，五四〇年）——儀同三司（大統十年，五四四年）

7. 韓 果

宣威將軍·子都督（永熙中）——都督（永熙末）——通直散騎常侍（大統初）——撫軍將軍·銀靑光祿大夫（大統四年，五三八年）——帥都督（大統六年，五四〇年）——大都督（大統十年，五四四年）——車騎大將軍·儀同三司（大統十三年，五四七年）

8. 蔡 祐

都督（永熙中）——寧朔將軍（大統初）——員外散騎常侍（大統初）——平東將軍·太中大夫（大統三年末，五三七年）——帥都督（大統十年，五四四年）——大都督（大統十一年，五四五年）——車騎大將軍·儀同三司（大統十三年，五四七年）——侍中·驃騎大將軍·開府儀同三司（大統十四年，五四八年）

9. 田 弘

子都督（永安中）——都督（孝莊末）——帥都督（大統三年，五三七年）——車騎大將軍·儀同三司（大統十

年，五四四年）

10.梁　臺

子都督（孝昌中）——都督（普泰中）——衞將軍・左光祿大夫（永熙中）——帥都督（大統九年，五四三年）——通直散騎常侍（大統十五年，五四九年）

11.宇文盛

威烈將軍（永虜中）——兼都督（大統三年，五三七年）——平遠將軍・都督（大統三年末）——通直散騎常侍・撫軍將軍・帥都督（大統七年，五四一年）——大都督（大統十一年，五四五年）——車騎大將軍・儀同三司（大統十四年，五四八年）

12.王　雅

都督（大統初）——帥都督（大統九年，五四三年）——大都督（大統十三年，五四七年）——車騎大將軍・儀同三司（大統十五年，五四九年）

13.尉遲綱

帳內都督（大統元年，五三五年）——平遠將軍（大統四年，五三八年）——通直散騎常侍・前將軍・帥都督（大統八年，五四二年）——大都督（大統九年，五四三年）——散騎常侍・車騎大將軍・儀同三司（大統十四年，五四八年）——侍中・驃騎大將軍・開府儀同三司（大統十六年，五五〇年）

14.楊　紹

廣武將軍・直盪別將（永安中）——金紫光祿大夫・征西將軍（普泰初）——右光祿大夫・衞將軍（魏孝武初）

——左光祿大夫・通直散騎常侍・車騎將軍（大統元年，五三五年）——散騎常侍（大統中）——大都督（大統十三年，五四七年）——車騎大將軍・儀同三司（大統十六年，五五〇年）

15.庫狄討

討夷將軍・幢主（孝莊中）——寧遠將軍（永熙初）——金紫光祿大夫・征西將軍（永熙中）——右光祿大夫・衞將軍（永熙末）——左光祿大夫・車騎將軍（大統三年初，五三七年）——帥都督（大統三年末）——通直散祿常侍・大都督（大統十三年，五四七年）——儀同三司（大統十四年，五四八年）——開府儀同三司（大統十五年，五四九年）

16.伊婁穆

金紫光祿大夫・衞將軍（北魏末）——子都督（大統九年，五四二年）——中散大夫・平東將軍・帥都督（大統十三年，五四七年）——通直散騎常侍・撫軍將軍・大都督（大統十六年，五五〇年）

（二）西魏北周各級都督所配將軍號文散官表

附註：引用資料爲標點本《周書》，上爲卷數，下爲頁碼。

甲、大都督

1.侯莫陳悅	金紫光祿大夫	征西將軍	魏永熙中	周一四／二三五
2.王思政		中軍大將軍	北魏末	周一八／二九四
3.楊寬		鎭北將軍	北魏末	周二二／三六六

4.李　賢		撫軍將軍	北魏末	周二五／四一五
5.盧　光	銀青光祿大夫	安西將軍	北魏末	周四五／八〇七
7.于　謹		衞將軍	北魏末	周一五／二四五
7.趙　貴		鎭北將軍	北魏末	周一六／二六二
8.獨孤信		衞大將軍	大統元年	周一六／二六四
9.侯莫陳崇	散騎常侍		大統元年	周一六／一六九
10.王　雄		驃騎將軍	大統元年	周一九／三二〇
11.楊　纂	通直散騎常侍	征南將軍	大統元年	周三六／六三六
12.劉　志		撫軍將軍	大統三年	周三六／六四九
13.侯　植	左光祿大夫		大統四年	周二九／五〇五
14.崔　說	通直散騎常侍	撫軍將軍	大統六年	周三五／六一四
15.司馬裔		鎭東將軍	大統七年	周一一／一六五
16.趙　貴		驃騎將軍	大統九年	周一六／二六二
17.閻　慶		撫軍將軍	大統九年	周二〇／三四二
18.賀若敦	通直散騎常侍	撫軍將軍	大統九年	周二八／四七四
19.崔　猷		驃騎將軍	大統十二年	周三五／六一五
20.庫狄昌	通直散騎常侍		大統十三年	周二七／四四九

21.元　定	通直散騎常侍		大統十三年	周三四／五八九
22.鄭　偉	通直散騎常侍	中軍將軍	大統十三年	周三六／六三四
23.陽　雄	通直散騎常侍		大統十三年	周四四／七九七
24.蘇　椿	散騎常侍		大統十四年	周二三／三九六
25.宇文深	通直散騎常侍		大統十四年	周二七／四五六
26.令狐整	通直散騎常侍	撫軍將軍	大統十四年	周三六／六四三
27.達悉寔	通直散騎常侍		大統十五年	周二九／五〇三
28.陳　忻		撫軍將軍	大統十五年	周四三／七七八
29.柳　檜		撫軍將軍	大統十五年	周四六／八二八
30.伊婁穆	通直散騎常侍	撫軍將軍	大統十六年	周二九／四九九
31.于　翼	員外散騎常侍		大統十六年	周三〇／五二三
32.裴　寬	通直散騎常侍	撫軍將軍	大統十六年	周三四／五六九
33.韋　瑱	通直散騎常侍		大統十六年	周三九／六九四
34.司馬裔	通直散騎常侍	撫軍將軍	魏廢帝二年	周三六／六四五
35.李　輝	散騎常侍	鎮南將軍	魏廢帝中	周一五／二四一
36.張　軌	通直散騎常侍	撫軍將軍	魏廢帝中	周三七／六六四
37.李　彥	通直散騎常侍		魏廢帝中	周三七／六六五

38.宇文丘		輔國將軍	西魏中	周二九／四九三
39.陽猛		征東將軍	西魏中	周四四／七九六
40.竇榮定		平東將軍	西魏恭帝	周三〇／五二一
41.韓盛	銀青光祿大夫		西魏恭帝	周三四／五九三
42.馮遷	通直散騎常侍	車騎將軍	魏恭帝二年	周一一／一八一
43.王弼	通直散騎常侍	撫軍將軍	周孝閔帝	周二〇／三三四
44.高賓	通直散騎常侍	撫軍將軍	周孝閔帝	周三七／六七〇
45.裴文舉		寧遠將軍	周武成中	周三七／六六九
46.樂遜		驃騎將軍	周保定二年	周四五／八一七

乙、帥都督

1.王勇		鎮南將軍	大統三年	周二九／四九二
2.元定	金紫光祿大夫	征東將軍	大統四年	周三四／五八九
3.宇文盛	通直散騎常侍	撫軍將軍	大統七年	周二九／四九三
4.楊敷	太中大夫	平東將軍	大統七年	周三四／五九九
5.尉遲綱	通直散騎常侍	前將軍	大統八年	周二〇／三三九
6.楊紹	通直散騎常侍	驃騎將軍	大統十年	周二九／五〇〇

7. 郭彥		平東將軍	大統十二年	周三七／六六六
8. 伊婁穆	中散大夫	平東將軍	大統十三年	周二九／四九九
9. 王悅	右光祿大夫	衞將軍	大統十四年	周三三／五七九
10. 辛昂	通直散騎常侍		西魏廢帝	周三九／六九八
11. 韓盛	太中大夫	平東將軍	魏廢帝中	周三四／五九三

丙、都督

1. 寇洛		龍驤將軍	北魏末	周一五／二三七
2. 于謹		宣威將軍	北魏末	周一五／二四五
3. 趙貴	光祿大夫	鎮北將軍	北魏末	周一六／二六一
4. 侯莫陳崇	太中大夫	安北將軍	北魏末	周一六／二六九
5. 常善		威烈將軍	北魏末	周二七／四四六
6. 若干惠		鎮遠將軍	北魏末	周一七／二八一
7. 怡峰		征虜將軍	北魏末	周一七／二八二
8. 達奚武	中散大夫		北魏末	周一九／三〇三
9. 楊寬	散騎常侍	安東將軍	北魏末	周二二／三六六
10. 蘇椿	太中大夫	平西將軍	北魏末	周二三／三九五

11.赫連達		平東將軍	北魏末	周二七／四四〇
12.史寧	金紫光祿大夫	征東將軍	北魏末	周二八／四六五
13.段永		平東將軍	北魏末	周三六／六三七
14.張軌		左將軍	北魏末	周三七／六六四
15.鄭孝穆		冠軍將軍	北魏末	周三五／六〇九
16.泉元禮	員外散騎常侍	安東將軍	北魏末	周四四／七九七
17.宇文導	通直散騎常侍	冠軍將軍	北魏末	周一〇／一五四
18.陽雄		明威將軍	北魏末	周四四／七九六
19.陽雄		積射將軍	大統初	周四四／七九六
20.宇文導	散騎常侍・左光祿大夫	車騎大將軍	大統元年	周一〇／一五四
21.李和	左光祿大夫	車騎將軍	大統元年	周二九／四九八
22.侯植		驃騎將軍	大統元年	周二九／五〇五
23.崔說		衞將軍	大統二年	周三五／六一四
24.馮遷		龍驤將軍	大統三年	周一一／一八〇
25.陽雄	中散大夫	冠軍將軍	大統三年	周四四／七九七
26.宇文盛		平遠將軍	大統三年	周二九／四九三
27.寬裴		征虜將軍	大統五年	周三四／五九五

28.于　寔	通直散騎常侍		大統六年	周一五／二五一
29.趙　肅	金紫光祿大夫	鎮南將軍	大統七年	周三七／六六三
30.豆盧永恩	通直散騎常侍		大統八年	周一九／三一〇
31.韓　盛	中散大夫	輔國將軍	大統十年	周三四／五九三
32.劉　雄	中散大夫	輔國將軍	大統十四年	周二九／五〇三
33.趙　肅		征東將軍	大統十六年	周三七／六六三
34.辛　昂		輔國將軍	魏廢帝二年	周三九／六九八
35.樂　遜	中散大夫	輔國將軍	魏廢帝中	周四五／七一四
36.杜叔毗	中散大夫	輔國將軍	魏廢帝中	周四六／八三〇
37.冀　儁	右金紫光祿大夫・通直散騎常侍	撫軍將軍	周孝閔帝	周四七／八三八

附表三：隋代散官表

品階／時代	開皇	大業
從一品		開府儀同三司 光祿大夫
正二品	特進 左光祿大夫 右光祿大夫	左光祿大夫

從二品	金紫光祿大夫		右光祿大夫
正三品	銀青光祿大夫		金紫光祿大夫
從三品	朝議大夫		銀青光祿大夫
正四品	朝散大夫		正議大夫
從四品	諫議大夫		通議大夫
正五品	員外散騎常侍		朝請大夫
從五品	員外散騎侍郎		朝散大夫
正六品 上 下	翊軍 翊師 四征 內鎮撫三將軍	朝議郎 武騎尉	建節尉
從六品 上 下	四平 前 左右 冠軍 輔國	通議郎 屯騎尉	奮武尉
正七品 上 下	鎮遠 安遠 建威 寧朔	朝請郎 驍騎尉	宣惠尉

從七品	上	寧遠　振威	朝散郎	綏德尉
	下	伏波　輕車	游騎尉	
正八品	上	宣威　明威	給事郎	懷仁尉
	下	襄威　厲威	飛騎尉	
從八品	上	威戎　討寇	承奉郎	守義尉
	下	盪寇　盪難	旅騎尉	
正九品	上	殄寇　殄難	儒林郎	奉誠尉
	下	掃寇　掃難	雲騎尉	
從九品	上	曠野　橫野	文林郎	立信尉
	下	偏　　裨	羽騎尉	

資料來源：《隋書》卷二八〈百官志下〉。

附　註：開皇散官五品以上部分係開皇元年置；六品以下部分，上欄為四十三號散號將軍（開皇元年置）；下欄則為開皇六年於吏部所置散官。

附表四：唐代文散官品階名稱表

	武德令（六二四年）	貞觀十一年令以後
從一品	開府儀同三司	開府儀同三司

正二品	特　進	特　進
從二品	左光祿大夫	光祿大夫
正三品	右光祿大夫	金紫光祿大夫
從三品	散騎常侍	銀青光祿大夫
正四品	上：太中大夫　下：通直散騎常侍	上：正議大夫　下：通議大夫
從四品	上：中大夫　下：員外散騎常侍	上：太中大夫　下：中大夫
正五品	上：中散大夫　下：散騎侍郎	上：中散大夫　下：朝議大夫
從五品	上：通直散騎侍郎　下：員外散騎侍郎	上：朝請大夫　下：朝散大夫
正六品	上：朝議郎　下：承議郎	上：朝議郎　下：承議郎
從六品	上：通議郎　下：通直郎	上：奉議郎　下：通直郎

正七品	上：朝請郎　下：宣德郎	上：朝請郎　下：宣德郎
從七品	上：朝散郎　下：宣議郎	上：朝散郎　下：宣議郎
正八品	上：給事郎　下：給事郎	上：給事郎　下：徵事郎
從八品	上：承奉郎　下：承奉郎	上：承奉郎　下：承務郎
正九品	上：儒林郎　下：儒林郎	上：儒林郎　下：登仕郎
從九品	上：文林郎　下：文林郎	上：文林郎　下：將仕郎
資料來源	《舊唐書》卷四二〈職官一〉、《大唐六典》卷二〈吏部郎中品外郎〉條、《新唐書》卷四六〈百官志一〉	

附表五：唐代武散官品階名稱表

	武德七年	貞觀十一年	顯慶三年	開元七年	開元廿五年	永泰二年	貞元十一年	會昌以後
從一品	驃騎大將軍	驃騎大將軍	驃騎大將軍	驃騎大將軍	驃騎大將軍	驃騎大將軍	驃騎大將軍	驃騎大將軍

正二品	輔國大將軍	輔國大將軍	輔國大將軍	輔國大將軍	輔國大將軍	輔國大將軍	輔國大將軍		輔國大將軍
從二品	鎮軍大將軍	鎮軍大將軍	鎮軍大將軍	鎮軍大將軍	鎮軍大將軍	鎮軍大將軍	鎮軍大將軍		鎮軍大將軍
正三品	冠軍將軍	冠軍大將軍	冠軍大將軍 懷化大將軍	冠軍大將軍 懷化大軍將	冠軍大將軍 懷化大將軍	冠軍大將軍 懷化大將軍	冠軍大將軍 懷化大將軍		上：冠軍大將軍 懷化大將軍 下：懷化將軍
從三品	雲麾將軍	雲麾將軍	雲麾將軍 歸德將軍	雲麾將軍 歸德將軍	雲麾將軍 歸德將軍	雲麾將軍 歸德將軍	雲麾將軍 歸德將軍		上：雲麾將軍 歸德大將軍 下：歸德將軍
正四品上 正四品下	忠武將軍 壯武將軍	忠武將軍 壯武將軍	忠武將軍 壯武將軍	忠武將軍 壯武將軍	忠武將軍 壯武將軍	忠武將軍 壯武將軍	忠武將軍 壯武將軍	懷化中郎將〈正四品〉	上：忠武將軍 下：壯武將軍 懷化中郎將
從四品上 從四品下	宣威將軍 明威將軍	宣威將軍 明威將軍	宣威將軍 明威將軍	宣威將軍 明威將軍	宣威將軍 明威將軍	宣威將軍 明威將軍	宣威將軍 明威將軍	歸德中郎將〈從四品〉	上：宣威將軍 下：明威將軍 歸德中郎將
正四品上 正四品下	定遠將軍 寧遠將軍	定遠將軍 寧遠將軍	定遠將軍 寧遠將軍	定遠將軍 寧遠將軍	定遠將軍 寧遠將軍	定遠將軍 寧遠將軍	定遠將軍 寧遠將軍	懷化郎將〈正五品〉	上：定遠將軍 下：寧遠將軍 懷化郎將

從五品 上 下	游騎將軍 游擊將軍	游騎將軍 游擊將軍	游騎將軍 游擊將軍	游騎將軍 游擊將軍	游騎將軍 游擊將軍	游騎將軍 游擊將軍	游騎將軍 游擊將軍	歸德郎將〈從五品〉	上…游騎將軍 下…游擊將軍 歸德郎將
正六品 上 下		昭武校尉 昭武副尉	昭武校尉 昭武副尉	昭武校尉 昭武副尉	昭武校尉 昭武副尉	昭武校尉 昭武副尉	昭武校尉 昭武副尉	懷化司階〈正六品〉	上…昭武校尉 下…昭武副尉 懷化司階
從六品 上 下		振武校尉 振武副尉	振武校尉 振武副尉	振武校尉 振武副尉	振武校尉 振武副尉	振武校尉 振武副尉	振武校尉 振武副尉	歸德司階〈從六品〉	上…振武校尉 下…振武副尉 歸德司階
正七品 上 下		致果校尉 致果副尉	致果校尉 致果副尉	致果校尉 致果副尉	致果校尉 致果副尉	致果校尉 致果副尉	致果校尉 致果副尉	懷化中侯〈正七品〉	上…致果校尉 下…致果副尉 懷化中侯
從七品 上 下		翊麾校尉 翊麾副尉	翊麾校尉 翊麾副尉	翊麾校尉 翊麾副尉	翊麾校尉 翊麾副尉	翊麾校尉 翊麾副尉	翊麾校尉 翊麾副尉	歸德中侯〈從七品〉	上…翊麾校尉 下…翊麾副尉 歸德中侯
正八品 上 下		宣節校尉 宣節副尉	宣節校尉 宣節副尉	宣節校尉 宣節副尉	宣節校尉 宣節副尉	宣節校尉 宣節副尉	宣節校尉 宣節副尉	懷化司戈〈正八品〉	上…宣節校尉 下…宣節副尉 懷化司戈
從八品 上 下		禦武校尉 禦武副尉	禦武校尉 禦武副尉	禦武校尉 禦武副尉	禦武校尉 禦武副尉	禦武校尉 禦武副尉	禦武校尉 禦武副尉	歸德司戈〈從八品〉	上…禦武校尉 下…禦武副尉 歸德司戈
正九品 上 下		仁勇校尉 仁勇副尉	仁勇校尉 仁勇副尉	仁勇校尉 仁勇副尉	仁勇校尉 仁勇副尉	仁勇校尉 仁勇副尉	仁勇校尉 仁勇副尉	懷化執戟長上〈正九品〉	上…仁勇校尉 下…仁勇副尉 懷化執戟長上

從九品上 從九品下		陪戎校尉 陪戎副尉	陪戎校尉 陪戎副尉	陪戎校尉 陪戎副尉	陪戎校尉 陪戎副尉	陪戎校尉 陪戎副尉	陪戎校尉 陪戎副尉 歸德執戟長上〈從九品〉	上：陪戎校尉 下：陪戎副尉 歸德執戟長上
階數	十二將軍號	二九階	二九階〈三一號〉	二九階〈三一號〉	二九階〈三一號〉	二九階〈三一號〉	二九階〈四三號〉	三一階〈四五號〉
資料來源	舊志、通鑑	舊志	舊志、會要	舊志、六典	通典	舊志	會要、舊紀	新志、通鑑

附註：

1. 武德令未有武散官之名，僅爲散號將軍；爲列表起見，故列入同一表。
2. 據《舊唐書》卷四二〈職官一〉、《通典》卷三四職官一六〈武散官〉，似至高宗顯慶元年始置驃騎大將軍，仍暫列入貞觀制裏。
3. 懷化・歸德系列武散階，至貞元十一年爲止仍未另外析出階等，故至貞元十一年時階數仍應爲廿九階。至會昌以後，別析出「正三品下」、「從三品下」二階，故階數始成爲三一階。
4. 關於《新志》及《通鑑》，頗有疑問，暫列于會昌以後。
5. 引用資料中，《舊志》＝《舊唐書》卷四二〈職官志一〉；《通鑑》＝《資治通鑑》卷一九〇唐紀一「武德七年三月」條；《會要》＝《唐會要》卷一〇〇〈歸降官位〉；《六典》＝《大唐六典》卷五〈兵部郎中員外郎〉條；《通典》＝《通典》卷三四職官一六〈武散官〉條；《舊紀》＝《舊唐書》卷一三德宗本紀下〈貞元十年七月〉條；《新志》＝《新唐書》卷四六〈百官志一〉。

正史與地理書中隋唐時期漳河之分流與斷流

廖幼華

一、前言

河北地區（卽唐河北道，今河北平原）是中國中古時期歷史發展的重要舞臺，從東晉南遷、胡人政權建立，漢胡民族在中國本部展開長期的衝突與融合起，一直到隋唐胡漢統合完成，一個兼涵雙方文化特色的大一統帝國出現爲止，都主要展現在這片土地上。漳水位處河北西南部，是這大平原上最爲富沃的地帶，水利開發早，農耕歷史長久，向有穀倉之稱；中游所經諸縣的西側又是太行山東麓溝通南北、往來黃河流域與塞外的主要交通幹線，政治都市林立，商業興盛，不但是歷來立足北方政權的必爭之地，也是北來外族進入中原的必居之所，兼具了文化、經濟、政治及軍事的多重功能，這些特色的存在，使得漳水在歷史上的發展，除了不可抗拒的自然影響外，又滲雜了更多的人爲因素；同樣的，其之變動對於中國北方人文之發展，也具備了舉足輕重的影響，因此，欲探討隋唐時代河北地區頻生動亂的因由及影響，對漳水問題做歷史地理層面的探索，當可提供一個良好的研究角度。本文以此立意，討論隋唐時期漳水南、北兩分流的情形、流逕地區及可能造成斷流之原因與影響等等，希望透過這種方式的探討，對於中古時期歷史人文變化的研究，能有些微之幫助。

二、隋唐以前漳河水系狀況

漳河是黃河中、下游最大的一條支流，禹貢所謂「覃懷底績，至於衡漳」及「北過降水」①中的衡漳與降水，一般咸認爲指的是漳水。這兩支水的下游，在黃河自天津附近入海時，均注入黃河。②後來黃河南徙，北方支流遂逐漸脫離黃河。到西漢年間，清絳水在東光左近入河，北邊的故漳河則與滹沱河交會出海。（參見圖一）東漢初，黃河故道東流，不逕河北平原出海，清絳水下游於是奪黃河故道，在漢浮陽縣西與東來的漳水會合入海。（參見圖二）③由是可知，至少在西漢時代，清絳與衡漳仍是截然不同、兩個各擁支流、獨自發展的水系。④但到了曹魏以後，清絳水滙流入漳，從此漳、絳下游斷流，⑤清絳、漳水水系合而爲一；由原清漳河的上游支流清漳、濁漳開始，到中游原故漳河的支流洺水、溤水、泜水等串連在一起，⑥成爲中古時期太行山東麓的重要水系。（參見圖三）

漳河的變遷在河北諸水系中，是比較頻繁與複雜的，傳統上的說法，謂漳河變動的範圍「北不過滏，南不過衞」。⑦這種解釋從地理上來說，顯然是由於漳河的北面有古大陸澤（今寧晉澤）的存在，使得漳河出大陸澤後的下游擺動範圍受到限制，不致超過大陸澤，而僅在滏陽河南北範圍之內，⑧故稱「北不過滏」。至於向南擺動的極限，黃盛璋先生更精確的指出，絕不出今日的安陽河。（參見圖四）⑨而光緒畿輔通志則把歷年來漳河所逕分爲三支；三支變動的頂點，大致是在漳河出山後鄴鎮（古鄴都）的西邊，志書稱爲三臺口的地方。⑩三支中，南支約在館陶附近入口；⑪北支則由三臺口北上，經滋縣、邯鄲之東，由滏河、或由二者之間及其左右故道，逕廣宗、平鄉、巨鹿滙入寧晉泊，再由今滏陽河下游，及其南北所能變徙之道，合滹沱河或運河入海；中支出南北二支之間，經成安、廣平及邱縣間，由老漳河（卽清河）或其左右故道經阜城、交河等處，於滄縣（故青縣）南北合滹沱河或運河入海。⑫漢書地理志所載的漳水在進入平原以後，經過鄴（濁漳水入）、邯鄲（漳水入）、列人（白渠水入）、蓨縣（張甲河入）注河，走的是中道，⑬卽清絳水河道。（參見圖一）三國以後，絳水與漳水合爲一條水系，故水經所記漳水出鄴縣西後，過列人、斥章縣南，經曲周、巨鹿縣東，堂陽縣西、扶柳縣北，信都、下博縣西、阜城縣北，再東北流過東成陵縣東北、成平縣南、章武縣西，最後在平舒縣南，東流入海，⑭走的是北道，也就是歷史地理學者所認爲的禹河故道。⑮（參見圖五）

三、上漳河水道的形成與破壞

漳河在歷史時期雖然變動頻仍，但在北魏之前至少仍保持著單一主流的狀態；一般歷史地理學者相信，上漳水（卽指漳河南道分流）出現的時間較晚，而與建安十八年曹操在肥鄉北（今肥鄉）開利漕渠，引漳水至館陶（今館陶）入白溝，以利漕運之事有關，（參見圖三）⑯利漕渠不久雖廢，北魏卻又在利漕渠北面修鑿阿難渠，繼續引漳入渠；直到隋唐之後，漳河似才有南、北兩支主流並存的狀態。元和郡縣圖志，河北道一，卷一六，魏州魏縣條載：

舊漳河，在縣西北十里；新漳河，在縣西北二十里。

明指漳水已有新舊兩道。太平寰宇記成書雖略晚於郡縣志，但對這兩支分流卻有較詳的記載：

枯上漳渠者，濁漳渠也，源自上黨。城冢記云：鄴城北有漳水，即鄴郡臨漳是也。枯下漳渠者，清漳渠也，自鄴縣界來，非濁漳也。隋大業中制使姚暹疏決從上漳渠水入此渠，亦名姚暹河。煬帝征遼回，汎舟於此，謂之回鑾河。大業十三年竇建德於廣平郡，又疏此水入柳溝，遂與永濟合流。⑰

顯見漳水至少在隋大業中期以前就已分爲二支；姚暹於正史中無傳，此事雖然無考，不過根據新唐書竇建德傳所載，上漳渠此時確實存在，其云：

隋大業七年，募兵伐遼東，建德補隊長……時山東饑，羣盜起，乃謀曰：「……我聞高雞泊廣袤數百里，葭亂阻奧，可以違難；承間竊出，椎埋掠奪，足以自資。因得聚豪傑，且觀時變，以就大計。」……使（孫）安祖率之，入高雞為盜。時鄃人張金稱亦結衆萬餘，依河渚間；蓨人高士達兵千餘屯清河鄃上……衆益盛，至萬人，猶保高雞泊……十二年……隋遣太僕卿楊義臣討破張金稱於清河，殘黨畏誅，復屯嘯歸建德。義臣乘勝欲遂入高雞泊，窮剗根穴……後五日，義臣斬士達於陣，追北薄壘，守兵潰。⑱

另資治通鑑大業十二年十二月又繫事云：

> 張金稱、郝孝德、孫宣雅、高士達、楊公卿等寇掠河北，屠陷郡縣；隋將帥敗亡者相繼……帝遣太僕卿楊義臣討張金稱。金稱營於平恩東北，義臣引兵直抵臨清之西，據永濟渠為營，去金稱營四十里，深溝高壘，不與戰……義臣簡精騎二千，夜自館陶濟河，伺金稱離營，卽入擊其累重。金稱聞之，引兵還，義臣從後擊之，金稱大敗，與左右逃於清河之東……（建德）詐為與士達有隙而叛……絢信之……引兵隨建德至長河，不復設備。建德襲之……張金稱餘衆皆歸建德。楊義臣乘勝至平原，欲入高雞泊討之……建德還平原，收（高）士達散兵，收葬死者，為士達發喪，軍復大振，自稱將軍。先是，羣盜得隋官及士族子弟，皆殺之；獨建德善遇之；由是隋官稍以城降之，聲勢日盛，勝兵至十餘萬人。⑲

高雞泊，讀史方輿紀要繫其地望於恩縣西北（卽今故城西南），是一個漳水滙流，廣袤數百里的低濕地區，而館陶（卽今館陶縣）、平恩（今館陶縣西北）、臨清（今臨西縣）、清河（今清河縣西北）、漳南（今故城縣東）及長河（今德州市東）則分別分布在高雞泊附近，東北至西南的狹長地帶上（參見圖六）。從元和郡縣圖志與太平寰宇記來看，這個地帶也正是漳水、永濟渠二水流逕之處。太平寰宇記，第五十四卷，河北道三，魏州：元和郡縣圖志，河北道一，卷十六，貝州：

> 魏縣……舊漳河在今縣西北十里，卽史起所決，以灌鄴旁者。新漳河在今縣西北二十一里。
>
> 宗城縣……漳水東北縣二十七里。
>
> 漳南縣……（開皇）十八年改為漳南縣，以漳水在縣北，故名也。皇朝因之……漳水，在縣北

四十六里。

另太平寰宇記，卷五十八，河北七，貝州下又載：

> 漳南縣……隋開皇六年分棗強縣於今縣東北二十二里置東陽縣，十八年，改東陽為漳南縣，取地居漳水之南為名；唐武德七年移於今理。枯漳河在縣北四十里。永濟渠在縣東五十里。

元和郡縣圖志，河北道二，卷十七，深州，長河縣：

> （隋）元壽元年改廣川縣為長河縣，皇朝因之。漳水河，自貝州漳南縣流入，在縣西二十三里。

太平寰宇記，第六十三卷，河北道十二，冀州載：

> 棗强縣……枯漳河在今縣東南，又東流入蓚縣界。

可知北魏至隋之間漳河南支（即上漳河）確已出現；從史載來看，很可能這一新河道出現不久，下流河道並不穩定，時有泛濫情形，而南邊又緊鄰黃河故道所在，地勢較高，澇水不易排入永濟渠；因此在上漳與永濟渠之間形成了一個「廣袤數百里，葭薍阻奧」的高雞泊（參見圖六）。隋末天下大亂，河北羣雄並起，竇建德以地利之便（建德貝州漳南人，正處高雞泊中心位置），嘯聚於上漳水下游地區，基於「葭葦阻奧」[20]據險自保戰略因素的考量，鑿河入渠是極爲可能的。因此太平寰宇記對於此事之紀年雖有一年之差誤，但所敍情形大致不差。不過此次上漳河下游分流的產生，引水入泊以自保的目的，可能大於導水入渠的治水作用，上漳所受影響似乎不大，也未造成斷流；直到六十七年後（德宗建中三年）馬燧與朱滔二人又再嚴重的破壞漳水、永濟渠河道，而對上漳水水系造成嚴重的結果。新唐書，卷一百五十五，列傳八十，馬燧傳載：

初，田悅新有魏博，恐下未附，卽輸款朝廷，燧建言悅必反……燧進屯鄴，請益兵。詔河陽李艽以兵會，次于漳。悅遣將王光以兵守漳之長橋，築月壘扼軍路。燧於下流以鐵鏁維車數百絶河，載土囊遏水而後度……魏導御溝貫城，燧塞其上游，魏人恐，悅遣許士則、侯臧間行告窮於朱滔、王武俊……悅決水灌軍，燧兵亦屈，退保魏縣。㉑

這條紀事通鑑繫之於建中三年正月。四個月後，朱滔、王武俊又行決渠水入上漳河。新唐書，卷二百二十一，列傳一百三十六，王武俊傳云：

時馬燧、李抱真、李艽、李晟討田悅，悅方困，武俊、滔救之，屯連篋山。帝詔李懷光督神策兵助討賊……懷光還走壁。武俊夜決河注王莽渠，斷燧餉路。

資治通鑑對此事的敍述更爲詳細：

（五月）朱滔、王武俊軍至魏州，田悅具牛酒出迎，魏人懽呼動地……遂擊滔於愜山之西……是夕，滔等堰永濟渠入王莽故河，絶官軍糧道及歸路，明日，水深三尺餘……秋七月，燧與諸軍涉水而西，退保魏縣以拒滔，滔等亦引兵營魏縣東南，與官軍隔水相拒。㉒

半年之內，馬燧先斷漳水、塞水道於先，朱滔再鑿渠水入大河故瀆於後；使得漳、渠間之地帶，積水三尺，數月不退㉓；漳水河道既遭此嚴重破壞，大水又循故河道東去，原上漳河河道的水量大受影響，太平寰宇記稱上漳河爲枯漳，㉔宋史，河渠志五亦云：「漳河源出西山，由磁洺南入冀州新河鎮，與葫蘆河合流。」顯然北支至晚在宋初以前已成爲唯一主流；筆者認爲這與中唐之後河北動亂、人爲的破壞與改道有密切的關係。

四、下漳河之狀況及改道

下漳河即隋唐時期漳水的北行支流，根據元和郡縣圖志、通典、新唐書地理志、及太平寰宇記諸書的記載來看，它的河道尚稱穩定，流逕縣份從鄴縣以下與上漳分流後，大致是循肥鄉（今肥鄉縣）㉕、永年（今永年縣東南）㉖、洺水（今曲周縣東南）㉗、曲周（今曲周縣東北）㉘、雞澤（今雞澤縣南）㉙、平鄉（今雞澤東北）㉚、堂陽（今新河縣西北）㉛、南宮（今新河縣東南）㉜、信都（今冀縣）㉝、衡水（今衡水縣西北）㉞、武邑（今武邑縣）㉟、至清池（今滄州市東南）㊱後，再北行入海。（參見圖六）由於所經縣份甚多，各縣又賦予不同之名稱，下漳水因是又有濁漳、衡漳、枯絳、衡水（通典誤爲衞水）㊲、苦水、白溝、柳河、長蘆水等諸多稱呼。㊳

下漳水在大陸澤以上，行逕路線與太行山脈平行，沿着山麓與平原交接之處北流，收納山坡地帶諸水，如洺水、沙水、泜水、槐水及汶水等，（參見圖七）水量豐沛，尤其在夏雨季節來臨時，太行山東側又爲河北降雨最多處，諸水滙流，盡入漳水，如何消納如此驟增之水量，是下漳最大的考驗。大陸澤位處漳水北行與東北流的轉折處，範圍廣大，是一自然的洪水調節地區；不過，根據新唐書地理志的記載來看，僅僅大陸澤似乎仍不能完全消納太行山麓諸水，解決下漳河泛溢的問題，於是築堤防洪與築渠分洪成爲解決問題的另一良好方式。

表一：新唐書地理志所載下漳水築堤表

縣名	築堤記載	築堤年代
雞澤	有漳洺南堤二，沙河南堤一。	永徽五年
南宮	西五十九里有濁漳堤。	顯慶元年
堂陽	西十里有漳水堤。	開元六年
武邑	北三十里有衡漳堤。	顯慶元年
清池	西四十里有衡漳堤二。 西北六十里，有衡漳東堤。	顯慶元年 開元十年

表二：新唐書地理志所載下漳水附近地區築渠表

縣名	築渠記載	築渠年代
南宮	有通利渠。	延載元年
堂陽	西南三十里有渠。	

衡水	南一里有羊令渠。	載初中
信都	引趙照渠水注葛榮陂。	貞觀十一年
清池	東南二十里有渠，注毛氏河。	
	東南七十里有渠，注漳。	神龍中

從表一、表二的內容來看，可以發現兩項事實：㈠漳水築堤與築渠的工程，除了雞澤以外，全都分布在大陸澤以下地區（參見圖七），可見大陸澤在消納漳水中游的洺、沙二水作用上，發揮了相當的功能；而直接滙入大澤的泜水、濟水、洨水及槐水諸河，顯然其水量已超過大澤的消納能力，因此大陸澤東面及下漳水下游都必須仰賴築堤與築渠等工事，以維持下漳安流狀態。至於雞澤，因縣份正位於洺、沙二水入下漳之處，三流滙集，水勢衝決，是上、下漳分流至大陸澤間，漳河水道最易泛濫之處，故須築堤以防（參見圖七），以確保洺、邢二州免於洪泛的威脅，雞澤附近也因是成爲下漳上游最爲緊要之處。㈡下漳之堤防與該道工程大都建築於武后之前，至晚也在玄宗開元十年，從此以後直到唐朝滅亡爲止的一百八十四年間（西元七二三——九〇七年），漳水水系全程都不再有任何的分洪或防洪工事建築，這與河北的動亂有密切關係，下文即針對這兩點做更深一層之探討。

河北地區築堤、建渠的歷史淵源頗爲長久[39]，不過，任何防洪措施的修築都須要長時間、衆多人才與龐大財力的支持，否則難以爲繼；這又非強力、統一的政權、有計畫的推行不可。同樣的情形，若遇中央統治力衰微、地方動亂的情況，這種耗財、費時，又須龐大人力維護的重大工程，必先遭致擱置與荒廢。太宗朝是唐代鼎盛時期，文治武功均盛，經濟富厚，國計寬裕；高宗承太宗之後，國內外晏安，財用不虞，是水利建設的鼎盛時期。武周代唐，突厥內擾，河北首當其衝，兵鋒所至，人口流散、農事荒廢，災患與飢餓並至，河北地區更爲不安。舊唐書，卷九十，列傳第四十，王及善傳載：

時（垂拱中）山東飢，及善為巡撫賑給使……後契丹作亂，山東不安，起授滑州刺史。

舊唐書卷八十八，列傳第三十八，蘇瓌附蘇幹傳：

垂拱中，歷遷魏州刺史。時河北飢饉，舊吏苛酷，百姓多有逃散。

舊唐書卷九十一，列傳第四十一，敬暉傳又云：

……時（聖曆初）河北新有突厥之寇，方秋而修城不輟……悉令罷散，由是人吏咸歌詠之。

舊唐書卷九十二，列傳第四十二，韋安石附韋巨源傳：

時（神龍初）武三思先有實封數千戶在貝州，時屬大水……致使河朔黎人、海隅士女，去其鄉井，鬻其子孫，飢寒切身，朝夕奔命。

舊唐書卷八十九，列傳第三十九，狄仁傑傳：

萬歲通天年，契丹寇陷冀州，河北震動，徵仁傑為魏州刺史。前刺史獨孤思莊懼賊至，盡驅百姓入城，繕修守具。仁傑既至，悉放歸農畝……百姓咸歌詠，相與立碑以紀恩惠。

> 聖曆初，突厥侵掠趙、定等州，命仁傑為河北道元帥，以便宜從事。突厥盡殺所掠男女萬餘人，從五迴道而去。仁傑總兵十萬追之不及。便制仁傑河北道安撫大使。時河朔人庶，多為突厥逼脅，賊退後懼誅，又多逃匿。仁傑上疏曰……近緣軍機，調發傷重，家道悉破，或至逃亡，剔屋責田，人不為售，內顧生計，四壁皆空。重以官典侵漁，因事而起，取其髓腦，曾無心媿。修築池城，繕造兵甲，州縣役使，十倍軍機。

舊唐書卷一百二，列傳第五十一，王求禮傳又載：

> 時（聖曆二年）契丹李盡忠反叛，其將孫萬榮寇陷河北數州，河內王武懿宗擁兵討之，畏懦不敢進。旣而賊大掠而去，懿宗條奏滄、瀛百姓為賊詿誤者數百家，請誅之。求禮執而劾之……懿宗大懼，則天竟降制赦之。

這種情形到了開元以後並未好轉，仍然是「蝗蟲大起」㊵、「穀貴」㊶及「旱儉」㊷，雖然這些敍述是整個河北地區的狀況，漳水流域自然也無可倖免，而遭到相當的影響。

天寶十四年安史亂起，唐政府在河北地區立卽陷入苦戰的局面㊸，代宗廣德元年後安、史二人雖然被殺，朝廷卻無力討平其餘黨，只好分封諸人爲節度使以爲安撫㊹，爲此後藩鎭割據，自爲留後，自署將吏，目無朝廷的肇端；而其間尤以成德、魏博二鎭最爲強悍。成德轄恒、易、趙、定、深、冀、滄七州，魏博則據有魏、博、相、衞、洺、貝、澶七州㊺，是河北中、南部地區（卽漳水流域）除了邢、磁二州以外，皆不爲唐有。（參見圖八）㊻新唐書，卷一百三十八，李抱眞傳載：

> 抱真策山東有變，澤、潞兵所走集，乘戰伐後，賦重人困，軍伍彫刓，乃籍戶三丁擇一，蠲其徭租，給弓矢，令閑月得曹偶習射，歲終大校，親按籍策能否賞責。比三年，皆為精兵，舉所部得成卒二萬，既不稟於官，而府庫實。乃曰：「軍可用矣。」繕甲淬兵，遂雄山東，天下稱昭義步兵為諸軍冠。久之，為澤潞節度行軍司馬。會昭義節度李承昭病，詔抱真權磁邢兵馬留後。德宗嗣位，檢校工部尚書，領昭義節度使。

史稱昭義軍爲諸軍冠，有很強的戰鬪力，這是其轉戰諸藩鎮中，長久屹立不衰的主因；它的主要根據地顯然是在河東澤、潞一帶，因太行山滏口陘東出之便㊼（參見圖八），而據有出口處邢、磁及臨洺縣附近地方，成爲唐中央在河北省唯一制衡諸強藩的據點㊽，諸藩亦欲除之而後快，資治通鑑卷二百二十六，唐紀四十二，德宗建中二年五月紀事載：

> 田悅卒與李正己、李惟岳定計，連兵拒命，遣兵馬使孟祐將步騎五千北助惟岳。薛嵩之死也，田承嗣盜據洺、相二州，朝廷獨得邢、磁二州及臨洺縣（時在代宗大曆十年正月）。悅欲阻山為境，曰：「邢、磁如兩眼，在吾腹中，不可不取。」乃遣兵馬使康愔將八千人圍邢州，別將楊朝光將五千人柵於邯鄲西北以斷昭義救兵，悅自將兵數萬圍臨洺。

田悅聯結李正己、李惟岳，企圖以魏博、承德、平盧三鎮力量撤底拔除唐在河北的據點，而展開了澤潞軍與三鎮聯軍的邢洺爭奪戰。新唐書卷一百三十八，李抱眞傳載：

> 建中中，田悅反，圍邢及臨洺。詔抱真與河東馬燧合神策兵救之，敗悅於雙岡，斬其將楊朝

光，又破之臨洺，遂解臨洺、邢之圍，以功檢校兵部尚書。

直到貞元十年李抱眞去世之前，邢、磁、臨洺雖然屢遭威脅，不過在澤潞軍的力戰與李抱眞之合縱連橫戰術運用下㊾，尚能「以數州截然橫絕潰叛中，離沮其姦，爲羣盜所憚。」㊿這一時期，下漳水雖未遭到直接的破壞，沿河之處卻是雙方勢力交接處，（參見圖八）頻年戰爭的結果，想亦受到相當的影響。

邢、磁州與臨洺之截然橫絕於河北諸強藩中，李抱眞爲主要的原因；德宗貞元十年李抱眞歿，朝廷不以抱眞子緘爲留後，而授職務予原昭義步軍都虞侯王虔休，導致行軍司馬元誼不平，據洺州叛變，使邢、磁地區直接遭到破壞。新唐書，卷一百四十七，王虔休傳載：

初，抱真之喪，軍司馬元誼據洺州叛，虔休遣將李廷芝討之，戰長橋，斬級數百；次雞澤，又破之。守戍皆奔魏博，卽決水灌城，將壞，遣掌書記盧頊入見誼，陳利害。誼請朝，卽以項為州別駕，使守洺。誼出，亦奔魏。

通鑑對於這次戰爭的始末，記載得更爲詳細，其云：

（七月）昭義行軍司馬、攝洺州刺史元誼聞虔休為留後，意不平，表請以磁、邢、洺別為一鎮。昭義精兵多在山東，誼厚賚以悅之。上屢遣中使諭之，不從。臨洺守將夏侯仲宣以城歸虔休，虔休遣磁州刺史馬正卿督裨將石定蕃等將兵五千擊洺州；定蕃帥其衆二千叛歸誼，正卿退還。詔以誼為饒州刺史，誼不行；虔休自將兵攻之，引洺水以灌城……九月，王虔休破元誼新唐書卷三十九，志第二十九，地理三，邢州鉅鹿郡載：

平鄉……貞元中，刺史元誼徙漳水，自州東二十里出，至鉅鹿北十里入故河。

從以上新唐書王虔休列傳、地理志及資治通鑑三項記載來看，決水之人、決河之處與所決之河都有不一的說法，甚至這兩項決河事件是否同爲一事，都無法肯定；不過，重要的是，貞元年間下漳水附近有一次重要的河水決溢，導致河道改徙的情形發生，這點大致可以肯定。新唐書地理志與太平寰宇記對決水地點附近地區記述云：

雞澤縣……洺、漳二水在縣東南二十六（元和志作五）里合流，東北入平鄉縣界。㊿②

雞澤……有漳、洺南隄二，沙河南隄一，永徽五年築。㊿③

不論河決地點是雞澤、抑或平鄉，應該都是在前文所討論的下漳河築堤地域內，漳、洺水交會的附近（參見圖八），因此三書記載雖有出入，河決事實與地點卻是可證的。

鉅鹿縣的西北，是中古大陸澤所在，範圍廣袤（可能並未連在一起，是個沼、湖並存的大地區），經能容納、調節太行山東麓部份的水量，漳河轉向自平鄉附近入故河，可能卽進入大陸澤的範圍內，經過大澤的調節再循原河道入堂陽，衡水、武邑等縣出海，因是元誼徙漳只可能對唐代邢、洺州東部造成影響；而大陸澤以下冀、滄州的沿河諸縣，雖然也是易泛、築堤之區，史籍中卻無這次改道而造成諸地受害的記載。

隋唐之間是漳水河道變動最爲劇烈的時期㊹，除了因氣候回暖、降雨增加，諸河水量充沛㊺，導致河患及改道的可能性升高外，人爲的破壞應該是首要的原因。

漳水所在的河北，是中古時期人文變動最爲劇烈的地區之一；自東晉南遷後，五胡政權在北中國頻起頻落，迄楊隋統一中國止，中國北邊之胡漢衝突與融合一直持繼的進行着，隋唐立國雖然建立在胡漢融合的基礎上，但流風所及，河北地區已由漢時「關東出相」的文質民風，逐漸轉變爲隋唐「山東豪傑」兼具武質的特色，隋末河北諸羣雄與唐並爭天下者，皆是驍勇善戰之輩；天寶之後安史亂起，河北亦是最先胡化之地區。從另一方面來說，漳水南、北分流上游所逕之處（如魏、相、洺、邢諸州），又正是河北最爲富裕的地帶，農業開展、經濟繁盛，能就近供應二都（長安、洛陽）所需，地位非常重要，是中央政府必須控制在手，仔細經營的地區。這是影響兩漳水系發展，最主要的二個人文上的原因。

五、結　論

隋末天下大亂，竇建德以地利之便，雄據於形成未久之上漳河泛濫區——高雞泊地帶，在阻澤自保的戰略考量下，大業十二年首掘漳水入渠，是第一宗決漳自保的例子，此後直到唐高宗時代，天下晏安，河北也有穩定之發展，與農業生產息息相關之水利修築，亦相形重要，上、下漳水堤防與渠道的修築皆完成於這段時間內，可說是漳河水系最穩定、爲患最小，及利用功效最大的時期。天寶安史亂後，河北北部迅速胡化，唐在河北的勢力賴郭子儀、馬燧與李抱眞等強將的支持，勉強保住上、下漳水間邢、磁、相等較爲富裕諸州，與諸強藩在二分流間形成長久的拉拒戰；形勢所至，決漳自保或決漳以潰敵，又再成爲常見的戰略。德宗建中三年，唐與魏博兵抗爭於相州，馬燧先斷上漳水，四個月後朱滔又再鑿漳入渠，這二次破壞爲上漳此後枯竭之先聲。

下漳河與太行山脈平行，收納沿山諸水，水量遠較上漳豐盛，所幸有廣袤之大陸澤消納調節，上游地區除雞澤、平鄉二縣因地居洺、沙、漳三水會合處，須築堤防範外，其餘尚無河患危險。代、德宗之後，李抱眞率澤潞軍沿漳水與二鎮對峙（參見圖八），至貞元十年李抱眞歿，澤潞軍內鬨，行軍司馬元誼掘下漳灌城，因而造成改道。

隋唐之間漳河兩支河道的人爲破壞，雖有輕重不等的影響，但從諸軍競相以掘河爲屈敵手段的情況來看，向有「河北穀倉」之稱的漳河上、中游地區，在遭受頻仍的破壞後，已面臨無可挽救的命運，水利設施隳墮，農業生產低落，河北更形衰微，從此不但唐政府對江南財賦的依賴更爲加深，河北歷來在中國財經地位上的重要性，亦隨之煙消雲散。

【附　註】

① 參見尚書，卷六，禹貢，葉四。

② 中國科學院自然地理編輯員會，中國自然地理——地貌，頁一七一。

③ 水經注，卷十，濁漳水，頁一四〇五—一四〇九。
④ 同註②。
⑤ 水經注，卷十，濁漳水，頁一四〇七。
⑥ 參見新唐書，卷三十九，地理三及元和郡縣圖志，卷十五、十六、十七。
⑦ 參見畿輔通志，卷二十一所載。
⑧ 中國自然地理——地貌，頁一七一。
⑨ 同前註。
⑩ 同註⑦。
⑪ 水經注，卷十，濁漳水，頁一四〇七。
⑫ 漳河南道（下漳河）出現時間較晚，最初只是作爲支流，並且和人工鑿引以支援運河水源有關。曹操在白渠、平虜、泉州、新河等渠開通後，又於建安十八年開利漕渠，在肥鄉之北引漳水於館陶入白溝，這是漳河南支的開始。利漕渠不久之後卽廢棄，至北魏時，才又在利漕渠北，修築阿難渠，可見漳河南支在中古時期，還是出於人工開築，不時存在，並不是漳河正支的支流。
⑬ 參見漢書地理志郡縣下所記各條。
⑭ 參見水經注，卷十，濁漳水所載。
⑮ 岑仲勉在黃河變遷史中指出：禹河就是東周時所徙的河道，初時在北約分爲兩道，卽二渠出海：㈠北支，卽鄴東故大河，越過鄴縣（今臨

漳縣西南），合著濁漳、淸漳至章武（今滄縣東北）流入勃海。㈡又一東支，東出長壽津（約今滑縣東北），經高唐至千乘入海，別號漯川。兩支當中，在古典派的眼光看去，當然以北支爲正流。

⑯ 黃盛璋、史念海及譚其驤等大陸歷史地理學者，在共同主筆之「中國自然地理——歷史地理」頁一七一中，卽有如是之主張。

⑰ 太平寰宇記，第五十八卷，河北道七，貝州，淸河縣，頁四六一。

⑱ 新唐書，卷八十五，竇建德傳，頁三六九六、三六九七。

⑲ 資治通鑑，卷一百八十三，隋紀七，大業十二年紀事，頁五七一三—五七一五。

⑳ 讀史方輿紀要，卷三十四，山東，高唐州，恩縣，頁一四九〇。

㉑ 資治通鑑，卷二百二十七，唐紀四十二，德宗三年正月紀事，對此有更爲詳細之記載。

㉒ 資治通鑑，卷二百二十七，唐紀四十三，德宗三年五月，頁七三三一。

㉓ 同註㉒。

㉔ 太平寰宇記，卷五十八，河北七，貝州，淸河縣，頁四六一。

㉕ 通典，卷一百七十八，州郡八，洺州：衡漳在今郡南肥鄉縣界。

㉖ 太平寰宇記，第五十八卷，河北道七，洺州：永年縣……漳水風土記云：南易水本名漳水，源出三門山西，自肥鄉縣界流入。

㉗ 元和郡縣圖志，河東道西，卷十五，洺州：洺水縣，本漢斥章縣，屬廣平國，漳水經其城。

㉘ 元和郡縣圖志，河東道四，卷十五，洺州：曲周縣……漳水，在縣西二十九里。

㉙元和郡縣圖志，河東道四，卷十五，洺州：雞澤縣……洺、漳二水，在縣東南二十五里合流，東入平鄉縣界。

㉚太平寰宇記，第五十九卷，河北道八，邢州：平鄉縣……濁漳水今俗名柳河，在縣西南十里。

㉛新唐書，卷三十九，志第二十九，地理三，洺州：堂陽……西十里有漳水隄，開元六年築。

㉜新唐書，卷三十九，志第二十九，地理三，洺州：南宮……西五十九里有濁漳隄，顯慶元年築。

㉝太平寰宇記，第六十三卷，河北道十二，冀州：信都縣……衡水亦曰長蘆水，卽濁漳水之下流也……濁漳水在州西北六十里，亦謂之白溝。絳水，禹貢導河北過絳水卽此，謂之枯絳渠，西南自南宮縣界流入，又云絳水枯瀆在州東南二十里。

㉞元和郡縣圖志，河北道二，卷十七，冀州：衡水縣……隋開皇十六年於今置衡水縣，縣在長蘆河西，長蘆河則衡漳故瀆也，因此爲名。

㉟太平寰宇記，第六十三卷，河北道十二，冀州云：武邑縣……衡漳河在縣北三十二里。又：新唐書，志二十九，地理三，冀州信都郡載：武邑……北三十里有衡漳右隄，顯慶元年築。

㊱新唐書，卷三十九，志第二十九，地理三，滄州景城郡：清池……西四十里有衡漳隄，二，顯慶元年築。西北六十里有衡漳東堤，開元十年築。

㊲通典卷一百七十八，州郡八，深州，饒陽縣條云：「衡漳水今名衜水，亦名苦水」。考之太平寰宇記，卷六十三，河北道十二，冀州信都縣條，明言衡水、衡漳、長蘆水皆爲漳水，而新唐書、元和志亦多云衡漳，而不見衜水之稱，是通典誤「衡」爲「衜」。

㊳ 參見註㉚、㉝、㊲。

㊴ 參見漢書卷二十九，河渠書及作者博士論文「中古前期河北地區胡漢民族線之演變」第三章第一節。

㊵ 舊唐書卷一百一，列傳第五十一，韓思復傳云：（開元初）時山東蝗蟲大起，姚崇爲中書令，奏遣使分往河南、河北諸道殺蝗蟲而埋之……（劉）沼希崇旨意，遂箠撻百姓，迴改舊狀以奏之。由是河南數州，竟不得免。

㊶ 舊唐書卷一百，列傳五十，盧從愿傳：

（開元）二十年，河北穀貴，敕從愿爲宣撫處置使，開倉以救飢餒。

㊷ 舊唐書卷一百，列傳五十，王丘傳：（開元）十一年，拜黃門侍郎。其年，山東旱儉，朝議選朝臣爲刺史以撫貧民……。

㊸ 詳見資治通鑑卷二百一十九，唐紀三十五，肅宗至德元年至卷二百二十一，唐紀三十七，乾元二年之紀事。

㊹ 資治通鑑二百二十二，唐紀三十八，廣德元年，頁七一四一。

㊺ 資治通鑑卷二百二十五，唐紀四十一，代宗大曆十二年十二月，頁七二五〇。

㊻ 資治通鑑卷二百二十五，唐紀四十一，代宗大曆九年、十年紀事。

㊼ 詳見嚴耕望師，唐代交通圖考（五），篇肆壹，太行滏口壺關道，頁一四二一—一四三九。

㊽ 新唐書，卷一百五十二，列傳七十七，李絳傳載：

烏重胤縛盧從史，而承璀牒署昭義留後，絳曰：「澤潞據山東要害，磁、邢、洺跨兩河間，可制其合從……。」

㊾ 參見資治通鑑，卷二百二十七，唐紀四十三，建中二年，頁七三〇五及卷二百二十八，唐紀四十四，頁七三

六五。卷二百三十，唐紀四十六，興元元年，頁七四二七。

㊿參見新唐書，卷一百三十八，李抱眞傳。

51 資治通鑑卷二百三十五，唐紀五十一，德宗貞元十年，頁七五六二。

52 太平寰宇記，卷五十八，河北七，洺州，頁四五八。

53 新唐書，卷三十九，志第二十九，地理，洺州廣平郡，頁一〇一四。

54 中國自然地理——歷史地理，頁一七一。

55 參見作者博士論文「中古前期河北地區胡漢民族線之演變」，第二章第一節。

※圖版見頁九四九—九五六。

圖

版

圖一：隋至唐初入侵關中路線分布圖

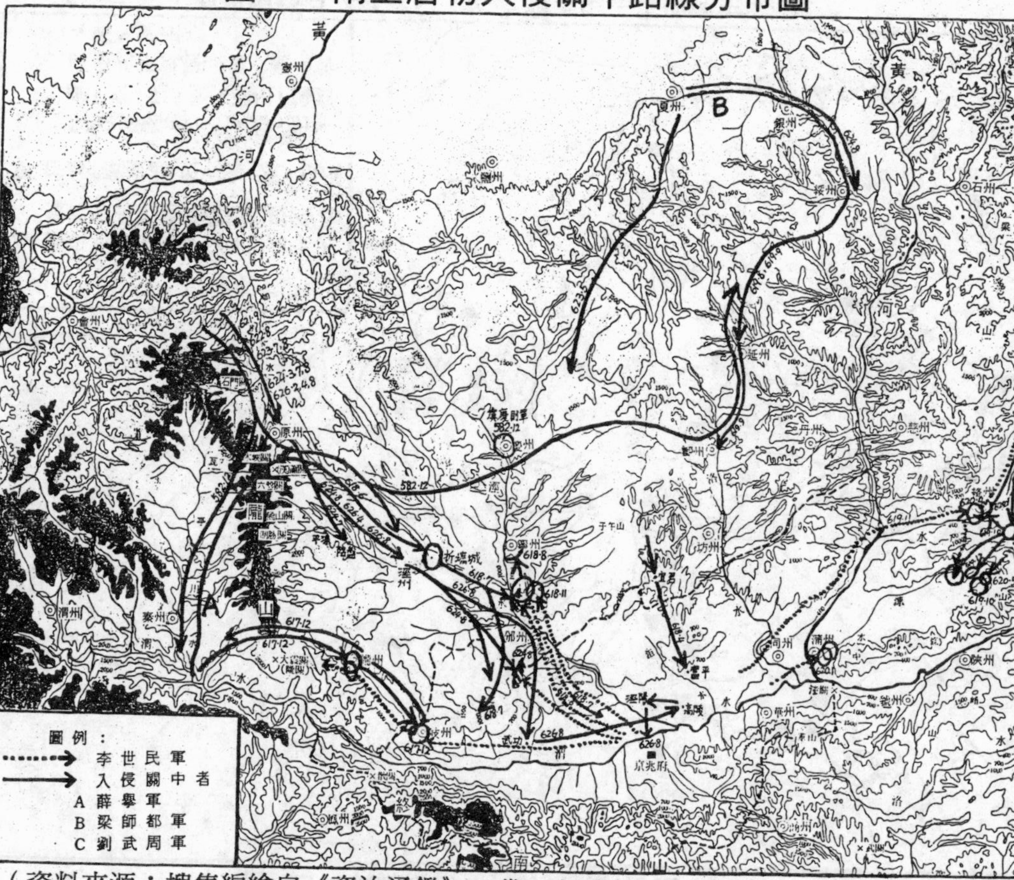

（資料來源：搜集編繪自《資治通鑑》，卷一七五～一九三）

圖二：隋文帝時期總管府分布圖

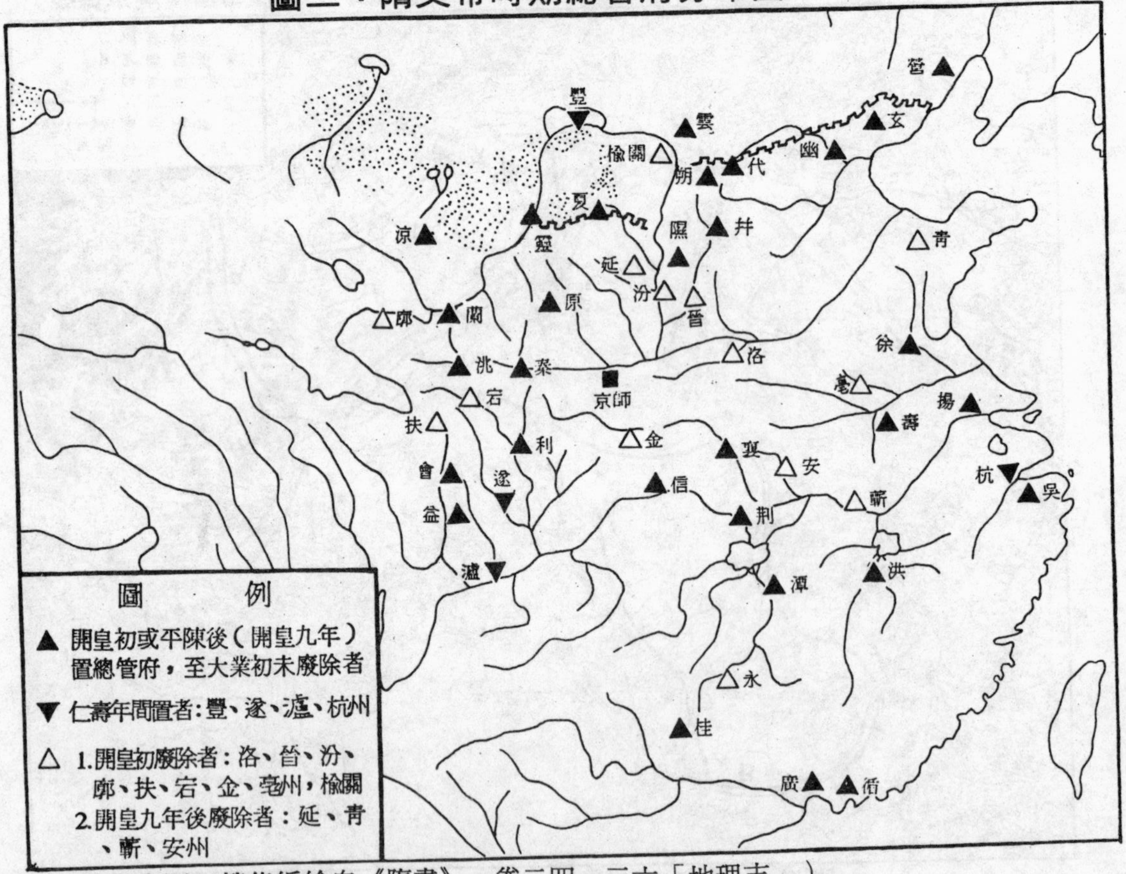

（資料來源：搜集編繪自《隋書》，卷二四～三六「地理志」）

圖三：隋煬帝東京的防禦工事及隋末關西民間起事分布圖

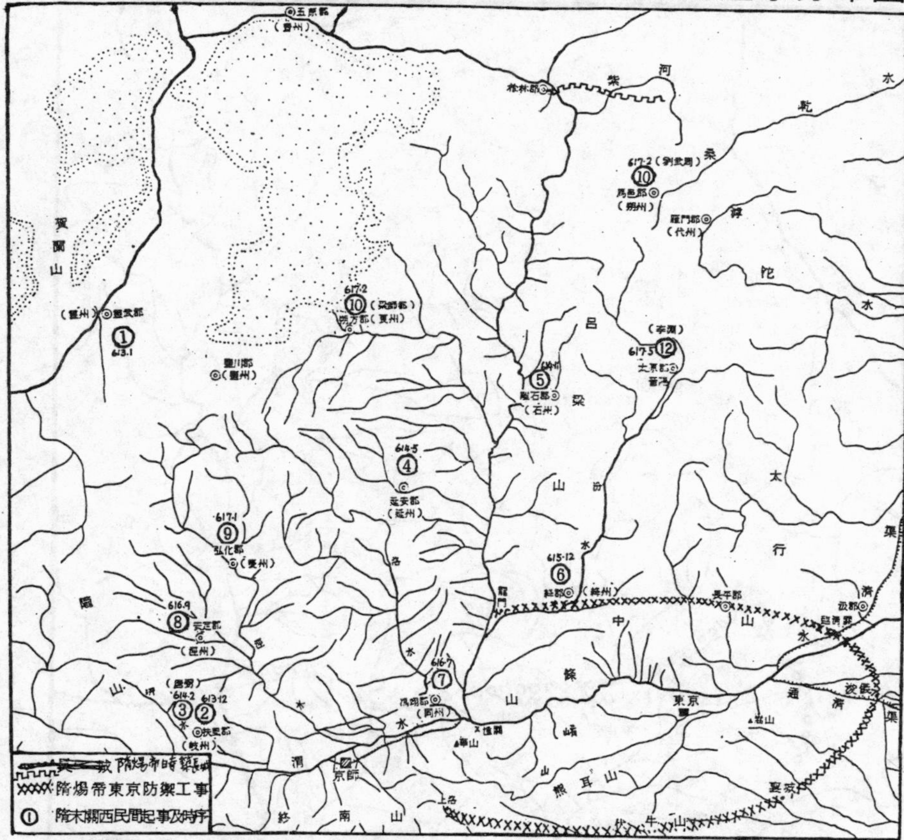

（資料來源：搜集繪自《隋書》，卷三、四「煬帝本紀」）

圖四：唐高祖建十二軍的範圍與京輔防禦工事

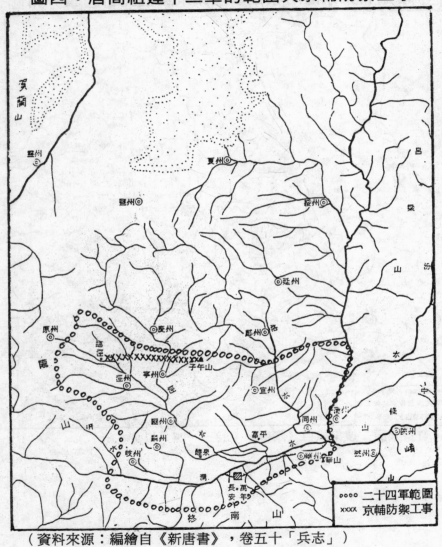

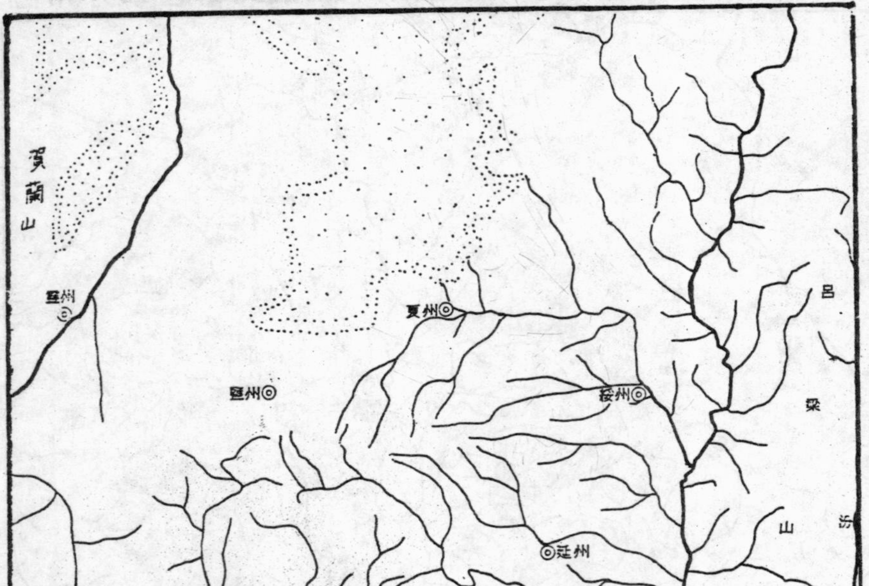

（資料來源：編繪自《新唐書》，卷五十「兵志」）

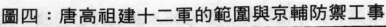

圖五：新唐書地理志中所載折衝府分布圖

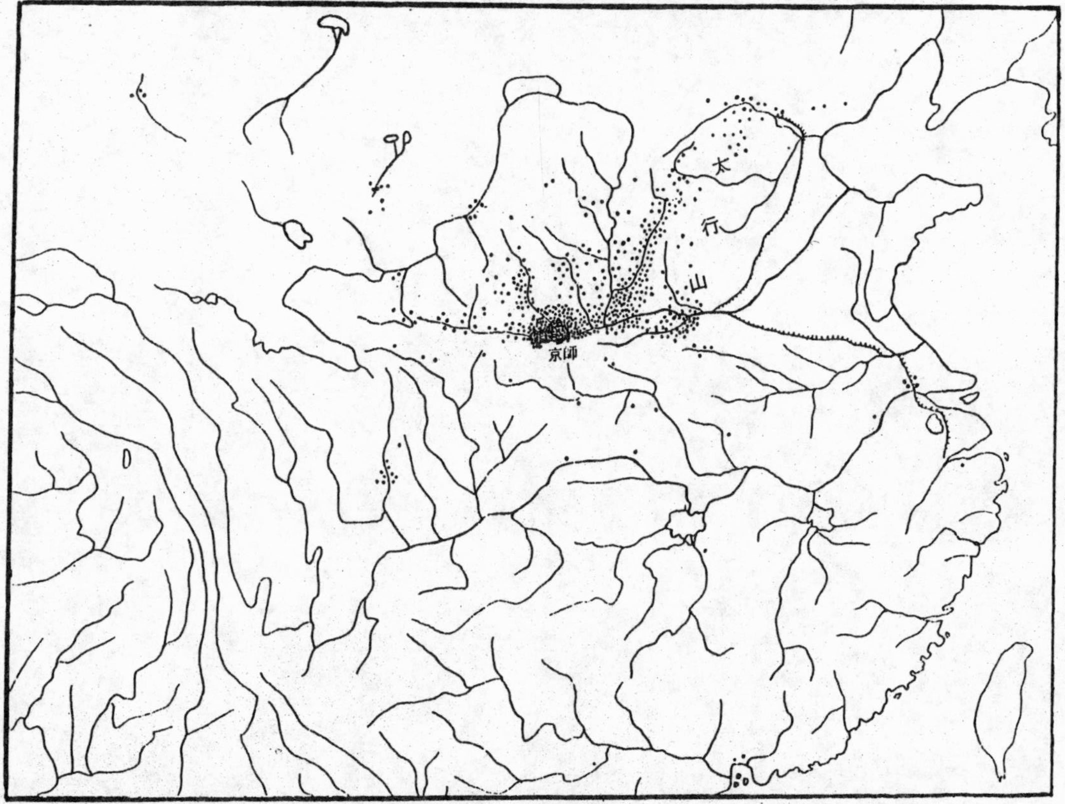

※每點代表一折衝府（資料來源：編繪自《新唐書》，卷三七～四三下「地理志」）

圖一

唐代藻井圖案（敦煌）

圖二

唐代藻井圖案

圖三

唐代藻井邊飾圖案（敦煌）

圖四

唐代藻井邊飾圖案（敦煌）

圖五一

唐代藻井圖案（敦煌）

圖六

唐代藻井圖案（敦煌）

圖七

唐代藻井圖案

圖八

唐代藻井邊飾圖案（敦煌）

圖一：青康藏高原與新疆地形示意圖

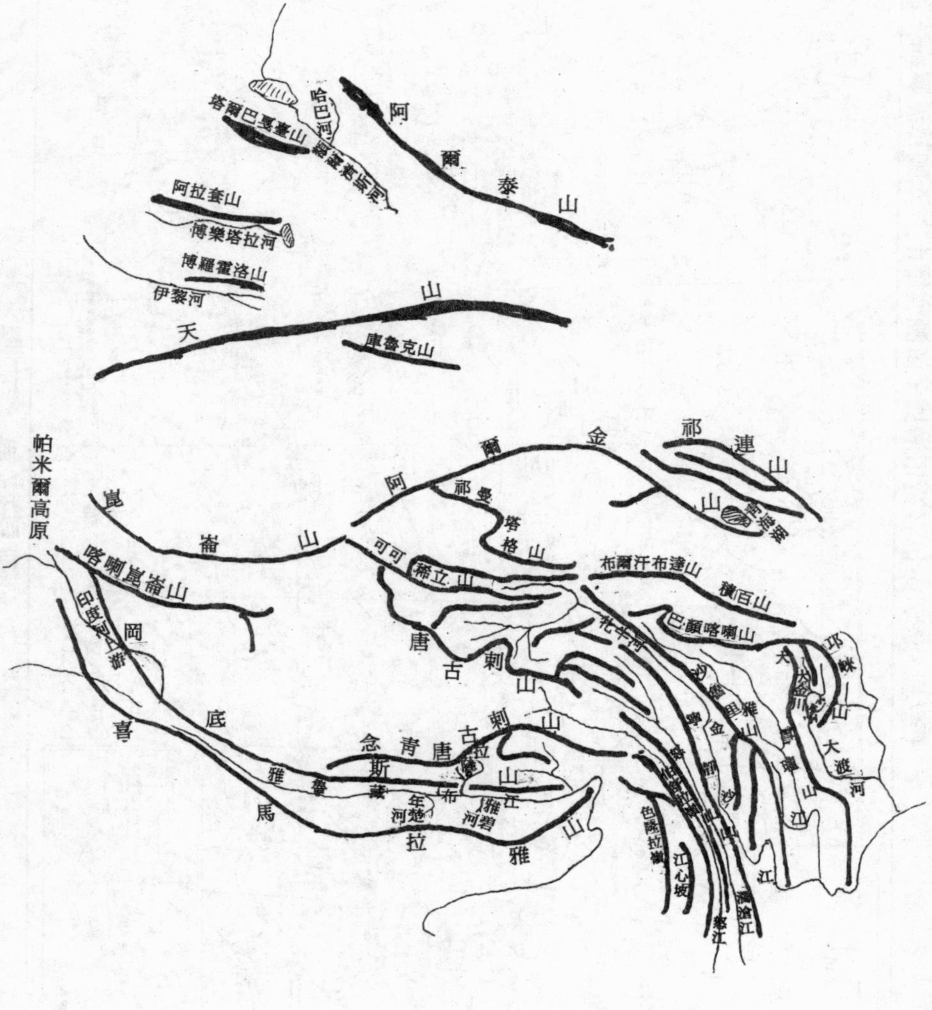

圖二：青海省圖

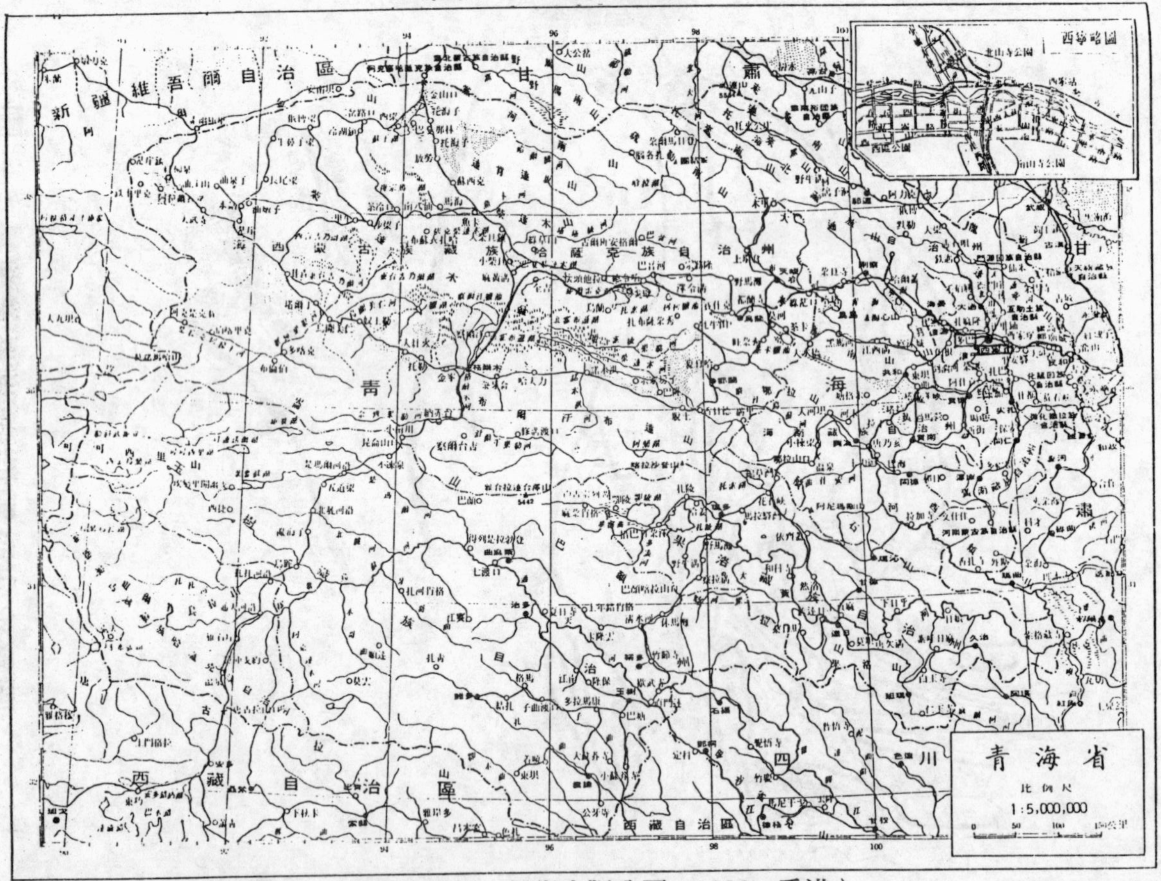

（見楊治明繪黃就順文：中國地圖集，新興出版公司，1986，香港）

圖三：西藏高原及其附近地勢之剖面

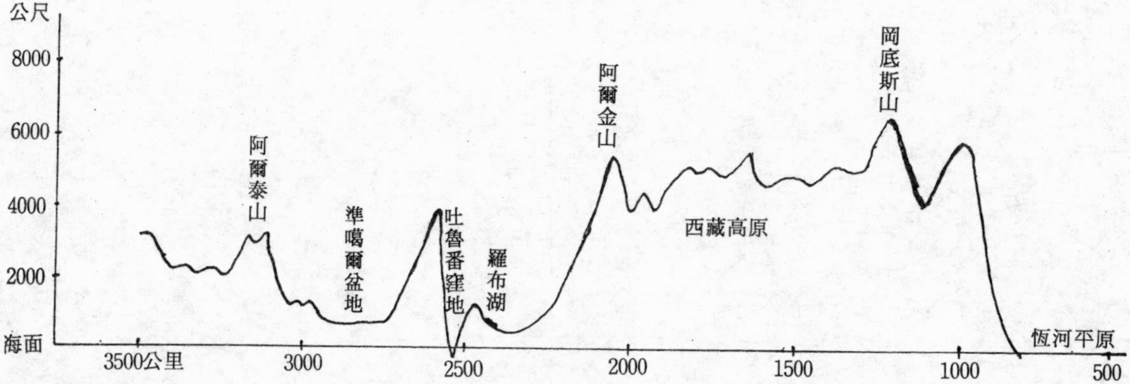

圖四：吐蕃歷史地圖

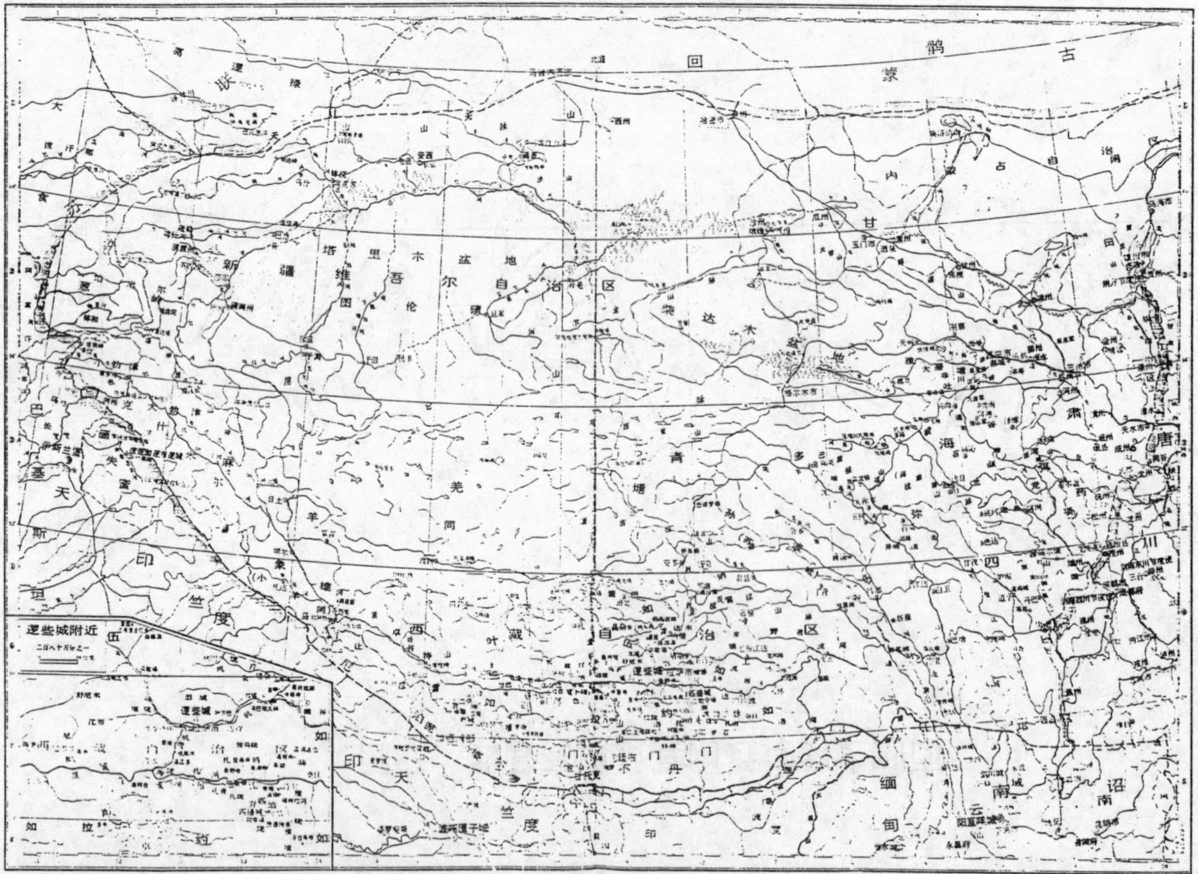

（見譚其驤主編：中國歷史地圖集第五冊，地圖出版社，1982，上海）

南海神廟圖

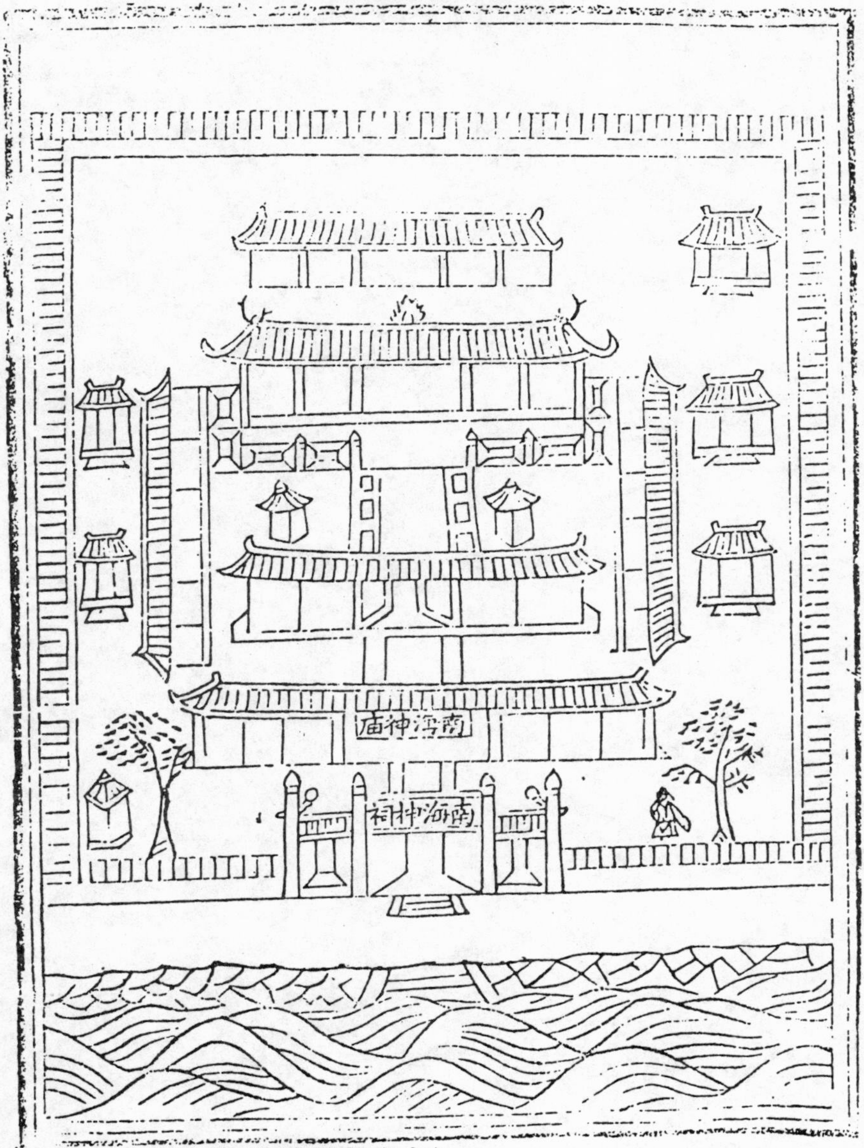

（見明・郭棐嶺海名勝記卷十）

圖一：西漢時代漳河水系圖

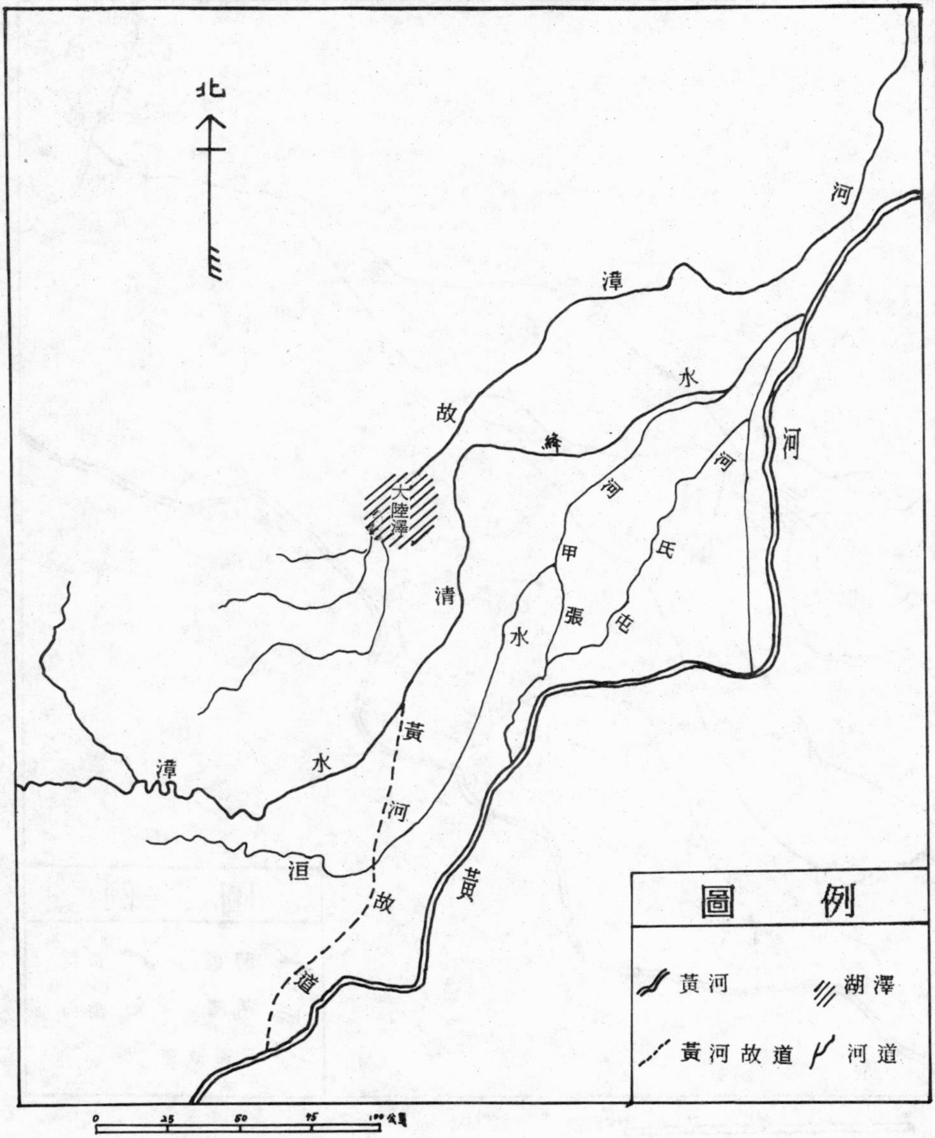

圖二：東漢時代漳河水系圖

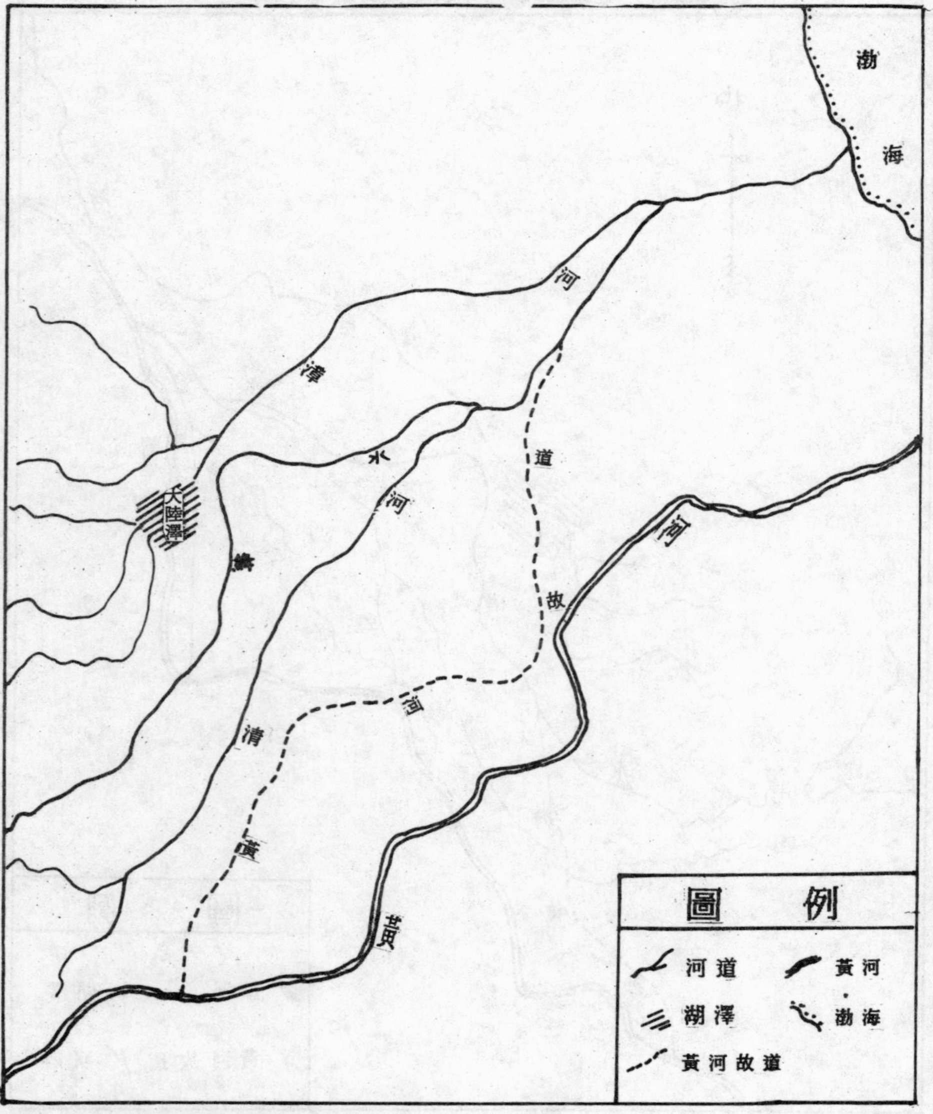

圖三：曹魏時代漳河水系示意圖

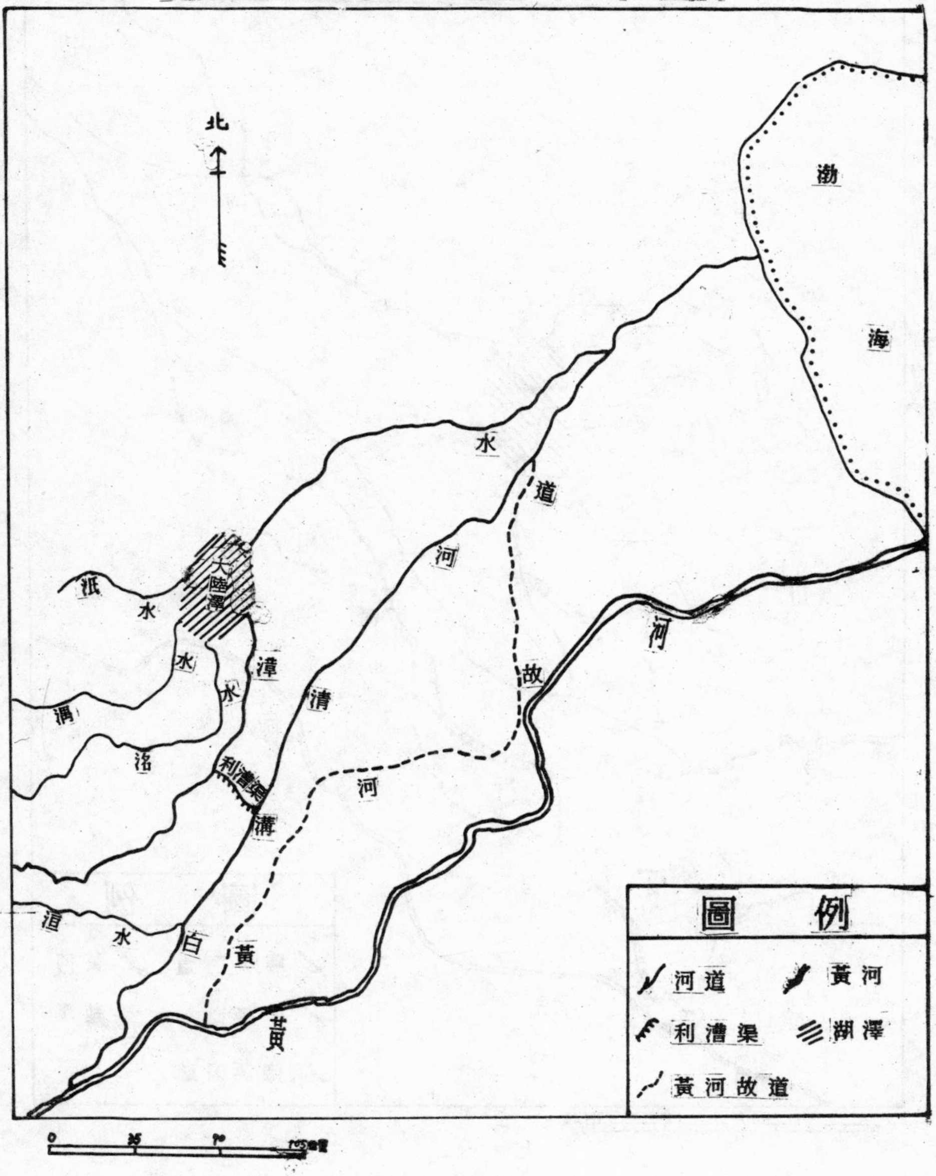

圖四：漳河水系擺動範圍示意圖

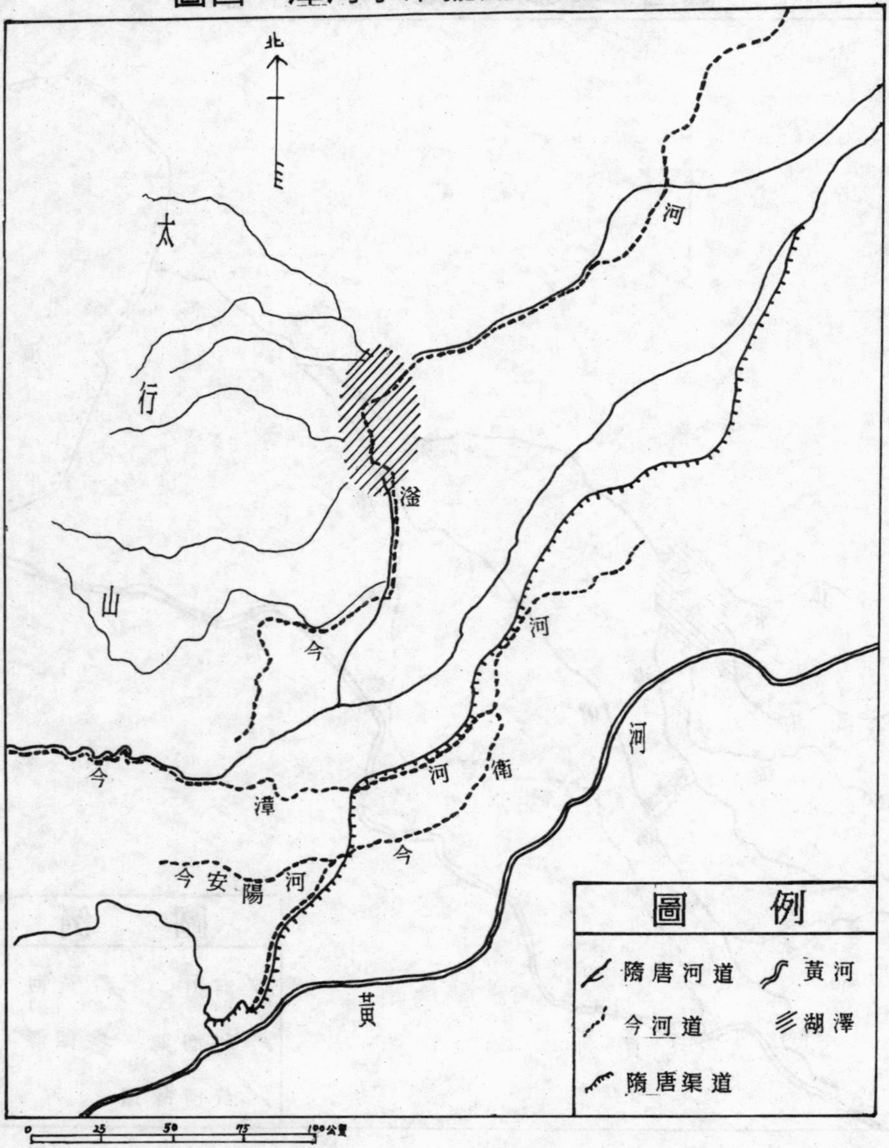

圖五：水經注所載漳河水系示意圖

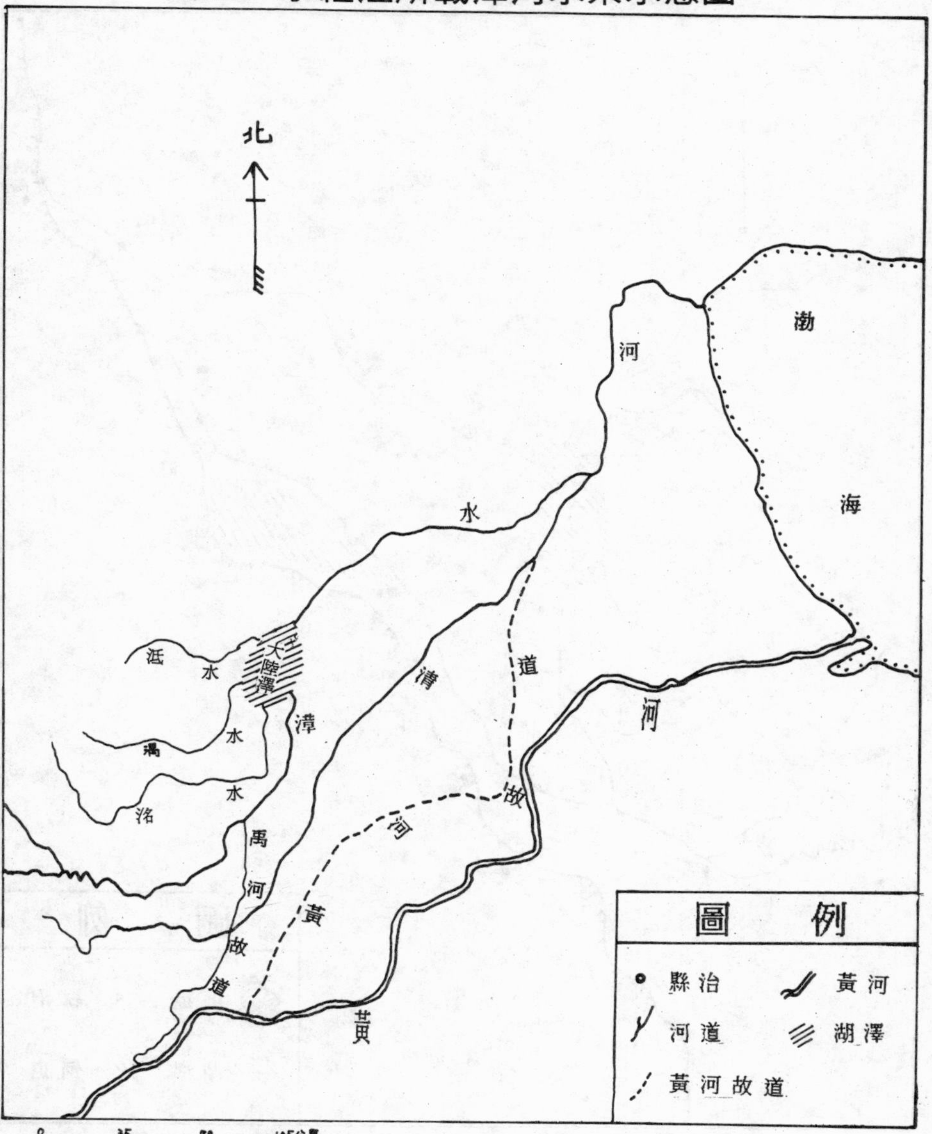

圖六：上下漳河水系圖

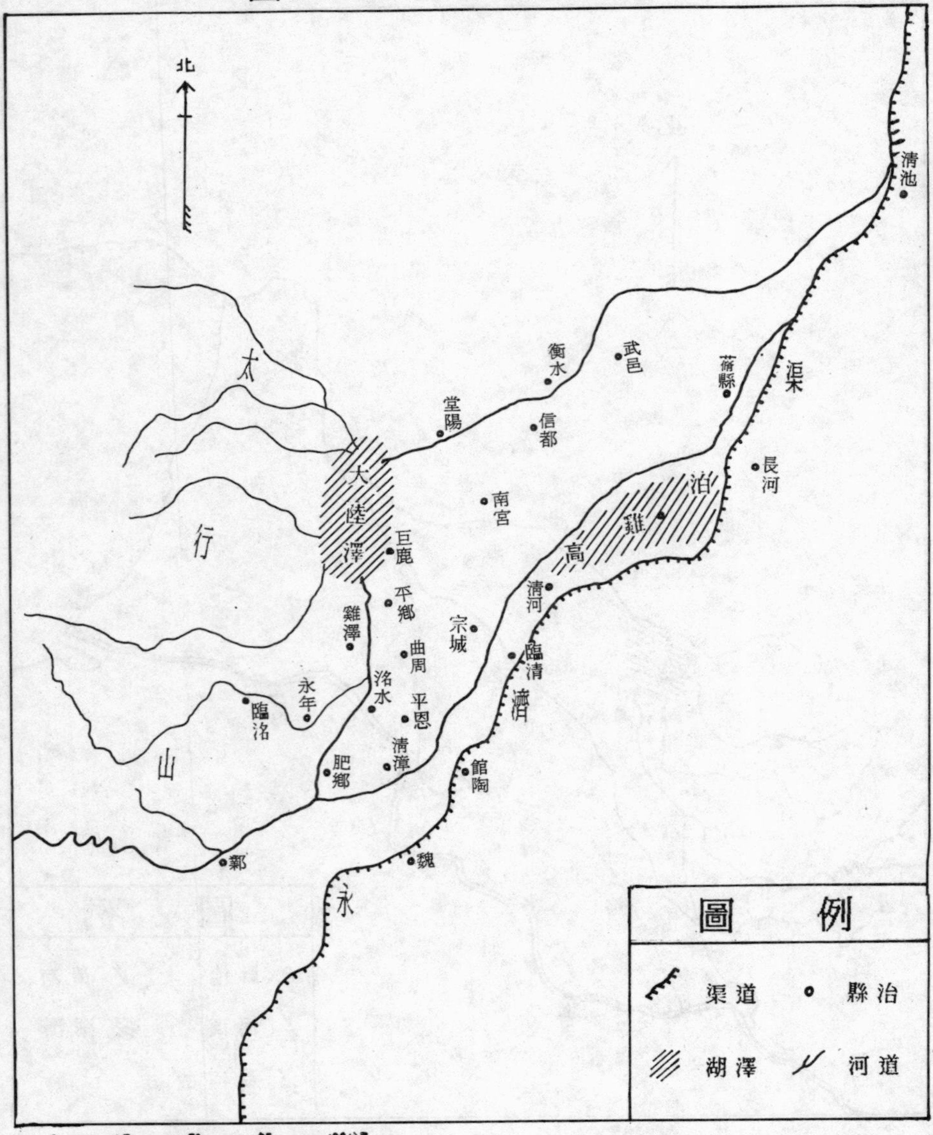
北
太
行
山
大
陸
澤
巨鹿
堂陽
衡水
武邑
信都
南宮
蓨縣
長河
清池
高
雞
泊
清河
宗城
臨清
平鄉
雞澤
曲周
洺水
平恩
永年
臨洺
肥鄉
清漳
館陶
魏
鄴
永
濟
渠
圖例
渠道
縣治
湖澤
河道
0
25
50
75
100公里

圖七：下漳河築堤、築渠地點示意圖

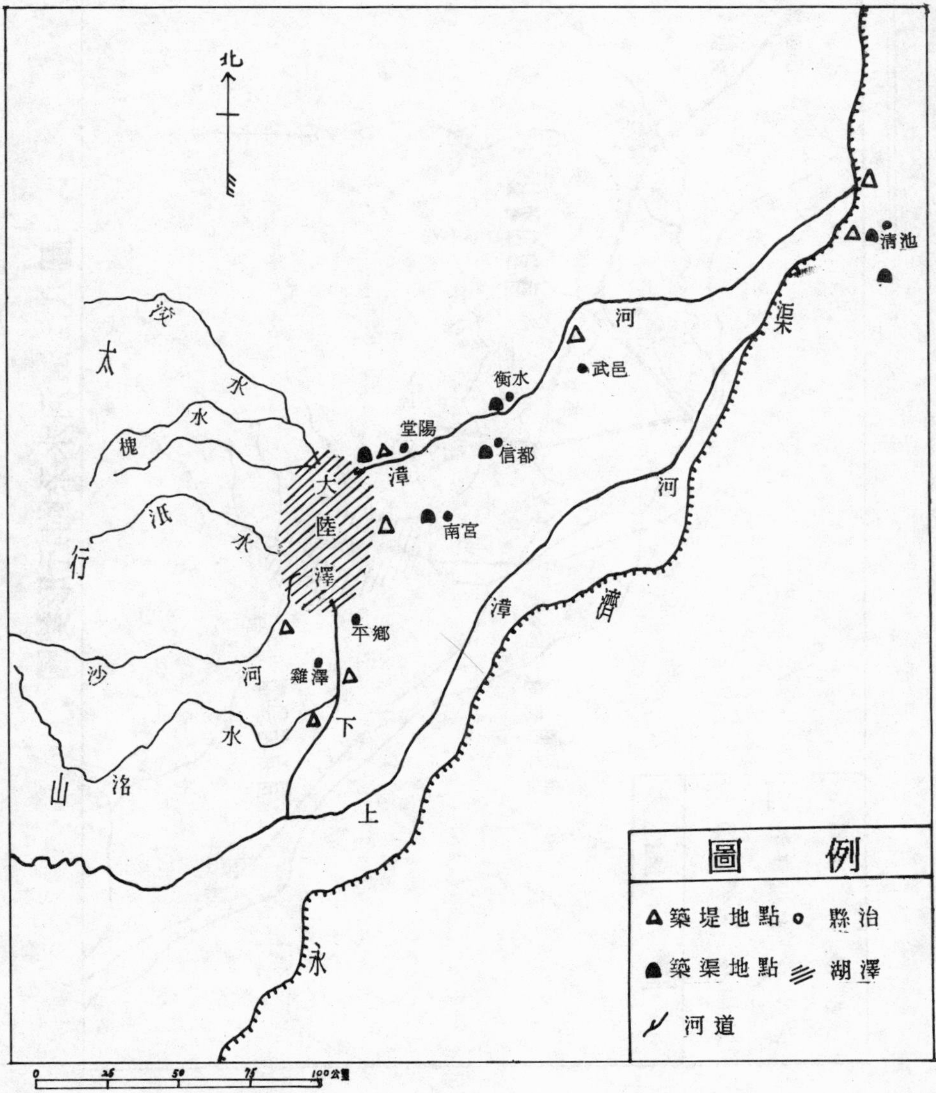

圖八：漳河水系附近形勢圖

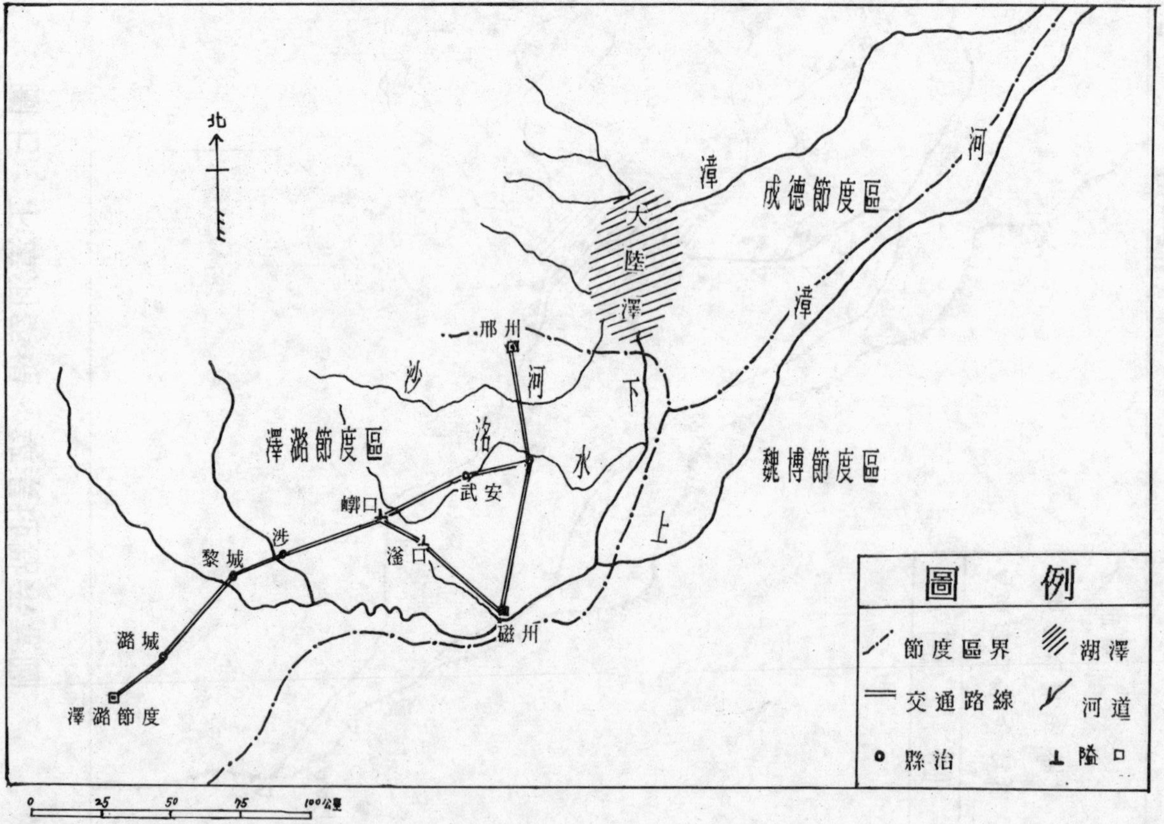